제6판

마케팅

이학식 · 임지훈 · 박종철

M ARKETING

집현재

서 문

　　마케팅의 중요성은 기업은 물론 여러 종류의 비영리기관에서 널리 인식되고 있으며, 이에 따라 대학의 경영대학 학생들뿐만 아니라, 많은 타 전공 학생들과 기업의 실무자들도 마케팅에 관한 기본지식의 습득을 절실히 원하고 있다. 국내에 수많은 마케팅 서적이 출판되어 있는 것은 이러한 현실을 반영하는 것이라 하겠다. 지식전수를 위한 전공서적은 효과성과 효율성이 고려되어 저술되어야 한다. 이러한 효과성과 효율성은 제한된 지면 내에 반드시 포함시켜야 할 것은 포함시키면서, 동시에 독자가 가급적 쉽게, 그리고 보다 흥미롭게 그 내용을 이해하도록 저술함으로써 달성될 수 있다.

　　마케팅컨셉(the marketing concept)의 요체는 고객지향에 있으며, 기업의 마케터는 가급적 좋은 품질의 제품을 가급적 낮은 가격에 공급함으로써 고객에게 높은 가치를 실현시킬 수 있다. 저자들은 본서를 저술함에 있어서 마케팅지식을 거의 갖지 않은 대학생들과 어느 정도 지식을 가졌더라도 체계화를 필요로 하는 실무자들을 본서의 고객, 즉 독자로 상정하였다. 그리고 그러한 독자들에게 가장 필요하다고 생각되는 마케팅지식의 범위를 먼저 명확히 설정하고, 그들이 가급적 적은 시간과 노력을 들여 이를 습득할 수 있도록 하였다.

　　본서의 제1저자는 '마케팅'이라는 제목의 서적을 그간 공동 혹은 단독 저자로서 몇 차례 발행하였다. 단독 저자로 처음으로 출판한 것은 2004년인데 이를 기준으로 하면, 본서는 제6판이 되며, 3판부터는 제2저자와, 그리고 5판부터는 제3저자와 공동으로 집필하게 되었다.

■ 본서의 차별적 특징

　　본서는 앞에서 기술한 바와 같이 <u>효과성과 효율성, 그리고 독자지향성</u>에 따라 저술되었으며, 이러한 저자들의 의도는 다음과 같이 본서에 반영되었다.

　　첫째, 본서는 지금까지 축적된 마케팅 기법과 지식 중 비교적 기본적이며 일반적으로 적용될 수 있는 것을 설명하는 기본 서적이다. 지금까지 축적된 마케팅 기법과 지식의 주된 내용은 소비재 제조업자의 마케팅에 관한 것이다. 따라서 본서는 주로 소비재 제조업자의 마케팅을 다루며, 국제 마케팅, 유통업자 마케팅, 비영리 마케팅, 산업재 마케팅 등은 원칙적으로 범위에서 제외하였다(그러나, 본서의 내용 중 상당 부분은 이러한 특수 분야 마케팅에 그대로 적용될 수 있다). 다만, 전체 경제에서 차지하는 비중이 큰 서비스

시장은 그 시장의 독특한 특성으로 인해 기업의 마케팅전략 및 실행에 있어 소비재 제조업자의 마케팅과 차이가 있다. 따라서 서비스기업의 마케팅(제10장)은 별도로 다루었다.

둘째, 동일한 내용이라도 어떻게 표현하는가에 따라 독자들의 이해도는 매우 달라질 수 있다. 저자들은 가급적 정확하고, 간결하며, 쉬운 문체로 본서를 저술함으로써 독자들이 본서의 내용을 보다 쉽게 이해하는 데 도움이 되고자 하였다. 또한 핵심용어는 볼드체로 나타내었는데, 독자들은 자연스럽게 그 부분에 유의함으로써 학습의 효과성이 제고될 것으로 기대한다.

셋째, 마케팅 기법과 지식을 쉽게 전달하기 위한 한 가지 방법은 학습자가 주변에서 접하는 현실적인 예를 이용하는 것이다. 이에 따라 많은 사례를 소개하였는데, 짧은 사례는 본문에 그리고 긴 사례는 별도의 마케팅 사례 박스에서 소개하였다. 사례는 대부분 독자들에게 친숙한 기업이나 브랜드에 관한 것을 선정하였으며, 가급적 최근의 것을 소개하고자 하였다. 또한 각 장의 내용과 직접 관련성이 있는 광고물 등을 화보로 삽입하였다. 통계자료는 가능한 최신의 것을 인용하고자 하였다.

끝으로, 본서의 주된 독자들은 대학의 학부생들로 생각된다. 저자들은 교수님들이 본서를 교재로 하여 강의를 하는 데 도움이 되도록 강의슬라이드를 작성하였다. 강의슬라이드는 요청에 따라 출판사가 제공하며, 교수님들은 이를 본인의 강의에 맞게 편집하여 이용할 수 있다.

■ 본서의 내용

본서는 세 개 부와 13개의 장으로 구성되어 있다.

제1부는 마케팅의 기초를 내용으로 한다. 1장에서는 먼저 국내외의 가장 권위있는 마케팅분야 학회인 한국마케팅학회와 미국마케팅학회의 마케팅 정의를 소개한 다음 마케팅의 주요 개념들과 마케팅관리철학을 서술하였다. 2장은 고객과의 장기적인 관계가 더욱 중요시되는 현실상황을 반영하여 고객관계관리를 그 내용으로 한다.

제2부는 시장기회 분석과 마케팅 전략수립 관련 내용으로 구성되어 있다. 3장은 시장상황분석의 주요 내용과 방법을 다룬다. 4장은 전략수립 과정을 도시하고 설명하며, 아울러 기업 및 사업단위의 목표수립과 사업단위 선택을 위한 포트폴리오분석을 설명한다. 5장은 마케팅조사에 관한 내용으로 자료수집과 관련된 내용을 다루며, 6장은 소비자행동에 관한 기초적 지식을 그 내용으로 한다. 그리고 7장은 각 사업단위의 제품시장이 정해진 경우를 전제로 하여 시장세분화, 표적시장선정, 그리고 포지셔닝을 설명한다.

제3부는 마케팅믹스 관리에 관한 내용으로 구성되어 있다. 8장은 제품관리, 9장은 신제품 개발 및 관리, 10장은 서비스관리를 그 내용으로 한다. 그리고 11장은 가격관리, 12장은 촉진관리, 13장은 유통관리에 대해 설명한다.

■ 감사의 글

　　본서는 본 저자들의 이름으로 발행되지만 많은 사람들로부터 직접·간접적으로 도움을 받았다. Philip Kotler의 *Marketing Management*; E. Jerome McCarthy and William D. Perreault, Jr.의 *Basic Marketing*; Roger A. Kerin, Vijay Mahajan, and P. Rajan Varadarajan의 *Strategic Market Planning*은 본서의 체계를 구성하는 데뿐만 아니라, 세부적인 부분까지 많은 영향을 끼쳤다. 여러 신문, 잡지, 기타 출판물, 그리고 기업 홈페이지의 내용을 발췌하였고, 광고물 등 화보를 이용하였다. 저자들은 이들 저자와 해당 기업 관계자, 그리고 광고대행사 여러분들께 깊은 사의를 표한다. 끝으로 집현재의 위호준 사장님은 본서의 출판을 기꺼이 수락하셨으며, 전충영 상무님은 전문가적 능력과 성실성으로 편집해주시고 다수의 원고 오류를 바로잡아 주셨다. 또한, C&I EDITION의 최윤석 대표님과 홍익m&b의 김상희 부장님은 각각 세련된 표지 디자인과 조판을 해주셨다. 이 분들께도 깊은 감사의 마음을 전해드린다.

　　저자들은 본서를 집필함에 있어서 나름대로의 노력을 기울였지만, 개선의 여지가 상당히 있을 것으로 생각한다. 독자 여러분들이 본서의 잘못되거나 부족한 점, 그 밖에 개선할 점을 알려 준다면, 이는 본서의 개정에 커다란 도움이 될 것이다. 저자들은 본서가 더욱 나은 서적이 될 수 있도록 계속적으로 수정·보완하겠음을 다짐한다.

2023년 2월

李 學 湜

林 志 勳

朴 鍾 哲

차례 요약

차 례

제 2 부 시장기회 분석과 마케팅 전략수립

제 3 장 시장상황분석 ·· 58

제 4 장 전략수립과정 ·· 98

제 3 부   마케팅믹스관리

제 1 부

마케팅의 기초

학습목표 1: **마케팅의 개념과 정의**

1. 마케팅의 개념

마케팅(marketing)은 시장을 의미하는 **마켓**(market)에서 파생된 말로서 대체로 20세기 초에 미국에서 나타난 말로 받아들여진다. 20세기 초반 마케팅이란 말이 미국에서 점차 보편적으로 사용되기 시작함에 따라 미국의 대학에서는 마케팅이란 명칭의 과목이 개설되고 서적이 출판되었다. 예를 들어, 1905년 University of Pennsylvania에서는 *The Marketing of Products*라는 이름의 과목을 개설하였으며,[1] 1914년에는 *Marketing Methods and Salesmanship*이 첫 번째 마케팅서적으로 출판되었다.[2] 국내에서 마케팅이란 말이 처음으로 사용되기 시작한 것은 1960년대 초로 추정되는데, 그 당시 미국에서 수입된 용어인 마케팅을 번역하지 않고 그대로 사용함으로써 하나의 외래어로 완전히 자리 잡은 것으로 생각된다.

모든 기업은 제품(서비스를 포함하는 포괄적인 개념의 제품)을 적절히 판매함으로써 그 목적을 달성할 수 있다. 그러한 판매를 실현하기 위해서는 판매대상이 자신의 제품을 구매하고 싶도록 해야 한다. 그러면 어떻게 해야 그 대상이 자신의 제품을 구매하고 싶어지는가? 이는 바로 자신의 제품을 매력적으로 보이게 함으로써 가능해진다. **마케팅**(marketing)은 **자신이 판매하고자 (혹은 제공하고자) 하는 것을 상대방에게 매력적으로 보여**(appeal) **이를 수용하게 하는**(accept) **행위 혹은 노력**이라고 할 수 있다.

마케팅이 무엇인가와 관련해서는 다양한 연구자와 기관들에 의해 논의되고 있다. 이하에서는 국내외의 가장 권위있는 마케팅분야 학회인 한국마케팅학회(Korean Marketing Association; 이하 KMA)와 미국마케팅학회(American Marketing Association; 이하 AMA)의 마케팅 정의를 살펴본다.

> **마케팅**
>
> 자신이 판매하고자(혹은 제공하고자) 하는 것을 상대방에게 매력적으로 보여 이를 수용하게 하는 행위 혹은 노력

2. 한국마케팅학회의 마케팅 정의

우리나라 대학에서는 지금까지 미국에서 축적된 마케팅 기법과 지식들을 그대로, 혹은 국내 실정에 맞추어 가르쳐 왔다. 이러한 점은 마케팅을 실제로 행하는 기업의 경우에도 동일하다고 할 수 있다. 한국의 대학에서 마케팅을

---

1) Robert Bartels, *The History of Marketing Thought*, 2nd ed., Grid, Inc., 1976.
2) R. S. Butler, H. DeBower, and J. G. Jones, *Marketing Methods and Salesmanship*, New York: Alexander Hamilton Institute, 1914.

가르치기 시작한 것은 1960년대부터로, 기업과 비영리조직들이 마케팅의 중요성을 점차 인식하게 됨에 따라 미국에서 설정된 마케팅 정의를 그대로 소개하는 것을 넘어 우리의 정의가 필요하다는 견해가 국내 마케팅학계에서 제기되었다. 그리하여 후술하는 바와 같이 AMA가 마케팅의 정의를 제정하였듯이 KMA도 2002년 공식적으로 마케팅 정의를 다음과 같이 제정하게 되었다.

마케팅은 조직이나 개인이 자신의 목적을 달성시키는 교환을 창출하고 유지할 수 있도록 시장을 정의하고 관리하는 과정이다.

(Marketing is the process of defining and managing markets to create and retain exchanges by which organizations or individuals achieve their goals.)[3]

KMA의 마케팅 정의를 해설하면 다음과 같다.

(1) 마케팅의 주체는 <u>조직 혹은 개인</u>이 될 수 있다. 조직은 이익추구 여부와 관계없이 모든 조직을 포함한다.

(2) 조직이나 개인은 자신의 제공물(offerings)과 그 반대급부로서 획득하기를 원하는 것과의 <u>교환</u>에 의해 자신의 목적을 달성할 수 있다.

(3) <u>제공물</u>은 마케터가 교환을 위해 시장에 제공하는 것으로서 유형의 제품, 무형의 서비스, 사람, 조직, 아이디어, 운동경기, 국가, 장소 등 조직이나 개인이 시장에 제공할 수 있는 모든 것을 의미한다.

(4) 교환을 <u>창출하고 유지</u>한다는 것은 신규 고객을 창출하는 것과 그 고객이 자신과의 계속적인 교환의 당사자가 되도록 하는 것을 말한다.

(5) 마케터가 마케팅을 수행하는 데 가장 기본적인 과업은 <u>시장(market)의 정의</u>이다. 즉, 적절한 시장의 정의는 마케팅의 성공을 위하여 필수적이다. 그러므로 마케팅 정의는 시장의 정의를 포함한다.

(6) <u>시장</u>은 교환의 상대방을 의미하며 단일 개인 혹은 조직이거나 이들의 집합으로 구성될 수 있다. 시장은 제품시장과 세분시장 둘 다를 의미한다.

(7) 시장은 현존하는 시장과 앞으로 창출될 수 있는 시장을 포함한다. 창출될 수 있는 시장이란 현재 존재하는 제공물로는 충족될 수 없는 미래의 시장을 말한다. 그러므로 마케터는 경쟁자와 같은 종류의 제공물로써 현존하는 시장을 대상으로 소구할 수도 있고 전혀 새로운 제

---

3) 마케팅정의 제정위원회, "한국마케팅학회의 마케팅 정의," 한국마케팅학회, *마케팅연구*, 17(2), 2002. 6, pp. 5-6.

공물을 개발하여 새로운 시장을 창출하여 이에 소구할 수도 있다.

(8) 시장을 <u>관리한다</u>는 것은 마케터가 자신이 원하는 방향으로 시장의 행동을 방향짓는(direct) 것을 의미한다. 기존의 마케팅이 시장의 변화에 얼마나 효율적으로 적응하느냐에(adapt) 경쟁력의 원천이 있다고 본 반면에, 시장을 관리한다는 것은 이러한 기능과 아울러 시장을 마케터가 자사에 유리한 방향으로 선도함으로써(lead) 시장에서의 불확실성을 줄이고 경쟁력을 창출한다는 점에서 차이가 있다. 마케터는 시장관리를 위하여 제공물의 개발, 가격결정, 유통, 커뮤니케이션, 여론형성(public opinion formation), 정부관계 노력(politics) 등 여러 가지 수단을 사용할 수 있으며, 나아가 마케팅 환경이 변하면 새로운 마케팅믹스 요소를 창출해야 한다.

(9) 요컨대, 마케팅의 요체는 시장의 정의와 관리에 있다.

KMA의 정의는 시장의 정의와 교환의 유지를 포함하고, 포괄적 의미를 갖는 시장관리라는 표현을 사용한다는 점이 중요한 특징이라고 할 수 있다.

3. 미국마케팅학회의 마케팅 정의

AMA는 1948년 학회 차원에서 최초로 마케팅을 정의한 이후, 수차례의 개정을 했는데 그중 2013년의 정의는 다음과 같다.

마케팅은 고객, 클라이언트, 파트너, 그리고 사회 전체에 가치 있는 것을 창출하고, 알리고, 전달하고, 교환하는 행위, 제도, 그리고 과정이다.

(Marketing is the activity, set of institutions, and processes for creating, communicating, delivering, and exchanging offerings that have **value** for customers, clients, partners, and society at large.)[4]

이 정의에서는 마케팅의 핵심을 **가치**(value)로 본다. 즉, 고객에게 보다 높은 편익(benefits)을 제공하고 비용(costs)을 줄여주는 가치의 개념을 마케팅의 핵심으로 설정한 것이며, 가치창조를 통해 조직과 그 이해관계자들의 이익을 실현할 수 있는 것으로 기술한다. 또한 마케팅을 실행하는 데 있어서 고객(customers, clients)뿐만 아니라, 기업의 파트너(예; 제조업체의 경우 유통업체, 광

---

4) "The American Marketing Association Releases New Definition for Marketing," *AMA*(Approved July 2013).

고대행사 등)와 아울러 사회 전체를 염두에 두어야 한다는 점을 명시적으로 기술하고 있다.

학습목표 2: 마케팅관련 기본개념

마케팅을 이해하기 위해서는 관련 기본개념인 욕구, 가치, 제품, 교환, 시장 및 마케팅믹스에 대하여 이해해야 한다.

1. 욕구 (Needs/Wants)

마케팅은 인간의 욕구충족행위이다. 사람들은 누구나 의·식·주를 포함하여 생활에 필요한 여러 가지 제품과 서비스에 대한 욕구를 가진다. **욕구**는 근본적 욕구(fundamental needs)와 구체적 욕구(specific wants)로 구분할 수 있다.[5] **근본적 욕구**는 사람들이 살아가면서 필요한 음식, 의복, 가옥, 존경, 안전, 편안함 등 본원적(generic)이고 근본적인 대상에 대한 욕구를 말한다. **구체적 욕구**는 근본적 욕구를 실현시킬 수 있는 수단에 대한 욕구인데, 예컨대 배고픔을 해소시킬 수 있는 구체적 수단으로서 여러 가지 음식 중 햄버거에 대한 욕구나 설렁탕에 대한 욕구를 말한다. 동일한 근본적 욕구에 대한 구체적 욕구는 흔히 개인마다 다른데, 이는 바로 그 소비자의 취향이나 그가 속한 사회의 문화가 다르기 때문이다. 그러므로 한국인은 점심때 보통 비빔밥이나 설렁탕을 먹지만 미국인은 햄버거나 샌드위치를 먹는다.

욕구와 관련된 다른 개념으로 수요(demands)가 있다. **수요**는 욕구가 구매력과 구매의지에 의하여 뒷받침된 것을 말한다. 그러므로 소비자가 어떤 제품에 대한 욕구가 있다고 해서 반드시 구매로 이어지는 것은 아니다. 그러한 욕구가 구매력과 구매의지에 의해 뒷받침될 때 비로소 그 제품에 대한 구매가 이루어진다. 따라서 자사의 제품을 판매하려는 기업의 마케터는 소비자의 욕구를 자사의 제품에 대한 수요로 구체화시키는 마케팅 노력을 함으로써 판매가 가능해진다.

---

5) 근본적 욕구(fundamental needs)는 '필요'라고도 하며, 구체적 욕구(specific wants)는 '욕구'라고도 함. 필요는 사람들이 살아가는 데 필요한 의·식·주, 안전, 소속감 등과 같은 기본적인 것들이 부족한 상태를 의미하며, 욕구는 필요를 충족시킬 수 있는 어떠한 구체적인 수단을 원하는 상태를 의미함.

2. 가치 (Value)

가치는 '편익(benefits)과 비용(costs)의 상쇄관계(trade-off)'에 의한 것이다. 소비자는 제품을 구매함으로써 편익을 얻는다. 다시 말해, 편익은 어떤 제품으로부터 고객이 받는 만족, 또는 욕구충족의 효과라고 볼 수 있다. 그런데 그 제품을 구매하기 위해서는 금전적 비용은 물론 시간, 노력 등의 여러 가지 비용을 치르게 된다. 이 관점에서 소비자는 가급적 적은 비용을 치르고 많은 편익을 얻을수록 더 높은 가치를 실현했다고 할 수 있다. 따라서 기업은 소비자에게 높은 가치를 제공하기 위해서는 자사의 제품이 가급적 높은 편익을 제공하도록 그리고 소비자가 가급적 적은 비용을 치르도록 하면 된다. 이런 관점에서 볼 때 소비자는 여러 제품대안들 중 자신에게 가장 높은 가치를 실현시켜주는 대안을 선택하는 것으로 볼 수 있다. 예를 들어, 캐롯퍼마일 자동차보험은 다른 자동차보험에 비해 소비자에게 보다 높은 수준의 편익을 제공하면서 낮은 수준의 비용을 요구한다. 소비자가 캐롯퍼마일 자동차보험과 다른 자동차보험 각각에 부여하는 가치는 각 브랜드의 편익과 비용을 어느 수준으로 지각하느냐에 달려 있다.

노브랜드버거 & 캐롯퍼마일 자동차보험
고객에게 높은 가치를 소구하는 노브랜드버거와 캐롯퍼마일 자동차보험

결과적으로 '**가치 = 총 편익－총 비용**' 혹은 '**가치 = 총 편익/총 비용**'의 공식으로 정리할 수 있다. 그렇다면 마케터는 어떻게 가치를 높일 수 있을까? 이하에서는 세 가지의 방법을 제시한다.

Morton Salt

첫째는 **비용을 낮추는 방법**이다. 우리 주위에서 가격할인 프로모션 행사를 쉽게 살펴볼 수 있는 이유도 이 때문이다. 즉, 가장 손쉽게 소비자들에게 제품의 가치를 높이는 방법이라고 할 수 있다.

둘째는 **제품의 편익을 높이는 방법**이다. 기존 제품에 없는 새로운 속성을 추가한 제품을 개발하는 것이다. 소금 브랜드인 Morton은 1910년 미국시장에 출시되어 지금껏 1등의 자리를 유지하고 있다. 소금은 차별화하기 어려운 제품인데도 1등을 빼앗기지 않은 것에는 비결이 있다. 1910년 당시 미국에서는 누런 봉투에 소금을 담아서 팔았었는데 비가 오는 날이나 습기가 많은 날에는 소금이 엉겨붙어 덩어리가 되는 현상이 나타났다. Morton Salt Inc.는 세계 최초로 골판지로 만든 방수 패키지를 개발하였다. Morton의 캐릭터를 보면 우산을 들고 있는 소녀가 Morton 소금통을 들고 있는데 실수로 거꾸로 들어 열린 뚜껑으로 소금이 가루가 되서 쏟아지고 있는 것을 캐릭터로 만들었다. 이 캐릭터는 비가 올 때 덩어리가 되지 않고 가루 상태로 남아 있다는 것을 의미한다. 이러한 것이 Morton의 오늘이 있게 한 성공 런칭 메시지이다. 이처럼 가격은 동일하면서, 다른 제품에서는 제공하지 않는 편익을 제공하는 것이 제품의 가치를 높이는 방법이다.

셋째는 **가격을 낮추고 편익을 높이는 방법**이다. 소비자들의 입장에서 본다면 더할 나위 없이 좋을 것이다. 하지만 이 방법은 새로운 시장을 개척하기 위해 선발브랜드가 사용하는 방법이라기보다는 이미 경쟁자들이 널리 분포되어 있는 시장에 후발브랜드가 진입하기 위한 방법으로 많이 이용된다(예: 렉서스, 제네시스의 미국 자동차 시장 진입전략).

> **가치 = 총 편익 − 총 비용**
> **가치 = 총 편익 / 총 비용**

3. 제품(Products) 혹은 제공물(Offerings)

사람들은 제품을 소비함으로써 자신들의 욕구를 충족시킨다. 이때 소비되는 제품에는 물리적 형태를 가진 **유형의 제품**(tangible/physical products)뿐만 아니라 **무형의 서비스**(intangible services)도 함께 포함된다. 기업의 마케터는 제품을 시장에 제공하고 그 시장이 이를 수용하도록 노력한다. 이를 위하여 마케터는 자사의 제품을 표적시장에 보다 매력적으로 보이도록 노력한다. 마케팅의 주체를 이익추구 여부와는 관계없이 자신이 가진 것을 제공하고(offer) 반대급부를 얻고자 하는(즉, 교환을 하고자 하는) 모든 조직과 개인으로 보면, 마케터가 시장에 제공할 수 있는 것에는 유형 제품과 무형 서비스뿐만 아니라 사람, 조직, 아이디어, 운동경기, 국가, 장소 등 많은 것들이 포함된다. 이 모든 것들을 유형 제품과의 혼동을 피하기 위해 제품 대신에 **제공물**(offerings)이라고 표현할 수 있다.

제품과 서비스 이외의 제공물의 예를 들어보자. 연예인들은 TV 시청자들에게 인기를 얻고자 노력하며, 국회의원 후보자들은 유권자들의 지지를 받기 위해 선거운동을 한다. 남녀가 만나 상대방이 마음에 들면 상대방에게 자신을 매력적으로 보이기 위해 노력한다(사람). 각 행정기관은 업적을 공표해서 주민들의 지지를 얻고자 하며(조직), 소년소녀가장돕기 캠페인을 하는 언론사는 보다 많은 사람들의 동참을 유도한다(아이디어). 월드컵 경기를 주관하는 월드컵조직위원회는 성공적 경기를 위해 노력하고(운동경기), 우리 국민들은 2002 월드컵 경기를 할 때 외국인들에게 좋은 이미지를 주도록 노력하였다(국가). 관광지는 보다 많은 관광객들을 유치하고자 한다(장소). 이와 같이 마케팅의 적용범위는 매우 넓으며, 모든(혹은 대부분의) 조직과 개인은 마케팅을 한다고 할 수 있다. 자신을, 그리고 자신의 것을 타인에게 매력적으로 보이고자 하는 것은 인간의 본성이기 때문이다.

4. 교환(Exchange)

마케터는 자신의 제공물을 시장에 제공하고 자신이 원하는 반대급부를 얻는 교환을 창출한다. **교환**(exchange)은 교환의 각 참여자가 무엇인가를 다른 참여자에게 제공하고(offer) 자신이 원하는 무엇인가를 획득하는(acquire) 행위이다.

교환은 마케팅에 있어서 가장 중요한 개념 중 하나로 고려되어 왔는데, 이는 마케팅의 범위(scope)와 관련되어 있다. 마케팅이라는 개념이 생겨난 후

교환
각 참여자가 무엇인가를 다른 참여자에게 제공하고 자신이 원하는 무엇인가를 획득하는 행위

1960년대 말까지 기업이나 일반인들, 그리고 대학교수들도 마케팅을 이익추구 조직인 기업만이 하는 행위로 받아들였다. 그러나 1969년에 이르러 Kotler와 Levy는 이익추구 조직인 기업만이 마케팅 활동을 수행하는 것이 아니라 학교, 교회, 박물관, 경찰서 등 비영리조직도 마케팅행위나 적어도 마케팅 유사행위(marketing-like activities)를 수행하는 것으로 보아야 한다는 획기적인 주장을 하였다. 그들은 마케팅의 핵심은 상거래(business transaction)에 있는 것이 아니라 교환에 있으므로 교환활동에 참여하는 어떤 종류의 조직도 마케팅(혹은 마케팅 유사행위)을 수행하는 것으로 보아야 하며, 그 대상인 학생, 신도, 입장객, 일반시민 등을 시장으로 볼 수 있다고 주장하였다. 그리하여 수십 년간 기업에서, 그리고 기업을 위하여 개발된 여러 가지 마케팅 절차·기법·사고들을 비영리조직에 적용함으로써 비영리조직의 목적달성에 공헌할 수 있다고 주장하였다.[6] 마케팅의 범위를 비영리조직까지 확장해야 한다는 주장은 다수의 학자들에 의하여 지지되었으나 또 다른 여러 학자들에 의하여 반박되었는데, 수년간의 학술적 논쟁 끝에 확장론이 점차 많은 학자들에 의하여 수용되고 오늘날은 일반적으로 받아들여지고 있는 실정이다. 이러한 견해에 따라 비영리조직의 마케팅을 **비영리마케팅**(non-profit marketing)이라고 부르며 이에 대한 연구가 별도로 이루어지고 있다.

교환의 각 당사자는 교환을 함으로써 이전에 비하여 자신의 효용(utility)이 증대된다고 믿게 되면 교환이 이루어진다. 따라서 생산이 가치를 창출하듯이 교환도 **가치창출과정**(value-creating process)으로 볼 수 있는 것이다.

기업과 전통적 의미의 구매자의 범위를 넘어 교환을 생각해보자(그림 1.1 참조). 연예인들은 매력적인 모습과 행동을 TV 시청자들에게 보여줌으로써 시청자들로부터 인기를 얻는다(궁극적으로는 보다 많이 출연하고 출연료가 높아진다). 국회의원 후보자들은 유권자들의 복지를 증진시켜줄 수 있다는 기대감을 제공함으로써 표를 얻는다. 남녀는 상대방에게 매력적으로 보이는 노력에 의해 상대방의 애정을 얻을 수 있다. 행정기관은 주민을 위한 행정을 잘함으로써 주민들의 지지를 얻게 된다. 소년소녀가장돕기 캠페인을 하는 언론사들은 기부금을 받으면서 기부자를 알리고, 또한 기부자는 스스로 남을 돕는다는 보람을 갖게 된다. '2002 한-일 월드컵' 같은 축구대회가 한국에서 독자적으로 개최된다면, 대한축구협회 조직위원회가 대회를 보다 잘 운영하면 보다 많은 사람들이 경기를 관람하고 조직위원회를 지지할 것이다. 국가 주요행사시 우리 국민들은 외국인들이 좋은 인상을 갖도록 노력함으로써 그들이 우리나라

---

6) Philip Kotler and Sidney J. Levy, "Broadening the Concept of Marketing," *Journal of Marketing*, 33, January 1969, p.15.

그림 1.1 마케터, 시장, 그리고 교환의 관계

마케터	교환	시장
기업	좋은 제품 / 서비스 ← → 대금지급	소비자
연예인	자신의 매력 ← → 인기 (출연료)	TV시청자
국회의원 후보자	기대감 → ← 투표	유권자
남녀	매력 → ← 애정	상대방
행정기관	올바른 행정 → ← 지지	지역 주민
캠페인 언론사	감사, 보람 → ← 기부금	독자, 시청자
대한축구협회 조직위원회	좋은 경기 운영 → ← 관람 / 시청	세계인
한국 국민	한국에 대한 좋은 인상 ← → 한국에 대한 긍정적인 태도	외국인
관광지	즐거움 / 휴식 → ← 비용지출	관광객

를 보다 긍정적으로 보게 되었다. 관광지는 즐거움과 휴식을 줄 수 있는 편의시설, 적정가격 등에 의하여 보다 많은 관광객들을 유치할 수 있다.

5. 시장(Market)

　시장은 재래시장이나 백화점과 같이 교환의 발생장소로서의 의미를 갖는다. 실제로 마케팅(marketing)은 시장(market)과 교환행위(~ing)가 합쳐진 개념이다. 다시 말해, 기업들이 시장에서 무엇인가의 교환행위를 한다고 볼 수 있다. 그러나 마케팅을 실행하는 기업관점에서 보면 **시장**은 자사제품에 의하여 그 욕구가 충족될 수 있으며 구매력을 갖춘 개별 잠재고객 혹은 잠재고객들의 집합을 말한다. 예를 들어, 소형승용차 제조회사의 시장은 소형승용차를 구매하기를 원하면서 구매할 자금을 가지고 있는 사람들이다. 한 기업의 시장에는 동일한 표적고객들을 대상으로 활동하는 경쟁기업들이 있는 경우가 많다. 기업은 동일한 고객들의 욕구를 경쟁기업보다 더 잘 충족시킴으로써 자사의 제품을 판매하려고 하는데 이러한 노력의 구심점이 마케팅이 되는 것이다. 마케터는 노력 여하에 따라 자사제품에 대한 수요가 없는 사람들도 설득에 의해 자사제품에 대한 수요를 창출할 수 있다. 그러므로 마케팅은 **수요창출행위**(demand-creating activity), 혹은 **시장창출행위**(market-creating activity)의 역할을 하는 것이다.

　모든 조직과 개인이 마케팅의 주체가 될 수 있다고 본다면 마케터와 시장의 유형은 [그림 1.1]과 같이 매우 다양해진다. 예를 들어, 연예인들의 시장은 TV 시청자, 국회의원 후보자의 시장은 유권자, 이성과의 교제를 원하는 남녀의 시장은 상대방(개인도 시장이 될 수 있음), 행정기관의 시장은 지역 주민, 언론사의 시장은 독자나 시청자, 월드컵 조직위원회의 시장은 세계인, 국가 마케팅의 시장은 다른 나라 사람들, 관광지의 시장은 관광객들이 된다.

시장
자사제품에 의하여 그 욕구가 충족될 수 있으며 구매력을 갖춘 개별 잠재고객 혹은 잠재고객들의 집합

6. 마케팅믹스

　교환이 발생되기 위해서, 혹은 기업이 고객을 위해 가치를 창조하기 위해서, 기업은 제품개발, 가격결정, 유통, 그리고 촉진(커뮤니케이션) 등 마케팅 요소들에 대해 계획을 수립하고 실행할 필요가 있다. 이러한 교환의 창출 혹은 가치의 창조를 위한 마케팅수단들을 합쳐 **마케팅믹스**(marketing mix)라고 부른다. 마케팅믹스는 다음과 같이 정의된다.

**　마케팅믹스는 마케팅관리자가 표적시장에서 마케팅목적을 달성하기 위하여 사용하는 통제가능한(controllable) 마케팅수단들의 집합(set)이다.**

마케팅믹스
마케팅믹스는 마케팅관리자가 표적시장에서 마케팅목적을 달성하기 위하여 사용하는 통제가능한 마케팅수단들의 집합

MARKETING INSIGHT: 보랏빛 소가 온다 – 'P'에 대한 강박관념?

Seth Godin은 그의 저서 〈보랏빛 소가 온다(Purple Cow)〉에서 새로운 마케팅 수단으로 'Remarkable'의 개념을 강조한다. Remarkable Marketing은 혁신적인 제품을 창조하고 그런 제품을 열망하는 조기수용자(early adopters) 집단을 공략하는 것이다. 광고와 같이 전통적인 수단이 아닌 조기수용자의 구전에 의한 마케팅이 Remarkable Marketing의 핵심이라고 할 수 있다. Godin은 Remarkable Marketing의 성공사례로 로지텍, 크리스피크림, 후터스 등을 제시하고 있다.

그런데 왜 책의 제목이 〈보랏빛 소가 온다〉일까? 그의 주장에 따르면 새로운 마케팅 수단은 'Remarkable Product' 또는 'Innovative Product'가 된다. 하지만 여기서 마케팅믹스를 구성하는 마케팅 도구들(tools)에 대해 생각해보면 그 이유를 추론할 수 있다. 전통적인 마케팅믹스가 4P's, 서비스마케팅믹스가 7P's, 메가마케팅믹스가 6P's로 구성되었다는 점을 고려하여 Godin은 Remarkable Marketing의 'Remarkable'이나 'Innovative'를 P로 시작하는 명사형태로 변화시킨 Purple Cow로 제시한 것이다.*

여기서 생겨나는 또 다른 의문점은 어떻게 purple cow가 'Remarkable'이나 'Innovative'의 의미를 지닐

수 있는가이다. 그는 자신의 책 서문에서 다음과 같은 예를 들어 이에 대한 답을 하고 있다. 그는 자신의 가족과 함께 여행을 하면서 프랑스 초원의 소떼를 보고 감탄하였다. 그런데 얼마 지나지 않아 감탄했던 그 장면은 지루해지기 시작하였다. 그 이유는 모든 소들의 색깔이 전부 같았기 때문이다. 만약 그런 소들 사이에서 보랏빛 소가 있다면 어떨까? 이러한 생각이 그가 Remarkable을 Purple Cow로 대신할 수 있었던 것이다.

일반적인 색깔의 소(일반적인 제품) 사이에 보랏빛 소(remarkable product)가 있다면 사람(고객)의 눈에 쉽게 띌 것이며, 보랏빛 소를 본 사람들은 주위 사람들에게 이야기하고 싶을 것이다. Godin의 이러한 설명을 보면 Purple Cow의 개념을 이해할 수 있다. 그러나 그의 이러한 주장은 마케팅수단이 반드시 'P'로 시작해야 한다는 마케터의 강박관념 때문으로도 생각할 수 있다. 단지 그 이유만이라면 Yellow Cow나 Green Cow도 될 수 있는 것 아닌가?

자료원: Seth Godin 저, 이주형 역, *보랏빛 소가 온다*, 재인, 2004.
* 7P's와 6P's는 각각 10장과 3장에 설명되어 있다.

여기서 '통제가능'이라 함은 마케팅관리자의 판단에 따라 의사결정을 할 수 있음을 의미한다. 즉, 제품디자인이나 제품구색의 결정, 가격결정과 조정, 유통경로 결정, 촉진방법의 결정 등은 모두 마케팅관리자의 결정사항이다. 이에 비하여 시장의 환경은 마케팅관리자에게 통제불가능한(uncontrollable) 요소가 된다. 이러한 측면에서 마케팅관리자의 업무는 마케팅목적을 달성하기 위하여 통제가능한(controllable) 요소인 마케팅믹스변수들을 적절히 결합하여 통제불가능하며 동태적으로 변하는 마케팅환경에 적절히 적응하는 것이라고 할 수 있다.

한편, 마케팅믹스는 전통적으로 제품(product), 가격(pricing), 유통(distribution), 촉진(promotion)으로 구성되는 것으로 받아들여지는데, McCarthy 교수는 유통(distribution) 대신 장소(place)의 개념을 사용하여 마케팅믹스 요소를 네 개의 P로써 제안하였으며 이를 4P's라고 한다.[7] 이 네 가지는 전통적으로 마케팅믹스의 요소로 받아들여져 왔으나, KMA의 정의에서처럼 마케팅환경의 변화에 따라 여론형성, 정부관계노력 등도 중요한 마케팅수단으로 대두되고 있다. 뿐만 아니라 각 기업의 마케터는 자사 마케팅환경의 변화에 따라 새로운 마케팅믹스 요소를 창출해야 한다(학습목표 1의 KMA의 마케팅 정의와 제3장 Marketing Insight의 메가마케팅 사례 참조).

7. 본서의 관점

이상에서 마케팅관련 기본개념인 욕구, 가치, 제품, 교환, 시장 및 마케팅믹스의 의미를 서술하였는데, 본서는 주로 기업경영과 관련된 마케팅을 다룬다. 그러므로 제품은 물리적 제품과 무형의 서비스까지로 한정하고, 시장도 기업의 활동대상에 국한하여 **기업마케팅**을 중심으로 서술한다. 그러나 마케팅의 주체가 기업에 한정되지 않고 모든(혹은 대부분의) 조직과 개인이 될 수 있다는 점에서 본서의 내용은 매우 넓게 적용될 수 있을 것이다.

한편 기업의 종류는 제조업체, 유통업체, 서비스업체 등으로 분류할 수 있으며, 앞에서 서술하였듯이 시장은 소비자시장 외에도 여러 가지가 있다. 기본적인 마케팅사고, 기법, 그리고 지식은 주로 제조업체가 소비자시장을 대상으로 하는 마케팅을 중심으로 발전되고 축적되어 왔다. **본서는 마케팅의 기본서적이므로 주로 소비자시장을 대상으로 하는 제조업체의 마케팅을 중심으로 서술한다.** 본서에서 서술되는 내용의 상당부분은 산업재 제조업체, 유통업체, 그리고 서비스업체에 그대로 적용되기는 하나 전체경제에서 서비스부문의 비중이 점차 커지고 있어 제10장에서는 서비스 관리, 즉 서비스기업의 마케팅을 별도로 다룬다.

학습목표 3: 마케팅관리 철학

기업의 마케팅행위 결과는 **기업**, **고객**, 그리고 **사회**의 세 부문에 영향을

---

7) E. Jerome McCarthy, *Basic Marketing*, McGraw-Hill, 1960.

| 그림 1.2 | 마케팅관리 철학 |

생산
개념　　제품
개념　　판매
개념　　마케팅
개념　　사회지향적
마케팅개념

미친다. 즉, 마케터가 성공적으로 마케팅을 수행함으로써 기업의 목적달성에
공헌하고 고객의 욕구를 충족시키며 그 기업이 속한 사회에 공헌할 수 있다.
그런데 기업의 마케터가 마케팅관리를 함에 있어서 이들 중 어느 것에 관심을
더 기울이는가에 따라 그림 1.2와 같이 다섯 가지 관리 철학(생산개념, 제품개
념, 판매개념, 마케팅개념, 사회지향적 마케팅개념)이 제기된다.

1. 기업중심 관리 철학

이는 기업이 자사의 목적달성에만 관심을 기울이는 관리 철학으로서 여
기에는 ① 생산개념, ② 제품개념, ③ 판매개념이 있다.

(1) 생산개념

제품수요에 비해 공급이 부족하여 소비자들이 제품구매가 어려운 경우
소비자들의 관심은 주로 그들이 지불할 수 있는 가격으로 그 제품을 구매하는
데 있게 된다. 이러한 경우의 시장상황을 **판매자시장**(sellers' market)이라고 한
다. 이에 비해 공급이 수요를 초과하는 상황을 **구매자시장**(buyers' market)이
라고 한다. 판매자시장에서 기업은 생산만 하면 쉽게 판매할 수 있으므로 생
산성(productivity)을 높이고 생산량을 증가시키는 데 관심을 쏟게 된다.

생산개념(production concept)은 소비자들이 쉽게, 그리고 저렴하게 구매
할 수 있는 제품을 선호할 것이라는 전제를 기반으로 한다. 즉 생산개념은 수
요가 공급을 초과하여 제품을 생산하기만 하면 팔리는 제품이나 제품의 원가
를 줄일 수 있는 생산성이 높은 제품에 초점을 두는 경영철학이다. 생산개념
이 강조되던 시기 포드(Henry Ford)는 자신들만의 「포드시스템(Ford System)」
을 기반으로 원가를 줄일 수 있는 체계를 구축하였다. 이른바 포드에 의한 대
량생산체계로, 이는 자동차를 생산하는 데 있어 4S를 기반으로 한 컨베이어시
스템에 의한 작업을 수행함으로써 생산성을 극대화시키는 데 큰 기여를 하였

생산개념

소비자들이 쉽게, 그리고
저렴하게 구매할 수 있는
제품을 선호하는 것이라
는 경영철학

다. 여기에서 4S란 기계의 전문화(specialization), 부품의 규격화(specification), 작업의 단순화(simplification), 제품의 표준화(standardization)를 말한다. 이는 규격화된 부품을 조립하기 위해 전문화된 기계를 사용하고, 오차를 줄이기 위해 노동자의 작업을 단순화시켜 결국 표준화된 제품을 만들어내는 시스템을 의미한다. 결과적으로 생산개념은 대량생산을 통한 원가절감에 초점을 기울이는 것으로 볼 수 있다.

(2) 제품개념

생산개념하에서 기업은 생산성의 향상에 주력하고 이에 따라 공급이 증대된다. 또한 생산성에 주력하다 보니 제품차별화는 도외시된다. 결과적으로 경쟁자들 간에 제품은 유사해지고 경쟁은 점차 치열해진다. 공급증대에 따라 경쟁이 심화되면서 기업은 제품개념을 가질 수 있다. **제품개념**(product concept)이란 치열한 경쟁에 대처하고자 경쟁자보다 차별화된 제품 혹은 좋은 품질의 제품으로써 구매자를 유인하겠다는 관리 철학이다. 생산개념의 경우와 달리, 여기서 기업의 초점은 생산성 향상보다 제품 자체의 특징, 성능, 품질, 신제품 개발 등에 맞추어진다. 결과적으로 제품개념을 중시한 기업들은 소비자들이 최고의 품질과 성능을 가진 제품을 선호할 것이라는 믿음 아래 기술적으로 우수한 혁신적인 제품을 만들고, 시간의 흐름에 따라 이를 지속적으로 개선하는 데 주력한다.

> **제품개념**
> 경쟁자보다 차별화된 제품 혹은 좋은 품질의 제품으로써 구매자를 유인하겠다는 관리 철학

이때 기업이 생산개념의 경우와 마찬가지로 계속 기업중심적인 사고에 머무르게 되면 품질향상 노력의 결과 얻어지는 제품은 구매자보다 기업만의 시각에서 좋은 것이 될 수 있다. 이러한 제품은 그 자체로 아무리 좋다 하더라도 구매자의 필요에 부합하지 않을 수 있고, 결국 시장에서 실패할 가능성이 크게 된다. 예를 들어, 한때 일본의 대표적인 시계제조기업인 Seiko와 Citizen은 보다 깊은 물속에서 사용할 수 있는 시계를 개발하기 위해 노력하였다. Seiko가 200m 방수시계를 개발하면 경쟁적으로 Citizen은 250m 방수시계를 개발한 것이다. 보다 깊은 물속에서 시계를 사용할 수 있다는 것은 보다 높은 기술력을 의미하는 것이기는 하지만 이 과정에서 방수기능을 강화하기 위한 많은 부품들이 포함되면서 시계는 크고 무거워졌으며 가격은 높아졌다. 그러나 과연 깊은 물속에서 시계를 사용하는 사람들이 얼마나 되겠는가? 대부분의 고객들에게 이러한 첨단기술의 방수기능은 불필요한 것이 되어버렸다. 따라서 그 같은 제품향상은 일반 고객이 보기에 가격만 올려놓았을 뿐 별로 소용이 없는 것이 되어버린 것이다. 실제로 Seiko와 Citizen은 이후 고객에게 높은 가치를 제공하는 Swatch에 시장에서 완패하였다.

(3) 판매개념

제품개념으로도 시장에 대처할 수 없을 만큼 경쟁이 한층 치열해지면, 소위 판매개념이 기업을 지배할 수 있다. 치열해진 경쟁 때문에 좋은 제품을 갖고 있더라도 쉽게 원하는 만큼 판매하기 어려울 때, 기업은 판매 및 촉진활동에 노력을 기울이게 된다. **판매개념**(selling concept)은 이와 같이 공급이 수요를 초과하는 경우 경쟁에 대처하기 위하여 광고나 판매원의 노력에 의하여 판매증대를 가져오도록 하는 관리 철학이다.

기업이 품질향상을 통해 차별화된 제품을 갖지 않고 판매개념에 따라 움직이면 고객은 판매 및 촉진활동에 따라 제품을 구매하게 된다. 가령, 오늘 어떤 패스트푸드 브랜드에서 판촉행사를 하면 그 브랜드의 햄버거를 사고, 내일 다른 브랜드에서 판촉행사를 하면 그 브랜드의 햄버거를 사게 된다. 우리나라의 패스트푸드나 패밀리 레스토랑 시장에서 판매개념의 모습을 흔히 볼 수 있다. 한 기업이 신제품을 개발하여 성공하면 매우 유사한 제품이 곧 이어 출현한다. 가격도 경쟁자들 간에 유사한 경우가 대부분이다. 그 결과 경쟁자보다 판매 및 촉진을 늘려 매출을 향상시키더라도 판매 및 촉진에서 상대적 우위를 상실하면 곧바로 매출감소를 겪는다.

한마디로 차별화가 잘된 좋은 제품 없이 판매개념에 젖어들면, 판매량을 유지하거나 늘리기 위한 판매 및 촉진활동을 위한 지출이 계속적으로 이어져 기업은 어려움을 겪을 수 있다. 따라서 기업은 판매개념을 구사하더라도 자사 제품이 고객의 애고(patronage)를 얻을 수 있도록 제품차별화(product differentiation) 내지는 품질향상 노력을 병행해야만 한다.

판매개념을 강조하는 기업에서는 소비자들에게 자신들의 제품을 판매하는 일을 쉽게 하기 위해 막대한 양의 광고나 판매촉진 캠페인을 진행하는 경우가 많다. 이에 일반 대중들은 마케팅활동을 단순한 광고나 판매촉진 활동으로 오해하는 경우가 많지만, 실제로 판매는 마케팅의 일부분에 해당되는 활동이라는 점을 인식할 필요가 있다. 효과적인 판매활동이 이뤄지기 위해서는 마케팅조사, 제품개발, 가격결정, 효과적인 유통경로 설계 등과 같은 마케팅 활동이 선행적으로 이뤄져야 한다.

2. 고객지향 관리 철학 – 마케팅개념

치열한 경쟁에 직면한 기업이 대처하는 최선의 방법은 기업이 임의로 생산한 제품이나 서비스를 판매하려는 것보다 그 기업이 대상으로 하는 표

판매개념

공급이 수요를 초과하는 경우 경쟁에 대치하기 위하여 광고나 판매원의 노력에 의하여 판매증대를 가져오도록 하는 관리 철학

그림 1.3 판매개념과 마케팅개념의 차이

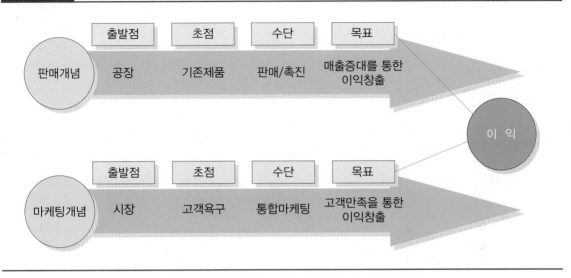

적시장의 욕구를 파악하여 그 욕구를 충족시키는 것이라는 사고가 **마케팅개념**(Marketing Concept; 마케팅컨셉)이다.[8] 그러므로 마케팅개념이 표방하는 것은 바로 **고객욕구충족**(customer needs/wants satisfaction) 내지 **고객지향성**(customer orientation)이라 할 수 있으며, 이를 고객지향적 관리 철학이라 할 수 있다. 기업중심 관리 철학이 기업의 기존제품에서 출발하는 데 비하여 고객지향적 관리 철학은 모든 마케팅 활동을 고객의 욕구에 초점을 두는 것으로서, 이를 대별하여 나타내면 [그림 1.3]과 같다.

마케팅개념을 판매개념과 혼동하는 경우가 종종 있다. 기존제품의 판매와 촉진활동의 강화를 통해 매출을 증대시켜 이익을 남기려는 생각이 판매개념이라면, 마케팅개념은 고객들이 가진 욕구를 통합된 마케팅활동을 통해 만족시킴으로써 얻게 되는 이익창출에 초점을 둔다. 그러므로 마케팅개념에서의 이익은 고객만족을 목표로 마케팅활동을 통해 자연스럽게 얻어진 결과물이다.

마케팅개념의 요체는 **고객지향성, 통합적 마케팅** 및 **고객만족을 통한 이익창출**인데, 구체적으로 다음과 같다.

> **마케팅개념**
> 기업이 대상으로 하는 표적시장의 욕구를 파악하여 그 욕구를 충족시키는 것

---

8) 마케팅개념은 고객욕구충족을 그 주된 내용으로 하는 관리이념으로서 마케팅컨셉과 혼용되어 사용되고 있다.

(1) 고객지향성

고객지향적 사고는 고객의 욕구를 기업의 관점에서가 아닌 고객의 관점에서 정의하는 것이다. **고객지향성**(customer orientation)이란 보다 구체적으로 고객의 욕구를 고객이 지불할 수 있는 가격에 충족시키는 것이다. 예를 들어, GE의 "우리는 고객이 만족할 때까지 만족하지 않습니다(We're not satisfied until you are)," Sears의 "만족을 보장합니다. 그렇지 않으면 돈을 돌려 드립니다(Satisfaction guaranteed, or your money back)" 등은 모두 고객지향을 표방하는 슬로건이다. 국내의 기업들도 점차 고객지향적 관리 철학에 많은 관심을 가지게 되었다. 하나은행의 "손님의 기쁨 그 하나를 위해," 롯데백화점의 "Always with You," 현대해상화재보험의 "최고 서비스로 고객과 함께 성장하는 보험회사," 티웨이항공의 "It's yours" 등의 슬로건은 모두 고객지향적 사고의 예이다.

의류와 운동기구를 판매하는 미국의 소매기관인 L. L. Bean은 고객지향을 다음과 같이 더욱 극명하게 표현하고 있다.

「고객이란 무엇인가? 고객은 바로 우리 회사에 있어서 누구보다도 중요한 사람이다. 고객이 우리에게 의존하는 것이 아니라 우리가 고객에게 의존하는 것이며 바로 우리가 하는 일의 목적(purpose)이다. 우리는 고객에게 봉사

신한은행 & 현대해상
고객지향 서비스를 강조하는 신한은행과 현대해상

함으로써 호의(favor)를 베푸는 것이 아니라 고객이 우리로 하여금 그렇게 할 수 있도록 우리에게 기회를 줌으로써 우리에게 호의를 베푸는 것이다. 고객은 우리가 논쟁을 하거나 다툴 대상이 아니다. 누구도 고객과 다투어서 이길 수 없다. 고객과 우리에게 모두 유익하도록 노력하는 것이 바로 우리들이 해야 할 일이다.」

(2) 통합적 마케팅

기업 내에는 기업의 목적을 달성하기 위하여 각각 다른 기능을 수행하는 여러 부문이 있다. 이러한 기업의 여러 기능들 중 고객과 직접 상대하는 기능은 마케팅기능이다. 그러나 고객지향적 사고가 마케팅부문에만 요구될 때 이는 실현될 수 없다. 이는 기업이 시장에 제공하는 제품은 기업 모든 부문의 노력의 결실이기 때문이다. 그러므로 고객의 욕구충족은 기업의 모든 부문과 모든 종업원들이 고객지향적 사고를 가짐으로써 실현될 수 있다. 실로 마케팅은 마케팅부문에게만 요구되기에는 너무나 중요한 기능이라고 할 수 있다 (Marketing is too important to be left only to the marketing department).[9] 마케팅적 사고가 기업전반에 확산될 때 이를 **통합적 마케팅**(total marketing), 혹은 **전사적 마케팅**(total company efforts)이라고 부른다.

여기서 **내부마케팅**(internal marketing)의 개념이 요구된다. 내부마케팅은 고객에게 충분히 봉사할 수 있는 자질을 갖춘 종업원을 선발하고 교육·훈련시키고 동기를 부여하는 것이다. **외부마케팅**(external marketing), 즉 고객지향적 마케팅의 실현을 위해서는 내부마케팅이 선행되어야 하는 것이다. 기업의 종업원이 고객에게 훌륭한 서비스를 제공하기 위해서는 그 준비가 갖추어져야 하는 것이다.

(3) 고객만족을 통한 이익창출

마케팅은 기업목적달성을 위해 수행되는 기능이므로 마케팅개념은 기업목적 지향적이어야 한다. 기업목적은 존속 및 성장, 기업가치의 극대화, 사회봉사 등 여러 가지로 파악될 수 있지만 이러한 목적들은 이익실현이 없이는 달성될 수 없다. 다시 말하면 기업이 장기적으로 존속·발전하고 기업가치를 극대화시키고 나아가서 사회봉사를 하기 위해서는 적정한 이익실현이 필수불가결한 전제조건이 된다. 그러나 기업이 이익자체만을 추구한다면 이익은 실현될 수 없으며, 고객만족을 위하여 최선의 노력을 기울임으로써 이익은 실현

---

9) David Packard(Hewlett-Packard 회사의 공동 창업자).

그림 1.4	마케팅개념

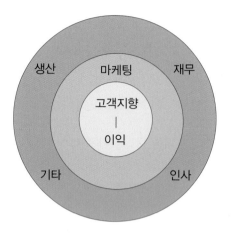

될 수 있다.

[그림 1.4]는 마케팅 활동의 초점은 고객지향과 **고객만족을 통한 이익창출**(profit through customer satisfaction)이어야 하며, 이를 위하여 기업의 여타 기능들은 마케팅기능을 중심으로 통합되어야 한다는 마케팅개념을 나타낸다.

3. 사회지향 관리 철학 – 사회지향적 마케팅

고객지향적 관리 철학인 마케팅개념은 고객만족을 통하여 기업목적달성을 추구하고자 하는 이념임을 앞에서 설명하였다. 기업이 고객의 욕구를 충족시켜줄 수 있는 제품을 개발하고 그들이 지불할 수 있는 적절한 가격에 판매하여 목적을 달성할 수 있다면, 더 이상 바랄 것이 없으며 매우 이상적으로 생각될 수 있다. 그러나 단기적으로 혹은 개인고객에게 매우 좋은 제품도 장기적으로 혹은 사회 전체적으로는 여러 가지 폐해를 가져올 수 있다. 다음의 사례를 생각해 보자.

- 자동차의 출현은 분명히 편리한 수송이라는 커다란 편익(benefits)을 인류에게 가져다주었지만 장기적으로는 대기오염이라는 공해문제를 야기하였다.
- P&G가 출시한 세계 최초의 일회용 기저귀 Pampers는 아기 엄마들에게 기저귀 빨래의 노동을 감소시켰지만, 엄청난 양의 쓰레기를 증가시키는 사회문제를 발생시켰다.

그림 1.5	사회지향적 마케팅

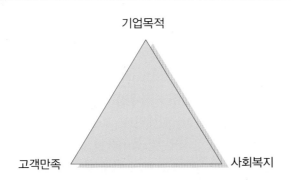

- 청량음료의 개발은 많은 소비자들에게 시원함과 청량감을 가져다주었다. 그러나 청량음료를 담는 병이나 캔은 자원의 낭비와 쓰레기의 증가를 가져왔다.

위의 사례는 개인소비자의 단기적 욕구충족이 장기적으로는 소비자전체, 즉 사회의 복지와 상충됨을 보여주고 있다. 이러한 사고의 발전에 의해 기업이 마케팅 활동을 수행함에 있어서 마케팅 활동의 결과가 장기적으로 사회 전체적으로 어떠한 영향을 미칠 것인가에 대한 관심을 가져야 하며 가급적 부정적 결과를 야기하지 않도록 하여야 한다는 **사회지향적 마케팅**(societal marketing concept)의 필요성이 대두되었다. 사회지향적 관리 철학은 고객만족, 기업목적(혹은 이익), 그리고 사회복지를 모두 요구하는 가장 진보된 관리 철학이다. 기업은 그 기업이 속한 사회에 봉사할 수 있을 때 존속·번영할 수 있으므로 사회지향적 마케팅은 기업의 사회적 책임(corporate social responsibility; CSR)이 강조되는 오늘날 가장 바람직한 관리 철학이 된다. [그림 1.5]는 사회지향적 마케팅을 간결하게 보여준다.

사회지향적 마케팅
마케팅활동의 결과가 장기적으로 사회 전체적으로 어떠한 영향을 미칠 것인가에 대한 관심

사회지향적 마케팅과 관련된 개념으로 최근 중요하게 다루어지고 있는 것이 **로하스마케팅**(LOHAS marketing)이다. 로하스(LOHAS)는 2000년 미국의 내추럴마케팅연구소(Natural Marketing Institute)가 처음 사용한 용어로 Lifestyles of Health and Sustainability의 약자이다. 로하스는 자신과 가족의 건강뿐 아니라 환경, 사회정의(social justice) 및 지속가능한 소비에 가치를 두고 생활하는 사람들의 라이프스타일을 의미한다. 로하스마케팅은 이러한 로하스의 개념하에 마케팅을 수행하는 것이다. 그러므로 로하스마케팅은 사회지향적 마케팅의 구체적 실천방안이라고 할 수 있으며, 특히 환경문제와 사회

정의에 관심을 집중시키는 관리이념이다. 로하스마케팅의 주체는 우선 기업이 되어야 하겠지만 기업의 로하스마케팅을 장려하고 실천하도록 하기 위해서는 고객과 정부의 관심과 참여 또한 필수적이다.

로하스마케팅 실천기업의 예로서 미국의 Herman Miller, Office Depot, Starbucks 등을 들 수 있다. 가구업체 Herman Miller는 사무용 의자를 재활용 알루미늄, 재활용 플라스틱과 같은 재활용품으로 제작하며, Office Depot는 자사 브랜드를 내걸고 재생용지를 판매한다. Herman Miller와 Office Depot가 환경측면의 로하스마케팅을 하는 기업이라면, Starbucks는 공정무역[10]을 통해 생산된 커피를 원료로 사용함으로써 사회정의 측면의 로하스마케팅을 하고 있다. 여기서 공정무역이란 커피 등의 농산물을 수입하는 Starbucks와 같은 글로벌 제조기업이 저개발국가의 농민들에게 적절한 보상을 제공하기

IBK기업은행
소상공인지원을 통한 미래성장을 강조하는 IBK기업은행

롯데백화점
코로나 역경 극복을 위해 사회전체를 격려하는 롯데백화점

---

10) 공정무역(fair trade)은 개발도상국들에게 생계의 안정성과 경제적 자급자족을 위한 토대를 제공하여 스스로 자립할 수 있도록 하기 위하여 다양한 제품(예: 수공예품, 커피, 카카오, 코튼, 와인, 과일 등)에 공정한 가격을 지불하도록 촉진하기 위한 사회 운동이다.

LG화학
　사람, 자연, 지구를 위해 기업의 사회적 책임을 강조하는 LG화학

롯데백화점
　여성의 사회적 행복을 지지하는 롯데백화점

위하여 중간상을 통하지 않고 그들로부터 원료를 직접 구입하는 것을 말한다. Starbucks는 2000년 미국 공정무역운동단체인 TransFair USA와 협약을 통해 미국 내 매장에서 공정무역인증 커피를 판매하기 시작했으며, 전 세계매장으로 이를 확대하였다.

학습목표 4: 마케팅프로세스와 본서의 개관

1. 마케팅프로세스

　마케팅은 시장과 고객욕구를 이해하는 것에서 시작된다. 이러한 이해를 토대로 마케터는 고객지향적 마케팅전략을 수립하고, 가치있는 제품을 전달하기 위한 통합적 마케팅프로그램을 개발한다. 기업의 통합적 마케팅프로그램이 고객에게 탁월한 가치를 제공할 경우, 고객은 만족하게 되고 기업과 장

그림 1.6 마케팅프로세스

기적인 관계를 형성하게 된다. 수익성있는 고객과의 장기적인 관계를 통해 기업은 고객자산을 구축하게 된다. 이러한 일련의 마케팅프로세스는 [그림 1.6]과 같다.

[그림 1.6]의 **마케팅프로세스**에서 '시장과 고객욕구의 이해 → 고객지향적 마케팅전략 수립 → 통합적 마케팅프로그램 개발 → 만족한 고객과의 장기적인 관계형성'까지의 단계는 기업의 마케팅활동과 관련된 것으로 본서의 다른 장들에서 설명한다. '고객자산의 구축'은 마케팅 활동이 성공적으로 이루어졌을 때 기업이 획득하는 성과와 관련된 것으로 이하에서는 고객자산에 대해 설명한다.

2. 고객자산

고객자산
현재고객과 잠재고객의 생애가치를 현재가치로 할인한 총합

마케팅 성과로서의 **고객자산**(customer equity)은 현재고객과 잠재고객의 생애가치를 현재가치로 할인한 총합을 의미하며, 이를 수식으로 표현하면 다음과 같다.

$$고객자산 = \sum_{i=1}^{n} \left[VC_i \times \left(\frac{1}{1+d} \right)^k \right]$$

n : 고객수
VC_i : i번째 고객의 생애가치
d : 할인율
k : 관계의 기간

고객생애가치
한 고객이 기업과 거래관계를 유지하는 기간에 걸쳐 발생시킬 누적금액의 크기

여기서 **고객생애가치**(customer lifetime value)란 한 고객이 기업과 거래관계를 유지하는 기간에 걸쳐 발생시킬 누적금액의 크기를 의미한다.

마케팅에서의 고객자산은 고객이 보유한 재무적 자산의 개념이 아니라 기업이 보유한 자산으로서의 고객을 의미한다. 기업의 마케팅활동에 만족

그림 1.7	고객자산의 결정요인

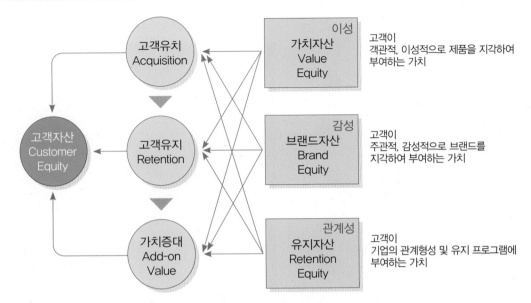

자료원: Roland T. Rust, Valarie A. Zeithaml, and Katherine N. Lemon, *Driving Customer Equity*, The Free Press, 2000, p. 9.

한 고객은 그 기업이나 제품에 대해 충성도(loyalty)를 형성한다. 충성도를 갖는 기존고객은 신규고객보다 기업에게 큰 가치를 제공하는데, 한 연구에 의하면 기존고객을 유지하는 데 드는 비용은 신규고객을 유치하는 데 드는 비용의 1/5에 해당한다.[11] 충성도를 갖는 고객은 장기간에 걸쳐 기업과 거래관계를 유지하게 되며 이로 인해 고객생애가치는 커지게 된다.

고객이 특정 제품이나 기업에 충성도를 갖고 장기적인 관계를 유지하게 되는 것(즉, 기업의 고객자산이 되는 것)은 기업의 마케팅활동에 대해 고객이 부여하는 가치에 의해 결정된다. 고객자산은 [그림 1.7]에 제시된 것과 같이 가치자산, 브랜드자산, 유지자산의 세 가지 하위 요인에 의해 결정된다.

가치자산(value equity)은 고객이 객관적, 이성적으로 제품을 지각하여 부여하는 가치를 의미하며, **브랜드자산**(brand equity)은 고객이 주관적, 감성적으로 브랜드를 지각하여 부여하는 가치를 의미한다. **유지자산**(retention equity)은 고객이 기업의 관계형성 및 유지 프로그램에 부여하는 가치를 의미한다.

가치자산
고객이 객관적, 이성적으로 제품을 지각하여 부여하는 가치

브랜드자산
고객이 주관적, 감성적으로 브랜드를 지각하여 부여하는 가치

유지자산
고객이 기업의 관계형성 및 유지 프로그램에 부여하는 가치

11) Larry J. Rosenberg and A. Czepiel, "A Marketing Approach to Customer Retention," *Journal of Consumer Marketing*, 1, 1984, pp. 45-51.

삼성증권

자산/거래규모 기준의 디지털 우수고객에게 오프라인 지점급 프리미엄 서비스(S라운지)를 제공하는 삼성증권

신세계백화점

온라인과 오프라인을 통합하여 우수고객에게 차별적 서비스 제공을 강조하는 신세계백화점

기업의 고객자산 형성에 미치는 하위 요인의 영향력 크기는 기업의 마케팅 활동이 어디에 집중하여 이루어지는가에 의해 결정된다. 스웨덴의 가구회사 IKEA는 우수한 품질의 제품을 경쟁자에 비해 상대적으로 낮은 가격에 판매하여 고객에게 높은 가치를 제공한다. IKEA의 고객자산 형성에는 가치자산의 영향력이 가장 크다고 할 수 있다. Apple은 i-phone, i-pad 등의 제품과 i-cloud, i-tunes 서비스를 통해 고객에게 탁월한 브랜드경험을 제공하고 있는데, 이는 고객이 Apple에 대해 높은 브랜드 가치를 부여하는 가장 중요한 원인이라 할 수 있다. 따라서 Apple의 고객자산 형성에는 브랜드자산의 영향력이 가장 크다고 할 수 있다.

대한항공은 이용실적이 많은 모닝캄 회원들을 대상으로 전용탑승수속카운터 운영, 전용라운지 운영, 무료 수하물 추가제공, 수하물 우선처리 등의 서비스를 제공하고 있다. 고객은 대한항공의 이러한 고객관계관리 노력에 높은 가치를 부여하고 지속적인 관계를 유지하게 된다. 대한항공의 고객자산 형성에는 유지자산의 영향력이 가장 크다고 할 수 있다.

MARKETING INSIGHT: 마케팅을 위한 디마케팅

기업 입장에서 수요는 일반적으로 많을수록 좋다고 생각할 수 있다. 그러나 모든 수요가 장기적으로 기업에 반드시 도움이 되는 것은 아니다. 이를테면 반품이 잦은 고객, 판매처와 잦은 마찰을 일으키는 고객 등은 오히려 없는 게 낫다. **디마케팅**(Demarketing)은 기업이 우수 고객과의 좋은 관계를 유지하고 발전시켜 나가기 위하여 일부 고객의 수요를 의도적으로 줄이는 것이다.

• 체리피커(Cherry Picker)

디마케팅의 출현 배경에는 '체리피커'가 있다. 체리피커는 제품을 적극적으로 구매하지 않으면서 소비의 실속을 챙기는 소비자들을 뜻한다. 미국에서는 할로윈 데이 시즌에 파티용품을 구매했다가 시즌이 끝나면 이를 고스란히 반품하는 소비자들, 그리고 경품 당첨을 목적으로 홈쇼핑에서 제품을 대량 주문했다가 당첨이 안 된 경우 반품하는 소비자들을 '체리피커'라고 일컬었다. 이러한 소비자들의 '얌체' 행동은 기업에게 큰 골칫거리가 되었다.

• 디마케팅의 세 가지 관점

기업이 디마케팅을 적용하는 관점에는 일반적·선택적·표면적 관점의 세 가지가 있다. 일반적 관점은 '비용 발생'의 가능성을 차단하는 수요의 제한이다. 미술 전시관 입장객의 연령 제한을 두거나 입장 인원을 정해놓는 것이 이에 속한다. 전시관 입장에서는 이로 인한 관객의 감소를 감수하는 대신 어린아이들의 부주의한 행동이나 과도한 인원수용으로 인해 값비싼 미술작품의 파손으로 발생하는 비용을 예방할 수 있다.

선택적 관점은 특정 고객층의 수요를 조절해 소비를 극대화시키는 방법이다. 대부업체의 '여성전용' 대출, 클럽에서 남성 입장객의 수를 줄이고 여성 입장객의 수를 늘려 남성 입장객들의 소비를 극대화하는 것 등이 이에 속한다. 백화점에서 연간 일정금액 이상을 소비한 고객들을 VIP로 관리하고 그들만을 위한 특별 서비스를 마련해 두는 것도 이에 속한다.

표면적 관점은 기업 이미지 개선을 위해 수요의 증가를 막는 방법이다. 수요의 감소가 목적이 아니라 수요의 증가를 계획적으로 막음으로써 브랜드의 가치를 높여 긍정적인 이미지를 갖도록 하는 것이 목적이다. 프랑스 맥도날드에서 "햄버거는 주 1회만 섭취하는 것이 좋다"라고 광고함으로써 고객의 건강을 생각하는(?) 패스트푸드점의 이미지를 강조한다. 통신업체 광고에 "중요한 순간에는 (휴대전화를) 잠시 꺼두셔도 좋습니다"라는 등의 메시지를 전달하는 것도 이에 속한다.

• 고객 차별의 문제

디마케팅의 근본에는 효율성에 따라 기업이 수요를 조절할 수 있다는 전제가 깔려 있다. 그렇기 때문에 조절을 '당하는' 입장의 소비자들은 당연히 기분 나쁠 수밖에 없다. 이로 인한 폐해는 백화점 명품관에서 직원들이 고객의 복장에 따라 다른 태도를 보이는 것에 대한 불만이 제기되는 것 등으로 나타난다. 디마케팅의 방향성이 잘못 적용되거나 정도가 과하면 기업 이미지에 부정적 영향을 가져올 수 있다.

자료원: *이코노믹리뷰*, 2016. 4. 28.

3. 본서의 개관

본서는 세 개의 부로 구성되어 있다. 제1부는 **마케팅의 기초**에 관한 내용으로서 두 개의 장으로 구성되어 있다. 제1장은 지금껏 서술하였듯이 마케팅의 정의와 마케팅의 이해를 위해 필요한 관련개념들을 그 내용으로 한다. 또한 마케팅믹스의 개념과 마케팅관리자가 택할 수 있는 마케팅관리 철학을 다루었다. 그리고 기업의 마케팅프로세스와 기업의 마케팅 성과로서의 고객자산을 설명하였다. 제2장은 최근 중요하게 고려되는 고객관계관리와 관련된 내용을 설명한다.

기업 혹은 사업단위가 목표를 수립하고 이를 실행하기 위해서는 무엇보다 먼저 현재의 위치를 파악하는 것이 중요하다. 제2부는 기업 혹은 사업단위의 현재위치 파악과 이를 위한 정보수집과 관련된 내용들로서, **시장 기회분석과 마케팅 전략수립**이라는 이름하에 다섯 개의 장으로 구성되어 있다. 제3장은 기업 혹은 사업단위의 상황분석과 관련된 장으로, 상황분석 내용으로는 제품시장분석, 기업분석, 그리고 환경분석과 관련된 내용을 다룬다. 본서는 기업이 여러 개의 사업단위들로 구성되며, 각각의 사업단위는 개별적 제품시장을 대상으로 마케팅활동을 수행하는 것으로 전제하고 있다. 따라서 기업목표를 달성하기 위하여 적절한 사업단위가 선택되며 사업단위별로 목표수립이 이루어지는 것으로 전제한다. 이에 제4장에서는 기업 및 사업단위의 목표수립, 사업단위와 제품시장의 선택을 위한 사업포트폴리오 모형을 설명한다.

또한, 기업 혹은 사업단위의 현재위치를 파악하기 위해서는 시장의 정보를 획득해야 하는데, 이는 마케팅조사와 소비자행동 분석에 의해 이루어질 수 있다. 본서는 주로 소비재 제조기업의 마케팅을 다루고 있다. 그러므로 시장은 소비자의 집합으로 일단 정의될 수 있다. 이에 제5장은 마케팅의사결정에 필요한 정보의 획득과 관련하여 마케팅조사의 절차와 관련하여 서술한다. 제6장에서는 소비자의 의사결정과 정보처리과정을 다루고, 아울러 소비자행동에 영향을 미치는 사회환경적 요인과 개인적 요인을 설명한다. 그리고 제7장은 사업단위의 목표달성을 위하여 그 사업단위가 대상으로 하는 제품시장의 세분화, 표적시장 결정, 가치제안 및 제품포지셔닝과 관련된 내용을 다룬다. 즉, 기업이 진입한 제품시장을 어떻게 세분화하고, 표적시장을 결정하며, 제품을 포지셔닝할 것인지를 설명한다.

제3부는 **통합적 마케팅 믹스관리**에 관한 것인데 마케팅믹스의 제 요소를 일반적 분류기준에 따라 제품, 가격, 촉진 및 유통으로 분류하여 모두 6개의 장으로 각 요소의 내용을 서술한다. 제8장과 제9장은 제품에 관한 것으로 제

품관리의 일반적 내용, 신제품 개발 및 제품수명주기를 다루고, 제10장은 서비스관리라는 제목하에 서비스기업의 마케팅을 다룬다. 제11장은 가격관리로서 가격결정시 마케터가 고려해야 할 제반요인과 실제의 가격결정방법을 다룬다. 제12장은 촉진에 관한 것으로 촉진관리의 일반적 내용과 광고, 판매촉진, 인적판매 등 여러 가지 촉진믹스들을 설명한다. 제13장은 유통에 관련된 내용으로서 유통의 성격, 유통기관의 종류 및 유통경로관리를 서술한다.

제**2**장 고객관계관리

고객의 창출과 유지, 여기에 마케팅의 핵심이 있다.

— 저 자

고객관계관리(Customer Relationship Management; CRM)는 1990년대 이후 현재까지 학계와 실무에서 가장 많은 주목을 받고 있는 마케팅 주제 중의 하나이다. 마케팅 연구자들과 실무자들이 CRM에 관심을 갖는 이유는 CRM에 의한 기존 고객의 유지가 기업성과의 향상을 위해 결정적인 공헌을 하기 때문이다. 본 장에서는 CRM의 기본적인 내용들을 소개함으로써 독자들이 CRM을 이해하는 데 도움을 주고자 한다.

학|습|목|표

1. CRM의 의의를 이해한다.
2. CRM의 편익을 학습한다.
3. CRM의 성공전략에 대해 이해한다.

학습목표 1: CRM의 의의

미국마케팅학회(American Marketing Association; AMA)는 1999년 21세기 마케팅 분야의 주요 이슈가 될 주제들을 다룬 *Journal of Marketing* 특별호를 발행하였다. 이 특별호에서 Srivastava, Shervani, and Fahey는 기업이 목표를 달성하고 고객의 가치창조를 위해 수행해야 하는 주요 활동들로 신제품개발(New Product Development), 공급사슬관리(Supply Chain Management)와 더불어 **고객관계관리**(Customer Relationship Management; 이하 **CRM**)를 제안하였다.[1)]

제1장에서 기술한 것과 같이 한국마케팅학회(2002)의 마케팅 정의와 2004년에 AMA의 마케팅 정의에서 CRM이 포함되고, *Journal of Marketing* 특별호에 CRM의 중요성이 강조된 것과 같이 CRM은 마케팅 학계와 실무에서 중요한 주제로 받아들여진다. 이는 기업의 CRM 활동이 고객충성도(customer loyalty)를 향상시키고, 궁극적으로는 기업의 재무성과 향상에 기여한다고 보기 때문이다. 그러나 CRM이 무엇을 의미하는지, 그리고 CRM이 마케팅에서 어떠한 위치를 차지하는지에 대해서는 서로 다른 견해들이 제시되고 있다.

1. CRM의 개념화

CRM에 대한 견해는 기업경영의 프로세스(business process)로 보는 시각과 경영소프트웨어 프로그램(business software program)으로 보는 시각의 두 가지로 구분할 수 있다. CRM을 **경영프로세스**로 보는 관점은 고객지향을 핵심으로 하는 마케팅개념(marketing concept)을 근간으로 하고 있다. 이 견해에 따르면 두 거래당사자의 장기적인 거래에 있어서 핵심변수는 신뢰(trust), 몰입(commitment)과 같은 감정적 유대(emotional bonding)이며, 감정적 유대의 수준이 높아질수록 높은 고객충성도나 지속적인 시장점유율의 유지와 같은 성과를 가져올 수 있다는 것이다. 즉, 두 거래당사자가 장기적인 거래를 통해 감정적 유대가 형성되면, 이러한 감정적 유대가 거래당사자들 간의 성과로 나타난다는 것이다.

CRM을 **경영소프트웨어 프로그램**으로 보는 관점은, 데이터 마이닝(data mining)을 통해 자사의 제품이나 서비스를 가장 잘 구매할 것 같은 유형의 고

---

1) Rajendra J. Srivastava, Tasadduq A. Shervani, and Liam Fahey, "Marketing, Business Processes, and Shareholder Value: An Organizationally Embedded View of Marketing Activities and the Discipline of Marketing," *Journal of Marketing*, 63(Special Issue), 1999, pp. 168-179.

표 2.1	CRM에 대한 두 가지 견해	
	경영프로세스 관점	경영소프트웨어 프로그램 관점
마케팅관리철학	고객지향성	판매지향성
관리의 초점	감정적 유대	고객의 과거 구매행동

객들을 결정하고, 적절한 기업활동을 통해 이들에게 더 많은 제품이나 서비스를 판매하는 것을 강조한다. 이 견해에 따르면 고객과의 관계는 감정적인 유대없이 전적으로 보다 높은 매출을 위해 이루어질 뿐이다. 따라서 판매지향적 사고가 그 토대를 이룬다고 할 수 있다. 보다 높은 기업매출을 올리기 위해 고객의 과거 구매행동에 대한 자료가 기본이 되며, 고객의 감정적 유대는 고려되지 않는다. CRM에 대한 견해를 정리하면 〈표 2.1〉과 같다.

　　CRM에 관한 기존 문헌들을 보면 CRM을 무엇으로 보는가에 대해 명확한 합의가 이루어지지 않고 있다. 그러나 CRM을 하나의 소프트웨어로 간주할 때 고객의 과거 구매행동에 대한 자료를 획득하고 관리할 수는 있지만, 왜 고객들이 기업과의 관계를 구축하고 유지하는가에 대한 동기(motivation)에 대해서는 답할 수 없다. 이에 비해 CRM을 경영프로세스로 보는 견해에 따르면, 기업은 목표를 달성하고 고객의 가치창조를 위해 CRM을 실시하며, 고객은 기업의 이러한 활동을 통해 편익을 지각하고, 감정적 유대와 충성도(loyalty)를 형성하기 때문에 기업과의 관계를 형성하고 유지한다고 할 수 있다. 따라서 관계형성과 유지의 동기라는 측면에서 볼 때 CRM을 경영프로세스로 보는 견해가 보다 적절하다고 할 수 있다. 이러한 관점에서 본 장에서는 경영프로세스를 전제로 하여 CRM을 서술한다.

2. 마케팅에서 CRM의 위치

(1) CRM과 관계마케팅

　　CRM은 '고객관리에 필수적인 요소들을 고객중심으로 정리, 통합하여 고객활동을 개선함으로써, 고객과의 장기적인 관계를 구축하고 기업의 경영성과를 개선하기 위한 경영방식'이라고 정의할 수 있다.[2] 이 정의에 따르면, CRM은 **고객지향성**과 **관계지향성**을 근간으로 모든 기업활동이 이루어져야 한

CRM
고객관리에 필수적인 요소들을 고객중심으로 정리, 통합하여 고객활동을 개선함으로써, 고객과의 장기적인 관계를 구축하고 기업의 경영성과를 개선하기 위한 경영방식

---

2) 최정환·이유재, 죽은 *CRM* 살아있는 *CRM*, 한언, 2001.

마케팅 사례: **언론에 소개되는 CRM의 두 가지 견해**

CRM의 개념화가 명확하지 않다는 것은 언론에 보도되는 자료를 통해서도 알 수 있다. CRM에 대한 두 가지 견해(경영프로세스 관점 vs. 경영소프트웨어 프로그램 관점)는 다음과 같이 사용되고 있다.

[예시 1] 뉴스핌 2012년 12월 9일 기사 중에서

롯데백화점은 불황을 극복하기 위해 CRM을 더욱 강화하고 있다. 롯데백화점은 CRM 방안으로 ① 우수고객 매장 방문빈도 높이기, ② 감성마케팅 서비스 강화, ③ 고객 세분화 관리 등 세 가지를 실천하기로 했다. 롯데백화점은 현재 방문이 급격히 줄어들고 있는 고객을 관리하기 위해 고객 이탈경보시스템을 가동 중이다. 특히 우수고객의 방문을 늘리는 방안으로 감성서비스를 강화한다. 이에 따라 갤러리, 문화홀 등 다양한 문화시설을 활용한 연계 프로그램과 고객라운지 등 MVG(Most Valuable Guests)* 편의시설의 지속적인 개선을 통해 적극적으로 내점을 유도한다는 계획을 수립하였다. 롯데백화점 고객전략팀은 이 같은 관리의 개선을 위한 선행과제는 고객을 바르게 이해하는 것이라고 판단하고 고객을 세분화해 맞춤형 마케팅을 수행하고 있다. 기존의 단순한 매출 순위별 고객등급 구분과는 별도로 고객의 매장 이용 행태에 따라 더욱 세분한 것이다.

[예시 2] 이데일리 2014년 5월 11일 기사 중에서

글로벌 컨설팅 기관인 가트너에 따르면 2013년 전세계 CRM 소프트웨어 시장은 전년 180억 달러 대비 13.7% 증가한 204억 달러에 달했다. 특히 상위 5개 업체들이 2013년 전세계 CRM 소프트웨어 수익의 50%를 차지했다. 세일즈포스닷컴은 16.1%의 시장점유율을 기록하며 시장 1위를 지켰으며, SAP는 전체 시장에서 2위에 머물렀지만, 고객 서비스와 전자상거래 등의 세부 영역에서는 수익과 시장점유율 모두에서 1위에 올랐다.

서유럽 시장이 15.2%의 높은 성장률을 보였고, 북미시장은 전체 CRM 소프트웨어 시장 수익의 52.9%를 차지했다. CRM 소프트웨어 전체 지출에서 두 지역의 비중이 약 80%에 달했다. 아시아 태평양, 중국과 같은 신흥 시장은 다소 낮은 성장률을 보였지만, 여전히 두 자릿수의 성장률을 기록했다. 해당 지역의 CRM 소프트웨어 시장은 성숙기 진입이 요원한 상태이며, 침체된 거시경제상황과 인도의 루피, 인도네시아의 루피아 등 일부 지역의 화폐가치 하락에 영향을 받고 있다.

위에 제시된 두 개의 기사에서 [예시 1]은 CRM을 경영프로세스의 관점에서 보도하고 있으며, [예시 2]는 CRM을 경영소프트웨어 프로그램의 관점에서 보도하고 있다. CRM과 관련된 언론보도를 이해하기 위해서는 CRM에 대한 두 가지 견해를 모두 이해하고 맥락에 따라 해석해야 한다.

* MVG는 VIP(Very Important Person)의 다른 표현으로, 매출을 많이 올려주는 고객을 의미한다. 백화점에서는 일반적으로 회원카드 사용액을 기준으로 500~1,000명 정도를 선정하여 특별 관리한다.

다는 것을 의미한다.

그러나 CRM 이전에도 **관계마케팅**(relationship marketing)과 같이 고객과의 관계를 중요시하는 개념이 존재하였다. 1983년 Berry가 서비스 마케팅 분야에서 관계마케팅이란 용어를 처음으로 사용한 이후 관계마케팅은 마케팅 분야에 중요한 영역으로 자리 잡고 있다.[3] CRM과 관계마케팅은 모두 고객지향성과 관계지향성을 근간으로 한다는 점에서 공통점을 갖는다. CRM과 관계마케팅을 굳이 구분하자면 관계마케팅이 '마케팅 측면을 강조한 개념'인 데 비해, CRM은 고객과의 관계지향적 노력이 '전사적(통합적)으로 확대된 개념'이라고 할 수 있다. 그러나 기업활동의 대고객 접점이 마케팅활동을 통해 이루어진다고 볼 때, 굳이 관계마케팅과 CRM을 구분할 필요는 없다.

(2) 마케팅에서 차지하는 CRM의 비중

"상인은 모든 마을에 친구를 두는 것이 좋다"는 中東지역의 속담처럼 CRM은 이미 오래 전부터 존재했던 개념이다. 마케팅이라는 용어가 사용되기 훨씬 이전부터 사람들이 마케팅의 개념을 갖고 있었듯이, CRM 또한 그 용어가 사용된 것은 최근의 일이지만 오래 전부터 CRM의 개념은 존재했을 것이다. CRM은 완전히 새로운 개념으로 출현한 것이 아니라, 기업의 고객담당자들이 오래 전부터 인지하고 있던 관계의 중요성이 다양한 시장환경 변화로 인해 보다 구체화된 것이다.

시장환경의 변화로 인해 CRM의 중요성이 대두되면서 CRM이 마케팅에서 차지하는 위치에 대한 논의가 이루어지기 시작하였다. 즉, 기업의 관계지향적 활동이 마케팅에서 차지하는 비중에 대한 논의가 이루어진 것이다. 이에 대해서는 두 가지의 견해가 있는데, 하나는 CRM을 광의의 개념으로 해석해서 CRM이 곧 마케팅이라는 광의의 견해이며, 다른 하나는 CRM을 마케팅활동의 일부로 보는 협의의 견해이다.

CRM을 광의의 개념으로 보는 견해는 고객과의 관계관리가 곧 마케팅 자체이며, 마케팅은 고객과의 관계를 구축하고 유지·발전시키는 데 공헌해야만 한다는 것이다. 이에 비해, 협의의 개념으로 보는 견해는 CRM을 제품이나 서비스의 판매 이후 고객유지를 위해 사용되는 여러 전술들 중 하나로 본다. CRM을 협의의 개념으로 보는 대표적 연구자인 Peterson은 만약 CRM을 광의의 개념으로 해석한다면, CRM과 마케팅 간에는 혼란만을 가져오기 때문에 둘

---

3) Leonard L. Berry, "Relationship Marketing," in *Emerging Perspectives on Service Marketing*, ed. L. L. Berry, G. L. Shostack, and G. D. Upah, American Marketing Association, 1983, pp. 25-38.

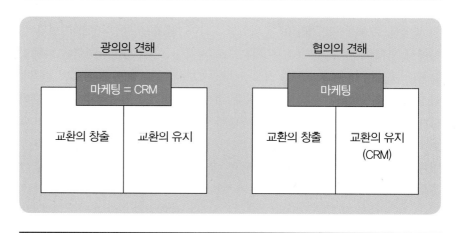

> **그림 2.1**　CRM이 마케팅에서 차지하는 위치에 대한 견해

중 하나는 불필요하며 반드시 제거되어야 한다고 하였다.[4]

　　CRM이 마케팅에서 차지하는 비중을 어떻게 해석해야 하는가에 대해서는 연구자에 따라 서로 다른 견해를 밝히고 있지만, 마케팅에서 CRM의 중요성이 커지는 것은 분명한 사실이다. 기업의 관계지향적 활동에 대해 이러한 논의가 생겨나는 것 자체가 CRM이 마케팅에서 차지하는 중요성을 나타내는 것이라고 할 수 있을 것이다. CRM이 마케팅에서 차지하는 위치에 대한 두 가지 견해는 [그림 2.1]과 같다.

학습목표 2: CRM의 편익

　　기업과 고객이 장기적인 관계를 형성하기 위해서는 상호편익(mutual benefits)이 있어야 한다. 이는 기업과 고객이 장기적인 관계를 유지하는 것은 관계를 통해 얻는 편익이 관계의 구축과 유지에 들어가는 추가적인 비용보다 더 클 것으로 기대하기 때문이다. 이하에서는 CRM을 통해 기업이 얻는 편익과 고객이 얻는 편익에 대해 설명한다.

---

4) Robert A. Peterson, "Relationship Marketing and the Consumer," *Journal of the Academy of Marketing Science*, 23(Fall), 1995, pp. 278-281.

1. 기업이 얻는 편익

CRM을 통해 기업이 얻는 편익은 궁극적으로 재무성과(financial perform-ance)의 향상이라고 할 수 있다. 서비스 산업을 대상으로 고객이탈률(customer defection rate)과 이익과의 관계를 조사한 한 연구에서는 고객이탈률을 감소시킬 경우 급격한 이익의 증가가 나타남을 확인하였다.[5] 24개 서비스산업의 100여 개 기업들을 대상으로 한 이 연구에서는 고객이탈률을 5% 감소시킬 경우, 이익이 25%~85% 증가하는 것으로 나타났다. 구체적으로, 자동차서비스체인의 경우는 30%, 보험회사는 50%, 은행지점은 85%의 이익증가 효과가 나타났다.

비용측면에서도 CRM은 기업에게 성과향상을 가져다준다. 신규고객 유치비용과 기존고객 유지비용을 비교한 한 연구에서는 신규고객 유치비용이 기존고객 유지비용의 5배 이상임을 확인하였다.[6]

CRM을 통해 기업은 매출 증가, 고객유지비용의 감소, 긍정적 구전효과, 종업원 유지 등의 편익을 얻을 수 있으며 이는 **고객생애가치**(customer lifetime value) 증대를 가져온다. 고객생애가치는 '고객이 특정 기업의 고객으로 존재하는 전체기간 동안 그 기업에게 제공할 것으로 추정되는 재무적인 공헌도의 합계'로 정의할 수 있는데, 고객생애가치가 높을수록 기업의 재무성과는 높아지게 된다.

CRM에 의해 기업이 얻게 되는 경제적 편익들은 기업의 CRM 노력에 대한 당위성을 제공한다. 치열한 경쟁환경하에서 CRM은 고객유지와 수익획득을 위한 매우 중요한 수단이며, 필수적인 기업활동이다.

고객생애가치
고객이 특정 기업의 고객으로 존재하는 전체기간 동안 그 기업에게 제공할 것으로 추정되는 재무적인 공헌도의 합계

2. 고객이 얻는 편익

CRM은 기업뿐만 아니라 고객에게도 편익을 제공해준다. 기존 연구들에서는 CRM을 통해 고객이 지각하는 편익으로 사회적 편익, 심리적 편익, 경제적 편익, 고객화 편익, 확신성 편익, 특별취급 편익, 위험감소 편익, 의사결정의 효율성 편익 등을 제시하였다. 그런데 이러한 편익들은 크게 **경제적 편익**과 **사회심리적 편익**으로 구분할 수 있다.[7]

5) Frederick F. Reichheld and W. Earl Sasser, "Zero Defections: Quality Comes to Services," *Harvard Business Review*, 68(September-October), 1990, pp. 105-111.
6) Larry J. Rosenberg and A. Czepiel, "A Marketing Approach to Customer Retention," *Journal of Consumer Marketing*, 1, 1984, pp. 45-51.
7) 이학식, 임지훈, "CRM이 고객의 행동의도에 미치는 영향: 고객의 지각된 관계적 편익과 관계몰입의 매개적 역할," *경영학연구*, 32(5), 2003, pp. 1317-1347.

(1) 경제적 편익

경제적 편익(economic benefits)은 고객이 특정기업과의 장기적인 관계를 통해 얻을 수 있는 경제적 측면의 편익을 의미한다. 경제적 편익은 다시 금전적 편익과 비금전적 편익으로 나눌 수 있다. **금전적 편익**(monetary benefits)은 장기적인 관계를 통해 얻을 수 있는 금전적인 측면의 편익으로 할인, 추가제공, 무상제공 등을 의미한다. **비금전적 편익**(non-monetary benefits)은 구매의사결정의 효율성 향상, 시간절약 등 비금진적 측면의 경제직 편익을 의미한다. 고객은 특정기업과의 장기적인 관계를 통해 선택상표군(choice set)을 축소함으로써 의사결정의 효율성을 높일 수 있으며, 구매의사결정에 소요되는 시간을 절약할 수 있다.

(2) 사회심리적 편익

사회심리적 편익(social-psychological benefits)은 고객이 특정기업과의 장기적인 관계를 통해 얻을 수 있는 사회적·심리적 측면의 편익을 의미하며, 여기에는 사회적 편익, 심리적 편익, 고객화 편익 등이 있다. **사회적 편익**(social benefits)은 고객이 기업과의 장기적인 관계를 통해 얻는 사회적 측면의 편익을 의미한다. 예를 들어, 고객은 장기적인 관계를 통해 특정 직원과 정이 들 수 있으며, 직원이 고객을 개인적으로 알아보고 인사할 경우 이를 기분 좋게 생각할 수 있다.

심리적 편익(psychological benefits)은 고객이 기업과의 장기적인 관계를 통해 얻는 심리적 측면의 편익을 의미한다. 예를 들어, 특정 기업과의 장기적인 관계를 통해 제품을 잘못 구매할 위험을 감소시킬 수 있으며, 기업에 대해 신뢰감을 형성할 수 있다. 또한 기업과의 관계에서 편안함을 지각할 수도 있다.

고객화 편익(customized benefits)은 고객이 기업과의 장기적인 관계를 통해 얻는 개별화된 서비스 편익을 의미한다. 예를 들어, 특정 미용실을 장기간 이용할 경우 미용사는 고객의 취향에 맞는 헤어스타일을 제공하며, 다른 고객에 비해 그 고객에게 보다 많은 관심을 기울인다. 또한 다른 고객은 받을 수 없는 특별서비스를 받을 수도 있다.

CRM에 의해 기업과 고객이 얻게 되는 편익은 〈표 2.2〉와 같이 요약할 수 있다.

| 표 2.2 | CRM을 통한 기업과 고객의 편익 |

기업의 편익	고객의 편익				
재무성과의 향상	경제적 편익		사회심리적 편익		
	금전적 편익	비금전적 편익	사회적 편익	심리적 편익	고객화 편익
- 이익증가 - 비용감소 - 매출액 증대 - 고객생애가치 증대	- 할인 - 추가제공 - 무상제공	- 의사결정의 효율성 증대 - 시간절약	- 서로간의 정 - 개인적 인지	- 구매위험 감소 - 신뢰 - 편안함	- 맞춤 서비스 - 특별 관심 - 특별 서비스

학습목표 3: CRM의 성공전략

　기업은 CRM을 실행하기 전에 먼저 CRM의 실행 여부에 대한 의사결정을 내려야 한다. 이후 CRM을 실행하기로 결정하였으면 '고객유치 → 고객유지 → 평생고객화'의 단계로 관리해야 한다. 또한 CRM의 각 단계에서 기업이 원하는 성과를 얻기 위해서는 다양한 전략적 요인들을 고려해야 한다. CRM의 각 단계에서 기대할 수 있는 기업의 수익과 주요 전략적 요인들은 [그림 2.2]와 같다.

　CRM을 통해 기업이 원하는 성과를 얻기 위해서는 단계별로 다음과 같은 전략적 요인들을 고려해야 한다.

1. CRM의 실행 여부 결정

　CRM을 통한 기업의 성과향상은 장기간에 걸쳐 나타나는 것이며, 단기적으로는 손실을 가져올 수 있다. 따라서 CRM을 실행하기에 앞서 과연 CRM이 자사에 적합한 것인가를 먼저 판단해야 한다. 예를 들어, 단기간에 성과를 실현해야 하는 기업의 경우에는 CRM의 실행이 적절하지 않을 수 있다.

　CRM의 실행 여부를 판단하는 기준으로는 세 가지를 고려할 수 있다.

　첫째, **고객생애가치**의 크기이다. 고객 1인당 생애가치가 큰 산업에 속한 기업일수록 CRM의 실행이 적절하다고 할 수 있다. 고객생애가치의 계산에는 고객 자신이 일생 동안 구매하는 것뿐만 아니라, 추천을 통한 타인에 대한 매출 또한 포함된다. 고객생애가치가 큰 산업으로 대표적인 것은 패션의류, 자동차, 금융 등이 있다. 예를 들어, 의류구매는 누구나 평생에 걸쳐 이루어지

그림 2.2 CRM의 단계에 따른 기대수익과 주요 전략적 요인

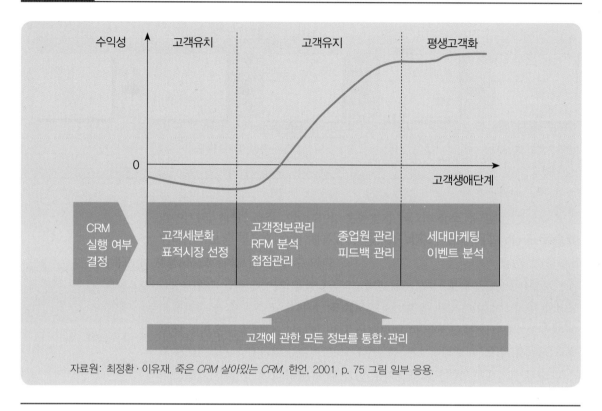

자료원: 최정환·이유재, 죽은 *CRM* 살아있는 *CRM*, 한언, 2001, p. 75 그림 일부 응용.

며, 타인에게 추천이 많기 때문에 고객생애가치가 매우 크다. 이에 비해 제과산업이나 문구산업의 경우에는 고객생애가치가 작다. 따라서 이러한 산업에 속한 기업의 경우에는 CRM의 실행이 적절하지 않을 수 있다.

둘째, 고객과의 **접촉방법**이다. 고객과의 직접적인 접촉이 이루어지는 산업에 속한 기업일수록 CRM 실행이 적절하다. 이는 직접채널을 통해 고객의 정보를 수집하고, 고객관리활동을 효과적으로 수행할 수 있기 때문이다. 금융업은 제조업에 비해 상대적으로 제품차별화가 어렵지만 지점이나 영업사원을 통해 고객과의 직접접촉채널을 갖기 때문에 CRM 실행이 적합한 대표적 산업이다. 패션의류 산업의 경우도 백화점이나 로드샵(road shop) 등 고객과 직접적인 접촉이 이루어지는 채널을 중심으로 판매가 이루어지므로 CRM의 실행이 적합하다고 할 수 있다.

끝으로, 고객과의 **접촉빈도**이다. 고객과의 접촉빈도가 높은 산업에 속한 기업은 CRM을 실행하기에 적합하다. 고객과의 접촉빈도가 높을수록 고객데이터의 갱신(update)이 유리하며 데이터의 진부화(out-of-date)를 방지할 수

있다. 또한 고객과의 접촉빈도가 높을수록 고객의 행동(구매행동 등)이 습관적
으로 이루어지게 할 수 있다. 금융업은 고객과의 접촉빈도가 매우 높은 산업
이기 때문에 이에 속한 기업들은 CRM 실행이 적합하다고 할 수 있다.

2. CRM의 단계별 전략

이하에서는 CRM의 단계별 전략을 세 단계로 나누어 설명한다. [그림
2.3]은 이를 요약하여 보여준다.

(1) 고객유치(획득) 단계에서의 전략요인 – CRM을 위한 고객세분화 및 표
적시장의 선정

① 선별적인 고객획득

CRM을 실행하는 데 있어서의 기본적인 전제는 "모든 고객은 동일하지
않다"는 것이다. 따라서 기업은 얼마나 가치 있는 고객인가에 따라 고객관리

그림 2.3　　CRM의 단계별 핵심내용

고객유치(고객획득)

• 선별적인 고객획득
　– 파레토 법칙
• 고객에게 경쟁사보다
　큰 가치 제공
• 적절한 고객획득비용 지출
• 구전(WOM) 활용
　– 버즈마케팅
　– 바이럴 마케팅

고객유지

• 충성도 프로그램 증진
　– 마일리지 프로그램 운영
　– 고객정보관리(DB 구축)
• 고객만족도 향상
　– 종업원관리
• 재구매율 향상 전략 구축
　– 고객접점 관리
　– 피드백관리
• 개별화 전략 추구
　– 고객 맞춤 전략 구축
• 전환장벽 구축
　– 고객이탈방지 전략 구축

평생고객화(고객창출)

• 교차판매(크로스셀링)
• 상향판매(업셀링)
• 고객생애가치 구축
　– 세대마케팅
　– 고객자산가치 구축

CRM을 통한 고객생애가치 구축 전략

노력을 다르게 해야 한다. 즉, 기업에게 높은 수익을 가져다주는 고객집단에 대해서는 계속적으로 자사의 고객으로 유지하기 위한 적극적인 노력과 자원의 투입을 해야 하지만 상대적으로 수익성이 낮은 고객집단에게는 관리노력과 자원투입을 적게 해야 한다. 모든 고객의 가치가 동일하지 않다는 것을 의미하는 것으로 **80:20의 룰**(rule), 혹은 **파레토의 법칙**이 있다.[8] 이 법칙은 기업 수익의 80%가 상위 20%의 고객에 의해서 발생한다는 것이다.

Pareto의 80:20 법칙
기업 수익의 80%가 상위 20%의 고객에서 발생한다는 것

고객가치에 따른 CRM 활동을 하기 위해서는 먼저 수익성을 기준으로 고객을 세분화해야 한다. 또한 수익성을 기준으로 세분화된 고객집단의 특성을 나타낼 수 있는 인구통계학적 변수, 제품/서비스 관련 변수들을 함께 조사해야 한다.

Bank of America(이하 BOA)는 기존 고객의 30% 이상이 최초 은행거래 이후 1년이 지나지 않아 은행과의 거래를 중단한다는 사실을 발견하였다. BOA는 수익성이 높은 고객과의 관계유지를 목적으로 수익성을 기준으로 고객세분화를 실시하였다. SAS의 데이터마이닝 프로그램과 웨어하우스(warehouse) 프로그램을 이용하여 세분고객의 특성을 분석한 결과, 상위 20%의 고객이 기업수익의 100%를 제공한다는 것을 확인하였다. 또한 폰뱅킹(phone banking)을 이용하여 대출받는 고객이 가장 수익성이 높은 집단임을 확인하였다. BOA는 수익성 기준 상위 10%의 고객을 표적으로 선정하여 집중적인 CRM 노력을 실시하였다.

영국의 은행 Royal Bank of Scotland(이하 RBS)는 CRM 도입 이전 고객의 위험관리를 은행 직원의 주관적 기준으로 수행하였다. 그러나 이러한 주관적 기준은 많은 고객들의 반감을 사게 했으며, 효과적인 위험관리 수단이 되지 못하였다. RBS는 위험수준이 낮은 고객과의 지속적인 관계유지를 위해 거주지, 인구통계학적 특성, 이용채널, 행동특성, 수익성을 기준으로 고객세분화를 실시하였다. 이러한 고객세분화를 통해 프리미엄 고객집단, 일반 고객집단, 불량 고객집단의 세분고객집단을 발견하였으며, 각 세분집단별로 개인신용평가의 객관적인 기준을 마련하였다. RBS의 고객세분화는 철저한 개인신용에 의거한 고객서비스를 향상시키는 데 집중하였으며, 지속적인 CRM 노력을 통해 개인신용관리의 정확성을 증가시켰다.

---

8) 파레토 법칙(Pareto's Law), 또는 80:20의 법칙(80-20 rule)은 '전체 결과의 80%가 전체 원인의 20%에서 일어나는 현상'을 가리킨다. 20:80의 법칙이라고도 한다. 이 용어를 경영학에 처음으로 사용한 사람은 조셉 M. 주란이다. '이탈리아 인구의 20%가 이탈리아 전체 부의 80%를 가지고 있다'고 주장한 이탈리아의 경제학자 빌프레도 파레토(Pareto)의 이름에서 따왔다.

마케팅 사례: **Telstra의 고객가치에 따른 고객분류**

호주의 국영통신회사인 Telstra는 시장의 독점적 지위를 유지하다 1990년대 후반 통신 관련 규제가 완화되면서 처음으로 경쟁에 직면하게 되었다. Telstra의 가장 강력한 경쟁자는 미국과 영국의 합작기업인 Optus였는데, Optus는 저가전략으로 호주의 통신시장에 진입하려 하였다. Telstra는 Optus가 저가전략으로 시장에 진입할 경우 자사의 시장점유율이 낮아질 것으로 생각했지만 Optus와 같은 저가전략을 사용할 수는 없었다. 만약 Telstra가 Optus와 같은 저가전략을 사용할 경우 이익의 감소가 예상되었으며, 고객들은 예전에는 Telstra가 왜 가격을 낮추지 않았는가에 대해 의구심을 갖게 될 것이기 때문이었다. 이에 Telstra는 부분적인 할인정책을 수행하면서, 서비스의 보완을 수행하겠다는 'Good, Better, Best' 캠페인을 전개하였다. 결국 Optus가 시장에 진입하였지만 Telstra는 Optus보다 12배 이상의 고객을 확보하게 되었다.

Telstra는 경쟁자의 진입에 대해 무조건적인 고객방어를 선택하지는 않았다. Telstra는 기존 고객에 대해 두 가지 기준을 적용하여 고객세분화를 실시하였는데, 두 가지 기준은 "경쟁자에 얼마나 유혹되기 쉬운가?"와 "얼마나 가치 있는가?"였다. 이러한 두 가지 기준을 적용하면 고객을 다음과 같이 네 가지 집단으로 분류할 수 있다.

Telstra는 경쟁자의 공격에 대해 모든 고객을 방어하기보다는 고객가치를 중심으로 방어해야만 하는 고객집단을 선정하였다. 먼저 '경쟁사에 유혹당하기 쉬운

	경쟁사에 유혹당하기 쉬운	경쟁사의 유혹에 관심이 없는
가치 있는	자사에 대해 유쾌하지 못하지만 가치 있는 고객	현재 자사에 만족하고 있는 가치 있는 애호고객
가치 없는	경쟁사로 전환할 것 같은 가치 없는 고객	현재 자사에 만족하고 있는 가치 없는 고객

가치 있는 고객들'을 대상으로는 이들을 유지하기 위해 열정적인 노력을 기울였다. '경쟁사의 유혹에 관심이 없는 가치 있는 고객들'을 대상으로는 이들로부터 지속적인 이익을 얻기 위해 노력하였다. 이들은 경쟁사로 전환될 가능성이 상대적으로 낮기 때문에 경쟁사에 유혹당하기 쉬운 가치 있는 고객보다는 적은 노력을 기울일 수 있었다. '경쟁사에 유혹당하기 쉬운 가치 없는 고객들'을 대상으로는 그들이 떠나버리도록 내버려두었다. 심지어 이들의 전환을 장려하였다.

끝으로 '경쟁사의 유혹에 관심이 없는 가치 없는 고객들'을 대상으로는 가치 있는 고객이 될 수 있게 하거나 경쟁사로 전환하게끔 하였다. 모든 고객이 동일할 수는 없다. 경쟁자의 공격에 대해 자사의 모든 고객을 방어하기보다는 고객가치를 중심으로 방어대상을 결정하는 것이 필요하다.

자료원: John H. Roberts, "Defensive Marketing: How a Strong Incumbent Can Protect Its Position," *Harvard Business Review*, November 2005, pp. 150-158.

② 고객에게 경쟁사보다 큰 가치 제공

일반적으로 소비자들은 제품을 구매함으로써 편익을 얻는다. 이에 고객을 획득하기 위해서는 고객들에게 경쟁사들보다 더 큰 가치를 제공하는 것이 중요하다. 즉 고객과의 관계를 구축하기 위해서는 고객들이 필요로 하는 적절한 가치를 제공하고, 그들이 만족할 수 있는 혜택을 제공해야 한다. 예컨대, 정수기, 비데 등의 경우 가격을 낮춰주거나, 일정 기간 무료 렌탈 같은 혜택을 제공하는 것이 중요하다. 그리고 백화점의 경우, 고객들은 자신들에게 가장 많은 가치를 제공하거나 혜택을 제공해주는 매장을 선택할 것이므로, 편리성을 추구하는 고객들을 위한 무료주차 서비스 제공, 매장 내 편리한 시설 제공, 그리고 다양한 쇼핑정보를 제공하는 것이 중요하다. 결과적으로 고객들에게 여러 혜택을 제공함으로써 신규고객을 확보할 수 있으며, 고객만족을 통해 이들과의 지속적인 관계를 형성할 수 있다.

③ 적절한 고객획득비용 지출

우리나라 이동통신산업과 같이 경쟁이 치열한 산업의 경우 경쟁사의 고객을 유치하기 위해 많은 보조금을 지출하곤 한다. 고객생애가치가 높은 고객을 발굴하고, 획득하는 것은 향후 고객의 자산가치를 극대화할 수 있는 좋은 출발점이다. 이러한 점에서 고객획득은 고객 자산가치를 극대화할 수 있는 중요한 역할을 수행하기 때문에 좋은 고객을 확보하기 위해서는 적절한 고객획득비용을 지출해야 한다.

④ 구전 활용

전반적으로 새로운 고객을 획득하는 데 드는 비용(acquisition cost)은 기존 고객을 유지하는 데 드는 비용(retention cost)보다 크다. 심지어 너무 많은 획득비용 지출로 인하여 고객의 획득가치가 0보다 낮은 경우도 종종 발생한다. 결국 획득률만 높이는 데 드는 비용이 많게 되면, 지출비용이 너무 높아져 고객생애가치도 낮아지게 된다. 따라서 획득비용을 낮추는 것이 중요한데, 이때 활용할 수 있는 효과적인 방안은 구전(word of mouth; WOM)을 활용하는 것이다. 구전은 적은 비용으로 제품에 대한 관심을 갖게 하거나, 광고보다 적은 비용으로 신뢰성까지 높일 수 있는 효과적인 전략이다. 이렇게 구전을 이용한 마케팅을 **구전 마케팅** 혹은 **버즈 마케팅**(buzz marketing)이라고 하며, 온라인상에서 이뤄지는 구전 마케팅을 **바이럴 마케팅**(viral marketing)이라고 한다. 특히, 온라인 구전은 개인과 개인의 구두적인 대화에 이루어지는 것이 아니라, 가상적인 온라인상의 게시판을 통해 이루어진다. 블로그나 카페, 개인 미니홈피 등의 유행으로 그 영역은 점점 넓어지고 있으며, 이러한 온라인 채

MARKETING INSIGHT: 파레토 법칙에서 롱테일 법칙으로

"최민정 선수가 평창 동계올림픽 3관왕에 도전한다." 평창 올림픽이 열리는 중에 여러 언론 매체에서 보도한 내용이다. 이처럼 운동선수 중 우수한 20%가 전체 상금 80%를 싹쓸이한다. '수영황제' 펠프스는 지난 2008년 베이징 올림픽을 통해 개인 통산 금메달 10개를 차지하며 사상 최초 10관왕에 오른 바 있다.

'결과물의 80%가 조직의 20%에 의하여 생산된다'는 파레토법칙(Pareto's Law)이 있다. 통계에 따르면 미국 기업에서 매출의 80%를 올리는 사람은 소수의 20%인 것으로 나타났다. 이는 소수 정예가 대부분의 직원들을 먹여 살리는 것으로 풀이된다. 이에 경영자는 주요한 핵심인물들의 연봉을 높게 책정하고, 그 외의 사람들은 낮은 급여를 지급한다. 대기업의 전무, 상무와 대리, 주임 급 사원의 연봉이 큰 차이가 나는 이유가 바로 이 때문이다. 이는 주식에서도 적용된다. 전체 코스피 상승률의 80%는 상승기간의 20%의 기간에서 발생하는 것으로 나타난다. 또 코스피 지수가 크게 올라도 그 지수를 끌어올리는 것은 대체로 소수의 20% 기업뿐이다. 나머지 80%는 지지부진하거나 하락

하는 경향을 보였다. 이 같은 파레토의 법칙을 정면으로 반박하는 이론이 있다. 이는 바로 롱테일 법칙으로 '역(逆) 파레토법칙'이라고도 한다.

롱테일 법칙(Long Tail's Law)이란 '80%의 사소한 소수가 20%의 핵심 소수보다 뛰어난 가치를 창출한다'는 것이다. 이 용어는 2004년 10월 미국의 인터넷 비즈니스 잡지 *Wired*의 편집장 크리스 앤더슨(Chris Anderson)이 처음 사용했다. 전통적인 사회에서는 파레토의 법칙이 지배적이었다. 그러나 4차 산업혁명시대를 맞아 일각에서는 롱테일 법칙을 파레토 법칙보다 더 우수한 것으로 평가한다.

롱테일 법칙의 예로 아마존과 구글이 꼽힌다. 아마존의 온라인 서점 전체 수익의 절반 이상은 오프라인 서점에서 비치하지도 않는 비주류 단행본이나 희귀본 등 이른바 '잘 팔리지 않는 책'들에 의하여 발생된다. 또 구글의 주요 수익원은 포춘에서 500대 기업으로 선정한 '거대 기업'들의 광고 수입이 아니라, 현재 꽃배달 업체나 제과점 등 '소규모' 광고주들의 집합이다. 이는 많은 중소기업의 합이 몇몇 대기업의 힘보다 강하다는 것을 보여준다.

이처럼 롱테일 법칙은 인터넷 시대에 가장 적합한 용어다. 과거 상품을 전면에 비치하던 시스템이 아니라 마우스 클릭으로 접속하는 다양성이 확보된 시대이기 때문이다. 이러한 사항들은 쇼핑몰에서도 마찬가지다. 오프라인 옷가게에서 몇몇 주요 옷들을 전면에 배치하는 데 반해 온라인 쇼핑몰에서는 고객에 '맞춤형' 옷을 제

아마존

아마존은 다양성이 강조된 롱테일 법칙이 적용된 대표적인 사례임.

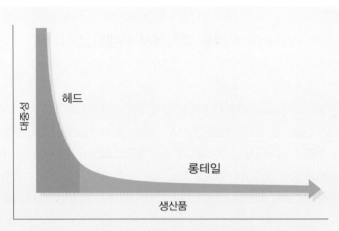

롱테일 법칙은 생산성은 더 좋아지고 대중성은 감소하는 특징이 있음

공한다. 고객의 빅데이터를 사용해 기록된 고객의 사이즈, 취향 등을 조사해 인터넷에서 먼저 제의하기 때문에 기성복과의 차별성도 꾀할 수 있다. 결과적으로 롱테일 법칙은 비인기 상품, 틈새 상품에서 수익을 올릴 수 있는 가능성 때문에 생산성은 더 좋아지고 대중성은 감소하는 특징이 있다. 이처럼 4차 산업혁명 시대에는 빅데이터에 의해 고객 맞춤형이 일반화될 가능성이 높아진다.

자료원: 뉴시안, 2018. 12. 26.

널들을 이용하는 이들이 급속히 증가하고 있다.

(2) 고객유지 단계에서의 전략요인

① 고객정보관리

'Garbage in, Garbage out.' 이는 아무리 우수한 고객정보 관리시스템이라도 양질의 고객정보가 입력되지 않으면 소용이 없음을 나타내는 말이다. 고객과 장기적인 관계를 유지하기 위해서는 기본적으로 고객정보관리를 위한 데이터베이스나 데이터 웨어하우스를 갖추어야 한다. CRM은 고객의 정보를 토대로 실행되기 때문이다. 따라서 고객정보 관리시스템에 양질의 최신 고객정보가 등록되어 있어야 한다. 그러나 실제로 고객정보 관리시스템에 양질의 최신 고객정보가 등록되지 못하는 경우는 많이 있으며, 이는 다음과 같은 이유 때문이다.

첫째, 고객정보를 수집하는 접점직원들이 고객정보를 입력, 수정해야 하는 이유를 찾지 못하기 때문이다. 고객생애가치가 높은 자동차나 보험회사의 영업사원들은 고객을 회사의 고객이라고 생각하기보다는 자신의 고객이라고 생각한다. 자동차나 보험회사의 영업사원들은 이직률이 매우 높은데, 이들은 자신이 이직할 경우 자신의 고객들도 함께 이동시키려는 생각이 매우 강하다. 따라서 영업사원은 회사의 고객정보 관리시스템에 자신이 확보한 고객들의 실제 정보를 입력하지 않고 개인적으로 고객정보를 관리하려 한다. 실제로 이는 기업의 CRM 실행을 저해하는 매우 중요한 요인 중 하나이다. 고객정보를 영업사원이 사유화하려는 현상은 B to C 기업의 경우보다 B to B 기업의 경우 더욱 심각하다. 따라서 기업은 고객의 정보를 수집하는 접점직원들이 양질의 최신정보를 고객정보 관리시스템에 입력할 수 있도록 유인책을 제시해야 한다.

둘째, 자사 상황에 맞지 않는 고객정보 관리시스템의 도입이다. 많은 기업에서는 Siebel, Oracle 등의 CRM 솔루션업체에서 개발한 프로그램을 그대로 도입하여 사용하고 있다. 그러나 이러한 기존 고객정보 관리시스템은 각 기업의 상황에 맞지 않을 가능성이 높다. 2000년대 초반 많은 기업들이 CRM 솔루션을 도입하였지만 그 성과를 거두지 못하였는데, 이는 자사 상황을 CRM 솔루션이 반영하는 데 한계가 있었기 때문이다. 접점직원이 의미 있는 정보를 고객정보 관리시스템에 등록하고 싶어도 이를 기록하지 못하게끔 시스템이 만들어져 있는 경우가 있을 수 있다.

끝으로, 접점직원이 사용하기에 고객정보 관리시스템이 지나치게 어렵기 때문이다. 보다 많은 정보를 시스템에 담기 위해 지나치게 어려운 인터페이스로 되어 있는 경우에는 접점직원이 정보를 등록, 수정하지 못할 수 있다. 이러한 문제는 특히 프랜차이즈 사업을 전개하는 기업에서 많이 발생한다. 일반적으로 가맹점주들은 연령이 높은 경우가 대부분인데, 본사에서 많은 정보를 수집할 목적으로 어려운 인터페이스를 구성하면 이들은 시스템의 사용을 포기할 수 있다.

② CRM 실행의 효과성 제고를 위한 RFM 분석

기업은 자사의 고객을 대상으로 다양한 CRM 노력을 실행한다. 그러나 기업의 CRM 노력이 효과적으로 전개되기 위해서는 그 대상을 명확히 해야 한다. CRM 노력의 효과성을 높이기 위해서는 RFM 분석을 사용할 수 있다.

RFM 분석은 고객의 최근 구매시기(Recency), 구매빈도(Frequency), 구매금액(Monetary amount)을 분석하는 것이다. 최근 구매시기(R)는 세 가지 중 가장 강력한 측정도구가 된다. 즉, 자사로부터 가장 최근에 구매한 고객이 몇 달

RFM 분석
고객의 최근 구매시기(Recency), 구매빈도(Frequency), 구매금액(Monetary amount)을 분석하는 것

전 혹은 몇 년 전에 구매한 고객보다 자사로부터 다시 구매할 가능성이 높다고 보는 것이다. 이를 위해서는 모든 고객들의 최근 구매일자가 계속적으로 변경되도록 시스템이 설계되어야 한다. 구매빈도(F)는 두 번째 강력한 측정도구인데 자사로부터 구매한 전체 횟수를 의미한다. 세 번째로 구매금액(M)은 데이터베이스가 구축된 이후 각 고객이 구매한 전체 금액을 가리킨다.

RFM 분석을 실시하기 위해서는 R, F, M 각각을 등급으로 분류하여 각 고객에게 적절한 번호를 부여한다. 예를 들어, R, F, M 각각을 5등급으로 분류한다고 가정하자. R의 경우 최초 구매시기를 중심으로 전체 고객을 5등급하여 가장 최근에 구매한 고객에게는 5, 그 다음은 4 등과 같이 부여하는 것이다. 그 결과 R, F, M 모두를 고려하면 5×5×5＝125의 조합이 나오며 개별 고객마다 555부터 111까지의 가능한 번호 중 한 가지를 부여한다. 기업은 데이터베이스에 수록된 고객들에게 자사제품 구매를 권하는 서신을 보내고 이에 따른 반응률을 125개 그룹마다 분석할 수 있으며, 그 결과 반응률이 높은 고객을 CRM의 중점 대상으로 삼을 수 있다. 경우에 따라 다르겠지만 대체로 555, 554, 545 등의 그룹이 111, 112, 121 등의 그룹보다 CRM의 대상고객이 될 가능성이 높을 것으로 기대할 수 있다.[9]

③ 고객접점의 관리

고객접점은 기업의 마케팅활동이 고객에게 전달되는 최일선이다. 따라서 기업의 마케팅활동에 대한 평가는 대부분 고객접점에서 이루어진다. 스칸디나비아 항공의 Jan Carlzon 사장은 여객기 승객들에게 항공사를 이용한 후 감상을 물어보면 항공기, 영업소 건물, 자본운영 등을 말하지 않고 항공사 직원의 서비스를 얘기할 것이라는 점에 착안하였다. 고객이 항공사 직원을 접촉하는 약 15초 동안의 경험이 그 항공사에 대한 이미지를 결정한다는 것이다. 이런 판단에 따른 서비스 훈련과 현장 종업원에 대한 재량권 확대는 스칸디나비아 항공사가 세계적인 항공사로 자리 잡는 계기가 되었다.

고객접점에서는 '곱셈의 법칙'이라는 것이 적용된다. 고객은 제품을 구매하는 과정에서 여러 접점을 경험하게 된다. 그런데 다른 접점에서의 서비스 제공수준이 모두 100점이라고 할지라도 하나의 접점에서 서비스 제공수준이 0점이라면 고객은 모든 접점에서의 서비스를 0점으로 평가한다는 것이다. 오랜 기간 동안 관계를 유지하였던 고객도 접점에서 한 번의 잘못된 서비스로 이탈할 수 있기 때문에 CRM에서 고객접점관리의 중요성은 매우 높다.

---

9) 이학식, "고객의 창조와 유지, 여기에 마케팅의 핵심이 있다," *경영정공법*, 한언, 1996, pp. 39-69.

LG생활건강의 OHUI는 아모레퍼시픽의 HERA에 비해 많은 열세를 보였다. 이는 OHUI의 고객들이 반복적인 구매를 하지 않고 브랜드 전환을 하기 때문이다. LG생활건강은 고객의 이탈을 막을 수 있는 가장 바람직한 방법은 접점에서의 고객관리라고 판단하고 접점에서 다음과 같은 관리활동을 하였다.

첫째, 고객맞이 활동으로 고객의 시선과 환경을 고려한 제품진열과 직원의 기본자세에 대한 교육을 실시하였다.

둘째, 고객응대 활동으로 고객욕구 탐색능력 배양과 설득력 있는 화법구사 능력에 대한 교육을 실시하였다.

셋째, 판매능력 강화를 위해 제품지식 관리, 교차판매능력 배양, 인센티브제 도입 등을 실시하였다.

끝으로, 사후관리 강화를 위해 전화응대, 사후관리체계 숙지, 불평 대처능력 배양 등을 실시하였다.

④ 종업원 관리

CRM의 핵심적인 목표는 고객을 계속적으로 유지하는 것이다. 고객을 유지하기 위한 한 가지 중요한 수단은 종업원을 유지하는 것이다. 특히 종업원의 노력이 많이 요구되는 서비스 산업의 경우 종업원의 자사에 대한 충성도(loyalty)를 개발하는 것은 매우 중요하다. 종업원이 오랫동안 그 회사에 근무할수록 업무에 익숙해지며, 고객의 욕구와 선호에 보다 잘 부응할 수 있기 때문이다. 많은 경우 고객은 종업원에 대한 신뢰, 그리고 인간관계 때문에 그 기업과 거래한다. 이 경우 종업원이 이직하면 고객은 언제든지 전환할 수 있다. 따라서 경영자는 고객을 대하듯이 종업원을 존중해야 한다. 이런 맥락에서 종업원은 내부고객(internal customer)이라고 할 수 있다. 종업원도 그들의 욕구가 제대로 충족되어야 외부고객에게 잘 봉사하게 된다.

한번 고객을 영원한 고객으로 만드는 사람은 기업과 고객에 충실한 종업원이다. 따라서 종업원에 대해서는 제1장에서 설명한 **내부마케팅**(internal marketing)의 실천이 요구되는데, 내부마케팅은 고객에게 충분히 봉사하려는 자세와 능력을 가진 종업원을 선발하고 교육, 훈련시켜 동기를 부여하는 것이다. 충분한 보상은 생산성을 향상시키고 제품, 서비스의 질을 향상시킨다.

⑤ 피드백 관리

CRM이 성공적으로 수행되기 위해서는 고객의 소리를 청취할 수 있는 피드백 시스템이 마련되어야 한다. 마케터는 자신이 전달하고 싶은 메시지를 전달할 뿐만 아니라 고객이 전달하고자 하는 메시지에 귀를 기울여야 한다. 그런데 고객이 기업에 전달하고자 하는 메시지는 많은 경우 제품이나 서비스를

그림 2.4	불만고객에 대한 피드백과 고객 재구매율

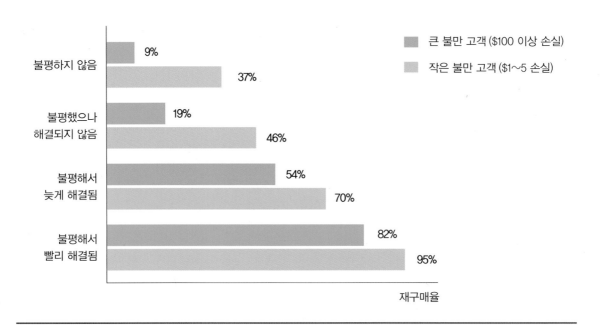

TARP의 조사결과는 고객이 전달하는 메시지에 대한 피드백의 중요성을 제시하고 있다. 따라서 기업은 고객이 메시지를 전달할 수 있는 채널(예를 들

이용하면서 경험한 불만과 관련된 것이다. 고객불만을 신속하게 처리하면 고객유지율을 크게 향상시킬 수 있다. 이는 서비스에서 큰 실패를 경험한 이후에도 가능하다. Technical Assistance Research Programs(이하 TARP)의 전미 소비자 조사연구에 따르면 [그림 2.4]와 같이 고객은 불만에 대한 기업의 신속한 피드백을 매우 중요시하는 것으로 나타났다.

[그림 2.4]에 제시된 것과 같이 고객이 사소한 불만을 경험한 경우에 기업이 즉각적인 해결을 해주면, 고객의 95%는 그 기업에서 재구매를 한다. 문제가 심각했던 경우에도 문제가 신속히 해결되면, 그중 82%는 재구매를 한다. 그런데 문제가 사소하더라도 문제해결이 지체되면 70%만이 재구매를 하고, 문제가 심각하고 문제해결이 신속하게 이루어지지 않는 경우에는 54%만이 재구매를 하는 것으로 나타났다. 또 문제가 전혀 해결되지 않는 경우에는 사소한 문제를 경험한 고객의 46%, 심각한 문제를 경험한 고객의 19%만이 재구매를 한다.[10]

TARP의 조사결과는 고객이 전달하는 메시지에 대한 피드백의 중요성을 제시하고 있다. 따라서 기업은 고객이 메시지를 전달할 수 있는 채널(예를 들

10) 자넬 발로, 다이애너 몰 저, 최중범 역, 숨겨진 힘 - 감성, 김영사, 2002, p. 224.

어, Clover 시스템, 홈페이지 고객의 소리 등)을 마련하고 고객의 메시지에 신속히 대응해야 한다.

⑥ 개별화 전략

고객만족도 향상은 고객충성도로 이어진다. 이에 고객유지율을 높이는 방법 중의 하나는 바로 고객만족도를 높이는 것이다. 고객만족도를 높이는 효과적인 방법 중의 하나가 개별화를 통한 고객 맞춤전략이다. 미국의 의류회사인 Blank Label은 소비자들이 직접 공들여 만든 제품을 더 소중하게 여긴다는 심리를 파악하여, 남성복 패션 업계 최초로 DIY 사업모델을 실시하였다. Blank Label은 고객 개개인들에게 1:1 상담을 거쳐 개개인의 취향에 맞는 셔츠를 제공하였는데, 그들은 자신의 시간과 노력을 쏟아 갖게 된 제품에 더 높은 가치를 지각하였으며 더 높은 만족감을 보였다.

⑦ 전환장벽 구축

기업은 고객이 다른 경쟁사로 이탈하지 못하도록 많은 유지비용을 지출하기도 하지만, 기존 고객에 대한 **전환장벽**(switching barrier)을 구축하는 것이 무엇보다 중요하다. 전환장벽이란 소비자가 제품이나 서비스 제공자를 교체하는 것을 어렵게 하거나 상당한 비용이 수반되도록 하는 요인들을 의미한다. 전환비용이 낮아지게 되면 만족도가 낮은 고객들은 경쟁기업으로 쉽게 이탈할 수 있기 때문에 단순한 유지비용으로만 고객들을 유지하는 것은 한계가 있다. 전환장벽을 구축한 예로 항공사의 마일리지 서비스를 들 수 있다. 항공사마일리지 프로그램은 궁극적으로 타 항공사로의 이탈을 막기 위한 방안이다. 또한, 원클릭 간편서비스 제공을 통해 타 경쟁사로 이탈하지 못하도록 전환장벽을 구축할 수 있다. 예를 들어, 한국파파존스는 고객의 주문 편의를 위해 간편 주문 서비스인 '원클릭주문'을 도입하였는데, 이는 피자를 온라인으로 주문할 시 피자 메뉴와 배달 주소 선택을 생략하고 결제할 수 있는 간편 주문 서비스이다. 파파존스 홈페이지, 모바일 웹, 애플리케이션 등을 통해 쉽게 주문이 가능하다.

> **전환장벽**
> 소비자가 제품이나 서비스 제공자를 교체하는 것을 어렵게 하거나 상당한 비용이 수반되도록 하는 요인들

(3) 평생고객화(고객창출) 단계에서의 전략요인

① 이벤트 관리를 통한 교차판매 및 상향판매

고객과의 장기적인 관계를 유지하는 동안 기업에는 다양한 판매기회가 발생한다. 그런데 CRM을 통한 판매기회를 극대화시키기 위해서는 주요한 고객행동을 의미하는 이벤트(event) 분석을 실시해야 한다. 이벤트 분석을 함으

로써 고객이 필요로 하는 시점에 교차판매(크로스셀링; cross-selling)와 상향판매(업셀링; up-selling)의 기회를 발견할 수 있다. **교차판매**는 어떤 품목을 구입한 고객이 구입할 가능성이 있는 다른 품목을 구입하도록 하는 것이고, **상향판매**는 보다 고급 품목을 권유하여 구입하도록 하는 것이다. 예를 들어, PC를 구입한 고객에게 모니터를 구입하도록 권유할 수 있고, 소형차 구매 고객에게 수년 후 중형차 구매를 권유할 수 있다.

교차판매(크로스셀링)
어떤 품목을 구입한 고객이 구입할 가능성이 있는 다른 품목을 구입하도록 하는 것

상향판매(업셀링)
보다 고급 품목을 권유하여 구입하도록 하는 것

국립호주은행(National Australia Bank; 이하 NAB)은 교차판매와 상향판매의 기회를 제공하는 고객의 주요활동을 다음과 같이 정의하였다.

- 한 번에 $20,000 이상의 거래
- 일 년간 거래 금액의 180% 이상을 일시에 입출금
- 급여이체의 개설 혹은 중단
- 갑자기 거래가 빈번해지는 것
- 당좌차월, 적금, 정기예금의 만기

어느 날 NAB의 고객 중 30년 동안 거래하면서 평소 거래가 없던 72세 여성이 $15,000를 출금하는 이벤트가 발생하였다. NAB의 콜센터에서 이벤트를 발견하고 고객에게 확인한 결과, 이 고객의 손녀가 2개월 후에 결혼하며 고객이 결혼선물로 손녀의 6개월치 월세를 선납해주는 것을 알게 되었다. 이러한 정보를 토대로 해당 영업점에서는 교차판매와 상향판매를 하기 위해 손녀와 예비신랑에게 접촉하여, 주택대출, 주택저당대출, 당좌예금, 신용카드, 자동차 론(loan) 등을 판매하였다.

② 세대마케팅

"리버풀 팬의 자식이 리버풀 팬이 될 확률은 90%를 넘는다"는 말이 있다.[11] 영국프로축구 최고 인기구단 중 하나인 리버풀의 팬은 일생 동안 리버풀의 팬으로 남을 뿐만 아니라 그들의 자식까지 리버풀의 팬으로 만들고 있다. CRM을 실행하는 기업이 꿈꾸는 가장 이상적인 모습은 바로 이런 모습이다. 고객이 평생 동안 자사의 고객으로 남을 뿐만 아니라 세대를 이어 고객이 되는 것은, 고객생애가치가 가장 극대화된 상황이라고 할 수 있다. 실제로 이러한 **세대마케팅**(generation marketing)은 CRM을 통해 이루어질 수 있다.

세대마케팅
고객이 평생 동안 자사의 고객으로 남을 뿐만 아니라 세대를 이어 고객이 되는 것

국내 보험업계 1위 기업인 삼성생명은 현재세대의 우위가 다음 세대에도 이어질 수 있도록 하기 위한 세대마케팅을 하고 있다. 세대마케팅은 시장이

---

11) 박동희, "오사카는 그들을 '한국 타이거즈'라 부른다," 네이버 스포츠 매거진 S, 2009. 5. 8.

마케팅 사례: **Oldsmobile의 세대마케팅 실패**

GM의 승용차 division인 Oldsmobile은 1897년 Ransom E. Olds에 의해서 설립되어 미국에서는 최초로, 세계에서는 벤츠에 이어 두 번째 대량생산업체로 탄생했다. 1908년 GM에 인수된 후, 올즈모빌은 한때 GM 그룹의 신기술이 최초로 제품화되는 혁신적인 브랜드 이미지를 가지고 있었다. 1920년 크롬 사용, 1940년 자동변속기 장착, 1974년 에어백 개발 등 자동차 기술진보에 기여하였다. 특히, 중형차 Cutlass는 1970년대 말과 1980년대 초 미국 내 베스트셀러 자동차에 올랐다. 그러나 올즈모빌은 Chevrolet와의 차별화를 이루지 못하고 일본 자동차에 밀리면서 107년 동안 3천 520만 대의 생산기록을 남기고 2004년 자동차 제조현장에서 은퇴하였다.

1990년대 말, 올즈모빌은 젊은 소비자들을 끌어들이는 것을 목표로 세대마케팅을 실시하였다. 올즈모빌을 타던 고객의 아들 세대에게 "이것은 아버지 세대의 올즈모빌이 아니다"라는 커뮤니케이션으로 신세대 취향에 맞는 자동차임을 강조하였지만 성공하지 못하였다. 여기에는 태생적인 문제라 할 수 있는 브랜드 네임 'Olds'에서 연상되는 오래된 자동차라는 느낌, 그리고 미국 최초의 자동차 브랜드라는 사실도 작용한 것으로 보인다.

자료원: 이마스 홈페이지 http://emars.co.kr; *이데일리*, 2009. 2. 28.

포화된 상태에서 잠재고객을 효율적으로 선정할 수 있는 방법이다. 삼성생명은 부모가 고객인 경우 자식들에게 "부모님도 저희 상품을 사용하고 만족하셨습니다. 이제 당신도 계약하십시오"와 같은 메시지를 전달하여 세대마케팅을 실시하고 있다. 특히 삼성생명 부모세대 고객들의 만족도, 재가입률 등이 높게 나타나 세대마케팅이 성공할 가능성이 높다.

LG패션은 Daks, Maestro 등 아버지 세대의 브랜드부터 Towngent, TNGT 등 아들 세대의 브랜드까지 다양한 브랜드를 보유하고 있다. LG패션은 고객 개인을 대상으로 한 마케팅뿐만 아니라 가족단위를 대상으로 한 세대마케팅을 하고 있다. 즉, 가족정보를 통합 관리하고 LG패션 브랜드 간 마일리지 포인트를 사용할 수 있게 하여, Daks를 입는 아버지가 아들의 취업선물로 TNGT를 사줄 수 있도록 하는 교차판매의 기회를 관리하고 있다. 이 경우 아들은 자연스럽게 LG패션의 고객이 되며 이후 세대를 이어 LG패션의 고객이 될 수 있다.

제 **2** 부

시장기회 분석과 마케팅 전략수립

제 3 장 시장상황분석

자연을 지휘하려면 자연에 순응하라.

– Francis Bacon

知天知地 勝乃可全(지천지지 승내가전)
하늘과 땅을 알면 승리하거나 몸을 온전하게 보존할 수 있다.
知彼知己 百戰不殆(지피지기 백전불태)
상대와 자신을 알면 백 번 싸워도 결코 위태롭지 않다.

– 孫子

마케터는 시장에서 어떤 활동을 할 것인가에 대해 끊임없는 의사결정을 해야 한다. 이러한 의사결정은 마케터가 갖고 있는 직관에 의해서뿐만 아니라 시장, 경쟁자, 그리고 기업/사업단위의 환경에 대한 분석을 통해 이루어진다. 기업은 전략수립과정 시 기업수준 혹은 사업단위수준의 목표와 전략을 수립하기 위해서는 상황분석이 필요하다. 상황분석의 내용으로는 시장분석, 기업분석, 그리고 환경분석이 있다. 상황분석을 통해 기업/사업단위는 시장환경으로부터 기회(opportunities)와 위협(threats)을 발견하고, 경쟁자에 비한 상대적 강점(strengths)과 약점(weaknesses)을 파악해야 한다.

학|습|목|표

1. 제품시장의 분석에 대해 이해한다.
2. 기업 및 사업단위 분석에 대해 학습한다.
3. 환경분석에 대해 이해한다.

학습목표 1: 제품시장의 분석

상황분석의 첫 번째는 제품시장 분석으로, 여기에는 시장의 정의, 수요분석, 그리고 경쟁구조의 파악 등이 포함된다. 제품시장을 분석하는 목적의 한 가지는 제품시장의 선택이며, 이를 위해서는 각 제품시장대안의 매력도를 평가해야 한다. 제품시장의 매력도를 결정하는 변수로는 제품시장의 크기, 성장률, 기대수익률, 경쟁치열 정도 등 여러 가지가 있다. 이는 제4장의 GE 매트릭스에서 설명한다. 이하에서는 제품시장의 분석과 관련하여 기초적으로 이해해야 할 개념들을 서술한다.

1. 제품시장의 정의

제품시장(product market)을 분석하기 위해서는 먼저 그 제품시장의 범위를 정의해야 한다. 이는 제품시장의 범위에 따라 시장규모, 경쟁자, 고객, 그리고 시장점유율 등이 달라지기 때문이다. 제품시장의 범위는 두 가지 측면에서 생각할 수 있다.

첫째, 제품시장의 지리적 범위를 정의하는 것이다. 예를 들어, 현대·기아자동차의 승용차는 지리적 범위를 국내로 하는 경우 주요 경쟁자는 르노삼성, 한국지엠 등이며 시장점유율 1위이지만, 지리적 범위를 세계시장으로 하면 주요 경쟁자는 토요타, 혼다, GM, 포드, 르노 등이며 점유율은 5위가 된다.

둘째, 제품군과 관련하여 제품시장의 범위를 정의해야 한다. 예를 들어, 코카콜라의 제품시장은 콜라시장, 탄산음료시장, 혹은 음료시장 중에서 어느 것인가? 이에 대한 대답은 어떤 제품들(혹은 브랜드들)을 같은 제품군에 속하는 것으로 보는가에 달려 있다. 만약 콜라만을 같은 제품군에 속하는 것으로 본다면 코카콜라의 시장은 콜라시장이다. 그러나 사이다를 같은 제품군에 속하는 것으로 본다면 그 시장은 탄산음료시장이며, 게토레이, 비타민워터 등을 같은 제품군에 속하는 것으로 본다면 그 시장은 음료시장이다. 그러므로 보다 많은 브랜드를 같은 제품군에 속하는 것으로 볼수록 제품시장의 범위는 커진다.

두 개 이상의 제품들이 같은 제품군에 속하는지, 즉 같은 제품시장에 속하는지의 여부를 판단하는 방법을 두 가지로 나누어 설명한다.

첫째, **물리적 속성의 유사성**에 기초한 방법이다. 이는 속성측면에서 유사한 제품들을 같은 제품군으로 분류하는 것이다. 예를 들어, 쏘나타, K5, 말리부, SM6는 중형승용차라는 점에서 모두 중형승용차 시장에 속해 있다고 할 수 있다. 그러나 이 방법은 유사성을 판단하는 기준이 평가자에 따라 다를 수 있다는 한계점을 갖는다. 예를 들어, 코카콜라의 유사제품을 평가할 때 재료, 탄산화, 갈증해소의 세 속성을 고려한다면 펩시콜라 등 콜라만이 유사하다. 탄산화와 갈증해소를 고려한다면 콜라뿐만 아니라 사이다도 유사하다. 만약 갈증해소만을 고려한다면 콜라, 사이다, 게토레이, 비타민워터 등 여러 브랜드들이 유사하다고 할 수 있다. 유사성 정도는 상대적이다. 문제는 얼마큼 유사해야 유사제품으로 볼 것인가 하는 것이다.

둘째, **동일한 욕구를 충족시키는가**를 기준으로 하는 것이다. 즉, 제품의 속성과 무관하게 동일한 욕구를 충족시키면 같은 제품군으로 분류하는 것이다. 예를 들어, 식후 디저트로서 고객들이 커피, 아이스크림, 그리고 과일 중에서 선택한다면 세 가지는 물리적으로는 매우 다른 제품이지만 동일 제품군으로 분류될 수 있다. 그러나 이 방법의 한계점은 고객의 욕구를 충족시키는 대체품들은 고객마다 다를 수 있다는 점이다. 예를 들어, 커피를 구매하려는 고객이 맛에 중점을 둔다면 보통커피의 대체품으로 무카페인 커피를 생각하겠지만 각성효과에 중점을 둔다면 대체품으로 홍차나 녹차같이 카페인이 포함된 음료를 우선적으로 고려할 것이다. 이 방법은 고객이 어떤 제품들을 대체품으로 지각하는가를 중심으로 같은 제품군에 속하는지의 여부를 결정하는 방법으로, 두 제품의 대체성이 높을수록 두 제품은 같은 제품군에 속하는 것으로 본다.

두 제품의 대체성 정도는 **교차탄력성**(cross elasticity)에 의해 평가된다. 예를 들어, 홍차 수요의 커피가격에 대한 교차탄력성은 '홍차의 수요변화율/커피의 가격변화율'로 계산된다. 교차탄력성이 '양수(+)'이면 두 제품은 대체성이 있다고 할 수 있다. 가령 커피의 가격이 5% 증가했을 때 홍차의 수요가 10% 증가하였다면, 홍차의 교차탄력성은 2라는 양수(+)가 된다.[1] 이 양수의 값은 커피가격 인상으로 기존 커피구매자들 중 일부가 커피 대신 홍차를 구입한 것을 의미한다. 교차탄력성이 클수록 두 제품은 동일한 제품군으로 분류되며 동일한 제품시장에 속한다고 할 수 있다. 그리고 교차탄력성이 클수록 커피에 대한 소비자들의 가격민감도는 높아진다고 볼 수 있다.

요컨대, 첫 번째 방법은 제품 속성을 중심으로 동일 제품군을 가름하는 데 비해 두 번째 방법은 고객의 욕구를 중심으로 가름하는 데 그 차이가 있다. 두 번째 방법이 고객중심이라는 점에서는 나은 방법으로 보이지만 앞에서 기

---

1) 교차탄력성 지수는 절댓값으로 계산함.

술한 바와 같이 이 방법도 한계점을 갖는다. 현실적으로 제품시장의 범위는 분석자 혹은 의사결정자가 앞에서 언급한 여러 가지를 고려하여 경험과 직관을 바탕으로 결정하게 된다.

2. 수요분석

(1) 수요분석의 의의

수요분석에 있어서 가장 주된 것은 해당 제품시장의 크기와 성장률로서 제품시장이 클수록 그리고 성장률이 높을수록 매력적이다. 제품시장의 크기는 현실적으로 연간 매출수준을 의미하는데 금액 혹은 단위로 나타낸다. 예를 들어, 2018년 국내 홍삼시장의 시장규모는 1조 5,000억원이며,[2] 2018년 11월 기준 국내자동차 생산량은 367만 1,784대이다.[3] 제품시장의 크기는 계속 변하므로 현재의 제품시장 크기뿐만 아니라 성장률 또한 매우 중요한 변수가 된다. 많은 경우 제품시장이 성장함에 따라 경쟁자들은 늘어나고 공급은 증가하게 된다. 만약 제품시장의 수요증가 수준이 공급증가 수준을 능가하면 개별 기업은 성장기회를 쉽게 포착할 수 있다. 그러나 제품시장의 공급증가가 수요증가보다 크면 개별 기업의 성장은 어려워진다. 따라서 시장성장을 분석할 때 현재의 경쟁자들뿐만 아니라 잠재적 경쟁자들의 움직임도 동시에 고려해야만 한다. 그럼으로써 미래의 공급수준을 예측할 수 있다.

수요에 대한 질적인 분석도 수요성장의 분석만큼이나 전략상 중요하다. **수요의 질적분석**이란 시장 내의 고객이 가지고 있는 제품의 구매, 사용, 처분 등과 관련한 다양한 특징들을 전략과 관련하여 파악하는 것을 말한다. 이러한 특징들을 분석함에 따라 기업은 전략적인 관점에서 시장기회를 포착할 수 있다. 시장기회의 포착이란 경쟁에서 성공할 시장을 찾아내고 그 성공을 위한 전략을 개발하는 것을 의미한다. 가령 기업은 수요의 질적분석을 통해 제품에 대한 특정 취향을 갖고 있는 고객집단을 찾아내고, 이 집단에 가장 잘 맞는 제품을 개발하여 경쟁에서 이길 수 있다.

이러한 예로서 과거 독일의 승용차회사 폭스바겐의 미국시장 진출을 들수 있다. 폭스바겐은 미국의 승용차시장을 분석한 결과 미국의 3대 메이커인 GM, 포드, 크라이슬러가 모두 중형 이상의 승용차만 생산하는 데 비해 일부의 고객들은 소형차를 선호한다는 사실을 발견하고 소형차인 Beetle을 가지

---

2) 1.5조 홍삼시장 독차지 인삼공사, 비결은 워라밸 광고, *EBN*, 2018. 5. 17.
3) 엔진 꺼지나⋯ 자동차업계 위기론 확산, *연합뉴스*, 2018. 12. 17.

고 진입하여 성공하였다. 수요의 질적분석에 관한 것들 중 미시적인 것은 제6장의 소비자행동 분석에서 설명되며, 거시적인 것은 본장의 후반부에 있는 환경분석에서 소개된다. 또한 수요의 질적·양적 분석을 하는 데 유용한 분석도구인 제품수명주기는 제9장에서 설명된다.

(2) 수요에 영향을 미치는 요인들

특정제품에 대한 **수요**(demand)는 기업이 어떤 마케팅 환경하에서 표적시장에서 특정 마케팅프로그램을 실행하는 경우 특정기간 내에 구매되는 제품의 수량을 말한다. 수요는 제품시장 전체수요와 제품시장 내 개별제품수요로 분류될 수 있는데, 제품시장 전체수요를 **1차적 수요**(primary demand), 개별제품수요를 **선택적 수요**(selective demand)라고 부른다. 예를 들어, 전자는 치약에 대한 수요를 말하며, 후자는 2080치약 혹은 페리오치약에 대한 수요를 말한다.

개별제품의 수요에 영향을 미치는 요인에는 여러 가지가 있다.

첫째, 수요는 그 제품가격의 영향을 받는데, 대개의 경우 가격이 오르면 수요는 감소하고 가격이 내리면 수요는 증가한다.

둘째, 수요는 촉진, 유통경로확대노력 등 마케팅노력에 따라 달라진다. 즉, 가격이 일정한 경우 특정제품에 대한 촉진노력 혹은 유통경로확대노력이 클수록 수요는 증가하는데 이를 그림으로 나타내면 [그림 3.1]과 같다.

셋째, 수요는 자사브랜드의 통합적 마케팅프로그램 변수뿐만 아니라 경쟁브랜드의 통합적 마케팅프로그램 변수와 기타 환경적 요인의 영향을 받는다. 환경적 요인의 대표적인 것으로 경기를 들 수 있다. 즉, 자사브랜드의 가

> **수요**
> 기업이 어떤 마케팅 환경하에서 표적시장에서 특정 마케팅프로그램을 실행하는 경우 특정 기간 내에 구매되는 제품의 수량

그림 3.1 **마케팅노력에 따른 수요의 변화**

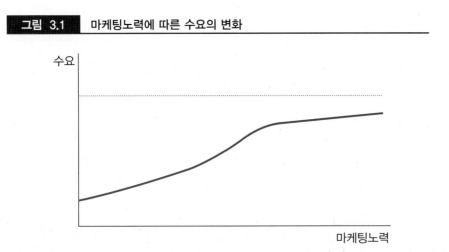

마케팅 사례: **한국인삼공사의 수요증대전략**

만약 어떤 한 기업이 제품시장에서 독점을 하고 있다면 제품시장 전체의 크기를 확대함으로써 그대로 자사제품의 수요를 증가시킬 수 있다. 한국인삼공사의 홍삼 브랜드인 '정관장'은 '정부가 관장하는 공장'이라는 의미를 가지고 있다. 한국인삼공사는 1996년 홍삼의 전매권이 폐지된 이후에도 사실상 시장을 독점하였다. 이로 인해 초기 정관장 광고에서는 건강보조식품으로서 홍삼의 효과에 대해 적극적으로 제시하여 홍삼수

요(1차적 수요)를 증대시키고자 하였다. 이는 한국인삼공사의 독점적인 지위를 활용하여 홍삼시장의 확대가 곧 정관장의 수요(선택적 수요)를 증대시키기 때문이었다. 2000년대 후반 농협, 대상, 동원F&B 등 다수의 기업들이 홍삼시장에 진입함에 따라 정관장은 제품의 다양화 및 사회공헌활동 강화를 통해 자사제품의 수요증대에 더욱 주력하고 있다.

격과 마케팅노력이 일정할 때 경쟁브랜드의 가격이 낮을수록 그리고 마케팅노력이 클수록 자사제품의 수요는 낮게 된다. 또한 자사브랜드와 경쟁브랜드의 가격과 마케팅노력이 일정할 때 수요는 경기에 따라 긍정적(호황인 경우) 혹은 부정적(불황인 경우)으로 영향을 받는다.

넷째, 주어진 여건하에서 기업의 마케팅노력에 의하여 달성할 수 있는 최대잠재수요는 한도가 있다. [그림 3.1]에서 점선은 최대잠재수요를 나타낸다.

지금까지 설명한 바와 같이 개별제품에 대한 수요는 가격, 마케팅노력, 경쟁기업의 가격과 마케팅노력, 경기 등에 따라 변화되는데, 이를 종합적으로 나타내면 [그림 3.2]와 같다. 즉 실제수요곡선(D)은 최소잠재수요(D_1)와 최대

그림 3.2 최소잠재수요와 최대잠재수요

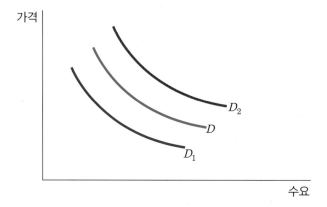

| 표 3.1 | 최소잠재수요와 최대잠재수요 – 마케팅노력과 경기 | | |

	개별제품 마케팅노력	경쟁기업 마케팅노력	경기
D_1(최소잠재수요)	극소	극대	최대 불황
D_2(최대잠재수요)	극대	극소	최대 호황

잠재수요(D_2) 사이에 존재하며 D_1과 D_2는 각각 〈표 3.1〉의 상황이다.

(3) 개별제품의 수요예측방법

앞에서 제품시장 전체수요와 개별제품수요에 대하여 설명하였다. 제품시장 전체수요는 개별제품수요에 영향을 미치므로 마케터는 전체수요에 당연히 관심을 갖지만 마케터에게 보다 중요한 것은 자사제품에 대한 수요가 된다. 이하에서는 개별제품의 수요예측방법을 살펴본다.

① 의견조사법

a. 판매원 혹은 유통업자 의견법

자사의 판매원 혹은 유통업자는 제품시장 내에서 고객들을 대상으로 활동하므로 제품시장 내 고객과 경쟁상황에 대하여 비교적 많은 지식을 가진 것으로 볼 수 있다. 예컨대, 자동차제조회사는 각 영업소의 영업사원들, 가전제품회사는 대리점의 영업사원들로부터 의견을 수집할 수 있다.

b. 전문가의견 합성법

그 제품과 관련하여 전문가라고 판단되는 사람들로부터 의견을 수집하는 방법이다. 한자리에서 토론을 거쳐 전체적인 동의를 이룸으로써 수요예측을 하기도 하나 이 방법은 상대방에게 직접·간접으로 압력을 가하는 단점이 있다. 이러한 문제 때문에 **델파이 기법**(Delphi method)이 비교적 자주 이용된다. 이를 간단히 설명하면 다음과 같다.

먼저 주제와 관련하여 전문적 지식을 가진 사람들에게 의견을 제시하도록 요청한다. 이 의견들을 종합하여 이를 기존 의견제시자들에게 제시하여 당초의 의견을 재고하도록 요청한다. 비교적 동일한 의견(consensus)을 얻을 때까지 이러한 과정을 반복한다.

c. 잠재고객 의견조사법

잠재고객들에게 제품을 실제로 제시하거나 광고를 보여주거나 혹은 제품

특징을 기술한 제품컨셉기술서(product concept description)를 제시하고 이에 대한 구매의도를 측정하는 방법이다. 예를 들어, 컴퓨터 제조회사가 표적시장 잠재고객 1,000,000명 중 비교적 대표성이 높은 500명(0.05%)을 대상으로 위의 방법에 따라 제품을 제시한 후 다음과 같은 질문을 하였다고 가정하자.

당신은 그 제품가격이 ₩1,200,000이면 구입하시겠습니까?
가. 반드시 구매하겠다.
나. 아마 구입할 것이다.
다. 모르겠다.
라. 아마 구입하지 않을 것이다.
마. 절대로 구입하지 않겠다.

설문조사결과 다음과 같은 결과를 얻었다고 가정하자.

가	나	다	라	마	계
20	30	50	300	100	500명

이 경우 분석자는 각 응답자의 구매확률을 다음과 같이 부여할 수 있다.

가	나	다	라	마
0.8	0.5	0.3	0.1	0

위의 두 표를 결합하여 계산하면 20×0.8 + 30×0.5 + 50×0.3 + 300×0.1 + 100×0 = 76으로서 500명 중 76명이 구매할 것으로 추정할 수 있다. 이를 전체 잠재고객의 수에 적용시켜 보면 76×1,000,000/500 = 152,000대로 추정된다. 이 방법은 잠재고객으로부터 의견을 직접 수집한다는 장점을 가지며 비교적 명쾌하게 보이나, 잠재고객의 수에 대한 추정, 대표성 높은 표본의 추출, 그리고 구매확률 부여의 자의성 등 여러 가지 한계점을 갖는다.

② **시장시험법**(Market-Test Method; 시험마케팅)

대표성이 높은 표본추출이 어렵거나 응답자들이 신중히 응답하지 않는 경우 고객의견조사법에 의한 수요추정은 바람직하지 않다. 또한 판매원이나 전문가의견법 또한 합당하지 않다고 판단되는 경우가 있다. 이 경우 직접 시장시험에 의하여 수요를 예측할 수 있는데, 이는 특히 신제품의 수요예측이나 기존제품을 새로운 유통경로나 지역에 진출하는 경우 적절한 방법이다. 그러나 이 방법에는 적절한 표본시장 및 표본추출시기를 선정하는 문제가 따른다.

③ 시계열분석법 (Time-Series Analysis)

시계열분석법은 과거의 실적을 바탕으로 하여 미래의 수요를 예측하는 방법이다. 이는 수요를 시간의 함수로 전제하는 것으로 시간단위는 월별 혹은 주별이 많이 쓰인다. 시계열분석법에 의한 수요예측을 하기 위해서는 대체로 다음의 세 가지 요건을 필요로 한다. 첫째, 시계열자료가 있어야 한다. 신뢰성 있는 과거자료가 없이는 시계열분석이 불가능하다. 둘째, 추정의 대상이 되는 미래도 과거와 유사할 것으로 가정할 수 있어야 한다. 셋째, 과거자료에서 패턴을 찾아낼 수 있어야 한다. 만약 불규칙요소(erratic component)의 영향력이 너무 크면 어떤 유용한 패턴을 발견할 수 없다.

시계열분석은 과거의 실적으로부터 네 가지 요소를 추출하고 이러한 요소들에 의해 미래의 수요를 예측한다. 네 가지 요소는 다음과 같다. 첫째, **추세요소**(trend component; T)는 시간경과에 따른 실적 변화의 추세로서 직선 혹은 곡선으로 나타난다. 둘째, **사이클 요소**(cyclical component; C)는 매출실적의 변동을 가져오는 데 기여한 경기순환적 요소이다. 셋째, **계절적 요소**(seasonal component; S)는 계절에 따라 변하는 패턴을 야기한 요소이다. 계절적 요소는 경우에 따라 시간별, 주별, 월별 등으로서도 분석이 가능하다. 넷째, **불규칙요소**(erratic component; E)는 파업, 유행, 화재 등 수요에 영향을 미치는 예측불가능한 요소로서 정상적인 수요패턴을 조사하기 위해서는 과거자료로부터 불규칙요소들에 의한 수요변동이 제거되어야 한다.

시계열분석에 의한 수요예측을 예를 들어 설명한다.

K생명보험회사는 2018년 12월까지 자사의 보험가입실적에 의하여 2019년 12월의 보험가입자 수를 예측하고자 한다. 2018년 1년간 보험가입자수는 60,000명이었다. 과거자료를 분석한 결과 가입자 수가 연평균 5% 증가하였으며, 12월의 실적은 월평균 실적에 비하여 30% 정도 높은 것으로 나타났다. 2019년은 비교적 불황이 예상되는데 이로 인한 가입자수 감소는 10%로 예상된다. 그러나 노사분규나 그밖에 보험가입에 영향을 미칠 큰 문제는 예상되지 않는다.

이러한 자료를 바탕으로 시계열분석을 하면 다음과 같이 2019년 12월의 예상가입자 수는 6,142명이 된다.

- 2019년 총 가입자 수 예상

  $60,000 \times 1.05 = 63,000 \cdots$ 추세요소 고려

  $63,000 \times 0.9 = 56,700 \cdots$ 사이클 요소 고려

- 2019년 12월 가입자 수 예상

  $56,700 \div 12 = 4,725$

  $4,725 \times 1.3 = 6,142.5 \cdots$ 계절적 요소 고려

④ 인과관계법 (Causal Method)

인과관계법은 수요에 영향을 미칠 것으로 추정되는 변수와 수요 간의 관계를 파악하여 수요를 예측하는 방법이다. 인과관계법으로 선행지수법과 회귀분석법이 있다.

a. 선행지수법 (Leading Indicators)

선행지수법은 비교적 간단한 인과관계법으로서, 어떤 제품의 수요변화를 예측하기 위하여 그 제품 수요변화에 선행하는 다른 제품의 수요변화를 이용하는 것이다. 예를 들어, 건축자재 수요를 예측하기 위하여 주택수요를 이용하는 것이다. 이때 주택수요는 건축자재 수요에 대한 선행지수가 된다. 이와 같이 어떤 제품에 대한 수요가 타제품에 대한 수요를 파생시킬 때 후자의 수요를 **파생수요**(derived demand)라고 부른다. 이 경우 원제품(original product) 수요가 선행지수로 이용되지만 제품수요예측을 위한 선행지수로 사용될 수 있는 것은 매우 다양하다. 예를 들어, 소득은 승용차, TV 등 내구재의 수요예측을 위한 선행지수로서, 출생률은 아기용품, 장난감 등의 수요예측을 위한 선행지수로서 이용될 수 있다.

> **파생수요**
> 어떤 제품에 대한 수요가 타제품에 대한 수요를 파생시킬 때 후자의 수요

b. 회귀분석법 (Regression Analysis)

회귀분석은 둘 혹은 그 이상의 변수들의 인과관계를 규명하는 데 사용되는 통계분석기법으로서 마케팅조사와 수요예측을 위하여 빈번히 사용되는 방법이다. 수요예측을 위하여 회귀분석이 이용될 때는 다음의 절차를 따른다.

첫째, 수요(매출)에 영향을 미칠 것으로 판단되는 변수들을 선정한다. 둘째, 수요와 영향변수들에 대한 자료를 수집하여 수요와 변수들의 자료를 서로 대응시킨다. 셋째, 회귀분석을 실시하여 독립변수들과 종속변수(수요) 간의 관계를 규명하는 회귀식을 발견한다. 넷째, 독립변수들의 값을 회귀식에 대입하여 수요를 예측한다.

회귀식은 보통 다음과 같은 식으로 표현된다. 일반적으로 종속변수는 y로

독립변수들은 X_i로 나타내며, X_i와 y에 대한 실제값들로부터 β_i의 값들을 추정한다.

$$y = \beta_0 + \beta_1 X_1 + \beta_2 X_2 + \cdots + \beta_k X_k$$

수요예측을 위하여 회귀분석법이 어떻게 이용될 수 있는지 예를 들어보자.

H청량음료회사에서는 J지역의 금년 여름 성수기 3개월간의 수요를 예측하고자 한다. 분석자는 청량음료수요에 미치는 중요한 영향요인은 기온과 지역 내 소득이라고 판단하였다. 각 지역의 최근 매출실적, 평균기온, 그리고 월평균 소득에 관한 자료를 수집하여 회귀분석을 실시한 결과 다음과 같은 회귀식이 산출되었다.

$$y = -38.7 + 3.75X_1 + 13.7X_2$$

y : 매출수량(단위: 1,000병)
X_1: 평균기온
X_2: 월평균 지역소득(단위: 1,000,000,000원)

기상청은 금년 여름은 매우 더울 것이며 J지역의 평균기온이 30℃가 될 것이라고 보고 있다. 또한 통계자료에는 J지역의 월평균소득은 10,800,000,000원으로 나타나 있다. 이를 위의 식에 대입하면 예상수요는 다음과 같이 221,760병이 된다.

$$-38.7 + 3.75\times30 + 13.7\times10.8 = 221.76$$

회귀분석법은 수요예측을 위하여 유용하게 쓰일 수 있으나 종속변수인 수요에 영향을 미치는 독립변수를 발견하는 것이 매우 중요한 과제가 된다.

⑤ 스프레드시트 모델 분석(Spreadsheet Model Analysis)

스프레드시트 모델 분석은 Excel, Access 등과 같은 스프레드시트를 이용하여 수요예측을 실시하는 방법이다. 스프레드시트 모델 분석은 정교한 수요예측기법은 아니지만 현업에서 활용가능성이 높은 방법이다. 이 방법은 다양한 영향요인의 관계를 스프레드시트에 모형화함으로써, 각각의 요인변동에 의한 수요변화를 쉽게 반영할 수 있다. 또한 다수의 시나리오 작성을 통해 수요예측치의 구간을 구할 수 있는 특징이 있다. 스프레드시트 모델 분석의 절차는 다음과 같다.

첫째, 수요에 영향을 미칠 것으로 판단되는 변수들을 선정한다. 둘째, 영향변수들의 관계를 수식으로 연결하여 모델링한다. 셋째, 수요에 영향을 미칠 수 있는 미래상황에 대한 시나리오를 작성한다. 넷째, 각 시나리오별 영향변수들의 자료를 입력하여 수요예측을 실시한다. 이하에서는 수요예측을 위하여 스프레드시트 모델 분석이 어떻게 활용될 수 있는지를 예시한다.[4]

A 육가공 회사는 국내 생햄시장의 수요가 향후 5년간 어떻게 변화할 것인지에 대해 예측하고자 한다. 분석자는 생햄 수요에 영향을 미칠 수 있는 변수로 국내 돈육소비량(CP), Kg당 생햄가격(P), 고객의 생햄 인지도(Awr), 생햄 이용가능성(Avi), 생햄 구매의도(IB) 등을 고려하였다. 이를 토대로 다음과 같은 수식을 산출하였다.

$$MP = CP \times P \times Awr \times Avi \times IB$$

MP(Market Potential): 국내 생햄시장규모

CP(Consumption): 국내 돈육소비량

P(Price): Kg당 생햄가격

Awr(Awareness): 생햄 인지도

Avi(Availability): 생햄 이용가능성

IB(Inclination to Buy): 생햄 구매의도

표 3.2   **국내 생햄시장의 연도별 수요예측**

부정적 관점

연도	국내 생햄시장 규모 (MP)	돈육소비량 (CP)	평균단가 (P)	생햄 인지도 (Awr)	생햄 이용가능성 (Avi)	구매의도 (IB)
2017	700,000,000					
2018	761,670,000	1,612,000	35,000	0.25	0.30	0.18
2019	873,829,868	1,676,480	34,000	0.26	0.32	0.19
2020	1,001,638,641	1,743,539	33,000	0.27	0.33	0.20
2021	1,147,086,770	1,813,281	32,000	0.27	0.35	0.21
2022	1,312,372,581	1,885,812	31,000	0.28	0.36	0.22

---

4) 본 수요예측 사례는 저자 중 1인이 수행했던 국내 한 지자체의 생햄 마케팅전략수립 컨설팅 내용을 일부 수정하여 제시한 것이다.

긍정적 관점

연도	국내 생햄시장 규모 (MP)	돈육소비량 (CP)	평균단가 (P)	생햄 인지도 (Awr)	생햄 이용가능성 (Avi)	구매의도 (IB)
2017	700,000,000					
2018	1,054,620,000	1,674,000	35,000	0.25	0.40	0.18
2019	1,497,631,391	1,807,920	34,000	0.27	0.44	0.21
2020	1,931,725,135	1,952,554	30,000	0.29	0.48	0.24
2021	2,447,346,617	2,108,758	26,000	0.31	0.53	0.27
2022	3,302,413,380	2,277,459	24,000	0.33	0.59	0.31

그림 3.3   국내 생햄시장의 연도별 수요예측

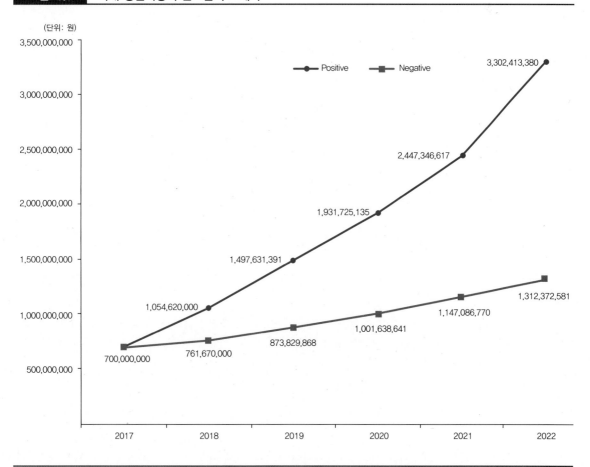

국내 생햄시장의 수요와 관련해서는 두 가지의 시나리오를 생각할 수 있다. 긍정적인 시나리오는 돈육소비량의 연평균 8% 성장, 규모의 경제로 인한 가격하락, 생햄 인지도의 연간 7% 상승, 생햄 이용가능성 연간 10% 상승, 구매의도 연간 15% 상승이다. 부정적 시나리오는 돈육소비량의 연평균 4% 성장, 기술개발로 인한 가격하락, 생햄 인지도의 연간 3% 상승, 생햄 이용가능성 연간 5% 상승, 구매의도 연간 5% 상승이다. 이에 따른 생햄시장의 연도별 수요예측은 〈표 3.2〉와 [그림 3.3]과 같다.

스프레드시트 모델 분석은 조사자의 주관이 지나치게 많이 개입될 수 있으며, 영향요인으로 어떤 변수를 선정하는가에 따라 혹은 시나리오 상황을 어떻게 설정하는가에 따라 수요예측치의 차이가 크다는 단점을 갖는다.

3. 경쟁구조분석

기업이 어떤 제품시장을 대상으로 사업을 하고자 하는 경우 경쟁자가 없는 경우는 매우 드물다. 직접적인 경쟁자는 아니라 하더라도 간접적인 경쟁자는 존재하기 마련이다. 제품시장은 경쟁이 덜 치열하거나 자사의 사업단위가 그 제품시장에서 경쟁력을 가질수록 보다 매력적이다.

(1) 경쟁관계의 수준

경쟁관계는 여러 수준에서 생각할 수 있다. 즉, 제품군 간에 경쟁이 발생할 수 있고, 한 제품군 내에서 제품유형 간에, 그리고 한 제품유형 내에서 브랜드 간에 경쟁이 발생할 수 있다. 예를 들어, 고객이 경제적 여유가 생긴 경우 장기간 해외여행을 하는 것과 새로운 차를 구매하는 것을 놓고 결정을 하는 상황이라면 이 두 가지 대안은 서로 경쟁관계가 된다. 이 고객이 새로운 차를 구매하는 것으로 결정한다면 다시 중형 승용차와 SUV가 경쟁관계가 될 수 있다. 만약 중형 승용차를 구매하기로 결정한다면 쏘나타, SM6, K5, 그리고 말리부가 경쟁관계가 된다.

(2) 경쟁자 파악

시장에서 경쟁자를 파악하는 것은 매우 중요하다. 일반적으로 대체가능성이 존재하는 것은 모두 경쟁자로 보아야 한다. 따라서 경쟁자를 파악하기 위해서는 단순 근시안적인 사고보다는 세분시장 수준에서 파악하는 것이 중요하다. 예컨대, 탄산음료와 과일음료는 음료의 특성상 동일 세분시장에 속해 있지 않고, 서로 다른 세분시장에 속해 있다. 하지만 음료의 형태나 종류가 다

마케팅 사례: 박카스와 비타500, 1·2등이 아닌 챔피언과 1위

동아제약의 박카스와 광동제약의 비타500은 매출액에서 차이를 보이지만 둘 모두가 명실상부 대한민국을 대표하는 건강음료로 치열한 경쟁을 벌이는 제품이다.

박카스는 의약외품에서 자양강장변질제로 바뀌었고, 비타500은 혼합음료로 구분된다. 올해 출시한 지 56년을 맞은 박카스는 동아제약의 효자 노릇을 하고 있고 비타500은 박카스가 독점하다시피 점령한 건강음료 시장에서 챔피언을 위협하는 랭킹 1위로 자리매

김했다. 그럼에도 챔피언 벨트를 두고 챔피언과 도전자 간 싸움은 끝나지 않았다.

박카스는 1961년 처음 출시 이후 2000년대 초 광동제약 비타500이 출시되기 전까지 40년 동안 탄탄대로를 달렸다. 광동제약은 거인이 된 박카스와 치열하게 경쟁하는 대신 '마시는 비타민C'라는 컨셉으로 비타500을 출시하여 새로운 비타민 건강음료 시장을 열었다. 비타500은 식품이라서 약국뿐만 아니라 수퍼마켓·편의점·헬스클럽·사우나 등 다양한 유통채널을 활용하여 시장을 빠르게 잠식하였다. 결국 비타500은 2005년 4월 42년 동안 국내·외에 사랑을 받아온 박카스를 매출 107억원으로 누르면서 월 건강음료 매출 1위를 달성하였다. 당시 박카스의 월 매출은 98억원이었다. 이후 2011년 동아제약이 박카스를 일반의약품에서 의약외품으로 바꾼 후 유통이원화 정책을 통해 비타500을 추격하기 시작했다. 광동제약은 비타500으로 2014년 1027억원, 2015년 1080억원, 2016년 1072억원, 2017년 1057억원의 매출을 올렸다.

자료원: *이코노믹리뷰*, 2018. 6. 1.

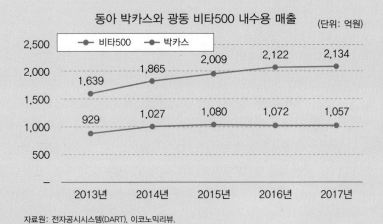

동아 박카스와 광동 비타500 내수용 매출 (단위: 억원)

자료원: 전자공시시스템(DART), 이코노믹리뷰.

르더라도 **대체가능성**이 존재한다면, 이들 두 제품은 서로 경쟁자가 될 수 있다. 그렇지 못하고 제품의 특성이 다르다고 하여 경쟁의 범위를 축소하는 것은 자칫 **마케팅 근시**[5]에 빠질 수 있다. 실제로 동아제약의 박카스는 건강음료, 광동제약의 비타500은 혼합음료로 구분된다. 하지만 이들은 음료의 물리적 특성이 다름에도 시장에서 치열한 전쟁을 벌이고 있다. 이처럼 기존 상품을 대체하는 새로운 상품도 위협적인 경우가 존재하기 때문에, 마케팅 관리자에게는 경쟁의 폭을 넓게 보는 시야가 중요하다.

경쟁자를 파악하기 위해서는 시장의 경쟁자가 누구인지?, 경쟁자의 목표가 무엇인지?, 경쟁자의 전략이 무엇인지?, 경쟁자의 강점과 약점은 무엇인지?, 경쟁자의 미래행동 예측은 어떠한지? 등을 파악해야 한다. 이러한 경쟁자 분석은 제7장에서 다룰 표적시장 선정시 매우 중요하다. 시장세분화 후 표적으로 할 세분시장을 결정하기 위해서는 세분시장에 대한 매력도를 평가해야 하며, 이때 경쟁우위와 적합성분석, 그리고 시장 전반에 대한 매력도 평가를 통해 선택할 시장을 결정한다. 따라서 표적시장 결정을 위한 경쟁자 분석에 대한 내용은 본 장에서 미리 다루기로 한다.

경쟁자를 파악하는 방법은 고객중심적인 방법과 기업중심적 방법으로 구분할 수 있다([그림 3.4] 참조).

고객중심적 방법에는 고객지각에 근거한 방법과 고객행동에 근거한 방법이 있다. **고객지각에 근거한 방법**은 제품의 특성이나, 마케터의 주관이 아니라, 고객들이 제품에 대해 평소 갖고 있는 생각에 근거한 분석방법이다. 대표적인 방법으로 1)지각도, 2)제품제거, 3)사용상황별 대체를 들 수 있다. **지각도**(perceptual map)는 여러 제품이 고객들의 마음속에 차지하고 있는 위치를 2차원, 혹은 3차원의 공간에 나타낸 그림이다. 지각도에 대한 내용은 제7장 [학습목표 3] '지각도를 이용한 포지셔닝맵(그림7.12)'에서 자세히 다룰 예정이다. 일반적으로 지각도는 제품의 가치를 심어주는 포지셔닝전략에서 활용되는 방법이지만, 경쟁분석에서도 이용될 수 있다.

제품제거(product deletion)는 고객들에게 여러 상품을 제시한 후 마음에 드는 제품을 선택하게 한 후, 선택된 제품을 제거한 다음 다시 마음에 드는 제품을 선택하게 하는 방식이다. 그렇게 되면 1차 선택제품과 2차 선택제품 간에는 대체가능성이 있다고 볼 수 있으므로 경쟁관계에 있는 것으로 볼 수 있다. **사용상황별 대체**(substitution in-use)는 소비자의 사용상황을 고려해 상황에 맞는 제품들이 대체관계에 놓일 수 있다는 것이다. 예컨대 집들이 선물이

지각도

여러 제품이 고객들의 마음속에 차지하고 있는 위치를 2차원, 혹은 3차원의 공간에 나타낸 그림

제품제거

여러 상품을 제시한 후 마음에 드는 제품을 선택하게 한 후, 선택된 제품을 제거한 다음 다시 마음에 드는 제품을 선택하게 하는 방식

사용상황별 대체

소비자의 사용상황을 고려해 상황에 맞는 제품들이 대체관계에 놓일 수 있다는 것

---

5) 마케팅 근시(marketing myopia): 경쟁의 범위를 같은 형태나 같은 종류의 상품으로 한정시켜 시야를 좁게 보는 사고.

그림 3.4	경쟁자 파악을 위한 분석방법

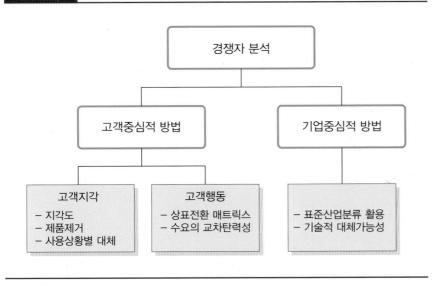

라는 사용상황을 먼저 제시한 후, 집들이에 알맞은 제품을 추천하게 하는 것이다. 그 다음에 추천한 제품별로 점수를 매겨 대체가능성을 비교하게 된다. 이 방법은 사용상황이라는 것을 전제로 하기 때문에 제품의 물리적 특성이 매우 다를 수 있지만, 제품간 점수가 비슷할수록 잠재적 대체가능성이 높다고 본다.

　　고객행동에 근거한 방법은 고객들이 실제로 구매하는 행동, 혹은 소비 패턴을 관찰하여 이를 토대로 주요 경쟁자가 누구인지를 파악하는 것이다. 여기에는 1) 상표전환 매트릭스와 2) 수요의 교차탄력성이 있다. **상표전환 매트릭스**(brand switching matrix)는 구매자들이 한 상표에서 다른 상표로 구매전환이 일어나는 비율을 도표화하여 계산표를 작성하는 방식이다. 〈표 3.3〉과 같이 10개의 라면 브랜드에 대한 전환매트릭스를 도표화하면 10×10행렬 매트릭스를 구성할 수 있으며, 제품간 구매전환 비율을 계산할 수 있다. 각 숫자는 이전에 '행'에 있는 브랜드를 구입한 소비자들 중에서 다음에 '열'에 있는 브랜드를 구매한 소비자들의 비율(%)을 나타낸다. 예컨대 〈표 3.3〉에서 2행 1열의 5(신라면-진짬뽕)는 지난번에 신라면(행)을 구매한 소비자들 중 5%가 이번에는 진짬뽕(열)을 구입했다는 것을 의미한다. 특히, 상표전환 매트릭스의 대각선에 기입된 숫자는 지난 번 구입과 이번 구입 모두 같은 브랜드를 구입한 소비자들의 비율을 의미하며, 이 비율이 높을수록 충성도가 높다고 볼 수 있다.

　　수요의 교차탄력성(cross-elasticity of demand)은 자사 제품의 가격이 1%

수요의 교차탄력성
자사 제품의 가격이 1% 변했을 때 경쟁제품의 판매량이 몇 % 변했는지를 계산하여 가격탄력지수를 계산하는 방법

| 표 3.3 | 라면 브랜드의 상표전환 매트릭스[6] | | | | | | | | | (단위 %) |

	진짬뽕	신라면	오징어 짬뽕	짜파 게티	짜왕	불닭 볶음면	너구리	진라면	삼양 라면	참깨 라면
진짬뽕	25	21	13	7	6	10	3	2	0	4
신라면	5	35	5	5	4	7	0	4	4	1
오징어 짬뽕	14	8	33	0	12	14	7	5	3	2
짜파 게티	3	3	0	55	3	5	6	0	5	0
짜왕	2	2	2	30	23	8	0	5	2	0
불닭 볶음면	25	3	2	5	23	24	3	0	2	0
너구리	0	2	3	0	24	5	40	0	2	1
진라면	2	22	4	4	0	4	2	35	1	1
삼양 라면	1	3	5	5	1	2	0	2	26	2
참깨 라면	3	2	5	4	2	3	3	4	1	18

변했을 때 경쟁제품의 판매량이 몇 % 변했는지를 계산하여 가격탄력지수를 계산하는 방법이다. 예컨대, 박카스의 가격이 1% 상승했을 때 비타500의 판매량이 3% 증가했다면, 3/1 = 3이므로 교차탄력성은 '3'이 된다. 교차탄력성 지수가 높다는 것은 대체가능성이 높고, 두 제품 간에 경쟁관계가 높다는 것을 의미하며, 나아가 각 제품에 대한 소비자의 가격민감도가 높다는 것을 의미한다. 교차탄력성을 이용한 계산은 유용한 방법이지만, 외생적 요소들(예: 판촉행사 등)이 많이 작용하기에 실제로 계산하는 것이 쉽지 않다.

    기업중심적 방법에는 **표준산업분류 활용**과 **기술적 대체가능성**이 있다. **표준산업분류법**은 비슷한 산업끼리 분류기준에 기초해 범주로 묶어 놓은 것을 말하며, 각 범주마다 부여된 고유번호를 표준산업분류코드라고 한다. 국내의 경우 대분류(알파벳 총 21개), 중분류(두 자리 숫자, 총 63개), 소분류(3자리 숫

표준산업분류법
비슷한 산업끼리 분류기준에 기초해 범주로 묶어 놓은 것

---

6) 표 안의 수치는 임의로 예시한 것이며, 예시된 10개 브랜드 이외의 브랜드가 존재할 수 있으므로 행의 합계는 100보다 작을 수 있음.

표 3.4	표준산업분류 예시								

대분류		중분류		소분류		세분류		세세분류	
M	전문, 과학 및 기술 서비스업	71	전문 서비스업	711	법무관련 서비스업	7110	법무관련 서비스업	71101	변호사업
				713	광고업	7131	광고 대행업	71310	광고 대행업
						7139	기타 광고업	71391	옥외 및 전시 광고업
								71392	광고매체 판매업
								71393	광고물 작성업
								71399	그 외 기타 광고업

자), 세분류(4자리 숫자), 세세분류(5자리 숫자) 5단계 분류체계로 구성되어 있다(〈표 3.4.〉 참조). 예를 들어, 〈표 3.4〉에서 세세분류(5자리 번호)에 속한 광고대행업(71310) 범주의 경우, 금융감독원 전자공시시스템 서비스를 이용하면 각 광고대행사들의 이름, 각 회사의 위치, 종업원 수, 매출액, 자본금 등을 파악할 수 있다(5장 〈표 5.4〉 참조). 이 경우 해당 광고대행사들은 서로 경쟁관계에 있다고 할 수 있다. 이 표를 이용하면 동일한 세세분류에 속한 기업들일수록 보다 직접적 경쟁관계에 있다고 할 수 있다. 예를 들어, 자사가 옥외 및 전시 광고업(71391)에 속한 경우 71391에 속한 다른 기업들과는 보다 직접적 경쟁관계에 있으며, 71392, 71393, 71399에 속한 기업들과는 보다 덜 경쟁관계에 있다고 할 수 있다.

기술적 대체가능성은 기술자나 전문가를 대상으로 기존 상품을 대체할 만한 제품이나 기술이 있는지를 조사하여 대체가능성을 파악하는 방법이다. 예컨대, 공인인증서는 공공기관 혹은 금융기관에서 본인 확인용으로 활용하는 경우가 대부분이다. 1년에 한 번씩 갱신을 해야 하고 프로그램인 액티브X를 설치해야 하는데, 이러한 번거로움 때문에 사용자들은 공인인증서를 '웹사이트 이용의 걸림돌'이라고 인식하고 있다. 이러한 이유로 공인인증서에 대한

기술적 대체가능성
기술자나 전문가를 대상으로 기존 상품을 대체할 만한 제품이나 기술이 있는지를 조사하여 대체가능성을 파악하는 방법

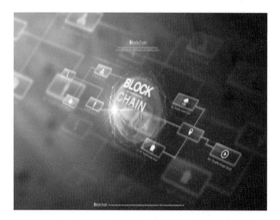

블록체인

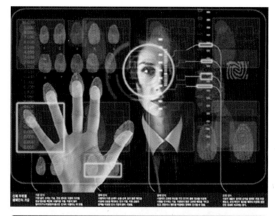

생체인식

폐지 소식이 전해지면서 블록체인, 생체인식 등 공인인증서를 대체할 다양한 본인 인증 수단에 대한 관심이 높아지고 있다. 이 경우 공인인증서와 블록체인 및 생체인식 등은 서로 기술적 대체관계에 놓여있다고 볼 수 있다.

(3) 경쟁구조분석의 모형

[그림 3.5]는 제품시장에서 기업의 경쟁력에 영향을 미치는 다섯 가지 요인들과 태블릿PC 시장의 상황으로서 각 요인의 예를 보여준다.[7] 여기서 제시되는 다섯 가지 요인들을 분석함으로써 고려하는 제품시장의 매력도를 평가할 수 있다.

첫째, 제품시장내 **기존기업들 간의 경쟁** 정도는 자사의 경쟁력과 이익수준에 영향을 미친다. 또한 기존기업들 간의 경쟁이 치열한 시장일수록 그 시장은 덜 매력적이다. 이는 경쟁이 치열할수록 가격경쟁이 심해지거나 또는 광고비지출 혹은 고객서비스의 수준이 높아지기 때문이다. [그림 3.5]에 제시된 예의 경우, 국내 태블릿PC 시장에 여러 업체들이 있어 치열한 광고전이 벌어지고 있다. 일반적으로 경쟁자가 많을수록, 경쟁자들 간에 규모가 비슷할수록, 그리고 그 제품시장의 성장률이 낮을수록 경쟁은 치열해진다. 또한 경쟁제품들 간에 제품차별화가 작을수록 경쟁자들 간에 가격경쟁이 유발된다. 퇴출장벽(exit barriers)도 제품시장의 매력도에 영향을 미친다. 퇴출장벽이 높을수록 성과가 낮더라도 기존 경쟁자들은 쉽게 그 시장에서 철수하지 않기 때문이다. 따라서 제품시장의 퇴출장벽이 높을수록 기존기업에게는 그 시장이 보

---

7) Michael E. Porter, *Competitive Strategy: Techniques for Analyzing Industries and Competitors*, New York: The Free Press, 1980.

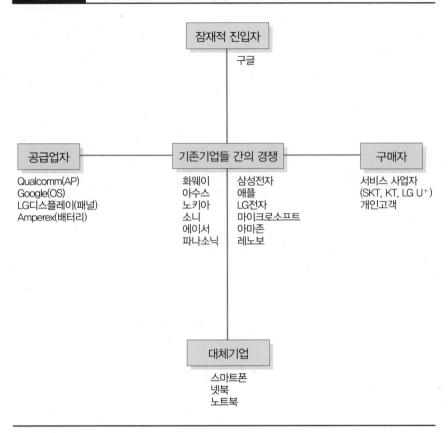

| 그림　3.5 | 국내 태블릿PC 시장의 경쟁구조 |

잠재적 진입자

구글

공급업자

Qualcomm(AP)
Google(OS)
LG디스플레이(패널)
Amperex(배터리)

기존기업들 간의 경쟁

화웨이　삼성전자
아수스　애플
노키아　LG전자
소니　마이크로소프트
에이서　아마존
파나소닉　레노보

구매자

서비스 사업자
(SKT, KT, LG U+)
개인고객

대체기업

스마트폰
넷북
노트북

다 덜 매력적이다.

　둘째, **잠재진입자들**(potential entrants)도 경쟁에 영향을 미쳐 자사의 이익 수준을 변화시킨다. 즉, 강한 잠재진입자들이 많을수록 그 제품시장은 덜 매력적이다. [그림 3.5]에 제시된 예의 경우, 태블릿PC 시장에 구글이 진입하면 기존 태블릿PC 제조업체들의 경쟁력은 약화된다. 잠재진입자가 제품시장에 진출하면 경쟁자가 많아져서 경쟁이 심화될 뿐만 아니라 잠재진입자의 행동 자체(tactics)가 경쟁을 더 치열하게 만든다. 가령 잠재진입자는 새로운 기술, 현대적 생산공정 등으로 파격적으로 가격을 인하할 수 있다. 잠재진입자의 이러한 신규참여는 진입장벽(entry barriers)을 만들거나 보복의 위협을 통해 저지될 수 있다.

　효과적인 진입장벽들로는 규모의 경제(economies of scale), 경험곡선효과에 의한 비용우위, 제품차별화, 높은 자본투자수준, 전환비용(switching cost), 유통경로, 정부규제 등을 들 수 있다. 예를 들어, 반도체 D-RAM 시장의 경우

규모의 경제, 경험곡선효과, 높은 자본투자수준 등이 진입장벽으로 작용한다. 유통경로 또한 진입장벽으로 작용하지만, 새로운 진입자는 전혀 새로운 유통 방식으로 진입할 수도 있다. 예를 들어, Amazon.com은 도서 판매시장에서 기존의 Barnes & Noble과 같은 강력한 경쟁자에 대항하기 위해 오프라인 판매가 아닌 온라인 판매방식으로 시장에 진입하였다.

셋째, 자사에게 원자재나 장비, 혹은 제품을 판매하는 **공급업자들**(suppliers)도 공급가격과 품질 등에 의해 자사의 경쟁력에 영향을 미치고 그에 따라 이익수준은 변화한다. 자사와 공급자들 간의 거래에 있어서 협상력(bargaining power)의 크기가 어느 쪽이 더 큰지는 그 제품시장의 매력도에 영향을 미친다. 즉, 공급자의 협상력이 클수록 그 시장은 덜 매력적이다. [그림 3.5]에 제시된 예의 경우, 태블릿PC 제조에 필요한 모바일 AP기술은 Qualcomm과 삼성전자가 양분하고 있어 태블릿PC 제조업자들의 협상력은 매우 낮다. 또한 반도체 시장의 경우 장비공급업체는 상대적으로 소수이므로 공급자의 협상력은 강하며 이 점은 반도체 시장의 매력도를 저하시킨다. 반대의 예로서, 할인점들은 제조업자들(공급업자들)로부터 제품을 대량 구입함으로써 강한 협상력을 발휘할 수 있으며, 이에 따라 제조업자들로부터 매우 저렴한 가격에 공급받는다.

넷째, 자사의 제품을 구입하는 **구매자들**(buyers)도 산업의 경쟁구조에 영향을 미치며 자사의 경쟁력에 영향을 미친다. 자사와 구매자 간의 거래에 있어서 협상력의 크기는 그 제품시장의 매력도에 영향을 미친다. 예를 들어, 구매자의 수가 적으며 더욱이 소수 구매자가 많은 물량을 구입하면 구매자는 자사보다 상대적으로 큰 협상력을 발휘할 수 있으며, 이에 따라 자사는 구매자의 요구에 맞추어야 하고 이 경우 그 시장은 덜 매력적이다. [그림 3.5]에 제시된 예의 경우, 이동통신서비스 회사들이 한꺼번에 많은 태블릿PC를 구입한다면 태블릿PC 제조회사들의 협상력은 작아진다. 또 다른 예로 반도체 시장의 경우 구매자가 매우 많아 구매자의 협상력은 작다. 이는 반도체 제조업자들에게 반도체 시장의 매력도를 높이는 요인으로 작용한다.

마지막으로, 자사의 제품과 대체관계를 갖는 제품을 제공하는 **대체기업**(혹은 대체재; substitutes)도 자사의 경쟁력에 영향을 미친다. 즉, 대체재의 품질이 보다 좋을수록 혹은 가격이 보다 낮을수록 자사의 경쟁력은 약해지며 그 시장은 덜 매력적이다. 대체성이 높을수록 이런 영향은 더욱 커지게 된다. 이는 자사가 가격을 인상하는 경우 구매자는 쉽게 대체재를 구매하기 때문이다. [그림 3.5]에 제시된 예의 경우, 노트북 가격이 낮을수록 많은 사람들이 태블릿PC 대신 노트북을 구입할 것이다. 그러나 구매자가 대체재로 옮겨가는 데 전환비용이 크거나 기존 제품에 충성도(loyalty)가 높다면 대체재로부터의 영향은 작다. 예를 들어, 태블릿PC의 휴대성을 높게 평가하는 고객이 노트북의 휴대성에 많은 불편함을 느낀다면 이는 전환비용으로 작용할 수 있으며 쉽게 노트북으로 바꾸지 않을 것이다.

4. 기 타

이상에서 설명한 바와 같이 제품시장의 매력도 분석을 위하여 수요분석과 아울러 경쟁구조분석이 매우 중요하다. 그 밖에 각 제품시장의 기대수익률, 요구되는 기술수준, 인플레이션에 대한 취약성 등 여러 가지를 분석할 필요가 있다. 이와 관련된 내용은 제4장의 GE 매트릭스에서 다시 설명된다.

학습목표 2: 기업 및 사업단위 분석

상황분석의 두 번째는 기업분석(혹은 사업단위분석)이다. 즉, 그 기업 혹은 각 사업단위의 자원과 능력을 분석해야 한다. 이 경우 경쟁자에 비한 자사 혹은 사업단위의 상대적 **강점**(strengths)과 **약점**(weaknesses)을 중심으로 분석하면 매우 유용할 수 있다.

1. 강점과 약점의 분석

[그림 3.6]은 기업 혹은 사업단위의 상대적 강점과 약점 분석시 고려할 요인들을 보여준다. 평가자는 각 속성별로 평가점수와 중요도를 표시할 수 있다. 이러한 결과는 각 속성에서 그 기업 혹은 사업단위의 상대적 강·약점을, 그리고 그 속성의 중요도를 간추려 나타내준다. 각 속성별 평가점수는 4~0으로, 그리고 각 속성별 중요도를 3~1로 부여하여 총점수를 계산하면 경쟁사 대비 상대적 강·약점 비교가 가능하다. [그림 3.6]과 같이 경쟁자와의 상대적 강·약점을 비교할 때는 한 개의 경쟁자만을 대상으로 평가할 수 있으며, 평가결과는 '보통(2점)'을 중심으로 대칭으로 나타난다.

[그림 3.6]은 국내 한 컨설팅회사에서 실시한 A, B 두 제과회사의 강·약점 분석결과이다. 그림에서 A제과회사는 붉은 색으로, B제과회사는 파란색으로 표시되어 있다. 그림에 제시된 것과 같이 자사와 경쟁사의 각 속성별 평가결과를 선으로 연결하면 한눈에 그 차이를 확인할 수 있는데 이러한 보고서

그림 3.6 기업 혹은 사업단위의 강점 및 약점 분석시 고려할 요인

●—— A 제과회사
●—— B 제과회사

	평가					중요도		
	매우 강함	강함	중간	약함	매우 약함	높음	중간	낮음
마케팅								
1. 기업평판		●		●		V		
2. 시장점유율		●		●		V		
3. 고객만족도		●		●			V	
4. 고객유지율			● ●				V	
5. 제품품질	●				●		V	
6. 서비스 품질		●		●				V
7. 가격경쟁력	●				●	V		
8. 유통경쟁력			● ●			V		
9. 촉진경쟁력	●				●	V		
10. 영업사원 경쟁력	●				●	V		
11. 시장의 지리적 범위			● ●					V
재무								
1. 자본비용			● ●				V	
2. 현금흐름		●		●		V		
3. 재무적 안정성		●		●		V		
생산								
1. 시설			● ●				V	
2. 규모의 경제성			● ●				V	
3. 기술		●		●			V	
조직/인사								
1. CEO의 비전과 리더십		●		●			V	
2. CEO의 기업가정신		●		●			V	
3. 노동조합		●		●			V	

작성방법을 스네이크차트(snake chart, or snake plot) 기법이라고 한다.

[그림 3.6]에 제시된 결과를 100점 만점의 지수(index)로 변환할 수도 있다. 100점 만점의 지수로 관리할 경우 상대적 강·약점에 대한 이해도를 높일 수 있다. 지수화는 다음과 같이 한다. 첫째, 각 속성별 만점을 계산한다. 각 속성별 만점은 중요도에 의해 계산된다. 예를 들어, 어떤 항목이 중요도가 3일 경우, 그 항목의 만점은 12점($= 4 \times 3$)이 된다. 또한 어떤 항목의 중요도가 2일 경우에는 그 항목의 만점이 8점($= 4 \times 2$)이 된다. 둘째, 자사(혹은 자사 사업단위)와 경쟁사(혹은 경쟁사 사업단위)의 속성별 평가를 실시한다. 셋째, 만점대비 자사와 경쟁사의 속성별 평가점수를 백분율로 계산한다. 끝으로, 백분율점수에 100을 곱해준다.

[그림 3.6]의 예에서 만점점수는 184점($= 12 + 12 + 8 + \cdots + 8$)이다. A회사의 평가점수는 95점($= 9 + 9 + 6 + \cdots + 2$)이며, B회사의 평가점수는 89점($= 3 + 3 + 2 + \cdots + 6$) 이다. A회사의 경우 만점대비 평가점수가 .5163이며, B회사의 경우 .4837인데, 여기에 각각 100을 곱하면 A회사가 51.63점이고, B회사가 48.37점이다. 이때 백점환산점수가 50점을 초과하면 경쟁사보다 경쟁력이 강하고, 50점 미만이면 경쟁사보다 경쟁력이 약한 것으로 해석한다. 또한 50점이면 경쟁사와 경쟁력이 같은 상태이다.

이러한 분석은 부문별로도 이루어질 수 있다. 마케팅 부문에서 A회사의 백점환산점수는 66.34점이며, B회사의 경우 33.66점이다. 이에 비해 조직/인

그림 3.7   A, B 제과회사의 부문별 레이더차트

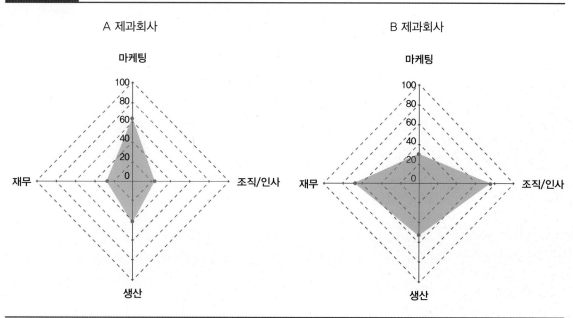

사 부문에서 A회사의 백점환산점수가 25점인 데 비해, B회사의 경우 75점이다. 각 부문별 평가결과는 [그림 3.7]과 같은 레이더차트(radar chart)로 작성할 수 있는데, 이를 통해 부문별 상대적 강·약점을 한눈에 파악할 수 있다. 즉, A회사는 B회사에 비해 마케팅 부문에서 상대적 강점을 갖는 데 비해 다른 부문들에 약점을 갖고 있다.

2. 사업단위의 경쟁력 분석

위에서는 기업 혹은 사업단위의 강점과 약점 분석시 고려할 요인들을 서술하였다. 이외에도 사업단위의 경쟁자 대비 상대적 경쟁력을 시장점유율, 점유율의 성장률, 제품품질 등으로 평가하면 전략수립에 유용하게 이용할 수 있다. 이와 관련된 내용은 제4장의 GE 매트릭스에서 구체적으로 서술한다.

학습목표 3: 환경분석

상황분석의 세 번째는 환경분석이다. 오늘날 기업이 처한 환경은 매우 복합적이면서도 빠르게 변화하고 있다. 이러한 환경변화를 잘 감지하고 적절히 대응하는 기업은 성장의 기회를 얻을 수 있지만 그렇지 못한 기업은 도산의 길로 접어들 수 있다. 전세계적인 반도체 수요의 증가는 필연적인 것이라는 환경적 변화를 일찍부터 감지하고 반도체 생산에 많은 투자를 감행한 故이병철 회장의 선견으로 인해 삼성전자는 반도체부문에서 많은 이익을 거두었다. 한편 1997년의 외환위기를 예상치 못한 국내의 많은 기업들은 큰 어려움을 겪었다. 따라서 기업이 처한 환경을 정확하게 분석하고 그 결과에 전략적으로 적절히 대응하는 것은 그 기업의 성공을 위하여 매우 중요한 일이다.

그러므로 기업전략과 사업단위전략을 수립할 때 환경분석은 필수적이다. 이하에서는 기업전략과 사업단위전략 수립에 필요한 환경분석에 대해 서술한다.

1. 환경의 의의

환경
기업활동에 영향을 미치는 요인

환경(environment)은 기업활동에 영향을 미치는 요인을 의미한다. 예를 들어, 공정거래법은 개별기업이 바꿀 수 없는 주어진 제약조건이다. 기업은 다만 공정거래법에 적절히 적응할 뿐이다. 환경에 따라 기업은 기회를 획득하거나 상실할 수 있다. 가령 어떤 특정 패션에 대한 고객들의 기호는 하나의 환경이 된다. 이 환경 속에서 그 패션에 대한 노하우를 가진 기업은 기회를 얻을 수 있으나 그렇지 않은 기업에게는 그 환경이 매우 불리하게 작용할 것이다. 그렇다고 이 불리한 기업은 당장 그 환경을 바꿀 수도 없다. 이 경우 그 기업이 할 수 있는 일들 중의 하나는 장기적으로 관련 노하우를 축적하는 일이다.

단기적으로는 환경인 것도 장기적으로는 기업이 원하는 방향으로 변화시킬 수도 있다. 가령 고객들의 어떤 특정 기호를 한 기업이 당장 바꿀 수는 없다. 그러나 그 기업이 장기적으로 투자를 한다면 그 기호는 바뀔 수도 있다. 즉, 기업이 시장을 선도하는 것이다. 또 다른 예로 어떤 법률이라는 환경을 기업들이 당장 변화시킬 수 없다 해도 산업차원의 장기적 로비활동을 통해 변화시킬 수도 있다. 이와 같이 환경이 되는지의 여부는 시간이나 기업활동에 따라 변할 수도 있다. 이하에서는 환경을 외부거래환경과 거시적 환경으로 구분하여 설명한다. 환경에 관한 설명은 기업수준 전략과 사업단위수준 전략의 수립에 모두 적용된다.

2. 외부거래환경

외부거래환경은 개별 기업이 기업활동을 수행하는 데 직접 접촉하는 환경요인들을 말한다. 이에는 [그림 3.8]에 나타난 바와 같이 네 종류의 기관들이 있다: 공급업자, 유통참여자, 서비스 대행기관, 이익대표단체.

외부거래환경
개별 기업이 기업활동을 수행하는 데 직접 접촉하는 환경요인

(1) 공급업자

공급업자(suppliers)는 제조기업의 경우 기업활동에 필요한 원자재, 장비 및 물품들을 공급하는 자들이다. 유통업의 경우 제조업자나 전 단계 유통업자들이 공급업자가 된다. 공급업자로부터 어떤 품질의 원자재 혹은 제품을 어떤 가격에 공급받는가는 자사의 마케팅 활동에 직접적으로 영향을 준다.

(2) 유통참여자

유통참여자는 제조업의 경우 자사가 생산한 제품을 최종 소비·사용자까지 전달하는 데 참여하는 업자들이다. 이들은 제조업자의 제품을 직접 유통시키거나(도·소매상), 혹은 유통을 도와주는 여러 활동을 수행한다(창고업자와 수송업자). 유통업자가 자사 제품을 얼마나 잘 유통시켜주는가에 따라 자사의 사업성과는 큰 영향을 받는다. 예를 들어, 좋은 품질의 제품이 적절한 유통망을 이용하지 못해 실패하는 경우는 얼마든지 있다.

| 그림 3.8 | 기업 및 사업단위의 환경 |

(3) 서비스 대행기관

서비스 대행기관은 기업의 제반활동을 도와주거나 대신해준다. 광고대행사, 조사대행사 및 컨설팅회사가 이에 해당된다. 또한 기업활동상의 여러 위험을 대신 부담하는 보험회사도 서비스 대행기관에 포함될 수 있다. 개별 기업의 사업성과는 이들로부터도 큰 영향을 받는다. 예를 들어, 좋은 제품도 적절한 광고로써 표적고객에게 인지시키지 못하고 설득하지 못하면 실패할 수 있다.

(4) 이익대표단체

이익대표단체로는 협회나 조합 등과 같이 회원사를 위해 활동하는 기관들을 들 수 있다. 이 기관들의 활동은 정보수집, 회원사 간의 협동적 연구개발 촉진, 홍보, 정부에 대한 로비 등과 같이 매우 광범위하다.

MARKETING INSIGHT: 메가마케팅(Megamarketing) − 환경요소의 통제

마케터는 경우에 따라 자사에 유리한 방향으로 환경요소에 영향을 미칠 필요가 있으며 또한 어느 정도 가능하다. 예를 들어, 펩시콜라 회사는 인도시장 진입 시 당시 인도 내의 청량음료회사들과 다국적기업을 거부하는 국회의원들의 반대에 부딪치자 인도정부에 여러 가지 제안을 하였다. 즉, 펩시는 인도에 수입되는 청량음료 원액 금액보다 더 많은 금액의 농산물이 수출될 수 있도록 도와주겠다고 제안하였다. 또한 식품가공, 포장 및 수처리기술을 인도에 전수하겠다고 약속하였다. 이런 노력에 의하여 인도정부를 설득하고 이해관계자 집단들의 지지를 얻음으로써 인도시장에 진입할 수 있었다.

우리는 이 사례에서 펩시의 노력은 4P's(product, price, place, promotion)로 표현되는 마케팅믹스 변수뿐만 아니라 더 많은 변수들을 사용한 것임을 알 수 있다. 즉, 정치(politics)와 여론(public opinion)을 자사에 유리하게 하도록 한 것이다. 이는 마케터의 노력에 따라 일반적으로 통제불능한 것으로 받아들여지는 환경요인들에게 어느 정도 영향을 미칠 수 있음을 보여준다. 전통적 4P's에다 새로운 2P's를 추가하여 6P's라고 부르며, 이와 같이 마케팅믹스 변수들을 보다 적극적으로 사용하는 것을 메가마케팅(Megamarketing)이라고 부른다.

자료원: Philip Kotler, "Megamarketing," *Harvard Business Review*, March-April 1986, pp. 117-124.

3. 거시적 환경

거시적 환경(macro-environments)은 거시적 차원에서 기업 혹은 사업단위의 전략 수립과 수행에 영향을 미치는 환경 요인이다. 거시적 환경은 대체로 [그림 3.8]과 같이 네 개의 부문으로 분류할 수 있다: 공공정책적 환경(public policy environment), 경제적 환경(economic environment), 사회문화적 환경(socio-cultural environment), 기술적 환경(technological environment). 이를 PEST분석이라고 한다.

> **거시적 환경**
> 거시적 차원에서 기업 혹은 사업단위의 전략 수립과 수행에 영향을 미치는 환경 요인

(1) 공공정책적 환경

공공정책적 환경(public policy environment; '정치적 환경'이라고도 함)은 전략 수립과 수행에 큰 영향을 미치게 된다. 사업계획은 시장거래를 규제하는 법률로부터 제약을 받을 수 있다. 예를 들어, 담배와 도수 높은 술은 TV 광고가 금지되어 있어 이 제품 생산기업들의 촉진활동을 제약한다. 또한 정부의 정책도 그때그때마다 전략에 큰 영향을 미치게 된다. 가령 일본과 FTA가 체

결되면 Lexus, Accord 등의 국내 판매가가 낮아지게 되고 이에 따라 국내 자동차 제조기업들의 전략은 영향을 받을 것이다.

공공정책적 환경은 정부나 관련기관이 기업에 법제도나 각종 규제를 가함으로써 생겨난다. 공공정책적 환경은 소비자보호에 관한 것과 기업 간의 공정거래에 관한 것으로 구분할 수 있다. 소비자보호에 관한 대표적인 법제도로서「소비자보호법」이 있고 공정거래에 관한 대표적인 법제도에는「독점규제 및 공정거래에 관한 법률」이 있다. 이 밖에 자연환경의 보호와 관련한 공공정책적 규제가 강화되었다. 이 같은 추세의 반영으로「환경정책기본법」이 제정되었다.

공공정책적 환경이 어떻게 전개되는지는 시대적 상황에 달려 있다. 과거 경제성장 위주의 시대적 조류에서 정부는 소비자보다 기업을, 그리고 허약한 중소기업보다는 경쟁력있는 대기업을 보호하는 입장에 서 있었다. 왜냐하면 당장 많이 생산하고 많이 수출해야만 하였기 때문이다. 그러나 오늘날은 과거와 같은 팽창보다 정의로운 분배와 내실있는 경쟁력 확보가 더욱 중요하게 대두되었다. 따라서 과거와는 다른 차원에서 기업들이 규제되고 있다.

(2) 경제적 환경

경제적 환경(economic environment) 역시 전략 수립과 수행에 큰 영향을 미친다. 가령 불황기에 고객들은 가격에 민감해지며, 열등재 판매가 증가한다. 예를 들어, IMF 외환위기가 발생하자 라면에 대한 수요가 급증하였다. 원자재 가격, 경기, 이자율, 환율, 지가 등은 기업활동에 직접적이고도 막대한 영향을 미친다. 1970년대의 국제원유가 인상은 세계경제의 침체를 가져왔으며, 세계 자동차산업에 결정적인 영향을 미쳤다. 국내의 경우, 2008년 말에 시작된 세계적 금융위기로 인하여 많은 기업들의 자금조달이 어려워지고 실업과 소득감소에 따라 소비 또한 위축되어 생산이 감소되었다. 특히 환율의 인상에 따라 수입원자재를 많이 사용하는 기업들은 커다란 타격을 받았다. 반대로 국내 원자재를 주로 사용하는 수출업체들의 경우 그전에 비하여 보다 강한 경쟁력을 갖게 되었다.

아마도 지가상승은 우리나라 기업의 전략에 가장 많은 영향을 미친 경제적 환경변수들 중 하나일 것이다. 지가상승에 따라 마케팅활동의 비용은 증가하였다. 가령 매장이나 창고의 확보에 더 많은 비용이 들어가게 되었다. 반면 지가상승은 일부 고객층의 소득을 급속히 상승시켜 새로운 수요를 창출하였다.

(3) 사회문화적 환경

사회문화적 환경(socio-cultural environment)은 그 기업이 속한 사회의 모든 특징을 망라한다. 이러한 특징은 인구통계학적인 것부터 문화적 가치에 이르는 모든 요인들과 관련이 있다. 사회문화적 환경은 때로 기업 혹은 사업단위수준 전략에 매우 큰 영향을 발휘한다. 예를 들어, 출산율의 저하는 유아식 시장의 고급화를 가져왔다. 유아식을 생산하는 기업들은 고품질, 고가격의 제품을 생산하기 시작하였는데, 일동후디스 프리미엄 산양유아식, 매일유업 앱솔루트명작 등은 이러한 예에 해당한다.

소비자주의(consumerism)의 부각에 따라 서비스 개선이나 구매 후 불평처리는 더욱 중요하게 되었다. 실버산업(silver industry)의 성장은 인구통계학적 요인의 변화에 의한 것이다. 인구가 고령화됨에 따라 노인시장이 증대하고 그에 따라 이 시장을 겨냥한 다수의 제품과 서비스가 출현하고 있다. 핵가족제도의 확산, 이혼율의 급증, 그리고 취업여성의 증가는 제품수요의 질과 양을 변화시켰다. 예를 들어, 취업여성의 증가로 인하여 시간절약 제품, 탁아소, 반찬가게 등에 대한 수요가 증대되었다.

(4) 기술적 환경

기술적 환경(technological environment)은 생산양식이나 마케팅의 여러 수단에 영향을 미치고 그 결과 기업 혹은 사업단위수준의 전략도 크게 영향을 받는다. 가령 배터리관련 기술이 발달함에 따라 하이브리드 자동차와 전기자동차의 출시가 가능해졌다. 세계적인 자동차 기업들은 미래의 자동차시장을 이러한 친환경적인 차가 주도할 것으로 예상하고 배터리관련 기술을 적극적으로 자신들의 사업에 반영하고 있다. 기술발전에 따라 기존제품보다 품질이 우수한 신제품이 만들어진다. 예를 들어, 개인용 컴퓨터의 처리속도와 메모리용량은 급속히 증가하고 있다. 따라서 기술발전에 대한 적응 여하에 따라 기업은 시장에서 기회를 얻거나 위협을 받을 수 있다.

일본기업들은 기술발전에 재빨리 적응하여 여러 신제품들을 만들었고 이들은 시장에서 크게 성공하였다. VCR, 캠코더, 휴대용 CD플레이어 등의 상업화가 그 전형적인 경우이다. 기술발전에 적절히 적응하지 못하는 기업은 시장에서 성공하지 못한다. 예를 들어, 과거 전자기술의 급속한 발전을 Seiko, Citizen 등의 일본 시계회사들은 신속히 시계제조에 적용하였으나 미국의 Timex는 그렇지 못해 미국 시계시장의 상당부분을 일본 회사에 빼앗겼다.

기술적 환경의 급속한 변화에 대해 기업이 보이는 가장 부정적인 반응

MARKETING INSIGHT: 마켓 4.0: 새로운 디지털 시대의 마케팅 트렌드와 마케팅 전략

1.0시장(1차 산업혁명)은 증기기관의 발명에 따른 제품중심의 시대이며, 2.0시장(2차 산업혁명)은 전기 에너지를 기반으로 대량생산 체계가 가능했던 소비자 중심의 시대이고, 3.0시장(3차 산업혁명)은 컴퓨터와 인터넷에 기반한 지식 정보혁명 시대, 즉 가치주도, 가치중심 및 사람이 중심이 되는 시대였다. 그렇다면 4.0시장(4차 산업혁명)은 어떠한 시장일까? ICT발달로 인한 자동화, 지능화 혁명 시대, 즉 하이테크와 하이터치의 융복합 시대이다. 이로 인해 4.0시장은 새로운 마켓 트렌드를 변화시킬 준비를 하고 있다.

1. 연결된 고객 집단으로 힘의 이동

이제 대부분의 개인적 구매결정은 기본적으로 사회적 결정이 될 것이다. 고객은 결정을 할 때 자신이 속한 사회적 집단에서 나오는 소리에 더 많이 주목한다. 그들은 온라인과 오프라인 모두에서 조언과 평가를 구한다. 기술의 발전으로 자동화, 소형화됨으로써 제품생산의 원가가 낮아져, 가난한 사람들도 제품구매가 가능해졌다(배타적→포용적). 기업이 다른 기업을 지배하는 대신 기업이 공동 창조를 위해 고객과 파트너들로 이루어진 커뮤니티와 연결되고, 공동 경쟁을 위해 경쟁사와도 협업할 수 있다. 기업의 경쟁력이 이제 더는 규모나 출신국가, 과거의 이점에 의해서 결정되지 않을 것이다(수직적→수평적).

2. 연결된 고객들을 상대하는 마케팅의 역설

기업이 성공하기 위해서는 외부 당사자들과 협력해야 하고, 고객 참여까지도 유도해야 한다. 인터넷 커뮤니케이션 인프라로서의 역할을 하는 가장 기본적인 차원인 모바일 연결성뿐만 아니라, 고객과 브랜드들 간 접점에서 뛰어난 고객 경험을 전달해주는 데 사용되는 경험적 연결성, 그리고 경험적 연결성에서 좀 더 폭넓고 깊은 관심을 갖게 됨으로써 커뮤니티 내에 연결성의 강도에 영향을 주고 있는 사회적 연결성까지 총체적으로 고려해야 한다.

이러한 연결성은 젊은층이 가장 먼저 수용하지만, 결국 윗세대들에게도 전달된다(예: 카톡, 밴드, 유튜브 등).

3. 영향력 있는 디지털 하위문화들

디지털 경제에서 중요한 것은 브랜드를 옹호하는 브랜드 옹호자들을 형성하는 것이며, 특히 하위문화를 이끌어가는 젊은이, 여성, 네티즌을 표적고객으로 해야 한다. 그리고 생각을 공유하는 젊은이, 시장을 공유하는 여성들, 감정을 공유하는 네티즌, 이 세 집단이 디지털 경제 마케팅의 열쇠를 쥐고 있다.

4. 디지털 경제에서 마케팅 4.0

마케팅 4.0은 기업, 고객 간 온라인과 오프라인의 상호작용을 통합한 마케팅 전략이다. 또한, 마케팅 4.0은 고객 참여를 강화하기 위해 인간 대 인간의 연결을 활용하며, 마케팅 생산성을 높이기 위해 기계 대 기계의 연결성과 인공지능을 활용한다.

무엇보다 점점 투명해지는 세상에서 중요한 자산은 '진정성(authenticity)'이다. 앞으로 시장은 STP에서 고객 커뮤니티 인증으로 변화할 것이며, 브랜드 포지셔닝, 차별화에서 브랜드 개성과 코드의 설명으로 변화할 것이며, 마케팅 믹스(4Ps)가 4C(공동창조; co-creation, 통화; currency, 공동체활성화; communal activation, 대화; conversation)로 변화할 것이며, 고객 서비스는 협력 고객관리로 변화할 것이다.

전통적으로 마케팅은 항상 STP, 이른바 세분화(S), 타깃팅(T), 포지셔닝(P)에서 시작했다. 그런데 이제 첫 걸음인 시장세분화(Segmentation)부터 성립이 안 된다. 우리가 알던 시장이 사라졌기 때문이다. 세분화와 타깃팅은 사냥꾼과 먹잇감처럼 고객 사이의 일방적이고 수직적인 관계를 보여줄 뿐이다. 디지털 시대의 고객은 커뮤니티들로 이뤄진 수평적인 망 속에서 연결돼 있다. 이들에게 접촉하려면 '허락'과 '인증'은 필수다.

과거에는 브랜드의 정체성을 계속해서 알리고 포지셔닝을 하는 것이 마케팅의 핵심적 성공 요소로 여겨졌지만, 오늘날에는 그것만으로는 충분하지 않다. 제품 사용 주기가 짧아지며, 트렌드도 급변하기 때문에 브랜드 역시 특정 상황에서는 특정한 방법으로 행동할 수 있을 만큼 역동적이어야 한다.

마케팅의 기본 요소로 꼽히던 4Ps – 제품(product), 가격(price), 유통(place), 판촉(promotion) – 조차 이제는 부족하다. 오늘날 연결된 세상에서 4P는 더 많은 고객이 참여할 수 있도록 진화하고 있다. 구체적으로, 공동 창조(co-creation), 통화(currency), 공동체 활성화(communal activation), 대화(conversation)라는 4C로 재정의되어야 기업의 생존 확률을 높일 수 있다. 끝으로 디지털 마케팅이 전통적 마케팅을 대체하지는 않을 것이며, 고객 경로 전반에 걸쳐 전통과 디지털이 서로 역할을 교환하며 공존할 것이다.

자료원: Philip Kotler의 마켓 4.0, 1부 내용 요약.

들 중의 하나는 기존제품에 대한 사수이다.[8] 신기술의 출현에도 불구하고 기존제품만을 고수하면서 신제품으로의 전환을 거부할 때 당장의 투자지출액을 절감하여 단기적 시장성과는 좋아질 수도 있으나 장기적으로 기업생존 자체가 위협받을 수 있다. 기술발전에 적절히 적용하기 위해서는 R&D에 투자를 해야 한다. R&D투자에 대한 회수는 많은 경우 불확실하지만 상당수의 기업들은 적극적으로 R&D에 투자하여 성공하였다.

4. 거시적 환경의 전략적 이해

기업은 거시적 환경의 변화를 감지하고 평가해야만 한다. 그리고 이 평가와 기업의 **강·약점**(strengths and weaknesses)을 고려하여 시장활동상의 어려움을 피하면서 시장기회를 얻어야 한다. 여기에 거시적 환경에 대한 전략적 조치의 핵심이 있다. 거시적 환경변화를 올바르게 감지하고 적응함으로써 **시장기회**(opportunities)를 포착하거나 시장에 놓여 있는 **위협요인**(threats)을 극복하는 것은 전략상 매우 중요하다. 여기서 적응이란 한 기업 혹은 사업단위가 거시적 환경에 맞추어 자신의 전략을 효과적으로 수행하는 것을 의미한다.

---

8) Theodore Levitt, "Marketing Myopia," *Harvard Business Review*, Vol. 38, July/August 1960, pp. 24-47.

그림 3.9   환경분석과 전략수립

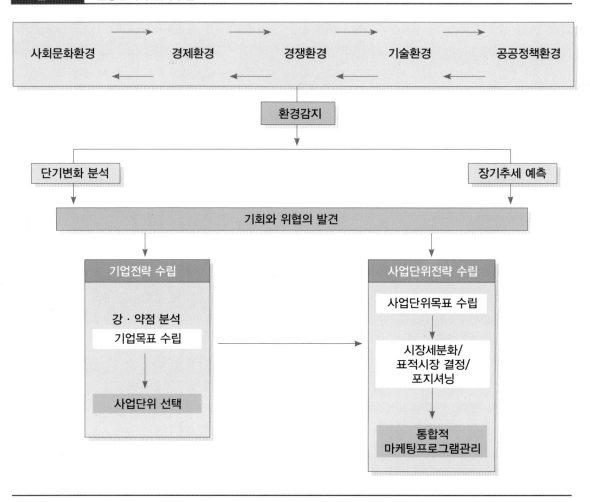

이 같은 전략의 수행은 어느 정도의 복잡성을 띠지만, 때로는 매우 단순하다. 단순한 수행이란 예를 들어, 단 한 개의 변수에 대한 의사결정이 필요한 경우이다. 가령, 경제불황으로 수요의 가격탄력성이 증대되었다면 기업의 전략은 가격인하 결정에 집중될 것이다.

[그림 3.9]는 거시적 환경을 감지하고 그에 전략적으로 적응하는 개념적 틀을 도시한다. 이 개념적 틀은 거시적 환경의 다섯 가지 부문들이 서로 상호작용하고 있음을 보여준다(여기서는 네 가지 환경에 경쟁을 추가함). 기업은 이러한 상호작용 속에서 움직이는 거시적 환경변화를 감지하여 단기변화 분석과 아울러 장기추세를 예측해야 한다. 그리고 환경감지를 장기적으로 지속하여 예측된 상황의 실제 발생여부를 확인해야 한다.

그러한 감지, 예측, 그리고 확인에 기초하여 시장기회를 포착하는 한편 시장에 놓여 있는 위험요인을 찾아낸 후 적응해야 한다. 적응활동은 곧 기업의 전략수립, 사업단위의 전략수립, 그리고 마케팅전략수립에 영향을 미치게 된다. [그림 3.9]는 환경분석의 결과가 기업전략 수립, 사업단위전략 수립, 그리고 마케팅전략 수립에 영향을 미침을 보여준다. 또한 사업단위전략은 기업전략으로부터, 마케팅전략은 사업단위전략으로부터 영향을 받음을 보여준다.

5. SWOT 분석

기업전략 혹은 사업단위전략을 수립하기 위해서는 환경요인으로부터 기회와 위협을 발견해야 하고, 그 기업 혹은 사업단위의 강점과 약점을 분석해야 한다. 즉, 기업 내부요인으로부터 **강점/약점**(strengths/weaknesses)을, 그리고 외부요인으로부터 **기회/위협**(opportunities/threats)을 분석해야 하는데, 이러한 분석을 네 단어의 첫 글자를 따서 **SWOT 분석**[9]이라고 한다([그림 3.10] 참조). 내부요인을 분석하는 이유는 경쟁우위를 도출하기 위함이며, 외부요인을 분석하는 이유는 시장기회를 포착하거나 발생 가능한 위험요인을 도출하기 위함이다.

SWOT 분석을 실시하는 순서는 다음과 같다. 첫째, [그림 3.11]에서 예시된 것처럼 경쟁자에 비한 자사의 (기업수준 혹은 사업단위 수준) 강점/약점, 그리고 환경이 제공하는 기회/위협 요인을 찾아낸다. 둘째, 강점-기회(SO), 강

> **SWOT 분석**
> 기업 내부요인으로부터 강점/약점을, 그리고 외부요인으로부터 기회/위협을 분석하는 것

그림 3.10   SWOT분석(내부요인 vs. 외부요인)의 목적

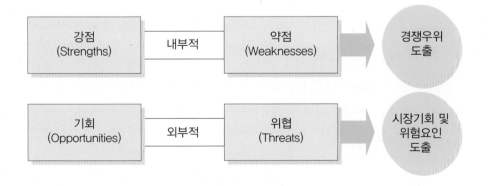

---

9) SWOT 분석을 다른 표현으로 **TOWS 분석**이라고도 하는데, 이는 기업 내부요인보다 외부요인을 강조하는 표현이다.

그림 3.11 SWOT 분석을 위한 분석 내용[10]

S 《 우리의 강점은 무엇인가 》 **W** 《 우리의 약점은 무엇인가 》

- 유리한 시장점유율 - 독점적 기술
- 높은 생산성   - 높은 직무 만족도
- 규모의 경제   - 안정적인 공급채널
- CEO 경영능력   - 자금조달능력

- 협소한 제품군 - 낙후된 설비
- 연구개발 부족 - 수익성 저하
- 낮은 광고효율 - 불리한 공장 입지
- 종업원의 고령화 - 브랜드 이미지 악화

S.W.O.T Analysis

- 높은 경제 성장률 - 신시장 등장
- 시장의 빠른 성장 - 새로운 고객집단 출현
- 새로운 기술의 등장 - 유리한 정책, 법규, 제도
- 경쟁 기업의 쇠퇴 - 낮은 진입 장벽

- 새로운 경쟁기업 출현 - 무역 규제
- 불리한 정책, 법규, 제도 - 대체상품 개발
- 시장 성장률 둔화 - 경기 침체
- 구매자, 공급자의 파워 증대

O 《 우리에게 기회는 무엇인가 》 **T** 《 우리에게 위협은 무엇인가 》

점-위협(ST), 약점-기회(WO), 그리고 약점-위협(WT) 상황에 맞는 전략적 방안을 도출한다([그림 3.12]). SO 전략은 외부환경의 기회를 활용하기 위해 내부의 강점을 사용하는 전략방안이며, ST 전략은 외부환경의 위협을 극복하기 위해 내부의 강점을 사용하는 전략방안이다. 또한 WO 전략은 내부 약점을 극복함으로써 외부환경의 기회를 활용하는 전략방안이며, WT 전략은 외부환경의 위협을 회피하고 내부 약점을 최소화하는 전략을 의미한다. 셋째, 이러한 내용을 [그림 3.12]와 같은 교차표(cross-table)로 정리한다.

SWOT 분석시 주의할 것은 **분석의 단위**(unit of analysis)를 명확히 하는 것이다. 즉, 분석의 단위가 기업인가 혹은 사업단위인가, 사업단위라면 어떤 사업단위인가를 명확히 해야 한다. 예를 들어, Full Lineup의 자동차를 생산하는 기업이 있다고 가정하자. 이 기업의 사업단위가 경차, 소형차, 준중형, 중형차를 생산하는 사업단위와 준대형, 대형차를 생산하는 사업단위로 구성되어 있다고 하자. 유가상승으로 인한 高연비 차량 선호증대, 친환경 차량에 대한 고객욕구 증대 등의 환경적 변화는 이 기업에게 기회와 위협 모두를 제공한다. 구체적으로는 중형차 이하의 차량을 생산하는 사업단위에게는 기회를,

---

10) 마케팅전략 방향도출 도구로서의 'SWOT분석' 이해 〈1편〉, 마케팅전략연구소, 2013.

그림 3.12 SWOT 분석에 따른 전략유형[11)]

준대형과 대형차량을 생산하는 사업단위에게는 위협을 제공하는 것이다. 따라서 분석의 단위를 무엇으로 하고 SWOT 분석을 실시하는가에 따라 전혀 다른 분석결과 및 전략적 방안을 도출하게 된다. [그림 3.13]은 2010년 리콜사태 이후 세계시장에서 기업을 분석단위로 한 Toyota의 가상적인 SWOT 분석 결과이다.

---

11) 김언수, 김봉선(2018), *TOP을 위한 전략경영 5.0*, 피앤씨미디어, p. 259.

그림 3.13　리콜사태 이후 기업을 분석단위로 한 Toyota의 가상적인 SWOT 분석결과

내부분석 / 환경분석	내부 강점 (S)	내부 약점 (W)
	• 세계 최대의 자동차 생산기업 • 우수한 제품품질, 내구성, 신뢰성 • 하이브리드 자동차 판매 세계 1위 • 강력한 경영철학 • 미국자동차 시장점유율 16% • 혁신적인 다목적차량 개발 능력 • 전세계적인 생산시설	• 2010년 전세계적인 리콜사태 및 일시적 생산중단 • 전세계적인 리콜사태로 인한 재무 위기 (2010년 70년 만의 적자 기록) • 대규모 리콜사태로 인한 품질문제 이슈화 • 일본과 미국시장에 지나친 의존
외부 기회 (O) • 프랑스 자동차회사와의 조인트벤처 설립 • 인도시장의 자동차대출(automotive loans) 이자율 감소 • 친환경, 高연비 차량에 대한 고객선호도 증대 • 인도시장의 경제성장 가속화 • 중국정부의 차량세 감소 • 2008년 경제위기 이후 경기회복세	**S – O 전략** ▶ 프랑스 시장에서 비용효율적인 차량의 출시 확대 ▶ 친환경, 高연비 차량의 시장 출시 ▶ 새로운 용도의 차량출시를 통해 제품범위 확대	**W – O 전략** ▶ 향상된 차량출시를 통해 시장에서의 이미지 회복 ▶ 현지화전략 강화 ▶ 전체적인 원가감소 노력 ▶ 수익회복 노력
외부 위협 (T) • 자동차 시장포화 및 경쟁 심화 • 경쟁자의 대대적인 저가공세 • 유가상승 • 외화통화시장의 극심한 변동성 • 심화되는 환경규제 • 전세계적인 경기침체의 장기화	**S – T 전략** ▶ 경험곡선효과를 활용하여 경쟁사 저가공세에 대응 ▶ 현지생산 강화 ▶ 비용효율적인 제품 생산	**W – T 전략** ▶ 친환경, 高연비의 고객지향적 차량 출시 ▶ 현지 생산설비 증대 ▶ 단기목표달성을 통한 위기 극복

제 **4** 장 전략수립과정

마케팅전략은 지속적 경쟁우위를 창출하는 일련의 통합된 행위이다.

— John Scully

마케팅은 전략이 90퍼센트를 차지하고 실행이 10퍼센트를 차지한다.

— Al Ries

목표는 시한이 있는 꿈이다.

— Diana Scharf Hunt

군사분야에서 사용되기 시작한 전략은 오늘날 기업경영 분야에서 매우 폭넓게 사용되고 있다. 전략적 의사결정, 전략적 선택, 전략적 계획수립 등 기업경영의 많은 부분에서 전략이라는 용어가 사용되고 있으며 본서의 이후 내용에서도 전략이라는 용어는 계속적으로 사용된다. 본 장에서는 전략의 의미를 해설하고, 전략수립과정과 포트폴리오분석을 통한 사업단위별 전략방안을 기술한다.

학|습|목|표

1. 전략의 정의와 수준에 대해 학습한다.
2. 사업단위와 제품시장 간의 관계를 이해한다.
3. 전략수립과정을 이해한다.
4. 사업목표의 설정에 대해 이해한다.
5. 사업단위 전략의 유형을 학습한다.
6. 사업포트폴리오 모형을 이해한다.
7. 경험곡선효과에 대해 학습한다.
8. 성장전략 개발을 이해한다.

학습목표 1: 전략의 정의와 수준

1. 전략의 정의

전략(strategy)이라는 용어는 용병술(generalship)을 의미하는 그리스어 'Strategia'를 그 어원으로 한다. 어원에서 보는 것과 같이 전략은 군사분야에서 사용되기 시작한 용어이지만, 오늘날은 기업경영 분야에서 매우 폭넓게 사용되고 있다. 전략의 정의는 여러 가지로 분류될 수 있지만 가장 중요한 분류는 전략과 목표의 구별 여부이다.

기업경영에서 사용된 초기의 전략개념은 목표와 구별되지 않고 사용되었다. 군사분야에서 사용되던 용어인 전략의 개념을 기업경영에 처음으로 도입한 Alfred D. Chandler, Jr.는 전략을 **'기업의 장기적 목적 및 목표의 결정, 그리고 그 목표를 달성하기 위해 취해야 할 행동양식과 자원배분에 관한 결정'**으로 정의하였다.[1] 그는 목표와 전략을 구별하지 않았으며, 전략의 세 가지 측면으로 장기적 목표설정, 목표실행을 위한 행동양식, 그리고 자원의 배분을 고려하였다. 이처럼 전략을 목표와 구별하지 않는 견해는 기업경영에서 전략의 수립과 실행은 서로 얽혀 있으며 목표와 수단도 연결되어 있기 때문에 전략의 개념에서 목표와 수단을 구분할 필요가 없다고 보는 것이다.[2]

이와는 달리 전략과 목표를 구분하는 정의들도 있다. 이러한 정의들은 전략과 목표를 명확히 구분하여 전략을 목표달성의 수단으로 본다.[3]

다양한 전략의 정의를 고려할 때, 전략을 하나로 정의하기보다는 전략의 기존 정의들에서 공통적으로 제시되는 전략의 특성을 이해하는 것이 보다 바람직할 수 있다. 전략의 중요한 특성은 다음과 같다.

첫째, 전략은 목표달성을 위해 장기적인 방향과 범위를 설정한다.
둘째, 전략은 경쟁우위를 달성하기 위해 수립된다.
셋째, 전략은 변화하는 환경에서 사업방향을 설정한다.
넷째, 전략은 조직행동의 범위와 깊이를 포괄하는 전체적인 것이다.
다섯째, 전략은 시장에서 팀을 이루어 수행하고, 경쟁에서 승리하는 것이다.

---

1) Alfred D. Chandler, Jr., *Strategy and Structure: Chapters in the History of the American Industrial Enterprise*, 1962, MIT.
2) Kenneth R. Andrews, *The Concept of Corporate Strategy*, 2nd ed., Dow Jones-Irwin, 1980.
3) H. Igor Ansoff, *Corporate Strategy*, McGraw-Hill, 1965; Kenneth R. MacCrimmon, "Do Firm Strategies Exist?" *Strategic Management Journal*, 14, 1993, pp. 113-130.

끝으로, 전략은 이해관계자들(stakeholders)의 기대를 충족시킨다.

2. 전략의 수준

기업은 일반적으로 기업수준(corporate level), 사업단위수준(business unit level), 기능수준(function level)의 세 가지 전략을 갖는다. Microsoft는 온라인 서비스(Bing, MSN 등), 인프라스트럭처 소프트웨어(Windows Server, Visual Studio, SQL Server 등), 비즈니스 솔루션(Microsoft Healthcare Solutions, Microsoft Dynamics 등), 생산성향상 소프트웨어(Office, Exchange 등), 인터액티브 엔터테인먼트(Xbox), Windows Phone, OS(Windows), 인터넷 전화(Skype) 등의 제품군을 생산·판매한다. Mocrosoft의 **기업수준전략**이란 이러한 제품군 모두를 포괄하는 기업 전체의 전략을 말하며, **사업단위수준전략**은 각 제품군을 생산·판매하는 사업단위의 전략을 말한다. **기능수준전략**은 사업단위 내 각 부서에서 수행하는 기능별 활동방향과 관련된 전략을 말한다. 이러한 세 가지 수준의 전략은 위계적으로 연관되어 있으며 상호 영향을 주고받는다. 이하에서는 각 전략수준에 대해 구체적으로 설명한다.

기업수준전략
제품군 모두를 포괄하는 기업 전체의 전략

사업단위수준전략
각 제품군을 생산·판매하는 사업단위의 전략

기능수준전략
사업단위 내 각 부서에서 수행하는 기능별 활동방향과 관련된 전략

(1) 기업수준전략

기업수준전략은 어떤 사업(들)을 할 것인가에 대한 답을 제공하는 것이다. 즉, 기업이 사업을 전개할 산업(들)이나 시장(들)을 정의하는 것이다. 따라서 기업이 어떤 사업(들)에 얼마만큼의 자원을 투입해야 하는가에 대한 의사결정을 하는 것이 기업수준전략이라고 할 수 있다. 기업수준전략은 기업 전체의 관점에서 만들어진 비전, 목표, 자원의 할당과 관련된 계획과 기준을 갖는다.

(2) 사업단위수준전략

사업단위수준전략은 특정 제품시장에서 경쟁자들에 비해 더 나은 경쟁우위를 확보하는 방법에 대한 것이다. 제품시장에서 어떤 차별적 역량을 통해 경쟁우위를 확보할 것인가? 예를 들어, 원가우위(cost leadership)를 토대로 시장에서 경쟁할 것인가? 혹은 차별적인 제품을 토대로 경쟁할 것인가? 이러한 문제들에 대해 답을 제공하는 것이 사업단위수준의 전략이라고 할 수 있다. 따라서 사업단위수준전략은 제품시장 내에서의 해당 사업단위의 목표, 자원의 할당 등에 대한 상세한 계획과 기준을 포함해야 한다.

(3) 기능수준전략

기능수준전략은 사업단위 내 마케팅부서, 영업부서, R&D 부서, 재무부서 등 각 기능별 부서에서 사업단위 목표를 달성하기 위한 세부적인 활동방향과 관련된 전략을 의미한다. 본서는 마케팅 서적이므로 본서에서 기능수준전략은 사업단위 내의 여러 기능들 중 마케팅 기능에 중심을 둔 것을 의미하며, 이는 일반적으로 마케팅전략으로 표현된다. **마케팅전략**(marketing strategy)은 한 사업단위의 목표달성을 위힌 마케팅 활동들로서 시장세분화/표적시장결정/제품포지셔닝과 아울러 표적시장 내에서의 마케팅믹스 관리를 그 내용으로 한다.

[그림 4.1]은 기업구조에 따른 전략수준을 제시하고 있다. [그림 4.1]에 제시된 것과 같이 기업수준전략은 기업을 구성하는 여러 사업단위의 사업방향을 설정하는 역할을 하며, 사업단위수준전략은 해당 제품시장에서 경쟁방향을 설정하는 역할을 한다. 또한 기능수준전략은 사업단위 내 각 부서의 세부적인 활동방향을 설정한다. 이러한 각 수준의 전략은 상호 영향을 주고받는다.

그림 4.1   **기업구조에 따른 세 가지 전략수준**

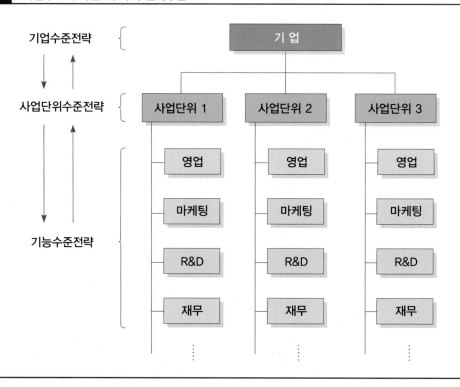

(4) 네트워크수준전략

오늘날의 기업환경에서 보다 발전한 형태의 전략수준은 네트워크수준전략(network level strategy)이다. 시장에서 보다 효과적으로 경쟁하기 위해 다른 기업과 전략적 제휴(strategic alliances)를 체결하거나 전략적 네트워크(strategic network)를 구성하는 것은 보편화되고 있다. 예를 들어, 고객이 토털 솔루션(total solutions)을 요구하는 IT 서비스 업계에서는 한 기업이 고객의 욕구를 충족시키는 데에는 한계가 있다. 이러한 경우 IT 기업들은 해당 분야의 전문성을 토대로 여러 기업이 네트워크를 구성하여 고객의 욕구를 충족시킨다. 이 경우 네트워크에 참여한 기업들은 네트워크 전체의 전략을 수립하고 실행해야 한다. 또한 네트워크에 참여한 한 기업의 전략은 다른 기업의 전략에 상호

그림 4.2 네트워크수준전략

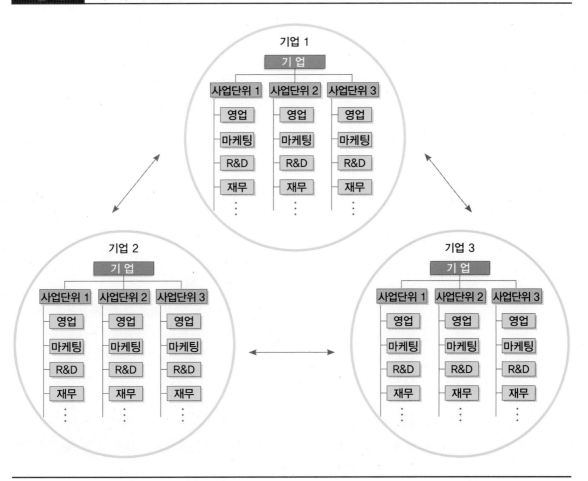

영향을 미치기 때문에 참여기업들 간의 전략을 조정해야 한다. [그림 4.2]는 네트워크수준의 전략을 나타낸다.

학습목표 2: 사업단위와 제품시장 간의 관계

전략수립과정과 관련하여 가장 먼저 이해해야 할 개념으로 사업단위와 제품시장이 있다. 기업은 하나 또는 두 개 이상의 사업단위를 가질 수 있다. **사업단위**(business unit)는 고유한 사업영역(business domain)을 가지고 특정 제품시장(product market)에서 독자적 목표를 설정하며, 특정 경쟁자들과의 경쟁 속에서 고객들을 확보하기 위해 특정 제품(혹은 서비스)을 마케팅하고 생산하는 단위를 말한다. 이러한 사업단위는 기업전략수립계획과 관련하여 특히 **전략적 사업단위**(strategic business unit; SBU)라고 불리기도 한다.

사업단위는 개념적으로는 기업의 여러 수준에서 생각할 수 있다. 즉, 여러 제품군(제품범주)을 묶어서, 각각의 제품군을 중심으로, 혹은 각각의 품목을 중심으로 사업단위를 정의할 수 있다. 그런데 다른 종류의 제품군들을 묶어 사업단위로 개념화하면 사업포트폴리오 모형의 적용이 어려워진다. 예를 들어, LG생활건강의 Healthy 사업부는 치약, 칫솔, 샴푸, 비누, 세제 등 여러 종류의 제품들을 생산한다. 이 경우 만약 Healthy 사업부 전체를 하나의 사업단위로 설정하면 제품시장 매력도(예; 시장성장률)나 사업단위 경쟁력(예; 점유율)의 계산이 불가능하다. 혹은 개별 품목을 중심으로 사업단위를 정의하면 사업단위가 너무 많아지며, 이에 따라 각 사업단위별로 수립된 전략은 매우 비효율적일뿐만 아니라 여러 브랜드가 동일한 고객들과 경쟁자들을 갖게 된다. 예를 들어, LG생활건강의 치약제품군에는 죽염, 페리오, 클링스 등 여러 품목들이 있는데 이들의 표적고객들과 경쟁자들은 동일하며, 제품시장 또한 동일하다.

이와 같은 이유로 **본서에서 사업단위는 기본적으로 한 제품군을 취급하며, 한 제품시장을 대상으로 사업을 하는 것으로 전제한다.** 현실적으로 국내의 많은 기업들은 사업본부 혹은 사업부 등의 명칭으로 독립적 조직단위를 영위하고 이 조직단위로 하여금 두 개 이상의 상이한 제품군과 제품시장을 담당하도록 한다. 예를 들어, CJ제일제당에는 소재식품사업부, 식품사업부, 제약사업부, 바이오사업부, 생물자원사업부 등이 있다. 각각의 사업부는 여러 종류의 제품군을 생산한다. 따라서 국내기업들에서 사업본부 혹은 사업부 등의 명칭을 갖는 조직단위는 대개의 경우 본서에서 개념화하는 사업단위보다는

사업단위

고유한 사업영역을 가지고 특정 제품시장에서 독자적 목표를 설정하며, 특정 경쟁자들과의 경쟁 속에서 고객들을 확보하기 위해 특정 제품(혹은 서비스)을 마케팅하고 생산하는 단위

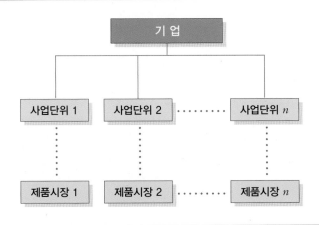

그림 4.3 사업단위와 제품시장의 관계

상위개념이라고 할 수 있다.

비록 제품군을 중심으로 사업단위를 정의한다 하더라도 경우에 따라 사업단위의 정의가 용이하지 않을 수 있다. 예를 들어, 삼성전자의 Desktop PC와 Notebook PC는 동일한 제품군에 속하는가? 아니면 다른 제품군에 속하는가? 이 문제는 제품시장의 범위와 직결되는 문제로서 제품시장의 정의(제3장)에서 다루었다.

한편, 각각의 사업단위는 별도의 제품시장을 대상으로 하므로, 한 기업이 n개의 사업단위들을 가지고 있을 때 그 기업은 n개의 제품시장들을 대상으로 사업을 하는 것이다. 전략적 사업단위에 대응하는 표현으로 제품시장을 **제품시장단위**(product market unit; PMU)라고 부르기도 한다. 사업단위가 하나인 기업의 경우 사업단위수준전략은 곧 기업수준전략이 된다. 사업단위와 제품시장의 관계는 [그림 4.3]과 같이 나타낼 수 있다.

학습목표 3: 전략수립과정의 이해

시장에서의 성공을 보증하는 절대적인 방법론은 존재하지 않는다. 단지 체계적인 관리시스템을 통해 시장에서의 성공가능성을 높일 수 있을 뿐이다. 기업이 목표로 하는 성과를 달성하기 위해서는 다음과 같은 질문에 답할 수 있어야 한다.

그림 4.4   전략적 관리 프로세스

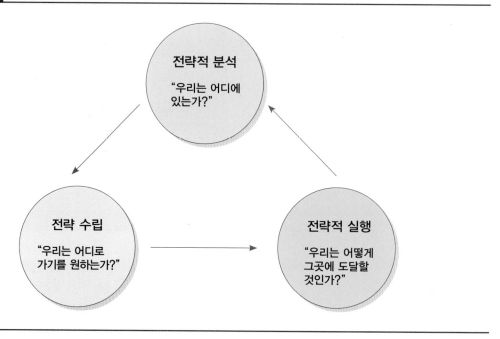

- 우리는 어디에 있는가(Where are we)?
- 우리는 어디로 가기를 원하는가(Where do we want to go)?
- 우리는 어떻게 그곳에 도달할 것인가(How can we get there)?

이러한 질문들에 답하기 위해서는 시장상황에 대해 전략적 분석(strategic analysis)을 실시하고, 전략을 수립해야 하며(strategy formulation), 이를 전략적으로 실행해야 한다(strategic implementation). **전략적 분석**, **전략수립**, 그리고 **전략적 실행**은 서로 유기적인 관계를 가지며 통합적으로 관리되어야 하는데, 이를 **전략적 관리 프로세스**(strategic management process)라 한다.[4] 본서에서는 전략적 관리 프로세스를 토대로 전략수립과정을 설명한다. [그림 4.4]는 전략적 관리 프로세스를 도식화한 것이다.

기업이 구사하는 세 가지 수준의 전략들이 분석·수립되고 수행되는 과정은 [그림 4.5]와 같이 나타낼 수 있다. 그림에 제시된 바와 같이 기업수준전략은 기업목표수립, 사업단위의 선택, 그리고 기업성과평가로 구성된다. 기업

---

4) Michael Coveney, Dennis Ganster, Brian Hartlen, and Dave King, *The Strategy Gap*, John Wiley & Sons, 2003.

그림 4.5   전략수립과정

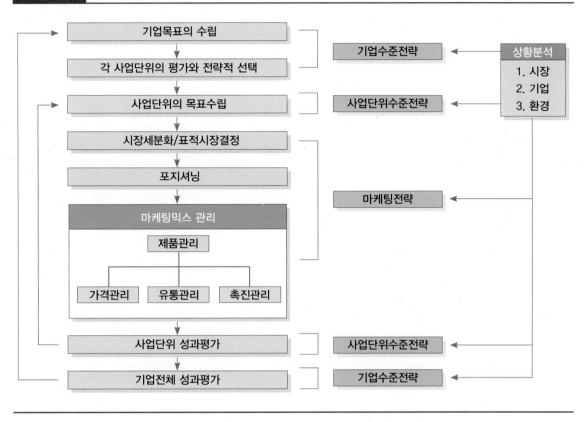

의 전략은 그 기업의 여러 사업단위들에서 수행하게 되며, 각 사업단위의 성과의 합이 기업성과가 되며, 이에 대한 평가가 기업전체 성과의 평가가 된다. 사업단위수준전략은 사업단위의 목표수립과 사업단위의 성과평가로 구성된다. 각 사업단위의 성과에 대한 평가는 각 사업단위수준에서 이루어진다. 사업단위의 전략은 상위에 있는 기업수준전략의 영향을 받는다. 마케팅전략은 시장세분화에 따른 표적시장결정과 포지셔닝, 그리고 마케팅믹스 관리로 구성된다. 마케팅전략은 상위 전략인 기업수준전략과 사업단위수준전략에 영향을 받는다.

전략적 관리 프로세스의 첫 단계는 전략적 분석을 실시하는 것이다. 전략적 분석은 상황분석을 통해 이루어진다. 앞서 제3장에서 설명했듯이, **상황분석**은 세 가지로 나누어진다. 첫째, **시장분석**은 기존의 제품시장 혹은 새로이 고려되는 제품시장의 수요의 특징과 추이, 그리고 경쟁여건을 분석하는 것을 가리킨다. 둘째, **기업분석**은 제품시장에 있어서 경쟁기업에 비한 자사의 상대적 강점과 약점을 분석하는 것이다. 셋째, **환경분석**에서는 사회문화적 변화나 법제도적 구조와 같은 거시적 환경과 각 제품시장에 있어서 공급업자, 유통참여자, 기타 서비스 제공업자 등의 제도적·행태적 특징들이 분석된다. 상황분석은 기업수준과 사업단위수준에서 각각 수행될 수 있으며 각 수준의 전략수립에 영향을 미친다.

전략적 관리 프로세스에서 전략적 분석 이후의 단계는 전략수립이다. 전략수립에서 가장 상위에 위치하는 것은 기업목표이다. **기업목표**(corporate goals)는 기업이 달성하고자 하는 성과를 말한다. 기업목표는 새롭게 수립될 수 있고 혹은 기존의 목표를 수정해서 수립될 수도 있다. 이 같은 목표수립은 (1) 기업전체의 성과평가와 (2) 기업수준전략의 차원에서 행해지는 상황분석에 따라 행해진다.

수립된 기업목표와 기업전략의 차원에서 행하여진 상황분석의 결과에 따라 각 사업단위가 평가되고 전략적으로 선택된다. 이는 기업의 인적, 물적, 기술적 자원은 한정적이며 한정된 자원을 여러 사업들에 가장 효율적으로 배분해야 하기 때문이다. 그러므로 전략적 의사결정은 기본적으로 선택과 포기를 내포한다. **각 사업단위는 개별 제품시장을 대상으로 사업을 하므로 사업단위의 선택이란 곧 그 기업이 대상으로 할 제품시장의 선택을 의미한다. 어떤 제품시장을 선택하는가는 마케팅의 성공 여부에 결정적인 영향을 미치므로 제품시장의 선택은 매우 중요한 과제라 할 수 있다.** 한 기업이 대상으로 할 제품시장의 **전략적 선택**이란 기존의 사업단위를 계속 유지할 것인지 혹은 제거할 것인지, 그리고 신규 사업단위 대안들 중 어느 것을 선택할 것인지를 결정하는 것이다.

기업 전체의 목표처럼 각 사업단위는 자체의 목표를 설정한다. **사업단위의 목표**는 (1) 기업목표, (2) 사업단위별 성과평가, (3) 사업단위수준전략의 차원에서 행해진 상황분석의 결과에 따라 수립된다. 즉 사업단위의 목표를 설정할 때는 기업목표가 고려되어야 한다. 예를 들어, 기업의 목표가 매출액 증대에 있으면 각 사업단위의 전략수립시 매출액 증대가 주요한 목표가 될 수 있다. 혹은 기업의 목표가 단기 이익극대화에 있다면 각 사업단위 목표 설정시 이익극대화를 우선적으로 고려해야 한다. 사업단위의 목표는 매출액, 시장점유율, 혹은 이익 등으로 표현되며, 이는 곧 그 사업단위의 마케팅목표가 된다. 각 사업단위별로 마케팅목표와 관련하여 제품시장에 대한 **시장세분화**(segmentation; S)와 **표적시장결정**(targeting; T)이 이루어지고, 표적시장에서 **제품포지셔닝**(positioning; P)을 하게 된다(제품시장에 대한 STP전략 부분은 제7장에서 다룸).

전략적 프로세스에서 전략수립 이후의 단계는 전략적 실행이다. 전략적 실행은 목표에 도달하기 위한 구체적인 방법과 관련된 것이다. 전략적 실행 단계에서는 마케팅믹스의 관리가 이루어진다. **마케팅믹스의 관리**는 수립된 목표 및 전략을 실행하기 위해 제품(product), 가격(price), 유통(place), 촉진 (promotion) 등의 마케팅 수단을 조합하여 수행된다.

전략수립과정의 마지막 단계에는 **사업단위 성과평가**와 기업전체의 성과평가가 있다. 각 사업단위별 성과평가는 모든 사업단위들에 걸쳐 결합되어 **기업전체의 성과**가 평가된다.

지금까지 설명하였던 기업전략수립과정의 첫 번째 단계는 기업목표의 수립이다. 인적·물적자원의 제약 속에 기업은 설정한 목표를 달성하기 위해 자신이 보유하고 있는 사업단위의 평가 및 선택을 실시해야만 한다. 이러한 사업단위의 선택을 위해서는 일반적으로 시장분석, 기업분석, 그리고 환경분석과 같은 상황분석을 실시해야 한다. 그런데 사업단위의 선택, 즉 기업이 영위할 사업 혹은 대상으로 할 제품시장을 선택하는 데 매우 유용한 기법들이 개발되었다.

지금부터는 기업전략수립과정의 첫 단계인 기업목표수립에 관해 설명한다. 이후 사업단위 대안들을 비교·평가하고 이 중 일부를 선택하기 위한 기법으로서 두 개의 사업포트폴리오 모형을 소개하고, 이와 관련된 전략적 개념을 서술한다. 앞서 학습목표 2에서 서술한 바와 같이 각 사업단위는 별도의 제품시장을 대상으로 하므로 **사업단위의 선택**은 곧 **제품시장의 선택**을 의미한다. 여기서 선택이란 어떤 한 사업단위를 기업이 전략적으로 보유하고 영위할 것인지 아니면 포기하는 방향으로 갈 것인지를 결정함을 말한다.

학습목표 4: 사업목표의 설정

기업목표나 사업단위목표보다 장기적으로 기업이 지향할 것을 나타내는 것으로 기업의 미션과 비전이 있다. 일반적으로 이 두 가지는 사업단위보다는 기업 전체에 관련지어 설정된다. 다수의 기업들이 이들 중 한 가지 혹은 두 가지 모두를 각 사의 홈페이지에 나타내고 있다. 이 두 가지에 비해 목표는 보다 단기적이며 구체적이라 할 수 있다. 이하에서는 먼저 기업차원의 미션과 비전을 서술한다. 이후 미션과 비전을 달성하기 위해 기업의사결정의 기준이 되는 핵심가치에 대해 설명하고, 기업 혹은 사업단위의 목표수립시 고려할 요인을 서술한다.

1. 미션과 비전

미션(mission)은 그 기업의 존재 이유(its reason for being) 혹은 존재의 목적(purpose)이다. 미션은 보통 사업영역(business domain)을 포함한다. 예를 들어, 글로벌 기업 Shell의 미션은 '인류의 에너지 수요충족'인데, 이는 Shell의 사업영역이 에너지 분야이며, Shell의 존재 이유가 인류의 에너지 수요를 충족시키기 위해서라는 것을 명확히 한다. 기업의 사업영역은 사업초기에 정해지지만 사업을 진행하면서 새로운 기회를 이용하거나 환경변화에 적응하기 위해 확대되기도 하고 변화되기도 한다. 이 경우 미션을 구체적으로 변화시키는 것이 바람직하다. 예를 들어, Amazon.com의 초기 미션은 '세계에서 가장 큰 온라인 서점'이었으나 취급 품목의 증가에 따라 '세계에서 가장 큰 온라인 상점'으로 변화시켰으며, 이와 유사하게 eBay는 미션을 초기의 '수집가들(collectors)을 위한 온라인 경매'에서 '모든 종류 제품의 온라인 경매'로 변화시켰다.

미션을 정할 때는 제품중심으로 정하는 것보다 시장중심으로 정하는 것이 바람직하다. 이는 시장중심으로 정함으로써 시장의 니즈나 경쟁여건의 변화에 보다 잘 적응할 수 있기 때문이다. 예를 들어, 정유사의 경우 "우리는 휘발유를 생산한다"가 아니라 "우리는 에너지를 공급한다" 그리고 영화사의 경우 "우리는 영화를 제작한다"가 아니라 "우리의 사업은 문화사업이다"라고 정하는 것이다. 이렇게 하는 경우 휘발유 수요가 감소하거나 영화시장이 쇠퇴하는 경우 사업영역의 변화를 보다 쉽게 생각할 수 있다.

비전(vision)은 기업이 매우 장기적으로(예를 들어, 10년 혹은 20년 후) 달성하고자 하는 이상적 목표로서 현시점에서 볼 때는 실현이 용이하지 않은 꿈이라고도 할 수 있다. 이러한 비전은 CEO(Chief Executive Officer; 최고경영자)로부터 중간관리자, 그리고 하급사원까지 공유하도록 해야 한다. 그리하여 계층적으로 혹은 업무적으로 흩어진 기업의 구성원들이 각자의 일은 비록 독립적으로 수행하더라도 집합적으로 그 비전을 지향하도록 해야 한다. 비전을 달성하기는 결코 용이하지 않지만 이를 달성하는 기업이 매우 드문 것은 아니다.

예를 들어, 과거 SONY의 Akio Morita 회장은 개인용 포터블 스테레오 시스템(personal portable sound)의 개발을 꿈꾸었다. 이러한 그의 꿈은 Walkman과 포터블 CD 플레이어의 출현을 가능케 하였다. 삼성의 故 이병철 회장은 1983년 메모리 반도체 사업을 시작할 때 세계 제일의 메모리 반도체 기업을 꿈꾸었는지 모른다. 그가 가졌을 것으로 추정되는 비전은 이미 수년 전에 실현되었다. [그림 4.6]은 국내 대기업들의 홈페이지에 게시된 미션

| 그림 4.6 | 국내 대기업들의 홈페이지에 게시된 미션과 비전의 예 |

미션의 예
신한은행의 미션 – 금융의 힘으로 세상을 이롭게 한다.
아모레퍼시픽의 미션 – Asian Beauty Creator.

비전의 예
두산인프라코어의 비전 – 투명성과 기술, 인재와 혁신을 중시하는 '두산 Way'를
실천하여, 글로벌 선도 기업으로 성장.
LG패션의 비전 – LIFESTYLE BRAND COMPANY.
롯데제과의 비전 – GLOBAL TOP5 제과업체 도약.
대우조선해양의 비전 – 2025 세계 최고의 첨단 조선소.

과 비전의 예이다.

2. 핵심가치

핵심가치(core value)는 기업의 목표달성을 위해 전사적으로 공유하고 실천하는 행동방식과 의사결정의 기준을 의미한다. 즉, 핵심가치는 기업이 목표달성을 위해 지켜나가야 하는 지속적인 신념(beliefs)으로서 기업의 정체성(identity)을 명확히 하고 미션 및 비전을 달성하기 위한 전략선택의 가이드라인 역할을 한다. 이러한 핵심가치는 일반적으로 창업자의 신념, 혹은 창업자에 의해 실제로 구현된 경영철학으로 흔히 국내 기업에서 **경영이념**으로 표현되기도 한다. 과거 핵심가치는 조직 내에서 암묵적으로 공유되었으나 최근에는 핵심가치를 명시적으로 제정하고 이를 조직 내에 내재화시키기 위한 다양한 노력들이 이루어지고 있다. 특히 핵심가치에 따른 의사결정 여부 혹은 실행 여부를 평가제도와 연결시켜 이를 보상 및 처벌에 반영하고 있다.

핵심가치는 외부환경의 변화와 상관없이 기업이 지속적으로 추구해야 하는 것으로 성공적인 국내외 기업들은 이러한 핵심가치를 전사적으로 공유하고 있다. 예를 들어, 삼성그룹은 2004년 人材第一, 最高指向, 變化先導, 正道經營, 相生追求를 그룹의 핵심가치로 제정하여 이를 기업의사결정의 지침으로 사용하고 있다. Toyota는 지역적, 사업적으로 사업이 확대되는 상황에서 기업의 정체성을 명확하게 하기 위해 2001년 'Toyota Way'라는 명칭으로 핵심가치를 제정하였는데, Toyota Way의 핵심가치는 '지속적인 개선'과 '인간에 대한 존중'이다. IBM은 전성기 시절의 기업위상을 다시 찾도록 하기 위해

> **핵심가치**
> 기업의 목표달성을 위해 전사적으로 공유하고 실천하는 행동방식과 의사결정의 기준

그림 4.7   국내외 기업들의 핵심가치 사례

POSCO : 고객지향, 도전추구, 실행중시, 인간존중, 윤리준수
삼성그룹 : 人材第一, 最高指向, 變化先導, 正道經營, 相生追求
두산그룹 : 인재, 인화, 이익, 인재양성, 기술과 혁신, 사회적 책임, 정직과 투명성, 고객, 안전과 환경
NICE그룹 : 지속가능 성장기반 확보, 고객중심 신뢰경영 정착, 인재중심 조직문화 창달
LG전자 : Innovation, Openness, Partnership

GE : 8 Values 4 Actions
• 8 Values(How we do it: 어떻게 행동할 것인가)
  호기심, 열정, 대처능력, 책임감, 팀워크, 소명의식, 열린 사고, 활력
• 4 Actions(What we do: 무엇을 해야 하는가)
  상상하라, 문제를 해결하라, 창출하라, 리드하라

Toyota : Toyota Way
• 지속적 개선(continuous improvement)
  도전(挑戰), 개선(改善), 현지(現地), 현물(現物)
• 인간존중(respect for people), 존중(respect), 팀워크(teamwork)

DuPont : 안전과 보건(safety & health), 환경보호(environmental stewardship),
윤리준수(highest ethical behavior), 직원존중(respect for people)

Wal - Mart :
• 저렴한 가격과 훌륭한 제품 선택으로 고객의 삶에 보다 나은 가치를 제공하기 위해 기업이 존
  재한다. 나머지는 부수적인 것이다.
• 일반 통념을 거부하고 시류에 역행한다.
• 열정, 사명감과 의욕을 가지고 일한다.
• 군살 없는 조직을 운영한다.
• 보다 높은 목표를 추구한다.

'고객에 대한 헌신,' '끊임없는 혁신,' '신뢰와 책임'이라는 핵심가치를 2003년
제정하였다. [그림 4.7]은 국내외 기업들의 핵심가치 예이다.

3. 목표수립시 고려요인

목표
기업 혹은 사업단위가 달
성하고자 하는 성과

　　　기업목표 수립의 원리와 사업단위목표 수립의 원리는 기본적으로 같
다. 다만 기업목표는 기업 전체의 목표이므로 기업목표 수립시 고려되는 요
인들의 범위는 사업단위목표 수립시 고려되는 요인들의 범위보다 넓다. **목표**

(goals)는 기업 혹은 사업단위가 달성하고자 하는 성과(performance)로서 비전보다 단기적이다. 목표는 흔히 매출(단위 혹은 금액), 영업이익 혹은 당기순이익, 시장점유율 향상 등과 같은 기업의 구체적 성과지표로 나타낸다. 그러나 이와 더불어 기업이미지 제고, 고객만족도 향상 등과 같이 추상적인 목표가 설정될 수도 있다. 즉, 많은 경우 한 가지 목표보다 복수의 목표가 설정된다. 기업의 비전이 매우 뚜렷하고 그 비전을 달성하고자 하는 모티베이션이 강하면 목표설정시 비전이 반영될 수 있다.

기업의 목표는 1~2년 내에 달성할 수준으로 설정되는 것이 일반적이지만 경우에 따라 5년 혹은 그 이상의 기간 후에 달성할 수준으로 설정되기도 한다. 예를 들어, 현대차는 2019년도에 국내 71만2천대, 해외 396만8천대 등 글로벌 시장에서 총 468만대, 기아차는 국내 53만대, 해외 239만대 등 총 292만대로 총 760만대를 판매하겠다는 목표치를 제시하며 2018년보다 5만대 더 판매하겠다는 의지를 드러냈다.[5]

그리고, 이미지 제고와 고객만족도 향상과 같은 추상적 목표도 '현재의 고객만족도 65점에서 2년 내 80점으로 향상'과 같이 계량화하여 표현할 수 있다. 기업 혹은 사업단위 목표를 수립할 때는 〈표 4.1〉에 제시된 질문에 대한 답을 기초로 하는 것이 바람직하다. 〈표 4.1〉의 1번은 성과평가에 관한 질문이며, 2~5번은 상황분석에 관한 질문이다. 보다 구체적으로 2번과 3번은 시장분석, 4번은 기업분석, 5번은 환경분석에 관한 질문이다.

또한 현실적으로 적용가능한 목표를 수립하기 위해서는 다음의 다섯 가지를 고려해야 한다: (1) 우선성(priority), (2) 측정가능성(measurability), (3) 일관성(consistency), (4) 합리성(rationale), (5) 시간계획성(time period).

우선성은 상위목표 달성을 위한 수단 중 어디에 보다 중점을 둘 것인지

표 4.1   목표수립을 위한 다섯 가지 질문

1. 최근 연도의 **성과**는 어떠한가?
2. 우리의 **고객**은 누구이며 그들의 욕구는 무엇인가?
3. 우리가 하고 있는 사업들에서 부딪히는 **경쟁자들**은 누구인가?
4. 경쟁자들에 비한 우리의 **강점**과 **약점**은 무엇인가?
5. 우리가 처한 **환경**은 무엇인가?

5) *시사포커스*(http://www.sisafocus.co.kr), '5년 만에 목표 달성하나…믿는 구석은 13개 신차', 2019. 1. 3.

에 관한 것이다. 예를 들어, 목표가 이익증대인 경우 매출액 증대와 비용감소 중 어디에 중점을 둘 것인지, 다음으로 매출액 증대에 중점을 둔다면 기존 제품의 매출 증대와 신제품 개발 중 어디에 중점을 둘 것인지를 결정해야 한다. **측정가능성**은 목표가 가급적 계량적으로 측정할 수 있도록 설정되어야 함을 뜻한다. 목표가 계량화된 양식으로 설정되어야만 현실적으로 목표지향이 용이하며 성과를 구체적으로 평가할 수 있다. 예를 들어, '매출액 증대'가 아니라 '매출액 20% 증대'로 설정하는 것이다. 혹은 '고객만족도를 현재의 70점에서 85점으로 향상'으로 설정할 수 있다.

　일관성이란 복수의 목표들이 상치되지 않고 서로 조화를 이루어야 함을 의미한다. 예를 들어, 매출극대화와 이익극대화의 두 가지 목표는 상치될 수 있다. 기아자동차는 과거 중소형차량 중심의 매출확대를 목표로 하였으나 최근에는 RV와 대형차 중심의 수익성 강화를 보다 중시하고 있다. **합리성**은 기업의 기회와 강·약점을 감안하여 목표가 합리적으로 설정되어야 함을 뜻한다. 예를 들어, 소규모 PC 조립업체가 자사의 역량을 고려하지 않은 채 1년 내 세계 제 1위의 PC 메이커가 되겠다는 목표를 세운다면 타인들에게 매우 비합리적으로 들릴 수 있을 것이다. **시간계획성**은 목표가 시간적 일정에 따라 설정되어야 함을 말한다. 예를 들어, "2023년 매출액을 2022년 매출액에 비해 20% 증대시킨다"는 식으로 설정하는 것이다.

학습목표 5: 사업단위 전략의 유형

　기업수준에서 전략적으로 행해지는 가장 중요한 의사결정은 기업목표의 수립과 함께 사업단위의 평가와 선택에 관한 것이다. 앞서 기술한 바와 같이 사업단위의 평가와 선택은 곧 그 기업이 대상으로 할 제품시장의 평가와 선택이다. 이러한 선택은 어느 기업이든지 보유한 자원(resources)은 한정되어 있기 때문이다. 〈표 4.2〉에 나타난 바와 같이 사업단위의 전략적 선택은 기존사업단위에 대한 선택과 신규사업단위에 대한 선택으로 구분하여 생각할 수 있다.

　기존사업단위에 대한 선택에는 (1) 유지전략, (2) 육성전략, (3) 수확전략, 그리고 (4) 철수전략이 있다.[6] 각각의 전략은 한정된 자원을 어떤 사업단위에 보다 집중적으로 할당하는가와 관련된다.

---

6) George S. Day, "Diagnosing the Product Portfolio," *Journal of Marketing*, 41(April), 1977, pp. 29-38.

표 4.2	사업단위의 전략적 선택결정

기존사업단위에 대한 선택결정:

- 유지전략(hold)
- 육성전략(build)
- 수확전략(harvest)
- 철수전략(divest)

신규로 고려중인 사업단위에 대한 선택결정:

- 개발전략(development)
- 인수전략(acquisition)

유지전략(hold)은 기존에 영위하고 있던 사업단위를 현재수준으로 유지시키는 것을 말한다. 이때 해당 사업단위에 대한 투자는 현상유지수준에서 이루어진다. 가령 현재의 시장점유율을 유지하는 수준에서 투자가 행해진다.

육성전략(build)은 적극적으로 사업단위를 성장시키는 전략이다. 예를 들어, 한 사업단위에 상당한 투자를 하여 시장점유율을 높이는 것이다. **수확전략**(harvest)은 사업단위에 대한 투자를 극소화하거나 중단하여 사업단위를 점차 축소시키는 것을 말한다. 예를 들어, 신제품을 더 이상 개발하지 않거나, 광고를 중단 또는 극소화, 혹은 시설투자를 중단하게 되면 그 기업의 기존 제품에 대하여 애호도가 높은 일부 고객만이 그 사업단위의 제품을 구매한다. 수확전략에 따라서 해당 사업단위는 궁극적으로 시장에서 사라지게 된다. **철수전략**(divest)은 사업단위를 즉각적으로 제거하는 것을 의미한다. 철수전략에 따라 사업단위는 타 기업으로 매각되거나 해체된다.

수확전략과 철수전략은 궁극적으로 시장에서 떠난다는 공통적인 성격을 갖고 있다. 그러나 양자 간에는 큰 차이가 있다. 수확전략을 택하는 경우 사업단위는 비교적 상당기간 동안 영위되고 그에 따라 수익을 창출한다. 더욱이 이 수익은 추가적인 투자가 없는 상태에서 산출되므로 기업은 수확전략을 통해 자금을 축적할 수 있다. 그러나 사업단위 유지 자체가 기업에 상당한 자금압박을 초래한다면 철수전략을 택할 수 있는데, 철수전략은 즉각적인 것으로서 타 기업에 매각하는 경우 일시에 상당한 자금유입이 가능하다.

한편 현재의 사업범위를 넘어서 좋은 기회가 있다고 판단하면, 신규사업으로 **다각화**(diversification)에 의한 성장을 모색할 수 있다. 여기서 좋은 기회

마케팅 사례: 포스코, 철강·비철강·신성장 부문으로 확대 개편 – 사업 다각화 포트폴리오 총력

포스코그룹이 철강부문을 철강·비철강·신성장 3개 부문으로 확대 개편하고, 부문별 책임경영 체제를 강화한다. 기존 철강중심의 사업에서 벗어나 포트폴리오를 다각화하여, 국내외 경기 변동성에 대비해 미래 먹거리 발굴에 힘쓰겠다는 것으로 보인다.

비철강부문은 대우/건설/에너지/정보통신기술(ICT) 및 국내 비철강 그룹사의 성장 전략 수립과 사업관리를 담당하게 되며, 신성장부문은 그룹 차원에서 중점적으로 추진하고 있는 이차전지 소재사업 등 미래성장

동력 발굴과 육성을 맡는다. 신성장부문 산하에는 벤처육성 및 지역경제 활성화와 청년실업 문제 해결을 위한 '산학연협력실'도 신설된다.

특히 포스코는 이차전지 분야를 2030년까지 세계 시장점유율 20%, 매출액 17조원 규모의 사업으로 키우겠다는 구상을 갖고 있다. 이 같은 프로젝트를 포스코 신성장부문장이 총괄하게 된다.

자료원: *이코노미뉴스*, 2018. 12. 21.

는 새로 고려하는 시장이 매력적이고 자사가 성공적으로 사업을 할 수 있을 것으로 판단되는 경우이다. 다각화에는 관련 다각화와 비관련 다각화가 있다. **관련 다각화**는 현재 그 기업의 사업단위와 기술적으로 관련성이 있는 사업을 하는 것이다. 예를 들어, Canon은 현미경을 생산하다가 카메라와 복사기로 다각화하였다. **비관련 다각화**는 전혀 새로운 분야의 사업을 하는 것을 말하는데, 예를 들어, CJ그룹은 제당사업에서 영상사업, 유통사업, 외식사업 등으로 다각화하였다.

신규사업으로 다각화하는 경우 선택전략에는 (1) 개발전략과 (2) 인수전략이 있다. **개발전략**(development)은 투자를 통해 기업 스스로가 사업단위를 개발하는 것이며, **인수전략**(acquisition)은 타 기업의 기존 사업단위를 구매함을 의미한다. 담배회사 Philip Morris가 Miller 맥주와 Seven-Up을 인수한 것이 그 예가 된다. 개발전략은 가망성 있는 사업으로 그 기업이 개발능력을 갖추고 있으며 시간적 여유가 있는 경우 택할 수 있는 전략이다. 그러나 사업단위의 개발에 많은 시간적, 인적, 금전적 투자가 필요하거나 또는 법제도나 그 밖의 여러 요인들에 의한 장애가 현실적으로 있을 때 개발전략보다는 인수전략이 선호될 수 있다. 그러나 기업이 유망한 것으로 판단한 사업대안이 전적으로 혁신적인 것이면 스스로 개발할 수밖에 없다.

학습목표 6: 사업포트폴리오 분석

기업이 보유한 기존 사업단위의 전략적 평가와 선택에는 일반적으로 **사업포트폴리오 모형**(business portfolio model)이 많이 이용된다. 지금까지 개발된 사업포트폴리오 모형들 중 전형적인 것은 보스턴컨설팅그룹(Boston Consulting Group: BCG)의 **성장-점유 매트릭스**(growth-share matrix; 일명 **BCG 매트릭스**라고 함)와 제너럴일렉트릭(General Electric)사와 매킨지(McKinsey & Company)사가 공동으로 개발한 **시장매력도-사업경쟁력 모형**(market attractiveness-business strength model; 일명 **GE 매트릭스**라고 함)이다. 이하에서는 이 두 모형들에 의하여 사업단위의 평가와 선택에 관해 설명한다.

1. BCG 매트릭스

(1) BCG 매트릭스의 구조

BCG 매트릭스는 각 사업단위가 대상으로 하는 **제품시장의 성장률**(세로축)과 그 사업단위의 **상대적 시장점유율**(가로축)에 따라 각 사업단위를 [그림 4.8]과 같이 도표 위에 위치시킨다. 여기서 제품시장의 성장률은 그 제품시장의 매력도를, 그리고 사업단위의 상대적 시장점유율은 그 사업단위의 경쟁력을 나타내는 지표로 사용된다. 따라서 제품시장의 성장률이 높을수록 해당 제품시장은 매력적인 시장이며, 상대적 시장점유율이 높을수록 그 사업단위의

그림 4.8   BCG 매트릭스

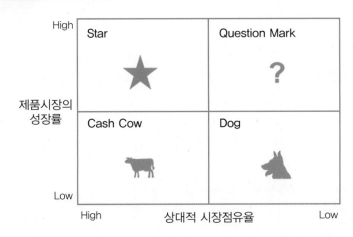

경쟁력은 높다고 본다. BCG 매트릭스는 사분면으로 나누어지며, 각 사분면에 위치한 사업단위의 명칭은 다음과 같다: ① 고성장/고점유: 스타(star), ② 고성장/저점유: 물음표(question mark), ③ 저성장/고점유: 캐쉬카우(cash cow; 젖소), ④ 저성장/저점유: 도그(dog).

　　BCG 매트릭스는 세 가지의 가정에 기초한다. 첫째, 저성장시장보다 고성장시장에서 시장점유율을 유지하거나 늘리고자 할 때 자금(cash)이 더 많이 사용된다. 이는 성장률이 높은 시장에서 시설투자, 제품 개발 및 개선, 촉진 혹은 유통 노력 등을 적극적으로 하지 않으면, 매출성장률이 시장성장률보다 낮아지기 때문이다. 최근 급격히 성장한 LTE(Long Term Evolution) 통신시장에서 이동통신서비스 회사들과 단말기 제조회사들이 새로운 서비스 혹은 단말기를 경쟁적으로 도입하고 많은 촉진활동을 한 것은 바로 이 때문이라 할 수 있다. 이러한 경쟁적 노력에 의해 개별 기업의 매출과 산업전체의 매출은 더욱 늘어나게 되며 시장 성장을 가속화시킨다. 이에 비해 성장률이 낮거나 쇠퇴하는 시장에서는 그러한 노력이 덜 요구된다.

　　둘째, 상대적 시장점유율이 높을수록 사업단위는 자금을 더 많이 유입한다. 이는 본 장의 마지막 부분에서 제시된 **경험곡선효과**(experience curve effect) 때문이다. 셋째, 한 사업단위가 거두어들이는 純자금(net cash)의 수준은 시장성장률, 시장점유율, 그리고 시장점유율에 대한 기업의 전략에 달렸다. 즉, 현재 한 사업단위가 속한 시장의 성장률과 시장 내의 점유율이 주어진 상태에서 앞에서 말한 유지전략, 육성전략, 수확전략, 혹은 철수전략 중 어떤 전략을 취하는가는 純자금흐름(net cash flow)의 정도를 결정짓는다. BCG 매트릭스에서 바람직한 자금흐름의 방향은 [그림 4.9]와 같다. 즉, 도그(dog) 사업으로 자금이 흘러가는 것을 막고, 캐쉬카우(cash cow)의 자금이 물음표(question mark) 사업으로 흘러, 점차 스타(star)영역의 방향으로 가도록 하는 것이다.

　　BCG 매트릭스에서 저성장과 고성장을 구분하는 것은 매우 자의적이다.[7] 저성장과 고성장의 구분기준은 기업의 경쟁전략적 입장이나 시장환경에 따라 달라질 수도 있다. 통상 10%나 15% 이상의 성장률을 보이는 시장은 고성장, 그 이하는 저성장으로 판단된다. 한편 제품수명주기(product life cycle; PLC)와 관련지어 보면 고성장의 시장은 성장기(혹은 도입기)에 해당하고 저성장의 시장은 성숙기(혹은 쇠퇴기)에 해당한다고 할 수 있다. 제품수명주기에 대한 내용은 제9장에서 다루도록 하겠다.

---

7) Yoram Wind and Henry J. Claycamp, "Planning Production Line Strategy: A Matrix Approach," *Journal of Marketing*, Vol. 40, 1976, pp. 2-9.

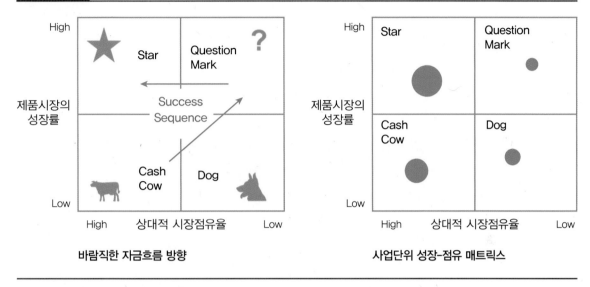

그림 4.9 BCG 매트릭스에서 '바람직한 자금흐름의 방향' 및 '성장-점유 매트릭스'

상대적 시장점유율(relative market share; RMS)은 자사의 해당 사업단위의 시장점유율을 시장점유율이 가장 큰 경쟁자의 시장점유율로 나눈 값이다. 따라서 시장점유율이 1위인 기업의 상대적 시장점유율은 자사의 점유율을 2위 기업의 시장점유율로 나눈 값이다. 그리고 2위 이하 기업들의 상대적 시장점유율은 자사의 점유율을 1위 기업의 시장점유율로 나눈 값이다. 이러한 계산값 때문에 '절대적 시장점유율'이 아닌 '상대적 시장점유율'이라는 용어를 사용한다. 상대적 시장점유율이 높고 낮음을 구분하는 기준도 저성장/고성장의 기준과 같이 자의적으로 결정되는데, 통상 1.0이 사용된다.[8] 그러나 이 기준도 기업의 경쟁전략적 입장이나 시장환경에 따라 얼마든지 변할 수 있다. 〈표 4.3〉은 상대적 시장점유율의 계산 예를 보여준다.

표 4.3 시장점유율과 상대적 시장점유율

기업	시장점유율	상대적 시장점유율
A	50%	1.67
B	30%	.6
C	20%	.4

---

8) George S. Day, "A Strategic Perspective on Product Planning," *Journal of Contemporary Business*, Spring 1975, p. 10.

[그림 4.9] 우측에서 각각의 사업단위는 원으로 표시되고 있다. 원의 중심좌표는 각 사업단위가 대상으로 하는 제품시장의 성장률과 그 시장에서의 상대적 시장점유율에 의해 결정된다. **원의 크기는 해당 사업단위의 매출액**을 나타낸 것이다. 매출액이 크면 클수록 그에 비례해 원의 크기도 커진다.

(2) BCG 성장-점유 모형에 의한 각 사업단위의 전형적 전략

아래 〈표 4.4〉는 각 사업단위에 적용할 수 있는 전형적 전략을 보여준다. 그러나 여기서 유의할 점은 이러한 전략이 각각의 사업단위에 적용할 수 있는 전형적 전략이지 언제나 그러한 전략을 반드시 취해야 한다는 것은 아니라는 점이다.

스타(star)는 고성장시장에 있으면서 시장점유율 1위의 사업단위이다. 예를 들어, 2013년부터 급성장하고 있는 차량용 블랙박스 시장에서 다본다(舊 현대오토콤)는 시장점유율 1위로서 이 회사의 차량용 블랙박스 사업단위는 스타영역에 위치하고 있다. 이와 같이 한 기업이 매우 혁신적인 제품을 출시하여 새로운 제품시장을 창출하고, 그 시장의 성장률이 높으면 그 기업의 사업단위는 스타영역에 포함된다. 혹은 앞에서 본 바와 같이 후발업체이지만 성공적인 육성전략에 의해 스타영역에 포함될 수도 있다. 스타영역에 포함된 사업단위는 시장성장의 기회가 높은 데다 경쟁우위가 있기 때문에 **육성전략**(build)을 사용하는 것이 바람직하다.

스타영역에서는 높은 시장점유율로 인한 경험곡선효과에 의하여 마진이 점차 증대되는데, 이 결과 많은 자금유입(cash inflow)이 가능하게 된다. 그러나 성장하는 시장에서 시장점유율을 유지하거나 늘리려면 많은 자금이 필요하다. 이러한 자금은 예를 들어 연구개발, 새로운 시설투자, 촉진활동, 유통경로개척 등에 투자된다. 따라서 스타영역에 유입하는 자금 중 상당부분은 자체

표 4.4　　BCG 모형에 따른 각 사업단위의 전형적 전략

사업단위	전형적 전략
스타	육성전략(build)
물음표	육성전략(build), 수확전략(harvest), 철수전략(divest)
캐쉬카우	유지전략(hold), 수확전략(harvest)
도그	수확전략(harvest), 철수전략(divest)

재투자를 위해 소모된다. 특히 시장성장률이 아주 높고 경쟁력이 그리 강하지 못한 스타(star)의 경우 자금유입보다 자금소모가 더 많을 수도 있다. 보다 경쟁력이 강한(시장점유율이 높은) 스타영역에 속한 사업단위의 경우에는 많은 자금을 유입하기 때문에 자금유입의 주요원천이 된다. 스타영역 시장의 성장률이 둔화되면, 스타영역은 캐쉬카우영역이 되며, 나아가 자금유입의 주요원천으로서 기업에 공헌하게 된다.

물음표(question mark)는 고성장시장에 있으면서 점유율이 상대적으로 낮은 사업단위이다. 보통 다른 기업이 창출한 제품시장이 성장하게 되면 다수의 기업들이 이에 진입한다. 따라서 기업의 많은 사업단위들이 '문제아(problem child)'로서 시작한다. 이런 이유 때문에 물음표 영역을 '문제아'로 부르기도 한다. 만약 기업에 투자여력이 있다면 생산시설의 확충, 가격인하, 그리고 촉진비용 증대 등과 같은 지속적인 지원에 의하여 **육성전략**을 취할 수 있다. 그 결과, 스타 사업단위에 속하거나 이에 가까워질 수 있다([그림 4.9] 왼쪽 자금흐름표 참조). 예를 들어, 쿠쿠전자는 삼성전자, LG전자, 마마전기보다 전기밥솥 사업을 늦게 시작했으나 시장점유율 1위의 기업이 되었다. 농심은 라면사업을 삼양식품보다 늦게 시작했지만 지금은 단연 1위를 차지하고 있다.

물음표는 시장점유율이 낮아 기업에 자금유입이 적으며, 그 육성을 위해서는 상당한 자금이 소요된다. 이 경우 기업에 대한 자금 공헌도는 대체로 負(negative)가 된다. 물음표를 지원하기 위한 자금은 캐쉬카우(cash cow)로부터 지원될 수 있지만(**육성전략** [그림 4.9] 자금흐름 화살표 참조), 그러한 여력이 없다면 제거할 수도 있다. 이때 기업은 **수확전략**(harvest) 혹은 **철수전략**(divest)을 취할 수 있다. 전자의 경우 그 사업단위에 투자를 중단하며, 그 결과 그 사업단위는 시장에서 경쟁력을 잃고 점차 쇠퇴하게 된다. 사업단위를 신속히 제거하는 것이 좋다고 판단하면 철수전략을 택하며, 이 경우 사업단위를 매각함으로써 자금이 기업에 일시에 유입될 수 있다.

캐쉬카우(cash cow)는 저성장시장에서 높은 점유율을 가진 사업단위로서 전략은 **유지전략**(hold)과 **수확전략**이다. 저성장시장이므로 캐쉬카우(cash cow)에 대한 적극적인 육성전략(build)은 바람직하지 않다. 그러나 경쟁자의 시장점유율 잠식에는 적절히 대응해야 한다. 그리하여 높은 시장점유수준으로부터 얻어지는 이익을 향유할 수 있다. 투자의 필요성은 상대적으로 작은 반면 이익은 크므로 캐쉬카우는 기업에다 자금을 가져다준다(net cash inflow). 캐쉬카우에 의해 유입되는 자금은 유망한 물음표 영역의 사업단위 혹은 스타영역의 사업단위를 지원하거나, 새로운 사업단위를 개발 혹은 인수하는 데 이용될 수 있다.

한때 스타로 있던 사업단위가 시장성장률이 둔화됨에 따라 캐쉬카우가 되며, 이에 따라 과거보다 자금유입에 더 공헌할 수 있다. 예를 들어, 삼성전자의 지펠이 시장에서 계속 1위를 유지하는 경우 양문형 냉장고 시장의 성장률이 일반 냉장고 시장처럼 낮아지면 캐쉬카우가 될 수 있다. 스타는 당장은 공헌도가 낮지만 미래의 긍정적인 사업성과를 기대하게 하는 사업단위라고 할 수 있다. 따라서 한 기업은 캐쉬카우와 스타를 모두 가짐으로써 현재의 재무상태를 견고히 하고, 미래의 견고한 재무상태를 기대할 수 있다.

도그(dog)는 저성장시장에서 약한 경쟁력을 가진 사업단위로서 이에 대하여 기업이 기본적으로 취할 수 있는 전략은 장기적 혹은 단기적으로 제거하는 것이다. 도그는 저성장시장에 있으므로 대개 기존시장점유율의 유지노력이 그다지 의미가 없으며, 따라서 더 이상 투자지원을 하지 않게 된다. 그러므로 장기적인 제거의 차원에서 **수확전략**을 취하거나 사업단위의 보유 자체가 기업에 자금압박을 초래한다면 단기적인 입장에서 **철수전략**을 택한다. 철수전략을 취할 때 한꺼번에 유입되는 자금을 다른 사업단위에 지원하거나 새로운 사업단위를 개발·인수하는 데 사용할 수 있다. 예를 들어, 과거 LG전자는 수익성이 없다고 판단된 카메라 사업부를 없애고 미국의 전자업체 Zenith를 인수하였다.

(3) BCG 매트릭스 사례분석

〔**사례**〕

H기업은 현재 다섯 개의 사업단위들(SBUs)을 가지고 있다. 각 사업단위의 매출액, 그 사업단위가 속한 시장에서의 주요 경쟁자들의 매출액, 그리고 그 시장의 성장률은 〈표 4.5〉에 제시된 바와 같다. BCG 매트릭스를 이용하여 각 사업단위의 현재 상황을 모형상에 표시하고 각 사업단위에 적합한 전략을 제시하시오.

〔**분석**〕

주어진 자료로부터 H기업의 다섯 개 사업단위들 각각의 상대적 시장점유율을 계산하면 다음과 같다: 사업단위 1-.8; 사업단위 2-.25; 사업단위 3-.1; 사업단위 4-4.0; 사업단위 5-2.0. 이 자료와 각 사업단위의 시장성장률에 의하여 각 사업단위를 BCG 매트릭스 상에 [그림 4.10]과 같이 나타낼 수 있다.

[그림 4.10]의 BCG 매트릭스에 의하면, H기업은 두 개의 물음표와 각 한 개의 스타, 캐쉬카우, 그리고 도그를 가지고 있다. 대체로 다음과 같은 전략을

표 4.5		H기업의 사업단위별 매출액, 경쟁기업 매출액, 그리고 시장성장률		

사업단위	매출액(단위: 억원)			시장성장률
	H기업	경쟁기업(A)*	경쟁기업(B)*	
1	400	500	300	15%
2	500	1,000	2,000	3%
3	200	500	2,000	12%
4	800	200	200	18%
5	1,000	500	100	5%

* 사업단위에 따라 경쟁기업 (A)(B)는 다른 기업임. 예를 들어. 사업단위 1의 경쟁기업 (A)(B)와 사업
단위 2의 경쟁기업 (A)(B)는 서로 다른 기업임.

생각할 수 있다. 먼저 물음표와 관련하여 둘 중 어느 하나를 지원할 것인가, 둘 모두를 지원할 것인가, 혹은 둘 다 철수할 것인가를 결정해야 한다. 두 개의 사업단위들 중 사업단위 3에 비하여 사업단위 1은 보다 고성장 시장에 있으며, 보다 큰 경쟁력을 확보하고 있다. 또한 매출액 수준도 2배에 해당한다. 그런데 H기업에는 비교적 큰 캐쉬카우가 있으므로 이로부터 유입되는 자금으로, 사업단위 1에 대하여 우선적으로 지원하는 육성전략을 취할 수 있다. 만약 자금 여력이 충분하다면 사업단위 3도 지원할 수 있으나, 그렇지 않은 경우 철수를 적극적으로 고려할 수 있다. 지원은 하지 않더라도 한동안 유지하

그림 4.10	다섯 개 사업단위의 BCG 매트릭스상의 위치

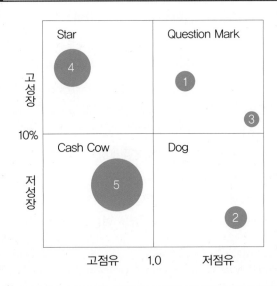

는 것이 바람직하다고 판단되면 수확전략을, 가급적 속히 제거하는 것이 바람 직하면 철수전략을 취할 수 있다.

다음으로 사업단위 4는 스타에 해당하는데, 매우 고성장 시장에 있으며 경쟁력 또한 매우 강하다. 높은 시장점유율에 의하여 유입되는 자금은 상당히 많을 것이며, 따라서 시장점유율을 유지하거나 증대하는 데 필요한 자금을 자 체적으로 조달할 수 있을 것으로 생각된다. 사업단위 5는 캐쉬카우로서 상대 적으로 저성장 시장에 있으므로 자금소모가 그리 많지 않을 것이다. 비교적 높은 점유율에 따라 유입되는 자금 중 상당부분을 사업단위 1을 지원하는 데 사용하거나, 경우에 따라 사업단위 1 혹은 3을 지원하는 데 사용할 수 있다. 혹은 여유자금으로 R&D투자에 사용하여 신제품을 개발하거나 다른 사업단위 를 인수할 수 있다.

끝으로 사업단위 2는 도그에 해당하는데, 시장성장률이 상당히 낮은 데 다 경쟁력이 매우 취약한 상태이다. 수확 혹은 철수전략을 우선적으로 고려할 수 있다.

2. GE 매트릭스

(1) GE 매트릭스의 구조

GE 매트릭스는 [그림 4.11]과 같이 **제품시장의 매력도**(market attractiveness) 와 **사업단위 경쟁력**(business strength; 경쟁적 위치)의 두 차원들로 구성되어 있 다. BCG 매트릭스에 사용된 시장성장률과 상대적 시장점유율 이외의 많은 변수들을 사용해 사업단위의 해당시장에서의 기회와 경쟁력을 평가함으로써 BCG 매트릭스보다 더 많은 전략적 유용성을 가지고 있다.

[그림 4.11]의 격자형(grid) 도표에서 시장매력도와 사업단위 경쟁력은 각각 고수준, 중간수준, 그리고 저수준으로 나누어지는데, 각 차원을 5점 척 도로 측정할 때 통상 3.67~5.00은 고수준으로, 2.33~3.67 미만은 중간수준으 로, 그리고 1.00~2.33 미만은 저수준으로 판단한다.[9] GE 매트릭스에서 각 사 업단위에 해당하는 **원의 크기는 해당 제품시장의 산업의 크기를 나타내며,** 원 에서 짙은 부분은 해당사업단위가 해당 시장에서 차지하는 시장점유율을 나 타낸다. 한편 원으로써 나타내는 사업단위의 위치는 자금흐름(cash flow)이 아 닌 투자수익률(return on investment; ROI)과 연관되어 평가된다. 즉, 보다 상단

---

9) Philip Kotler, *Marketing Management*, Millennium ed., Englewood Cliffs, NJ: Prentice-Hall, 2000, p. 71.

그림 4.11   GE 매트릭스

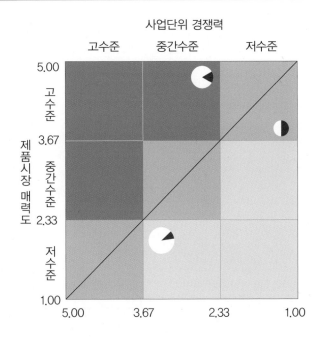

- 바람직한 사업단위의 위치: 대각선이 지나가는 Cells보다 위의 세 지역
- 불확정적인 사업단위의 위치: 대각선이 지나가는 Cells상의 세 지역
- 바람직하지 못한 사업단위의 위치: 대각선이 지나가는 Cells보다 아래의 세 지역

이나 왼쪽에 위치할수록 투자수익률이 높은 것으로 기대된다.

GE 매트릭스에서 **제품시장의 매력도**를 나타내는 주요 변수들에는 제품시장의 크기나 규모, 성장률, 평균 기대수익률(수익성), 경쟁정도, 요구되는 기술수준, 인플레이션 취약성과 제품시장에 대한 기술적, 사회적, 정치적, 법제도적 영향 등이 있다. **사업단위 경쟁력(경쟁적 위치)**은 시장점유율, 점유율의 성장률, 제품품질, 브랜드의 평판, 유통망, 촉진의 효과성, 생산능력, 생산성, 단위당 비용, 원자재 공급의 확보 등과 같은 변수들로 측정된다. 그러나 제품시장의 매력도나 사업단위 경쟁력을 구성하는 변수들은 이상의 변수들로 반드시 고정된 것이 아니며, 각 기업의 실정에 따라 수정될 수 있다.

GE 매트릭스를 사용하기 위해서 각 변수별로 평가치와 가중치가 결정되어야 한다. 그리고 이 평가치와 가중치에 기초해 제품시장의 매력도와 사업단위의 경쟁력이 계산된다. 〈표 4.6〉은 제품시장의 매력도가 어떻게 평가되는지를 예시하고 있다. 먼저 전체 매력도 결정에 영향을 미치는 각각의 변수에 가

| 표 4.6 | 제품시장의 매력도 평가의 예 | | |

평가항목	가중치	평가점수* (5점 척도)	가중치 × 평가점수
크기	.20	4	.80
성장률	.15	3	.45
평균수익률	.15	3	.45
경쟁치열 정도	.10	2	.20
요구되는 기술수준	.10	5	.50
인플레이션 취약성	.10	3	.30
기술적 영향	.05	4	.20
사회적 영향	.05	3	.15
정치적 영향	.05	3	.15
법제도적 영향	.05	4	.20
총계	1.00		3.40

* 예를 들어, 경쟁치열 정도에서 2의 의미는 그 제품시장 내에서 비교적 치열한 경쟁이 있어 매력도
가 낮음을 나타냄. 요구되는 기술수준에서 5의 의미는 해당 사업단위가 그 기술을 충분히 확보하
여 그 시장이 매력도가 높음을 나타냄; 기술적 영향과 법제도적 영향에서 4의 의미는 그 제품시
장에서 사업하는 경우 해당사업단위가 그러한 요인의 변화에 크게 영향을 받지 않음을 나타냄.

중치가 부여되고 각 변수별로 그 제품시장을 평가한다. 다음으로 각 변수에
대한 점수를 가중치로 곱한다. 끝으로 이 가중점수들을 합한 점수가 그 제품
시장의 매력도를 나타낸다. 같은 방식으로 사업단위의 경쟁력을 평가할 수 있
으며, 〈표 4.7〉은 그 예를 보여준다. 〈표 4.6〉과 〈표 4.7〉로부터 예의 제품시장
의 매력도와 사업단위 경쟁력의 크기는 각각 3.4와 4.2임을 알 수 있다. 따라서
제품시장의 매력도는 중간수준이며 경쟁력은 고수준으로 평가할 수 있다.

　　　GE 매트릭스를 사용함에 있어서 각 변수별 점수와 가중치를 결정하는
것은 매우 중요하다. 그러나 이런 결정에 일반적으로 사용되는 원칙이란 존재
하지 않으며, 그런 결정은 대부분 각 기업의 주관적인 경험에 의거한다. 따라
서 점수나 가중치를 효과적으로 결정하기 위해서 기업은 GE 매트릭스 변수들
과 관련한 자신의 경험을 늘 일관성 있게 계량적으로 축적해야만 한다. 이러
한 축적된 경험에서 그러한 점수나 가중치의 결정에 유용한 어떤 일반적인 원
칙이 나오기는 어려울지도 모른다. 그러나 적어도 그런 경험을 축적한 기업은
매우 효과적인 원칙을 얻게 될 수 있다.

| 표 4.7 | 사업단위 경쟁력 평가의 예 |

평가항목	가중치	평가점수* (5점 척도)	가중치×평가점수
시장점유율	.20	5	1.00
점유율의 성장률	.15	4	.60
제품품질	.15	4	.60
브랜드 평판	.10	5	.50
유통망	.10	5	.50
촉진의 효과성	.10	3	.30
생산능력	.05	4	.20
생산성	.05	3	.15
단위당 비용	.05	3	.15
원자재 공급의 확보	.05	4	.20
총계	**1.00**		**4.20**

* 평가점수가 높을수록 그 항목에서 우수함을 의미함.

(2) GE 매트릭스에 의한 각 사업단위의 전략

[그림 4.11]의 GE 매트릭스에서 대각선이 지나가는 사각형보다 위에 위치하는 사업단위일수록 높은 투자수익률을 가져다줄 것으로 기대된다. 따라서 이러한 사업단위에는 유지 혹은 육성전략을 적용한다. 반면 대각선이 지나가는 사각형보다 아래에 위치하는 사업단위일수록 낮은 투자수익률이 기대되므로 수확 혹은 철수전략을 적용한다. 철수전략을 취하는 경우 이로부터 나오는 자원을 높은 투자수익률이 기대되는 다른 사업단위에 투자할 수 있다. 끝으로, 대각선이 지나가는 사각형 내에 위치하는 사업단위들은 선택적으로 '육성 혹은 유지' 혹은 '수확 혹은 철수'전략을 취하도록 한다. 그런데 여기서 유의할 점은 BCG 매트릭스의 경우와 마찬가지로, 각 사업단위에 제시되는 전략은 각각의 경우에 적용될 수 있는 전형적 전략이지 그러한 전략이 반드시 적용되어야 하는 것은 아니라는 점이다.

3. 사업포트폴리오 모형의 한계점

사업포트폴리오 모형은 기업의 자원을 어떤 사업단위에 보다 많이 혹은 보다 적게 할당할 것인가의 의사결정을 하는 데 도움을 줄 수 있으며, 또한 기업 최고경영층과 사업단위 경영층 간에 원활한 의사소통의 계기를 제공할 수 있다. 그러나 사업포트폴리오 모형은 다음과 같은 한계점을 갖는다.

첫째, **가정의 현실성 문제**. BCG 매트릭스에서는 시장점유율이 클수록 경험곡선효과에 의하여 보다 많은 자금을 유입하는 것으로 가정한다. 경험곡선효과는 경쟁사들 간에 제품차별화가 거의 없으며 동일한 제품을 장기적으로 생산하더라도 판매가 잘 될수록 잘 적용된다. 그러나 제품시장에 따라 경험곡선효과보다 다른 요인이 더 중요할 수도 있다. 예를 들어, 기술혁신이 보다 중요한 경우도 있고(예; 하이테크산업), 제품의 다양한 변화가 더 중요할 수도 있다(예; 패션산업). 이러한 경우 한 가지 제품을 장기적으로 대량생산하는 경우 판매가 되지 않아 경험곡선효과를 기대할 수 없다.

둘째, **사업단위들 간의 상호 의존성**. 사업포트폴리오 모형에 의한 사업단위의 선택결정 방식은 각 사업단위를 유지 혹은 제거하는 결정을 할 때 그 사업단위와 다른 사업단위들과의 연관성을 고려하지 않는다. 한 기업의 여러 사업단위들 간의 연관성이 매우 낮다면 각 사업단위별로 독립적으로 유지 혹은 제거를 결정할 수 있다. 그러나 한 기업의 여러 사업단위들 간에는 연관성이 높은 경우가 많으며, 이 경우 다른 사업단위들과의 연관성을 고려하지 않고 한 사업단위(예; 메모리 칩)의 여건만을 고려하여 제거한다면 다른 사업단위(예; 컴퓨터)에게 상당한 부정적 결과를 초래할 수 있다.

셋째, **자원의 제약성**. 제품포트폴리오 모형에 의한 전략적 결정은 일반적으로 외부자원조달의 가능성을 배제한 상태에서 이루어진다. 즉, 한 사업단위에게 자금지원이 필요할 때 외부자금 조달을 고려하지 않고 그 사업단위 자체나 다른 사업단위가 그 자금을 지원할 수 있는지만을 고려한다. 그러나 현실적으로 기업이 추가로 필요한 자금을 자본시장으로부터 조달하는 경우는 너무나 흔하다.

넷째, **차원의 조작화**. 시장매력도와 사업단위 경쟁력의 조작변수로서 BCG 매트릭스에서는 시장성장률과 상대적 시장점유율을 사용한다. 그러나 시장성장률이 시장매력도를, 그리고 점유율이 경쟁력을 반영하는 데는 큰 한계가 있다. GE 매트릭스의 경우 다수의 변수들을 사용함으로써 이러한 한계를 상당히 극복할 수 있으나, 각 변수에 대한 가중치를 어떻게 주느냐에 따라 사업단위의 위치가 매우 달라질 수 있다. 또한 BCG 매트릭스의 경우 고성장과 저성장, 그리고 고점유와 저점유를 구분하는 기준이 분석자에 따라 달리 설정될 수 있으며, 이에 따라 역시 사업단위의 위치가 달라질 수 있다.

다섯째, **제품시장의 정의**. 사업포트폴리오 모형에 있어서 각 사업단위의 위치는 기본적으로 제품시장 매력도와 그 제품시장에서의 경쟁력에 의해 결정된다. 그러므로 제품시장을 명확히 정의하는 것은 매우 중요하다. 그러나

제3장에서 서술한 바와 같이 제품시장을 정의하는 방식은 여러 가지가 있을 수 있다. 따라서 사업포트폴리오 분석에 따라 전략수립의 지침을 얻고자 할 때 그 기업의 여건에 따라 가장 합리적인 방식으로 제품시장을 정의해야 한다.

여섯째, **성장률과 점유율의 시기.** 시장성장률과 그 시장 내에서 사업단위의 점유율은 시시각각 변한다. 그러면 어느 시점 혹은 기간의 성장률과 점유율을 계산할 것인가? 이에 대한 정답은 없다. 흔히 최근 1년간의 성장률과 분석시점의 점유율을 이용하지만 최근 수년간의 평균 성장률과 점유율을 이용할 수도 있다.

학습목표 7: 경험곡선효과

1. 경험곡선효과의 개요

경험곡선효과(experience curve effect)란 누적경험(accumulated experience)이 두 배 증가할 때마다 제품 한 단위의 평균비용이 일정률로 감소하는 효과를 말한다. 통상 누적경험은 제품의 누적생산량으로 이해된다. 가령 2004년에 동시에 같은 시장에 진입하여 유사한 제품을 생산한 두 기업 갑과 을의 2014년까지 제품의 누적판매량은 각각 10만개와 20만개라고 가정하자. 경험곡선효과에 따르면 을의 단위당 평균비용은 갑의 것보다 낮게 된다.[10]

경험곡선효과는 개념적으로 **학습곡선효과**(learning curve effect)를 확장한 것이다. 학습곡선은 누적생산량과 단위당 노동비의 관계를 규정한 것이다. 이에 비해 경험곡선은 노동비뿐만 아니라 제품생산에 들어간 모든 종류의 비용을 고려한다. 경험곡선은 [그림 4.12]와 같이 두 축의 평면 위에 그려진다. 수평축은 제품의 누적생산량을, 그리고 수직축은 단위당 비용을 나타낸다. 비용측정이 어려워 비용 대신 가격을 사용하는 경우가 드물지 않다.

누적경험에 따른 비용감소의 원인들로는 노동자의 학습효과, 규모의 경제(economies of scale), 분업과 작업방법의 개선, 생산시설의 효율성(자동화), 새로운 원자재 개발, 제품개발능력의 제고 등과 같은 여러 가지가 있다. 또한 누적경험이 많은 기업은 적은 경쟁자보다 기업외부의 요인들을 보다 효과적으로 다룰 수 있고 그 결과 경쟁자보다 비용상의 우위를 점할 수 있다.[11] 예

---

10) Roger A. Kerin, Vijay Mahajan, and P. Rajan Varadarajan, *Contemporary Perspectives on Strategic Market Planning*, Boston, MA: Allyn and Bacon, 1990.

11) P. Ghemawat, "Building Strategy on the Experience Curve," *Harvard Business Review*, Vol. 63, March/April 1985, pp. 143-149.

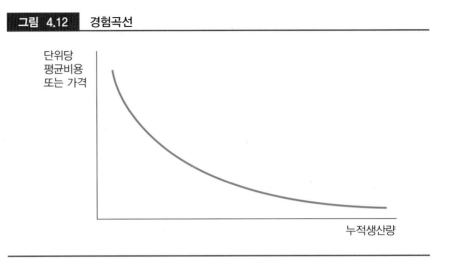

그림 4.12 경험곡선

를 들어, 기술적 변화를 감지하고 대처하는 데 더욱 효율적 위치에 설 수 있다.

2. 경험곡선효과의 전략적 활용

경험곡선효과를 얻기 위해 취할 수 있는 길은 저가격정책이다. 저가격일수록 매출은 급격히 증대되며, 이에 따라 생산량이 늘어나게 된다. 누적생산량이 늘어날수록 단위당 평균비용은 낮아지며 가격경쟁력을 가질 수 있다. 가격인하는 다시 매출 증대를 가져오며, 궁극적으로 기업에게 큰 이익을 가져다줄 수 있다. 이를 그림으로 나타내면 [그림 4.13]과 같다.

[그림 4.14]에서 제시된 예의 경우 가격은 처음에 단위당 평균비용 이하로 책정되었다. 그러한 저가격으로 매출은 빨리 증가하고 그 결과 경험곡선효과를 얻게 된다. 이 효과에 따라 단위당 평균비용은 가격 이하로 떨어진다. 이렇게 그 비용이 가격보다 떨어지는 시점부터 기업은 이익을 얻게 된다. 비용

그림 4.13 경험곡선효과의 활용

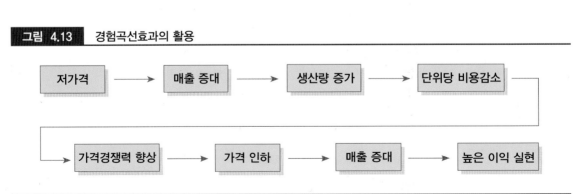

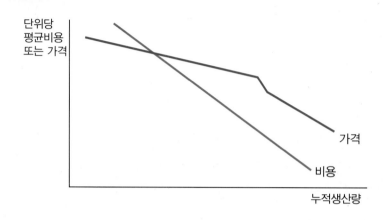

그림 4.14   경험곡선과 가격

의 계속적 감소에 따라 가격을 대폭 인하할 수 있으며 이에 따라 매출은 더욱 증가하고 이익은 크게 늘어난다.

경험곡선효과는 조선업과 같이 많은 노동력이 투입되는 산업, 중화학의 장치산업, 많고 복잡한 조립라인이 필요한 항공기산업, 표준화된 제품을 대량으로 생산하는 반도체산업, 그리고 원자재성 제품의 산업 등과 같은 데서 전형적으로 나타난다. 이에 비해 다양한 제품의 변화가 필요한 산업이나 매우 전문성이 있는 산업, 또는 생산이나 마케팅의 노하우 축적이 별로 의미가 없는 산업 등에서 경험곡선효과를 토대로 한 전략은 비효과적이다. 이 경우 그 전략은 오히려 기업에게 실패만 가져다줄지 모른다. 이런 산업의 한 전형적인 예로서 패션산업을 들 수 있다.

경험곡선효과에 의해 원가와 가격을 낮추고 시장점유율을 높인 예로 Ford의 Model T를 들 수 있다. 1908년 파격적으로 저렴하게 출시된(당시 약 850달러) Model T는 커다란 인기를 얻어 대량생산이 가능하였으며, 이로 인하여 가격을 계속 인하할 수 있었다. 이에 따라 1920년대 Ford는 GM을 제치고 대수 기준으로 시장점유율 55%까지 차지할 수 있었다. 또 다른 예로, Texas Instruments(TI)사는 1970년대 계산기를 생산하면서 제한된 숫자의 제품라인만을 취급하면서 처음부터 낮은 가격을 구사하여 판매량을 크게 신장시켰다. 한국의 경우 삼성전자의 반도체부문, 현대자동차의 중소형 승용차부문, 그리고 LG전자의 TV 부문은 경험곡선효과를 상당히 얻은 것으로 생각된다.

3. 경험곡선효과와 사업단위전략

앞서 언급한 바와 같이 경험곡선효과는 사업단위의 전략적 평가에 응용되는 사업포트폴리오 모형의 기초가 되는 중요한 개념이다. 예를 들어, BCG 매트릭스에서 시장점유율의 상승에 따라 사업단위로의 자금유입이 증가한다고 설명된다. 이 설명에 대한 하나의 주요 근거로서 경험곡선효과를 들 수 있다. 즉, 고수준의 시장점유율은 경험곡선효과를 가져오며, 그 결과 사업단위가 얻는 이익은 증가하여 결국 자금유입의 수준이 높아진다.

따라서 하나의 사업단위를 선택하고 영위하고자 하는 경영자는 그 사업단위에서 경험곡선효과를 전략상 얻어야 할 필요가 있는지, 그리고 그것을 얻기 위하여 필요한 시장점유 확대를 위한 투자를 감당할 수 있는지 판단해야 한다. 경영자는 이러한 점들을 충분히 고려한 후에야 사업단위에 대한 전략을 효과적으로 수립하고 집행할 수 있다.

학습목표 8: 성장전략 개발

앞서 기업의 사업포트폴리오 분석에 대하여 설명하였다. 사업포트폴리오에 대한 분석이 끝나면 신규시장, 신제품 출시, 나아가 신규 사업단위 등을 고려한 성장전략을 구축하는 것이 중요하다. 기업이 성장전략을 구축하는 방법에는 1) 집중적 성장전략, 2) 통합적 성장전략, 3) 다양화를 통한 성장전략이 있다. 본서에서는 마케팅 원론교재 특성상 제품/시장 단위에 초점을 두어 집중적 성장전략에 대해 기술하고자 한다.

집중적 성장전략은 기존 사업단위가 보유하고 있는 시장이나 제품을 중심으로 성과를 향상시킬 수 있는 방안을 모색하는 전략이다. 앤소프(Ansoff)는 **제품/시장 매트릭스**를 활용하여 네 가지 전략대안을 제시하였다. 이러한 이유로 제품/시장 매트릭스를 **앤소프 매트릭스**라고도 한다. 구체적으로 [그림 4.15]와 같이 '제품'과 '시장'이라는 두 가지 축을 토대로 시장침투, 신제품개발, 시장개발, 다각화의 네 가지 전략을 제시하고 있다.

시장침투(market penetration): 시장침투는 표에서 알 수 있듯이, 기존시장에 기존제품을 활용하여 더 많은 판매를 이끌어내는 전략이다. 이 전략은 위네 가지 전략 중 가장 보수적인 성장전략이며, 이 전략의 궁극적인 목적은 기존제품을 사용하고 있는 소비자들로 하여금 더 많은 소비를 이끌어내고, 기존의 시장에서 추가적인 매출을 올리는 것이다. 예컨대, 치약회사는 소비자들이

| 그림 4.15 | 제품/시장 매트릭스 |

시장 \ 제품	기존제품	신제품
기존시장	시장침투	신제품개발
신시장	시장개발	다각화

이를 닦는 횟수를 하루에 두 번에서 세 번으로 늘려 '양치는 하루에 세 번 하세요'라는 캠페인을 실시할 수 있다. 이미 시장은 한정된 상태이기 때문에 마케팅관리자들은 기존제품을 토대로 경쟁사의 시장점유율을 빼앗고, 기존시장에서 자사의 제품을 모르거나, 혹은 사용하지 않는 고객들에게 구매를 유도하기 위한 마케팅 노력을 실시해야 한다.

신제품개발(new product development): 신제품개발은 새로운 제품을 지속적으로 개발하여 기존시장에서 판매를 증가시키는 전략이다. 보통 스마트폰 제품에서 많이 볼 수 있는데, 일부 기업들은 새로운 기능을 부가하거나, 디자인을 변경하여 신제품을 개발한다. 또한, 기존제품을 사용하고 있는 소비자들로 하여금 신규제품을 또 출시하여 두 개의 제품을 사용하게 하는 것도 이에 해당된다. 예컨대, LG전자는 제습기와 공기청정기 기능이 결합된 '스타일러' 제품을 출시하였다. 신제품개발전략은 비단 제품뿐만 아니라 새로운 부가서비스를 개발하여 출시하는 경우도 해당된다.

시장개발(market development): 시장개발은 기존제품을 판매할 수 있는 새로운 시장을 개척하여 판매를 증가시키는 전략이다. 이 전략의 핵심은 기존 표적시장과는 다른 새로운 세분시장을 찾아내는 것이다. 예컨대, 직장인 대상의 숙취해소 드링크제품을 대학생의 MT나 단체모임용으로 판촉행사를 벌일 수 있다. 또한, 아기용화장품을 '민감한 피부를 지닌 엄마도 함께 사용하세요'라는 캠페인을 벌일 수 있다(예; 몽디에스 화장품 광고). 그리고 임산부용 천연 치약의 경우, 노인, 어린이까지 안심하고 모두 사용하라는 캠페인을 벌일 수도 있다.

다각화(diversification): 다각화는 기존 사업과 직접적인 관계가 없는 다른 사업분야로 새로운 성장기회를 발견하는 전략으로 이에 대한 설명은 앞서 [학습목표 5]에서 기술하였다.

제 5 장 마케팅 정보와 마케팅조사

기업을 관리하는 것은 미래를 관리하는 것이다; 그리고 미래를 관리하는 것은 정보를 관리하는 것이다.

– Marrion Harper

마케터는 마케팅업무와 관련하여 여러 가지 의사결정문제에 직면하게 된다. 마케팅의사결정을 위해서는 의사결정자의 경험과 직관에 따른 판단이 중요하다. 그러나 보다 성공적인 의사결정을 위해서는 표적소비자, 경쟁기업, 유통업자 및 제반 마케팅환경에 대한 정보가 필수적이다. 따라서 마케터는 특정 의사결정을 하는 데 필요한 정보를 획득하기 위하여 마케팅조사자에게 관련 자료를 수집·분석하도록 의뢰한다.

학|습|목|표

1. 마케팅조사의 역할을 이해한다.
2. 마케팅조사의 절차와 단계별 내용을 학습한다.
3. 마케팅조사 전문기관의 조사유형과 현황을 이해한다.

학습목표 1: 마케팅조사의 역할

1. 마케팅조사의 정의와 필요성

마케팅조사

마케팅 의사결정에 필요한 정보를 제공하기 위하여 자료를 수집하고 분석하는 것

마케팅조사(marketing research)는 마케팅 의사결정에 필요한 **정보**(information)를 제공하기 위하여 **자료**(data)를 수집하고 분석하는 것이다. 마케팅조사는 기업내부의 마케팅조사부문이 수행할 수도 있고 외부 전문조사기관이 수행할 수도 있다. 예를 들어, P&G는 기업내부의 마케팅조사 부서인 CMK(Consumer & Market Knowledge)를 통해 전 세계 P&G 사업과 관련된 조사를 수행하고 있다.[1] 국내 기업의 경우 중요한 의사결정을 위한 조사는 대부분의 경우 전문기관이 수행한다.

어떤 경우에나 마케팅조사자와 조사의뢰자인 마케팅관리자 간에는 상당한 협력이 필요하다. 마케팅관리자는 당면한 문제가 무엇인지 혹은 조사의 목적이 무엇인지를 명확히 설명할 수 있어야 한다. 의사결정은 조사결과 제공되는 정보와 아울러 의사결정자의 기존지식과 경험을 바탕으로 이루어져야 한다. 마케팅조사결과가 의사결정에 절대적 영향력을 갖지 못할 수는 있지만, 마케팅 행위의 수행을 위해 중요한 방향을 제시하거나 위험을 감소시켜주는 중요한 수단이 된다. 예를 들어, 신제품 개발에 앞서 신제품컨셉 테스트(new product concept test)에 의하여 신제품의 성공가능성을 평가함으로써 보다 자신있게 신제품 개발을 진행하거나 차후에 발생할 수 있는 신제품 실패에 따른 커다란 손실을 방지할 수 있다.

경쟁이 치열한 오늘날 대부분의 제품시장에서 기업의 생존과 성장은 마케팅관리자가 어떻게 고객의 욕구를 파악 혹은 예상하고 경쟁자보다 적절한 마케팅믹스를 개발·관리하는가에 달려 있다. 마케팅조사는 이러한 마케팅관리자의 임무수행을 위하여 중요한 정보를 제공하는 수단이 된다.

2. 자료와 정보

(1) 자료의 종류

자료(data)에는 기업내부자료와 기업외부자료가 있다. **기업내부자료**는 기업 내의 여러 부문으로부터 수집하는 것으로 회계부문으로부터 손익계산서와 대차대조표 등 재무제표, 매출액 및 원가에 관한 자료를 수집할 수 있고,

---

1) P&G 홈페이지: http://korea.experiencepg.com/home/cmk.html.

생산부문으로부터 생산계획, 선적 및 재고에 관한 자료를 획득할 수 있다. 또한 영업부문으로부터 유통업자 반응, 경쟁자의 움직임을, 그리고 고객서비스 부문으로부터 고객만족도 등 서비스관련 자료를 구할 수 있다.

기업외부자료는 소비자, 경쟁자, 유통기관에 관한 자료와 정치/법률, 사

 MARKETING INSIGHT: 심리적 기법에 의한 소비자조사

소비자의 내면 깊숙이 있는 동기와 가치관 등을 조사하기 위하여 심리적 기법을 이용할 수 있다. 심리적 기법의 하나인 **사다리기법**(laddering technique)은 응답자의 내면에 있는 이유를 찾아낼 때까지 계속 질문을 하는 것이다. 예를 들어, SUV를 구매하고자 하는 소비자에게 "왜 당신은 SUV를 구매하려고 합니까?"라고 물으면 단순히 "SUV는 멋있게 보이기 때문입니다."라고 대답할 수 있다. 이는 진정한 구매이유라기보다 표면적인 이유일 수 있다. 조사자는 이 대답에 이어 "왜 멋있게 보이는 차를 원합니까?" … "왜 그것이 중요합니까?"라는 식으로 계속 물으면 응답자는 "사람들이 나를 좀더 알아줄 것 같다."라는 식으로 답할 수 있다. 결국 SUV를 구매하고자 하는 내면적인 이유는 자신의 위상을 높이고자 하는 것으로 해석할 수 있다.

마케팅학자 Zaltman은 은유유도기법(Zaltman Metaphor Elicitation Technique; ZMET)을 개발했는데 이 기법은 은유법을 사용하는 것이다. 이 기법을 이용하여 여자들에게 팬티호스(팬티스타킹)에 대해 어떤 생각을 가지고 있는지 조사하였다. 팬티호스를 착용한 20명의 여자들에게 팬티호스를 입은 느낌을 나타내는 그림을 수집하도록 하였다. 그림들 중에는 플라스틱 포장지로 싸인 울타리 기둥과 금속밴드가 나무를 옥죄고 있는 그림이 있었다. 이로부터 그들은 팬티호스를 착용하면 꽉 조이고 불편한 느낌을 갖는 것으로 해석하였다. 또 다른 그림으로는 키가 큰 꽃이 화병에 꽂혀 있는 그림

이 있었는데, 이로부터 여자들은 팬티호스를 착용하면 늘씬하게 보이고 섹시하게 보이는 느낌을 갖는 것으로 해석하였다.

브랜드와 관련해서 소비자의 심리를 파악하는 방법으로는 단어연상법(word association)과 브랜드 의인화기법(brand personification)이 있다.

단어연상법은 응답자에게 브랜드명을 제시한 다음 떠오르는 단어를 묻는 방법이다. 예를 들어, "Rolex 시계, 하면 어떤 생각이 떠오릅니까?"와 같이 질문하는 것이다. 이러한 자유연상법의 중요한 목적은 소비자의 마음에서 떠오를 수 있는 브랜드연상의 범위를 이해하는 것이다. 또한 이 방법을 통해 브랜드연상의 강도(strength), 호의성(favorability), 독특성(uniqueness) 등을 파악할 수도 있다.

브랜드 의인화기법은 응답자에게 그 브랜드가 사람이라면 어떤 사람인가를 질문하는 방법이다. 만약 그 브랜드가 사람이라면 그 브랜드는 무엇과 닮았는가? 무엇을 할 것 같은가? 어디에 살 것 같은가? 무엇을 입을 것 같은가? 어떤 성격을 가졌을까? 등을 질문하는 것이다. 브랜드 의인화기법을 통해 브랜드의 인간적인 측면에 대한 정보를 얻을 수 있다.

자료원: Philip Kotler and Kevin Lane Keller, *Marketing Management*, 14th ed., Prentice-Hall, 2012, pp. 106-107.

회/문화, 경제/기술적 환경에 관한 자료를 말한다. 기업외부자료에는 업계잡지, 신문, 정부간행물, 인터넷 등으로부터 수집할 수 있는 2차자료와 구체적목적을 위하여 직접 수집하는 1차자료가 있다.

(2) 자료와 정보

자료
단순히 사실을 모은 것으로 수집된 설문지나 코딩 자료 등을 의미함

여기서 자료와 정보를 구분할 필요가 있다. **자료**(data)는 단순히 사실(facts)을 모은 것을 말하며(수집된 설문지, 코딩 자료, 표적집단 면접결과 기록지), **정보**(information)는 수집된 자료를 분석하고 분석결과로부터 의사결정에 도움이 될 수 있도록 추출한 것을 말한다. 예를 들어, 특정 브랜드의 월별 평균가격, 광고비지출과 매출에 관한 통계치는 자료에 해당하고, 이들을 분석하여가격과 광고비지출이 매출에 어떤 영향을 미치는지를 발견한다면 이는 정보에 해당한다.

정보
수집된 자료를 분석하고 분석결과로부터 의사결정에 도움이 될 수 있도록 추출한 것

학습목표 2: 마케팅조사의 절차

마케팅조사는 대체로 [그림 5.1]과 같은 다섯 단계를 거쳐 수행된다.

그림 5.1   마케팅조사의 절차

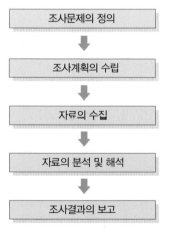

조사문제의 정의

↓

조사계획의 수립

↓

자료의 수집

↓

자료의 분석 및 해석

↓

조사결과의 보고

1. 조사문제의 정의와 조사의 종류

(1) 조사문제의 정의

마케팅조사를 수행하기 위해서는 먼저 **조사문제**(research problem)를 명확히 정의해야 한다. 마케팅조사는 특정 의사결정을 위하여 수행되는 것이므로 **의사결정문제**(decision problem)로부터 조사문제가 결정된다. 〈표 5.1〉은 의사결정문제로부터 조사문제가 도출되는 예를 제시하고 있다.

표 5.1	의사결정문제와 조사문제의 관계

의사결정문제	조사문제
신제품포장 개발	포장디자인 대안들의 효과에 대한 평가
새로운 점포개발을 통한 시장침투	가능한 지역대안들에 대한 평가
점포방문고객의 증가	점포의 현재 이미지 조사
반복구매율의 증가	현재 반복구매 정도에 대한 조사
광고예산의 지역적 분산	각 지역에서 현재의 시장침투율 조사
신제품도입 여부의 결정	적절한 시험시장결정과 테스트마케팅

자료원: Gilbert A. Churchill, Jr., *Marketing Research*, 6th ed., The Dryden Press, 1995, p. 98.

그러나 조사문제를 명확히 규정하는 것은 경우에 따라 용이하지 않다. 예를 들어, 최근 자사제품의 매출실적이 당초의 예상치를 달성하지 못하였다고 가정하자. 의사결정문제는 이에 대하여 어떻게 대처할 것인가로 귀결된다. 기대에 못 미친 매출실적의 가능한 원인은 여러 가지가 있을 수 있다. 이 경우 무엇보다도 조사문제를 명확히 결정해야 한다. 조사문제를 명확히 설정하기 위하여 탐험조사가 실시될 수 있다.

(2) 조사의 종류

조사의 종류는 탐험조사, 기술조사, 인과관계조사로 구분할 수 있다.

탐험조사(exploratory research)는 조사문제가 불명확할 때 기본적인 통찰과 아이디어를 얻기 위하여 실시된다. 또한 조사자가 주어진 문제영역에 대해 잘 모를 때 실시될 수 있다. 예를 들어, 마케팅조사자가 생소한 분야에 대해 조사를 하는 경우이다. 탐험조사에서는 주로 비계량적 방법과 비정형적 절차를 사용하여 자료수집과 분석을 하게 된다. 비계량적 자료수집방법에는 표적집단면접, 심층면접, 전문가 의견조사, 문헌조사 등이 있다. 탐험조사 결과에

탐험조사
조사문제가 불명확할 때 기본적인 통찰과 아이디어를 얻기 위하여 실시하는 조사

따라 다음에 설명하는 기술조사나 인과관계조사가 수행될 수 있다.

탐험조사를 설명하기 위해 앞에서 언급한 '예상보다 못 미친 매출실적'의 경우를 예로 들어보자. 마케팅관리자는 그 원인을 ① 너무 높은 가격, ② 제품력 자체의 취약함, ③ 잘못 선정된 유통기관, ④ 매체나 메시지의 부적절함 등으로 쉽게 생각할 수 있다. 그러나 업계발행지나 통계자료 등 **문헌조사**(literature search) 결과, 비록 자사의 매출액은 예상치를 달성치 못했으나 시장점유율은 예상점유율을 초과 달성하였다면 이는 자사의 마케팅믹스변수에 문제가 있다기보다는 업계 전반의 경기침체가 주된 원인으로 규명될 수 있는 것이다. 이 경우 개별 마케팅믹스변수에 대한 세밀한 조사 대신 탐험조사에 의하여 시간과 비용을 절약할 수 있는 것이다.

표적집단면접법(focus group interview; FGI)은 보통 8명 내외의 면접대상자들을 한자리에 모이도록 하고 어떤 주제를 제시하여 그 주제와 관련된 토론을 하도록 함으로써 자료를 수집하는 것이다. 이때 진행자(moderator)는 조사문제나 목적을 명확히 이해하고 있어야 하며 토론을 적절히 이끌어 갈 수 있도록 숙련된 테크닉이 필요하다. 토론진행과정은 보통 녹음이나 비디오 녹화가 되고 일방 거울(one-way mirror)을 통해 관찰된다. 표적집단면접은 조사대상자가 너무 적기 때문에 조사결과를 전체 시장에 적용시켜 해석해서는 안 된다.

심층면접법(depth interviews or in-depth interviews)은 전문면접원이 1명의 피면접자를 대상으로 주제와 관련된 질문방향을 가지고 탐사방식에 의해 깊게 질문해 나가는 것이다. 얼굴을 마주하고 하는 경우가 많으나 피면접자의 신원을 노출시키지 않도록 면접원과 피면접자 사이를 가리고서 하는 수도 있다. 또한 전화를 이용한 음성통화, 태블릿PC나 컴퓨터의 영상통화를 이용할 수도 있다.

전문가 의견조사(key informant search)는 당면한 조사문제와 관련하여 지식과 경험이 있는 사람들로부터 의견을 청취하는 것이다. 매출액 하락원인을 규명하고자 하는 경우 기업의 최고경영층, 판매관리자, 제품관리자, 유통업자나 소비자 등으로부터 의견을 청취할 수 있다.

탐험조사는 조사문제가 불명확한 경우에 실시되지만 조사문제가 명확할 경우 실시되는 조사로서 기술조사와 인과관계조사가 있다. **기술조사**(記述調査; descriptive research)는 표적모집단이나 시장의 특성(예를 들어, 소비자의 태도, 구매행동, 시장점유율)에 관한 자료를 수집·분석하고 결과를 기술하는 것이다. 기술조사에 의하여 의사결정자는 고객, 경쟁자, 표적시장, 기타 관심대상에 대해 이해할 수 있다. 예를 들어, 패스트푸드 프랜차이즈 본부는 자사와 경쟁사들에 대한 소비자들의 태도, 감정, 만족도 등을 조사할 수 있다. 기술조사

표적집단면접법

보통 8명 내외의 면접대상자들을 한자리에 모이도록 하고 어떤 주제를 제시하여 그 주제와 관련된 토론을 하도록 함으로써 자료를 수집하는 것

심층면접법

전문면접원이 1명의 피면접자를 대상으로 주제와 관련된 질문방향을 가지고 탐사방식에 의해 깊게 질문해 나가는 것

전문가 의견조사

당면한 조사문제와 관련하여 지식과 경험이 있는 사람들로부터 의견을 청취하는 것

기술조사

표적모집단이나 시장의 특성에 관한 자료를 수집·분석하고 결과를 기술하는 것

에서는 서베이(survey), 실험(experiment), 혹은 관찰(observation)에 의하여 자료를 수집하고 대개의 경우 통계적 방법에 의하여 분석이 이루어진다. 기술조사는 조사문제와 관련하여 현상이 어떠한지에 관해 다루지만 왜 그러한 현상이 나타났는지에 관한 것은 다루지 않는다. 기술조사의 예로서 다음과 같은 것들이 있다.

- 자사브랜드와 경쟁브랜드에 대한 속성별 소비자평가
- 특정잡지 구독자의 사회경제적 및 인구통계학적 특성
- 자사제품을 취급하는 유통기관의 분포와 수

인과관계조사(causal research)는 두 개 이상의 변수들 간의 인과관계 (cause-and-effect relationships)를 밝히는 것으로 인과관계조사에 의하여 어떤 마케팅현상이 왜 그렇게 나타났는지를 설명할 수 있다. 따라서 의사결정자는 인과관계조사에 의하여 어떤 변수가 어떤 현상의 원인이 되었는지를 이해하고, 나아가 어떤 조치를 취하는 경우 어떤 결과가 초래될지 예측할 수 있다. 예를 들어, 제과회사의 경우 광고비 지출과 매출 간의 인과관계조사에 의하여 "만약 광고비지출을 15% 늘리면 전체 매출은 5% 늘어날 것이다"라는 예측을 할 수 있다. 기술조사와 마찬가지로 인과관계조사에서는 실험이나 서베이, 혹은 관찰에 의하여 자료를 수집하고 통계적 방법에 의하여 분석을 한다.

> **인과관계조사**
> 두 개 이상의 변수들 간의 인과관계를 밝히는 것

문제를 명확히 규정하기 위하여 실시되는 탐험조사는 자료수집방법에 융통성이 있으며(flexible), 그리 정형화되지 않을 수 있지만(unstructured), 문제가 명확히 규정되어 이를 밝히고자 할 때 실시되는 기술조사나 인과관계조사는 자료수집방법이 보다 구체적이고 정형화되는 차이점이 있다. 그러므로 기술조사나 인과관계조사를 위해서는 세밀한 조사계획을 수립해야 한다.

2. 조사계획의 수립

문제가 명확히 정의되고 조사의 방향이 구체화되면 조사계획을 수립해야 한다. 조사계획수립단계에서는 조사문제의 해결을 위하여 수집되어야 할 자료의 종류, 수집방법 및 분석방법에 관한 계획이 수립되어야 한다.

자료의 유형은 앞에서 설명한 바와 같이 1차자료와 2차자료로 구분될 수 있다. **1차자료**(primary data)는 조사목적을 위하여 조사자가 직접 수집하는 자료를 말하고, **2차자료**(secondary data)는 다른 목적을 위하여 기존에 수집되었으나 본 마케팅조사 목적에 사용될 수 있는 자료를 말한다. 보통 필요한 자료

> **1차자료**
> 조사목적을 위하여 조사자가 직접 수집하는 자료

> **2차자료**
> 다른 목적을 위하여 기존에 수집되었으나 본 마케팅조사 목적에 사용될 수 있는 자료

를 정한 다음 가능한 2차자료를 먼저 수집하는데, 2차자료는 1차자료에 비하여 자료수집이 용이할 뿐만 아니라 수집비용과 시간을 절약할 수 있기 때문이다. 그러나 2차자료는 경우에 따라 해당 조사목적에 부적합할 수도 있고, 너무 오래된 것일 수도 있고, 어떤 결과를 도출하기 위하여 공정하게 수집·정리되지 않을 수도 있으며, 또한 정확하지 않을 수도 있다. 따라서 2차자료를 사용하고자 할 때는 그 자료가 조사목적에 적합한지(relevant), 시의적절한지(timely), 공정한지(unbiased), 그리고 정확한지(accurate)를 검토해야 한다.

2차 자료원(data sources)에는 다음과 같은 것들이 있다.

- 기업내부자료: 앞에서 설명함.
- 발행물(외부자료)
- 인터넷(외부자료): 국가통계 작성기관(예: 통계청)의 홈페이지, 검색엔진.
- 신디케이트 조사에 의한 자료(외부자료): 뒤에서 설명함.

1차자료 수집방법에는 서베이법, 실험법, 그리고 관찰법이 있는데 이는 다음에 설명한다. 수집된 자료가 비계량적 자료인 경우(예를 들어, 표적집단면접에 의해 수집한 자료) 분석자는 주관적으로 분석한다. 그러나 계량적 자료인 경우(예를 들어, 설문지를 이용하여 수집한 자료) 흔히 SPSS 등의 통계패키지에 의한 통계적 분석을 실시한다.

3. 1차자료의 수집

1차자료를 수집하는 방법을 세 가지로 나누어 설명한다: 서베이법, 실험법, 관찰법.

(1) 서베이법(Survey Method)

서베이법은 조사대상자에게 설문조사를 하여 자료를 수집하는 방법으로서 가장 널리 이용되는 자료수집방법이다. 이하에서는 설문지 작성절차, 표본추출, 그리고 응답자 접촉방법에 대해 설명한다.

① 설문지 작성

설문조사를 위해서는 설문지를 마련해야 되는데 설문지는 대체로 다음과 같은 사항들을 고려하여 작성한다.

첫째, 필요한 정보를 명확히 한다. 마케팅조사는 의사결정에 필요한 정보를 제공하기 위하여 수행된다. 그러므로 설문지 작성에 앞서 필요한 정보를 구체적으로 파악해야 한다.

둘째, 필요한 정보에 맞게 질문내용과 질문형태를 결정한다. 예를 들어, 자사브랜드와 주요 경쟁브랜드의 포지셔닝에 관한 정보를 제공하는 데 목적이 있다면 조사자는 그 제품의 주요 속성별로 소비자들이 자사브랜드와 경쟁브랜드에 대하여 갖는 신념(혹은 생각)을 조사하기 위한 질문이 필요하다. 질문 작성시에는 수집된 자료를 분석할 때 이용할 분석방법을 고려하여 질문의 형태를 결정한다. 질문의 유형은 응답방식에 따라 선택형(closed-end questions)과 개방형(open-end questions)이 있는데, 구체적인 내용은 〈표 5.2〉에 제시되어 있다.

| 표 5.2 | 질문의 유형 |

A. 선택형 질문

이 름	설 명	예
이분형 (二分形)	응답대안이 두 가지인 질문	귀하는 쏘나타 승용차를 소유하고 계십니까? 예 _____ 아니오 _____
선다형	응답대안이 셋 이상인 질문	귀하의 월 평균소득은? 100만원 미만 ____ 100만원 이상 300만원 미만 _____ 300만원 이상 500만원 미만 _____ 500만원 이상 1,000만원 미만 ____ 1,000만원 이상 ____
리커트 척도	응답자의 동의 정도를 질문하는 척도	쏘나타는 승차감이 좋다. 전혀 동의하지 않는다 / 동의하지 않는다 / 동의도 부정도 아니다 / 동의한다 / 전적으로 동의한다 1 __ 2 __ 3 __ 4 __ 5 __
의미 차별화 척도	양쪽 끝에 상반되는 뜻을 지닌 형용사를 표시한 척도	쏘나타는 1 2 3 4 5 비경제적이다 _ _ _ _ _ 경제적이다 안락하지 못하다 _ _ _ _ _ 안락하다 비현대적이다 _ _ _ _ _ 현대적이다
중요성 척도	개별 속성의 중요도를 나타내는 척도	승용차의 안전성은 전혀 중요 하지 않다 / 중요하지 않다 / 보통 이다 / 중요 하다 / 매우 중요하다 1 __ 2 __ 3 __ 4 __ 5 __

고정 총합법	여러 속성들의 상대적 중요도를 나타내는 척도	승용차 선택시 다음 속성들의 상대적 중요도를 총합이 100이 되게 제시하여 주십시오. 승차감 ( ) 안전성 ( ) 스타일 ( ) 성 능 ( ) 경제성 ( ) ━━━━ 100				
등급법	특정 속성별로 개별브랜드에 대한 평가를 측정하는 척도	쏘나타의 안전성은 매우 낮다 1 __	낮다 2 __	보통이다 3 __	높다 4 __	매우 높다 5 __
구매 의도 척도	응답자의 구매의도에 대한 척도	다음번 차를 살 때 나는 쏘나타를 절대로 구매하지 않겠다 1 __	아마 구매 하지 않을 것이다 2 __	잘 모르겠다 3 __	아마 구매할 것이다 4 __	반드시 구매 하겠다 5 __

B. 개방형 질문

이 름	설 명	예
완전 비체계적	응답자가 형식에 구애받지 않고 답하도록 하는 질문	쏘나타에 대한 귀하의 의견은?
단어 연상법	응답자에게 단어를 제시하고 바로 떠오르는 생각을 간단히 나타내게 하는 질문	다음 단어들을 들었을 때 바로 떠오르는 생각은 무엇입니까? 쏘나타 _____ 현대자동차 _____
문장 완성법	비완성적인 문장을 완성하도록 하는 방법	쏘나타를 개선하여 신형쏘나타를 만든다면 가장 개선되어야 할 점은 _____
투사법	어떤 상황을 제시하고 이에 대한 의견을 제시하도록 함으로써 응답자의 동기를 조사하는 방법	Nescafe instant coffee (사례 참조)

자료원: Philip Kotler and Kevin Lane Keller, *Marketing Management*, 14th ed., Prentice-Hall, 2012, p. 105(일부수정).

셋째, 질문의 순서를 결정한다. 설문지의 서두에는 가급적 단순하고 흥미를 유발하는 질문을 위치시키며, 어렵거나 응답을 거부할 수 있는 질문은 후반부에 위치시키거나 다른 평이한 질문들 사이에 삽입한다. 질문내용이 연결된 것은 자연스런 흐름에 따라 응답이 가능하도록 배치시킨다. 인적사항 등 분류목적을 위한 질문은 설문지의 후반부에 배치시킨다.

넷째, **사전조사**(pretest)를 실시한다. 설문지 작성자는 자기가 작성한 설문지가 잘 만들어진 것으로 속단하기 쉽다. 그러나 작성된 설문지로써 상당수

마케팅 사례: **Nescafe instant coffee – 투사법에 의한 조사**

세계적 커피회사 Nestle는 1940년대 후반 인스턴트커피를 개발하였으나 판매가 부진하였다. 전통적인 서베이 방법에 의하여 주부들에게 인스턴트커피 구입을 꺼리는 이유를 질문하였으나 대부분의 응답자들이 향기와 맛이 못하기 때문이라고 응답하였다. 그리하여 보다 내면적인 이유를 조사하기 위하여 **투사법**(projective technique)에 의한 조사가 실시되었다.

100명의 주부들을 무작위로 두 그룹으로 나누어 각 그룹의 주부들에게 어떤 가상의 주부의 쇼핑목록을 보여 주었다. 두 가지의 쇼핑목록은 커피의 종류 이외에는 동일하였다. 한 쇼핑목록에는 Nescafe instant coffee, 그리고 다른 쇼핑목록에는 Maxwell House ground coffee(이는 전통적 커피로서 커피원두를 갈아서 여과기로 걸러서 마시는 것으로 인스턴트커피보다 준비하기에 번거롭다. 소위 원두커피를 말한다)가 있었다. 주부들로 하여금 자기들이 본 쇼핑목록을 가진 주부의 개성과 특성을 간략하게 적도록 요구하였는데 그

결과 Nescafe instant coffee의 목록을 가진 주부는 Maxwell House ground coffee를 구매하려는 주부에 비해 상대적으로 게으르고 낭비가 심하고 알뜰한 구매계획을 세우지 않는다고 묘사되었다.

이 결과는 주부들이 인스턴트커피를 선뜻 구입하려 하지 않는 근본적인 이유는 바로 자신이 남들로부터 그와 같이 부정적으로 보일까봐 하는 염려에서 나온다는 것을 보여준다. 이 예에서 볼 수 있는 바와 같이 투사법은 어떤 상황을 제시하고 응답자로 하여금 그 상황을 해석하게 하고 그 해석으로부터 응답자의 내면적 동기를 파악하는 방법인데, 응답자의 내면적인 것이 해석에 투사된다고(projected) 하는 전제에서 그와 같은 이름이 붙여졌다.

자료원: Mason Haire, "Projective Techniques in Marketing Research," *Journal of Marketing*, 14(April), 1950, pp. 649–656.

의 응답자들로부터 자료를 수집한 다음 설문지의 오류나 부족한 점이 발견되는 수가 흔히 있다. 그러므로 본조사에 앞서 조사대상자와 대체로 동일한 특성을 갖는 사람들 수 명 혹은 수십 명을 대상으로 사전조사를 실시하여 질문이 정확하게 전달되는지 부족한 점은 없는지 점검하고 필요에 따라 수정·보완해야 한다.

② 표본추출의 기초

표적시장 내의 모든 소비자나 모든 유통업자를 대상으로 하는 설문조사는 사실상 불가능한 경우가 대부분이다. 그리하여 일부를 표본으로 추출하여 조사함으로써 비용과 시간을 줄일 수 있다. 표본추출과 관련하여 조사자는 표본추출단위, 표본의 크기 및 표본추출방법에 관한 결정을 해야 한다.

표본추출단위(sampling unit) 결정은 선택의 대상이 되는 표적모집단(target

MARKETING INSIGHT: 뇌과학 이용한 뉴로 마케팅 인기 …
설문결과보다 '뇌 신호' 믿는다

일본 오사카에 위치한 마케팅 컨설팅회사 시너지마케팅 사무실. 20대 남성이 헤드셋을 쓰고 방송을 시청하고 있다. 바로 옆 사무실에 설치된 모니터에는 의학드라마에 자주 등장하는 심전도 같은 파형(波形)이 나타난다. 모니터에는 이 남성의 뇌파 움직임이 기록되고 있다. 이 회사는 지난해부터 텔레비전 시청자의 뇌파를 측정해 광고뿐 아니라 드라마의 특정 장면에서 뇌가 어떤 반응을 보이는지 확인하고 있다. 시너지마케팅 관계자는 "뇌파를 분석하면 광고 중 가장 인상적인 장면이 무엇인지를 정확하게 알 수 있다"고 말했다.

일본의 몇몇 대기업이 이 회사의 '뇌과학' 서비스를 이용한다. 인간의 뇌를 측정해 제품 개발에 활용하는 '뉴로 마케팅'이 일본 기업에 확산되고 있다고 일본 경제주간지 닛케이비즈니스가 최근 보도했다. 일본 기업이 뇌과학에 대해 높은 관심을 보이는 이유는 기존 시장조사 방법과 내용의 신빙성이 떨어진다고 판단해서다. 광고나 상품에 대한 시장 반응을 알아보기 위해 소비자를 대상으로 설문이나 심층 인터뷰를 실시하지만 응답자가 거짓말을 하거나 자신의 취향을 잘 모르는 경우가 많기 때문이다.

국내에서도 '세상에 없는' 히트상품을 개발하기 위해 뇌과학에 주목하는 기업이 있다. 안경 렌즈를 생산하는 동해광학은 최근 뇌파를 토대로 원·근시 겸용 렌즈를 내놨다. 기존 렌즈는 초점이 제대로 맞지 않는다며 불편함을 호소하는 고객이 적지 않았기 때문. 이 회사는 안경을 쓴 사람의 뇌파를 측정해 사물이 잘 보이지 않을 때 느끼는 스트레스와 불쾌감을 수치화한 뒤 이 숫자가 가장 낮아지도록 렌즈 커브를 조절했다. 동해광학 관계자는 "기존에는 저렴하거나 두께가 얇은 상품을 만드는 데만 관심을 기울였다면 이제부터는 또 다른 부가가치를 창출할 수 있는 렌즈를 개발할 것"이라고 말했다.

• 코카콜라와 펩시콜라의 차이는 뭘까
인간의 무의식을 과학적으로 분석하는 '뉴로 마케팅'

 VS

코카콜라 대 펩시. 콜라 시장에서 두 라이벌의 승부만큼 마케터들을 힘들게 하는 것도 많지 않을 것이다. 1980년대 중반 펩시가 전 세계 수십만 명을 대상으로 수행한 블라인드 테스트(눈을 가리고 시음하는 것)에서 펩시가 코카콜라를 앞서는 것으로 나타났음에도 불구하고 시장에서는 열세였기 때문이다. 마케터들은 이런 결과가 나온 원인을 '브랜드 파워'로 설명했다. 소비자들은 콜라의 '맛' 이상으로 '브랜드'를 중요하게 생각하고 실제로 코카콜라가 펩시보다 강력하고 호의적인 브랜드 이미지를 가지고 있다는 것이다.

과연 소비자의 의사결정과정에서 브랜드가 미치는 영향력을 측정할 수 있을까? 설문조사나 표적집단면접법(FGI)과 같은 전통적인 조사기법으로는 충분한 해답을 얻기가 쉽지 않은 것이 현실이다. 이런 경우 뇌과학을 응용한 뉴로 마케팅은 새로운 히트상품 개발이 좀처럼 쉽지 않은 상황에서 기업들에 돌파구가 될 전망이다.

뉴로 마케팅이 부상하는 이유는 다음과 같이 요약할 수 있다.

1. 전통적 소비자 조사의 한계: 대부분의 소비자는 자신이 제품을 구입하는 이유를 정확하게 모른다.
2. 뇌 영상 기술의 발달: 기능성자기공명영상(fMRI)

을 통해 뇌의 특정 부위가 어떻게 활동하는지를 파악하기 쉬워졌다.

3. 뇌신경 과학과 다양한 학문들의 융합: 의학, 생물학, 마케팅, 심리학의 통섭이 빠르게 진행되고 있다.

자료원: *매경이코노미*, 2014. 10. 6: *한국경제매거진*, 2016. 12 월호.

---

population)의 구성요소들을 결정하는 것이다. 예를 들어, 어느 대학교 학생 전체 15,000명으로부터 150명을 추출하고자 할 때, 그 15,000명은 표적모집단 구성원들이면서 표본추출단위가 된다. 승용차 구매자조사에서 승용차 구매의 주요 결정자가 각 가정의 가장이라고 생각되면 조사대상지역에 속한 가구들의 가장이 표본추출단위가 된다.

표본의 크기(sample size)는 조사결과의 신뢰도와 비용을 고려하여 결정되어야 한다. 표본의 크기가 클수록 비용이 많이 든다. 그러나 작은 크기의 표본이라도 표본추출방법에 따라 모집단에 대한 대표성이 높을 수도 있다.

③ 표본추출방법

표본추출방법(sampling method)은 조사목적이나 모집단의 성격에 따라 달라질 수 있다. 표본추출방법은 크게 확률표본추출법과 비확률표본추출법으로 구분된다.

a. 확률표본추출법

확률표본추출법(probability sampling)은 모집단의 각 표본추출단위가 표본으로 추출될 확률이 사전에 알려져 있고 '0'이 아니도록 표본을 추출하는 방법이다. 비확률표본추출법에 비하여 모집단에 대한 표본의 대표성을 높일 수 있으나 비용과 시간이 비교적 많이 들며 적절한 표본추출 테크닉이 필요하다. 확률표본추출법에는 다음의 여러 가지가 있다.

- **단순무작위 표본추출법**(simple random sampling): 가장 단순한 방식의 확률표본추출로서 각각의 표본추출단위가 표본으로 추출될 확률이 사전에 알려져 있고, 동일하며, '0'이 아니도록 표본을 추출하는 것이다. 예를 들어, 어느 대학교의 경영학과 3학년 학생들이 100명인데 이 중

20명을 단순무작위 추출한다면 각 학생이 표본으로 추출될 확률이 1/5
이라는 것을 사전에 알 수 있다.

- **층화표본추출법**(stratified sampling): 모집단이 상호 배타적인 여러 개의
그룹들로 형성되어 있을 때, 각 집단으로부터 무작위로 표본을 추출하
는 방법이다. 예를 들어, 한 백화점은 자사의 신용카드 소지자들로부터
마케팅정보를 획득하기 위해서 신용카드 소지자들 중 일부를 추출하고
자 한다. 만약 고객들의 의견이 신용카드에 의한 구매금액에 따라 상
당히 다를 것으로 판단한다면, 고객들을 연간 구매금액별로 여러 그룹
으로 나눌 수 있다. 이때 각 그룹 내의 고객들은 비교적 유사한 의견을
가지며 다른 그룹에 속한 고객들 간에는 의견이 상당히 다를 것이라는
가정하에서 층화표본추출을 하는 것이다.

- **군집표본추출법**(cluster sampling): 모집단이 유사한 소그룹들로 구성되
어 있는 경우 한 그룹 전체를 표본으로 추출하거나 한 그룹 내에서 확
률표본추출을 하는 방법이다. 예를 들어, 한 백화점이 자사 방문고객들
을 대상으로 의견조사를 하고자 하자. 이때, 고객 개인별로는 의견이
다양하겠지만 방문고객들의 의견이 점포에 따라 별로 다르지 않을 것
으로 가정한다면, 임의의 한 지점을 방문하는 고객들 전체를 표본으로
하거나 그중의 일부를 표본으로 추출할 수 있다.

- **체계적 표본추출법**(systematic sampling): 표본추출단위들 간에 어떤 순
서가 있는 경우 일정한 표본추출간격으로 표본을 추출하는 방법이다.
표본추출간격은 모집단 크기를 표본크기로 나눈 것으로, 예를 들어,
1,000명의 모집단에서 100명의 표본을 추출하는 경우 표본추출간격은
10(= 1,000/100)이 된다. 이 경우 첫 10명에서 무작위로 1명이 추출되
고 매 10명째의 구성원이 추출된다. 점포를 출입하는 소비자들을 선정
할 때 이용될 수 있다. 전화인터뷰의 경우 전화번호 리스트에서 일정
간격으로 인터뷰 대상자들을 추출하는 것도 체계적 표본추출에 해당
한다.

b. 비확률표본추출법

비확률표본추출법(nonprobability sampling)은 각 표본추출단위가 표본으
로 추출될 확률이 사전에 알려지지 않은 표본추출방법이다. 비확률표본추출
법에는 다음의 여러 가지가 있다.

비확률표본추출법
표본추출단위가 표본으로
추출될 확률이 사전에 알
려지지 않은 표본추출방법

- **편의표본추출법**(convenience sampling): 비확률표본추출법 중 흔히 사

용되는 방법으로 조사자가 편리할 때, 편리한 장소에서, 임의로 표본을 추출하는 방법이다. 예를 들어, 점포 앞에서 누구든지, 혹은 아무에게나 전화를 하여 인터뷰하는 것이다. 모집단에 대한 대표성은 낮으나 모집단의 특성에 관한 개략적인 정보를 비교적 쉽게 획득할 수 있다는 장점이 있다.

- **판단표본추출법**(judgment sampling): 모집단의 구성원들 중에서 가장 정확한 정보를 제공할 수 있다고 조사자가 판단하는 구성원들을 표본으로 추출하는 것이다. 예를 들어, 고객의 욕구변화나 제품의 시장성과에 대한 자료수집을 위하여 경험이 많은 판매원들의 의견을 조사할 수 있다.

- **할당표본추출법**(quota sampling): 인구통계학적 특성(나이, 성별, 소득수준 등), 거주지 등의 측면에서 사전에 정해진 비율에 따라 모집단 구성원들을 할당하는 방법이다. 예를 들어, 대선투표 직전 예상 당선자를 조사하기 위하여 시 혹은 도별 유권자 수의 비율에 따라 유권자들을 추출하는 것이다. 여론조사에서 흔히 사용하는 방법인데, 편의표본추출법보다 모집단에 대한 대표성이 높을 것으로 기대할 수 있다.

- **눈덩이표본추출법**(snowball sampling): 조사대상자에 대한 파악 및 접근이 어렵거나, 모집단 프레임의 작성이 불가능한 경우 사용하는 방법이다. 표본을 모집하는 과정에서 초기에는 소수의 인원을 표본으로 추출하여 조사한 다음, 해당 인원을 조사원으로 활용하여 그 주위 사람들을 조사하는 과정을 반복함으로써 표본을 수집한다. 알고 있는 사람을 대상으로 조사하므로 비용과 시간을 절약할 수 있으나, 피조사자를 조사원으로 활용하기 어렵고 추출한 표본의 대표성이 낮을 수 있어 조사결과를 일반화하기 어려울 수 있다.

④ 응답자 접촉방법

응답자 접촉방법에는 대인인터뷰, 전화인터뷰, 우편서베이, 그리고 컴퓨터를 이용한 서베이가 있다. 구체적인 내용은 다음과 같으며, 각 서베이법의 장점과 한계점은 〈표 5.3〉에 나타난 바와 같다.

- **대인인터뷰**(face-to-face interview): 훈련된 면접원이 응답자를 직접 만나 자료를 수집하는 방식이다. 이에는 방문 인터뷰와 mall-intercept 인터뷰가 있다. **방문인터뷰**는 응답자의 가정 혹은 사무실을 방문하여 인터뷰하는 것이고, **Mall-intercept 인터뷰**는 상가 혹은 점포의 쇼핑

표 5.3	각 서베이법의 장점과 한계점

장점	한계점
〈대인인터뷰: 방문인터뷰〉	
상대적으로 높은 응답률	접촉범위의 한계
적확한 응답자	면접원 통제가 어려움
탐사질문 가능	높은 자료수집 비용
애매모호한 질문을 명확히 할 수 있음	면접원 편견이 높음(면접원관리 경우)
시각자료 사용 가능	
〈대인인터뷰: mall-intercept〉 (방문인터뷰의 장점 및 한계점에 추가)	
방문인터뷰에 비해 짧은 조사기간 소요	대표성 있는 표본추출의 어려움
방문인터뷰에 비해 비용 저렴	방문인터뷰보다 짧은 면접이어야 함
방문인터뷰에 비해 면접원 통제 용이	
〈전화인터뷰〉	
신속함	시각자료 사용 불능
비교적 저렴한 비용	긴 질문이 어려움
넓은 접촉범위	면접원 편견 가능
면접원 감시 용이	인터뷰 수락률이 낮음
컴퓨터지원 가능	
전화번호부를 표본추출프레임으로 사용	
〈우편서베이〉	
주소목록이 있는 경우 표본추출프레임 결정 용이	응답자의 적확성 통제 불능
면접원 편견의 염려 없음	회수기간이 오래 걸림
응답자의 편리한 시간, 자기 속도에 의한 응답	낮은 회수율
익명 보장 가능	애매모호한 질문 설명 불능
넓은 접촉범위	탐사질문 불능
사적질문에 최적	
가장 저렴한 비용	
〈컴퓨터를 이용한 서베이〉	
신속한 자료수집	시스템 구축비용이 많음
시스템 구축 후 비용절감	표본통제가 어려움
면접원 관리문제가 없음	응답률이 낮음
익명보장으로 민감한 질문 가능	

고객들을 대상으로 인터뷰하는 방법이다.

- **전화인터뷰**(telephone interview): 조사대상자에게 전화를 이용하여 질문하는 방법이다.
- **우편서베이**(mail interview): 우편을 이용하여 설문지를 보내고 응답자가 편리한 시간에 응답한 후 회신을 하는 방식이다. 우편서베이의 변

형으로 fax 서베이와 internet의 보급에 따라 e-mail 서베이와 인터넷 서베이가 많이 이용된다. 또한 drop-off 서베이가 있는데 이는 조사자로부터 설문지를 직접 받은 응답자가 편리한 시간에 응답한 후 우편으로 보내거나 조사자가 다시 이를 회수하는 방식이다.

- **컴퓨터를 이용한 서베이**: 이는 전통적 서베이에 비해 시스템을 구축하는 데 상당한 비용이 들지만, 일단 시스템이 구축되면 저렴한 비용으로 자료를 수집할 수 있다는 장점을 갖는다. 근년 흔히 이용되는 방법으로 RDD(randon digital dialing) 방식이 있다. 이는 컴퓨터가 전화번호를 무작위로(randomly) 생성하여 전화를 걸어 조사하는 방식으로 컴퓨터와 전화를 겸한 방법이다. 컴퓨터를 이용한 다른 서베이 방법으로는 e-mail 서베이가 있다.

(2) 실험법 (Experimental Method)

실험법은 인과관계조사를 위하여 많이 이용된다. 조사자는 실험대상자들을 둘 혹은 몇 개의 집단으로 나눈 후 인과관계의 원인이라고 추정되는 변수를 각 집단에 다르게 조작하여 그 결과가 집단들 간에 다르게 나타나는지를 봄으로써 변수들 간의 인과관계를 규명할 수 있다. 이때 주의할 점은 결과변수에 영향을 미칠 수 있으나 조사설계에 포함되지 않는 변수, 즉 **외생변수**를 통제해야 한다는 것이다.

예를 들어, 패스트푸드 본부에서 새로 개발한 신상품 가격결정을 위하여 매출실적이 비슷한 두 개의 레스트랑을 선택하고(외생변수의 통제) 동일한 샌드위치를 각각의 레스트랑에서 다른 가격(원인변수)에 판매한 후 매출액(결과변수)을 비교할 수 있다. 이때 실현된 매출액의 차이는 대체로 가격의 차이에 기인하는 것으로(인과관계) 받아들일 수 있으며 이에 따라 가격을 결정할 수 있다.

실험은 실험장소에 따라 두 가지로 구분될 수 있다: 실험실 실험과 현장실험. **실험실 실험**(laboratory experiment)은 조사자가 조사목적에 맞는 실험상황을 만들어 실험하는 것이다. 실험실 실험에서는 외생변수로 추정되는 변수들을 통제하면서 독립변수에 변화를 가하고 이에 따른 종속변수 값의 변화를 측정한다. 예를 들어, TV 광고물 대안에 대한 소비자 반응조사를 위하여 표적오디언스와 같은 특성을 갖는 피실험자들에게 광고물 대안을 노출시킨 다음 광고태도, 브랜드 태도 등을 측정할 수 있다. 이때는 첫 번째 노출된 광고물 대안이 두 번째 광고물 대안에 대한 반응에 영향을 미치지 않도록 피실험자 집단을 구분하여 각각 다른 광고물 대안을 노출시킨다.

실험법

실험대상자들을 둘 혹은 몇 개의 집단으로 나눈 후 인과관계의 원인이라고 추정되는 변수를 각 집단에 다르게 조작하여, 변수들 간의 인과관계를 규명하는 방법

현장실험(field experiment)은 실제 혹은 자연상황에서 수행하는 것이다. 이 경우도 물론 독립변수의 변화에 따른 종속변수의 변화를 조사한다. 위의 가격결정을 위한 실험은 현장실험의 예가 된다. 현장실험의 장점은 현실성 (reality)이 높다는 점이다. 그러나 실험실 실험에 비해 외생변수의 영향력을 통제하기 어렵다는 한계점을 갖는다.

(3) 관찰법 (Observation Method)

관찰법
조사자가 소비자의 행동이나 기타 조사대상을 직접 혹은 기계를 이용하여 관찰함으로써 자료를 수집하는 방법

관찰법은 조사자가 소비자의 행동이나 기타 조사대상을 직접 혹은 기계를 이용하여 관찰함으로써 자료를 수집하는 방법이다. 조사자가 직접 관찰하는 예로서 다음과 같은 것들이 있다.

- 롯데칠성음료는 수퍼마켓에 조사자를 보내서 경쟁사의 소매가격이나 자사의 브랜드가 어느 정도 진열되어 있는지를 조사한다.
- 편의점 「GS25」를 운영하는 GS리테일은 새로운 지역에 출점하기 위하여 가능한 여러 지역에 조사자를 파견하여 통행인구와 경쟁점포들의 위치를 조사한다.

한편 조사자가 직접 조사대상을 관찰하는 대신 기계에 의한 관찰을 할 수 있다. people meter에 의한 TV 시청률조사는 기계에 의한 관찰의 한 가지 예이다. 또한 POS제도(point-of-sale system)를 이용하여 소비자의 구매실적 정보를 세밀하게 수집할 수 있다. 미국의 Information Resources, Inc.는 소비자 패널을 이용하여 소비자의 구매패턴 변화를 조사한다. **패널**(panel)이란 고정된 표본으로서 어느 기간 동안 일정하게 유지되며 주기적으로 조사의 대상이 되는 소비자(혹은 점포)의 집합을 말한다. 즉, 패널구성원이 쇼핑을 하고 대금 지급시 자신의 고유카드를 계산원에게 제시하면 scanner는 브랜드, 크기, 가격 등 구매와 관련된 모든 정보를 기록한다. 소비제품 제조회사나 소매점은 이러한 정보를 Information Resources, Inc.로부터 구입하여 전략수립에 이용한다.

패널
고정된 표본으로서 어느 기간 동안 일정하게 유지되며 주기적으로 조사의 대상이 되는 소비자(혹은 점포)의 집합

관찰법의 장점은 정확한 자료를 수집할 수 있다는 점에 있다. 또한 서베이에 의해 조사하는 경우 조사대상자가 응답을 거부하거나 회피할 가능성이 있는 데 비해, 조사대상자를 관찰하여 자료를 수집하므로 필요한 정보를 획득할 수 있다. 그러나 조사대상자의 내면적인 것, 즉 어떤 행동을 유발한 태도나 동기를 파악할 수 없기 때문에 다른 자료수집방법과 함께 사용되기도 한다.

4. 자료의 분석 및 해석

　　표적집단면접 등에 의해 수집한 비계량적 자료는 보통 분석자의 주관에 의한 분석을 실시한다. 반면 서베이 등에 의해 수집한 계량적 자료는 컴퓨터에 의하여 통계적 분석을 하는데, 자료의 분석을 위해서는 먼저 준비작업이 선행되어야 한다. 준비작업으로서 자료의 정리, 편집 및 코딩이 필요하다. 분석자는 자료를 컴퓨터에 입력하고 SPSS 등의 통계패키지를 이용하여 분석하고 그 결과를 해석한다. 이때 조사목적과 관련지어 해석하는 것이 바람직하며 해석의 내용은 조사의뢰자, 즉 마케팅관리자에게 유용한 정보가 될 수 있어야 한다.

5. 조사결과의 보고

　　조사결과의 보고는 조사보고서의 작성과 구두발표(presentation)로 구성된다. 보고서는 조사의 개요와 절차 및 발견사항들을 포함하는데, 마케팅조사 전문가들이나 이해할 수 있는 조사전문용어나 통계용어 사용을 지양하여 마케팅관리자가 이해할 수 있도록 표현되어야 한다. 마케팅조사는 그 자체에 목적이 있는 것이 아니라 의사결정을 위한 정보제공수단으로서 그 가치가 있음을 명심할 필요가 있다. 조사보고서의 제출과 함께 구두발표가 병행될 수 있다.

 마케팅 사례: 코카콜라의 신제품 – 마케팅조사의 실패

　　1985년 봄 코카콜라회사는 99년간 고수해 온 전통적인 맛의 콜라생산을 중지하고 새로운 맛의 콜라로 대체한다는 뉴스를 발표하여 많은 미국시민들과 경쟁 청량음료회사들에게 커다란 충격을 주었다. 'New Coke'이라는 이름의 새로운 맛의 콜라는 기존의 코카콜라에 비하여 비교적 달고 탄산화가 덜 된 것으로, 코카콜라회사는 대대적인 광고와 홍보를 실시하였다. 처음 몇 주간 New Coke의 판매실적은 어느 정도 양호한 편이었으나 곧 부진한 판매와 함께 수많은 미국소비자들의 불평과 항의가 뒤따랐다. 그리하여 두 달 후 코카콜라회사는 부득이 이전의 맛을 갖는 콜라를 'Coca Cola Classic'이라는 이름으로 다시 생산하여 New Coke과 함께 시판하기 시작하였다. 코카콜라회사에서는 New Coke이 회사의 대표상표(flagship brand)가 될 것으로 기대하였으나 새로운 맛의 도입 후 8개월이 지난 1986년 초 Classic은 대부분의 시장에서 New Coke보다 5~6배 많이 판매되었다. 또한 1987년에 이르러 Classic은 다시금 단일상표로서 청량음료시장에서 점유율 1위를 차지하였다(Classic 19%, Pepsi 18.5%).

그러면 당초 무엇 때문에, 또 어떻게 하여 New Coke이 개발되고 출시되었는가? 거의 1세기 동안 미국 청량음료시장에서 수위를 누려 왔던 코카콜라는 1980년대에 들어 아직 수위를 차지하고 있긴 하였지만 Pepsi Challenge 광고캠페인 이후 Pepsi에게 서서히 시장을 빼앗기고 있었다. 1970년대 중반부터 실시된 Pepsi Challenge 전략에 따라 수행된 블라인드 테스트(blind test) 결과 대체로 3 : 2의 비율로 Coke보다 Pepsi를 선호하는 것으로 나타났으며, Pepsi는 그 결과를 TV커머셜을 이용하여 대대적으로 광고하였던 것이다. 그리하여 코카콜라회사는 무엇인가 변혁을 가져와야 한다고 판단하였고 그 해결책으로서 전통적인 맛의 변화를 시도하게 된 것이다. 코카콜라회사는 2년 동안 약 4백만 달러를 들여 신제품연구 프로젝트를 수행하였는데, 약 200,000명의 소비자들을 대상으로 맛 테스트(최종 개발된 맛에 대해서만 30,000명)를 실시하였다. 블라인드 테스트 결과 기존의 맛보다 새로운 맛을 선호하는 소비자들이 약 60%, 그리고 펩시의 맛보다 새로운 코카콜라의 맛을 선호하는 소비자들이 52%로 나타나 자신있게 새로운 맛의 콜라를 출시하였던 것이다.

이와 같은 시장테스트를 거쳐 출시된 신제품이 시장에서 호평을 받지 못하고 소비자들로부터 불평과 항의를 받게 된 보다 근본적인 이유는 어디에서 찾을 수 있는가? 그 이유는 바로 코카콜라회사의 마케팅조사가 단지 맛에만 국한하였다는 사실이다. 블라인드 테스트에서 좋아하던 맛도 그것이 New Coke이라는 새로운 코카콜라 브랜드를 달고 기존의 코카콜라를 대체할 때는 수용될 수 없다는 사실을 예측하지 못하였던 것이다. 수많은 미국 시민들은 자라면서 코카콜라를 마셨고 성인이 되어서도 마시고 있다. 코카콜라는 야구와 미식축구를 관람할 때, TV를 시청할 때, 핫도그와 햄버거를 먹을 때 늘 함께하던 그들 일상생활의 일부였다.

코카콜라회사의 마케팅조사는 (기존의) 코카콜라의 상징적 의미가 그 맛보다도 더욱 중요하다는 것, 다시 말하여 미국 소비자들이 기존의 코카콜라에 강한 감정적 관여(emotional involvement)를 가지고 있다는 사실을 간과하였던 것이다. 소비자들의 지각(perception) 속에서 New Coke은 이미 (진짜) Coca Cola가 아니었다. 그들은 New Coke의 등장으로 그들의 진짜(the real thing) 코카콜라에 대한 강한 향수를 느끼게 되었고 그들 생활의 일부가 훼손되었다고까지 생각하였던 것이다. 여기에다 소수의 강한 반대자들의 목소리와 이를 보도하는 언론의 영향으로 부정적인 태도가 확산된 것이다.

코카콜라회사는 처음부터 전국적인 시판을 하기보다 일정기간 동안 일정지역에서 시험마케팅을 실시했어야 했다. 혹은 처음부터 기존의 코카콜라 생산을 중단하는 대신 계열확장 전략으로써 Classic에 New Coke을 추가하는 복수상표전략(multibrand strategy)을 사용했어야 했다. 코카콜라회사는 소비자들의 불평과 항의에 즉각적으로 반응하여 커다란 실패를 방지할 수 있긴 하였지만, 값비싼 대가를 치르고서 「제품은 소비자들에게 물리적 특성 이상의 무엇인가를 의미한다」는 교훈을 얻었다.

학습목표 3: 마케팅조사 전문기관의 현황

〈표 5.4〉는 국내 주요 마케팅조사기관의 매출액 현황을 보여준다. 마케팅조사 전문기관의 조사형태는 Ad-hoc 조사와 신디케이트 조사로 구분될 수 있다. **Ad-hoc 조사**는 기업의 구체적 요구에 따라 실시되는 것으로 마케팅조사라 하면 흔히 Ad-hoc 조사를 말한다. **신디케이트 조사**(syndicate research)는 고객기업들(clients)에게 판매하기 위하여 조사기관이 주기적으로 조사를 실시하는 것으로, 제조회사를 위하여 소비자나 유통관계 자료를 수집하거나 광고대행사나 광고주를 위하여 TV 시청률조사가 실시된다. 고객회사들은 신디케이트 조사에 의한 자료에 의해 필요한 정보를 상시적으로 확보할 수 있으며, 필요에 따라 즉각적으로 의사결정을 할 수 있다. 신디케이트 조사는 보통 패널을 대상으로 실시된다.

그 밖에 **옴니버스 조사**(omnibus research)는 하나의 조사에 여러 고객기업들이 함께 참여하여 질문개수별로 조사비용을 부담하는 조사이다. 예를 들어, 식품과 화장품 고객기업을 위한 조사를 동시에 실시할 수 있다. 이 방법의 장점은 저렴한 비용으로 많은 대상자들로부터 자료를 수집할 수 있다는 것이다. 옴니버스 조사는 개별 기업들의 요구에 따라 실시하므로 Ad-hoc 조사의 특수한 형태라고 할 수 있다.

Ad-hoc 조사
기업의 구체적 요구에 따라 실시되는 조사

신디케이트 조사
고객기업들에게 판매하기 위하여 조사기관이 주기적으로 조사를 실시하는 것

옴니버스 조사
하나의 조사에 여러 고객기업들이 함께 참여하여 질문개수별로 조사비용을 부담하는 조사

표 5.4 국내 주요 마케팅조사기관

매출순위	회사명	인터넷사이트	2021년 매출	설립연도	인원
1	(주)칸타코리아(TNS)	www.kantar.co.kr/	747억원	1984	332명
2	(주)한국리서치	www.hrc.co.kr	581억원	1987	157명
3	닐슨아이큐코리아(유)	nielseniq.com	445억원	1980	250명
4	입소스(주)	www.ipsoskorea.com	443억원	1997	256명
5	(주)마크로밀엠브레인	www.embrain.com	437억원	1999	280명
6	(주)한국갤럽조사연구소	www.gallup.co.kr	321억원	1974	207명
7	나이스디앤알	www.nicednr.co.kr	240억원	2008	130명
8	메트릭스리서치	www.metrix.co.kr	175억원	1999	109명
9	코리아리서치인터내셔널	www.kr.co.kr	118억원	1988	98명
10	리서치랩	www.relab.net	112억원	1998	97명

자료원: 금융감독원 전자공시시스템.

마케팅 사례: **주요 리서치회사의 특수조사**

· NICE R&C: 금융상품 판매 모니터링과 자동차 3D 디자인 클리닉

- 금융상품 판매 모니터링: 금융감독원은 고객보호를 위해 금융상품(펀드, 방카슈랑스, ELS 등) 판매 프로세스 및 준수사항을 규정하고 있다. 금융상품 판매 모니터링은 mystery shopping 방식을 사용하여, 금융상품 가입고객을 가장한 모니터가 영업점을 방문하여 금융상품 가입 프로세스를 거치면서 금융상품 판매과정의 기본항목 준수 여부를 평가한다.

- 자동차 3D 디자인 클리닉: 신차개발시 고객이 선호하는 디자인 속성을 확인하고, 경쟁차종과의 디자인 경쟁력을 파악하기 위해 실시한다. 개발차의 보안을 유지하기 위해 실제차량을 대신하는 3D 영상물을 제작하여 차량외관, 실내, 인터페이스 등을 클리닉 참가자들에게 제시한다. 이를 시청한 클리닉 참가자들을 대상으로 설문조사, FGI, 심층면접 등을 실시한다.

· TNS Research International: 정기 전화여론조사(옴니버스)

소수의 문항을 상대적으로 적은 비용에 실시할 수 있도록, 매월 셋째 주에 전국 성인남녀 1,000명을 대상으로 정기 전화여론조사를 실시한다. 실사 시작 이틀 전까지 질문항목이 확정되면 참여할 수 있으며 종료 후 이틀 이내에 조사결과통계표를 제공한다.

· A.C. Nielsen Korea: 소매유통조사

Nielsen의 소매유통조사는 수퍼마켓, 대형할인점, 약국, 양판점, 편의점, 소규모 독립 식료품점, 가판대, 할인클럽 등을 포함한 광범위한 소매유통채널에 대한 보고서를 제공한다. 소매점에서 스캔된 제품 바코드 정보와 조사원들이 점포를 방문하여 수집한 판매 및 재고 정보를 바탕으로 식품, 건강, 미용, 내구재, 제과 및 음료 제품에 대한 소매유통 정보를 제공한다. 고객사는 이를 이용하여 경쟁브랜드의 사업 동향을 제품 카테고리, 상점, 체인 또는 시장별로 파악할 수 있다.

자료원: 각사 Homepage.

제**6**장 소비자행동 분석

소비자는 투표자이다. 유권자가 자기가 좋아하는 후보에게 표를 찍듯이, 소비자는 자기가 좋아하는 제품에 돈을 던진다.

– Paul A. Samuelson

소비자의 특정 욕구를 충족시킬 수 있는 대안은 보통 여러 가지가 있다. 이들 여러 대안들 중 소비자는 자신의 제한된 지불능력에 맞추어 자신에게 가장 큰 만족을 실현시켜줄 수 있다고 생각하는 특정대안을 구매한다. 마케터에게 있어서 표적시장의 잠재구매자가 자사의 제품을 구매하는지의 여부는 무엇보다 중요한 관심사이다. 잠재구매자가 여러 경쟁브랜드들 중에서 자사의 브랜드를 선택하도록 하기 위해서는 마케터는 구매에 선행하는 요인들이 무엇인지, 즉 어떤 과정을 거쳐서 또 어떠한 영향을 받아서 구매결정을 하는지를 이해해야 한다. 또한 마케터는 표적시장의 잠재구매자들에게 광고물, 제품포장, 판매원 등에 의하여 제품정보를 제공한다. 소비자는 제품정보에 노출되면 여러 단계의 심리적 과정을 겪는다. 제품정보에 노출된 소비자가 자사의 브랜드에 대하여 호의적 태도를 갖도록 하기 위하여 마케터는 정보노출 이후 소비자가 겪는 심리적 과정인 정보처리과정을 이해해야 한다.

한편, 소비자행동의 가장 중요한 두 가지 축인 '소비자 의사결정과정'과 '소비자 정보처리과정'은 소비자의 관여도에 영향을 받는다. 따라서 소비자행동을 이해하기 위해서는 관여도 개념에 대한 이해가 필수적이다. 소비자행동은 또한 문화, 사회계층, 준거집단, 가족 같은 사회환경적 요인과 자신의 성별, 연령, 학력 같은 인구통계학적 특성, 그 밖에 개성과 라이프스타일 같은 개인적 요인으로부터 영향을 받는다. 본 장에서는 이러한 내용과 아울러 소비자행동을 이해하는 데 있어 필수적인 개념인 태도에 대해 다룬다.

학|습|목|표

1. 관여도의 의미와 중요성에 대해 학습한다.
2. 소비자 구매의사결정과정을 이해한다.
3. 소비자 정보처리과정을 이해한다.
4. 소비자행동에 영향을 미치는 요인들에 대해 학습한다.

학습목표 1: 관여도

관여도

소비자가 어떤 대상을 중요시 여기는 정도나 대상에 대해 관심을 갖는 정도 또는 특정대상과 소비자 자신과의 관련성 지각 정도

　　소비자의 행동은 관여도에 따라 매우 달라진다. 그러므로 소비자행동을 이해하기 위해서는 관여도에 대한 이해가 무엇보다 선행되어야 한다. **관여도**(involvement)는 여러 의미를 내포하는 다소 복잡한 개념인데, **대체로 소비자가 주어진 상황에서 어떤 대상을 중요시 여기는 정도나 대상에 관심을 갖는 정도**(level of perceived personal importance and/or interest)[1]를 말한다. 또는 **특정대상과 소비자 자신과의 관련성 지각정도**(perceived personal relevance)[2]를 의미한다([그림 6.1] 참조). 관여도의 개념을 이해하기 위하여 먼저 다음의 예를 보자.

그림 6.1　　관여도의 개념

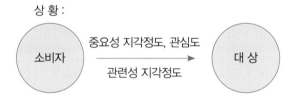

　　김대리는 퇴근길에 화장지와 라면이 필요하다고 생각되어, 집 앞에 있는 수퍼마켓에 들러 대충 괜찮아 보이는 것들을 사서 집으로 돌아왔다. 저녁식사를 하면서 아내와 며칠 전부터 이야기하던 자가용 승용차에 관해 다시 이야기하였다. 며칠 전 중형승용차를 구매하기로 결정한 후 택시운전사나 차를 가진 동료들에게 문의하기도 하고, 지나가는 차를 유심히 보았지만, 어느 차를 구매할 것인지 아직 결정을 못하였다. 마침 충성도 광고가 TV에 나오자 그전과는 달리 이야기를 멈추고 유심히 광고를 보았다.

　　위의 예에서 볼 수 있듯이, 소비자는 대개의 경우 구매하려는 제품의 가격이 높고 중요할수록 보다 신중하게 대안을 비교·평가한다. 이와 같이 제품에 따라서 그리고 상황에 따라서 소비자의 행동이 크게 달라질 수 있는데, 이에 영향을 미치는 중요한 변수가 바로 관여도이다. 위의 예와 관련지어 보면

---

1) John H. Antil, "Conceptualization and Operationalization of Involvement," *Advances in Consumer Research*, 11, 1984, pp. 203-209.

2) J. Paul Peter and Jerry C. Olson, *Consumer Behavior*, 3rd ed., 1993, p. 107.

'김대리는 화장지나 라면보다는 승용차에 높게 관여되어 있기' 때문에 김대리에게 승용차는 '고관여 제품'이라고 할 수 있다. 관여도의 개념을 보다 정확히 이해하기 위하여 다음의 예를 보자.

김대리는 평소 골프를 즐긴다. TV를 보다가 신제품 드라이버 광고가 처음으로 방영되자, 아내는 대체로 무관심하였지만 김대리는 광고를 주시하였다. 이는 아내보다 김대리가 골프에 높게 관여되어 있기 때문이다.

또한 평소 무관심하던 제품도 자신이 조만간 구매하고자 하면, 해당 제품에 대한 관심도가 높아지기도 한다.

김대리는 저녁에 쉬면서 와인을 마시기 위해 퇴근길에 수퍼마켓에 들러 적당하다고 판단되는 와인을 대충 구매하였다. 그러나 며칠 후 자신이 속한 마케팅부의 부장 생일파티에 초대되었을 때, 주류전문점을 찾아가 직원에게 여러 가지 와인의 특징을 물은 다음, 프랑스제 수입품 한 가지를 구매하였다. 이는 평소 김대리에게 와인은 저관여 제품이었으나, 선물이라는 구매상황(목적)으로 인하여 일시적으로 고관여 제품이 되었기 때문이다.

지금까지의 예에서 볼 수 있듯이, 어떤 소비자에게 있어서 관여도는 제품마다 다르며(김대리: 화장지 對 승용차), 특정제품에 대한 관여도는 개인마다 다르다(골프클럽: 김대리 對 아내). 또한 특정제품에 대한 개인의 관여도는 상황에 따라 달라진다(김대리 − 와인: 자기소비목적 對 선물목적). 관여도는 엄밀히 말하여 연속적이며 상대적인 개념이지만, 편의상 고관여와 저관여로 구분한다.

학습목표 2: 소비자 구매의사결정과정

1. 소비자 문제해결의 유형

소비자는 자신의 욕구를 충족시켜 줄 수 있는 여러 대안들 중에서 지불 가능한 예산에 비추어 최상의 대안을 선택한다. 따라서 **의사결정과정**(decision making process)을 흔히 **문제해결과정**이라고도 한다. 문제해결 유형을 〈표 6.1〉에 나타난 바와 같이 특정 제품군에 대한 구매경험이 없는 경우와 있는

| 표 6.1 | 문제해결의 유형 |

새로운 정보탐색	특정 제품군에 대한 구매경험	
	무	유
다	포괄적 문제해결	포괄적 문제해결
소	제한적 문제해결	제한적 문제해결
무	회상적 문제해결	일상적 문제해결 회상적 문제해결

경우로 나누어 살펴본다.

(1) 구매경험이 없는 경우

소비자가 구매경험이 없는 제품군을 처음으로 구매하는 경우의 문제해결 유형은 소비자가 의사결정을 위하여 투입하는 시간과 노력의 정도에 따라 포괄적 문제해결, 제한적 문제해결 및 회상적 문제해결로 구분할 수 있다.

포괄적 문제해결(extensive problem solving)은 소비자가 상당한 시간과 노력을 투입하여 정보를 수집하고, 대안들을 평가한 다음 신중히 선택을 하는 것이다. 대체로 소비자가 그 제품에 고관여되어 있으며, 특히 그 제품에 대한 지식이 별로 없고 정보수집에 사용할 시간적 여유가 있는 경우 포괄적 문제해결과정을 거친다. 예를 들어, 소비자가 처음으로 주택이나 승용차를 구매한다면, 보통 포괄적 문제해결을 하는 것으로 생각할 수 있다.

제한적 문제해결(limited problem solving)은 소비자가 정보수집을 위하여 비교적 적은 시간과 노력을 투입하여 의사결정을 하는 것으로서, 제품에 대한 소비자의 관여도가 낮거나 지식이 어느 정도 있는 경우에 제한적 문제해결과정을 거친다. 소비자의 관여도가 높더라도 의사결정이 긴급하여 정보수집에 사용할 시간적 여유가 없으면, 불가피하게 제한적 문제해결에 의해 구매를 하기도 한다.

회상적 문제해결(recall problem solving)은 구매경험이 없더라도 타인이나 광고로부터 영향을 받아 과거 저장된 정보를 기억으로부터 인출하여 의사결정을 하는 것이다. 예를 들어, 소비자가 두통을 느꼈을 때 언젠가 친구로부터 들었거나, 과거 TV 광고에서 여러 차례 본 펜잘이 생각나서 이를 구매할 수 있다. 많은 소비자들이 광고에 노출될 때 이를 무관심하게 보지만 반복적으로 보게 되면, 훗날 그 브랜드를 쉽게 떠올릴 수 있고 구매로 이어질 수 있다.

소비자가 의사결정시 어떤 문제해결과정을 거치는지는 소비자의 관여도,

포괄적 문제해결

소비자가 상당한 시간과 노력을 투입하여 정보를 수집하고 대안들을 평가한 다음 신중히 선택을 하는 것

제한적 문제해결

소비자가 정보수집을 위하여 비교적 적은 시간과 노력을 투입하여 의사결정을 하는 것

회상적 문제해결

구매경험이 없더라도 타인이나 광고로부터 영향을 받아 과거 저장된 정보를 기억으로부터 인출하여 의사결정을 하는 것

기존경험과 지식, 그리고 의사결정을 위해 사용 가능한 시간에 달려 있다. 그러나 포괄적인지 제한적인지의 구분은 편의상의 구분이며, 어디까지나 상대적인 것으로 이해해야 한다.

(2) 구매경험이 있는 경우

소비자는 구매경험이 있는 제품군을 재구매할 때, 구매한 대안이 만족스러웠거나 적어도 수용할 만하였다고 판단하면, 흔히 동일한 대안을 반복적으로 구매한다. 이와 같이 소비자가 제품구매시 다른 대안에 대한 정보탐색이나 평가를 하지 않고, 과거 구매한 대안을 습관적으로 반복 구매하는 것을 **일상적 문제해결**(routinized problem solving)이라고 한다. 일상적 문제해결에는 브랜드 충성도에 의한 경우와 타성적 구매에 의한 경우가 있다. **브랜드 충성도**(brand loyalty)는 소비자가 특정대안에 호의적 태도를 가지고 계속 구매하려는 경향을 말하며, **타성적 구매**(inertia)는 소비자가 특정대안을 소비·사용한 후 그리 좋아하지 않더라도 별로 불만족을 느끼지 않으면, 다른 대안을 재고하지 않고 구매경험이 있는 대안을 선택하는 것을 말한다. 타성적 구매행동은 비교적 저관여 제품 구매시 많이 이루어지며, 소비자는 타성적으로 구매하다가도 경쟁대안이 할인가로 판매된다든지 등의 유인이 있으면 쉽게 브랜드를 바꿀 수 있다.

한편, 소비자는 제품구매 이후 불만족을 느끼면, 재구매시 보통 다른 대안을 구매하려고 한다. 이 경우 상황에 따라 앞에서 설명한 포괄적 문제해결, 제한적 문제해결, 혹은 회상적 문제해결과정을 다시 거치게 된다. 구매 이후 불만족을 하지 않더라도, 과거 구매한 대안이 품절이거나, 혹은 다른 매력적인 대안에 노출되면, 새로운 의사결정과정을 거칠 수 있다. 그 밖에 소비자에 따라 **다양성추구행동**(variety seeking)을 하기도 하는데, 이는 처음 구매경험의 만족 여부와는 관계없이 소비자가 재구매시 다른 대안을 (시험)구매하는 것을 말한다. 예를 들어, 음료를 구매할 때마다 다른 브랜드를 구매할 수 있다.

2. 소비자 의사결정과정 – 포괄적 및 제한적 문제해결

포괄적 문제해결과 제한적 문제해결은 소비자가 의사결정을 위하여 새로이 정보를 수집하고 수집한 정보를 바탕으로 대안들을 비교·평가하는 과정을 거치는 것으로 [그림 6.2]에 도시한 바와 같이 '문제의 인식 → 정보의 탐색 → 대안평가와 태도형성 → 구매 → 구매 후 평가'의 다섯 단계로 나눌 수 있다.

일상적 문제해결

소비자가 제품구매시 다른 대안에 대한 정보탐색이나 평가를 하지 않고 과거 구매한 대안을 습관적으로 반복 구매하는 것

브랜드 충성도

소비자가 특정대안에 호의적 태도를 가지고 계속 구매하려는 경향

타성적 구매

소비자가 특정대안을 소비·사용한 후 그리 좋아하지 않더라도 별로 불만족을 느끼지 않으면 다른 대안을 재고하지 않고 구매경험이 있는 대안을 선택하는 것

다양성추구행동

처음 구매경험의 만족 여부와는 관계없이 소비자가 재구매시 다른 대안을 (시험)구매하는 것

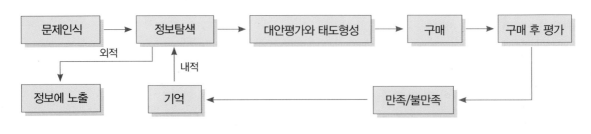

(1) 문제의 인식(Problem Recognition)

어떤 사안(an affair)과 관련하여 어느 시점에서 소비자가 자신의 실제 상태(actual state)와 이에 상응하는 바람직한 상태(ideal state) 간에 상당한 차이를 느끼게 되면, 그 차이를 해소시켜 줄 수 있는 수단에 대한 욕구가 발생한다. 욕구가 발생하면 무엇으로 자신의 욕구를 충족시킬까 하는 생각을 갖게 되므로 욕구의 발생을 **문제의 인식**이라고 한다. 문제의 인식이 의사결정과정을 거쳐 구매로 이어지기 위해서는 충분한 동기부여(motivation)가 되어야 한다. 동기부여의 크기는 두 가지 요소, 즉 실제 상태와 바람직한 상태 간의 차이의 크기와 그 문제의 중요성에 달려 있다.

예를 들어, 어떤 소비자가 커브드TV를 갖고 싶은 욕구가 발생하더라도 욕구가 그리 크지 않거나 혹은 비록 욕구가 크더라도, 식료품이나 의류 등에 대한 욕구보다는 중요성이 낮다면, 구매를 위한 동기부여가 되지 않는 것이다. 구매행위를 위한 비용으로는 금전적인 비용 이외에도 시간이나 노력 등의 비금전적 비용이 따르며, 사회적 규범이 제약요인으로 작용할 수도 있다. 그러므로 발생된 욕구의 크기와 중요성이 금전적 및 비금전적 비용과 사회적 규범 등의 제약요인을 극복할 만큼 충분히 클 때, 소비자는 비로소 욕구를 충족시키려는 동기가 부여되며 의사결정과정

잔디로 3D 깔창
골프 라운딩 중 발바닥 통증 문제를 인식시키는 광고의 예

이 시작된다. 사실상 대부분의 소비자들은 일상생활에서 많은 욕구를 갖더라
도 제약요인 때문에 그 욕구를 억제하고 살아간다.

한편 문제인식의 유발요인을 내적 요인과 외적 요인으로 구분할 수 있
다. **내적 요인**(internal factors)에 의한 문제인식은 자신이 스스로 문제를 인식
하는 것이다. 배고픔, 갈증 등에 의한 생리적 욕구의 발생, 그리고 자신이 사
용하던 제품을 모두 소비·사용하거나 성능저하, 그 밖에 새로운 제품에 대한
필요성을 느끼는 것 등이 이에 해당된다. **외적 요인**(external factors)에 의한 문
제인식은 외적 자극에 의한 것으로, 가족, 준거집단, 기타 사회적 영향요인 등
으로부터 영향을 받거나, 광고나 판매원의 판매노력 등 기업의 노력에 의하여
문제가 인식되는 것이다. 마케터는 자사제품을 표적소비자들에게 광고함으로
써 문제인식을 유발하고 동시에 그 문제를 해결할 수 있음을 강조할 수 있다.
예를 들어, 가정용 시큐어리티 시스템의 광고는 외출시 보안 및 사고발생 문
제를 상기시키고 이를 해소시켜 줄 수 있음을 알려준다.

(2) 정보의 탐색(Information Search)

소비자는 문제인식과 더불어 제품구매에 대한 동기가 부여되면, 그 문
제를 해결해줄 수 있는 수단(즉, 제품)에 대한 정보를 기억으로부터 회상하
게 되는데, 이를 **내적 탐색**(internal search)이라 한다. 내적 탐색에 의하여 특
정 대안이 회상되면, 그 대안을 구매할 가능성이 높아진다. 그러나 내적 탐색
에 의하여 의사결정을 할 수 없으면, 보다 많은 정보를 찾기 위하여 **외적 탐색**
(external search)을 하게 된다. 예를 들어, 김대리가 처음으로 중형승용차를 구
매하기로 결정하면, 중형승용차 몇 가지 브랜드가 쉽게 생각날 것이며 각 브
랜드의 특징 또한 생각날 것이다. 그러나 김대리에게 승용차는 고관여 제품이
며 자신이 각 브랜드의 장·단점을 충분히 모르기 때문에 외적 탐색을 한다.
이하에서는 내적 탐색과 외적 탐색을 보다 자세히 설명한다.

> **내적 탐색**
> 문제를 해결해줄 수 있는 수단(즉, 제품)에 대한 정보를 기억으로부터 회상하는 것

> **외적 탐색**
> 내적 탐색에 의하여 의사결정을 할 수 없는 경우 외부로부터 보다 많은 정보를 찾는 것

① 내적 탐색(Internal Search)

소비자의 기억 속에는 특정 제품군과 관련하여 자신의 직접경험에 의하
거나 혹은 광고, 신문기사, 그리고 타인과의 대화를 통하여 수집한 정보가 저
장되어 있는 경우가 많다. 소비자는 의사결정을 하고자 하면 기억 속에 있는
관련정보를 자연스럽게 회상하게 되는데, 이때 의사결정을 할 만큼 충분한 정
보가 저장되어 있고 회상할 수 있으며, 또한 상당히 만족스러운 대안이 있으
면 곧바로 그 대안을 구매할 수 있다. 예를 들어, 브랜드에 대한 기억, 제품 속
성에 대한 기억, 제품 평가에 대한 기억, 제품경험 등은 내적 탐색을 이끌어내

는 대표적인 내부정보 원천이 될 수 있다. [그림 6.2]에서 정보탐색과 기억을 연결하는 화살표는 내적 탐색을 의미한다.

② **외적 탐색**(External Search)

외적 탐색은 새로운 정보를 찾고자 하는 자발적인 동기부여에서 출발한다. 외적 탐색은 **강화된 주의**(heightened attention)와 **능동적 정보탐색**(active information search)으로 구분될 수 있는데, 전자는 소비자가 자신의 문제와 관련된 정보에 노출될 때마다 상당한 주의를 기울이는 것이고, 후자는 보다 적극적으로 나서서 정보를 탐색하는 것이다. 대체로 소비자는 그 제품에 높게 관여되어 있을수록, 자신이 알고 있는 제품정보가 적을수록, 그리고 의사결정을 위한 시간이 많을수록 외적 탐색을 많이 한다.

소비자는 정보탐색과정에서 여러 가지 원천으로부터 정보를 획득한다. 소비자 정보획득의 원천은 기업제공 원천, 소비자 원천, 중립적 원천으로 구분할 수 있다. 기업제공 정보원천으로는 광고, 판매원, 포장 및 점포 내 정보 등이 있으며, 소비자 원천으로는 가족, 친지, 동료 등과 같은 개인적 정보원천과 시험구매, 제품을 직접 사용해보는 경험적 정보원천이 있다. 끝으로 중립적 원천에는 한국소비자원(예; 소비자시대)이나 언론기관 등의 발행물(예; 신문)이 있는데, 소비자는 소비자 원천과 중립적 원천을 기업제공 원천보다 더 신뢰하는 경향이 있다.

(3) 대안의 평가(Alternative Evaluation)

소비자는 기억으로부터 회상하거나 외적 탐색을 통해 수집한 정보, 그리고 우연히 발견한 정보를 토대로 선택대안들을 평가한다. 그런데 소비자는 평가과정에서 모든 대안들을 고려하지는 않는다. 소비자는 자신이 인지하는 브랜드 중에서 가격이나 제품의 속성 등 자신의 조건에 맞는 대안들을 고려하게 되는데, 이를 **고려상표군**(consideration set)이라고 한다. 예를 들어, 온라인 쇼핑 시 웹 서칭(web-searching)과 웹 서핑(web-surfing)을 통해 1차적으로 마음에 드는 대안들을 장바구니에 넣고, 이후 장바구니에 담겨 있는 대안들을 비교평가하면서 최종 구매 여부를 결정하는데, 이때 장바구니에 넣은 대안들이 곧 고려상표군이다. 그리고 이렇게 고려한 대안들을 바탕으로 평가기준과 평가방식을 결정하여 고려브랜드들을 비교·평가한다. **평가기준**(evaluative criteria)은 소비자가 대안을 비교하고 평가하는 데 사용하는 속성들(attributes)과 각 속성의 중요도를 말한다. 예를 들면, 어떤 소비자는 운동화를 평가할 때 내구성과 충격 흡수를 매우 중요시하고, 어떤 소비자는 디자인을 중요시할 수 있다. 대안들의 **평가방식**은 보완적 평가방식과 비보완적 평가방식으로 나누어진다.

① 보완적 방식(Compensatory Rule)

소비자가 자신이 중요시하는 속성들에 의하여 여러 브랜드들을 평가할 때, 각 브랜드의 강점과 약점이 브랜드들 간에 상충되는 수가 흔히 있다. 이때 소비자는 각 브랜드별로 한 속성의 약점을 다른 속성의 강점에 의해 보완하여 전반적 평가를 할 수 있는데, 이를 **보완적 방식**에 의한 평가라고 한다. 이를 다음의 예로써 설명하기로 한다.

김대리가 가격이 비슷한 세 가지 승용차 브랜드를 비교·평가하는 상황을 가정하자. 이 소비자는 이때 중요한 속성으로 경제성(가격 및 연료비), 성능, 스타일 및 승차감 등 네 가지를 고려하며, 각 속성의 중요도 합을 100으로 둘 때 경제성 40, 성능 30, 스타일 20, 승차감 10으로 부여한다고 가정하자. 김대리는 또한 각 승용차 브랜드를 속성별로 평가하는데, 이를 1~10(매우 나쁨~매우 좋음)까지로 나타내면 〈표 6.2〉와 같다고 가정하자.

〈표 6.2〉에서 각 브랜드의 평가점수(태도점수)는 각 속성별로 중요도와 평가점수를 곱한 값을 모든 속성에 걸쳐 합계한 값을 나타낸다. 이와 같은 경우 총 평가점수를 볼 때, 김대리의 브랜드태도는 A, C, B의 순위로 나타날 것이다. 그런데 브랜드 A는 B, C와 비교할 때 스타일에서 동등하게 평가받으며 승차감에서는 가장 낮게, 그리고 성능에서는 C보다 낮게 평가되고 있지만, 경제성에서 특히 높게 평가되어 가장 선호됨을 알 수 있다. 즉, 다른 속성에서의 상대적 약점이 경제성에서의 상대적 강점에 의해 보완되어 전체적인 면에서 가장 선호되는 것이다.

이와 같은 분석은 여러 가지 마케팅 시사점을 제공한다. 만약 어떤 제품의 표적시장 소비자들의 다수가 보완적 방식에 의해 대안을 평가한다면, 마케터는 위와 같은 분석에 의하여 자사제품에 대한 평가를 보다 양호하게 변화시

> **보완적 방식**
> 소비자가 각 브랜드별로 한 속성의 약점을 다른 속성의 강점에 의해 보완하여 전반적 평가를 하는 방식(브랜드의 장단점을 모두 고려하여 전반적인 평가를 내리는 방식)

표 6.2 **보완적 방식의 예**

속성별 중요도		각 상표에 대한 평가		
		A	B	C
경제성	40	8	3	5
성 능	30	5	3	7
스타일	20	5	5	5
승차감	10	3	7	5
평가점수(태도점수)		600	380	560

BMW 헤드업 디스플레이

경쟁차와 차별적 제품속성을 강조하는 BMW 헤드업 디스플레이

키기 위하여 다음과 같이 할 수 있다. 첫째, 촉진노력에 의하여 각 속성별 평가의 변화를 시도할 수 있는데, 많은 광고가 이 방법으로 소비자를 설득하려고 한다. 예를 들어, B브랜드의 마케터는 경제성과 성능이 우수하다는 강조를 함으로써, 자사제품에 대한 평가를 높이는 노력을 할 수 있다. 둘째, 소비자가 기존에 고려하는 어떤 속성의 중요도를 변경시키는 노력에 의하여, 전체 평가점수를 향상시키는 시도를 할 수 있다. 그러나 대부분의 경우 소비자 자신은 속성별 중요도를 이미 가지고 있기 때문에, 이 방법에 의하여 제품평가의 변화를 기대할 수 없는 경우가 많다. 예를 들어, 위의 예에서 B브랜드의 판매원은 B브랜드의 장점인 승차감이 승용차 구매시 매우 중요하다는 말을 하더라도 김대리는 잘 설득되지 않을 것이다.

셋째, 자사 제품이 어떤 속성에 있어서 매우 강점이 있으며 소비자가 그 속성의 중요성을 미처 생각하지 못하는 경우, 이를 중요한 속성으로 고려하도록 설득하는 노력을 할 수 있다. 예를 들어, BMW는 경쟁자동차가 갖지 못한 헤드업 디스플레이를 갖고 있다는 점을 이용하여 광고에서 소비자들이 그다지 중요한 속성으로 고려하지 않던 헤드업 디스플레이를 중요 속성으로 고려하도록 하였다.

또한 이러한 조사결과로부터 소비자들이 고려하는 각 평가기준의 상대적 중요도를 알 수 있는데, 이는 제품개선, 기존제품의 포지셔닝 및 신제품 개발을 위한 중요한 정보가 될 수 있다. 만약, 다수의 소비자들이 〈표 6.2〉에 나타난 김대리의 평가와 유사하게 평가한다면 A, B, C 각 승용차 제조기업은 무엇보다 경제성 향상에 힘써야 할 것이며, 광고 등을 통하여 자사제품의 경제성이 우수한 것으로 포지셔닝해야 할 것이다. 더구나 만약 경제성이 탁월한 승용차가 현재 시장에 존재하지 않는다면, 새로운 경쟁자는 이 점에서 시장기회를 발견하고 틈새시장(niche market) 전략을 수립할 수 있을 것이다.

② 비보완적 방식(Noncompensatory Rule)

보완적 방식은 소비자가 여러 가지 중요한 속성에 걸쳐 브랜드 대안들을 종합적으로 비교·평가하는 것이나, 현실적으로 소비자는 흔히 보다 간단한

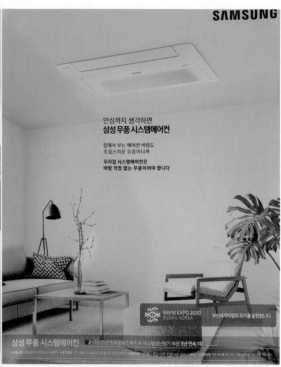

폭스바겐 ID.4

전기차의 급속충전이라는 중요한 속성을 강조함으로써 소
비자가 호의적인 태도를 형성하도록 설득하는 폭스바겐
ID.4 광고

삼성전자 무풍시스템에어컨

무풍(無風)이라는 차별적 속성을 강조하는 삼성무풍시스템
에어컨 광고

비보완적 방식에 의하여 브랜드를 평가한다. **비보완적 방식**은 한 속성의 약점
이 다른 속성의 강점에 의하여 보완이 되지 않는 것인데, 예를 들어 설명하기
로 한다. 〈표 6.3〉은 소비자가 치약의 네 가지 브랜드를 비교·평가하는 것으
로 각 브랜드에 대한 평가점수를 각각의 속성별로 최하 1에서 최고 5까지 표
시한 것이다. 비보완적 방식에는 여러 가지(결합식, 분리식, 사전편집식, 순차적
제거식)가 있는데 이 중 두 가지만 설명하기로 한다.

> **비보완적 방식**
> 한 속성의 약점이 다른
> 속성의 강점에 의하여 보
> 완이 되지 않는 평가방식

표 6.3	비보완적 방식의 예

속성	각 브랜드에 대한 평가			
	A	B	C	D
충치예방	4	4	3	3
맛	3	2	3	1
치석제거	1	2	2	5

사전편집식
소비자가 자신이 가장 중요시 여기는 속성에서 최상으로 평가되는 브랜드를 선택하는 방식

순차적 제거식
소비자가 중요하게 생각하는 각각의 속성에 대한 평가점수가 최소 어느 정도는 되어야 한다는 수용기준을 설정하고 모든 속성에서 이 수용기준을 만족시키는 브랜드를 선택하는 방식

a. 사전편집식(Lexicographic Rule)

이는 소비자가 자신이 가장 중요시 여기는 속성에서 최상으로 평가되는 브랜드를 선택하는 방식으로, 이때 최상의 브랜드가 두 개 이상이면 두 번째 중요시 여기는 평가기준에 의하여 선택한다. 위의 경우 소비자가 '충치예방'을 가장 중요시 여기고 '맛'을 두 번째 중요시 여긴다면 브랜드 A를 선택하게 될 것이다.

b. 순차적 제거식(Sequential Elimination Rule)

이는 소비자가 중요하게 생각하는 각각의 속성에 대한 평가점수가 최소 어느 정도는 되어야 한다는 수용기준(cut-off point)을 설정하고, 모든 속성에서 이 수용기준을 만족시키는 브랜드를 선택하는 방식이다. 소비자는 각 속성별로 이 수용기준을 만족시키지 못하는 브랜드를 연속적으로 제거하고 남는 브랜드를 선택한다. 소비자가 수용기준을 각 속성에 대하여 2점으로 둔다면 브랜드 B와 C 중에서 한 가지를 선택하게 된다. 이 두 가지 브랜드 중 어느 것을 선택할 것인가의 문제는 소비자가 이 시점에서 어떠한 평가방식을 다시 취하는가에 달려 있다.

위의 예에서 브랜드 D는 치석제거의 강점이 있으나, 사전편집식의 경우 충치예방의 약점 때문에, 그리고 연속제거식의 경우 맛의 약점 때문에 선택되지 않음을 보았다. 비보완적 방식은 이와 같이 소비자의 대안평가에 있어서 어떤 속성의 강점이 다른 속성의 약점을 보완시켜 주지 못하는 방식이다.

만약 표적시장의 소비자들이 비보완적 방식에 의해 선택을 한다면, 〈표 6.3〉과 같은 분석에 의하여 적절한 마케팅전략을 수립할 수 있다. 예를 들어, 다수 소비자들이 사전편집식에 의하여 브랜드를 선택한다면 마케터는 그들이 가장 중요시하는 속성에 중점을 두어 제품개발을 하고, 커뮤니케이션에 의하여 그 속성을 강조할 수 있다. 혹은 다수의 소비자들이 순차적 제거식을 취한다면, 소비자들이 대체로 기준점으로 설정하는 각 속성의 수준을 파악하여 이를 충족시킬 수 있도록 제품속성들의 결합을 결정할 수 있다.

③ 관여도와 평가방식

대안평가과정은 소비자의 관여도에 따라 매우 달라진다. 소비자가 고관여 상태에서 의사결정을 한다면 여러 가지 속성을 종합적으로 고려하여 평가하는 경향이 있으며, 이에 따라 보완적 평가방식을 취할 가능성이 높다. 반면에 소비자가 저관여 상태에 있으면 가급적 단순한 방식(예; 원산지, 가격, 디자인 같은 단서활용, 과거 만족한 브랜드 구매)으로 의사결정을 하는 경향이 있으며, 비보완적 평가방식을 취할 가능성이 높다. 또한 대안이 많은 경우 비보완

적 방식으로 선택대안의 수를 줄이고, 남은 대안들을 대상으로 보완적 평가방식으로 평가할 수 있다. 예를 들어, 소비자가 승용차를 구매하고자 할 때, 차의 크기로서 우선 중형차를 선택하고(중형차가 아닌 대안들을 제거하므로 순차적 제거식), 중형차 대안들을 대상으로 보완적 평가를 할 수 있다.

(4) 선택 (구매)

대안에 대한 평가가 끝나면 소비자는 선택(구매)을 하게 된다. 그런데 소비자는 자신이 원하는 제품이 아닌 다른 제품을 구매할 수도 있다. 이는 구매에 주변요인과 예상치 않은 요인이 영향을 미칠 수 있기 때문이다. 예컨대 신혼부부가 자동차를 구매하는 과정에서, 신랑은 경제력이 있어 제네시스를 원하는데 신부가 연비를 고려하여 경차를 원하면 제네시스가 아닌 경차를 구매할 수 있다. 구매는 의사결정 이후 곧바로 이루어지기도 하고 상당시간 후에 이루어지기도 한다. 의사결정 이후 오랜 시간이 지나 구매가 이루어지면, 소비자의 태도는 구매로 이어지지 않을 수도 있다. 예를 들어, 소비자의 경제적 여건의 변화, 생산중단에 의한 품절, 새로운 대안의 출현 등이 그 이유가 된다. 혹은 소비자의 태도 자체가 변할 수도 있다.

한편, 소비자는 제품 구매 시 구매·사용에 따라 발생할 수 있는 결과에 대해 불안감을 가질 수 있는데 이를 **지각된 위험**(perceived risk)이라고 한다. 예를 들어, 차를 구매하면서 혹시 곧 고장 나지 않을까 하는 불안감을 가질 수 있다. 마케팅관리자는 소비자가 가질 수 있는 지각된 위험요소가 무엇인지를 파악하여, 이를 제거하거나 감소시켜 줄 수 있는 방안을 마련하고, 나아가 관련 정보를 제공하는 것이 중요하다(예: 자동차 3년 혹은 주행거리 6만km까지 무상수리).

> **지각된 위험**
> 제품 구매 시 구매·사용에 따라 발생할 수 있는 결과에 대해 불안감

(5) 구매 후 평가 (Postpurchase Evaluation)

이하에서는 소비자의 구매 후 평가를 만족·불만족과 구매 후 부조화로 나누어 설명한다.

① 소비자 만족·불만족

만족·불만족을 설명하는 대표적 견해는 **기대 불일치 패러다임**(expectancy disconfirmation paradigm)이다. 이 견해에 따르면, 제품구매 후 소비·사용에 따라 소비자가 **지각하는 제품성과**(perceived performance)가 구매 이전의 **기대수준**(expectation)보다 높을수록 **만족**할 가능성이 높고, 기대수준보다 낮을수록 **불만족**할 가능성이 높다. 기대와 지각된 제품성과의 차이뿐만 아니라 지각

된 제품성과수준 자체가 만족수준에 영향을 미친다. 예를 들어, 소비자가 중간정도의 기대를 한 후 지각된 제품성과가 중간정도인 경우보다 높은 기대를 한 후 지각된 제품성과가 높은 경우에 더 만족하는 것이다.

만족과 불만족은 기억 속에 저장되어 자신의 다음 구매와 타인의 구매결정에 긍정적 혹은 부정적 영향을 미치게 된다. 불만족을 느낀 소비자들 중 다수는 기업에 직접 불평을 하지 않고, 그 제품을 다시 구매하지 않거나 타인에게 부정적으로 전한다. 그러나 불만족한 소비자들 중 일부는 기업에 불평을 하는데, 이에 따라 그들의 문제를 해결해줌으로써 재구매와 긍정적 구전을 하도록 할 뿐만 아니라 고객의 불평을 제품개선이나 기타 마케팅 업무에 반영할 수 있다. 그러므로 마케터는 고객의 만족도를 계속 감시하여야 하며, 불만족한 소비자들이 기업에 쉽게 불평을 할 수 있도록 홈페이지 VOC site, 고객센터 등의 장치를 마련할 필요가 있다.

 MARKETING INSIGHT: 제품성과 지각과 대조효과

소비자가 제품성과를 지각하는 데는 구매 이전의 기대가 준거점(reference point)으로 영향을 미칠 수 있다. 예를 들어, 소비자가 과장된 광고에 노출된 후 제품을 구매하여 소비하게 되면, 그러한 광고에 노출되지 않은 경우에 비해 그 제품의 성과를 낮게 지각하는 경향이 있다. 이는 어떤 대상에 대한 지각이 준거점에 따라 달라지는 것으로 이를 **대조효과**(contrast effect)라고 한다. 대조효과에 따르면 과장된 광고나 제품소개는 우선 판매는 잘 되게 할 수 있으나, 결국 소비자가 그 제품의 품질을 실제보다 낮게 지각하게 하므로 마케터는 이를 피해야 할 것이다. 우리는 일상생활에서 자신도 모르게 대조효과에 영향을 받는다. 예를 들어, 미지근한 물에 손을 넣으면 그냥 미지근한 물이라고 느낀다. 그러나 매우 찬물에 손을 넣었다가 미지근한 물에 넣으면 따뜻하게 느끼게 되고, 매우 따뜻한 물에 손을 넣었다가 미지근한 물에 넣으면 차게 느낀다.

대조효과를 극명하게 보여주는 한 예를 소개한다. 여러 사람들이 시카고의 오헤어 공항에서 비행기를 타기 위해 기다리고 있었다. 항공사 직원이 예약이 초과되어 일부가 탈 수 없는데 다음 비행기를 타는 사람들에게는 1만 달러의 할인권을 주겠다고 하였다. 이는 농담으로 사람들은 이 말을 듣고 웃었다. 그런데 문제는 직원이 정말로 200달러의 할인권을 주겠다고 했을 때, 다음 비행기를 타겠다고 나서는 사람이 없었던 것이다. 결국 그 금액을 300달러로 그 후에는 500달러로 올려야 했고, 그제야 지원자들이 나타났다. 바로 대조효과가 발생한 것이다. 이제 이 글을 읽은 독자가 그 항공사 직원이라면 어떤 식으로 접근할 것인가?

자료원: 이현우 역, *설득의 심리학*, 2002, 21세기 북스, p. 48 (원저: Robert B. Cialdini, *Influence: Science and Practice*, 4th ed., 2001).

② 구매 후 부조화

한편, 소비자는 구매 이후 자신이 선택한 대안이 과연 선택하지 않은 대안(들)보다 더 나은 것인가에 대한 심리적 불편함을 느낄 수 있는데, 이를 **구매 후 부조화**(postpurchase dissonance)[3]라 부른다. 구매 후 부조화는 선택한 대안이 선택하지 않은 대안(들)에 비해 어떤 면에서 못하다고 생각하기 때문에 발생한다. 불만족은 제품성과가 기대에 미치지 못하는 것이라는 판단에서 나오는 데 비해, 구매 후 부조화는 자신의 의사결정이 과연 잘한 것인가 하는 일종의 의구심(doubt)이므로, 불만족과는 그 성격이 전혀 다른 것이다. 예를 들어, 김대리는 승용차 A를 구매계약하고 집으로 돌아오면서 자신이 선택하지 않은 승용차 C의 성능이 A보다 우수하다는 생각 때문에 부조화를 경험할 수 있다(〈표 6.2〉 참조). 구매 후 부조화는 특히 고관여 의사결정 이후, 그리고 대안들의 매력도가 비슷하게 느껴질 때 더욱 크다. 예를 들어, 〈표 6.2〉의 경우 김대리는 C에 대한 평가점수가 A에 가까울수록 구매 후 부조화를 경험할 가능성이 높다.

구매 후 부조화는 심리적 불편함이기 때문에 소비자는 구매 후 부조화를 느끼게 되면, 자연히 부조화를 해소하고자 노력한다. 부조화 해소를 위한 주된 방법의 한 가지는 자신이 선택한 대안의 장점을 의도적으로 더욱 부각시키고 단점을 축소시키는 것이다. 또한 자신이 선택한 대안이 어떤 속성에서 우수하면 그 속성을 의식적으로 더욱 중요하게 생각하고, 어떤 속성에서 불량하면 그 속성을 의식적으로 덜 중요하게 생각할 수 있다. 예를 들어, 〈표 6.2〉의 경우 김대리는 A브랜드를 결정한 후 A브랜드의 경제성이 매우 높고(예를 들어, 8에서 9로 높임) 승차감도 그리 나쁘지 않다고(3에서 4로 높임) 생각하거나, 경제성이 매우 중요하고(40에서 45로 높임) 승차감은 그리 중요하지 않다고(10에서 5로 낮춤) 의식적으로 생각할 수 있다. 이렇게 생각이 바뀌면 A브랜드에 대한 태도점수는 높아지게 되며 결국 자신의 선택에 자신감을 가지고 부조화가 해소될 수 있다.

구매 후 부조화를 감소시키기 위한 또 다른 방법은 자신의 구매를 지지하는 정보를 찾는 것이다. 즉, 자신이 구매한 브랜드의 광고에 노출되면 이에 다시 관심을 갖기도 하고(그 브랜드에 대한 긍정적 정보가 있기 때문), 혹은 타인

구매 후 부조화

소비자가 구매 이후 자신이 선택한 대안이 과연 선택하지 않은 대안(들)보다 더 나은 것인가에 대해 느끼는 심리적 불편함

---

3) **인지부조화**(cognitive dissonance)는 개인이 두 개의 반대되는 믿음, 생각, 가치를 동시에 지닐 때 또는 기존에 가지고 있던 것과 반대되는 새로운 정보를 접했을 때 받는 정신적 스트레스를 말한다. 인지부조화를 겪는 개인은 심리적으로 불편해질 것이며, 이런 부조화를 줄이고자 하거나, 부조화를 증가시키는 행동을 피할 것이다. 사회심리학에서는 개인이 이러한 인지부조화를 겪을 때 공격적, 합리화, 퇴행, 고착, 체념과 같은 증상을 보인다고 알려져 있다. 소비자는 제품 구매 후 인지부조화를 경험할 수 있는데, 이를 구매 후 부조화라고 한다.

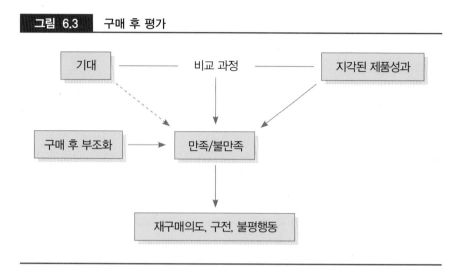

그림 6.3   구매 후 평가

들과의 대화를 통해 자신의 선택을 지지받으려고 한다. 구매 후 부조화가 긍정적인 방향으로 해소되면, 소비자는 자신의 선택에 만족을 하고 그렇지 못하면 자신의 선택을 후회하고 불만족을 할 것이다. 따라서 대체로 고가격, 내구재, 기타 고관여 제품에 해당하는 제품의 마케터는 제품을 판매한 이후 소비자에게 거래 후 서신이나 전화를 이용하여 감사의 뜻과 함께 소비자의 선택이 현명하였음을 주지시킴으로써 구매 후 부조화를 해소하는 데 도움을 줄 필요가 있다.

[그림 6.3]은 소비자의 구매 후 평가를 나타내는 것으로, 기대와 지각된 성과의 차이, 그리고 지각된 성과가 만족·불만족을 결정짓는 것을 보여준다. 그런데 기대는 경우에 따라 만족에 영향을 미치기도 하고 미치지 않기도 하므로 파선으로 표시되어 있다. 한편, 구매 후 부조화가 긍정적 방향으로 해소되는지의 여부에 따라, 소비자는 만족 혹은 불만족하게 됨을 보여준다. 이러한 만족·불만족은 재구매의도, 구전, 그리고 불평행동에 영향을 미치게 된다.

3. 소비자 의사결정과정 – 일상적 및 회상적 문제해결

일상적 문제해결과 회상적 문제해결은 소비자가 새로운 정보를 외부로부터 탐색하지 않고 자신의 기억 속에 저장된 정보에만 의존하여 의사결정을 하는 것이다. 그러므로 [그림 6.4]에 나타난 바와 같이 문제인식을 하면, 외적정보탐색과 대안평가과정이 없이 내적정보탐색을 거쳐 곧바로 구매로 이어진다. 평소 흡연을 하는 김대리는 담배를 구매하고자 하면 곧바로 평소 구매하

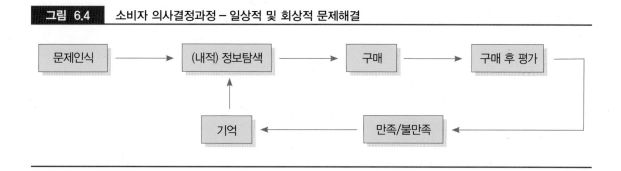

그림 6.4   소비자 의사결정과정 – 일상적 및 회상적 문제해결

던 '레종'을 구매하게 된다. 이때도 만족/불만족은 기억에 저장되며 차기 구매시 영향을 미치게 된다. 일상적 문제해결과 회상적 문제해결에 의해 구매를 한 경우, 소비자는 여러 대안들을 대상으로 의사결정과정을 거치지 않으므로 보통 구매 후 부조화는 느끼지 않는다.

학습목표 3: 소비자 정보처리과정

소비자는 매일 수많은 마케팅자극(marketing stimuli)에 노출된다. 신문을 펴거나 TV를 켜거나 지하철을 타거나 버스를 타고 창밖을 내다 볼 때, 수많은 광고에 저절로 노출된다. 자신이 원하지 않는데도 판매사원으로부터 강제로 얘기를 들어야 하는 경우도 있고, 동료로부터 우연히 정보를 듣기도 한다. 쇼핑을 하러 갔을 때 여러 가지 제품에 노출된다. 소비자는 노출된 마케팅자극에 흥미를 느끼면 주의를 기울이나, 그렇지 않으면 주의를 기울이지 않는다. 또한 소비자는 의사결정을 위한 외적정보탐색과정에서 의도적으로 자신을 여러 가지 정보에 노출시킨다.

이와 같이 소비자가 마케팅자극에 노출되어 주의를 기울이고 내용을 이해하여 제품에 대한 신념과 태도를 형성(혹은 변화)하기까지의 과정을 **소비자 정보처리과정**(information processing)이라고 한다. 정보처리과정을 통하여 형성(혹은 변화)된 신념과 태도는 제품의사결정을 위한 대안 평가에 즉각 이용되기도 하고, 자신이 그 정보와 관련된 의사결정을 곧바로 하지 않는 경우에는 기억 속에 저장되었다가 차후 관련 의사결정을 위하여 이용되기도 한다.

마케터는 광고, 판매원, 홍보, 혹은 제품포장지 등에 의하여 자사의 제품을 표적소비자에게 전달한다. 이하에서는 소비자가 마케팅정보에 노출되어 정보처리를 하는 과정을 [그림 6.5]에 따라 설명한다. 소비자 정보처리과정을

소비자 정보처리과정
소비자가 마케팅자극에 노출되어 주의를 기울이고 내용을 이해하여 제품에 대한 신념과 태도를 형성(혹은 변화)하기까지의 과정

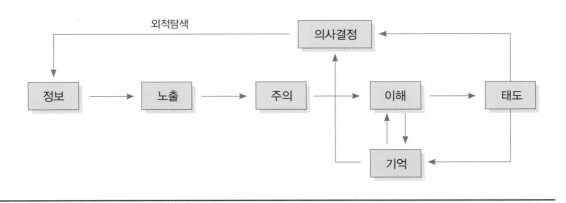

| 그림 6.5 | 소비자 정보처리과정 |

이해하기 위해서 소비자가 광고에 노출되는 경우를 전제로 하면 보다 쉽게 이해될 수 있지만, 이러한 정보처리과정은 광고 이외의 다른 정보원천에 노출된 경우에도 그대로 적용된다.

1. 노출(Exposure)

정보처리과정은 소비자가 마케팅정보에 노출되는 것으로부터 시작된다. **노출**은 우연적 노출(accidental exposure)과 의도적 노출(intentional exposure)로 나눌 수 있다. **우연적 노출**은 뜻하지 않게 친구로부터 어떤 제품에 대한 얘기를 듣거나 TV를 시청하거나 신문을 읽는 경우에 여러 가지 광고에 노출되는 것과 같이 소비자가 의도하지 않은 상태에서 정보에 노출되는 경우를 말한다. **의도적 노출**은 소비자가 의사결정과정에서 외적탐색을 위하여 스스로 정보를 찾는 경우를 말하며, [그림 6.5]에서 의사결정과 정보를 연결하는 화살표는 의도적 노출을 나타낸다.

한편, 소비자는 필요하고 관심있는 정보에만 자신을 노출시키는 경우가 많은데, 이를 **선택적 노출**(selective exposure)이라고 한다. 예를 들어, 많은 사람들이 신문이나 잡지의 광고 부분을 의도적으로 보지 않거나, 우편 광고물을 봉투도 뜯지 않고 버리기도 한다. 또한 TV를 시청하다가 광고가 나오면 리모컨을 이용하여 곧바로 채널을 바꾼다. 노출은 정보처리의 출발점이므로 노출이 되지 않으면, 정보처리가 전혀 되지 않는다고 할 수 있다.

우연적 노출
소비자가 의도하지 않은 상태에서 정보에 노출되는 것

의도적 노출
소비자가 의사결정과정에서 외적탐색을 위하여 스스로 정보를 찾는 것

선택적 노출
소비자가 필요하고 관심있는 정보에만 자신을 노출시키는 것

2. 주의 (Attention)

소비자는 자신을 정보에 의도적으로 노출시키면 자연히 **주의**를 기울인다. 그러나 어떤 정보에 우연적으로 노출되었을 때도 그 정보가 자신이 높게 관여되어 있는 제품군에 대한 것이면 상당한 주의를 하게 된다. 소비자는 관여되어 있지 않는 제품군에 대한 광고에 노출되더라도 그 광고가 특히 잘 만들어져 관심을 끌 수 있다면 주의를 하기도 한다. 그러나 이 경우 주의의 대상은 다르다. 즉, 소비자가 제품 그 자체에 고관여되어 있을 때는 제품정보에 주의를 기울이나, 단지 광고 자체에 흥미를 느끼는 경우는 대개 제품특징보다는 광고의 배경적 요소나 연출에 주의를 한다.

그런데 비록 저관여 상태에서의 주의라도 소비자의 구매행동에 영향을 미칠 수 있다. 즉, 소비자는 광고의 배경적 요소나 연출에 주의하여 즐기게 되면 광고에 호의적 태도를 가지게 되고, 이에 따라 제품에도 호의적 태도를 가질 수 있다. 또한 이 경우 자연스럽게 브랜드명이 기억 속에 저장되었다가 훗날 구매결정에 영향을 미칠 수 있다. 그러므로 마케터는 자사 제품의 정보를 제시할 때 보다 주의를 유발할 수 있도록 해야 한다. 예를 들어, 광고를 즐겁거나 신나는 분위기로 연출하거나, 보다 호감을 주는 판매원을 고용하는 것이다. 기업은 계속적으로 색다른 광고를 하려고 하는데, 그 중요한 목적 중의 하나는 소비자들의 주의를 끌고자 하는 것이라고 할 수 있다.

3. 이해 (Comprehension)

이해는 감각기관에 유입된 정보의 내용을 조직화하고, 그 정보의 의미를 해석하는 것이다. 예를 들어, 소비자는 판매원으로부터 제품설명을 듣거나 TV광고를 시청하고, 제품의 특징을 나름대로 이해하게 된다. 한 대상에 대한 소비자들의 해석은 매우 주관적이어서 동일한 내용의 제품설명을 듣거나 광고에 노출되더라도 소비자마다 해석은 얼마든지 다를 수 있다. 소비자는 지각적 조직화, 지각적 범주화, 그리고 지각적 추론 등의 지각적 메커니즘에 의하여 대상을 효율적으로 해석한다.

지각적 조직화(perceptual organization)는 자극물을 구성하는 여러 요소에 대하여 따로따로 의미를 부여하지 않고, 전체적으로 통합하여 의미를 부여한다는 것이다. 예를 들어, 소비자가 산, 도로, 강 등으로 구성된 멋진 경치를 배경으로 어떤 승용차가 달리면서 승용차의 장점이 제시되는 TV광고를 보게 되면, 소비자는 광고물을 구성하는 모든 요소들을 통합·조직화하여 그 차의 특

> **이해**
> 감각기관에 유입된 정보의 내용을 조직화하고 그 정보의 의미를 해석하는 것

그림 6.6 제품스키마와 지각적 범주화의 예

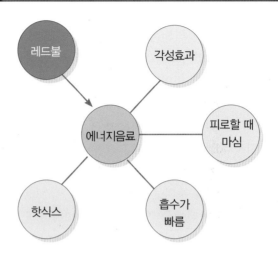

징을 나름대로 이해하게 된다.

지각적 범주화(perceptual categorization)는 소비자가 유입정보를 기억 속의 기존 스키마와 관련짓는 것이다. **제품스키마**(product schema)는 특정제품에 관련된 개념들 간의 네트워크(network)이다. 예를 들면, 소비자가 레드불의 광고에 처음으로 노출되었을 때 [그림 6.6]과 같이 이미 에너지음료에 관련된 개념들이 기억 속에 스키마(각성효과, 피로할 때 마시는 음료, 흡수가 빠름, 핫식스 등)의 형태로 저장되어 있으면 레드불을 에너지음료 제품으로 범주화시켜 이를 쉽게 이해할 수 있다. 그러나 소비자가 에너지음료를 전혀 모른다면 레드불의 특성을 이해하기가 보다 어렵게 된다. [그림 6.5]에서 기억에서 이해로의 화살표는 지각적 범주화과정에서 기억 속의 관련 스키마가 이해에 영향을 미치는 것을 의미한다.

지각적 추론(perceptual inference)은 한 대상을 평가할 때 평가요소들로부터 직접적으로 평가하지 않고, 다른 것들로부터 추리하는 것을 말한다. 예를 들어, 소비자가 어떤 제품의 품질을 평가할 충분한 정보를 갖지 않고 있으면, 가격이 높을수록 품질을 높게 평가하는 경향이 있는데, 이때 가격은 품질추론의 단서가 된다. 이러한 현상을 **가격 – 품질 연상효과**(price-quality association)라고 한다. 품질추론의 단서가 되는 것으로 가격 이외에도 포장(혹은 용기), 브랜드명(제조회사), 판매점포, 제조국가 등이 있다.

소비자는 지각적 조직화, 지각적 범주화, 그리고 지각적 추론과 같은 지각적 메커니즘에 의하여 자극물(혹은 제품관련 정보)을 이해하고, 이 중 일부는

가격–품질 연상효과

소비자가 어떤 제품의 품질을 평가할 충분한 정보를 갖지 않고 있으면 가격이 높을수록 품질을 높게 평가하는 경향

기억(장기기억)에 저장된다. 우리가 과거 언젠가 보았던 TV 광고의 내용과 장면들을 기억하는 것은, 우리가 그러한 식으로 이해하였기 때문이다. 이는 [그림 6.5]에서 이해에서 기억으로 잇는 화살표로 나타나 있다.

4. 태도 (Attitudes)

태도는 한 대상에 대한 전반적인 평가(overall evaluation)로서 소비자가 그 대상을 얼마나 좋아하는지, 혹은 싫어하는지를 의미한다. 태도는 소비자의 선택에 많은 영향을 미칠 수 있으므로, 마케터는 표적소비자들이 자사 제품에 가급적 호의적 태도를 형성하도록 노력해야 한다. 앞에서 설명한 바와 같이 소비자는 의사결정과정에서 대안을 평가하고 대안평가의 결과는 그 대안에 대한 태도가 된다. 태도는 의사결정과는 무관하게 정보처리과정에서도 형성될 수 있다. 즉, 소비자는 우연하게 제품정보에 노출되어 제품정보를 이해하면, 이를 토대로 그 제품에 대해 긍정적, 부정적 혹은 중립적 태도를 형성할 수 있다. 소비자의 태도형성 메커니즘을 설명하는 이론은 여러 가지가 있는데 여기서는 주된 것 몇 가지만을 설명한다.

> **태도**
> 한 대상에 대한 전반적인 평가로서 소비자가 그 대상을 얼마나 좋아하는지 혹은 싫어하는지를 의미

(1) 다속성 태도모델 (Multiattribute Attitude Model)

다속성 태도모델의 대표적인 것으로 Fishbein 태도모델(Fishbein attitude model)이 있다. Fishbein 태도모델은 다음과 같다.[4]

$$A_0 = \sum_{i=1}^{n} b_i e_i$$

A_0 : 대상에 대한 태도(attitude)
b_i : 그 대상이 속성 i에서 어떨 것인가에 대한 신념(belief)
e_i : 속성 i에 대한 소비자의 평가(evaluation)
n : 고려되는 부각 속성들의 수

이 모델은 대상에 대한 개인의 태도가 그 대상의 부각 속성들(salient attributes)에 대한 **신념**(beliefs)과 각 **속성에 대한 평가**(attributes evaluation)에 의해 결정된다고 제안한다. 여기서 **신념**은 소비자가 특정 브랜드의 속성과 관련하여 가지고 있는 주관적 의견을 가리킨다. **신념의 강도**(b_i)는 어떤 브랜드

---

4) Martin Fishbein, "An Investigation of the Relationship between Beliefs about an Object and the Attitude toward that Object," *Human Relations*, 16, August 1963, pp. 233-240.

(예: SM5)가 특정속성(예: 안전성)에서 어떻다고 소비자가 생각하는지를 말하는데, 소비자의 과거 경험, 외부정보, 혹은 추론에 의해 결정된다. 신념의 강도는 다음과 같이 측정될 수 있다.

속성 i에 대한 평가(e_i)는 어떤 제품군(예: 중형차)이 특정속성(예: 안전성)을 가진다는 사실이 소비자에게 얼마나 바람직한가를 반영하며, 다음과 같은 방식으로 측정된다. 신념의 강도는 특정 브랜드(예: SM5)에 대한 것인 데 비해 속성에 대한 평가는 제품군(예: 승용차)에 관한 것이다.

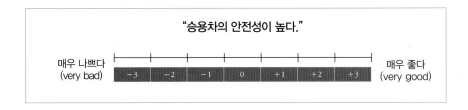

　　　태도형성에 대한 Fishbein 태도모델을 쉽게 이해하기 위하여 승용차의 경우를 예로 들어보자. 어떤 소비자는 승용차 구매를 위한 브랜드 대안으로 SM5, 충성도, 그리고 K5를 고려하고 있으며, 승용차 구매에 중요한 속성으로 품위, 안전성, 내구성, A/S를 생각한다. 그 소비자의 각 제품속성에 대한 신념강도(belief strength)와 속성평가(attribute evaluation)는 〈표 6.4〉와 같다.

표 6.4　　Fishbein 태도모델의 예

속성	e_i	SM5 b_i	충성도 b_i	K5 b_i
품위	+3	+1	0	−1
안전성	+2	0	+1	0
내구성	+2	+2	+1	+1
A/S	+1	+3	+2	+2
각 브랜드에 대한 태도		+10	+6	+1

예를 들어, SM5에 대한 태도 $A_0 = (+3)(+1)+(+2)(0)+(+2)(+2)+(+1)(+3)=+10$이며, 나머지 브랜드에 대해서도 동일한 방법으로 계산할 수 있다. 위의 결과를 볼 때 Fishbein 태도모델에 의하면, 이 소비자는 SM5, 충성도, K5의 순서로 선호할 것으로 예측된다.

어떤 소비자가 Fishbein 태도모델에 따라 태도를 형성하는 것으로 본다면, 그 소비자는 각 대안의 여러 속성들을 종합적으로 고려하며, 특히 어떤 속성(들)의 약점을 다른 속성(들)의 강점에 의해 보완하므로, 그 소비자는 〈표 6.2〉의 경우와 유사하게 보완적 방식으로 평가하는 것이라 할 수 있다. 또한 다속성 태도모델에는 Fishbein 태도모델 이외에도 여러 가지가 있는데, 예를 들어 〈표 6.2〉는 다속성 태도모델의 한 가지 예로 볼 수 있다.

(2) 인지적 반응과 정서적 반응

태도형성을 설명하는 다른 견해로 인지적 반응(cognitive responses)과 정서적 반응(emotional responses)과 관련된 견해가 있다. 이 견해는 소비자는 제품정보에 노출되어 정보처리를 하는 동안 자연스럽게 여러 가지 반응을 하게 되며, 이러한 반응이 소비자의 제품태도 형성에 영향을 미친다고 제안한다.

인지적 반응은 소비자가 정보처리를 하는 동안 자연스럽게 떠올린 생각들(thoughts)로서, 광고 정보처리의 경우에는 광고메시지(제품 특징에 관한 설명)나 광고실행(광고배경, 광고제작, 광고모델 등)에 대한 생각을 말한다. 광고메시지에 대한 반응으로 지지주장(support arguments)과 반박주장(counterarguments)이 있으며 광고실행에 대한 반응으로 실행지지(execution bolstering)와 실행격하(execution derogation)가 있다.

광고 정보처리시 지지주장과 실행지지는 제품태도에 긍정적으로, 그리고 반박주장과 실행격하는 제품태도에 부정적으로 영향을 미친다. 하나의 광고에 대해 인지적 반응은 개인에 따라 얼마든지 다를 수 있다. 예를 들어, 어떤 식품에 "방부제가 들어 있지 않다"는 광고 메시지에 접하는 경우, 가족의 건강에 마음을 쓰는 주부는 "몸에 해롭지 않겠다"라는 긍정적 반응(지지주장)을 할 수 있으나, 많은 양을 구매해서 오랫동안 두고 음식을 만드는 데 사용해야 하는 음식점 주인의 경우, "오래 보관할 수 없겠구나"라고 부정적으로 반응(반박주장)할 수 있는 것이다. 결국 전자가 후자에 비해 그 식품에 보다 호의적 태도를 형성할 것이다.

정서적 반응은 소비자가 정보를 처리하는 동안 자연스럽게 유발되는 느낌(feelings)을 의미하는데, 역시 긍정적인 것과 부정적인 것이 있다. 예를 들어, 소비자는 TV 광고를 시청하면서 즐겁거나 포근한 느낌을 가질 수도 있으

인지적 반응
소비자가 정보처리를 하는 동안 자연스럽게 떠올린 생각들

정서적 반응
소비자가 정보를 처리하는 동안 자연스럽게 유발되는 느낌

유한킴벌리

정서적 반응을 유발하는 광고: 유한킴벌리 광고는 넓은 숲 지대를 소개함으로써 자사에 대한 좋은 태도를 형성하게 한다.

며, 반대로 혐오감을 갖거나 지루하게 느낄 수도 있다. 광고 정보처리시 유발되는 정서적 반응도 제품태도에 영향을 미치는데, 긍정적 반응이 많을수록 제품태도는 보다 긍정적으로, 그리고 부정적 반응이 많을수록 제품태도는 보다 부정적으로 형성된다.

인지적 반응과 정서적 반응 공히 긍정적 반응이 많을수록 제품태도는 호의적으로 형성될 것이므로, 마케터는 광고기획 및 제작시 가급적 긍정적 반응을 유발할 수 있도록 해야 한다.

정보처리과정을 거쳐 형성 혹은 변화된 태도는 당면한 의사결정에 영향을 미치거나 기억에 저장된다. 즉, 의사결정과 관련하여 의도적으로 정보처리가 이루어졌다면 태도는 의사결정에 즉각 영향을 미치지만, 정보에 우연적으로 노출되어 정보처리를 하게 되고 태도가 형성된 경우 그 정보와 태도는 기억에 저장된다. 이는 [그림 6.5]에서 태도로부터 의사결정과 기억으로 잇는 화살표로 나타나 있다. 기억에 저장된 태도는 차후 소비자의 의사결정과정에서 내적탐색에 의해 의사결정에 영향을 미칠 수 있다. [그림 6.5]에서 기억으로부터 의사결정으로의 화살표는 이를 나타낸다. 예를 들어, 소비자는 제품을 구매하려고 할 때 과거 광고나 누군가로부터 어떤 브랜드가 좋다는 얘기를 들어 이를 기억에 저장하고 있다면, 그 브랜드에 대한 정보나 태도를 인출하여(내적탐색) 그 브랜드를 구매할 수 있다.

(3) 관여도와 태도

소비자의 관여도에 따라 태도형성 과정은 달라지는 경향이 있다. 소비자는 고관여 상태에 있는 경우 관련 정보에 주의를 기울이고 신중히 정보처리를 하는 경향이 있다. 따라서 다속성 태도모델과 인지적 반응 견해는 고관여 소비자의 태도형성을 설명하는 데 보다 잘 적용된다. 반대로 소비자가 노출된 제품정보에 관여도가 낮으면 별로 주의를 기울이지 않는 경향이 있다. 이 경우 인지적 반응보다 쉽게 유발되는 정서적 반응은 자연스럽게 광고태도(ad attitude)에 영향을 미치고 이는 다시 브랜드태도(brand attitude)에 영향을 미칠 수 있다(정서적 반응 → 광고태도 → 브랜드태도).

5. 기억 (Memory)

기억은 단기기억(short-term memory)과 장기기억(long-term memory)으로 구성된다. **단기기억**은 감각기관을 통해 유입되는 정보를 처리하는 부분이다. 소비자는 자신이 처리한 정보 중 중요한 정보는 반복적으로 생각하거나 마음속 깊이 새길 수 있는데, 이를 **리허설**(rehearsal)이라고 한다. 리허설된 정보는 장기기억으로 이전된다. 반면에 리허설되지 않은 정보는 망각된다. 마케터는 소비자가 자사의 정보에 주의를 기울여 정보처리를 잘할 뿐만 아니라 리허설을 잘함으로써 그 정보를 장기기억에 저장하기를 바란다. 이를 위하여 소비자의 리허설을 도와줄 수 있는데, 예를 들어, 동일한 광고를 반복 노출시키면 제품정보가 쉽게 리허설될 수 있다. 반복광고의 효과는 여러 가지로 설명할 수 있는데, 리허설을 쉽게 하도록 하는 것은 그중의 한 가지이다.

장기기억은 단기기억에서 이전된 정보를 저장하는 부분이다. [그림 6.5]의 기억은 장기기억을 의미한다. 장기기억에는 과거의 제품경험, 타인이나 광고로부터 획득한 제품정보와 태도 등 여러 가지가 저장되어 있다. 앞에서 지각적 범주화를 설명하면서 제품스키마는 특정 제품과 관련된 정보들이 네트워크(network) 형태로 구성되어 있는 것으로 설명하였는데, 장기기억 속의 수많은 정보들은 서로 관련된 정보들끼리 연결되어 네트워크 형태를 이루고 있는 것으로 받아들여진다. 장기기억 속의 정보는 의사결정시 인출되어 대안평가에 영향을 미치는데, [그림 6.5]에서 기억으로부터 의사결정을 잇는 화살표는 이를 의미한다(내적탐색). 장기기억 속의 정보는 또한 앞에서 언급한 바와 같이 정보처리시 단기기억에 인출되어 이해에 영향을 미친다. 기억으로부터 이해로 잇는 화살표는 이를 나타낸다.

단기기억
감각기관을 통해 유입되는 정보를 처리하는 부분

리허설
소비자가 자신이 처리한 정보 중 중요한 정보를 반복적으로 생각하거나 마음속 깊이 새기는 것

장기기억
단기기억에서 이전된 정보를 저장하는 부분

MARKETING INSIGHT: 1인경제의 진화: 소비시장 큰손으로 떠오르며 소비 트렌드와 패러다임 바꾸는 1인 가구 …

급증하는 1인가구가 소비시장의 큰손으로 떠오르면서 비즈니스 개념을 바꾸고 있다. 편의점·마트·백화점 등 식품·유통업계뿐만 아니라 주거, 금융서비스, 가구·가전, 음식점, 여행·레저, 문화 콘텐츠, 의료, 보안·청소·심부름 서비스 등 소비시장 전반에서 1인가구를 겨냥한 맞춤형 상품이 넘쳐난다. 이는 일시적인 추세가 아니다. 인구구조와 가구구성의 급속한 변화에 따른 자연스러운 현상이다.

주택시장에서는 이미 소형 주택이 대세가 됐다. 온라인 쇼핑몰에서도 1인가구가 최대 고객으로 자리 잡았다. 마트와 편의점에서는 낱개 포장 상품을 쉽게 찾을 수 있다. 음식점은 혼자 오는 손님이 불편하지 않도록 가게 구조까지 뜯어 고친다. 가히 1인가구가 탄생시킨 '1인경제'의 진화라고 할 수 있다. – 중략 –

• 30대 1인가구 소득이 가장 높아

물론 모든 1인가구가 소비시장의 큰손인 것은 아니다. 세대별 또는 계층별로 1인가구의 성격에 따라 소득수준과 소비성향이 달라진다. 높은 소득을 올리면서 독신을 즐기는 화려한 싱글이 있는 반면, 독거노인이나 취업준비생 등 사회적 취약계층인 경우도 많다. 화려한 싱글이 소비를 촉진하고 경제 활성화에 보탬이 된다면, 취약계층 1인가구는 경제성장의 동력을 약화시키기도 한다. – 중략 –

'솔로 이코노미(Solo Economy)' 개념을 처음 제시한 미국 뉴욕대학 에릭 클라이넨버그 교수는 *Going Solo*라는 책에서 "젊은 싱글족은 새로운 라이프스타일 트렌드를 쉽게 받아들이고 소비성향 또한 높다"며 "이들은 소비시장에서 질적으로 중요한 영향력을 가진다"고 지적했다.

자료원: *한겨레21*, 2018. 10. 5.

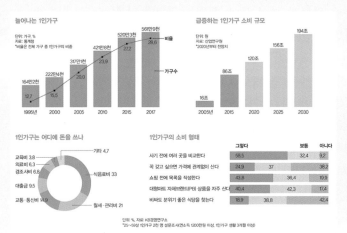

늘어나는 1인가구
단위: 가구, %
자료: 통계청
*비율은 전체 가구 중 1인가구의 비중

	1995년	2000	2005	2010	2015	2017
가구수	164만2천	222만4천	317만가	421만6천	520만3천	561만9천
비율	12.7	15.5	20.0	23.9	27.2	28.6

급증하는 1인가구 소비 규모
단위: 원
자료: 산업연구원
*2020년부터 전망치

2009년	2015	2020	2025	2030
16조	86조	120조	156조	194조

1인가구는 어디에 돈을 쓰나
교육비 3.8
의료비 6.3
경조사비 6.8
대출금 9.5
교통·통신비 14.9
기타 4.7
식음료비 33
월세·관리비 21

단위: %, 자료: KB경영연구소

1인가구의 소비 형태

	그렇다	보통	아니다
사기 전에 여러 곳을 비교한다	58.5	32.4	9.2
꼭 갖고 싶으면 가격에 관계없이 산다	24.9	37	38.2
쇼핑 전에 목록을 작성한다	43.8	36.4	19.9
대형마트 자체브랜드(PB) 상품을 자주 산다	40.4	42.3	17.4
비싸도 분위기 좋은 식당을 찾는다	18.9	38.8	42.4

단위: %, 자료: KB경영연구소
*25~59세 1인가구 2천 명 설문조사(연소득 1200만원 이상, 1인가구 생활 3개월 이상)

학습목표 4: 소비자행동에 영향을 미치는 요인들

지금까지 소비자 선택과 관련된 의사결정과정과 소비자가 제품정보에 노출된 경우 정보를 처리하는 과정에 대해 설명하였다. 소비자의 의사결정과 정보처리 및 그 밖의 다양한 소비자행동은 소비자가 속한 사회환경적 요인으로부터, 그리고 소비자 자신의 개인적 요인으로부터 영향을 받는다.

1. 사회환경적 요인

소비자행동에 영향을 미치는 사회환경적 요인으로는 문화, 사회계층, 준거집단 및 가족이 있다.

(1) 문화(Culture)

문화는 소비자가 속한 사회구성원들이 공유하는 관습, 가치관, 라이프스타일, 도덕 등의 복합체로서, 소비자가 어떤 상황에서 적절한 생각이나 행동이 무엇인지에 대한 지침을 제공한다. 소비자가 속한 국가나 사회의 문화는 소비자행동에 거시적으로, 그리고 다양한 측면에서 영향을 미친다. 우리나라는 전통적으로 유교문화권에 속해 있어 많은 가정에서 명절에 차례를 지내며, 명절 직전에는 차례에 필요한 식품수요가 급증한다. 다른 나라에 비해 특히 높은 자녀 교육열로 인하여 학원, 학습지, 과외 등에 대한 수요가 높으며, 가정의 소득 중 많은 부분이 자녀교육비로 지출된다. 국가 간의 여행, 영화 및 방송 등으로 인하여 한 사회의 문화가 다른 사회로 급속히 전파되고 있는데, 대개 후진국의 소비자들은 선진국의 문화에 영향을 많이 받는다.

(2) 사회계층(Social Class)

사회계층은 한 사회 내에서 비교적 영속적이고 동질적인 구분(relatively permanent homogeneous divisions)으로서 상류층, 중류층, 하류층으로 구분되거나 더욱 세밀하게 구분될 수도 있다. 사회계층은 대체로 직업, 소득, 교육수준 및 재산에 의하여 가름된다. 조선시대에는 양반, 중인, 평민, 천민 등으로 자신의 사회계층이 태어나면서 결정되고 계층 간의 이동이 거의 불가능하였지만, 현대사회에서는 개인의 능력이나 노력에 따라 사회계층 간의 이동이 가능하다. 동일한 사회계층의 구성원들은 대체로 유사한 가치관, 라이프스타일, 관심 및 행동을 공유한다. 특히 동일 계층 내의 소비자들은 의류, 가구, 레저, 승용차 등에 유사한 선호도를 나타낸다.

(3) 준거집단 (Reference Group)

소비자는 타인에게 쉽게 노출되는 제품, 예를 들어, 옷, 장신구, 넥타이 등을 구매할 때, 자신의 마음에 드는 제품에 대하여 종종 친구나 동료, 혹은 가족이 어떤 의견을 가질까를 생각한다. 혹은 이러한 집단들은 소비자의 구매행동에 직접적인 영향을 미친다. 이와 같이 **준거집단**은 어떤 대상과 관련된 소비자의 태도형성이나 행동에 직접 혹은 간접적으로 준거점으로서 작용하는 집단을 가리킨다. 준거점으로 작용하는 개인을 준거인이라고 한다.

준거집단은 회원집단(membership group)과 비회원집단(nonmembership group)으로 분류될 수 있다. 회원집단은 소비자가 현재 속해 있는 집단으로서 다시 1차집단(primary group)과 2차집단(secondary group)으로 구분된다. 1차집단은 가족, 학교급우, 직장동료처럼 매우 자주 접촉하는 집단인데 소비자행동에 가장 큰 영향을 미치는 집단이다. 2차집단은 친목회의 회원이나 동창생처럼 접촉하는 횟수가 비교적 적은 집단이다. 비회원집단은 소비자가 현재 속해 있지 않은 집단인데, 이 중 열망집단(aspiration group)은 소비자가 소속되기를 원하는 집단으로서 직장사원인 경우 중역집단, 운동선수인 경우 국가대표팀 등이 그 예가 된다. 개인은 가끔 열망집단 구성원들의 행동을 모방한다.

제품유형과 소비상황별 준거집단의 영향에 관한 연구에 의하면, 소비자들은 소비상황이 타인에게 잘 드러나지 않는 개인적 제품(예: 침대, 냉장고)을 구매하는 경우보다 타인에게 잘 드러나는 공공적 제품(예: 겉옷, 골프클럽)을 구매할 때 준거집단으로부터 많은 영향을 받으며, 이 중 특히 필수품(예: 겉옷)에 비하여 사치품(예: 골프클럽) 구매시 많은 영향을 받는 것으로 나타났다.[5] 그러므로 골프클럽 등의 공공적 사치품 마케터는 소비자가 자사제품을 구매한 후 타인으로부터 지지받는 광고에 의하여 잠재구매자에게 소구할 수 있다.

(4) 가족 (Family)

개인소비자는 대부분 2명 이상으로 구성된 한 **가족**의 구성원으로서 제품 구매시 다른 가족 구성원의 영향을 받는 경우가 많다. 개인이 소비·사용하는 제품의 경우 개인의 단독 결정에 의해 구매가 이루어지는 경우가 많지만, 값비싼 의류, 보석, 컴퓨터 등의 구매시에는 다른 구성원의 영향을 받는다. 가족이 공동으로 소비·사용하는 제품 중 치약, 비누 같은 편의품은 대개 각 가

준거집단
어떤 대상과 관련된 소비자의 태도형성이나 행동에 직접 혹은 간접적으로 준거점으로서 작용하는 집단

---

5) William O. Bearden and Michael J. Etzel, "Reference Group Influence on Product and Brand Purchase Decisions," *Journal of Consumer Research*, 9, September 1982, pp. 183-194.

삼성전자 디지털 가전

삼성전자 디지털 가전제품들은 고가의 내구재에 해당하며, 이를 공동으로 소비·사용하는 신혼부부 모두를 설득하고자 한다.

정의 주부에 의해 구매되지만, 이 경우에도 다른 가족 구성원이 브랜드선택에 영향을 미친다. 가족이 공동으로 소비·사용하는 제품 중 승용차, TV, 가구 등 값비싼 내구재의 경우는 흔히 부부가 공동결정(joint decision making)을 하며 자녀의 영향을 받기도 한다.

　　가족구매결정(family decision making)과 관련된 연구결과 가정에서 소비되는 제품들 중 남편과 아내의 영향력이 제품에 따라 매우 다르게 나타났다. 예를 들어, 주방용품, 어린이옷, 식품 등은 아내에 의해, 그리고 보험구매는 남편에 의해 주로 결정되는 것으로 나타났다. 가족이 공동으로 사용하는 승용차는 아내의 영향을 받지만 주로 남편이 결정하는 것으로 나타났다.[6] 최근에

---

6) Harry L. Davis and Benny P. Rigaux, "Perception of Marital Roles in Decision Processes," *Journal of Consumer Research*, 1, June 1974, pp. 51-62.

는 가족의사결정에 있어서 자녀들의 영향력이 점차 커지고 있다.

2. 개인적 요인

소비자의 나이, 성별, 소득과 같은 인구통계학적 특성에 따라, 그리고 개성과 라이프스타일에 따라 소비자의 욕구와 행동은 매우 다양하게 나타날 수 있다. 이러한 변수들에 의해 시장세분화가 가능한데, 이에 대한 설명은 제7장에서 서술한다. 이하에서는 개성과 라이프스타일에 대해 설명한다.

(1) 개성(Personality)

개성은 환경적 자극에 대해 비교적 일관된 반응을 하게 하는 개인의 심리적 특성들(psychological traits)의 집합으로 정의된다. 개인의 심리적 특성을 나타내는 개념들로는 성취욕, 경쟁심, 사교성, 공격성, 자기과시성, 독립심 등 다수가 있다. 한 개인의 개성은 각각의 특성이 많다거나 적다거나 하는 식으로 가름할 수 있다. 예를 들어, 어떤 사람은 성취욕이 강하고 경쟁심이 강하지만 비사교적이라고 말할 수 있다.

근래에 들어 마케팅 분야에서 많은 관심의 대상이 된 주제의 한 가지로 **브랜드 개성**(brand personality)이 있다. 브랜드 개성은 브랜드를 의인화시켜 '만약 그 브랜드가 사람이라면 어떤 개성의 사람'이라고 하는 것이다.[7] 소비자들은 자신의 개성과 일치하는 브랜드 개성을 가진 브랜드를 선호하는 경향이 있다. 그러므로 마케터는 자사 브랜드의 개성을 발견하거나 개발하여, 그러한 개성을 가진 소비자들에게 자사의 브랜드를 소구하는(appeal) 노력을 할 수 있다. 브랜드 개성에 대해서는 제8장에서 자세히 다룬다.

> **브랜드 개성**
> 브랜드를 의인화시켜 '만약 그 브랜드가 사람이라면 어떤 개성의 사람'이라고 하는 것

(2) 라이프스타일(Life Style)

사람들마다 살아가는 방식은 다양하다. 여유시간과 돈이 있으면 자기의 취미생활에 관심을 갖는 사람이 있는가 하면 지역사회에 관심을 갖는 사람이 있다. 주말에 시간만 있으면 낚시를 가는 사람이 있으며, 새로운 패션의류가 유행하면 남보다 더 관심을 갖는 사람이 있다. 어떤 사람은 조금이라도 저렴한 가격에 제품을 구입하기 위하여 가급적 세일을 기다린다. 이와 같이 사람들이 살아가는 방식(a mode of living)을 라이프스타일이라고 부른다. **라이프스타일**은 보다 구체적으로는 사람들이 자신의 시간을 어떻게 소비하는가(**행**

---

7) Jennifer L. Aaker, "Dimensions of Brand Personality," *Journal of Marketing Research*, 43(August), 1997, pp. 347-356.

위); 주위환경에서 특별히 중요하게 고려하는 것은 무엇인가(**관심**); 그리고 자신과 주위세계에 대한 생각은 무엇인가(**의견**)의 총체로서 나타난다. 따라서 라이프스타일은 보통 행위(activities), 관심(interests) 및 의견(opinions)을 의미하는 AIO 관련 변수들로 측정한다. 라이프스타일은 개인마다 독특한 삶의 양식(a unique pattern of living)이며 소비행동에 영향을 미치며 또한 이로부터 영향을 받는다. 그러므로 오늘날의 많은 제품들은 '라이프스타일' 제품이라 할 수 있다.

   라이프스타일은 소비자의 동기, 사전학습, 사회계층, 인구통계학적 특성 등 여러 가지의 함수이며, 소비자의 가치(value)를 반영한다. 소비자의 가치가 비교적 안정적인 데 비해 라이프스타일은 보다 쉽게 변화하기도 한다. 우리 사회에서도 전통적 남녀역할에 대한 인식의 변화에 따른 부부간에 있어서 가사의 분담, 건강과 영양에 대한 관심의 고조, 개인과 가족 중심의 생활, 소득증대에 따른 지나친 소비성향 등 다양한 라이프스타일의 변화를 겪고 있다.

제 **7** 장 시장세분화, 표적시장 결정, 포지셔닝 전략

작은 기회의 발견이 가끔은 커다란 성공의 밑거름이 된다.

– Demosthenes

제4장에서는 한 기업이 진입할 제품시장(product market)의 선택에 대해 설명하였다. 그런데 제품시장을 구성하는 소비자들의 욕구가 매우 유사하다면, 기업은 소비자들의 공통의 욕구를 파악하여 이를 충족시킬 수 있는 제품을 개발하면 될 것이다. 대부분의 제품시장이 형성된 초기에는 소비자들의 욕구는 비교적 단순하다. 예를 들어, 1970년대까지 대다수 승용차 구매자들은 경제적이며 실용적인 차를 원했으므로 현대자동차의 독자모델 포니는 성공할 수 있었다.

그러나 초기에 개발된 제품에 만족하던 소비자들도 소득이 증대됨에 따라 또는 타인이 동일한 제품을 소유함에 따라 점차 다른 특징을 갖는 제품을 원하게 된다. 다시 말하면 제품시장이 점차 성숙함에 따라서, 소비자들의 욕구는 보다 다양화되며 여러 경쟁자들이 진입하게 된다. 이 경우 기업이 전체 제품시장을 대상으로 한 가지 제품만을 제조·판매한다면 이에 불만족한 많은 소비자들은 그 제품을 외면할 것이다. 그러므로 기업은 전체시장을 대상으로 막연히 마케팅활동을 하는 것보다 전체시장을 구성하는 여러 小市場들 중 특정시장(들)을 표적으로 삼아 표적시장의 욕구에 대응하는 표적마케팅(target marketing)을 해야 한다.

표적마케팅전략은 시장세분화(market segmentation), 표적시장 결정(market targeting), 그리고 제품포지셔닝(product positioning)의 단계로 구성되며, 이를 줄여서 STP라고 한다([그림 7.1] 참조). 시장세분화는 제품시장을 어떤 기준에 의하여 여러 개의 小市場으로 세분화하는 과정이며, 표적시장 결정은 이들 세분시장들 중 그 기업에 가장 적절하다고 판단되는 세분시장(들)을 표적시장으로 결정하는 과정이다. 그런데 한 세분시장에는 대부분의 경우 경쟁브랜드가 있다. 이 경우 표적고객들은 자사의 브랜드가 경쟁브랜드에 비하여 차별적 우위가 있는 것으로 지각할 때 자사의 브랜드를 선택할 가능성이 보다 높다. 제품포지셔닝은 자사의 브랜드를 경쟁브랜드에 비하여 차별적으로 받아들일 수 있도록 고객들의 마음속에 위치시키는 노력이다.

학│습│목│표

1. 시장세분화에 대해 학습한다.
2. 표적시장 결정을 이해한다.
3. 가치제안과 제품포지셔닝을 학습한다.

그림 7.1	STP의 구체적인 단계

1단계: 시장세분화(S)	2단계: 표적시장 결정(T)	3단계: 제품 포지셔닝(P)

• 시장에 대한 이해 및
  시장세분화 여부 결정
• 의미 있는 세분화기준
  확인 및 선정
• 시장세분화 실시 및
  세분시장별 특성 파악
• 세분시장 수행을 위한
  충족요건 확인
	• 각 세분시장의
	  전반적인 매력도 분석
	• 기업의 목적 및 자원관련
	  적합성 평가
	• 표적시장 결정을 위한
	  전략대안 선정
	  – 단일표적시장
	  – 다수표적시장
		• 가치 제안
		  = 브랜드 아이덴티티
		  = 제품 컨셉
		  = USP(unique selling point)
		• 제품 포지셔닝
		  = 소비자 포지셔닝
		  = 경쟁적 포지셔닝
		  = 재포지셔닝

학습목표 1: 시장세분화 (Market Segmentation)

1. 시장세분화의 필요성과 개념

어떤 제품시장을 구성하는 구매자들의 욕구는 개인마다 다르다. 그러므로 마케팅컨셉(marketing concept)을 실천하기 위해서는 구매자의 욕구를 개별적으로 파악하여 이를 충족시키는 **개인별 마케팅**(individual marketing)을 해야 한다고 생각할 수 있다. 이러한 전략은 맞춤양복이나 주문주택 같은 경우는 가능하겠으나, 불특정 다수의 잠재구매자를 대상으로 제품을 개발하여 대량생산하는 대부분의 소비제품의 경우 비용경제성의 측면에서 현실적으로 불가능하다. 개인별 마케팅의 정반대의 방법은 전체시장의 가장 공통적인 욕구에 소구하기 위해 단일제품을 개발하여 전체시장 구성원들을 대상으로 **대량마케팅**(mass marketing)을 하는 것이다. 그러나 이 전략은 그 제품으로써 욕구가 충족되지 않는 다수의 고객들을 잃게 된다.

이와 같이 극단적인 두 방법 모두 큰 한계점을 갖는데, 이러한 한계점들을 극복할 수 있는 마케팅방법이 [그림 7.2]에 도시된 **세분시장 마케팅**(segment marketing)이다. 세분시장 마케팅을 함으로써 개인별 마케팅보다 더적은 비용을 지출하면서 대량마케팅보다 많은 고객을 확보할 수 있으며, 결국 기업의 높은 성과를 기대할 수 있다. 결과적으로 기업의 입장에서는 시장을

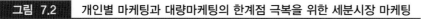

그림 7.2　개인별 마케팅과 대량마케팅의 한계점 극복을 위한 세분시장 마케팅

세분화함으로써 고객들에게 가장 적합한 가치를 제공할 수 있으며, 새로운 시장이나 새로운 제품에 대한 기회를 파악할 수 있다. 결국 시장세분화의 궁극적인 목표는 시장에서 자사제품의 경쟁적 우위를 확보하는 데 있다.

　세분시장 마케팅은 시장을 세분화하여 세분시장들 중 한 개, 혹은 다수의 세분시장을 대상으로 각 세분시장에 가장 적절하게 마케팅하는 방법이다. 이는 소비자의 욕구가 비록 개인마다 다르기는 하지만, 다수 소비자들 간의 욕구에는 유사성이 있다고 보는 것이다. 쉬운 예로 승용차를 구매하려는 사람들 중 고소득층은 대체로 가격이 높더라도 고급승용차를 원하고 중소득층은 가격이 그리 높지 않은 실용적인 차를 원하게 된다. 이 경우 마케터는 소득을 중심으로 시장을 세분화할 수 있는 것이다.

　시장세분화(market segmentation)는 하나의 제품시장을 어떤 기준으로 나누는 것을 말하는데, 이때 기업이 투입하는 마케팅믹스에 각 세분시장 내의 구매자들이 유사하게 반응할 수 있도록 세분화해야 한다. 그러므로 **세분시장**(market segment)은 투입되는 마케팅믹스에 유사하게 반응하는 비교적 동질적인 고객들의 집단을 말한다. 시장세분화는 시장을 구성하는 소비자들을 어떤 기준에 따라 나눈다는 개념이지만, 반대로 유사한 특성을 갖는 소비자들을 결합하여 전체시장의 구성원들을 몇 개의 집단으로 분류한다는 것으로 생각할 수도 있다. 시장세분화는 그 자체로서의 의미보다 세분화된 小시장들 중 적절한 표적시장을 선정하는 前단계로서의 의미를 갖는다.

시장세분화
하나의 제품시장을 어떤 기준으로 나누는 것

세분시장
투입되는 마케팅믹스에 유사하게 반응하는 비교적 동질적인 고객들의 집단

2. 시장세분화 여부의 결정

　시장세분화와 관련된 의사결정으로서 마케터가 가장 먼저 결정해야 할 것은 자사가 대상으로 하는 제품시장을 세분화할 필요가 있는가에 관한 것이다. 시장세분화 여부를 결정할 때는 대체로 다음과 같은 점들을 고려해야 한다.

MARKETING INSIGHT: 니치마케팅과 대량 개별고객화 마케팅

개인별 마케팅, 대량마케팅, 그리고 세분시장 마케팅 이외에도 니치마케팅과 대량 개별고객화 마케팅이 있다. **니치마케팅**(niche marketing)은 독특한 욕구를 가지고 있어 다른 제품들로는 그 욕구가 충족되지 않는 소수의 소비자들을 표적으로 마케팅하는 것을 말한다. 니치(niche)는 좁은 틈새의 뜻으로 매우 좁게 정의된 세분시장을 가리키는데, 니치마케팅을 틈새마케팅이라고도 한다. 예를 들어, Southwest Airlines는 소도시에서 소도시로 여행하고자 하는 경우 다른 대형 항공사들의 hub-and-spoke 방식(대도시에 가서 비행기를 갈아타는 방식)이 아닌 point-to-point 방식(대도시를 거치지 않고 직행)으로 편리하고 짧은 시간에 운행함으로써 그러한 니즈를 갖는 고객들을 유치하여 큰 성공을 거두었다. 다른 예로, Progressive 자동차보험회사는 큰 사고나 음주운전 경력으로 다른 보험회사들에 의해 가입이 거부되는 운전자들을 보험에 가입시켜주는 대신 높은 보험료를 받아 상당한 수익을 실현하였다.

대량 개별고객화(mass customization) 마케팅은 개인별 마케팅과 대량마케팅의 장점을 절충한 것이다. 이는 여러 버전(versions)의 부품들을 준비하고 있다가 고객의 욕구에 맞추어 조립생산하는 것이다. 예를 들어, 일본의 안경프랜차이즈 파리스미키는 인공지능 컴퓨터를 이용해서 고객얼굴형, 고객선호도, 가상안경을 쓴 고객모습을 분석하고 '오직 한 사람만을 위한 안경'을 만들어 한 시간 내에 고객의 얼굴에 맞춰준다. 피자 판매업자들이 고객들의 주문에 따라 toppings를 첨가해주는 것, 승용차 구매자들이 선택사양 중 원하는 것들을 선택하도록 하는 것도 이러한 방식이라 할 수 있다. 대량 개별고객화 마케팅은 개개인별로 시장을 세분화한다는 면에서는 개인별 마케팅과 유사하지만 고객의 선택사양이 한정되었다는 면에서 완전한 개인별 마케팅은 아니다.

첫째, 혁신제품(innovative product)이 개발되어 제품시장이 처음으로 형성되면 보통 시장규모가 작고 시장 내에 경쟁브랜드가 없다. 또한 소비자들의 욕구도 그리 다양하지 않다. 이 경우 시장세분화를 한다면 각 세분시장의 크기가 너무 작아지므로 시장세분화가 바람직하지 못하다. 예를 들어, 국내에 흑백TV시장은 1960년대에, PC시장은 1980년대 초반에 형성되었는데 이때의 시장은 도입기 시장으로서 시장세분화가 그리 바람직하지 않다.

둘째, 제품시장이 성숙하게 되면 대개의 경우 소비자들의 욕구는 다양해지므로 이를 충족시키기 위해서는 시장세분화가 이루어져야 한다. 또한 제품시장의 성숙에 따라 경쟁브랜드가 늘어나고 이에 따라 보다 차별화된 제품의 개발이 필요하다. 예를 들어, 스마트폰 시장이 크게 성숙함에 따라 구매자들의 욕구가 매우 다양해졌기 때문에 여러 종류의 스마트폰이 개발되어 판매되고 있다.

셋째, 후발업자는 신규 세분시장을 구축하기 어렵기 때문에, 기존 세분시

표 7.1	시장세분화 여부 결정시 고려할 요인	
	불필요	필요
제품수명주기상의 단계	도입기	성숙기
시장의 규모	小	大
소비자의 욕구	유사	다양
경쟁브랜드의 수	無(少)	有(多)

장의 특성을 반영한 **역세분화**(counter-segmentation) 전략이 효과적일 수 있다. 역세분화 전략은 기존 세분화된 시장을 통합하여 여러 세분시장에 동시에 소구할 수 있는 제품을 출시하는 것을 의미한다. 역세분화에 대한 내용은 학습목표 2의 표적시장 결정을 위한 전략대안에서 설명한다.

> **역세분화**
> 기존 세분화된 시장을 통합하여 여러 세분시장에 동시에 소구할 수 있는 제품을 출시하는 것

넷째, 제품시장이 어느 정도 크더라도 제품시장 내 소비자의 욕구가 매우 유사하여 한 가지 제품만으로도 전체시장에 소구할 수 있다면 시장세분화를 할 필요가 없다. 시장세분화 여부 결정시 고려할 요인을 요약하면 〈표 7.1〉과 같다.

시장세분화를 하지 않는 경우 기업은 시장을 구성하는 구매자들의 가장 공통적인 욕구를 파악하여 이를 충족시키고자 한다. 이러한 마케팅을 **비차별적 마케팅**(undifferentiated marketing)이라고 부르는데, 비차별적 마케팅에 의하여 **규모의 경제**(economies of scale)를 실현할 수 있으며, 장기적으로 경험곡선효과를 실현할 수 있다. 다시 말하면, 표준제품을 대량생산함으로써 단위당 제조비, 재고관리비, 수송비 등을 줄일 수 있을 뿐만 아니라 제품개발비와 광고비 등을 낮출 수 있으며 수요의 증대에 따라 가격인하를 가능하게 한다.

그러나 앞에서 설명한 바와 같이 제품시장이 성숙하고 시장의 욕구가 다양한 경우 비차별적 마케팅을 하면 많은 소비자들로부터 자사의 제품이 외면당할 수 있다. 예를 들어, LG화학은 1980년대 초반까지 럭키치약 하나만을 가지고 치약시장에서 97%의 점유율을 차지하였다. 그러나 하얀 치아와 충치예방을 추구하는 세분시장을 표적으로 1981년 부광약품의 블렌닥스치약이 성공적으로 진입함에 따라 점유율의 급속한 하락과 함께 태평양화학, 애경유지 등이 치약시장에 진출하는 계기를 제공하였다.

마케팅 사례: **비차별적 마케팅의 성공과 실패**

고소득층 이외에는 승용차를 가질 수 없었던 1908년 Ford 자동차회사의 창업주 Henry Ford는 매우 실용적인 승용차 Model T를 개발하여 850달러 정도의 저가격에 판매함으로써 크게 인기를 얻었다. 당시 일부 고소득층을 제외한 대부분의 소비자들은 실용적이고 저렴한 승용차를 원했으므로 Ford자동차는 이들을 대상으로 단일차종에 의하여 크게 성공하였던 것이다. 1920년대 중반까지 Ford자동차는 Model T의 대량생산으로 가격을 계속 인하하여 한때 대수기준 시장점유율 55%까지 차지하였다.

그러나 소비자들의 소득이 증대되고 GM이 시장세분화전략에 따라 다양한 차종을 개발함으로써 Model T의 인기가 하락하게 되어 수위자리를 GM에 빼앗기고 1927년 Model T의 생산을 중단하게 되었다. 이와 같이

생산개념(the production concept)에[1] 입각한 전략은 많은 소비자들의 욕구가 유사하고 비교적 단순한 경우에는 성공할 수 있으나 소비자들의 욕구가 다양해짐에 따라 실패할 수 있음을 보여준다.

3. 시장세분화의 절차

마케터는 마케팅조사결과나 자신의 직관에 의하여, 시장의 욕구가 다양하며 특히 경쟁자가 시장세분화에 따른 표적마케팅을 한다고 판단하면 시장세분화전략을 수립해야 한다. 시장세분화전략의 수립은 대체로 [그림 7.3]과 같은 절차를 따른다.

첫째, 세분화의 대상이 되는 제품시장을 명확히 한다. 제2장의 전략수립과정에서 설명한 바와 같이 제품시장은 보통 각 사업단위별로 정의할 수 있다.

둘째, 시장세분화를 하기 위한 기준변수를 선정한다. 하나의 제품시장을 세분화하는 데 사용될 수 있는 기준변수는 여러 가지가 있다. 기준변수에 따라 시장세분화 결과는 매우 다르다. 따라서 보다 효과적인 세분화가 이루어지도록 유의해야 한다. 시장세분화 기준변수와 효과적인 세분화가 되기 위한 세

---

1) 제1장의 마케팅관리 철학을 참조할 것.

그림 7.3	제품시장 세분화와 표적시장의 결정

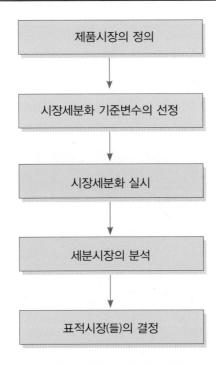

분시장의 요건은 뒤에서 설명한다.

셋째, 선정한 시장세분화 기준변수(들)에 따라 시장세분화를 한다. 시장세분화는 자료수집 없이 할 수도 있고(예를 들어, 지리적 변수와 인구통계학적 변수에 의한 시장세분화) 소비자들로부터 수집한 자료를 통계분석하여 할 수도 있다(예를 들어, 추구하는 편익에 따라 군집분석).

넷째, 표적시장 선정을 위하여 각 세분시장의 매력도를 분석한다. 세분시장의 분석시 고려할 요인들은 본장의 학습목표 2에서 서술한다.

다섯째, 자사에 가장 적합한 세분시장(들)을 표적시장(들)으로 선정한다.

4. 시장세분화의 기준변수

시장세분화를 하는 데 사용되는 기준변수는 〈표 7.2〉에서 볼 수 있는 바와 같이 매우 다양하지만, 대체로 개인적 특성변수와 제품관련 소비자 특성변수로 구분할 수 있다.

표 7.2	시장세분화를 위한 기준변수

(1) 개인적 특성변수

① 지리적 변수
　　- 대도시, 중소도시, 읍, 면
　　- 아파트, 일반주택
② 인구통계학적 변수
　　나이, 성별, 소득, 가족규모, 직업, 교육수준
③ 심리적 변수
　　라이프스타일, 개성

(2) 제품관련 소비자 특성변수

① 추구하는 편익
② 특정제품(군)의 소비 · 사용량
③ 특정제품(군)을 소비 · 사용하는 사람과 상황
④ 브랜드 충성도

(1) 개인적 특성변수

　　개인적 특성변수란 특정제품과는 무관한 개인소비자의 특성변수를 말한다. 개인적 특성을 나타내는 변수로서 ① 지리적 변수, ② 인구통계학적 변수, ③ 심리적 변수가 있다.

① 지리적 변수 (Geographic Variables)

　　이는 소비자들의 거주지를 중심으로 세분화하는 것으로서, 예를 들어, 시장을 도시규모와 관련하여 대도시, 중소도시, 읍, 면 등으로 분류하거나 기후에 따라 분류하는 것이다. 서울시의 경우 각각의 ○○구 단위로 세분화할 수 있으며, 아파트 거주자와 일반주택 거주자로 세분화할 수도 있다. 한 지역의 아파트 평수를 중심으로 세분화할 수도 있다. 예컨대 대구에 본사를 둔 소주회사는 전국을 도 단위로 세분화한 다음 대구, 경북지역을 표적시장으로 정할 수 있다. 스케이트화 제조회사는 기후에 따라 전국을 세분화한다면 겨울날씨가 비교적 따뜻한 제주도 지역은 표적시장으로 적합하지 않다고 판단할 것이다.

② 인구통계학적 변수 (Demographic Variables)

　　인구통계학적 변수는 매우 자주 사용되는 변수인데, 이는 소비자의 욕구가 인구통계학적 변수와 밀접한 관계를 갖는 경우가 많으며, 비교적 측정하기가 용이하기 때문이다. 시장세분화에 비교적 자주 이용되는 인구통계학적 변수는 다음과 같다.

a. 나이

소비자의 욕구는 나이에 따라 다양하게 나타난다. 아이스크림, 햄버거 등은 주로 어린이나 청소년들이 좋아하는 음식이므로 이들 제품의 제조회사는 주로 어린이나 청소년들을 표적시장으로 정한다. 장난감 제조회사는 어린이 시장을 더욱 세분화하여 각 나이에 맞는 장난감을 별도로 개발한다. 제일모직은 아동복 시장의 프리미엄 브랜드 빈폴키즈를 출시하였으며, 국내 1위의 인터넷 포털사이트인 네이버는 10대 이하의 아동들을 대상으로 하는 주니어네이버를 오픈하였다.

b. 성별

성별에 따라 다른 종류의 의복, 화장품, 잡지 등이 소비·사용된다. 세분화 기준으로서 성별이 사용되는 경우 나이가 동시에 기준변수로 사용되는 경

포카리스웨트
여성시장을 표적으로 한 스포츠음료

게토레이
남성시장을 표적으로 한 스포츠음료

우가 많다. 예를 들어, 잡지의 경우를 보면 어린이잡지, 청소년잡지가 있으며, 여성성인용 잡지와 남성성인용 잡지가 있다. 스포츠음료인 포카리스웨트와 게토레이가 출시된 초기, 포카리스웨트는 주로 여성시장을 표적으로 하였으며 게토레이는 주로 남성시장을 표적으로 하였다. 그리하여 여성시장에서는 포카리스웨트가 남성시장에서는 게토레이가 각각 높은 시장점유율을 차지하였다.

c. 소득

소득은 소비자의 욕구나 구매행동에 커다란 영향을 미치는 변수이다. 승용차, 주택, 의류, 화장품 등과 같이 소득에 따라 욕구나 구매행동이 매우 달라지는 제품의 시장은 흔히 소득에 따라 세분화된다. 의류의 경우 고급패션의류는 고소득층에, 중저가대 브랜드의류는 중류층에, 그리고 재래시장에서 판매되는 많은 의류들은 저소득층을 표적으로 하고 있다. 또한 현대자동차의 쏘나타는 중산층에, 그리고 에쿠스는 고소득층에 소구하고 있다. 그러나 엑센트와 같은 소형승용차는 가끔 고소득층의 보조차(second car)로서 구매될 수 있으므로 너무 단순한 표적화는 결코 바람직하지 않다.

d. 가족규모, 직업, 교육수준

가족규모는 1인가족, 부부, 한두 자녀를 둔 가족, 3세대가 함께 사는 가족 등으로 나눌 수 있다. 최근 독신 가족을 위한 원룸, 인스턴트 식품 등은 1인가족을 표적으로 한다. 은행은 직업과 신분에 따라 신용대출 금액과 이자율을 달리한다.

e. 사회계층(Social Class)

사회계층은 소득, 직업, 재산, 교육수준 등이 반영된 복합적 개념으로서, 상류층, 중류층, 하류층 등으로 분류되거나 더욱 세분화되기도 한다. 사회계층이 시장세분화의 기준으로 사용될 수 있는 것은 승용차나 의류같이 비교적 가시적인(visible) 제품의 경우 소비자들은 자신과 같은 사회계층에 속한 다른 소비자들의 구매패턴에 영향을 받으며, 따라서 동일한 사회계층에 속한 소비자들의 구매행동은 종종 유사하게 나타나기 때문이다.

③ 심리적 변수

a. 개성(Personality)

개성은 어떤 대상에 대하여 비교적 일관성 있게 그리고 지속적인 반응을 하도록 하는 개인의 독특한 심리적 특성이다. 사람들은 각자 독특한 개성을

마케팅 사례: **현대카드 – 사회계층에 의한 세분화**

현대카드는 시장을 사회계층으로 세분화하고 상류층 고객들을 대상으로 하는 카드를 국내 최초로 출시하였다. 2005년 현대카드는 VVIP 고객을 대상으로 연회비 100만원의 '더 블랙(the Black)' 카드를 출시하였다. 더 블랙카드는 대기업 CEO, 최고수준의 전문직 종사자 등 국내 최상류층 0.05%의 고객을 대상으로 한다. 더 블랙카드의 2014년 10월 현재 연회비는 200만원이다.

더 블랙카드에 이어 현대카드는 2006년 상위 5%의 고객을 대상으로 한 '더 퍼플(the Purple)' 카드를 출시하였다. 더 퍼플카드는 럭셔리 바우처, 항공 바우처, 호텔·면세점 바우처 제공 등의 혜택을 제공한다. 보라색은 예로부터 고귀함을 상징하는 색상으로 귀족에게만 허용되었다. 더 퍼플카드는 국내 대기업과 외국계 기업 부장급 이상, 전문직 종사자 등을 대상으로 한다. 더 퍼플카드의 2014년 10월 현재 연회비는 60만원이다.

자료원: *아시아경제*, 2010. 2. 23; *CNB저널*, 2011. 11. 7; 현대카드 홈페이지 www.hyundaicard.com.

Marlboro

강인한 남성상을 소구하는 광고

현대카드

라이프스타일에 따른 시장세분화

가지고 있으며, 어떤 제품군에 있어서는 자신의 개성과 부합되는 브랜드 이미지를 가진 브랜드를 선호하기도 한다. 공격성, 순응성, 충동성 등의 개성적 특성(trait)은 라이프스타일보다 깊이 내재되어 있어, 지속적으로 특정제품의 구매에 영향을 미치게 된다.

예를 들어, 화장품, 담배 등은 소비자의 개성에 따라 소비·사용패턴이 다르게 나타나기도 한다. 연구결과에 의하면 담배를 많이 피우는 사람들은 비교적 이성애(heterosexuality), 공격성, 성취욕의 성향이 높고 질서와 순응성의 성향이 낮은 것으로 나타났다. 이는 담배 광고를 할 때 힘(power)과 경쟁지향적이며 성적주제나 상징을 나타내는 광고를 함으로써 흡연자들에게 소구할 수 있음을 시사한다. 카우보이를 등장시키는 광고로 유명한 Marlboro담배의 성공은 힘과 강인한 남성상을 소구점으로 한 데 기인하는 것으로 볼 수 있다.[2]

b. 라이프스타일(Life Style)

라이프스타일은 사람들이 살아가는 방식(mode of living)을 가리킨다. 라이프스타일은 보통 개인의 행위(activities), 관심(interests), 그리고 의견(opinions)과 관련된 문항으로써 측정된다. 예를 들어, 행위와 관련된 항목으로서 취미나 여가생활이 있다. 따라서 골프용품 혹은 등산용품 제조회사는 그러한 취미를 갖는 소비자들을 표적으로 정한다. 라이프스타일을 세분화 기준변수로 사용할 때는 보통 인구통계학적 특성을 함께 측정한다. 이는 특정 라이프스타일을 지닌 소비자들의 인구통계학적 특성이 전략수립에 매우 유용한 정보를 제공하기 때문이다. 오늘날 많은 제품들이 특정 라이프스타일을 지닌 소비자들을 표적으로 하므로 라이프스타일 제품으로 불리어진다.

---

2) Henry Assael, *Consumer Behavior and Marketing Action*, 4th ed., PWS-KENT, 1992, p. 293.

(2) 제품관련 소비자 특성변수(행태적 변수)

개인적 특성변수는 개인소비자의 일반적 특성을 나타내는 변수인 데 비해, 제품관련 특성변수는 어떤 제품과 관련된 개인소비자의 구매행태를 나타내는 변수이다. 제품관련 특성변수에는 소비자가 특정제품(군)으로부터 ① 추구하는 편익, ② 특정제품(군)의 소비·사용량, ③ 특정제품(군)을 소비·사용하는 사람과 상황, ④ 브랜드 충성도 등이 있다.

① 추구하는 편익

소비자가 제품을 구매하는 이유는 그 제품이 소비자가 획득하고자 하는 **편익**(benefits)을 제공할 수 있기 때문이다. 예를 들어, 소비자들은 시원함과 쾌적함이라는 편익을 얻고자 에어컨을 구매한다. 편익세분화는 소비자가 제품으로부터 획득하고자 하는 편익이 시장세분화의 적절한 기준이 되어야 한다는 데 주안점을 두고 있다. 편익세분화의 대표적인 예는 Haley에 의한 치약시장 세분화이다. 그는 치약시장을 소비자가 추구하는 주된 편익에 따라 산뜻한 맛을 추구하는 시장(taste segment), 하얀 치아를 추구하는 시장(cosmetic segment), 충치예방을 중시하는 시장(medicinal segment), 저가격을 중시하는 시장(economy segment)으로 세분화하였다.[3] 이 경우 치약제조회사는 하얀 치아를 추구하는 시장을 표적으로 치아를 희게 하는 성분이 강화된 치약을 개발할 수 있다. 또한 사교적이며 활동적인 분위기를 연출하는 광고를 개발하여 청소년과 젊은 층이 주로 이용하는 광고매체에 의해 광고를 할 수 있다.

국내 치약시장에도 소비자의 편익에 맞추어 여러 브랜드의 치약이 판매되고 있다. 예를 들어, 시린이 예방을 위한 센소다인과 시린메드, 잇몸질환 예방을 위한 파로돈탁스와 진지발리스 프로젝트K, 미백을 위한 클라이덴 등은 특정 편익에 맞추어 개발된 브랜드들이다. 다른 예로, 타이레놀은 카페인이 함유된 기존 진통제시장에서 無카페인 제품을 출시하면서 소비자들에게 안전성과 효과성이라는 편익을 제공하였다.

② 특정제품 (군)의 소비·사용량

이는 어떤 제품(군)의 소비·사용량에 따라 세분화하는 것으로 대량소비자(heavy users), 보통소비자(medium users), 소량소비자(light users)로 구분하는 것이다. 이동통신서비스의 경우, 표준요금제 이외에 대량사용자와 소량사

---

3) Russell I. Haley, "Benefit Segmentation: A Decision-Oriented Research Tool," *Journal of Marketing*, July 1968, pp. 30-35; Russell I. Haley, "Beyond Benefit Segmentation," *Journal of Advertising Research*, August 1971, pp. 3-8; Russell I. Haley, "Benefit Segmentation - 20 Years Later," *Journal of Consumer Marketing*, Vol. 2, 1983, pp. 5-13.

마케팅 사례: **코카콜라 – 소비자편익에 따른 다양한 제품개발**

코카콜라회사는 1886년 코카콜라를 생산하기 시작한 지 근 1세기 이후인 1980년대 들어 기존의 코카콜라의 여러 가지 변형(different versions)을 개발하였다. 즉, 소비자들이 추구하는 편익(benefits)이 다양해짐에 따라 체중에 민감한 소비자들을 위하여 Diet Coke을, 건강지향적 소비자들을 위하여 Caffeine Free Coke을 개발하였으며, 체중에 민감하고 건강지향 소비자들을 위하여 Caffeine Free Diet Coke을 개발하였다. 또한 단맛을 추구하는 10대들을 위하여 Cherry Coke을, 그리고 단것을 좋아하지만 체중에 신경을 쓰는 10대들을 위하여 Diet Cherry Coke을 개발하였다. 1985년에 개발되어 기존의 코카콜라를 대체함으로써 소비자들로부터 거센 항의를 받아 생산을 중단한 New Coke은 단맛의 코카콜라를 원하는 사람들에게 포지션하였다.

콜라시장에서 소비자가 추구하는 편익과 코카콜라회사가 각각의 세분시장을 대상으로 개발한 제품은 다음과 같다.

편익	약한 단맛	강한 단맛	체중의식	건강지향
제품	Coca Cola	Cherry Coke	Diet Coke	Caffeine Free Coke
	Classic	New Coke	Diet Cherry Coke	
				Caffeine Free Diet Coke

자료원: Henry Assael, *Consumer Behavior and Marketing Action*, 4th ed., PWS-KENT, 1992, pp. 563-564.

용자들을 위하여 별도의 요금제를 책정하여 가입자들의 사용량에 맞추어 원하는 요금제를 선택하도록 한다. 제품에 따라서는 상대적으로 소수의 사람들이 제품전체소비량의 상당부분을 소비하는 경우가 있다. 한 연구에 의하면 맥주의 경우 조사대상자의 41%가 맥주를 마셨는데, 이 중 반(half: 20.5%)이 전체의 87%, 그리고 나머지 반이 13%를 마시는 것으로 나타났다.[4]

구매량은 기업의 수익과 직결된다. 예를 들어, Campbell Soup 회사는 고객들을 구매량에 따라 네 그룹으로 분류하였다: 고수익 실현그룹(most profitable), 수익실현그룹(profitable), 경계그룹(borderline), 그리고 회피그룹(avoid).[5] 마케터는 다른 조건이 같은 한 대량소비자를 표적으로 하려 할 것이고, 이들의 인구통계학적 특성, 라이프스타일, 매체습관, 사회계층[6] 등을 분석함으로써 이들에게 적절한 마케팅전략을 수립할 수 있다.

4) Victor J. Cook and William A. Mindak, "A Search for Constants: The 'Heavy User' Revisited!" *Journal of Consumer Marketing*, 1(4), Spring 1984, p. 80.
5) Gilbert A. Churchill, Jr. and J. Paul Peter, *Marketing: Creating Value for Customers*, Irwin, 1995, p. 301.
6) p. 201 마케팅 사례: 현대카드 – 사회계층에 의한 세분화 참조.

③ 특정제품(군)을 소비·사용하는 소비자와 상황

소비자가 특정제품으로부터 추구하는 편익은 소비·사용상황에 따라 달라질 수 있다. 예를 들어, 의류나 신발은 공식적인 모임인지, 운동을 할 때인지, 혹은 집에서 있는 경우인지 등에 따라 추구되는 편익이 다르다. **소비자-상황 세분화**(person-situation segmentation)는 개인소비자가 추구하는 편익을 상황과 관련지어 누가 어떤 상황에서 그 제품을 사용하느냐에 따라 시장을 세분화하는 것으로 편익에 의한 세분화보다 더욱 세밀하게 세분화하는 방법이다. 〈표 7.3〉은 썬탠로션(suntan lotion) 시장을 소비자-상황 변수로 세분화한 결과를 매트릭스로 나타낸 결과로서 모두 20개의 세분시장으로 세분화하였다. 각 사용상황에서 그리고 각 사용자 그룹에게 바람직한 제품의 편익 및 특징이 행과 열의 끝에 나타나 있다. 특정 소비자-상황 세분시장에 적절한 제품은 각 행과 열에 표시된 편익과 특징을 제공할 수 있어야 한다. 예를 들어, 「어린이-해변/보트 일광욕 세분시장」을 표적으로 한다면 어린이 피부에 맞게

표 7.3   썬탠로션시장의 소비자 – 상황 세분화 매트릭스

소비자 \ 상황	어린이		10대		성인여자		성인남자		상황 편익/특징
	흰피부	검은피부	흰피부	검은피부	흰피부	검은피부	흰피부	검은피부	
해변/보트 일광욕	해충퇴치성분 함유				여름향수				a. 바람으로부터 보호 b. 열에 강한 성분과 용기 c. 물에 뜰 수 있고 식별이 잘되는 용기
가정–수영장 일광욕					모이스쳐라이저 성분 함유				a. 대형펌프 용기 b. 나무, 콘크리트, 가구를 더럽히지 않음
썬 램프 일광욕					모이스쳐라이저 성분과 마사지 오일 함유				a. 램프타입에 맞게 디자인됨 b. 인공적 태닝(tanning) 성분
스키					겨울향수				a. 특별히 강한 빛과 날씨로부터의 보호 b. 얼지 않음
사람 편익/특징	특별 보호		특별 보호		특별 보호		특별 보호		
	a. 보호성 b. 무독성		바지주머니에 들어감		여성용 향수		남성용 향수		

자료원: Peter R. Dickson, "Person–Situation: Segmentation's Missing Link," *Journal of Marketing*, 46, Fall 1982, p. 62.

자극성이 약하며 바람으로부터 보호할 수 있고 열에 강한 로션을 개발하고 또 물에 잘 뜰 수 있도록 용기를 디자인해야 한다.

④ 브랜드 충성도

자사 브랜드에 대한 충성도(loyalty)를 기준으로 시장을 세분화하고, 각 집단을 분석함으로써 매우 유용한 정보를 얻을 수 있다. 즉, 충성도가 높은 집단을 분석함으로써 자사 브랜드의 강점을 알 수 있으며, 다른 한두 브랜드와 번갈아 구매하는 집단으로부터 주요 경쟁 브랜드를 알 수 있다. 또한 자사 브랜드에 높은 충성도를 가졌다가 다른 브랜드로 전환한 집단을 분석함으로써 자사 브랜드의 취약점을 이해하고 이를 시정할 수 있다.

(3) 기준변수의 복합적 사용

지금까지 시장세분화를 위하여 여러 가지 변수가 사용될 수 있음을 살펴보았는데, 실제로 이러한 기준변수들은 복합적으로 사용되는 경우가 많다. 한국지엠의 '스파크'를 생각해 보자. '스파크'의 표적시장은 연령별로는 20~30대, 소득별로는 중류층, 추구하는 편익에서는 경제성과 편의성이라고 규정할 수 있다. 이러한 표적시장이 산출되기까지는 연령, 소득, 추구하는 편익 등 세 가지 기준변수가 사용되었음을 쉽게 추측할 수 있다.

한편, 라이프스타일 변수와 제품관련 특성변수는 대개의 경우 인구통계학적 변수와 함께 측정되어야 실행가능한 세분화변수라고 할 수 있다. 예를 들어, 맥주회사에서 맥주소비량과 관련하여 맥주의 대량소비자를 표적으로 할 때, 이들의 특성이 대체로 20~30대 남자로서 TV 시청시 스포츠중계를 즐긴다는 사실을 안다면, 젊은 남자들을 소구할 수 있는 메시지와 분위기를 담고 있는 광고물을 제작하여 TV의 스포츠중계 프로그램에 삽입하여 광고를 할 수 있을 것이다.

5. 효과적인 시장세분화가 되기 위한 세분시장의 요건

지금껏 살펴 본 바와 같이 시장세분화의 기준에는 여러 가지가 있는데, 어떤 기준으로 세분화하는가에 따라 결과적인 세분시장들의 형태는 매우 달라진다. [그림 7.4]는 전체시장을 세분화하였을 때 세분화 기준변수에 따라 여러 가지 상이한 결과가 나타남을 보여준다.

그러므로 마케터는 여러 가지 가능한 세분화방법 중 최적의 세분화방법을 택해야 하는데, 세분화 결과 나타나는 세분시장들이 다음의 요건을 갖출

그림 7.4	세분화의 예

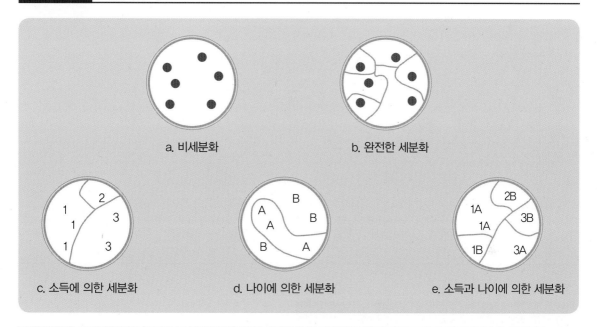

a. 비세분화

b. 완전한 세분화

c. 소득에 의한 세분화

d. 나이에 의한 세분화

e. 소득과 나이에 의한 세분화

수 있도록 세분화해야 한다.

　　첫째, **세분시장내 동질성**(homogeneous within)**과 세분시장간 이질성** (heterogeneous between): 세분시장내의 고객들은 투입되는 마케팅믹스변수에 가급적 유사하게 반응하고 서로 다른 세분시장에 속한 고객들은 가급적 상이하게 반응하도록 세분화해야 한다. 이러한 요건이 갖추어졌을 때 표적시장으로 선정된 세분시장(들)에 투입되는 마케팅믹스가 효과적인 결과를 가져올 것이다. [그림 7.5]는 한국지엠 '스파크'의 표적시장을 선정하기 위하여 승용차시장을 세분화하는 예이다. (A)는 승용차시장을 연령별로 세분화한 경우로서 세분시장에 따라서 구매가능성이 매우 다르게 나타나며, (B)는 교육수준별로 세분화한 경우로서 세분시장에 따라서 구매가능성이 별로 다르게 나타나지 않음을 보여주고 있다. 따라서 '스파크'의 표적시장 선정을 위한 세분화변수로서 연령은 적절한 변수인 데 비해 교육수준은 그렇지 않음을 알 수 있다.

　　둘째, **측정가능성**(measurable): 각 세분시장의 크기와 구매력을 측정할 수 있도록, 그리고 마케팅믹스 변화에 따른 세분시장의 반응을 측정할 수 있도록 세분화가 이루어져야 기업은 세분시장들을 비교한 후 적절한 표적시장을 결정할 수 있다. 예를 들어, 우리나라의 경우 젊은 여성들은 담배를 피우더라도 비교적 잘 드러나지 않으므로 담배회사가 젊은 여성층 세분시장의 규모

그림 7.5	세분시장 간 이질성

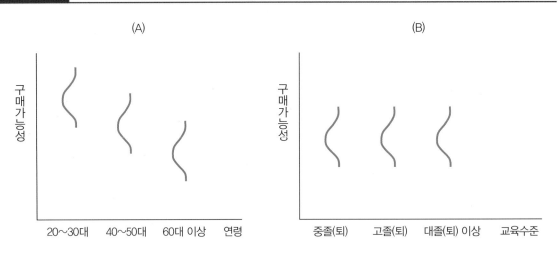

(A)

구매가능성

20~30대   40~50대   60대 이상   연령

(B)

구매가능성

중졸(퇴)   고졸(퇴)   대졸(퇴) 이상   교육수준

Honda Accord
커뮤니케이션 접근 가능성을 고려하여 패밀리카가 아닌 조직리더의 차량으로 소구

를 측정하는 것은 그다지 용이하지 않다.

셋째, **충분한 규모의 시장**(size): 세분시장은 상당한 이익을 실현할 수 있는 규모를 갖출 수 있도록 세분화가 이루어져야 한다. 세분화가 과도하게 되어 각 세분시장의 규모가 너무 작으면 세분시장을 대상으로 마케팅믹스를 투입할 때 수익성(profitability)을 기대하기 어렵다. 각 세분시장이 극단적으로 작은 경우 각 세분시장은 개인이 되며, 앞에서 서술한 바와 같이 개인별 마케팅은 많은 경우 부적절하다.

넷째, **접근가능성**(accessible): 이는 세분시장의 잠재고객들에게 용이하게 접근할 수 있는지를 가리킨다. 보다 구체적으로, 자사제품을 표적시장의 지역에 수송하는 데 필요한 도로나 교통수단들이 발달되어 있는지, 적절한 유통경로가 존재하거나 개발이 가능한지를 조사해야 한다. 접근은 물리적 접근뿐만 아니라 커뮤니케이션에 의한 접근도 필요하다. 그러므로 자사제품을 잠재고객들에게 커뮤니케이션할 수 있는 매체 등 커뮤니케이션 수단이 존재하는지를 고려해야 한다. 예를 들어, Honda Accord는 세계적인 패밀리카이지만 한국에서는 LF쏘나타, K5 등의 국산 패밀리카에 비해 고가이다. 이로 인해 패밀리카가 아닌 고소득의 조직리더가 타는 차량으로 소구하고 있다.

다섯째, **실행가능성**: 실행가능성은 표적시장을 선정한 후 그 표적시장에서 효과적인 마케팅 프로그램을 개발하여 운영할 수 있는지에 대한 기업의 능력을 의미한다. 즉 어떤 세분시장을 표적으로 했을 때 그 세분시장에서 적절한 마케팅을 실행할 수 있어야 한다.

학습목표 2: 표적시장의 결정(Market Targeting)

1. 표적시장 결정을 위한 세분시장의 분석

시장세분화에 따라 제품시장은 다수의 세분시장으로 나누어진다. 마케터는 다수의 세분시장 중 한 개 혹은 몇 개의 세분시장을 표적으로 선정할 수 있는데, 표적시장 결정을 위하여 각 세분시장을 평가해야 한다. 세분시장 평가시에는 다음의 두 가지 점을 고려해야 한다: 세분시장의 매력도와 기업의 목적 및 자원.

첫째, 각 세분시장을 크기, 성장률, 수익성 등 여러 변수에 의하여 **전반적인 매력도**(overall attractiveness)를 분석한다. 이와 관련된 보다 구체적인 변수는 제4장에서 GE 매트릭스와 관련하여 기술한 바 있다. 즉, 제품시장 평가시 고려되는 변수들이 그대로 세분시장 평가에 적용될 수 있는 것이다.

둘째, 각 세분시장에 진입하는 것이 기업(혹은 사업단위)의 **목적** 및 **자원**과 관련지을 때 적합한지를 평가한다. 비교적 매력적인 세분시장도 자사의 장기적 목적과 배치된다면 표적시장으로 삼을 수 없다. 또한, 이상의 요건들이 충족된다고 하더라도 자사가 표적시장으로 삼을 세분시장의 욕구를 충족시킬 수 있는 인적·물적·기술적 자원을 갖추고 있는지 평가해야 한다.

2. 표적시장 결정을 위한 전략대안

기업은 위에서 제시한 요인들을 검토하여 자사에게 최적의 표적시장(들)을 결정하게 된다. 이때 가능한 전략대안으로서 [그림 7.6]과 같은 세 가지를 생각할 수 있다.

그림 7.6 표적시장 결정을 위한 전략대안

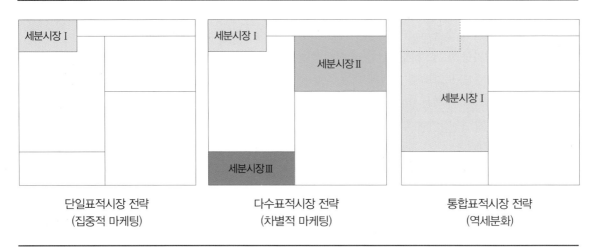

단일표적시장 전략   다수표적시장 전략   통합표적시장 전략
(집중적 마케팅)   (차별적 마케팅)   (역세분화)

(1) 단일표적시장 전략(집중적 마케팅)

집중적 마케팅전략
여러 세분시장 중 자사에게 가장 적합한 하나의 세분시장을 표적으로 정하는 전략

단일표적시장 전략(Single Target Market Approach)은 여러 세분시장 중 자사에게 가장 적합한 하나의 세분시장을 표적으로 정하는 전략으로서 **집중적 마케팅전략**(concentrated marketing strategy)이다. 인적·물적·기술적 자원이 비교적 제한된 기업이 보통 취하는 전략으로서 단일세분시장에 전문화함으로써 표적시장 내에서 강한 경쟁적 포지션을 구축할 수 있다. 이 전략은 [학습목표 1]에서 설명한 비차별적 마케팅에 비해 대상시장의 범위는 좁지만 깊게 침투할 수 있는 장점이 있다. 예를 들어, 르노삼성자동차는 초기에 한국의 승용차 시장에서 중형승용차 시장만을 대상으로 SM5를 생산하였으며, 아이리버로 유명한 레인콤도 초기에는 MP3 플레이어만을 생산하였다. 또한, 소수의 세분시장에 집중하기 때문에 생산, 유통, 광고 등에서 비용을 절감할 수 있다. 그러나 특정 시장에만 의존하기 때문에 표적시장 소비자의 욕구가 변하거나 강한 경쟁자가 진입할 수 있는 위험이 따른다([그림 7.7] 참조). 예를 들어, 레인콤은 삼성전자와 Apple이 MP3 플레이어 시장에 본격적으로 진입하자 시장점유율이 급격히 감소하였다.

(2) 다수표적시장 전략(차별적 마케팅)

차별적 마케팅전략
둘 혹은 그 이상의 세분시장들을 표적으로 정하는 전략

다수표적시장 전략(Multiple Target Market Approach)은 둘 혹은 그 이상의 세분시장들을 표적으로 정하는 전략으로서 **차별적 마케팅전략**(differentiated marketing strategy)이다. 다수표적시장 전략에서는 각각의 표적시장에 적합한 별도의 마케팅믹스가 개발되고 투입된다. 단일표적시장 전략에 비해 인적·물적·기술적 자원이 풍부한 기업이 취하는 전략으로서 제품시장의 보다 많은 잠재고객들에게 소구하는 것이다.

20세기 초반 Ford가 Model T로써 비차별적 마케팅전략을 취할 때 GM은 이미 승용차시장을 소득, 용도, 취향에 따라 세분화하고 다양한 종류의 승용차로써 거의 모든 세분시장에 진출하였다(A car for every purse, purpose, and personality). 오리온과 롯데제과는 다양한 종류의 과자를 생산한다. 이 전략은 여러 표적시장에 다수의 제품을 출시하기 때문에 매출액의 증대와 함께 규모의 경제와 범위의 경제효과를 누릴 수 있고, 단일표적시장 전략의 경우 직면할 수 있는 위험을 분산시킬 수 있다. 그러나 비차별적 마케팅에 비해 제품개발비, 제조비, 관리비, 재고관리비, 촉진비 등 제비용이 증가하므로, 소규모 기업이 이 전략을 취하면 제한된 자원이 여러 세분시장으로 분산되므로 바람직하지 않다. 게다가 제품별로 다수의 표적시장에 맞는 마케팅전략을 수행해야 하기에 전략이 복잡할 수 있다([그림 7.7] 참조).

기업이 다수표적시장 전략을 취할 때 동시에 두 개 이상의 세분시장에 진입할 수도 있으나 단일표적시장 전략으로 시작하여 성공하는 경우 순차적으로 다른 세분시장에 진입할 수도 있다. 예를 들어, 현대자동차는 미국의 승용차 시장에 소형차의 진입이 성공하자, 중형차 시장에 진입하였으며, 제네시스로 대형자동차 시장에, 그리고 제네시스 쿠페로 스포츠카 시장에 진입하였다.

(3) 통합표적시장 전략(역세분화)

이 전략은 두 개 혹은 그 이상의 세분시장들을 통합하여 표적시장으로 정하는 것으로 **역세분화**(counter-segmentation)전략이다. 대체로 기업이 다수 세분시장을 대상으로 별도의 마케팅믹스를 개발·투입할 수 있을 정도의 자원을 갖지 못하지만, 단일 세분시장보다는 두 개 혹은 그 이상의 세분시장들의 비교적 공통적인 욕구에 소구하는 것이 보다 유리하다고 판단하는 경우에 이 전략을 취한다. 또한, 각 세분시장의 규모가 작은 경우 한 가지 제품으로 각각 다른 욕구를 갖는 세분시장들을 동시에 충족시키는 전략을 구사할 수 있다.

예를 들어, 쌍용자동차는 코란도 스포츠라는 SUT(Sport Utility Truck) 차량을 출시하여 SUV 시장과 소형트럭 시장에 소구하였다. 또한 레버2000 비누는 피부건조 예방, 냄새 제거, 항균효과의 세 가지 편익(benefits)을 제공하는 것으로 포지셔닝하였으며, Beecham은 치약의 편익으로서 충치예방, 구취제

그림 7.7   집중적 마케팅 vs. 차별적 마케팅 장·단점 비교

집중적 마케팅 (단일표적시장)	차별적 마케팅 (다수표적시장)
[장점] • 비용절감 • 전문화 • 가장 매력적인 시장	[장점] • 매출증대 • 위험분산 • 규모나 범위의 경제
[단점] • 강한 경쟁자 진입 • 소비자 욕구변화에 영향	[단점] • 비용증가 • 전략의 복잡성

거, 하얀 치아를 추구하는 세 개의 세분시장을 표적으로 하여 Aquafresh 치약이 세 가지 편익을 제공한다고 광고를 하였다.

학습목표 3: 가치제안(Value Proposition)과 제품포지셔닝(Product Positioning)

1. 가치제안과 제품포지셔닝의 필요성

기업은 선정된 표적시장내의 소비자들을 대상으로 제품, 가격, 촉진 및 유통과 관련된 계획을 수립하고 이에 따라 마케팅활동을 수행한다. 그런데 대부분의 표적시장에는 동일한 소비자들을 대상으로 하는 경쟁브랜드(들)가 있다. 여러 선택대안들 중 자사의 브랜드가 선택되기 위해서는 자사의 브랜드가 경쟁브랜드(들)에 비하여 어떤 차별적인 가치를 제공할 수 있는가를 고객에게 전달해야 하는데 이를 **가치제안**(value proposition)이라 한다.

가치제안은 마케팅 실행과정에서 다양하게 표현될 수 있다. 브랜드 개발과정에서 브랜드 가치제안은 **브랜드 아이덴티티**(brand identity)로 표현되며, 제품개발과정에서 제품 가치제안은 **제품컨셉**(product concept)으로 표현된다.

가치제안

자사의 브랜드가 경쟁브랜드(들)에 비하여 어떤 차별적인 가치를 제공할 수 있는가를 고객에게 전달하는 것

또한 인적판매나 판매접점에서 직원이 고객의 구매를 유도하기 위해 사용하는 가치제안은 USP(unique selling point)로 표현된다.

가치제안은 고객이 왜 그 제품을 구매해야 하는지를 간략하게 설명하는 것이다. 예를 들어, 자동차 시장에서 BMW의 가치제안은 '드라이빙의 즐거움'이며, Volvo는 '안전,' Benz는 '명예와 품위'이다. 따라서 운전의 즐거움이라는 가치를 중요하게 생각하는 고객은 BMW를, 자신과 가족의 안전이라는 가치를 중요하게 생각하는 고객은 Volvo를, 사회적 명예라는 가치를 중요시하는 고객은 Benz를 구매하라고 소구하는 것이다. 그러므로 기업은 제품개발과 제품믹스 결정에 앞서 자사제품이 고객에게 전달하는 가치를 설정하고, 커뮤니케이션 활동에 의하여 이를 소비자들에게 인지시켜야 한다.

제품포지션(product position)은 한 제품이 소비자에 의하여 어떤 제품이라고 정의되는 방식으로 경쟁제품에 비하여 소비자의 마음속에 차지하는 상대적 위치를 말한다. 예를 들어, 우리는 Apple의 아이폰은 혁신적이며, 삼성의 갤럭시는 최첨단의 스마트폰으로 생각한다. 이는 이 제품들이 우리의 마음속에 그렇게 자리 잡고(positioned) 있기 때문이다. **제품포지셔닝**(product positioning)은 **어떤 브랜드를 경쟁 브랜드에 비하여 차별적으로 받아들일 수 있도록 고객들의 마음속에 위치시키는 노력**이다. 그러므로 포지셔닝의 핵심은 제품의 차별성에 있다고 볼 수 있다. 제품포지션은 제품개발 이전에 설정되어 포지션에 맞게 제품을 개발할 수도 있고 제품개발 이후 제품에 맞추어 포지셔닝이 이루어질 수도 있다. 두 경우 모두 포지셔닝이 제대로 되기 위해서는 적절한 커뮤니케이션이 필요하다. 그러므로 포지셔닝은 제품특징(혹은 이미지) 및 촉진활동과 밀접한 관계가 있다. 요컨대, 어떤 제품의 포지션은 소비자들이 경쟁제품에 비하여 그 제품에 대하여 갖는 지각(perceptions), 인상(impressions), 느낌(feelings) 등의 복합체로서, 만약 어떤 제품의 포지션이 기업이 원하는 바와 같다면 이는 포지셔닝이 잘된 것이고 그렇지 않으면 잘못된 것으로서 재포지셔닝(repositioning)이 필요하다.

2. 제품포지셔닝의 유형

포지셔닝 방법에는 여러 가지가 있으나 여기서는 세 가지로 분류하여 서술한다: 소비자 포지셔닝, 경쟁적 포지셔닝, 재포지셔닝. **소비자 포지셔닝**(consumer positioning)은 소비자에 초점을 두는 것이고, **경쟁적 포지셔닝**(competitive positioning)은 경쟁자에 초점을 두는 것이다. 모든 포지셔닝의 핵심은 차별성에 있지만 특히 경쟁적 포지셔닝은 특정 브랜드와 직접 혹은 간

제품포지션
한 제품이 소비자에 의하여 어떤 제품이라고 정의되는 방식으로 경쟁제품에 비하여 소비자의 마음속에 차지하는 상대적 위치

제품포지셔닝
어떤 브랜드를 경쟁 브랜드에 비하여 차별적으로 받아들일 수 있도록 고객들의 마음속에 위치시키는 노력

마케팅 사례: **Marlboro 담배와 Miller High Life 맥주 – 재포지셔닝의 성공**

우리는 Marlboro 담배하면 쉽게 카우보이와 강인한 남성을 떠올린다. 그러면 원래 Marlboro는 남성용 담배이었는가? 1920년대부터 매우 순한 필터 담배로서 광고된 Marlboro 담배는 1950년대까지 여성용 담배로서 포지션되어 있었다. 그러나 1950년대 Philip Morris는 담배를 많이 피우는 사람들은 여성보다는 남성이므로 남성 흡연자시장에 포지션하는 것이 보다 바람직할 것으로 판단하였다. 이를 위하여 상표명 이외의 모든 것을 변경시켰다. 담배의 맛을 보다 풍부하게 하고, 패키지의 상표명 로고를 부드러운 흘림체에서 딱딱한 느낌을 주는 활자체로 변화시켰으며, 특히 강인한 미국의 남성상을 갖는 카우보이를 모델로 등장시키는 광고를 개발하여 집중적인 광고를 하였다. 이러한 전략에 의하여 Philip Morris는 미국 담배시장에서 제 1위의 기업으로, 그리고 Marlboro는 시장점유율 1위의 브랜드로 부상하게 되었다.

Philip Morris는 담배시장에서 크게 성공하였을 뿐만 아니라 맥주시장에도 진출하였다. Philip Morris는 1969년과 1970년에 걸쳐 Miller맥주회사를 인수한 후 Miller가 처한 당시 상황과 맥주시장을 수년 동안에 걸쳐 조사한 후 대대적인 마케팅전략을 수립하였다. 그중의 하나가 Miller High Life의 재포지셔닝이었다. 그 당시까지 Miller 회사의 대표적 상표인 Miller High Life는 병맥주의 샴페인(the Champagne of Bottled Beer)으로서 광고되었는데, 이에 의하여 Miller High Life는 비록 고급맥주의 이미지는 있었으나 상류층 소비자들이 파티에서 분위기에 맞춰 마시는 맥주, 여성이 마시는 맥주로서 포지션되어 있어 자연히 시장점유율이 저조하였다.

Philip Morris에 의하여 인수된 새로운 Miller 회사는 기존의 제품이미지를 새로이 포지션하기 위하여, 선원들이 파도를 헤치고 항해하는 장면, 소방관들이 화재현장에서 용감히 불을 끄는 장면, 젊은이들이 모험을 즐기는 장면 등을 연출하는 광고를 개발하고 이들 광고에 「Now, it's Miller Time」 혹은 「If you have the time, we have the beer」 같은 문구를 사용하여 대대적인 광고비를 투입함으로써 맥주의 대량소비층인 노동자층과 젊은층에 소구하였다. 이와 같은 재포지셔닝 노력의 성공에 의하여 1978년 Miller High Life는 Anheuser-Busch의 Budweiser에 이어 제 2위의 시장점유율을 획득하게 되었다.

Marlboro는 광고뿐만 아니라 제품의 질, 패키지 디자인 등의 변경에 의하여 재포지셔닝을 하였지만, Miller High Life의 예는 제품의 변경없이 광고만에 의하여 재포지셔닝이 가능함을 보여준다.

접 비교함으로써 포지셔닝을 하는 것이다. 경쟁적 포지셔닝은 흔히 비교광고(comparative advertising)에 의하여 수행된다.

재포지셔닝(repositioning)은 현재의 포지셔닝이 바람직하지 않을 때 수행되는 것으로 자사의 브랜드를 기업이 원하는 방향으로 다시 포지셔닝하는 것이다. 이하에서는 포지셔닝 방법을 보다 구체적으로 서술하는데, 각각의 포지셔닝이 반드시 배타적이지는 않다. 예를 들어, 마케팅 사례에 제시된

마케팅 사례: Campbell Soup의 사용자 포지셔닝/재포지셔닝

깡통에 든 수프는 아이들이나 먹는 것이라고 생각하기 쉽다. 오래 전 미국의 어린 학생들은 점심을 먹으러 집에 오곤 하였다. 보통은 차가운 샌드위치로 점심을 때우므로 깡통에 든 캠벨 수프는 데워서 같이 먹으면 좋은 보완식이 되었다. 그 당시의 광고에서는 아이들이 추위에 떨면서 집으로 돌아왔을 때 그들을 감싸 안으며 한 대접의 수프로 몸과 마음을 녹여주는 훌륭한 어머니를 그려주었다. 자녀에게 차가운 샌드위치를 먹이는 부모는 양심의 가책을 느낄 수밖에 없었다.

그러나 지금은 다르다. 우선 학교에서 급식을 하기 때문에 어린이들은 점심을 먹으러 집에 오지 않는다. 설사 아이들이 집으로 온다 하더라도 주부들은 모두 일하러 나갔기 때문에 집에 없다. 시대가 변하고 있다는 것을 인식한 캠벨사가 새롭게 주목한 것은 독신자 시장이었다.

오늘날 미국 세대주의 약 4분의 1은 독신자들이다. 이들은 정찬을 준비할 필요도 없고 그럴 욕구를 느끼지도 않는다. 매일 식사준비를 하는 것조차 괴로운 일이다. 그렇다고 번번이 외식을 할 수는 없다. 음식점에서 혼자 식사하는 것은 더욱 처량하기 때문이다. 음식을 사다가 집에서 먹거나 배달시킬 수도 있다. 그러나 그것은 쓸데없이 비싸다. 냉동음식은 식사준비는 간단하지만 매일 먹기엔 맛이 좋지 않다. 이때 캠벨 수프는 좋은 대안이 된다. 캠벨 수프는 요리하기 쉽고 비싸지 않으며 맛도 괜찮다. 광고에서는 "수프는 좋은 음식입니다(Soup is good food)"라는 슬로건으로 풍부한 영양가를 강조하였다. 희망 없이 사양길로 가던 캠벨 수프는 새로운 포지셔닝을 통해 기사회생하였다.

자료원: 홍성태, "시장과 고객을 사로잡는 8가지 발상전략," FMG 지음, *경영정공법*, 한·언, 1996, pp. 9-37.

Marlboro 담배와 Miller High Life 맥주, 그리고 Campbell Soup 사례는 사용자 포지셔닝이면서 재포지셔닝에 해당한다.

(1) 소비자 포지셔닝

여기서는 소비자 포지셔닝을 네 가지로 나누어 설명한다. 그러나 앞에서 서술한 바와 같이 여기서도 네 가지가 반드시 배타적이지는 않다. 소비자 포지셔닝의 예는 [그림 7.8]에 구체적으로 제시되어 있다.

① 속성/편익 포지셔닝

이는 제품을 속성, 특징, 혹은 고객편익과 관련짓는 것이다. 보통 소수의 속성, 특징, 혹은 편익에 관련된 정보를 제공함으로써 수행된다. 실용적 동기에 의해 구매되는 제품의 포지셔닝에 많이 이용된다.

② 이미지 포지셔닝

이미지 포지셔닝은 자사 브랜드로부터 긍정적 연상이 유발되도록 하는 것이다. 이미지 포지셔닝을 위하여 흔히 즐겁거나, 따뜻하거나, 친근감 등의 감정을 유발하는 광고를 이용한다. 이러한 감정의 유발에 의해 소비자는 그 브랜드나 기업에 호감을 갖게 된다. 이미지 포지셔닝은 점차 많이 이용되는 추세이다. 예를 들어, 삼성전자와 포스코 등 국내 대기업들은 기업이미지를 긍정적으로 포지셔닝하는 데 이미지 포지셔닝을 이용하여 성공하였다.

③ 사용상황 포지셔닝

이는 제품이 사용될 수 있는 적절한 상황을 묘사함으로써 포지셔닝하는 것이다.

④ 사용자 포지셔닝

이는 그 제품을 사용하는 데 적절한 사용자 집단이나 계층(class)에 의하여 포지셔닝하는 것이다. 특히 제품의 표적시장을 기존 소비자계층에서 다른 소비자계층으로 확장하고자 할 때 유용한 방법이다. 예를 들어, 오랫동안 중장년층의 아웃도어 브랜드로 포지션되었던 노스페이스는 중고등학생들이 동절기 교복외투로 활용하면서 고객층을 확장하여 포지션하는 데 크게 성공하였다.

| 그림 7.8 | 소비자 포지셔닝의 예 |

동국제약 카리토포텐

독일에서 효과가 입증된 생약성분으로 야뇨·
잔뇨·빈뇨의 개선효과가 있음을 강조하였다.

솔랩 프리미어 스칼프 케어

두피에 비타민을 충전하여 탈모증상이 완화됨
을 강조하였다.

시슬리 엔자임 마스크

식물 효소를 이용한 각질 제거로 발광효과가
있음을 강조하였다.

던롭타이어 베우로

거친 노면에서도 뛰어난 안정성을 제공함을
강조하였다.

속성/편익 포지셔닝

미쉐린타이어 파일럿

내구성이 뛰어남을 강조하였다.

캐논 EOS R6 mk2

고속연속촬영과 딥러닝 기술로 피사체의 오토
포커싱을 강조하였다.

IBK기업은행 금융주치의

기업고객의 현 상황을 진단하고 맞춤형 솔루
션을 제공하는 서비스를 제공함을 강조하였다.

대신증권 크레온

주식거래시 수수료 우대 혜택을 제공함을 강
조하였다.

S-OIL

울창한 숲속 도로를 이동하는 S-OIL 정유트럭을 보여줌으로써 S-OIL이 친환경적인 기업임을 강조하였다.

LG에너지솔루션

일출시간 배터리 그림이 있는 공항 활주로 장면을 제시하여, 주력사업인 배터리사업을 통해 세계 최고의 기업으로 도약하겠다는 의지를 강조하였다.

삼성물산 래미안

"미래는 이미 래미안에"라는 문구를 통해 래미안 아파트의 최첨단 기술력을 강조하였다.

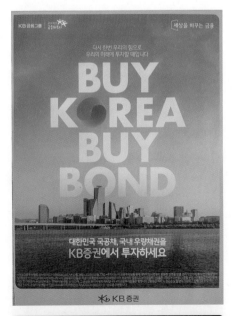

KB증권

"Buy Korea Buy Bond"라는 문구를 통해 국내 채권 투자가 우리 미래에 대한 투자임을 강조하였다.

이미지 포지셔닝

링컨 에비에이터

"여유롭게 지상을 비행하라"는 문구와 함께 자가용 비행기를 함께 제시하여 링컨 에비에이터 차량이 자가용 비행기 수준의 여유로움을 제공할 수 있음을 강조하고 있다.

하나증권

인생의 주요 시점마다 함께 했던 어머니와 같이 하나증권이 고객의 든든한 지원군이 되겠다고 강조하고 있다.

사용상황 포지셔닝

KFC 블러디그레이비

블러디그레이비 버거가 할로윈 시즌에만 출시하는 시즌한정판임을 강조하였다.

동국제약 치센

치센이 치질 초기증상에 사용하기 적합함을 강조하였다.

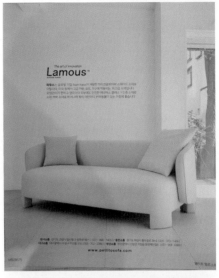

아이허브
다양한 릴렉싱 제품이 필요한 상황에는 아이허브 사이트를 이용할 수 있음을 강조하고 있다.

펠리토소파
최고급 라무스 소재를 사용하여 어린아이와 반려동물이 있는 가정에 사용하기 적합함을 강조하였다.

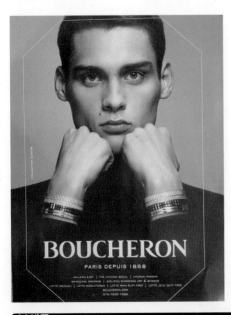

부쉐론
패션에 민감한 남녀가 사용하는 보석브랜드로 포지션하였다.

사용자 포지셔닝

삼성전자 디지털가전
신혼부부들이 사용하기에 적합한 가전제품들로 포지션하였다.

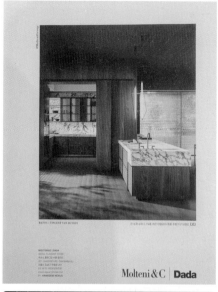

다다
다다는 전 세계 상위 0.1%를 위한 명품 주방 가구임을 강조하였다.

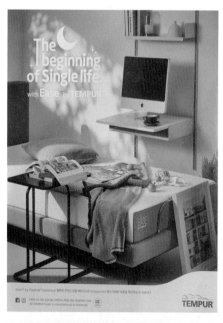

템퍼
1인 가구가 사용하기에 적합한 침구임을 강조하였다.

Vitra Skape
'For a CEO'라는 문구를 통해 임원전용 업무의자로 포지션하였다.

(2) 경쟁적 포지셔닝

이는 경쟁브랜드와 비교함으로써 자사브랜드를 부각시키는 포지셔닝 방법이다. 이를 위하여 자사브랜드를 명시적 혹은 묵시적으로 경쟁브랜드와 비교하는 비교광고가 많이 쓰인다. 경쟁적 포지셔닝은 경쟁브랜드를 간접적으로 광고하게 되는 결과를 초래할 수 있으며, 또한 상대회사의 민감한 대응 혹은 보복이 따를 수 있다.

예를 들어, BMW는 "아우디의 2006년 남아프리카공화국 올해의 차 수상을 축하합니다. 2006년 세계의 차로 선정된 BMW로부터"라는 경쟁광고를 실시하였다. 이러한 BMW의 경쟁광고에 대응하여 아우디는 "BMW의 2006년 세계의 차 수상을 축하합니다. 2000년~2006년 르망24 레이스에서 여섯 번 연속 우승한 아우디로부터"라는 광고를 실시하였다. 일본의 자동차 브랜드인 스바루는 BMW와 아우디를 겨냥하여 "뷰티 컨테스트에서 우승한 BMW와 아우디 모두 축하드립니다. 2006년 올해의 엔진상을 수상한 스바루로부터"라는 경쟁광고를 실시하였다. 이러한 경쟁광고에 대응해 벤틀리는 광고카피없이 정장을 입은 남성이 미소를 지으며 손가락으로 욕설을 하는 경쟁광고를 실시하였다.

[그림 7.9]에는 여러 가지 경쟁적 포지셔닝이 예시되어 있다.

그림 7.9   **경쟁적 포지셔닝의 예**

삼성전자 시스템에어컨 vs. LG전자 휘센 시스템에어컨
삼성전자가 무풍에어컨이라는 차별적 속성을 강조하자 LG전자는 배관과 팬의 항균·살균처리를 강조하였다.

동아제약 판피린
11년 연속 감기약 판매 1위임을 강조하였다.

캐논 복합기
KCSI 고객만족도조사에서 가정용 복합기 부문
과 사무용 복합기 부문 2관왕임을 강조하였다.

엠페라도르
전 세계 브랜디 판매 1위임을 강조하였다.

캐논 EOS-1DX mk3
정상(頂上)이라는 문구와 함께 산 정상과 캐논
카메라의 사진을 나란히 제시하여 최고 카메
라임을 상징적으로 제시하였다.

(3) 재포지셔닝

소비자 기호의 변화, 강력한 경쟁제품의 진입 등으로 기존의 포지셔닝이 경쟁우위를 잃거나 혹은 그 밖의 이유로 기존의 포지셔닝이 기업이 원하는 식으로 되어 있지 않으면 **재포지셔닝**(repositioning)을 해야 한다. 재포지셔닝을 하는 경우도 앞에서 언급한 여러 가지 방법들을 이용한다. 그런데 어떤 기존 제품에 대한 소비자의 신념과 인상은 쉽게 변화되지 않기 때문에 재포지셔닝은 쉽지 않으며 신제품 포지셔닝에 비해 실패하기 쉽다.

예를 들어, Miller High Life는 소비자들의 인상을 바꾸는 데 수년이 걸렸다(마케팅 사례 참조). 재포지셔닝에 실패한 예로서 항공회사 People Express가 있다. 전통적으로 비교적 저가시장에 포지셔닝한 People Express는 1980년대 중반 계속적인 손실을 만회하기 위해 고급화 포지셔닝을 시도했으나 탑승객들의 생각을 바꿀 수가 없어 결국 실패하고 말았다. [그림 7.10]에는 재포지셔닝의 사례가 제시되어 있다.

| 그림 7.10 | 재포지셔닝 사례 |

KT&G 에쎄

초슬림형 담배 브랜드인 '에쎄'는 출시 초기 '버지니아 슬림,' '피네스' 등과 같이 젊은 여성 흡연자들을 대상으로 한 여성지향 이미지의 담배였다. 그러나 금연열풍과 건강지향적 트렌드의 영향이 커지면서 40대 남성 중장년층의 '에쎄' 소비가 늘어나게 되었고 이에 따라 3, 40대 남성 브랜드로 재포지셔닝하였다.

HP

과거 HP는 PC와 프린터 기업으로 인식되어 왔다. 그러나 컴팩과 합병 이후 세계 유수기업의 성공에 결정적 도움을 주는 엔터프라이즈 테크놀로지 솔루션 기업임을 알리는 데 초점을 맞추어 재포지셔닝하고자 하였다. 이에 HP는 '+hp = everything is possible(HP와 만나면 모든 것이 가능합니다)'이라는 메시지로 다양한 분야에서 HP테크놀로지가 사용되고 있으며 이것이 고객기업의 성공에 결정적인 도움이 되고 있음을 강조하였다.

현대모비스

현대모비스는 과거 국내의 가장 대표적인 자동차 부품회사였다. 그러나 자동차업의 개념이 제조업에서 모빌리티의 개념으로 변화되는 추세에 따라 현대모비스도 부품제작사에서 모빌리티를 위한 소프트웨어 개발사로 재포지셔닝하고 있다.

KB국민카드

KB국민카드는 다양한 결제수단을 등록하여 국내외 온/오프라인 가맹점에서 결제 용도로 사용할 수 있는 KB페이를 기반으로 하여 과거 오프라인 카드결제 중심의 사업에서 벗어난 금융플랫폼 기업으로 재포지셔닝하고 있다.

3. 제품 포지셔닝의 절차

제품의 포지셔닝 절차는 기업이 처한 여건에 따라 다르겠으나 전형적인 절차는 [그림 7.11]에 나타난 바와 같다.

(1) 경쟁브랜드의 결정

포지셔닝은 자사브랜드가 경쟁브랜드에 비하여 차별적으로 지각되도록 하기 위한 전략이므로 경쟁브랜드를 명확히 결정하는 것은 포지셔닝을 위하여 매우 중요하다. 경쟁브랜드의 결정은 표적시장의 범위와 밀접한 관련을 갖는데, 표적시장이 커질수록 자연히 경쟁브랜드의 수는 많아진다. 표적시장내

그림 7.11   포지셔닝의 절차

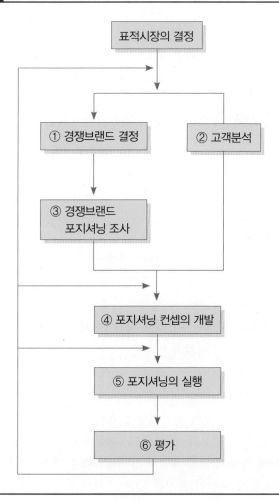

에 다수의 경쟁브랜드들이 존재할 때는 보다 직접적인 경쟁이 이루어지는 브랜드(들)를 대상으로 포지셔닝하기도 한다.

(2) 표적시장내 고객의 분석

포지셔닝 전략은 결국 소비자들의 애고(愛顧; patronage)를 얻기 위한 것으로 소비자들의 욕구를 명확히 이해해야 한다. 또한 소비자들이 고려상표군(consideration set) 내의 경쟁제품들을 비교·평가하기 위해 주로 이용하는 중요한 속성들(salient attributes)을 명확히 파악해야 한다. 예를 들어, 오디오 시장에서 소비자들은 음질이 좋은 제품을 구입하고 싶어 한다고 쉽게 가정할 수 있다. 그러나 대부분의 소비자들이 음질을 평가할 능력이 없다면 주로 겉모양을 중요시할 수도 있다. 이와 같은 경우 음질에 중점을 두기보다는 디자인을 세련되게 하고 이에 의한 포지셔닝전략을 수립할 수 있다.

(3) 경쟁브랜드의 포지셔닝 조사

소비자들이 대안평가시 중요시하는 속성들에 따라 경쟁브랜드들이 어떻게 포지션되어 있는지, 그리고 전반적인 이미지는 어떤지를 조사한다. 만약 소비자들이 중요시 여기는 특정 속성에서 현재 우수하게 포지션된 브랜드가 없거나 긍정적 이미지를 갖는 브랜드가 존재하지 않는다면 이는 기회를 의미한다.

(4) 포지셔닝 컨셉의 개발

포지셔닝전략을 수립하기 위해 기업의 마케터는 자사브랜드와 관련하여 구매자들이 어떤 지각(perception) 혹은 연상(association)을 갖도록 할 것인가를 결정해야 한다. 이와 같이 **포지셔닝 컨셉**(positioning concept)은 마케터가 구매자의 마음속에 자사브랜드가 차지하기를 원하는 위치를 말한다. 고객분석과 경쟁자분석으로부터 자사가 경쟁적 우위(competitive advantage)를 차지할 수 있는 포지셔닝 컨셉을 개발해야 한다. 포지셔닝 컨셉의 유형에는 앞에서 설명한 바와 같은 여러 가지가 있다.

(5) 포지셔닝의 실행

앞에서 서술한 바와 같이 포지셔닝 컨셉은 제품개발 이전에 설정할 수도 있고 제품개발 이후에 설정할 수도 있다. 제품개발 이전에 포지셔닝 컨셉이 결정된 경우 이에 따라 제품을 개발하고 제품믹스를 결정한다. 자사의 제품이 경쟁브랜드에 비하여 차별적 특성을 갖는다 하더라도 문제는 소비자들에 의하여 그렇게 받아들여져야 한다. 그러므로 기업은 광고 등 커뮤니케이션 노력에 의하여 소비자들의 지각 속에 자사브랜드를 정확히 포지션해야 한다.

(6) 평가 및 재포지셔닝

기업은 커뮤니케이션 활동에 의해 자사가 원하는 포지셔닝 컨셉이 고객들에게 제대로 심어졌는지를 조사하고 그렇지 못하다면 이를 시정하도록 해야 한다. 뿐만 아니라 표적시장 내 소비자의 욕구와 경쟁을 포함한 여러 가지 환경적 요인은 끊임없이 변화하므로 계속적인 감시가 필요하고 적절히 포지셔닝을 수정해나가야 한다. [그림 7.11]은 재포지셔닝 노력이 여러 단계에서 수행될 수 있음을 보여준다(평가 후의 feedback을 나타내는 화살표).

4. 지각도를 이용한 포지셔닝전략 수립의 예

지각도(perceptual map)는 소비자가 어떤 제품과 관련하여 중요시하는 속성에 따라 경쟁브랜드들이 차지하고 있는 상대적 위치를 나타내는 그림으로서 신제품 포지셔닝, 기존제품의 포지셔닝 평가 및 재포지셔닝 등 제품포지셔닝 전략수립을 위하여 매우 유용하게 이용될 수 있다. 이하에서는 포지셔닝을 위하여 지각도가 어떻게 이용될 수 있는지 보기로 한다.

> **지각도**
> 소비자가 어떤 제품과 관련하여 중요시하는 속성에 따라 경쟁브랜드들이 차지하고 있는 상대적 위치를 나타내는 그림

(1) 신제품컨셉 테스트 – 신제품개발의 타당성 조사

스낵을 생산하는 T기업은 소비자 1,500명을 대상으로 설문조사를 실시한 결과, 스낵시장을 라이프스타일에 따라 세분화하면 6개의 세분시장으로 나눌 수 있으며 이 중 「영양가 지향적 스내커(nutritional snackers)」와 「체중조절자(weight watchers)」의 세분시장이 비교적 크고 소득수준과 교육수준이 높다는 사실을 발견하였다. 그리하여 두 개의 세분시장을 대상으로 자연식품으로서 영양가가 높고 칼로리가 낮은 신제품을 개발하면 상당한 기회가 있을 것으로 판단하였다.

신제품컨셉(new product concept)을 확정한 다음 이러한 신제품을 개발하는 데 대한 타당성 조사를 위해 설문조사를 실시하였다. 먼저 응답자들에게 신제품컨셉 기술서를 읽게 한 후 소비자들이 스낵 구매시 중요시 여기는 속성, 각 속성별로 경쟁브랜드들(T기업의 신제품 포함)에 대한 평가, 각 브랜드에 대한 상대적 선호 등을 내용으로 하는 설문조사를 하였다. 조사결과 수집된 자료를 다차원척도법(multidimensional scaling; MDS), PROFIT(property fitting), 군집분석(cluster analysis) 등의 통계 프로그램으로 처리한 결과 [그림 7.12]와

그림 7.12   스낵시장분석에 의한 제품지각도

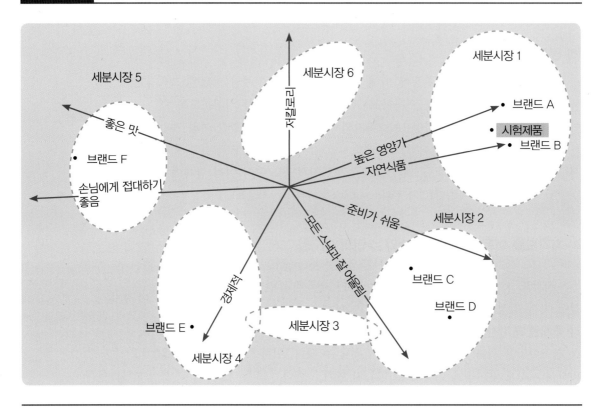

같은 지각도를 얻었다. 지각도를 해석하는 방법은 다음과 같다.

첫째, 각 브랜드의 위치에서 각 화살표의 연장선에 수직선을 그으면 특정 속성에서 특정 브랜드가 차지하는 포지션을 알 수 있다. 예를 들어, 소비자들은 영양가에 있어서 브랜드 A가 가장 우수하고 F가 가장 불량한 것으로 생각한다.

둘째, 점선으로 표시된 타원은 특정 속성을 중시하는 세분시장의 규모를 나타낸다. 예를 들어, 높은 영양가를 지닌 자연식품을 원하는 「영양가 지향적 스내커」 세분시장이 가장 크다.

이러한 방법에 따라 [그림 7.12]에 나타난 결과를 분석한다. T기업이 개발하고자 하는 시험제품(test product)은 비교적 맛이 좋지 않고 손님들한테 접대하기 좋지 않으며, 비경제적이기는 하나 영양가가 높은 자연식품이며 칼로리가 낮은 것으로 소비자들에게 지각되고 있다. 이 시험제품을 출시하는 경우 영양가가 높은 자연식품 스낵을 원하는 「영양가 지향적 스내커」의 소비자들에게 소구(appeal)할 수 있으며, 유사한 특성을 갖는 것으로 소비자들에 의해 지각되는 기존 브랜드 A, B와 치열한 경쟁이 예상된다. 다행히 여섯 개의 세분시장 중에서 「영양가 지향적 스내커」가 가장 크다. 이러한 분석결과로부터 이제 마케터는 과연 신제품을 개발하여 출시할 것인지를 결정해야 한다. 이를 위해서는 자사제품과 유사하게 지각되는 브랜드 A, B에 비하여 가격, 유통 및 촉진의 측면에서 경쟁적 우위를 가질 수 있는지를 분석해야 한다. 또 「영양가 지향적 스내커」에 진출하는 경우 자사의 제품이 높은 영양가를 지닌 자연식품임을 강조해야 한다.

(2) 신제품 기회의 발견

마케터는 지각도로부터 신제품 기회를 발견할 수도 있다. [그림 7.12]의 「체중조절자」세분시장은 규모 면에서 상당히 크지만 현재 이 세분시장에는 어떠한 브랜드도 포지션하고 있지 않다. 이 세분시장 소비자들은 기존 제품에 만족하지 않으므로 시장기회가 있을 것으로 생각된다. 그러나 T기업은 「체중조절자」세분시장이 중요시 여기는 저칼로리를 특징으로 하는 스낵을 적절한 비용에 생산할 수 있는지 기술적인 면을 검토해야 한다.

(3) 기존제품의 경쟁적 포지셔닝과 재포지셔닝

제품지각도를 이용하면 자사의 기존제품과 경쟁제품들의 상대적 위치를 알 수 있고 또한 필요한 재포지셔닝의 위치를 판단할 수 있다. [그림 7.13]은 Chrysler회사가 소비자조사에 의하여 분석한 결과를 도시한 것이다.

이 분석에 의하여 분석자는 소비자들이 Chrysler division의 승용차들을 Buick 및 Oldsmobile과 유사하게 지각하지만 너무 보수적으로 받아들이므로 보다 젊은 이미지로 재포지셔닝할 필요가 있다고 결론지었다. 또한 Plymouth와 Dodge는 보다 고급이미지로 재포지셔닝할 필요가 있다고 판단되었다. 한편 이 지각도에 따라 GM은 Chevrolet division의 경우 흔히 승용차를 처음 구매하는 소비자들을 표적으로 하므로 보다 실용적이며 젊은 이미지로 재포지셔닝하는 것을 고려할 수 있다. 또한 Buick과 Oldsmobile이 너무 유사하게 포지션되어 **자기시장잠식**(cannibalization)의 문제가 초래될 수 있어 둘 중 어느 하나 혹은 모두를 재포지션하는 것을 고려할 수 있다.

그림 7.13   미국 승용차시장의 지각도

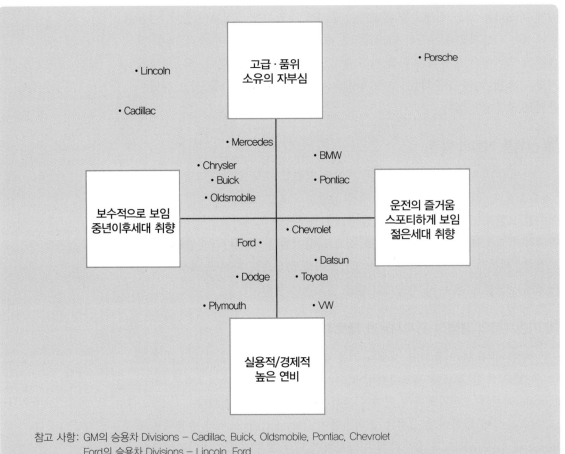

참고 사항: GM의 승용차 Divisions – Cadillac, Buick, Oldsmobile, Pontiac, Chevrolet
　　　　　 Ford의 승용차 Divisions – Lincoln, Ford
　　　　　 Chrysler의 승용차 Divisions – Chrysler, Plymouth, Dodge

자료원: Henry Assael, *Consumer Behavior and Marketing Action*, 5th ed., South–Western, 1995, pp. 433–434.

제3부

마케팅믹스관리

제 **8** 장 제품관리

공장에서 만들어지는 것은 제품이지만, 고객에 의해서 구매되는 것은 브랜드이다. 제품은 경쟁자에 의해 쉽게 모방될 수 있으나 브랜드는 유일한 것이다. 제품은 쉽게 구식이 되지만 성공적인 브랜드는 영원하다.

– Stephen King, WPP Group, UK

기업이 마케팅을 할 수 있는 것은 표적시장을 구성하는 고객들의 욕구가 있기 때문이다. 고객들의 욕구를 충족시켜주는 현실적인 수단이 바로 제품이다. 그러므로 기업은 고객들의 욕구를 제품이라는 수단으로 충족시킴으로써 그 기업의 목적을 달성하고자 한다. 따라서 넓은 의미에서 고객의 욕구를 충족시켜주는 것은 무엇이든지 제품이 된다. 예를 들어, 아파트를 구매하고자 하는 사람에게 아파트는 제품이 되며, 주식투자를 하고자 하는 사람에게 주식은 제품이 된다. 기업이 일반인들로부터 신제품 브랜드명을 공모하는 경우 그 기업은 아이디어라는 제품을 구매하는 것이다. 그러나 본서는 기업마케팅의 기본적이고 일반적인 내용을 소개하는 원론에 해당하므로 본서에서의 제품은 집, 주식, 아이디어 같은 것들을 포함하지 않는다. 다만 서비스는 모든 소비자들에 의해 빈번히 구매되므로 제10장에서 별도로 다루어진다. 그리하여 제8장과 제9장에서 다루는 제품의 의미는 소비자들이 일상생활에서 필요하여 구매하는 유형의 제품들(tangible products)을 가리킨다.

기업은 그 목적을 충족시키기 위해 제품에 대한 계획수립, 가격결정, 촉진, 그리고 유통과 관련된 여러 가지 행위를 수행한다. 그런데 가격결정, 촉진, 유통과 관련된 모든 마케팅노력은 어디까지나 특정제품을 전제로 이루어지는 것이다. 요컨대, 제품은 고객의 욕구를 충족시키고 기업의 목적을 달성시켜주는 현실적 수단이며, 이러한 측면에서 고객과 기업을 연계시켜주는 수단이다. 또한 네 가지의 마케팅믹스 요소들 중에서 가장 주된 요소라고 할 수 있다.

학│습│목│표

1. 제품의 개념과 소비제품의 분류에 대해 이해한다.

2. 개별제품에 대한 주요 의사결정 사항을 학습한다.

3. 브랜드 자산과 신제품 브랜드 전략을 이해한다.

4. 제품믹스와 제품계열의 결정을 학습한다.

학습목표 1: 제품의 개념과 소비재의 분류

1. 제품의 개념과 차원

　　개인소비자들은 일상생활에서 비누, 치약 같은 소모품과 TV, 컴퓨터, 승용차 같은 내구재를 구매한다. 또한 버스나 지하철을 이용하고 가끔씩 이발소나 미용실에 가며, 여름에는 여행을 간다. 소비자들은 자신의 어떤 욕구를 충족시키기 위해 이러한 것들을 구매한다. 넓은 의미에서 소비자가 욕구를 충족하기 위해 구매하는 모든 것들을 **제품**(product)이라고 할 수 있다. 그러므로 제품을 **유형제품**(tangible products)과 **무형서비스**(intangible services)[1]로 분류할 수 있다.

　　마케터는 다양한 소비자의 욕구를 충족시키기 위해 다차원적 시각에서 제품을 이해해야 할 필요가 있다. [그림 8.1]에서 볼 수 있듯이 제품은 크게 세 가지 차원에서 개념화될 수 있다. **핵심제품**(core product)은 가장 기초적인 차원이다. 이는 소비자들이 제품을 구매할 때 추구하는 **편익**(benefits)이며, **욕**

> **핵심제품**
> 소비자들이 제품을 구매할 때 추구하는 편익이며, 욕구를 충족시키는 본질적 요소

그림 8.1　　**제품의 세 가지 차원**

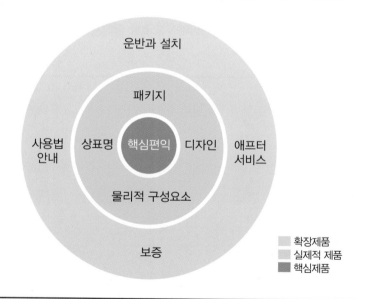

---

[1] 서비스는 제10장에서 별도로 다루어지므로 여기서는 유형제품을 전제로 서술한다. 그러나 유형제품과 관련된 많은 내용들이 서비스에도 그대로 적용되므로 본서에서의 제품의 의미를 꼭 유형제품에만 국한시킬 필요는 없다.

구(needs)를 충족시키는 본질적 요소라고 할 수 있다. 예를 들어, 치약 구매 시 추구되는 편익은 충치예방, 깨끗한 치아, 상쾌한 느낌이다. 여성들은 아름다움이나 피부건강이라는 편익을 얻기 위해 화장품을 구매한다.

편익에는 기능적 편익(functional benefits)과 심리사회적 편익(psychosocial benefits)의 두 가지가 있다. **기능적 편익**은 실용적 효용과 관련되는 것으로, 예를 들어, 고급승용차를 구매하는 소비자는 특히 안전성 때문에 그 차를 구매할 수 있다. **심리사회적 편익**은 자신을 타인에게 어떻게 표현하는가와 관련되는 것으로 고급승용차를 구매하는 소비자가 자신의 지위를 나타내고 싶어 그 차를 구매할 수 있다. 예를 들어, 렉서스 All New LS는 '드러내지 않는 겸허함으로, 세상을 이끄는 강인함으로'라는 메시지를 사용하였는데, 이는 그러한 편익을 추구하는 소비자들에게 소구(appeal)하기 위한 것이다. 한 제품을 광고하는 데 마케터는 두 가지 중 어느 한 가지에 초점을 둘 수 있다. 예를 들어, 위스키 윈저의 경우 광고에서 초기에 위조방지 기술을 강조하였으나(광고

위스키 윈저
윈저는 초기에 '기능적 편익'을 강조하였으나 이후에는 '사회심리적 편익'을 강조하였다.

Headline: 2mm의 차이로 앞서가다) 이후에는 사용자와 사용상황에 초점을 맞추었다(광고 Headline: Share the vision).

유형제품(tangible product)은 그 편익을 실현하기 위한 물리적 요소들의 집합으로서 대체로 가시적인(visible) 것들이다. 따라서 유형제품을 **실제적 제품**(actual product)이라고도 한다. 예를 들어, 자동차의 경우 핸들, 엔진, 브레이크, 타이어 등이 여기에 해당된다. 결과적으로 물리적 속성들의 결합, 패키지(package), 상표명, 디자인(모양새) 등이 여기에 속한다. 한 제품의 패키지, 상표명, 디자인이 어떤가에 따라 고객에 대한 소구력(appealing power)은 매우 다르다. 그러므로 유형제품을 어떻게 만드는가는 마케터에게 있어서 중요한 의사결정문제가 된다.

확장제품(augmented product)은 물리적 제품에 대한 추가적인 것들로서 운반과 설치, 보증, 사용법 안내, 애프터서비스 등이 이에 해당한다. 내구재의 경우 확장제품을 달리함으로써 자사제품을 차별화할 수 있다. 예를 들어, 현대자동차는 2009년 미국시장에서 보증 프로그램(assurance program)을 실시하였다. 현대자동차의 보증 프로그램은 현대차를 구매한 소비자가 1년 안에 해고를 당하거나 실직했을 때 구입했던 자동차를 현대차 딜러에게 돌려주면, 처음에 지불했던 가격을 다시 소비자에게 돌려주는 프로그램이다. 이러한 보증 프로그램을 통해 현대자동차는 경쟁사와의 차별화를 실시하였다.

예를 들어, 소비자가 개인용 컴퓨터를 구매한 경우 컴퓨터의 정보처리능력(소프트웨어 기능, 연산기능, 인터넷에 의한 정보검색기능 등)은 핵심제품이며, 컴퓨터를 구성하는 CPU, 하드디스크, LAN, 키보드, 모니터, 컴퓨터 케이스 등은 실제적 제품(유형제품)이다. 또한 컴퓨터 매뉴얼, 2년간 무상 서비스, 운반 및 설치, 사용을 위한 기본교육 등은 확장제품에 해당한다. 그러므로 일상생활에서 빈번히 구매되는 편의품의 경우는 대체로 핵심제품과 실제적 제품으로 구성되며, 내구재의 경우는 확장제품까지 포함한다. 요컨대 핵심제품은 그 제품으로써 소비자에게 제공하는 편익이고, 실제적 제품은 그러한 편익을 제공하기 위한 물리적 실체이며, 확장제품은 부가서비스(혹은 제품지원 서비스; 학습목표 2 참조)라고 할 수 있다.

2. 제품의 분류

유형제품은 소비재(consumer products)와 산업재(industrial products)로 구분할 수 있다. **소비재**는 최종 소비·사용을 위한 제품이며, **산업재**는 다른 제품의 생산을 위해 투입되는 제품이다. 이하에서는 소비재를 두 가지 측면으로

유형제품

편익을 실현하기 위한 물리적 요소들의 집합으로서 대체로 가시적인 요소

확장제품

물리적 제품에 추가한 요소

분류하여 설명한다: 구매과정 중심과 소비·사용기간 중심.

(1) 구매과정 중심 분류

구매과정을 중심으로 소비재를 분류하면 편의품, 선매품, 전문품으로 분류된다.

편의품(convenience products)은 구매욕구가 발생하면 비교적 적은 노력을 들여 구매하는 제품이다. 비누, 치약, 과자, 문구류 등 가격이 비교적 낮으며 흔히 구매하는 제품이다. 또한, 편의품은 구매빈도가 높고 습관적 구매가 강한 제품이다.

선매품(shopping products)은 비교적 주의 깊게 그리고 상당한 노력을 기울여서 대안들을 비교·평가한 후 구매하는 제품이다. 가구, 의류, 가전제품, 승용차 등이 이에 해당하며, 가격이 비교적 높고 대체로 몇 개월 혹은 몇 년에 한 번씩 구매된다. 선매품의 경우 관여도가 높고 제품 간 비교평가 후 구매하는 과정을 거치기 때문에 복잡한 구매행동에 해당된다.

전문품(specialty products)은 특정 브랜드의 제품이 갖는 독특성이나 매력 때문에 소비자들이 구매를 위하여 상당한 노력을 기울이거나, 경우에 따라 상당기간 기다리기도 하는 제품을 가리킨다. 소비자들이 대체품을 거부하는 제품들이 이에 해당하며, 감정적으로 애착(emotional attachment)을 갖는 제품들이다. 따라서 전문품은 구매자의 지위와 관련되어 있다고 볼 수 있다. 벤틀리 같은 고급 승용차, 페라리와 람보르기니 등 유명 스포츠카 같은 고가의 제품뿐만 아니라 미식가가 특정 음식점을 선호하여 상당시간을 들여서 그곳까지 간다면 그 음식점의 음식 또한 전문품에 해당한다.

그러므로 편의품과 선매품은 제품군(product class)과 관련된 개념인 데 비하여 전문품은 브랜드(brand)와 관련된 개념이다. 하나의 제품이 어떤 종류로 분류되는지는 소비자에 따라 달라질 수 있다. 예를 들어, 승용차는 일반적으로 선매품으로 분류된다. 그러나 소비자가 쏘나타를 매우 선호하지만 출고를 위하여 상당기간을 기다려야 하는 경우, 불편함을 참고 기다린다면 그 소비자에게 쏘나타는 전문품이 된다.

(2) 소비·사용기간 중심 분류

소비재는 소비·사용기간을 중심으로 비내구재(undurable products)와 내구재(durable products)로 분류될 수 있다. **비내구재**는 소비·사용기간이 짧은 것으로 많은 편의품, 즉 저관여 제품들이 여기에 해당된다. **내구재**는 소비·사용기간이 긴 것으로 많은 선매품, 즉 고관여 제품들이 여기에 해당된다. 그

마케팅 사례: **"2021년 가장 많이 구매한 제품은?"**

국내 온라인 쇼핑몰에서 가장 많이 판매된 제품 순위 (2021.11)

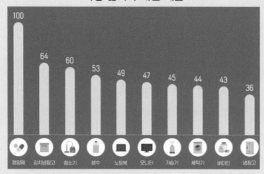

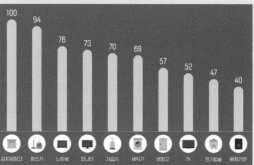

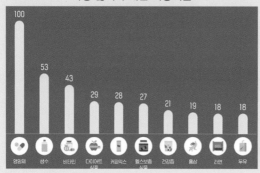

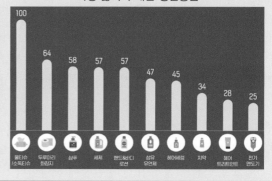

국내 이커머스(e-Commerce) 시장은 매년 성장하고 있으며, 경쟁 또한 점점 치열해지고 있다. 최근 앱 분석 서비스와 와이즈앱은 국내 소비자들을 대상으로 온라인 쇼핑몰에서 가장 많이 구매하는 가전제품, 가공식품, 생활용품, 화장품 순위를 조사하여 발표했다.

2021년 11월 기준 국내 10개 온라인 종합 쇼핑몰에서 많이 구매한 2만여 개 제품을 조사한 결과, 구매금액이 가장 많았던 제품은 '영양제'로 나타났다. 2위는 김치냉장고, 3위는 청소기, 4위는 생수, 5위는 노트북, 6위 모니터, 7위는 가습기, 8위는 세탁기, 9위는 비타민, 10위는 냉장고였으며, 김치냉장고의 경우 구매한 가전제품 금액의 9%를 차지하였다. 김치냉장고 다음으로 청소기(8%), 노트북(7%), 모니터(6%), 가습기(6%), 세탁기(6%), 냉장고(5%), TV(4%), 전기밥솥(4%), 음향가전(3%) 순이었다.

가장 많이 구매한 가공식품은 '영양제'로 가공식품 구매금액의 19%를 차지하였으며, 영양제 다음으로 생수(10%), 비타민(8%), 다이어트 식품(5%), 커피믹스(5%), 헬스보충 식품(5%), 건강즙(4%), 홍삼(4%), 라면(3%), 두유(3%) 순으로 나타났다. 특히, 영양제, 비타민, 다이어트 식품, 헬스보충 식품, 건강즙, 홍삼 등 건강기능식품 계열이 온라인 가공식품 전체 구매금액의 45%를 차지하였다.

그리고 가장 많이 구매한 생활용품은 '물티슈/소독티슈'로 생활용품 구매금액의 14%를 차지하였다. 그 다음으로 두루마리 화장지(9%), 샴푸(8%), 세제(8%), 핸드&바디 로션(8%), 섬유유연제(7%), 헤어세럼(6%), 치약(5%), 헤어트리트먼트(4%), 전기면도기(3%) 순으로 나

타났다. 이 밖에도 가장 많이 구매한 화장품은 '크림/젤/올인원'으로 화장품 구매금액의 21%를 차지하였고, 그 다음 에센스(14%), 남성화장품(9%), 폼클랜징(7%), 베이스메이크업(7%), 스킨(6%), 향수(5%), 선케어(5%), 마스크(4%), 로션/에멀전(4%) 순으로 나타났다.

자료원: *인사이트*, 2021. 12. 14 & *The Next Investment*, 2021. 12. 15.

러나 소비·사용기간의 길고 짧음은 상대적인 개념이므로 구매과정 중심 분류와 마찬가지로 비내구재와 내구재가 명확히 구분될 수는 없다.

학습목표 2: 개별제품에 대한 주요 의사결정 사항

제품관리자(product manager)는 자사의 개별제품과 관련하여 제품속성, 브랜드, 패키지, 그리고 제품지원 서비스에 대한 의사결정을 해야 한다.

1. 제품속성 결정

소비자가 제품을 구매하는 이유는 그 제품을 소비·사용함으로써 얻게 되는 편익(benefits) 때문이다. **제품속성**(product attributes)은 소비자 편익에 대응되는 개념으로서 이에는 제품품질과 특징이 포함된다.

(1) 제품품질

품질(quality)은 마케터의 중요한 포지셔닝 수단이다. 제품품질은 표적시장 소비자들이 기대하는 편익을 제공하는 능력을 의미한다. 품질은 품질수준과 품질일관성의 두 가지 측면에서 결정되고 관리되어야 한다. **품질수준**(quality level)은 표적소비자들의 욕구를 충족시킬 수 있으며 경쟁력을 가질 수 있도록 결정되어야 한다. 그러므로 반드시 높은 품질수준이 바람직한 것은 아니다. 그만큼 비용이 많이 들기 때문이며, 따라서 가격에 비한 품질수준, 즉 가치(value) 측면에서 고려되어야 한다.

품질일관성(quality consistency)은 결정된 품질수준 혹은 소비자가 기대하는 품질수준을 얼마나 일관성 있게 제공하는가를 가리킨다. 불량률이 높을수록 품질일관성은 낮아지게 된다. 그러므로 품질일관성을 높이기 위해서는 생산부문의 품질관리(quality management) 노력이 절대적으로 필요하다.

제품품질과 관련된 중요한 한 가지 개념은 **지각된 품질**(perceived quality)이다. 이는 소비자 개개인이 그 제품의 품질은 어느 수준이라고 생각하는 것을 가리킨다. 실제적 품질수준이 높더라도 표적고객들에 의해 그렇게 지각되지 않는 경우 선택되지 않는다. 따라서 마케터는 실제적 품질수준에 대한 관심과 아울러 지각된 품질수준에도 깊은 관심을 가져야 한다.

> **지각된 품질**
> 소비자 개개인이 생각하는 제품의 품질수준

(2) 제품특징

제품특징(product features)은 제품을 구성하는 사양들을 가리킨다. 어떤 사양들로 구성할 것인가를 결정하기 위해서는 표적고객들이 각각의 사양에 대하여 부여하는 편익의 크기에 달려 있다. 예를 들어, TV의 경우 4K 기능을 추가할 것인지의 여부는 그 기능을 추가하는 경우의 추가비용과 그 기능에 대하여 소비자가 부여하는 편익의 크기에 달려 있다. 즉, 추가비용 혹은 이에 따른 가격상승분보다 소비자들이 지각하는 편익의 증가분이 더 큰 경우에, 그리고 그러한 소비자들이 많을수록 그 사양을 추가하는 것이 바람직할 것이다. 최근 출시되는 승용차의 경우 기본적으로 ABS(Anti-lock Brake System)가 부착되어 있다. 이는 대다수의 승용차 구매자들은 ABS 부착에 따른 가격인상분보다 ABS로부터 얻는 편익을 더욱 크게 생각한다는 판단에 기인하는 것이다.

2. 브랜드 결정[2]

개별제품 결정에 있어서 제품속성 결정에 그리 못지않게 중요한 것은 브랜드 결정이다. 이하에서는 브랜드와 관련된 여러 가지 내용을 서술한다.

(1) 브랜드의 의미

브랜드(brand)는 "불로 지진다"라는 의미의 고대 스칸디나비아語 'Brandr'를 그 어원으로 하며 어떤 제품의 고유의 이름, 상징물, 로고(logo), 혹은 이들

> **브랜드**
> 어떤 제품의 고유의 이름, 상징물, 로고, 혹은 이들의 결합을 가리키거나, 특정 브랜드를 가진 제품 그 자체

---

2) 브랜드에 해당하는 우리말은 상표이다. 상표라는 말도 비교적 빈번히 사용되지만 어감으로부터 브랜드마크 혹은 로고를 지칭하는 것으로 오해될 소지가 있다. 또한 국내 업계에서 브랜드라는 말이 보다 흔히 사용되므로 본서에서는 브랜드라는 표현을 쓴다. 다만 브랜드 네임은 상표명으로 번역하는 경우 전혀 문제가 없으므로 상표명으로 쓴다.

의 결합을 가리킨다. 또한 특정 브랜드를 가진 제품 그 자체를 가리키기도 한다. 예를 들어, "SM5의 점유율이 점차 증가한다"라고 하거나 "나는 중형차 중에서 SM5가 마음에 든다"라고 말하면 이는 그 제품 자체를 뜻한다. 생산자, 유통업자, 그리고 소비자들은 브랜드에 의하여 한 제품을 경쟁제품과 구분할 수 있다.

브랜드에 의하여 고객들은 그 제품의 생산자(경우에 따라서는 유통업자)를 알 수 있으며, 고객들과 생산자들은 유사하게 보이는 경쟁제품들로부터 보호 받을 수 있다. 기업은 자사의 브랜드에 대한 배타적 사용권을 확보하고 법률 적인 보호를 받기 위해 브랜드를 특허청에 등록할 수 있으며 이를 등록상표 라고 한다. 특히 상표명이 등록되었다는 것을 나타내기 위하여 TM(trademark) 으로 나타내며, 로고 자체가 등록되었음을 나타내기 위해 '등록되었다 (registered)'의 의미로서 ®로 표시한다.

(2) 브랜드의 계층적 구조

브랜드를 [그림 8.2]와 같이 계층적 구조로 개념화할 수 있다. 즉, 기업명 을 하나의 브랜드로 보는 것이다. 예를 들어, 삼성전자 혹은 삼성 그 자체를 브랜드로 볼 수 있다. 이처럼 기업명을 그대로 브랜드로 사용하는 것을 **기업 브랜드**라고 한다. Interbrand는 이러한 관점에서 2022년 삼성 브랜드의 브랜

기업브랜드
기업명을 그대로 브랜드
로 사용

그림 8.2 브랜드의 계층적 구조

- 기업브랜드(Corporate Brand)
  - 기업의 이름을 그대로 상표명으로 사용하는 경우

- 패밀리 브랜드(= 공동브랜드; Family Brand = Umbrella Brand)
  - 여러 가지 제품에 공동으로 사용되는 브랜드

- 개별브랜드(Individual Brand)
  - 한 가지 제품에만 사용되는 브랜드

- 브랜드 수식어(Brand Modifier)
  - 구형 모델과 구분하기 위하여 붙이는 숫자, 혹은 수식어

마케팅 사례: **밀리미터까지 계산하는 로고에 담긴 비밀**

로고 디자인은 브랜드인지도를 높이는 데 있어 중요한 방법 중 하나이다. 브랜드명이 청각으로 소비자의 기억에 남는다면 로고 디자인은 시각으로 기억에 남는다. 기업 및 개별 브랜드명을 더 오래도록 기억에 남기기 위해 로고라는 시각이미지를 사용한다. 로고 디자인에는 몇 가지 기본적 원칙이 작용한다. 조기현 파슨스 디자인 스쿨 교수는 "로고 제작 시에는 차별화와 일관성이 기본이 되어야 한다. 성공적인 로고 디자인을 보면 모두 쉽게 소비자의 눈에 띌 뿐 아니라 오랫동안 기억에 남는다는 공통점을 갖고 있다. 또한 한번 결정된 로고 디자인은 상품이나 TV 광고, 현수막, 명함 등 전반에 걸쳐 똑같은 형태로 쓰여야 한다. 때문에 로고 디자인을 하기 전에 그 디자인이 어느 곳에 어떻게 쓰일 것인가를 면밀히 분석해야 한다"고 설명한다.

로고 디자인의 좋은 예를 살펴보면 어떤 전략이 담겨 있는지 그 비밀을 알 수 있다. 명품 브랜드 Louis Vuitton의 로고는 매킨토시 컴퓨터에 기본적으로 담겨 있는 폰트인 '푸투라(Futura)체'를 사용하여 고급스러운 느낌을 전달한다. 이 푸투라체는 2,000년 전 로마 트라야누스 기념주의 비문 글자와 비슷하게 디자인한 서체다. 하지만 기존 푸투라체보다 글자의 간격을 약간씩 더 넓혀서 권위감과 안정감을 주었다. 반면 Louis Vuitton과 같은 폰트인 푸투라체를 사용한 Dolce & Gabbana는 글자의 간격을 최대한 좁혀서 젊음과 도시적인 느낌이 들도록 했다. 이렇듯 글자의 간격을 미세하게 조정하는 것만으로도 로고의 이미지가 달라질 수 있다.

석유화학기업 Exxon Mobil의 Exxon 로고는 두 개의 x자가 항상 정해진 비례로 쓰이도록 각별하게 관리한다. 이 때문에 세계 어느 곳을 가나 Exxon이라는 로고가 항상 똑같은 모양과 이미지로 부각되는 통일성을 유지할 수 있다.

글로벌화되는 기업들이 많아지면서 국내 기업들도 로고 디자인에 남다른 공을 들이는 곳이 많다. 몇 번의 변천과정을 겪은 뒤 현재 사용되고 있는 삼성의 오벌(타원형) 마크는 1993년 이건희 회장이 新경영을 선언하며 제작한 것이다. 당시 국내 대기업들은 '세계화' 추세에 맞춰 기업규모는 커져 갔지만 세계 시장에서 경쟁력을 갖출 수 있는 뚜렷한 로고 이미지가 없었다. 삼성 또한 기업 이미지에 대한 체계가 없이 로고 또한 별 세 개가 그려진 마크와 한자로 표기된 삼성 등 여러 가지가 혼용되고 있었다. 세계화에 발맞춰 대표성을 띤

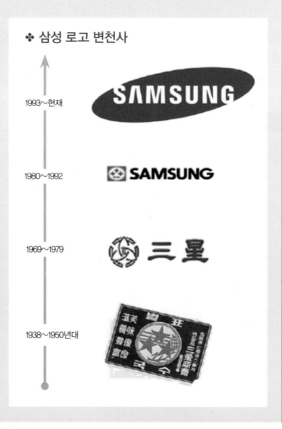

❖ 삼성 로고 변천사

1993~현재

1980~1992

1969~1979

1938~1950년대

로고 제작의 필요성을 느낀 삼성은 미국의 유명 로고 전문회사인 L&M에 의뢰해 현재의 로고를 만들었다. 삼성은 IT 브랜드라는 기업 이미지를 강조하기 위해 '삼성 블루'라고 부르는 고유의 파란색을 사용하고 있는데, 색채 전문기업인 팬톤사의 286블루 컬러만을 쓴다.

LG의 로고는 'Lucky'와 'Goldstar'의 앞 글자를 결합해 만들었다. 창업주인 구인회 회장이 '럭키'의 발음을 본뜬 락히(樂喜) 화학공업사를 만들었고, 이후 금성사를 설립하면서 두 기업의 사명을 합해 '럭키금성'으로 이어졌다. LG 역시 세계화 추세에 맞춰 1995년 현재의 로고를 제작하였다. L과 G를 결합한 이 로고는 미국의 Landor社에서 제작했는데, 당시 디자인 컨셉은 '미래의 얼굴'이었다. Landor社의 디자이너는 '신라의 미소'로 잘 알려져 있는 신라시대 유물인 얼굴무늬 수막새를 보고 영감을 얻어 디자인했다고 한다. 로고 문양을 보면 웃는 얼굴이 보이는 것을 알 수 있다. 그리고 국내 로고 제작사인 디자인파크는 이 기본 로고 디자인을 수십 개 계열사에 응용할 수 있는 시스템을 만들었다.

근래에는 로고 서체를 기업의 공식 문서용 서체로 사용하는 기업도 늘고 있다. KT 역시 로고에 사용하기 위해 만든 서체인 'KT체'를 사내 문서에 활용하고 있고 일반 폰트로도 제작했다. 이는 기업 이미지의 통일성을 줄 수 있다는 장점도 있지만, 로고가 가지는 고유성이 떨어진다는 단점도 있다.

로고 디자인에서 가장 기본적인 것은 그 기업이나 브랜드를 소비자들에게 확실히 '인지'시키는 것이다. 그 내용에 쓰인 '언어'가 눈에 들어오고 서체 자체의 존재감은 없어야 하는 것이 본래의 역할이다.

출처: *인터넷 조선*, 2014. 3. 1.

드 자산을 876.89억 달러로 추정하였다.[3] 또한, 개별 품목별로 브랜드를 개념화할 수 있다.

그리고 한 기업의 두 개 이상의 제품에 동일한 브랜드를 사용하는 경우, 이러한 브랜드를 **패밀리 브랜드(공동브랜드, 브랜드 우산)**라고 한다. 예를 들어, 중국의 스마트폰 제조업체 샤오미는 고가제품에는 Mi라는 공동브랜드(예: Mi5, Mi5 Plus, Mi Note, Mi Max)를, 중저가제품에는 Redmi라는 공동브랜드(Redmi3, Redmi Note6)를 사용한다. 패밀리 브랜드는 두 가지 방향에서 이루어진다. 첫째, **수평적인 패밀리 브랜드 전략**은 한 브랜드가 성공하는 경우 이 브랜드를 다른 제품에 적용시키는 경우로 계열확장과 브랜드 확장이 이에 해당한다. 둘째, **수직적인 패밀리 브랜드 전략**은 기업명을 모든 제품에 적용시키는 경우로서, 예를 들어, 풀무원은 풀무원 두부, 풀무원 콩나물, 그리고 오뚜기 식품은 오뚜기 케첩, 오뚜기 마요네즈, 오뚜기 참기름 등 많은 제품에 기업

> **패밀리 브랜드**
> 한 기업이 두 개 이상의 제품에 동일한 브랜드를 사용

---

3) *Best Global Brands 2022*, Interbrand, 2022.

명을 사용하고 있다. 반대로 브랜드가 성공하는 경우 브랜드명을 기업명으로 하는 경우가 있다. 예를 들어, 섬유유연제 브랜드인 피죤의 제조업체인 동안물산은 기업명을 피죤으로, 조선맥주는 하이트 맥주로, 그리고 현대정유는 현대오일뱅크로 사명을 변경하였다.

또한, 더 세부적으로 각각의 품목에 별도의 이름을 부여하기도 하는데, 제품별로 한 가지 제품에만 사용되는 브랜드를 **개별브랜드**라고 한다. 그랜저, 쏘나타, 싼타페 등이 그 예가 된다. 끝으로 구형모델과 구분하거나 제품 등급을 구분하기 위하여 붙이는 숫자나 수식어를 **브랜드 수식어**라고 한다. 예를 들어, 신제품을 출시하면서 기존 브랜드명에 골드, 플러스, 프리미엄 등을 붙이는 것이다.

① 기업브랜드의 특성 및 활용

기업브랜드는 전 제품에 획일적으로 활용할 수 있으며, 제품의 품질과 성능에 대한 신뢰를 제공하는 특성을 지닌다. 잘 구축된 기업브랜드는 그 자체만으로도 강력한 경쟁우위 요소로 작용할 수 있으며, 브랜드 아이덴티티(brand identity)가 분명한 기업의 경우에 적합하다. 특히, 기업브랜드는 기업 내 사업 포트폴리오 간의 제품군이 유사하고, 표적고객의 동질성이 높을 때 사용하는 것이 바람직하며, 기술의 발전 속도가 빠르거나 개별브랜드의 수명주기가 짧은 산업군에 적합하다.

② 기업브랜드의 장단점

기업브랜드의 장점은 첫째, 신제품 출시 시 인지도나 이미지가 확실한 기존브랜드를 적은 비용으로 활용할 수 있다는 점이다. 둘째, 동일상표를 사용하는 여러 제품 중에서 한 가지 제품이 성공함으로써 다른 제품에도 긍정적인 효과를 줄 수 있으며, 끝으로 이미지의 통일이 용이하며 마케팅 비용의 효율적 관리가 가능하다는 것이다. 그러나 어느 한 제품의 이미지가 나빠지면 전체 제품에 이르기까지 나쁜 영향을 미치거나, 개별제품이 실패하면 기업 전체 이미지를 손상시킬 수 있는 단점이 존재한다. 게다가 오랫동안 하나의 영역에서 브랜드명을 사용한 브랜드의 경우 향후 다른 제품 범주로 확장하는 카테고리 확장(범주화 확장)에 어려움을 겪을 수 있다.

③ 개별브랜드의 특성 및 활용

일반적으로 개별브랜드는 제품군이 다양한 기업이 기업브랜드를 강조하지 않고 제품군별로 브랜드를 강화하는 구조이다. 따라서 제품별로 각각 개별적으로 브랜드를 사용한다. 개별브랜드의 특성은 기업브랜드의 역할이 밖으

개별브랜드
제품별로 한 가지 제품에만 사용되는 브랜드

브랜드 수식어
구형모델과 구분하거나 제품 등급을 구분하기 위하여 붙이는 숫자나 수식어

로 표출되지 않는 구조이며, 기업 이미지가 거의 역할을 하지 않는다. 개별브랜드를 사용하는 기업의 경우 심지어는 기업 이미지와의 관계 단절을 위해 의도적으로 기업명을 숨기는 경우도 존재한다.

그렇다면 개별브랜드는 어떤 경우 활용하기 좋을까? 일반적으로 제품군이 많아 하나의 기업브랜드로 통합하기 어려운 경우, 다시 말해 기업의 사업 프트폴리오 간의 제품군이 이질적이고, 표적고객 집단의 이질성이 높을 때 사용하기 적합하다. 또한, 브랜드 각각의 독립성과 포지셔닝을 확보하여 세분시장이 비교적 명확하게 구분되어 있거나, 패션성이 강한 산업에 활용하는 것이 바람직하다. 주로 과자류, 음료, 세제 등과 같이 일정한 판매 볼륨을 가진 제품시장에서 많이 활용된다.

④ 개별브랜드의 장단점

개별브랜드는 제품의 속성이나 제품의 특성을 잘 나타내어 브랜드의 명확한 이미지를 쉽게 전달할 수 있다는 장점이 있다. 또한, 개별 브랜드 실패가 기업전체에 영향을 미치지 않는 장점이 있다. 그러나 브랜드 구축, 브랜드 유지에 관련된 비용을 투입해야 하므로 막대한 마케팅 비용이 수반된다. 게다가 개별제품에 대한 소구로 인하여 브랜드 간 시너지효과를 창출하기 어렵기 때문에 제품의 특성을 고려하여 기업브랜드와 개별브랜드 중 어느 것을 사용할 것인지 결정해야 한다.

(3) 상표명 결정

상표명 결정시 다음의 사항들을 고려할 필요가 있다.

첫째, 상표명은 제품의 편익을 내포하는 것이 바람직하다. 예를 들어, 한스푼, 물먹는 하마, 컨디션, 팡이제로, 2080 치약, Beautyrest 침대, Craftsman 연장, Sunkist 오렌지쥬스 등은 상표명이 제품의 편익을 잘 나타낸다.

둘째, 발음하기 쉽고 기억하기 쉬운 것이 좋다. 다시다, 라우동, 퐁퐁, Tide 세제, SONY 등이 좋은 예가 된다. 경우에 따라서는 긴 상표명이 효과적일 수도 있다(예: I Can't Believe It's Not Butter 마가린).

셋째, 외국어로 부정적인 의미를 담지 않아야 한다. 예를 들어, Standard Oil of New Jersey는 Exxon 브랜드 결정 이전 Enco를 고려하였으나 일어로 '엔코'로 발음되는 경우 "엔진이 멈춘다"의 의미를 가지므로 이를 기각하였다. 한화그룹의 과거 기업명 한국화약그룹은 중국어로 한국폭약집단(韓國爆藥集團)으로 표기되어 기업명으로 부적합하였다. 독일 트랙스토어社의 MP3 플레이어 'iBeat Blaxx'는 영어로 "나는 흑인을 때린다"로 해석될 수 있어 상

MARKETING INSIGHT: 브랜드 네이밍 – 중요한 마케팅 요소로 부각

'파파레서피,' '텐마인즈' 등 직관적이고 감각적인 브랜드 네이밍이 대세

소비자들의 시선을 사로잡는 감각적 브랜드 네이밍이 중요한 마케팅 요소로 부각되고 있다. 소비자들에게 제품 및 브랜드의 아이덴티티를 직관적으로 표현하는 네이밍에 대한 관심이 커지고 있는 것이다.

UC버클리 데이비드 아커 교수는 "이름을 창조하는 일은 몇몇 내부 직원들이 부엌 식탁이나 회사 식당에 앉아 브레인스토밍으로 처리하기에는 너무도 중요한 일이다"라며 브랜드 네이밍이 치밀하고 전략적인 과정을 필요로 하는 일이라고 말한 바 있다. 많은 기업들이 중요한 마케팅 포인트이자 자산으로 브랜드 네이밍에 대한 관심을 높이고 있으며, 국내에서도 전문 네이밍 회사에 수천만원의 비용을 지불하며 의뢰하는 일도 많아지고 있다.

행동하는 자연주의 브랜드 '파파레서피'는 원래 '아빠가 만든 화장품'이라는 브랜드명으로 론칭했다. 민감한 피부를 가진 딸을 위해 아빠인 김한균 대표가 직접 만든 유기농 호호바 오일이 사용자들에게서 입소문을 타고 좋은 반응을 얻으면서 브랜드 철학의 폭도 넓어졌다. 피부 트러블을 일으키지 않는 제품으로 인정받은 뒤 해외 시장에서의 수요가 급증하면서 본격적인 브랜드 네이밍을 변경한 것이다. 실제 전 세계 각지를 돌아다니고 직접 발굴한 좋은 원료를 활용한 제품을 출시하고 있는 '파파레서피'는 가족들을 위해 안심하고 사용할 수 있는 원료 발굴에 집중하는 브랜드의 아이덴티티를 이름에 담아냈다.

헬스&뷰티 전문 기업 '텐마인즈'의 네이밍도 주목받고 있다. '열 사람의 마음을 얻으면 모두의 마음을 얻을 수 있다'라는 철학을 담아 낸 기업명 '텐마인즈'로 브레오, 허그브레오, 아쿠아쿠, 니들아쿠 등 다양한 제품들로 바쁜 현대인들에게 10분의 힐링을 선사하고 있다. 또한 기업가치, 도전 정신, 리더십, 사업 전략, 자율, 창의, 회의문화, 가족 우선, 비전, 사명감 등 10가지 철학이 담긴 '텐마인즈'라는 기업명으로 다양한 사회공헌 활동을 통한 나눔 문화를 추진함으로써 소비자의 마음을 사로잡기 위해 노력하고 있다. SPA 브랜드 '유니클로'도 네이밍 전략에 각별한 공을 들이는 것으로 유명하다. '히트텍'이나 '에어리즘' 등 제품 특성을 명확하고 직관적으로 나타내는 상품명을 내세워 성공을 거두었다.

이처럼 기업이 브랜드 네이밍에 큰 공을 들이는 이유는 간단하다. 뛰어난 제품력, 가격 경쟁, 빠르게 변하는 소비자 취향 등 다양한 변화의 파고에서 살아남기 위해서다. 제품을 접하는 소비자의 입장에서 브랜드의 이름이 소비자가 제품을 이해하고 판단할 수 있는 첫 번째 기준으로 여겨지면서 소비자를 사로잡을 수 있는 강력한 네이밍에 집중하는 것이다.

자료원: *국민일보*, 2018. 1. 15.

표명을 'Blax'로 변경하였다. SK그룹의 이전 이름인 선경(SUNKYOUNG)은 Sunk Young으로 발음되기 쉽다.

넷째, 독특한 이름이 경우에 따라 바람직하다. 참이슬, 처음처럼, iPad, Xerox 복사기, Kodak 필름, Exxon 오일, Taurus 승용차 등이 좋은 예라고 할 수 있다.

다섯째, 상표등록이 가능해야 한다. 예를 들어, 국가명이나 지역명(이동갈비), 제품의 일반명(쿠키, TV 등), 최상급 표현('특별한' 등)은 상표등록이 불가능하다.

(4) 제조업자 브랜드와 유통업자 브랜드

전통적으로 제품의 브랜드는 제조업자에 의해 결정되었으나 최근에 이르러 백화점, 할인점, 기타 유통업체들이 자체 브랜드를 개발하고 있다. 이와 같이 **제조업자 브랜드**(manufacturer's brand)는 제조업자가 자사제품에 대하여 브랜드를 결정하는 것이고, **유통업자 브랜드**(distributor's brand)는 유통업자가 자체적으로 제품기획(product planning)을 하고 제조(혹은 위탁제조)하여 브랜드를 결정하는 것인데, 이는 국내업계에서 흔히 PB(private brand) 혹은 **스토어 브랜드**(store brand)라고 한다. 국내 소매기업들은 점차 많은 PB를 개발하고 있다. 국내외 PB의 예는 다음과 같다: E-마트의 스마트이팅(웰빙푸드), 러빙홈(가정용품), 플러스메이트(가전/문화용품); 롯데마트의 초이스엘(식품/생활용품), 통큰(초저가제품), 손큰(중소기업 협력제품); Sears의 Diehard 배터리, Craftsman 연장, Kenmore 가전제품; Wal-Mart의 Great Value.

제조업자 브랜드
제조업자가 자사제품에 대하여 브랜드를 결정하는 것

유통업자 브랜드
유통업자가 자체적으로 제품기획을 하고 제조하여 브랜드를 결정하는 것. 국내업계에서 흔히 PB라고 불림

(5) 공동브랜드

공동브랜드(co-brand)는 두 개 이상의 기업들이 연합하여 공동으로 사용하기 위하여 개발된 브랜드를 말한다. 미국 캘리포니아 오렌지 업체들의 브랜드인 '썬키스트(Sunkist)'가 대표적인 공동브랜드의 예이다. 최근에는 한정된 고객기반을 넓히고 자사제품의 브랜드 가치를 높이기 위한 목적으로 대기업 간 또는 서로 다른 업종 간에도 공동브랜드가 사용되고 있는데, 일본의 자동차 제조업체인 도요타는 마쓰시타전기 등 일본 내 7개 업체들과 협력관계를 구축, 공동브랜드 '윌(Will)'을 개발하여 신세대를 표적시장으로 자동차에서 가전, 식품, 문구, 여행 등 다양한 제품범주로 고객층을 확대하고 있다.

국내의 경우에는 특히 브랜드 파워가 약한 중소기업들이 조합을 통하거나 기업 간 연합형태로 개발하는 경우가 많으며, 그 예는 다음과 같다: 우유「서울우유」, 막걸리「장수막걸리」, 안경「블릭」, 펌프기계「펌프로」, 쌀「임

공동브랜드
두 개 이상의 기업들이 연합하여 공동으로 사용하기 위하여 개발된 브랜드

금님표 이천쌀」, 수퍼마켓 「코사마트」. 또 다른 방법은 한 기업의 기존 브랜드에 유명 브랜드를 결합하는 방식이다.

3. 패키징

(1) 패키지의 기능

대부분의 비내구재는 패키지된 상태로서 판매된다. **패키징**(packaging)은 어떤 제품을 담는 용기(캔, 병 등)나 포장물을 설계하고 생산하는 행위를 말한다. 패키지는 경우에 따라 1차 패키지와 2차 패키지로 구성된다(예를 들어, 위스키 Imperial의 경우 병과 종이상자). 레이블(label) 또한 패키지의 구성요소로서 패키지 겉부분에 인쇄된 정보로 구성된다.

패키지는 제품을 담고 포장하는 기능뿐만 아니라 특정 브랜드를 다른 브랜드로부터 구분시켜주고 레이블에 의하여 상표명, 제조업자명, 제품속성 등에 대한 정보를 제공하는 중요한 기능을 갖는다. 점차 많은 소비자들이 수퍼마켓과 할인점 등에서 셀프서비스로 제품을 선택함에 따라 패키지의 역할은 보다 커지고 있다. 소비자들이 구매계획이 없었더라도 패키지에 자극을 받아 충동구매가 유발되는 경우도 결코 드물지 않다. 이러한 측면에서 패키지는 마케터가 소비자에게 영향을 미치는 최후수단(the last chance)이 될 수 있다. 요컨대, 패키지는 제품에 있어서 제품의 보관과 운반수단, 정보제공수단, 다른 브랜드로부터 차별화시켜주는 수단, 그리고 촉진수단으로서 중요한 의미가 있다.

(2) 패키징전략

좋은 패키지를 개발하기 위해서는 **패키징컨셉**(packaging concept)을 먼저 설정해야 한다. 패키징컨셉은 그 제품을 위해서 패키지가 어떻게 되어야 하는가를 말한다. 이에 따라 패키지의 종류(예를 들어, 캔, 유리병, 플라스틱 병 등), 패키지의 질, 그리고 레이블 등이 결정된다. 보다 구체적으로는 크기, 형태, 재질, 색깔 등이 결정되는데, 이러한 요소들은 제품컨셉과 마케팅전략을 지원할 수 있도록 구성되어야 한다. 예를 들어, 고급 스카치위스키의 경우 고급 유리병이나 사기병을 사용하며 금박으로 된 레이블을 부착한다.

마케팅 사례: **'스마트 세제 뚜껑'이 남은 양 파악해 주문까지 '척척'**

식재료 포장에 부착된 NFC 태그를 통해 추천 조리법 정보를 읽어들이는 모습.

• **"저를 발라주세요."**

햇볕 따가운 주말 오후. 가벼운 발걸음으로 집을 나서는데 핸드백 속 선크림이 말을 건다. 집에 돌아와 냉장고를 여니 참치 통조림이 "유통기한이 얼마 안 남았다"며 먹어달라고 재촉한다. 황당하게 들릴지 모르지만 머지않은 미래에 현실이 될 수 있는 상황이다. 사물인터넷(IoT)과 스마트 센서 기술을 바탕으로 하는 '인텔리전트 패키징(포장)' 혁명이 빠른 속도로 진행되고 있기 때문이다.

미국의 시장조사 업체 얼라이드마켓리서치는 세계 스마트센서 관련 시장 규모가 2022년에 2018년 현재보다 네 배 가까이 성장해 317억달러(약 36조 1,600억원)에 이를 것으로 예상한다. 센서는 압력과 온도, 가속도, 생체 신호 등 각종 정보를 감지해 전기적인 신호로 변환시키는 장치로 IoT의 핵심 요소 중 하나다. 스마트 센서는 여기에 데이터 처리와 통신 기능 등을 결합해 스스로 의사 결정과 정보 처리가 가능한 센서를 말한다.

스마트 센서와 IoT 기술 접목은 최근 몇 년간 가전 분야에서 두드러졌다. 냉장고에 남은 음식을 파악해 구매가 필요한 아이템 목록을 스마트폰 앱을 통해 표시해 주는 식이다. 최근에는 적용 범위가 제품 포장 영역으로 넓어졌다. 미국의 '낙타 우유' 전문 기업 데저트 팜스(Desert Farms)는 온라인과 모바일 매장을 통해 판매하는 자사 제품 포장에 배송 과정과 포장된 제품 온도를 파악할 수 있는 스마트 센서를 적용해 서비스 중이다. 이스라엘 스타트업 워터.io(Water.io)는 스마트 센서가 부착된 플라스틱 뚜껑 연구·개발에서 앞선 경쟁력을 인정받고 있다. '스마트 뚜껑'은 세제와 샴푸·음료수·화장품 등 다양한 제품에 적용할 수 있다. 이 경우 남은 양이나 신선도 등을 파악, 블루투스나 원터치 근거리 무선통신(NFC)* 전자태그(RFID)**를 통해 사용자의 스마트폰 앱으로 관련 정보를 전송해 준다. 사용이 끝났거나 유통기간이 지났을 경우 자동으로 새 제품을 주문하도록 설정할 수도 있다.

• **아마존도 인텔리전트 패키징 적극 도입**

세계 최대 전자상거래 업체 아마존도 인텔리전트 패

키징 도입에 적극적이다. 아마존은 IoT 기반 '대시 보충 서비스(DRS)'를 통해 고객 설정에 따라 프린터 토너나 세제, 커피 원두 등 소모품과 생필품이 소진되기 전에 자동 주문과 배송해주는 서비스를 지원하고 있다.

혁신적인 기능을 장착한 만큼 관련 제품의 가격을 더 많이 받을 수 있다는 장점도 있다. 하지만 기업들이 인텔리전트 패키징에 큰 기대를 거는 이유는 따로 있다. 구매와 사용, 재구매 과정을 통해 축적되는 엄청난 양의 고객 데이터가 그것이다. 특정 기업의 인텔리전트 패키징 제품 소비가 늘면 데이터 수집에 사용되는 표본 집단도 증가한다. 이 경우 제품 사용 주기와 취향 변화 등에 관한 의미 있는 정보 수집이 가능해진다. 이를 신제품 개발이나 프로모션 등에 활용해 판매 성공 확률을 높일 수 있다.

NFC를 적용한 인텔리전트 패키징은 고객과의 소통 채널로도 유용하게 쓰인다. 온라인 소비자 조사 개발 업체인 플레이버위키(FlavorWiki)는 NFC 기술을 이용해 고객이 제품에 직접 피드백할 수 있는 프로그램을 개발 중이다. 인텔리전트 패키징은 온도 변화에 민감한 백신 등 의약품의 유통 분야에서도 각광받고 있다. 사용 범위가 넓어지면서 앞으로 정보통신기술(ICT) 기업과 포장·배송 기업 간 협력에 속도가 붙을 전망이다.

* NFC(Near Field Communication) 13.56MHz 주파수 대역을 사용해 단말기 간 데이터를 전송하는 근거리 무선통신 기술.
** RFID(Radio-Frequency Identification) 무선 주파수를 이용해 대상을 식별할 수 있도록 해 주는 기술.

자료원: *이코노미조선*, 2018. 11. 5.

학습목표 3: 브랜드 전략

1. 브랜드 자산

브랜드 자산
어떤 브랜드를 가진 제품이 브랜드가 없는 경우나 전혀 모르는 브랜드가 부착된 경우에 비하여 그 브랜드가 부착됨으로써 획득하게 되는 차별적 마케팅효과

브랜드 자산(brand equity)은 어떤 브랜드를 가진 제품이 브랜드가 없는 경우나 전혀 모르는 브랜드가 부착된 경우에 비하여, 그 브랜드가 부착됨으로써 획득하게 되는 차별적 마케팅효과(differential marketing effect)를 말한다. 여기서 차별적 마케팅효과란 마케팅 노력에 대한 소비자 반응의 차이로서 브랜드 선호, 브랜드 선택, 브랜드 확장제품에 대한 평가 등의 차이로서 나타나며, 궁극적으로 매출액과 이익의 증대로서 나타난다.[4]

[그림 8.3]은 브랜드 자산을 결정짓는 요인과 높은 브랜드 자산이 고객과 기업에게 가져다주는 혜택을 나타낸다.[5]

브랜드 자산을 결정짓는 요인에는 브랜드 충성도, 브랜드 인지도, 지각된 품질, 그리고 브랜드 연상이 있다. **브랜드 충성도**(brand loyalty)는 소비자들

---

4) Kevin Lane Keller, "Conceptualizing, Measuring, and Managing Customer-Based Brand Equity," *Journal of Marketing*, January 1993, p. 8.
5) David A. Aaker, *Managing Brand Equity*, The Free Press, 1991, pp. 15-20.

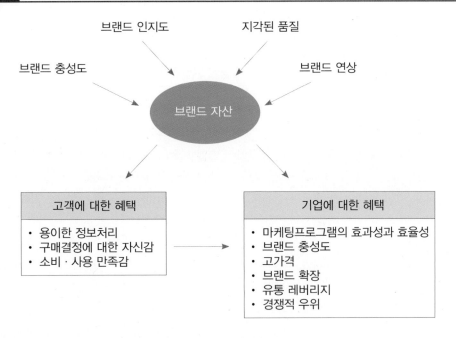

그림 8.3	브랜드 자산의 결정요인과 혜택

자료원: David A. Aaker, *Managing Brand Equity*, The Free Press, 1991, p. 17.

이 특정 브랜드를 선호하고 계속 구매하는 정도, 그리고 **브랜드 인지도**(brand awareness)는 소비자들이 그 브랜드를 아는 정도를 가리킨다. **지각된 품질**(perceived quality)은 소비자들이 주관적으로 생각하는 품질수준을 말한다. 끝으로, **브랜드 연상**(brand associations)은 브랜드와 관련되어 일어나는 연상들로서 유명 브랜드일수록 보다 긍정적인 연상을 유발한다. 요컨대, 특정 브랜드에 대한 소비자들의 충성도, 인지도, 지각된 품질이 높거나 그 브랜드와 관련하여 소비자들이 보다 긍정적 연상을 떠올린다면 그 브랜드의 자산은 커지는 것이다. 이때 브랜드와 관련된 연상이 독특하고(unique), 강력하고(strong), 호의적(favorable)일수록 브랜드 자산은 커지게 된다.

　높은 브랜드 자산은 고객과 기업에게 혜택을 가져다준다. 구체적으로, 소비자는 그 브랜드에 관한 많은 정보를 용이하게 해석하고 기억할 수 있다. 또한 브랜드 자산이 높은 제품을 구매한 소비자는 구매결정에 자신감을 가지며, 소비·사용함으로써 높은 만족을 하게 된다. 높은 브랜드 자산은 기업에게 많은 경쟁적 우위를 제공한다. 즉, 강력한 브랜드는 촉진비용을 적게 지출하더라도 경쟁브랜드에 비하여 높은 수준의 인지도와 선호, 그리고 브랜드 선택을

브랜드 인지도
소비자들이 해당 브랜드를 얼마나 잘 기억하는지 정도

브랜드 연상(이미지)
브랜드가 가지고 있는 여러 속성, 특성, 광고 등에 대한 연상작용

MARKETING INSIGHT: 2022년 브랜드 가치

애플·마이크로소프트 1·2위 … 삼성 5위·현대차 35위·기아차 87위

글로벌 브랜드 컨설팅그룹 인터브랜드는 2022년에 '2022 베스트 글로벌 브랜드'(Best Global Brands 2022)를 통해 세계를 대표하는 100대 브랜드를 발표했다. 이에 따르면 세계를 대표하는 100대 평균 브랜드 가치가 처음으로 3천만 달러를 돌파했으며, 상위 10개 브랜드 가치가 18% 증가하면서 애플(687조 6천억 원)이 1위를 차지하였다.

2022 베스트 글로벌 브랜드에 의하면, 최상위 10개 브랜드는 1위부터 애플, 마이크로소프트, 아마존, 구글, 삼성전자, 토요타, 코카콜라, 메르세데스-벤츠, 디즈니, 나이키 순이었다. 마이크로소프트(396조 9천억 원)는 아마존(319조 9천억 원)과 구글(358조 원)을 제치고 2위에 올랐으며, 삼성이 5위(124조 5천억 원)에 이름을 올리고 아시아 최고의 브랜드 가치 자리를 지켰다.

삼성전자는 탄탄한 재무성과는 물론 휴대폰, TV, 가전, 네트워크 등 전 제품이 브랜드 가치가 골고루 상승했고, 특히 글로벌 데이터 사용 증대에 따른 반도체의 브랜드 가치가 큰 폭으로 상승하면서 지난해 20%에 이어 2년 연속 두 자릿수 성장을 기록했다. 현대자동차는 2005년 브랜드 순위 89위, 브랜드 가치 35억 달러로 글로벌 100대 브랜드에 처음 이름을 올린 이후 매년 성장해 브랜드 가치가 138억 달러 오르는 성장을 이뤘다. 특히 2022년 브랜드 가치는 전년 대비 약 14% 오르는 높은 성장세를 기록했으며, 브랜드 순위는 2015년부터 8년 연속 30위권에 진입했다.

자료원: *파이낸셜신문*, 2022. 11.3; *인공지능신문*, 2022. 11. 3.

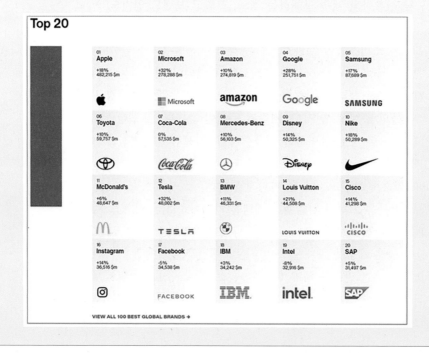

유발한다. 이로 인하여 그 기업은 가격경쟁에서 벗어나 높은 수준의 가격을 부과할 수 있고, 유통업자들로 하여금 보다 우선적으로 취급하도록 할 수 있다(유통 레버리지). 또한 **브랜드 확장**(brand extension)을 보다 쉽게 그리고 성공적으로 할 수 있다.

마케터는 자사의 브랜드가 높은 자산을 지니도록 관리를 해야 한다. 이를 위해서는 브랜드 자산의 토대가 되는 브랜드 충성도, 브랜드 인지도, 지각된 품질을 향상시켜야 하며, 보다 긍정적 브랜드 연상을 갖도록 해야 한다. 이를 위해서는 계속적인 R&D 투자에 의한 품질 향상, 세련된 광고, 유통업자 및 소비자 서비스가 필요하다. 예를 들어, 최근 세계적 브랜드로 부상한 현대자동차는 월드컵축구대회(2018년), 유로축구대회(2012/2016년)의 공식후원업체로 참여해 브랜드 자산을 높여왔다.

2. 신제품 브랜드 전략

기업이 신제품을 개발할 때 고려할 수 있는 브랜드 전략으로는 [그림 8.4]에서 볼 수 있듯이 네 가지가 있다. 이하에서는 계열확장, 다상표전략, 그리고 브랜드 확장에 대해 설명한다.

(1) 계열확장과 다상표전략

기업이 기존제품의 성분, 형태 등을 약간 변경하거나 유사한 제품을 새로 개발하는 경우 사용할 브랜드 결정대안에는 두 가지가 있다. 첫째는 **계열확장**(line extension)으로 기존의 브랜드 자산이 높다고 판단되는 경우, 신제품에 기존 브랜드명을 그대로 사용하는 것이다. 예를 들어, Coca Cola는 신제품에 기존의 Coke 명칭을 그대로 사용하여 Diet Coke과 Caffeine-free Coke 등

> **계열확장**
> 기존의 브랜드 자산이 높다고 판단되는 경우 신제품에 그 브랜드명을 그대로 사용하는 것

그림 8.4   네 가지 브랜드 전략

		제품 범주	
		기존	신규
상표명	기존	계열확장 전략	브랜드확장 전략
	신규	다상표 전략	신규브랜드 전략

을 출시하였다. 국내의 경우, CJ제일제당은 쇠고기 다시다가 성공하자 조개 다시다, 멸치 다시다, 된장 다시다 등으로 확장하였다. 그 밖에 음료의 경우 비교적 성공한 「갈아만든」, 「사각사각」, 「과일촌」 등의 브랜드가 계열확장되었다. 계열확장은 고객의 다양한 욕구에 부응할 수 있으며, 초과 생산시설을 이용할 수 있다는 이점이 있으나, 자기시장잠식(cannibalization)을 초래할 수 있다.

둘째는 **다상표전략**(multibrand strategy; 멀티브랜드전략)으로 신제품에 전적으로 새로운 브랜드를 부착하는 것이다. 예를 들어, P&G의 경우 다우니, 타이드 등 여러 브랜드의 세제를 생산한다. LG생활건강의 경우 치약 브랜드로서 페리오, 죽염, 럭키 등을 생산하고 있다.

> **다상표전략**
> 신제품에 전적으로 새로운 브랜드를 부착하는 것

(2) 브랜드 확장

브랜드 확장(brand extension)은 성공적인 상표명을 다른 제품범주의 신제품에 사용하는 것이다. 예를 들어, 오래 전 P&G는 아이보리 비누에서 아이보리 샴푸로 확장하였다. 스웨덴의 Saab는 비행기 엔진과 자동차에서 동일한 상표명을 사용하였다. 이러한 브랜드 확장은 특히 명품이라 불리는 사치품(luxury product)의 경우에 많이 이용된다. 〈표 8.1〉은 브랜드 확장의 예를 보여준다.

> **브랜드 확장**
> 성공적인 상표명을 다른 제품범주의 신제품에 사용하는 것

일반적으로 브랜드 확장은 높은 인지도 혹은 호감 및 신뢰전이 효과가 높고, 낮은 비용으로 신제품의 출시 성공가능성을 높이는 장점이 있다. 하지만 기존 제품과 확장제품 간의 유사성(fit)이 낮은 경우 실패가능성이 높으며,

---

표 8.1   브랜드 확장의 예

브랜드명	기존제품군	확장제품군
Saab	비행기 엔진	자동차
Louis Vuitton	여행용가방	의류
Bvlgari	보석	시계
Lacoste	셔츠	고급 패션시계
Kodak	카메라 필름	배터리
Colgate	치약	칫솔
BiC	볼펜	라이터, 면도기
Canon	카메라	복사기
Porsche	스포츠카	선글래스

기존 브랜드가 어떤 제품 범주와 밀접하게 연결되어 있을 경우 실패가능성이 높은 것으로 알려져 있다.

　　구체적으로 브랜드 확장의 이점은 다음과 같다. 첫째, 기존에 소비자들에게 친숙한 상표명을 이용하기 때문에 소비자들이 즉시 인지할 수 있다. 따라서 신제품 도입기의 촉진비용을 절감시킬 수 있으며, 신제품 실패위험을 줄일 수 있다. 둘째, 성공적인 브랜드 확장은 확장의 기반이 된 기존제품에 대한 평가를 향상시킬 수 있다. 예를 들어, Sunkist 오렌지 쥬스는 Sunkist Vitamin C로 확장된 후 그 이미지가 더욱 향상되었다. 셋째, 한 제품의 광고는 동일한 브랜드를 사용하는 다른 제품에 간접적인 도움을 줄 수 있다. 넷째, 한 브랜드에 대한 법적 권리를 가지고 있는 기업은 다른 기업이 브랜드 확장을 하는 것을 허용함으로써 로열티(royalty) 수입을 획득할 수 있다. 예를 들어, 2020년까지 삼성물산과 삼성전자는 르노삼성자동차가 영업이익을 내는 시점부터 매출액의 0.8%를 브랜드 사용료로 받는다.

　　브랜드 확장은 동시에 다음과 같은 위험을 갖는다. 첫째, 원래의 브랜드

에르메스 시계 & 화장품

명품가방 브랜드인 에르메스는 시계와 화장품 등으로 확장하여 고급이미지를 그대로 이용하고자 한다.

마케팅 사례: **브랜드 확장 – 어디까지 할 것인가?**

많은 제품들에 브랜드 확장이 보편화됨에 따라 과거에는 생각지 못했던 넓은 범위로 브랜드 확장이 이루어지고 있다. 예를 들어, 다음에 나오는 사례들은 불과 10년 전의 기준에 따르면 터무니없는 것으로 간주되었을 것이다.

- 캐주얼한 정통 남성복으로 알려진 의류업체가 페인트 산업으로 브랜드를 확장하는 것.
- 의류업체가 생수업체로 브랜드를 확장하는 것.
- 청바지로 유명한 패션디자이너가 팝콘 봉지를 디자인하는 것.
- 의류업체가 15달러짜리 치약 생산업체로 사업을 옮기는 것.
- 오래 전에 설립된 이탈리아 패션 하우스가 1,150달러짜리 강아지 운반기 브랜드로 확장하는 것.

위의 예와 같이 Ralph Lauren, DKNY, Calvin Klein, Paul Smith, Gucci는 원래의 이미지와는 전혀 다른 제품으로 브랜드 확장을 하였다. 브랜드 확장은 한계가 없는 것 같다. Richard Branson은 버진(Virgin)이라는 상표 아래 청량음료와 음반가게, 열차, 항공사, 기구비행, 생명보험을 시작했으며, 1997년 10월에는 버진 비(Virgin Vie)라는 상표로 피부관리, 미용제품, 두발관리, 향수, 화장품, 아로마 향기 제품과 같은 다양한 제품을 내놓기 시작했다. 그러면 그 다음에는 무엇이 나타날까? Richard Branson은 버진에 관한 자사의 비전을 다음과 같이 요약한다.

"버진으로 무엇이든 할 수 있다는 것은 굉장한 일입니다. 사람들이 버진 라디오로 아침에 눈을 뜨고, 버진 청바지를 입으며, 버진 메가스토어에 가서 버진 콜라를 마십니다. 또 버진 애틀랜틱 항공으로 미국으로 갑니다. 조만간 버진 상표의 '출생'과 버진 상표의 '결혼,' 버진 상표의 '장례'도 제공받게 될 것입니다. 따라서 버진을 '전천후 기업'이라 다시 명명해야 할 것입니다. 버진은 태어나서 죽을 때까지 사람들과 함께 있을 것입니다."

자료원: 박성연·윤성준·홍성태 역, *체험마케팅*(원저: Bernd H. Schmitt, *Experiential Marketing*), 세종서적, 2002, pp. 32-34.

이미지에 맞지 않는 제품군으로의 확장은 실패할 수 있다. 예를 들어, Levi's 브랜드는 양복으로 확장되어 Levi Strauss Tailored Classics가 개발되었으나, 캐주얼과 관련된 Levi's의 이미지 때문에 실패하였다. 경제적이며 실용적인 이미지의 볼펜 Bic은 향수로 확장되었으나 실패하였다. 둘째, 신제품이 소비자들을 실망시키는 경우 그 브랜드를 사용하는 다른 제품들의 이미지에 손상을 입힐 수 있다. 셋째, 너무 많은 제품군으로 확장되는 경우 그 브랜드가 갖는 고유의 이미지가 퇴색될 수 있다.

3. 브랜드 개성

브랜드 관련 연구에서 중요한 한 가지 개념은 브랜드 개성이다. **브랜드 개성**(brand personality)은 '브랜드에 연관지어지는 인간적 특성'으로 '만약 그 브랜드가 사람이라면 어떤 개성의 사람'이라고 하는 것이다. 브랜드 개성은 브랜드의 속성과 대비될 수 있다. 즉, 소비자는 브랜드를 선택할 때, 각 브랜드의 속성에 대한 평가(신념)를 토대로 선택할 수도 있고, 혹은 각 브랜드가 갖는 고유의 이미지를 토대로 선택할 수도 있다. 그러므로 브랜드 속성평가는 소비자에게 **실용적 기능**(utilitarian function)을 수행하는 반면에 브랜드 개성은 **상징적 기능**(symbolic function), **자기표현적 기능**(self-expressive function)을 수행한다.

브랜드 개성은 그 브랜드의 주사용자의 이미지, 그 기업의 이미지, 그 브랜드의 광고모델 이미지 등으로부터 형성될 수 있다. 예를 들어, 말보로 담배하면 강인한 남성적 이미지를 쉽게 떠올리는 것은 광고모델 때문이다. 브랜드 개성과 관련된 초기의 한 연구에서는 피실험자들에게 37개의 유명 브랜드를 114개의 개성 특성변수(personality traits: honest, up-to-date, upper class 등)로 평가하도록 하고, 그 결과 다음과 같은 다섯 개의 요인을 추출하였다: 성실함(sincerity; e.g., Hallmark cards), 활기참(excitement; e.g., MTV channel), 유능함(competence; e.g., The Wall Street Journal), 세련됨(sophistication; e.g., Guess jeans), 강함/억셈(ruggedness; e.g., Nike tennis shoes).[6] 이 연구 결과에 의하면 Guess 청바지는 세련됨이라는 개성을 지니고, Nike는 강하고 억세다는 개성을 지녔다고 할 수 있다.

소비자는 자신의 **자아개념**(self-concept)과 일치하는 브랜드 개성을 지닌 브랜드를 선호하는 경향이 있다. 여기서 자아개념(혹은 자아 이미지)이란 소비자가 자신에 대하여 갖는 지각으로서 자기 자신에 대한 생각과 느낌의 총체를 말한다. 예를 들어, 어떤 소비자는 청바지 브랜드를 선택할 때 Levi's보다 Guess가 자신에게 더 잘 어울린다고 생각할 수 있는데, 이는 그 소비자가 자신을 세련되었다고 생각하거나 세련되어 보이기를 원하기 때문인 것으로 해석할 수 있다. 그러므로 마케터는 자사 브랜드의 주된 개성을 추구하는 소비자들을 표적으로 마케팅 노력을 기울일 수 있다.

브랜드 개성은 또한 브랜드 자산과 관련성을 갖는다. 브랜드 자산의 결정변수 중 한 가지는 브랜드 연상인데, 소비자가 한 브랜드와 관련하여 보다

브랜드 개성
브랜드에 연관지어지는 인간적 특성. 만약 그 브랜드가 사람이라면 어떤 개성의 사람이라고 하는 것

---

6) Jennifer L. Aaker, "Dimensions of Brand Personality," *Journal of Marketing Research*, 34(August), 1997, pp. 347-356.

독특하고, 강력하고, 호의적인 연상을 떠올릴수록 그 브랜드 자산은 더 크다. 따라서 마케터는 자사의 브랜드가 독특하고, 강력하고, 호의적인 연상을 유발할 수 있도록 브랜드 개성을 개발할 필요가 있다. 예를 들어, 소비자가 자사의 브랜드에 대하여 활기참이라는 브랜드 개성을 갖도록 하기 위해서는 TV 광고에서 그러한 이미지를 갖는 모델을 사용하고 또한 그러한 분위기를 자아내는 광고를 제작할 수 있다.

4. 브랜드 카리스마

브랜드 카리스마
소비자의 극단적 브랜드 충성도와 자긍심을 유발하는 브랜드가 갖는 특성

Harley Davidson, Rolex, Porsche와 같이 소비자의 극단적인 브랜드 충성도(brand loyalty)를 유발하는 브랜드들이 있다. 이와 같이 소비자의 극단적 브랜드 충성도와 자긍심을 유발하는 브랜드가 갖는 특성을 **브랜드 카리스마**(brand charisma)라고 한다. 브랜드 카리스마는 '한 브랜드가 같은 제품군 내의 다른 브랜드들에 비해 갖는 권위적인(prestigious) 특성'으로 정의할 수 있다.[7]

어떤 브랜드가 카리스마를 갖기 위해서는 다음의 조건들이 충족되어야 한다. 첫째, 소비자가 그 브랜드의 개성에 대해 호의적으로 평가해야 한다. 예를 들어, 어떤 소비자가 Mercedes Benz를 소유하면서 그 브랜드의 세련됨(sophistication)이라는 개성을 매우 호의적으로 평가할 수 있다.

둘째, 그 브랜드가 해당 제품군 내에서 대표성을 가져야 한다. 롤렉스는 손목시계 제품군을 대표할 수 있는 브랜드이다. 롤렉스는 완전방수 기능과 날짜와 요일이 표시되는 세계 최초의 손목시계 브랜드이다. 이처럼 한 제품군 내에서 대표성이 높은 브랜드는 다른 브랜드에 비해 보다 권위적인 제품이라고 할 수 있으며, 그 브랜드를 소유한 소비자는 스스로 자긍심을 가질 수 있다.

셋째, 우수한 품질을 가져야 한다. 007 제임스 본드의 자동차 중 하나로 유명한 BMW는 승용차 제품군에서 주행성능이 가장 우수한 브랜드로 알려져 있다. BMW의 이러한 품질수준은 다른 브랜드들에 비해 BMW가 높은 권위를 갖게 한다. BMW를 이용하는 소비자는 다른 소비자들로부터 부러움의 대상이 되거나, 자신이 BMW를 이용할 수 있다는 사실에서 자긍심을 가질 수 있다.

그런데 모든 브랜드가 브랜드 카리스마를 가질 수 있는 것은 아니다. 과자나 음료수와 같은 제품군 내의 특정 브랜드는 소비자의 브랜드 충성도를 유발할 수는 있지만, 그 브랜드를 이용한다는 사실이 소비자에게 자긍심을 주

7) 이학식, 임지훈, "브랜드 카리스마, 형성요인, 그리고 효과: 상징적/기능적 관여도의 조정적 작용," *마케팅연구*, 19(3), 2004, pp. 137-177.

바쉐론 콘스탄틴 & 애스턴 마틴

바쉐론 콘스탄틴과 애스턴 마틴은 브랜드 카리스마의 좋은 예가 된다.

지는 않는다. 이에 비해 자동차나 가전제품과 같은 제품군 내의 특정 브랜드
는 그 브랜드를 이용한다는 사실이 소비자에게 자긍심을 줄 수 있다. 즉, 소
비자의 관여도가 높은 제품군 내에 속한 브랜드만이 브랜드 카리스마를 가
질 수 있는 것이다. 따라서 고관여 제품군에 속한 브랜드의 마케터는 소비자
의 극단적 충성도를 가져올 수 있는 브랜드 카리스마를 개발·활용해야 한
다. 예를 들어, 자사 브랜드의 브랜드 개성에 대한 소비자의 호의적 반응을 유
발하고, 해당 제품군에서 대표적인 브랜드임을 강조하고, 우수한 품질을 갖
고 있다는 사실을 강조하는 **통합적 마케팅 커뮤니케이션**(integrated marketing
communication; IMC) 노력을 실시할 수 있다.

학습목표 4: 제품믹스와 제품계열의 결정

1. 제품믹스의 개념과 예

제품믹스

한 기업(혹은 사업단위)이 생산·판매하는 모든 품목들의 집합

제품믹스(product mix)는 한 기업(혹은 사업단위)이 생산·판매하는 모든 품목들의 집합을 말하는데, 이 중 유사한 품목들(items)의 집합을 **제품계열**(product line)이라고 한다. 예를 들어, 오리온은 비스킷 계열, 캔디 계열, 껌 계열, 초콜릿 계열 등 다수의 과자계열을 가지고 있다. 〈표 8.2〉는 LG생활건강 Healthy 사업부의 다섯 개 계열로 구성된 제품믹스를 보여준다.

제품믹스는 네 가지 차원을 갖는다. **제품믹스의 폭**(width)은 그 기업이 생산하는 제품계열의 수를 가리킨다. 〈표 8.2〉에 의하면 LG생활건강 Healthy 사업부의 제품믹스의 폭은 5가 된다. **제품믹스의 길이**(length)는 전체품목의 수를 말한다. 〈표 8.2〉에 의하면 제품믹스의 길이는 22이며, 한 계열의 평균길이는 4.4라고 할 수 있다. **제품믹스의 깊이**(depth)는 각 품목의 변형들(versions)의 수를 말한다. 페리오치약의 경우 용량이 140g, 190g, 250g의 세 가지가 있다면 깊이가 3이 된다. 모든 변형들의 수를 품목수로 나누면 평균깊이가 계산된다. **제품믹스의 일관성**(consistency)은 여러 계열들이 원료, 생산과정, 혹은 유통경로 등에서 얼마나 유사한지를 가리킨다. LG생활건강 Healthy 사업부의 제품믹스는 모두 수퍼마켓이나 할인점 등에서 구입될 수 있으므로 일관성이 높다고 하겠다. 또한 〈표 8.2〉에 제시된 다섯 개 계열은 원료와 생산과정 측면에서 상당한 일관성을 갖는다.

지금까지 LG생활건강의 Healthy 사업부를 예로 들었다. 그러나 LG생활건강에는 Healthy 사업부 외에도 Beautiful 사업부와 Refreshing 사업부가 있

표 8.2	LG생활건강 Healthy 사업부의 제품믹스*			
헤어케어	**스킨케어**	**구강케어**	**주거용품**	**세탁용품**
엘라스틴	온더바디	페리오	홈스타	샤프란
오가니스트	젠톨로지	죽염	SAFE	한입세제
피토더마	드봉	REACH	퐁퐁	테크
리엔			자연퐁	슈퍼타이
닥터그루트				Fiji
실크테라피				산소크린

* 여기서는 LG생활건강 Healthy 사업부의 주요품목만을 제시하였음.
자료원: www.lghnh.com, 2019. 1.

다. 제품믹스의 주체를 Healthy 사업부가 아닌 LG생활건강으로 하는 경우 제
품믹스의 폭과 길이는 훨씬 커지며 일관성은 낮아진다.

2. 기존 제품계열의 보유와 새로운 제품계열 추가에 관한 결정

마케터는 지속적으로 각 제품계열의 매출과 경쟁상황을 감시하고 적절히
대응해야 한다. 예를 들어, 어떤 제품계열의 전반적 매출이 부진한 경우 제품
시장 자체의 축소, 자사의 취약한 마케팅, 강력한 경쟁자 등 여러 가지 원인이
있을 수 있다. 이 경우 각 제품계열을 사업단위(business unit)로 설정하고, 사
업포트폴리오 분석을 수행할 수 있다. 그러나 이때의 분석은 기업목표와 연계
되어야 한다. 예를 들어, 어떤 제품계열이 기업전체의 이익에 부(負)의 영향을
미친다 하더라도 기업목표 자체가 가급적 높은 매출증대에 있거나 그 제품계
열을 제거하는 경우 다른 제품계열에 부정적인 영향을 미친다면 철수(divest)
나 수확전략(harvest) 대신 유지전략(hold)을 취할 수 있다(제4장 참조).

또한 새로운 제품계열의 추가에 관한 결정도 기업목표와 연계되어 이루
어져야 한다. 예를 들어, CJ제일제당은 장기적 성장목표에 따라 계속적으로
제품계열을 추가하였다. 구체적으로 1953년 설립되면서 설탕을 생산한 이래,
1960년대에는 조미료, 1970년대에는 식용유, 1980년대에는 의약품과 음료,
1990년대에는 생활화학용품 등으로 제품계열을 계속 추가하였다.

3. 제품계열 길이에 관한 결정

제품계열의 길이는 몇 가지 품목들이 그 계열 내에 있는가를 말한다. 제
품계열의 길이는 마케팅목표와 연계되어 결정되어야 한다. 만약 새로운 품목
(들)을 추가함으로써 마케팅목표를 달성하는 데 기여할 수 있다면 현재의 계
열은 짧다고 할 수 있다. 반면에 기존의 품목(들)을 제거함으로써 목표 달성에
기여할 수 있다면 현재의 계열은 길다고 할 수 있다.

예를 들어, 현재보다 새로운 품목을 추가함으로써 매출증대와 시장점유
율 증대는 가져올 수 있으나, 높은 제품개발비 및 촉진비로 인하여 전체 이익
이 그 전보다 낮아질 것으로 예상되는 경우 목표가 무엇인지에 따라 추가 여
부를 결정할 것이다. 구체적인 예로 LG생활건강은 오랫동안 생산하던 비누
하이크림-D가 매출이 부진하자 더 이상 생산하지 않았다. 일반적으로 전략부
서나 마케팅 부서에서는 가급적 품목을 추가하는 방향으로 추진하는 경향이
있는 반면에 재무담당 부서에서는 자금압박의 염려 때문에 이를 통제하려는

경향이 있다. 이러한 재무담당부서의 보수적 입장은 경제가 불황인 경우 더욱 강하게 나타난다. 이하에서는 제품계열의 길이와 관련된 여러 가지 전략을 서술한다.

(1) 계열확충전략

계열확충전략(line filling)은 한 계열 내에 있는 기존 품목들과 가격, 품질 등에서 큰 차이가 없는 새로운 품목을 추가하는 것이다. 앞에서 언급한 바와 같이 새로운 품목을 추가할 것인지의 여부는 기업(혹은 사업단위) 목표와 연관 지어 결정되어야 한다.

(2) 계열제거전략

계열제거전략(line pruning)은 한 계열 내에서 매출 혹은 이익공헌도가 낮은 품목을 제거하는 것이다. 예를 들어, Unilever는 Lipton 차, Dove 비누, Ponds 크림 등으로 유명한데, 브랜드의 수가 한때 1,600여개에 달했다. 그러나 이를 줄이기 위한 노력을 실시하였고 그 결과 2018. 12 현재 400개의 브랜드를 보유하고 있다.

(3) 상향확장전략

이는 한 제품계열을 구성하는 기존의 품목들보다 고가품, 고기능의 품목을 그 계열에 추가하는 전략이다. **상향확장전략**(upward stretch)은 소득증대로 인한 고급품에 대한 수요증대, 기술발전, 경쟁자의 고가품 시장진입 등에 기인한다. 예를 들어, 삼성전자와 LG전자는 기존의 냉장고계열에 양문형 냉장고 지펠과 디오스를 각각 추가하였다. LG생활건강은 테크, 샤프란 등으로 구성된 세탁세제계열에 새로이 빌려쓰는지구와 한입세제를 추가하였으며 치약계열에 온극진을 추가하였다. 또한 동서식품은 1970년대 말까지 맥스웰 화인, 맥스웰 그래뉼을 생산하다가 1980년에 고급 냉동건조커피인 맥심을 개발하였다. 그 후 1989년에 한국 네슬레가 고급커피시장에 진입하자 기존의 맥심보다 더 고급인 맥심 모카골드와 그랜디를 추가하였다.

상향확장전략은 다음과 같은 위험을 수반할 수 있다.

- 고가품 시장에 있던 기존의 경쟁자가 저가품 시장에 진입할 수 있다.
- 기존의 이미지 때문에 표적고객들이 고급 신제품의 품질을 신뢰하지 않을 수 있다. 다시 말해 상향확장의 경우 프리미엄 이미지를 구축하기 어려운 측면이 있다. 이를 방지하기 위하여 기존의 브랜드와는 다

계열확충전략

한 계열 내에 있는 기존 품목들과 가격, 품질 등에서 큰 차이가 없는 새로운 품목을 추가하는 전략

계열제거전략

한 계열 내에서 매출 혹은 이익공헌도가 낮은 품목을 제거하는 전략

상향확장전략

제품계열을 구성하는 기존의 품목들보다 고가품, 고기능의 품목을 그 계열에 추가하는 전략

른 새로운 브랜드를 개발하거나 제조회사명을 의도적으로 강조하지 않을 수 있다. 예를 들어, Toyota의 고급 승용차 Lexus나 삼성전자의 지펠의 경우 제조회사명을 의도적으로 노출시키지 않는다.
- 하이텍(hi-tech)제품의 경우 판매원이나 유통업자들이 필요한 제품지식을 충분히 갖지 못할 수 있다.

(4) 하향확장전략

이는 고가품, 고기능 제품을 생산하던 기업이 저가품, 저기능 제품을 추가하는 전략이다. 예를 들어, Xerox는 소형복사기를 추가하였으며, 현대자동차는 SUV 싼타페를 축소하여 소형 SUV 투산을 개발하였다. **하향확장전략**(downward stretch)은 대체로 다음과 같은 경우에 취하게 된다.

> **하향확장전략**
> 고가품, 고기능 제품을 생산하던 기업이 저가품, 저기능 제품을 추가하는 전략

- 기존의 저가제품 생산자가 고가제품시장에 진입하는 경우, 고가제품시장에 있던 기업이 역공격을 위하여 저가제품시장으로 진입하는 것이다.
- 고가제품시장의 수요가 침체하는 경우, 매출증대를 위하여 저가시장에 진입한다.
- 처음에 고가시장에 진입하여 고급이미지를 구축한 후 기존의 좋은 이미지로써 저가시장에 진입한다.

하향확장전략은 다음과 같은 위험을 수반할 수 있다.

- 기존의 고급이미지가 퇴색할 수 있다. 이를 **희석효과**(dilution effect)라고 한다. 그러나 파크랜드가 저가 정장을 개발하여 인솔리토로 네이밍한 것처럼 상표명을 변경함으로써 이를 방지할 수 있다.

> **희석효과**
> 하향확장된 브랜드로 인하여 기존 브랜드의 고급이미지가 상실되는 효과

- 고급제품을 취급하던 기존의 유통업자들이 유통을 거부할 수 있다. 즉, 유통경로상에서 갈등이 유발될 가능성이 높다. 인솔리토의 경우는 홈쇼핑 채널에서만 판매하여 이러한 문제를 방지하였다.
- 기존의 저가제품 생산자들이 고가제품시장으로 진입하여 반격할 수 있다.
- 하향확장의 경우 **자기시장잠식**(cannibalization)이 발생할 가능성이 높다.

> **양방향 확장전략**
> 기존제품계열에 고가품, 고기능 제품과 저가품, 저기능 제품을 모두 추가하는 전략

(5) 양방향 확장전략

양방향 확장전략(two-way stretch)은 기존제품계열에 고가품, 고기능 제

품과 저가품, 저기능 제품을 모두 추가하는 것이다. 르노삼성자동차는 SM5로 성공하자 SM7으로 상향확장하였으며, 또한 소형차 SM3를 생산하여 하향확장을 하였다.

지금까지 계열길이와 관련된 여러 가지 전략을 설명하였다. 어떤 기업도 기존의 제품만으로서 영구히 안주할 수 없다. 고객의 니즈가 변하고 경쟁여건이 변하며 기술이 진보하기 때문이다. 따라서 마케터는 마케팅성과에 영향을 미치는 제반 요인들을 감시하여 필요에 따라 기존품목을 제거하거나 신제품개발(즉, 계열확충 혹은 확장)로써 이에 대응해야 한다.

제 **9** 장 신제품 개발 및 관리

이 세상의 새로운 것들이란 우리가 이미 알고 있는 것들을 결합한 것에 불과하다.

– Joseph Schumpeter

제품디자인은 궁극적으로 누가 해야 하는가? 바로 고객이 해야 한다.

– Philip Kotler

기업은 현재 자사의 제품이 시장에서 성공적으로 수용되고 경쟁력을 가지며 기업의 목표달성에 상당한 공헌을 하고 있다 하더라도 이에 안주해서는 안 된다. 어떤 기업이건 명시적으로 혹은 묵시적으로 성장을 그 목표로 하고 있다. 더욱이 고객니즈, 기술, 경쟁 등 시장여건과 이에 영향을 미치는 환경요인은 끊임없이 변화하며, 이는 기업성과와 목표달성에 커다란 영향을 미친다. 기업의 마케터가 신제품 개발에 지속적인 관심을 가져야 하는 당위성은 바로 여기에 있다.

한 기업이 혁신적인 제품을 개발하여 성공적으로 제품시장을 창출하고 수요가 확대되면 대개의 경우 그 제품시장에는 경쟁자가 진입하게 된다. 경쟁자의 진입은 자사제품 매출하락을 가져올 수도 있지만 제품시장의 크기를 확대함으로써 자사의 매출증대에 기여할 수도 있다. 많은 신제품들은 한 때 성공적으로 도입되어 수요가 증대되더라도 고객 취향의 변화나 기술변화에 따른 대체품 개발에 의해 수요가 감퇴되고 장기적으로는 사라지게 된다. 따라서 마케터는 자사의 제품이 제품수명주기상 어떤 단계에 있으며, 현재의 고객니즈와 경쟁여건이 어떠한지, 또한 앞으로 어떤 변화가 예상되는지를 파악하고, 이를 토대로 적절한 마케팅계획을 수립하고 수행해야 한다.

학 | 습 | 목 | 표

1. 신제품 개발에 대해 이해한다.
2. 제품수명주기(PLC)에 대해 이해한다.

학습목표 1: 신제품 개발

1. 신제품의 유형

신제품의 유형은 지금껏 누구도 생각하지 못했던 전적으로 새로운 제품으로부터 기존의 제품을 약간 변화시킨 것까지 **새로움**(newness)의 정도에 따라 매우 다양하다. 개별기업과 소비자의 관점에서 볼 때 신제품의 유형은 다음과 같이 분류될 수 있다.

- **새로운 제품군**: 이는 한 기업이 지금까지 존재하지 않던 전혀 새로운 제품을 개발하여 새로운 제품시장(product market)을 창출하는 것으로서 세계 최초로 개발·출시된 TV, 카메라, 개인용 컴퓨터 등이 이에 해당한다. 국내의 경우 흑백 TV는 1966년, MP3 플레이어는 1998년에 각각 신제품으로 개발되었다.
- **기존제품의 혁신적 발전**: 기존에 있던 제품을 기술적인 측면에서 혁신적으로 발전시킨 것으로서 커브드 TV, 디지털 카메라, 스마트폰 등이 그 예가 된다.
- **기존제품의 응용**: 기업이 개발하는 신제품들 중 상당수는 기존에 있던 제품을 응용한 것들이다. 기존제품을 응용하여 성공한 국내 신제품들의 예로서 삼성전자 갤럭시, 현대자동차 제네시스, CJ 햇반, 위니아만도 딤채, 롯데제과 자일리톨 껌, 애경 2080치약 등이 있다.
- **기존제품의 약간의 변화**: 한 기업이 가지고 있던 기존제품의 재질, 사양 등을 약간 변화시키거나 향상시킨 것으로서 파생제품으로 불리기도 한다. 코카콜라 제로, 하이트진로 참이슬 fresh, 맥심 화이트골드 커피믹스 등이 그 예가 된다. 특히 한 기업의 신제품이 성공하는 경우 그 기업이 유사제품을 개발하는 경우가 많은데, 앞장에서 다룬 계열확장은 여기에 해당한다. 그 외에도 Max 맥주, LF쏘나타와 같이 제품의 성분을 변화시키거나 품질을 향상시킨 것도 그 예가 된다.
- **타기업 성공제품의 모방**: 타기업이 신제품을 개발하여 크게 성공하는 경우 출시되는 제품으로서 코카콜라 글라소 비타민워터의 모방제품으로 롯데칠성 데일리C 비타민워터, 그리고 비타500(광동제약)의 모방제품으로 비타1000(동화약품), 비타파워(롯데칠성) 등이 이에 해당한다.

그러나 이러한 분류는 어느 정도 임의성을 전제로 한 것이다. 예를 들어,

분류자에 따라서는 커브드 TV를 새로운 제품군으로 분류할 수 있다. 이와 같이 신제품이 명확하게 분류될 수 없는 것은 바로 새로움의 정도는 상대적이기 때문이다. 이러한 신제품의 유형을 소비자가 지각하는 새로움의 정도에 따라 도시하면 다음과 같다.

2. 신제품의 성공과 실패

매년 여러 언론기관에서 히트상품을 선정하여 발표한다. 여기서 히트상품이란 물론 상당수준의 성공을 거둔 신제품을 말한다. 수없이 많은 신제품들이 계속 출시되지만 많은 신제품들이 실패한다. 예를 들어, Ford는 Edsel 승용차를 개발하여 3억 5천만 달러, RCA는 SelectaVision Video Disc Player를 개발하여 5억 8천만 달러, RJR Nabisco는 연기 없는 담배 Premier를 개발하여 2억 5천만 달러의 손실을 입었다. Xerox는 세계 최초의 개인용 컴퓨터로 알려진 Apple보다 3년 먼저 Alto를 개발하였지만 상업화에는 실패하였다.

신제품 실패원인은 대체로 다음과 같이 서술될 수 있다.[1]

- 시장조사를 하지 않았거나 하였더라도 그 결과를 무시하고 최고경영층이 좋아하는 아이디어를 무리하게 진행시켰다.
- 제품 아이디어는 좋으나 시장규모가 너무 작았다.
- 제품 아이디어를 실현시킬 수 있도록 실제제품이 제대로 설계되지 못했다.
- 신제품이 시장에서 올바로 포지셔닝되지 못했거나, 광고를 효과적으로 못했거나, 혹은 가격이 너무 높게 책정되었다.
- 개발비가 당초 예상보다 너무 많이 들었다.
- 경쟁자의 반격이 예상보다 강했다.

---

1) Philip Kotler and Kevin Lane Keller, *Marketing Management*, 14th ed., Prentice-Hall, 2012, pp. 569-570.

마케팅 사례: GE·질레트 인도서 히트한 이유는 … 싸고, 기본기능 충실

부품을 25개에서 4개로 줄여 절반가격에 판매하는 Guard

저렴한 가격과 기본기능에 충실한 제품이 개도국은 물론, 선진국에서도 인기를 끌었다.

한국무역협회 국제무역연구원은 2014년 10월 7일 '전략적 다운그레이드를 통한 차별화 전략' 보고서에서 '다운그레이드 전략'을 소개하고 "과도한 하이테크 제품보다는 부가기능 제거로 저렴한 가격과 기본기능에 충실한 제품이 개도국과 선진국 니치 마켓 공략에 효율적"이라고 밝혔다. '다운그레이드 전략'이란 무조건 저가·저기능 제품을 신흥 개도국 시장에 공급하는 것이 아니라 신흥 개도국 소비자가 원하는 필수적인 기능을 찾아 탑재하고, 비용대비 효용이 떨어지는 부가기능은 과감히 제거하는 전략을 의미한다.

예를 들어, 글로벌 기업 제너럴 일렉트로닉(GE)사의 심전도 진단기기인 'MAC 400'은 대표적인 다운그레이드 성공 제품으로 볼 수 있다. 인도는 심장질환을 앓고 있는 환자가 6,000만 명에 달하지만 빈곤율이 높고, 전력·의료 인프라가 부족해 많은 환자들이 심전도 진료 서비스에 접근하기 어려운 상황이다. 이에 GE는 낮은 비용과 사용 편의성이라는 인도의 시장 니즈를 반영, 기존 가격의 1/3 수준으로 이동형 심전도 기기인 MAC 400을 출시해 대성공을 거뒀다. 또 핵심기능만을 탑재한 'MAC 400'에 유럽소비자들이 높은 관심을 보이면서 프랑스를 비롯한 유럽시장에서도 예상외의 히트를 기록했다.

피부에 베이지 않는 핵심 기능을 유지한 질레트사의 면도기 '가드'는 털로 인한 막힘 방지라는 수요를 충족해 인도에서 성공을 거뒀다. 르노그룹의 '로간'은 차체 높이 조절을 통한 긁힘 방지라는 니즈를 충족해 동유럽 시장을 장악했다.

박필재 무역협회 수석연구원은 "기업들이 개도국의 추격을 의식해 고가제품정책을 실시하거나, 다운그레이드에 대한 심리적 저항으로 인해 오히려 신제품에 더 많은 기능을 추가하는 경향이 있는데, 소비자들은 오히려 다양한 기능을 갖춘 제품에 대해 기능 피로(feature fatigue)를 느낀다"고 말했다.

자료원: 뉴시스, 2014. 10. 7.

반면에 성공한 신제품은 다음 중 적어도 몇 가지에 기인한다.[2]

- 고객의 니즈를 충족시키며 높은 가치(value)를 실현시켰다.
- 혁신적인 제품이다.
- 기술적 우위를 가졌다.
- 성장가능성에 대한 면밀한 분석이 있었다.
- 경쟁이 그다지 치열하지 않았다.
- 기업의 역량에 잘 부합하였다.
- 최고경영층의 적극적인 지원이 있었다.

요컨대 신제품이 위에서 서술한 실패원인 혹은 성공요인에 보다 많이 해당할수록 실패하거나 성공할 가능성이 높다고 하겠다.

3. 신제품 개발전략의 유형[3]

신제품 개발전략은 선제전략과 대응전략으로 구분할 수 있다. **선제전략**은 신제품을 경쟁자보다 먼저 개발하는 것이며, **대응전략**은 타기업의 신제품 개발에 대응하여 모방하거나 보다 나은 제품을 개발하는 것이다. 이하에서는 각 전략을 구체적으로 서술한다.

선제전략
신제품을 경쟁자보다 먼저 개발하는 것

대응전략
타기업의 신제품 개발에 대응하여 모방하거나 나은 제품을 개발하는 것

(1) 선제전략(Proactive Strategy)

선제전략으로는 고객 니즈를 토대로 하는 전략과 R&D에 기초하는 전략이 있다.

첫째, 고객 니즈를 토대로 하는 전략은 고객의 현시적(顯示的) 니즈(current needs)를 파악하여 이를 충족시킬 수 있는 제품을 개발하는 것이다. 예를 들어, 일본의 게임기 제조회사 닌텐도는 게임을 하지 않는 성인과 여성들을 대상으로 게임을 하지 않는 이유를 조사한 결과, 기존의 게임들이 지나치게 어렵고 폭력적이며 게임기의 가격이 너무 비싸다는 것을 파악하고, 이를 토대로 조작이 쉬우면서 가격이 저렴한 '닌텐도 DS'를 개발하여 세계적인 성공을 거두었다. 김치를 보다 신선하게 보관하고자 하는 주부들의 니즈를 토대로 개발된 딤채도 그 예가 된다.

---

2) Glen L. Urban and John R. Hauser, *Design and Marketing of New Products*, 2nd ed., Prentice-Hall, 1993, p. 57.
3) *Ibid.*, pp. 17-28.

둘째, R&D전략은 고객의 현시적 니즈 대신 잠재적 니즈(latent needs), 즉 표현되지 않은 니즈, 미래의 니즈를 예측하는 통찰력으로 신제품을 개발하여 잠재고객들에게 그에 대한 니즈를 불러일으키는 것이다. 이러한 신제품 개발은 급속히 변화하는 기술적인 환경을 감지하고 이를 제품에 응용함으로써 가능하다. 개인용 컴퓨터, 디지털 카메라, 태블릿PC 등 많은 하이텍(hi-tech) 제품들이 이에 해당한다.

(2) 대응전략(Reactive Strategy)

대응전략에는 다음과 같은 여러 가지가 있다.

첫째, **모방전략**(imitative strategy)은 다른 말로 'Me too 전략'이라 하는데, 다른 기업의 신제품이 성공하거나 혹은 성공이 예상되면 유사제품을 재빨리 출시하는 것이다. 다시 말해, 시장에서 성공한 제품의 이름, 모양, 맛, 디자인 등을 모방하여 편승효과를 거두려는 마케팅전략이다. 소비자와 기업 모두에 이익이 되는 긍정적인 측면도 있으나 선발업체의 인기를 이용한 비도덕적인 상술이란 비난도 받는다. 일본의 Asahi 맥주회사가 '드라이' 맥주를 출시하자 Kirin과 Suntory는 '드라이' 맥주를 개발하였으며, Kirin이 이로써 미국 맥주시장에 진입하자 Anheuser-Busch는 Michelob Dry와 Bud Dry로써 대응하였다. 국내에서는 (주)비락의 비락식혜와 웅진의 초록매실과 아침햇살이 성공하자 많은 모방제품들이 출시되었다.

둘째, **보다 나은 두 번째 전략**(second but better strategy)은 먼저 출시된 경쟁제품보다 더 우수한 신제품을 개발하여 기존 제품과 대응하는 것이다. 예를 들어, 최근 LG는 경쟁사인 다이슨 무선청소기와 차별화되는 '코드제로 A9S'를 출시하였다. 무엇보다 코드제로 ART시리즈[4]를 출시하면서 배터리 사용시간, 흡입력, 사용 편의성 분야에서 경쟁사 제품과 차별화하였다.

셋째, **방어전략**(defensive strategy)은 한 기업의 경쟁자가 신제품을 개발하면 이로 인하여 매출이 부진하게 될 자사의 기존제품을 보호하기 위한 것이다. 예를 들어, 두산음료가 Sprite를 출시하자 기존의 칠성사이다를 보호하기 위하여 롯데칠성음료는 Sprint를 개발하였다.

LG 코드제로 A9S

다이슨 V12

---

4) 코드제로 ART시리즈: 무선 핸디스틱 청소기 '코드제로 A9', 로봇청소기 '코드제로 R9', 무선 진공청소기 '코드제로 T9'.

마케팅 사례: LG생활건강 – 애경산업 '제품 모방' 날선 신경전, 결국 소송전으로

LG생활건강, '페리오 펌핑치약'

애경산업, '2080 펌핑치약'

생활용품업계의 '제품 모방'을 둘러싼 논란이 소송전으로 비화했다. 국내 생활용품 1, 2위 업체인 LG생활건강과 애경산업이 '펌핑치약' 상표권을 놓고 법정 공방을 벌인다. 생활용품업계에서 이른바 '제품 베끼기' 논란이 끊이지 않고 있는 가운데, LG생활건강이 애경산업을 상대로 상표권 소송을 제기하면서 향후 치열한 법정 다툼이 이어질 전망이다.

- **LG생활건강 "펌핑, 고유 상표," 애경산업에 상표권 소송**

LG생활건강은 애경산업을 상대로 '펌핑치약' 상표에서 '펌핑(Pumping)' 사용을 하지 말라며 서울중앙지법에 부정경쟁행위금지 청구소송을 제기했다. 펌핑치약은 일반 튜브 타입의 치약처럼 짜서 쓸 필요 없이 눌러 쓰는 펌프 타입의 치약 제품이다. LG생활건강은 "2013년 출시한 '페리오 펌핑치약'은 자사 고유의 상표"라면서 "이 제품을 출시한 지 5년이 지난 상태에서 애경산업이 '2080 펌핑치약'을 내놓는 건 상표권을 침해한 것"이라고 주장했다.

LG생활건강은 2013년 7월 '페리오 펌핑치약' 3종을 출시했고, 애경산업은 이보다 늦은 2018년 7월 '2080 펌핑치약'을 출시했다. LG생활건강은 애경산업이 '펌프'나 '디스펜서(dispenser)'란 용어를 쓸 수 있었는데도 동일하게 '펌핑'이란 단어를 사용한 것은 상표법, 부정경쟁방지법 위반이라는 입장이다. LG생활건강은 "'페리오 펌핑치약'이 출시 후 5년 만에 1,500만개가 팔리는 등 히트상품으로 떠오르자 애경산업이 이 제품을 모방해 출시했다"라고 주장하고 있다.

애경산업은 LG생활건강의 이같은 주장을 납득할 수 없다는 입장이다. 애경산업은 "펌핑이라는 표현은 튜브 치약의 대비되는 개념으로, 특정 기업의 독점권이 인정되지 않는다"면서 "애경산업은 소비자에게 불신, 불편을 드리고 싶지 않다. 이번 소송과 관련해서는 법원의 판단에 맡기기로 했다"라고 밝혔다.

- **솔트치약·울샴푸·퍼퓸샴푸도 '따라하기 논란' 불붙은 신경전**

제품 모방을 둘러싼 양사의 신경전은 처음이 아니

LG생활건강, '히말라야 핑크솔트 담은 치약'

애경산업, '2080 퓨어솔트치약'

다. 앞서 LG생활건강이 2018년 3월 '히말라야 핑크솔트 담은 치약'을 출시하자 1개월 뒤 애경산업이 '2080 퓨어솔트치약'을 내놓으면서 묘한 신경전이 시작되었다. 두 치약 제품 모두 '귀족소금'으로 불리는 히말라야 소금을 사용했다.

이와 반대로, 애경산업은 LG생활건강이 자사 제품을 모방했다며 각을 세우기도 했다. 애경산업은 1998년 '20개의 건강한 치아를 80세까지 유지하자'라는 뜻의 '2080치약'을 출시했다. 이 제품은 애경산업의 대표 스테디셀러 브랜드로 자리매김하며 꾸준히 인기를 끌고 있다. 하지만 LG생활건강이 2013년에 '99세까지 28개의 건강한 치아를 갖자'는 내용이 담긴 '9928치약'을 출시하면서 '제품 따라하기' 논란이 일었다. 애경

산업은 "'2080치약'이 인기를 끌자 LG생활건강이 우리 제품을 따라해 출시했다"면서 불만을 드러내기도 했다.

애경산업은 울샴푸, 퍼퓸샴푸도 LG생활건강이 자사 제품을 모방해 출시한 것으로 의심하고 있다. 애경산업이 1990년 '울샴푸'를 출시하면서 중성세제 시장을 개척하자, LG생활건강은 같은 해에 '울센스'라는 이름의 중성세제를 출시했다. 또한 애경산업이 지난 2012년 '케라시스 퍼퓸샴푸'를 출시하자 약 6개월 뒤 LG생활건강은 '엘라스틴 퍼퓸샴푸'를 출시하기도 했다. 애경산업은 "'퍼퓸'이라는 단어와 제품 패키지도 비슷해 사실상 따라하기 제품으로 보인다"라고 주장하고 있다.

자료원: 스포츠 서울, 2018. 11. 29.

애경산업, '케라시스 퍼퓸샴푸'

LG생활건강, '엘라스틴 퍼퓸샴푸'

4. 신제품 개발절차

신제품 개발절차는 [그림 9.1]에서 예시된 것과 같이 다섯 단계로 나누어
진다.

신제품 개발은 신제품 아이디어를 개발하는 것으로부터 시작된다. 아이

그림 9.1 신제품 개발절차

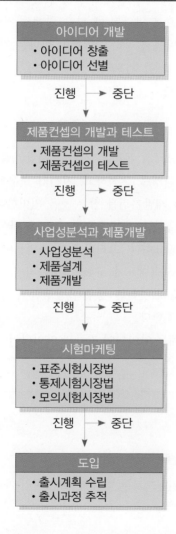

자료원: Glen L. Urban and John R. Hauser, *Design and Marketing of New Products*, 2nd ed.,
Prentice-Hall, 1993, p. 38; Philip Kotler and Kevin Lane Keller, *Marketing Management*,
14th ed., Prentice-Hall, 2012, p. 573.

디어가 결정되면 이로부터 제품컨셉이 도출되고 테스트하게 된다. 제품컨셉 테스트가 긍정적으로 나타나면, 그 제품이 시장에 도입되는 경우 예상되는 사업성분석이 이루어진다. 사업성분석 결과에 따라 제품설계와 개발을 한다. 제품이 개발되면 시험마케팅을 실시하며, 시험마케팅 결과 성공이 예상되면 대량생산을 하고 표적시장에 도입한다. 출시과정은 조심스럽게 감시되어야 하며 필요에 따라 수정해야 한다. 출시가 성공적으로 되면 그 제품은 일단 시장에 정착된 것으로 볼 수 있으며, 제품수명주기상의 진행단계에 따라 적절한 관리를 해야 한다. 이러한 다섯 단계의 절차에 있어서 중요한 것은 각각의 단계가 만족할 만한 수준으로 판단될 때 다음 단계로 진행되어야 하며, 그렇지 않으면 그 시점에서 중단을 심각히 고려해야 한다는 것이다. 즉, 곧바로 중단을 하거나, 혹은 해당 단계를 검토하고 잘못되었을 가능성이 있으면 그 단계를 새로 수행할 수도 있다.

(1) 아이디어 개발

아이디어 개발의 궁극적 목적은 전략적 시장기회를 파악하기 위해서이다. 기회파악은 마케팅환경을 분석하고, 자사가 보유하고 있는 강점을 최대한 살릴 수 있는 신제품 개발기회를 잡는 것을 의미한다. 시장기회를 잘 살릴 수 있는 아이디어를 창출하는 것이 중요하며, 좋은 아이디어를 창출하기 위해서는 체계적인 관리가 필요하다. 그러나 많은 기업들이 좋은 아이디어를 사업화할 수 있는 기회가 있었음에도 불구하고, 제품의 경쟁구도를 너무 협소하게 규정하여 시장기회를 잡지 못하는 경우가 발생할 수 있다. 이를 마케팅 근시(marketing myopia)[5]라고 한다.

아이디어 개발 단계는 아이디어 창출과 아이디어 선별로 구성된다.

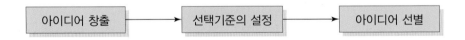

① 신제품 아이디어의 원천

제품 아이디어의 원천으로는 다음과 같은 여러 가지가 있다.

a. 기업내부

통계에 의하면 신제품 아이디어들 중 가장 많은 수의 아이디어는 사내에

---

5) 마케팅 근시(marketing myopia)란 근시안적인 마케팅을 한다는 뜻으로, 제품의 경쟁구도를 너무 협소하게 규정하는 것을 의미한다.

서 창출된다고 한다. 신제품 아이디어는 기업 내의 R&D 부서와 마케팅 부서에서 주로 제공되며 그 밖에 최고경영층에서부터 최하위직까지 각 층에서 제공될 수 있다. 이를 위해서는 창의적인 아이디어를 중시하고 장려하는 기업 문화가 필요하다. 예를 들어, 스타벅스의 아이스음료 '프라푸치노'는 찬 얼음음료를 뜻하는 프라페와 카푸치노의 합성어로, 1995년 미국 캘리포니아 매장 직원의 아이디어로 개발되어 세계적으로 성공하였다. 고객으로부터 아이디어를 직접 획득하는 경우 이는 고객의 현시적 니즈를 토대로 하는 것인 데 비해 기업 내에서 아이디어를 창출하는 것은 고객의 잠재적 니즈를 발굴해내고자 하는 것이다.

b. 고객

또 다른 신제품 아이디어의 중요한 원천은 고객이다. 즉, 고객들을 대상으로 설문조사를 하거나 표적집단면접(focus group interview)에 의하여 고객의 욕구(needs and wants)를 알 수 있는 것이다. 예를 들어, 프로틴 샴푸는 소비자들이 부드러운 머릿결을 위해 샴푸와 함께 계란을 사용하는 데서 개발되었다. 또한 닌텐도의 닌텐도 DS는 성인과 여성의 의견을 토대로 개발한 것이다. 동서가구는 주부들이 직접 설계한 가구디자인을 공모하고 이를 반영하여 '컨셉가구'를 출시하였다. 그런데 소비재에 비하여 산업재의 경우 고객은 특히 중요한 아이디어 원천이 된다.

c. 경쟁자와 타기업들

대응전략에 의해 개발되는 모든 신제품의 아이디어는 경쟁자로부터 얻어진 것으로 볼 수 있다. 숙취해소제 아스파와 비전은 컨디션으로부터, 그리고 삼성전자의 지펠과 LG전자의 디오스는 위니아만도의 딤채가 성공하자 개발된 제품이다. 다른 예로, Ford 자동차회사는 경쟁회사들이 신제품을 출시하면 즉시 구입한 후 해체하여 신제품 아이디어를 찾는다고 한다.

d. 유통업자, 납품업자, 기타

유통업자들은 최종 소비자와 접촉하므로 소비자문제와 신제품 가능성에 대한 정보를 제공할 수 있다. 납품업자들은 새로운 소재와 기술에 대한 정보를 제공할 수 있다. 그 밖에 협회지, 전시회, 세미나, 정부기관, 발명가, 마케팅 조사기관, 대학교, 사설연구기관 등 여러 가지 원천으로부터 신제품 아이디어를 획득할 수 있다.

e. 환경변화

환경변화에 대한 적극적 감시는 좋은 아이디어를 가져다줄 수 있다. 예를 들어, 풀무원의 포장두부, 콩나물, 생면 등은 무공해식품에 대한 관심을 토대로 개발된 것이며, 섬유질 음료수 미에로 화이바는 날씬함을 중요시하는 가치관의 변화를 기초로 개발된 것이다.

② 아이디어 창출기법

아이디어를 창출하기 위해서는 창의적인 기업분위기를 조성하는 것이 중요하며, 보상제도나 경영진의 참여가 무엇보다 중요하다. 신제품 아이디어 창출기법에는 다음과 같은 깃들이 있다.

a. 속성열거법(Attribute Listing)

이는 기존제품의 속성들을 열거하여 속성들을 일부 변경시켜 재결합함으로써 신제품을 개발하는 것이다. 코카콜라의 경우 중요한 속성인 설탕과 카페인을 제거함으로써 Diet Coke과 Caffeine Free Coke을 개발할 수 있었다. Apple의 iPod Touch는 iPhone에서 휴대전화 기능과 카메라 기능을 없앤 MP3 플레이어이다.

b. 강제적 결합법(Forced Relationships)

두 개 이상의 제품들을 강제적으로 결합시키는 것이다. 예를 들어, 카메라폰, MP3폰, PDA폰은 각각 디지털 카메라, MP3, 혹은 PDA를 휴대폰과 결합한 제품이다. 또한 이 기능들을 모두 가지면서 캠코더 기능, 녹음기능, 전자사전 기능, 게임 기능까지 갖는 스마트폰이 개발되었다.

c. 형태적 분석법(Morphological Analysis)

형태적 분석법은 먼저 한 제품의 여러 속성들을 파악하여 각 속성별로 가능한 수준을 찾아낸다. 다음으로 각 수준끼리 조합하여 다수의 신제품 대안들을 결정한다. 끝으로 다수의 신제품 대안들을 가치 혹은 실용성 측면에서 비교하여 최적의 대안을 선택한다.

d. 브레인스토밍(Brainstorming)

이는 가능한 한 많은 창의적 아이디어를 창출하기 위한 방법이다. 보통 6~10명이 한 가지 특정 주제에 대해 토론하는데, 한 아이디어가 다른 아이디어의 창출을 유도하는 것이다. 가급적 기발하고 많은 아이디어가 권장되며 다른 사람의 아이디어를 비판하는 것은 허용되지 않는다.

MARKETING INSIGHT: 카테고리를 새롭게 분화시켜라 – 브랜드 창조의 법칙

컨버전스(통합)가 주된 미래기술의 패러다임으로 자리 잡고 있는 현재 상황에서 Al Ries와 Laura Ries는 저서 '브랜드 창조의 법칙'에서 '통합'이 아닌 '분화'를 강조한다. 그들은 다윈의 진화론과 같이 제품이나 브랜드도 분화되어 발전할 것이라고 강조하면서, 삼성이 모든 제품에서 '삼성'이라는 단일브랜드를 사용할 경우, 일본 소니의 실패를 똑같이 경험할 것이라고 주장하고 있다.

이들은 분화를 이야기하기 위해 통합을 비판한다. 1945년 테드 홀이란 사람이 비행기와 차가 결합된 비행차를 개발했다. 이제 도로는 필요 없게 될 것이고 교통 혼잡은 과거의 일이 되어야 했다. 한때 세간의 커다란 관심을 끌었고 미국의 주요 항공사들은 서로 테드 홀의 아이디어를 사고자 했다. 1946년 콘베어라는 회사가 실제 이러한 자동차를 내놓았다. 연간 16만대 판매를 목표로 했다. 하지만 현실은 그렇지 못했다. 단 두 대만이 생산되었을 뿐이다. 자동차 보트라는 제품도 있다. 1961년 독일회사가 개발했다. 모든 통합제품과 마찬가지로 수륙양용에서 기능성이 떨어졌다. 자동차처럼 달리고 보트처럼 떠있다는 것이 구매자가 내린 결론이었다. 사람들은 비행기면 비행기, 자동차면 자동차, 보트면 보트를 선호했던 것이다. 새로운 카테고리는 분화에 의해 탄생하지 결코 통합에 의해서는 탄생하지 않는다는 것이다.

브랜드도 마찬가지라고 저자들은 주장한다. 모든 것을 총망라하는 브랜드는 결국 하나에만 집중하는 브랜드에게 질 수밖에 없다는 것이다.

자료원: Al Ries and Laura Ries 저, 최광복 역, *브랜드 창조의 법칙*, 2005, 넥서스 BIZ.

③ 아이디어 선별방법

아이디어 창출과정에서는 가급적 많은 아이디어를 도출하는 것이 중요하다. 그러나 이들 중 상당수는 여러 가지 이유로 인하여 실제제품으로 실현시킬 만한 가치가 없다. 즉, 기술적인 측면에서 불가능하거나, 수익성이 없거나, 충분한 매출잠재력을 갖지 못하거나, 혹은 기업의 목적과 이미지에 부합하지 않을 수 있는 것이다. 그래서 아이디어 선별과정(idea screening)에서는 좋은 아이디어를 선정하고, 그렇지 못한 아이디어는 속히 제거하는 것이다.

아이디어 선별과정에서 오류의 종류는 두 가지이다. 즉, 좋은 아이디어가 잘못된 판단으로 기각되는 것과(drop-error) 좋지 못한 아이디어가 잘못된 판단으로 선정되어 계속 개발과정이 진행되는 것이다(go-error). 시장에 도입된 후 실패한 신제품들 중 상당수는 제품 아이디어 자체가 잘못된 것이다. 그러나 현실적으로 좋은 아이디어가 기각된 사례도 많다. 예를 들어, Xerox 복사기를 개발한 Carlson은 IBM과 Kodak으로부터 거절당했다. Bell의 전화는 Western Union에 의해 거절당했으며, 형광등은 Westinghouse에 의해 거절당했다. 좋은 아이디어가 거절당하는 것은 결정자의 위험회피적인 방침 때문인 경우가 많다. 모든 신제품 개발과정은 위험을 수반한다. 그러나 그 위험의 대가는 성공이며 기업성장인 것이다.

신제품 아이디어를 평가하기 위하여 신제품 위원회가 구성될 수 있다. 신제품 위원회는 각각의 아이디어를 다음과 같은 측면에서 평가할 수 있다: 그 제품이 출시되면 경쟁제품보다 고객에게 더 많은 가치를 실현시키며 사회에 정말로 유익한 것인가? 우리 회사에게 긍정적인 결과를 가져다 줄 것인가? 그것은 우리 회사의 목적과 전략에 잘 부합하는가? 우리는 그 아이디어를 실현시킬 수 있는 인적, 기술적, 그리고 그 밖의 자원들을 가지고 있는가? 그것은 광고하고 유통시키기 쉬운가?

혹은 이러한 점들을 종합적으로 고려하여 각 아이디어를 평가할 수 있는데, 그 예는 〈표 9.1〉에 나타나 있다. 첫째 열은 신제품 성공요인들이며, 둘째 열(A)은 각 요인에 대한 가중치이다. 셋째 열(B)은 해당 아이디어에 대한 각 요인별 평가이며, 넷째 열은 (A)와 (B)의 積(곱셈)을 나타낸다. (A)와 (B)의 積의 합계가 그 아이디어에 대한 전체 평가점수가 된다. 많은 아이디어 대안들이 있는 경우 보다 많은 점수를 갖는 아이디어가 선정될 가능성이 높다.

(2) 제품컨셉의 개발과 테스트

제품컨셉
제품아이디어를 소비자 입장에서 더욱 구체적으로 표현한 것으로 그 제품의 형태, 특징, 기능, 편익 등에 관한 것

제품컨셉(product concept)은 제품아이디어를 소비자 입장에서 더욱 구체적으로 표현한 것으로 그 제품의 형태, 특징, 기능, 편익 등에 관한 것이다. 따라서 최종 아이디어에 제품의 편익을 결부시켜 제품컨셉을 도출한다. 예를 들어, 「辛라면」은 '매운 라면'으로, 동아제약의 「박카스」는 '피로회복 드링크'

| 표 9.1 | 제품 아이디어 평가과정 |

신제품 성공요인	(A) 상대적 중요도	(B) 각 요인별 평가	(A×B) 중요도 × 평가
제품의 우수성	.40	.8	.32
비용 대비 가치	.30	.6	.18
마케팅 지원	.20	.7	.14
경쟁력	.10	.5	.05
합계	1.00		.69

평가척도: .00 ~ .30 빈약함; .31 ~ .60 보통임; .61 ~.90 좋음. 최저수용점수: .61.

자료원: Philip Kotler and Kevin Lane Keller, *Marketing Management*, 14th ed., Prentice-Hall, 2012, p. 579.

마케팅 사례: **융·복합기술을 통한 신시장 개척전략**

· **"상품기획 역량 높여라"**

LG전자는 2018년 상반기부터 '전사 상품기획 역량 향상 TF'를 가동했다. 의류관리기 신시장을 개척한 '스타일러' 같은 새로운 혁신 제품을 만들기 위해서는 상품 기획 단계부터 체계를 갖춰야 한다는 판단에서다.

LG전자는 상품 기획 분야를 획기적으로 강화하는 데 집중하기로 했다. 이에 따라 사업본부와 관계없이 상품 기획 단계에서 필요한 전사 차원의 표준화 프로세스 정립을 TF 운영 목표로 정했다. 제품 성공 확률을 높이기 위해 상품 기획에 공통 적용할 검증된 절차를 만들자는 것이다.

LG전자 제품 가운데 상품 기획 성공 사례로는 스타일러가 첫손에 꼽힌다. 소비자 수요 파악, LG전자 강점, 시장 상황 분석 등이 잘 이뤄진 제품이기 때문이다. 2011년에 출시된 스타일러는 매일 빨 수 없는 옷을 깨끗하게 관리하고 싶다는 소비자 니즈를 충족시켰다. 스타일러에 들어가는 기술은 세탁기 스팀, 냉장고 온도 관리, 에어컨 기류 제어 등 LG전자가 기존에 강점이 있는 각종 가전 기술을 융·복합해 구현했다. 이를

통해 시장에 없던 의류관리가전이라는 새로운 영역을 개척했다. 스타일러가 시장에 반향을 일으키면서 코웨이가 의류청정기를 선보였고, 삼성전자도 조만간 의류관리기를 내놓을 것으로 알려졌다. 중국 거란스와 텐쥰 등 해외 업체도 스타일러를 모방한 제품을 내놓았다.

자료원: *전자신문*, 2018. 8. 13.

로, 그리고 하이트진로의 PET 재질로 된 「Hite Pitcher」는 '깨지지 않고 가벼운 포장으로 된 편리한 맥주'로 제품컨셉이 설정되었다.

제품컨셉이 개발되면 표적시장 소비자들이 그 제품컨셉을 어떻게 평가하

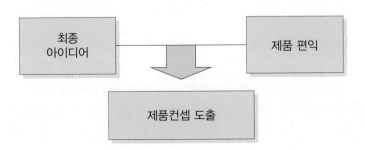

는지를 표적집단면접이나 서베이에 의하여 테스트한다. 컨셉테스트는 소비자들뿐만 아니라 유통업자들을 대상으로 할 수도 있다. 이때 제품컨셉을 나타낸 기술서만을 제시할 수 있으나, 그림을 제시하면 컨셉테스트의 신뢰성을 보다 높일 수 있다. 더욱이 컴퓨터를 이용한 그래픽 디자인으로서 입체감을 살린 실물의 모양을 제시할 수 있다. **제품컨셉 테스트**는 소비자가 원하는 편익을 제공하고 있는지, 컨셉의 표현이 명확한지, 컨셉의 수정이나 개선이 필요한지를 확인하기 위하여 실시한다. 이를 통해 잠재적 매출을 예상해볼 수도 있으며, 시간이나 비용을 줄일 수 있는지도 사전 검토해볼 수 있다. 제품컨셉 테스트를 실행하는 방법에는 첨단성, 모방성, 기존제품의 개선정도를 확인하는 '제품의 혁신성 평가방법', 이익, 성장률, 시장점유율을 예측하는 '잠재성 평가방법', 그리고 '소비자반응분석' 등이 있다. 또한, 제품컨셉 테스트는 기존의 경쟁제품과 비교하여 수행되기도 한다. 예를 들어, (주)빙그레는「뉴면」개발과정에서 주된 경쟁브랜드로 설정한 라면과 비교하여 테스트하였는데, 경쟁브랜드에 비하여 보다 우수한 평가결과를 얻어 자신 있게 다음 단계로 진행하였다.

(3) 사업성분석과 제품개발

제품컨셉 테스트에서 양호한 결과를 얻게 되면 제품개발에 앞서 사업성분석을 실시할 필요가 있다. **사업성분석**(business analysis)이란 그 제품이 개발된 경우의 표적시장을 잠정적으로 결정하고 현시점에서 고려하는 가격, 유통, 촉진 등의 마케팅노력 투입시 예상되는 매출과 이익 등을 추정하는 것이다. 매출 추정을 위해서는 제3장에서 설명한 수요예측방법을 사용할 수 있다. 신제품이 보다 혁신적인 것일수록, 혹은 그 기업이 그 제품시장에서 경험이 적을수록 수요예측은 보다 어렵게 된다. 그러나 아직 시제품조차 개발되지 않은 상태이므로 매우 엄격한 수요예측은 불가능하며 또한 그럴 필요도 없다. 계획하는 제품이 개발되고 적절한 마케팅노력이 투입되는 경우 시장에서 어느 정도의 성과를 가져올 수 있는지에 대한 추정치가 필요한 것이다. 사업성분석결과 낙관인 경우 제품개발단계로 넘어간다. 낙관적이지 못하면 물론 중단하는 것을 심각하게 고려해야 한다.

제품개발은 제품컨셉 기술서나 그림으로부터 실체적 제품을 만드는 것이다. 이 단계에는 R&D와 기술부문이 적극적으로 개입하게 된다. 제품개발의 가장 표준적인 절차는 제품에 대한 구체적 사양(specifications)을 결정하는 것으로부터 시작한다. 여기서 제품사양은 원자재, 크기, 무게, 외형, 성능 등 많은 것들을 포함한다. 제품사양의 다음 단계는 제품설계가 된다. 제품설계시 **컨조인트 분석**(conjoint analysis)을 통해 최적의 제품설계를 할 수 있다. 컨조인트 분석은 제품 속성들이 소비자의 선호도에 얼마만한 영향력을 미쳤는가를 수치적으로 구해내는 방법이다. 컨조인트 분석은 어떤 제품 또는 서비스가 갖고 있는 속성 하나하나에 고객이 부여하는 가치(효용)를 추정함으로써, 그 고객이 어떤 제품을 선택할지를 예측하는 기법으로, 구체적인 소비자행동의 요인을 측정하기 위한 방법의 하나이다. 소비자행동이 특정한 목표를 갖고 유발될 경우, 여기에는 소비자의 여러 가지 심리적 요인이 관계한다. 또한 구매 결정의 메커니즘이 보다 복잡하게 되기 때문에 사전에 조사를 행하고, 고객 선호도와 그 결과를 분석하여 신상품의 컨셉을 결정한다.

R&D 부문은 제품설계에 따라 하나 혹은 여러 개의 **시제품**(prototype)을 개발할 수 있다. 그러나 이 시제품은 하나의 제품으로서 완전한 기능을 할 수 있어야 한다. 시제품(들)이 만들어지면 일부 잠재고객들을 대상으로 테스트하는 것이 바람직하다. 예를 들어, General Motors는 시제품으로 개발된 배터리엔진 승용차를 1,000명의 소비자들로 하여금 2주 내지 4주 동안 시운전해보게 함으로써 개선할 점을 찾았다. 폭스바겐은 한국에서 판매되는 차량에 장착되는 인포테인먼트 시스템[6]을 개발하는 과정에서도 제품클리닉(product clinic)을 실시하여 제품개선 방안을 모색하였다.

시제품 개발단계에서 제품을 엄격하게 테스트할 필요가 있다. 이는 제품 자체가 설계기준과 제품컨셉을 충족시키는지를 테스트하는 것으로서 다음 단계에서 이루어지는 시험마케팅과는 다른 것이다. 예를 들어, 위니아만도는 딤채 개발과정에서 HUT에 의하여 주부들의 반응을 조사하여 이를 제품개발에 반영하였다. 여기서 **HUT**(Home Usage Test)란 신제품개발 후 시장도입 이전에 일부 가정에서 시험사용하고 반응을 조사하여 제품, 용기 등의 수정에 반영하는 것을 말한다. 또 다른 예로서 승용차 문에 대한 설계기준이 30,000번 여닫을 때까지 문제가 발생하지 않는 것이라면 이는 기계로 하여금 실제 30,000번 여닫게 함으로써 테스트할 수 있다. 다음과 같은 문제점들은 제품 테스트를 철저히 했더라면 예방이 가능한 문제점들이다.[7]

- 새로운 포장의 담배를 출시하였는데 날씨가 더워지자 담배가 말라버렸다.
- 애완용 동물 먹이를 먹은 동물들이 설사를 하였다.

컨조인트 분석

어떤 제품 또는 서비스가 갖고 있는 속성 하나하나에 고객이 부여하는 가치(효용)를 추정함으로써, 그 고객이 어떤 제품을 선택할지를 예측하는 기법

---

6) 내비게이션 등의 정보시스템과 카오디오 등의 엔터테인먼트 시스템을 통합적으로 부르는 용어.
7) Glen L. Urban and John R. Hauser, *Design and Marketing of New Products*, 2nd ed., Prentice-Hall, 1993, p. 438-439.

- 전자현미경의 전기코드가 감전 사고를 야기했다.
- 식기세척기의 안쪽 문에 있는 날카로운 부분 때문에 손을 다쳤다.
- 화장지박스에 담긴 화장지가 주저앉아서 구매 시에는 2/3만 담긴 것처럼 보였다.

(4) 시험마케팅

시제품이 결정되면 다음 단계는 **시험마케팅**(test marketing)이다. 이는 시험시장을 결정하여 마케팅 노력과 함께 제품을 도입하는 것이다. 시제품이 갖고 있는 문제점을 파악하고, 소비자의 욕구를 만족시킬 수 있는 제품인지를 최종 확인하기 위해 시장출시 전에 실시한다. 이 단계를 통하여 마케터는 제품뿐만 아니라 포지셔닝 전략, 가격, 유통, 촉진 등 여러 가지 마케팅 프로그램에 대한 시험을 하게 된다. 시험하는 과정에서 핵심편익을 충족시키는지, 제품을 개선하거나 제조원가를 절감할 수 있는 방법을 고안한다. 시험마케팅 결과에 따라 제품이나 포지셔닝, 혹은 다른 마케팅 프로그램을 수정해야 한다.

제품이나 시험마케팅 방법에 따라 시험마케팅에 필요한 비용, 시간, 그리고 노력은 매우 다르다. 그런데 시험마케팅 과정에서 신제품에 대한 정보가 경쟁자에게 노출되기 쉽다. 따라서 시험마케팅 없이 신제품을 도입하여 실패하는 경우 실패가 그리 큰 손실을 초래하지 않을 것으로 예상되거나, 경영층과 마케팅부서가 그 제품과 마케팅 프로그램에 상당한 자신감을 갖는 경우 시험마케팅을 생략할 수 있다. 예를 들어, P&G는 Folgers Decaffeinated Coffee를 시험마케팅 없이 바로 시장에 도입하였다. 그러나 신제품 도입 후 실패를 하는 경우 엄청난 손실이 초래될 것으로 예상되거나 제품이나 마케팅 프로그램에 그다지 자신을 갖지 못한다면 시험마케팅을 실시하는 것이 권장된다. 예를 들어, KT&G는 인디언담배 '후파'를 출시하면서 서울 강남지역 소비자를 대상으로 시험마케팅을 실시하였다.

소비재 제조회사는 다음의 세 가지 중 한 가지 시험마케팅 방법을 택할 수 있다: 표준시험시장법, 통제시험시장법, 모의시험시장법.[8]

① 표준시험시장법 (Standard Test Markets)

이는 전체 표적시장에 대해 어느 정도 대표성을 갖는 도시들을 선택하여, 마케팅 캠페인과 함께 신제품을 도입한 후 성과를 측정하는 것이다. 이 결

---

8) Philip Kotler and Kevin Lane Keller, *Marketing Management*, 14th ed., Prentice-Hall, 2012, pp. 586-587.

과에 따라 전체(혹은 전국) 표적시장의 매출과 이익을 추정하며, 마케팅 프로그램을 조정한다. 예를 들어, 태평양제약은 탈모방지제 Dr. 毛(닥터모)를 개발하여 부산을 시험시장으로 선정하였다. 부산지방지에 광고를 하면서 대형약국들을 통해 제품을 출시하고 상당한 자신감을 얻자 8개월 후 전국시장에 출시하였다. 세계 최대의 패스트푸드 맥도널드는 2006년 캐나다 동부지역을 시험시장으로 맥랍스터 샌드위치를 출시하였다. 출시된 맥랍스터가 동부 캐나다에서 성공을 거두자 현재는 미국 북동부 뉴잉글랜드 지역에서도 판매가 이루어지고 있다.

표준시험시장법은 세 가지 방법 중 실제상황에 가장 근사한 방법이지만 다음과 같은 문제점을 갖는다. 첫째, 세 가지 방법 중 비용과 시간이 가장 많이 든다. 예를 들어, P&G는 Duncan Hines 쿠키를 테스트하는 데 1,500만 달러를 지출하였다. 둘째, 시험마케팅 과정에서 신제품 개발과 도입전략에 대한 정보가 경쟁자에게 그대로 노출된다. 이에 따라 경쟁자는 방어전략을 마련하거나 나아가서 보다 나은 제품을 더 빨리 개발할 수도 있다. 예를 들어, Clorox가 표백제가 포함된 신제품 세제를 시험마케팅하는 동안 P&G는 유사한 제품인 표백제 함유세제 Tide를 출시하였다. P&G는 이 세분시장에서 곧바로 선도자가 된 반면에 Clorox는 그 후 그 세제를 철수하였다. 셋째, 경쟁자들의 방해로 인하여 시험시장의 결과를 해석하는 데 오류가 있을 수 있다. 즉, 경쟁자들은 시험시장 내에서 가격을 인하하거나, 촉진을 증가시키거나, 혹은 시험제품을 모두 사들일 수 있다.

② **통제시험시장법** (Controlled Test Markets)

이는 일정 수의 점포를 선택하여 그들의 동의하에 신제품을 시험적으로 판매하도록 하는 방법이다. 이 경우 선반의 위치와 수, 전시, POP촉진(point-of-purchase promotions), 가격 등을 미리 마련된 계획에 따라 통제한다. 이에 따라 각각의 요인이 매출에 미치는 영향이 추적된다. 통제시험시장법을 통해 신제품을 시험적으로 판매하는 점포를 **안테나 샵**(antenna shop)이라고 부른다. 통제시험시장법은 표준시험시장법에 비해 비용과 시간이 적게 든다는 장점을 갖는다. 그러나 선택된 점포와 선택된 패널구성원들이 경우에 따라서 전체 점포나 소비자들의 대표성을 결여할 수 있다는 한계점이 있다. 또한 표준시험시장법과 마찬가지로 경쟁자에게 정보가 쉽게 누설된다는 단점이 있다.

통제시험시장법을 활용하는 조사회사로는 Information Resources Inc. (IRI)가 있다. IRI의 BehaviorScan은 개별소비자의 행동을 TV수상기로부터 점포의 계산대까지 추적한다. 보다 구체적으로, IRI는 주의 깊게 선택된 몇 개도시에서 소비자 패널을 구성하고 각 패널의 가정에서 TV 시청내용을 컴퓨터로 측정하며 경우에 따라 그들의 TV에만 특별한 광고물을 보낸다. 패널소비자들은 협력 점포에서 구매를 하며 구매시 신분증을 제시한다. 이에 따라 언제 어떤 소비자가 어떤 제품을 얼마만큼 구매하였는지 등이 측정되며, 이는 그 소비자들의 인구통계적 특성과 TV 시청내용과 함께 분석된다. 이에 따라 신제품 매출이 점포별, 주별로 테스트된다. 또한 개인소비자의 구체적 구매기록에 의하여 반복구매에 대한 정보를 획득하고, 어떤 유형의 소비자가 신제품과 마케팅 프로그램의 각 요소에 어떻게 반응하는지를 분석할 수 있다.

③ **모의시험시장법**(Simulated Test Markets)

이는 모의 쇼핑환경에서 신제품을 테스트하는 것이다. 먼저 표본소비자들에게 테스트하는 신제품과 여러 대안제품들에 대한 광고와 판촉을 하고, 구매에 필요한 비용을 지급한다. 그런 후 그들을 실험점포에 안내하는데 피실험 소비자들은 자신의 의사에 따라 그 제품들 중 어떤 것을 구입할 수도 있고 혹은 지급된 돈을 그냥 가질 수도 있다. 이때 조사자는 얼마나 많은 피실험 소비자들이 신제품과 대안제품들을 구매하는지 기록한다. 이러한 기록을 분석함으로써 신제품의 시용구매(trial) 정도와 광고 및 판촉의 효과를 추정할 수 있다. 조사자는 또한 구매와 비구매의 이유를 질문하기도 한다. 수주일 후 피실험 소비자들에게 전화를 하여 제품에 대한 태도, 사용정도, 만족도, 그리고 재구매의도 등을 질문한다. 이러한 모든 자료를 분석함으로써 전체 표적시장의 매출을 예측할 수 있다.

이 방법은 세 가지 시험시장법 중 비용과 시간이 가장 적게 든다는 장점이 있다. 그러나 표본의 크기가 작고 모의 쇼핑환경에서 이루어지는 실험이므로 추정결과에 대한 신뢰도는 가장 낮다. 그리하여 예비시험시장법(pretest)으로서 흔히 사용된다. 이 방법에 의한 시험마케팅 결과가 아주 긍정적으로 나타나면 더 이상의 시험마케팅 없이 그대로 전체시장에 도입되지만, 매우 부정적으로 나타나면 그 제품은 중단하거나 상당부분 수정하여야 한다. 끝으로 결과가 어느 정도 긍정적이지만 불확실하다면, 앞에서 서술한 표준시험시장법이나 통제시험시장법에 의해 시험마케팅을 할 필요가 있다.

(5) 상업화

기업은 신제품을 시장에 출시하기 전에 해당 제품에 관한 정보를 소비자들에게 미리 공식적으로 공표해야 한다. 이를 **프리어나운싱**(preannouncing)이라고 한다. 프리어나운싱 후 시험마케팅 결과 신제품 도입이 성공적일 것으로 예측되면 표적시장에 신제품을 도입(launching)하게 된다. 신제품 도입을 위해서는 먼저 출시계획(launch planning)이 수립되어야 하며, 출시과정에 대한 추적이 필요하다.

출시계획에는 출시시점, 시장, 마케팅 프로그램, 그리고 생산계획 등이 포함된다. 출시시점은 대부분의 경우 빠른 것이 바람직하겠으나, 그 제품 수요가 계절의 영향을 받는 것이라면 계절요인을 고려해야 한다. 예를 들어, OB Ice는 1994년 이른 봄에 출시되었는데, 출시시점이 브랜드 연상(brand association)과 잘 부합되지 않았다.

출시시장으로는 일부 세분시장에 먼저 진입한 다음 점차 확대하는 방법과 동시에 전체시장에 출시하는 방법이 있다. 기업의 자원이 한정적일수록 전자의 방법을 취하는 것이 바람직하다고 할 수 있다. 글로벌 시장에 진출하는 기업들은 자국시장에 먼저 도입한 후 서서히 해외시장에 도입할 수 있다. 그러나 자국시장에 출시하여 제품정보가 완전히 노출되면 해외의 기업들이 유사제품을 개발하여 진입장벽을 형성할 수 있다. 이러한 가능성이 높은 경우는 해외시장 출시시점을 국내시장 출시시점과 거의 같이 할 수 있다. 예를 들어, P&G는 아기용 기저귀 Pampers를 미국시장에 출시한 후 1개월 이내에 해외시장에 출시하였다.

신제품 출시를 위한 또 다른 계획은 가격, 촉진 및 유통에 관한 것이다. 즉, 신제품의 가격을 상대적으로 고가로 할 것인지 혹은 저가로 할 것인지, 광고와 판매촉진을 어떻게 할 것인지, 그리고 어떤 유통기관들을 이용할 것인지 등 마케팅믹스변수와 관련된 여러 가지 의사결정이 필요하다.

끝으로, 예측되는 초기 수요에 따라 생산량을 결정해야 한다. 이를 위해서는 생산부문과의 협력이 절대적으로 필요하다. 아무리 그 제품에 대한 상당한 수요가 존재한다 하더라도 수요에 부응할 수 있는 생산능력을 갖추지 못하면 현실적으로 성공을 기대할 수 없기 때문이다. 경우에 따라 상당한 시설투자가 필요한데, 신제품이 특히 그 기업에게 있어서 전혀 새로운 제품일수록 보다 많은 시설투자비가 필요하게 된다.

수립된 출시계획에 따라 출시가 이루어질 때, 계획대로 진행되는지 추적을 해야 하며 필요에 따라 출시계획은 수정되어야 한다. 이는 출시계획 수립 시 생각지 못한 여러 가지 내부적 혹은 외부적 요인들이 출시에 영향을 미칠 수 있기 때문이다.

MARKETING INSIGHT: 스마일 커브 (Smile Curve)

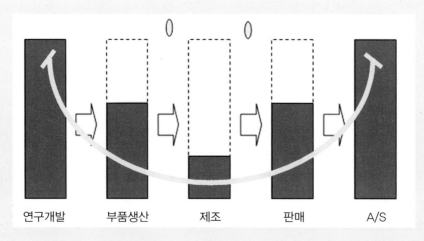

연구개발　　부품생산　　제조　　판매　　A/S

　스마일 커브는 제품의 연구개발에서 생산, 마케팅에 이르기까지의 부가가치를 나타내는 곡선이다. 상품개발에서 부품·소재의 생산, 제조, 판매와 A/S로 이어지는 일련의 과정(가치사슬)에 따라서 각 단계의 부가가치를 그려보면, 최고의 부가가치는 핵심 부품과 소재 및 마케팅 서비스에서 나오고 그 중간단계인 제조의 부가가치는 가장 낮다는 개념이다. 단계별로 부가가치의 정도를 그래프로 그려보면 웃는 모양을 나타내는 곡선이 나오는데 이를 본따 스마일 커브라고 한다. 이는 핵심부품·소재 산업의 중요성과 지적재산과 같은 소프트 산업의 중요성을 시사하고 있다.

자료원: OECD(2013), *Interconnected Economies: Benefiting from Global Value Chains*, 28(May), pp. 1-54.

5. 신제품의 수용과 확산

　　신제품이 출시되면 모든 소비자들이 동일한 방식으로 반응을 하지는 않는다. 어떤 소비자들은 프리어나운싱된 제품을 기다리기도 하고, 어떤 소비자들은 전혀 관심도 없다. 이처럼 소비자들은 신제품에 노출되는 순간부터 최종 구매에 이르기까지 여러 단계(인지 → 정보 → 평가 → 시용 → 수용 → 확신)의 심리적 과정을 거칠 수 있는데, 이러한 과정을 신제품 수용과정(adoption process)이라고 한다. 여기서 **수용**(adoption)은 신제품을 받아들이는 것과 관련된 개인의 의사결정을 말하며, **확산**(diffusion)은 일정기간에 걸쳐 신제품이 사회시스템 내에 파급되는 과정을 의미한다. 신제품이 출시되는 경우 결국 보다 많은 소비자들이 그 신제품을 수용함으로써 확산이 잘 되며 결국 그 신제

표 9.2	신제품 수용과정
인지	• 신제품이 도입되어 소비자들이 잘 모르는 단계 • 광고, 인적판매, 제품설명회, 구전 등을 통해 소비자들에게 노출
정보(관심)	• 신제품이 소비자들의 욕구를 충족시켜줄 것이라고 믿고, 관심을 갖는 단계 • 관심 있는 잠재고객들이 정보를 수집하려고 노력하는 단계
평가	• 잠재고객들이 상대적인 장점을 평가하는 단계 • 손익을 계산하면서 신제품의 가치를 평가하는 단계
시용	• 신제품을 실제로 경험할 수 있는 단계 • 견본품으로 소량 구매하고, 제품사용이 허용되지 않을 경우 수용가능성은 낮아짐 • 기업이 광고나 홍보를 하기 위한 목적으로 활용
수용	• 잠재고객들이 신제품을 사용할 것인가를 결정하는 단계 • 신제품을 수용하면 구매로 이어짐 • 기업은 고객과의 커뮤니케이션을 통해 충성고객이 될 수 있도록 노력함
확신	• 기대가치와 실제가치를 비교하여 자신의 결정이 옳았다는 확증을 하는 단계 • 신제품의 성과 및 호의성 정도에 따라 긍정적 구전과 부정적 구전이 모두 발생 가능

품은 성공한다고 할 수 있다. 신제품 수용과정은 〈표 9.2〉와 같은 6단계의 과정을 거친다.

신제품이 출시되면 개인에 따라 수용하는 시점이 다르다. 즉, 어떤 소비자는 출시된 후 곧 수용하고 어떤 소비자는 많은 다른 소비자들이 수용하는 것을 본 후 그 제품의 가치를 인정하고 수용한다. 또 다른 소비자는 남늦게 수용하고 물론 많은 소비자들은 끝끝내 수용하지 않는다. 신제품이 출시된 후 어느 시점에 수용하는가에 따라 수용 소비자들을 [그림 9.2]와 같이 다섯 개 그룹으로 구분하여 설명한다.

① 혁신수용자 (Innovators)

혁신수용자는 신제품이 출시된 후 가장 먼저 수용하는 소비자들로서 전체 수용자의 2.5%를 구성하며, 모험심이 강해 위험을 감수하면서까지 새로운 것을 받아들이는 성향이 있다. 이들은 새로운 것에 호기심과 호감이 강하며, 대체로 젊고, 사회적 신분이 높고, 높은 소득수준과 광범위한 대인관계를 형성하고 있다. 신제품의 높은 가격과 그 값어치에 대한 불확실성을 당연한 비용으로 생각하며, 대부분 전문잡지나 커뮤니티를 통해 신제품에 대한 전문적인 정보를 조기에 습득한다.

| 그림 9.2 | 신제품 수용시점에 의한 수용자 구분 |

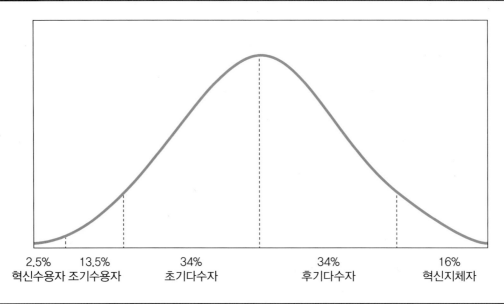

| 2.5% | 13.5% | 34% | 34% | 16% |
| 혁신수용자 | 조기수용자 | 초기다수자 | 후기다수자 | 혁신지체자 |

② 조기수용자(Early Adopters)

조기수용자는 전체 수용자의 13.5%를 구성하는 소비자들로 얼리어답터 (early adopters)라고도 하며, 신제품의 경제적 이익과 가치에 높은 비중을 둔다. 또한 제품구매시 확실한 정보를 기다리기보다는 스스로 직관이나 전망에 의존하여 의사결정을 한다. 이들은 사회나 집단에서 존경받는 의견 선도자 (opinion leader)들일 수 있으며 새로운 아이디어를 조기에 선별적으로 수용하는 경향이 있다.

③ 초기다수자(Early Majority)

전체 수용자의 34%를 차지하는 소비자들로 조기수용자 다음으로 신제품을 수용하는 소비자들이다. 이들은 실용주의자들로서 신제품 수용에 신중한 경향이 있다. 혁신적인 변화보다는 점진적인 변화를 선호하며, 혁신수용자나 조기수용자들에 비하여 교육수준이 낮으며, 사회적 이동성이 낮다. 주로 광고를 통해 정보를 수집하며, 인적판매원이나 조기수용자들과의 접촉을 통해 영향을 받기도 한다.

④ 후기다수자(Late Majority)

전체 수용자의 34%를 차지하는 비교적 보수적인 집단이다. 경제적 필요성이나 동료들 사이에서 느끼는 사회적 압력에 의해서 새로운 것을 수용하는 경향이 강하며, 남들보다 앞서는 것에 별다른 흥미를 느끼지 못한다. 초기다수자와 다르게 경쟁우위를 추구하기보다는 경쟁열위를 피하고자 하며, 조기수용자나 초기다수자 등의 인적 정보원으로부터 정보를 수집하는 경향이 강하고, 광고나 인적판매 등을 별로 이용하지 않는다.

⑤ **혁신지체자**(Laggards)

전체 수용자의 16%에 해당하며 전통지향적이고 유행에 둔감한 소비자들로 신제품을 마지막으로 수용하는 집단이다. 이 계층에 속하는 소비자들은 주로 노인층과 사회경제적 지위가 낮은 사람들이기에 이들을 설득하는 것은 매우 어렵다. 따라서 많은 마케팅 비용과 시간을 투자하는 것은 낭비일 수 있기에 마케팅 노력을 포기하는 것이 비용과 노력을 절감할 수 있는 방법이다.

학습목표 2: 제품수명주기

신제품이 개발되어 성공적으로 시장에 도입되면 그 기업은 오랫동안 그 제품으로 많은 매출을 실현하기를 원한다. 그런데 많은 제품들은 성공적으로 도입되더라도 수명주기를 거쳐 언젠가는 시장에서 철수하게 된다. 그러므로 마케터(혹은 제품관리자)는 자사의 제품이 겪게 되는 수명주기를 이해하고 수명주기별로 제품을 적절히 관리해야 한다.

1. 제품수명주기의 개요

[그림 9.3]은 전형적인 **제품수명주기**(product life cycle; PLC)를 보여준다. 여기서 매출은 누적매출이 아니라 일정 기간별 제품시장 전체매출을 의미한다. 전형적인 제품수명주기는 네 단계를 갖는다.

도입기(introduction stage): 도입기란 신제품이 시장에 처음으로 등장하여 잠재고객들의 관심을 끌고 구매를 자극해야 하는 단계를 말한다. 도입기는 매우 긴 기간 동안 지속된다. 그리고 제품이 시장에 도입되는 기간으로서 매출성장률이 낮으며, 높은 제품도입비용으로 인하여 이익은 부(負)이거나 매우 낮다.

성장기(growth stage): 성장기는 시장에서 그 제품이 성공적으로 수용되어 수요가 확산되는 기간이다. 성장기는 신제품이 매출액의 완만한 증가단계(도입기)를 거쳐 체증적으로 증가하기 시작하는 단계인데, 이러한 현상은 새로운

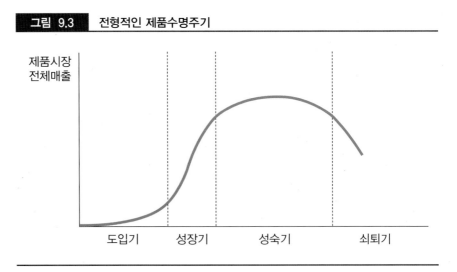

그림 9.3 전형적인 제품수명주기

제품시장
전체매출

도입기　　성장기　　성숙기　　쇠퇴기

고객의 구매와 만족한 기존고객들의 반복구매에 의해서 나타난다. 제품시장을 창조한 기업의 경우 매출성장률이 높고 이익이 증가한다. 이로 인하여 경쟁기업들이 진입하는 시기이다.

　　성숙기(maturity stage): 이 기간에는 많은 잠재구매자들이 이미 신제품을 수용해서 신규구매가 적어 성장률이 낮거나 혹은 감퇴하기 시작한다. 각 참여기업은 경쟁자에 대처하여 자사제품을 보호하기 위한 높은 마케팅비용 지출로 인하여 이익이 줄어든다.

　　쇠퇴기(decline stage): 모든 제품은 여러 가지 환경요인들의 변화에 따라 결국 수요가 지속적으로 감소하는 쇠퇴기에 직면하게 된다. 이러한 현상의 원인은 소비자의 기호변화, 성능이 우수하고 저렴한 대체품의 등장, 경쟁자의 월등한 마케팅전략으로 인한 결정적 우위 차지, 정치적 요인이나 법적 요인 등 마케팅환경 요인의 변화를 들 수 있다. 따라서 제품시장 전체의 매출과 이익이 완전히 하향하는 기간이다.

　　그러나 모든 제품이 이와 같은 네 단계의 제품수명주기를 거치지는 않는다. 예를 들어, 도입 직후 실패한 제품의 경우 도입기 이후 곧바로 쇠퇴기에 접어든다.

　　그런데 제품은 제품군(혹은 범주; product class or category), 제품유형(product type), 그리고 브랜드(brand)의 세 가지 수준에서 개념화되거나 더 세분화된 수준에서 개념화될 수 있다. 세 가지 수준의 경우, 예를 들어, 맥주는 제품군이며, 비열처리 맥주는 제품유형이며, 맥스·하이트·OB·카스는 브랜드이다. 세 가지 중 제품군의 수명주기가 가장 길며, 그 다음은 제품유형, 그리고 브랜드의 수명주기가 가장 짧다. 맥주는 1930년대 국내시장에 도입되었으며, 비열처리 맥주는 하이트를 시초로 1993년에 도입되었다. 그 후 OB Ice와 카스가 도입되었으나 OB Ice는 수년 만에 생산을 중단하였다.

제품수명주기는 제품수준 각각의 경우에서 분석이 가능하다. 그러나 마케팅 전략수립과 관련해서는 대체성이 높은 제품들끼리는 한 가지 제품으로 보아 분석하는 것이 바람직하다. 예를 들어, 맥주의 경우 전통적 라거맥주(혹은 열처리 맥주)와 비열처리 맥주는 대체성이 매우 높으므로 통합해서 맥주의 제품수명주기에서 분석하는 것이다. 이와 유사하게 미러리스 카메라와 DSLR 카메라는 대체성이 아주 높으므로 이를 통합하여 렌즈교환식 카메라의 제품수명주기에서 분석하는 것이 바람직하다.

이하에서는 유사제품(즉, 대체성이 높은 제품)이 없는 상태에서 한 기업이 신제품을 개발하여 새로운 제품시장(product market)을 창조한 경우를 도입기로 전제하고 그 제품시장의 수명주기의 단계별 특징과 전략을 서술한다. 그 제품시장에 진입하는 후발기업은 그 제품시장의 수명주기에 따라 전략을 수립해야 한다. 예를 들어, A기업이 비교적 혁신적인 제품을 개발하여 새로운 제품시장을 창조하고 수요가 급성장하게 되면 B기업이 유사한 제품으로 그 제품시장에 진입할 수 있다. 이때 B기업의 제품은 그 기업 내에서는 일종의 신제품이기는 하나 이미 그 제품시장은 성장기에 진입하고 있으므로 도입기가 아닌 성장기에 맞추어 전략을 수립해야 한다.

2. 도입기(Introduction Stage)

(1) 도입기의 특징

도입기는 신제품이 출시되어 시장에서 호평을 받아 매출이 급성장하기 직전까지의 기간이다. 제품에 따라 다르지만 상당히 오랜 기간이 소요될 수 있다. 예를 들어, 인스턴트 커피는 원두커피 방식에 익숙하던 기존 소비자들의 습관 때문에 성장기에 도달할 때까지 수년이 걸렸다.

도입기는 다음과 같은 특징을 가진다.

① 제품의 인지도가 낮고 인지하는 고객들이라도 많은 위험을 지각하므로 수요가 매우 적다.
② 매출액이 적음에도 불구하고 초기의 집중적인 촉진활동과 유통망 확보에 많은 비용이 지출되기 때문에 대체로 적자가 발생한다.

③ 제품이 최초로 도입되는 단계이므로 제품실패의 가능성이 높으며, 시장반응에 따라 제품이 자주 수정되기도 한다.

④ 신제품이라는 특성 때문에 경쟁은 비교적 심하지 않다.

⑤ 시장실패의 걱정으로 유통망 확보가 어려우며, 제한적으로 제품이 유통되고 유통마진율도 비교적 높게 책정된다.

⑥ 생산과 유통에 있어서 규모의 경제를 누릴 수 없으므로 소매가격이 높은 편이다.

⑦ 제품차별화는 아직 없으며 단지 기본형만으로써 수요를 자극하는데, 제품은 자신이 '원하는바'와 거의 일치하는 잠재고객들(핵심시장, core market)에 의해서만 구매된다.

(2) 도입기의 마케팅전략

도입기의 전형적 마케팅전략을 마케팅믹스 변수별로 서술하면 다음과 같다.

① **제품**: 기본기능을 갖는 제품(basic version)만을 출시한다. 이는 시장규모 자체가 작고 고객들의 니즈가 그리 다양하지 않기 때문이다. 그러므로 도입기에는 시장세분화의 필요성이 매우 낮다.

② **가격**: 가격결정에 있어서 기업은 고가격(skimming pricing)에 의하여 신제품을 도입할 수 있다. 이로 인하여 단위당 높은 마진(margin)을 실현할 수 있다. 그러나 이러한 전략은 다수의 소비자들이 고가를 지불할 의사가 있고, 잠재경쟁자의 진입이 당분간 없다고 판단될 때 가능하다. 반대로 저가격(침투가격; penetration pricing) 설정은 신속한 시장침투를 가능하게 한다. 특히 잠재시장이 비교적 크며, 잠재구매자의 가격민감도가 높은 경우에 적합하다. 또한 경쟁자가 쉽게 진입할 수 있는 경우에 저가격 설정으로 진입장벽을 형성할 수 있다. 특히 경험곡선효과가 크게 기대될수록 이 전략이 보다 적합하다.

이와 같이 도입기에 고가전략과 저가전략 중 어느 것 하나를 택할 수 있으나 고가전략을 택하는 경우가 상대적으로 많다. 특히 스마트폰, 태블릿PC, DSLR 카메라 등 하이텍 제품의 경우 이러한 현상이 두드러진다. 도입기의 가격전략과 관련된 내용은 제11장에서 보다 자세히 서술된다.

③ **유통**: 유통경로 개발을 위한 금전적·비금전적 비용지출은 유통업자들이 자사의 신제품을 어떻게 받아들이는가에 따라 다르다. 만약 강

력한 브랜드를 확장하였다면 브랜드 인지도와 이미지가 높아 쉽게 유
통망을 확보할 수 있으므로 적은 비용지출이 가능하다. 신규 브랜드
인 경우도 자사의 기업인지도가 높고 이미지가 좋다면 역시 마찬가지
다. 예를 들어, CJ제일제당은 숙취해소음료「컨디션」을 개발하여 약
국을 통하여 유통시켰는데, 기존의 좋은 기업이미지에 의해 비교적
쉽게 유통망을 개척할 수 있었다. 만약 기업이미지가 나쁘거나 군소
업체가 같은 음료를 개발한 경우에는 보다 어려움이 있었을 것이다.

④ **촉진**: 도입기의 촉진노력은 주로 인지도 제고에 둔다. 그런데 그 제품
의 혁신성이 클수록 소비자는 그 제품을 잘 모르므로 많은 노력이 필
요하다. 그러나 촉진노력을 적게 하더라도 잠재소비자가 그 제품을
잘 인지한다면 촉진을 위하여 많은 비용을 지출할 필요가 없다. 예를
들어, 기존상표명을 그대로 신제품에 적용시키는 브랜드 확장의 경우
기업은 촉진비를 절감할 수 있다.

(3) 제품시장 창조기업의 이점과 위험

앞에서 한 기업이 신제품을 개발하여 새로운 제품시장을 창조한 경우를
도입기로 전제하였다. 이러한 시장창조기업(pioneers)은 후발기업(followers)에
비해 다음과 같은 이점(advantages)을 갖는다. 신제품이 도입된 후 초기 소비
자들은 그 브랜드가 만족스러우면 그 브랜드를 제품군의 대표 브랜드로 기억
하며 다른 소비자들에게 긍정적인 구전을 한다. 그 브랜드의 특징은 쉽게 그
제품군의 표준으로 받아들여질 수 있다. 또한 제품시장의 가운데(the middle
of the market) 위치함으로써 가장 많은 소비자들을 고객으로 할 수 있다. 그
밖에 규모의 경제성, 기술 선도자 지위, 특허권, 희소자원의 선점 등 진입장벽
을 형성할 수 있다. 반면에 다음과 같은 경우 실패할 위험이 있다. 즉 그 제품
이 품질수준이 낮거나, 포지셔닝이 부적절하거나, 충분한 수요가 존재하기 전
에 출시되거나, 제품개발에 따라 추가적인 자원을 투입할 수 없거나, 후발기
업에 대응할 자원이 부족하거나 관리능력이 부족한 경우이다.

3. 성장기(Growth Stage)

(1) 성장기의 특징

신제품이 성공적으로 도입되어 광고와 구전에 의하여 인지도가 높아지면
수요가 급격히 증가할 수 있다. 성장기는 수요가 급성장하는 시점에서부터 성

장률이 체감하기 시작하는 시점까지의 기간이다. 원래 제품수명주기는 특정 기간(X축)의 매출(Y축: 금액 혹은 수량)의 변화 추세에 관한 것이다.

성장기의 특징은 다음과 같다.

① 가속적인 구매확산과 대량생산을 통한 가격인하의 연쇄관계가 형성 됨에 따라 전체시장의 규모가 급속하게 확대된다.
② 제품을 취급하려는 유통업자의 수가 증가하며, 그들이 재고를 갖춰감 에 따라 매출액은 더욱 신장되며 이익이 발생하며 점차 증가한다.
③ 경쟁자들이 시장에 참여하기 시작하여 제품차별화의 기회가 다양하 게 모색되며, 가격인하경쟁이 나타나기도 한다.
④ 성장기 후반에는 가격인하경쟁에 대응하고 선택적 수요를 자극하기 위한 촉진비용이 많이 소요되므로 이익은 감소할 수 있다.

제품이 시장에서 수용되고 수요가 늘어남에 따라 경쟁자들이 그 시장에 진입하며, 경쟁자들의 진입은 제품시장의 크기를 더욱 확대한다. 2012년 이후 태블릿PC 출하량이 크게 증가한 것은 Apple의 iPad 이후, 삼성전자, ASUS 등 의 세계적인 PC 메이커가 참여한 데에 상당부분 기인한다. 또한 Amazon 킨 들과 같이 보다 좋은 품질과 저렴한 가격의 태블릿PC가 개발·판매된 것도 태블릿PC 시장의 확대에 공헌하였다.

도입기에 고가격으로 설정된 제품의 경우, 수요증대에 따른 경험곡선효 과와 경쟁으로 인하여 가격이 점차 하락하는 경향이 있다. 스마트폰과 태블 릿PC와 같은 하이텍 제품의 경우 이런 현상은 더욱 두드러진다. 예를 들어, 2018년 현재 속도 3.0 GHz Core i7 개인용 컴퓨터의 가격은 1980년대 중반의 4MHz의 가격보다도 저렴하다. 제품시장을 창조한 선발기업이 도입기에 저가 격으로 설정한 경우, 그 제품이 성장기에 접어들어 상당한 매출을 실현한다면 경험곡선효과에 의해 상당수준의 이익을 가져올 수 있다. 그러나 제품시장이 성장기에 접어들었을 때, 그 제품시장에 진입한 후발기업은 누적매출수준이 상대적으로 낮을 것이며 이에 따라 그다지 이익을 내지 못할 수 있다. 산업 전 체적으로는 도입기에 비해 매출이 크게 늘어나고 경쟁치열성은 아직 낮아 산 업 내 총이익은 상당히 증가한다.

(2) 성장기의 마케팅전략

성장기에 고려할 수 있는 전략들을 마케팅믹스 변수별로 살펴보면 다음 과 같다.

마케팅 사례: **도요타의 '프리우스' – 혁신적 제품은 새로운 제품시장을 창출한다.**

1997년 일본의 도요타는 세계 최초의 하이브리드(hybrid) 자동차 프리우스(Prius)를 상용화하여 출시하였다. 하이브리드 자동차는 두 가지 이상의 에너지원의 혼합으로 이용가능한 차량을 의미하는데, 현재는 전기와 가솔린을 사용하는 것이 일반적이다. 프리우스는 출시 이후 2013년 3월까지 누적판매 512만 5,000대를 돌파하였다.

출시 배경: 1992년 미국 캘리포니아 주는 1998년까지 캘리포니아 주에서 자동차를 판매하려면 전체 판매대수 2%를 완전무공해 자동차로 할 것을 요구했었다. 물론 기술적인 문제로 연기가 되었지만 그것을 계기로 세계 각국의 자동차회사들은 친환경 자동차를 본격적으로 개발하기 시작하였다. 도요타 내부적으로는 1992년 환경과 조화를 이루는 성장을 실천하기 위해 배기가스 감축, 환경관련 신기술 개발 등을 골자로 하는 '도요타 지구환경헌장'을 제정하고, 1993년 석유고갈 등에 대비해 하이브리드 자동차 개발에 착수하였다.

출시 초기 현황: 출시 초기 프리우스는 세계적으로 많은 관심을 유발하였지만 기술적인 문제로 판매량이 많지 않았다. 이는 친환경 자동차로 하이브리드 자동차 대신 유럽을 중심으로 한 디젤승용차의 인기가 높았기 때문이다. 1998년부터 2000년까지 프리우스의 연판매량은 2만대를 넘지 못하였다.

판매량의 급증: 부진하던 프리우스의 판매량은 두 가지 환경적인 요인으로 인해 급증하게 된다. 하나는 2003년 2차 이라크 전쟁의 발발이고, 다른 하나는 2005년 여름 허리케인 카트리나로 인한 원유 공급시스템의 문제였다. 이러한 요인들로 인해 유가가 급등하면서 하이브리드 자동차에 대한 수요가 증가하고 프리우스의 판매량 또한 급증하게 된다. 2004년 처음으로 연판매량 10만대를 넘어선 프리우스의 판매량은 전세계적으로 유가가 급등하기 시작한 2007년에는 20만대를 넘어선다.

앞으로의 전망: 2007년 프리우스를 포함한 전체 하이브리드 자동차의 연간 판매량은 52만대로 전세계 자동차 시장의 0.2%에 불과했으나, 2012년에는 160만대가 판매되었다. 석유자원의 희소성이 높아질수록 하이브리드 자동차에 대한 수요는 폭발적으로 증가될 것으로 예상되며, 더욱이 전지기술의 발달은 이러한 추세를 더욱 가속화시킬 것이다. 이에 따라 2025년이 되면 각국의 자동차 시장에서 하이브리드 자동차의 점유율은 유럽이 17.8%, 북미 지역이 12.2%에 이를 것으로 예상되며, 2030년에는 하이브리드 자동차의 점유율이 유럽 20.1%, 북미 지역이 18.2%로 계속 확대될 것으로 전망된다. 2012년 현재 하이브리드 자동차 시장에서 시장점유율 28% 이상을 기록하고 있는 프리우스의 전망은 매우 긍정적이라고 할 수 있다.

자료원: *Automotive Review*, 2004. 6; 대신증권 *Issue Report*, 2008. 6. 10; 삼성경제연구소 *CEO Information*, 2008. 10. 8; *경향신문*, 2013. 3. 10; *이투뉴스*, 2013. 4. 24; *머니투데이*, 2013. 4. 22.

① **제품**: 다양한 고객니즈를 충족시키고 경쟁에 대처하기 위해 제품차별화와 제품기능 및 품질향상을 모색한다. 예를 들어, 태블릿PC 시장이 성장기에 도달함에 따라 태블릿PC 제조업체들은 점차 다양한 속성과 기능을 가진 제품을 제공하였다. Ford 자동차는 1908년에 Model T를 도입하여 크게 성공하였으나 승용차 시장이 점차 커지는 성장기에도 계속 Model T만을 생산하다가 시장세분화 전략에 따라 다양한 차종을 생산한 GM에게 시장의 상당부분을 빼앗겼다.

② **가격**: 선발기업의 경우 제품을 고가격으로 도입하였다면, 경쟁에 대처하고 가격민감도가 높은 소비자 계층을 유인하기 위해 가격을 인하한다. 도입기 후반 혹은 성장기에 시장에 진입한 후발기업은 선발기업의 가격을 고려하여 경쟁력 있는 가격을 설정한다. 예를 들어, 태블릿PC 제조기업의 경우 후발업체들은 Apple이나 삼성전자보다 낮게 가격을 책정하였다.

③ **유통**: 유통망(distribution coverage)을 넓히고 새로운 유통경로를 개척한다.

④ **촉진**: 광고의 초점을 도입기의 브랜드 인지도 제고에서 브랜드 선호도 향상으로 전환시킨다. 도입기의 경우 대개 경쟁브랜드가 없어 브랜드 인지도 제고에 의한 1차적 수요(primary demand)가 곧 자사 브랜드의 수요로 나타나지만, 성장기에는 다른 브랜드들과의 경쟁에 대처하여 선택적 수요(selective demand) 유발이 필요하기 때문이다.

끝으로, 선발기업과 후발기업 모두 시장점유율 확대를 추구할 수 있다. 이는 제품시장규모 자체가 크게 성장할수록 시장점유율 확대가 용이하기 때문이다.

4. 성숙기 (Maturity Stage)

(1) 성숙기의 특징

제품시장의 성장은 어느 시점에 이르러 둔화되고 성숙기에 접어들게 된다. 성숙기에서는 제품의 매출이 크게 변하지 않는다. 제품이 성숙기에 직면하는 것은 신규구매가 거의 없거나 신규구매가 있더라도 기존구매자의 시장 탈퇴와 병행하기 때문이다. 대개의 경우 성숙기는 도입기나 성장기에 비해 길다. 그러므로 현재 시장에서 판매되는 많은 제품들은 성숙기 시장에 있으며,

이에 따라 마케터는 성숙기 시장에 있는 자사의 제품관리에 많은 노력을 기울여야 한다.

성숙기의 특징은 다음과 같다.

① 많은 시장참여자들과 과잉생산능력에 의하여 경쟁이 심화된다.
② 과도한 가격인하 경쟁과 유통망 확보 및 판매촉진 비용의 증대로 이익이 감소하며, 한계적인 경쟁자들이 시장에서 탈락하기 시작한다.
③ 다양한 제품을 공급하는 경쟁자가 많기 때문에 오히려 제품차별화의 기회가 제한 받는다.
④ 제품 간의 사소한 차이를 강조하거나 심리적 차별화를 강조한다.

성숙기의 경우 성장기에 비하여 시장수요대비 기업들의 공급능력이 크다. 따라서 경쟁이 매우 치열하다. 예를 들어, 국내의 승용차시장, 가전제품시장, 맥주시장 등은 모두 성숙기에 있다. 우리는 이 제품시장들에서 매우 치열한 경쟁이 이루어짐을 엄청난 광고물량에 의해 쉽게 알 수 있다. 성숙기에는 성장기에 비해 시장점유율 확대가 어려우며 점유율 확대를 위해서는 많은 마케팅노력이 필요하다.

성숙기에 들어서 제품시장에 진입하는 기업들은 기존경쟁자들의 시장을 빼앗아야 하므로 어렵고 비용이 많이 든다. 또한 경쟁에서 뒤처진 기업들은 철수하기도 한다. 예를 들어, 수년 전 (주)비락이 비락식혜로써 전통음료시장을 창조하였으나 나중에 진입한 다수의 기업들은 시장 자체가 더 이상 성장하지 않아 자사 브랜드를 철수하였다. 산업 전체의 총이익은 성숙기 초기나 중기까지 증가하다가 서로간의 치열한 경쟁에 따라 점차 하락하는 경우가 많다. 그러나 제품시장을 창조한 선발기업의 경우 계속 높은 점유율을 차지한다면 경험곡선효과에 따라 이익은 계속 증가할 수도 있다.

(2) 성숙기의 마케팅전략

성숙기의 마케팅전략은 **제품**과 관련하여 다음의 다섯 가지를 고려할 수 있다.

첫째, **기존제품으로써 새로운 소비자의 수요 유도**. 기존의 제품으로써 새로운 세분시장에 진출하거나 경쟁자의 고객을 흡인하는 것이다. 예를 들어, 자양강장제 시장이 성숙기에 들자 동아제약은 1990년대 후반에 이르러 박카스의 표적시장을 중년층으로부터 젊은층으로 표적시장을 확대하였다. 또한 Johnson & Johnson은 베이비샴푸를 성인들이 사용하도록 하여 크게 성공하였다.

둘째, **기존소비자들의 소비량 증대**. 이는 자사브랜드의 기존 소비자들이 소비량을 증대시키도록 하는 것이다. 예를 들어, 프랑스의 미쉘린 타이어회사는 파리 시민들이 보다 많은 운전을 하도록 남부지방의 관광지 소개, 안내책자와 지도 제공 등으로 주말을 남부지방에서 지내도록 유도하였다.

셋째, **새로운 용도의 개발**. 이는 기존 제품의 새로운 용도를 개발하는 것이다. 예를 들어, Arm & Hammer는 베이킹소다를 당초 빵이나 과자를 만들 때의 밀가루 발효제로서 판매하였다. 소득증대에 따라 상대적으로 육류소비가 늘어나자 베이킹소다를 냉장고 탈취제로 사용하도록 했으며, 나중에는 세척제로도 사용하도록 하였다.

넷째, **기존제품 품질향상과 신규브랜드 개발**. 이는 기존제품의 품질이나 기능을 향상시키거나 새로운 브랜드를 개발하는 것이다. 예를 들어, 쏘나타의 경우 쏘나타 II와 III, EF쏘나타와 New EF쏘나타로 발전되다가 NF쏘나타, YF쏘나타, LF쏘나타로 발전되었다. 또한, LG생활건강은 성숙기 세제시장에서 경쟁이 치열해지자 농축세제 테크를 개발하였다. 또한 1950년대 중반부터 맥주시장에서 약 40년간 2위 업체이던 조선맥주(주)는 하이트를 개발하여 1996년부터 2010년까지 OB맥주보다 점유율에서 앞서게 되었다.[9]

다섯째, **제품의 철수**. 기업의 한정된 자원으로 치열한 경쟁에 대처하는 것보다 제품을 철수하는 것이 더 낫다고 판단되면 수확전략 혹은 철수전략을 취할 수 있다.

[그림 9.4]는 성숙기에 취할 수 있는 전략들을 제품수명주기상에서 보여준다. 또한 제품 이외의 마케팅믹스 변수와 관련하여 다음을 고려할 수 있다.

- **가격**: 가격인하는 매출증대를 위해서 쉽게 생각할 수 있는 방법이다. 그러나 경쟁자들이 같은 식으로 가격인하를 한다면 제품시장 자체의 어느 정도 성장에 따른 매출증대는 가능하나 점유율 증대는 기대할 수 없다. 예를 들어, 미국 진통제 시장에서 Bristol-Myers가 Datril을 낮은 가격에 판매하자 주요 경쟁자인 Johnson & Johnson은 Tylenol의 가격을 동일한 수준으로 내렸다.
- **유통**: 새로운 유통경로, 혹은 유통기관을 이용한다. 예를 들어, 급성장하고 있는 인터넷 쇼핑이나 홈쇼핑을 적절히 이용하면 상당한 매출증대를 실현할 수 있다.

---

9) 2011년 국내 맥주시장에서 OB맥주는 하이트진로를 제치고 시장점유율 1위를 탈환하였으며, 2013년 5월 현재까지 시장점유율 1위를 유지하고 있다.

그림 9.4	성숙기의 제품전략

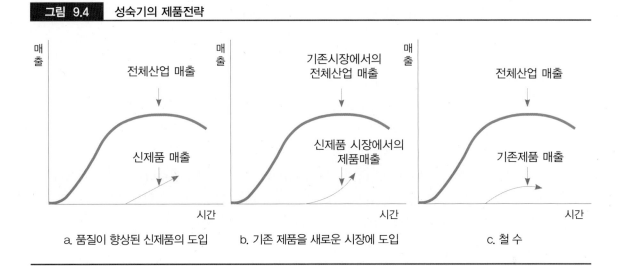

a. 품질이 향상된 신제품의 도입   b. 기존 제품을 새로운 시장에 도입   c. 철 수

- **촉진**: 촉진노력 강화는 매출증대를 위해 기업이 사용하는 가장 현실적 인 방법이다. 이를 위하여 새로운 광고캠페인 실시, 보다 많은 판매원 이용, 판매촉진수단 개발 등을 할 수 있다. 그러나 가격경쟁과 마찬가 지로 경쟁기업들 간에 촉진경쟁이 실시되면 제품시장 자체가 약간 성 장할 수 있으며 이에 따라 어느 정도 매출증대는 가능하나, 점유율 증 대는 기대하기 어렵다.

5. 쇠퇴기(Decline Stage)

(1) 쇠퇴기의 특징

많은 제품들이 성숙기를 거쳐 쇠퇴기에 접어든다. 모든 제품은 여러 가 지 환경요인들의 변화에 따라 결국 수요가 지속적으로 감소하는 쇠퇴기에 직 면하게 된다. 이러한 현상의 원인은 소비자의 기호변화, 기술적 진보, 성능이 우수하고 저렴한 대체품의 등장, 경쟁자의 월등한 마케팅전략으로 인한 결정 적 우위 차지, 정치적 요인이나 법적 요인 등 마케팅환경 요인의 변화를 들 수 있다. 예컨대, 흑백 TV는 컬러 TV의 출현에 의해 사라졌으며, Full HDTV는 언젠가는 4K HDTV에 의해 쇠퇴될 수 있다. 제품시장 전체 매출이 하락함에 따라 경쟁력이 약한 기업들은 그 시장에서 철수하게 된다. 혹은 남아 있는 기 업들도 경쟁력이 약한 브랜드 생산을 중단한다.

(2) 쇠퇴기의 마케팅전략

쇠퇴기의 마케팅전략 수립에 앞서 먼저 확인할 것은 과연 그 제품시장이 쇠퇴기에 직면하였는가 하는 것이다. 이는 경기침체 등의 이유로 제품시장 전체의 매출이 일시적으로 감소할 수 있기 때문이다. 예를 들어, IMF 외환위기 시절 1997년 11월부터 1년간 중·소형 승용차와 대형냉장고 매출은 그전 1년간에 비하여 각각 67%와 41%가 감소하였다.[10] 쇠퇴기로 판명된 경우 취할 수 있는 전략으로는 세 가지 대안이 있다.

첫째, 그 제품을 시장으로부터 가급적 속히 **철수**(divest)하는 것이다. 이 경우 만약 자사의 브랜드 이미지가 좋은 경우 다른 기업에 그 제품 브랜드와 관련시설을 매각할 수 있다. 그렇지 못한 경우는 청산(liquidation)시켜야 할 것이다.

둘째, 그 제품에 대한 마케팅비용 지출을 줄이면서 쉽게 판매될 수 있는 만큼 거두어들이는 **수확전략**(harvest)을 취할 수 있다. 특히 그 제품시장에서 경쟁기업들의 다수가 먼저 철수하였다면 비록 작아진 제품시장에서도 상당한 매출을 실현할 수 있다.

셋째, **재활성화**(rejuvenation)전략을 취한다. 이는 기업의 새로운 노력에 의하여 시장쇠퇴를 어느 정도 방지할 수 있다고 판단되고, 이를 위해 투자할 자원을 갖추고 있는 경우에 가능하다. 이 경우 성숙기에서 사용할 수 있는 마케팅전략 대안들(앞에서 다섯 가지가 제시됨)을 적극적으로 고려할 수 있다. 이러한 마케팅노력은 **재마케팅**(remarketing)이라 일컬어진다. 재마케팅의 성공적인 예로 삼각김밥을 들 수 있다. 삼각김밥은 원래 1990년대 초 일본의 편의점을 벤치마킹하여 출시되었으나 오랫동안 판매가 부진하였다. 1990년대 후반 편의점 업계는 제품의 고급화와 다양화, 가격인하와 함께 적극적인 촉진노력(POP 광고, 옥외 플래카드, TV 광고)을 하게 되고 이에 따라 2000년에는 편의점의 최고 히트제품이 되었다.

6. 제품수명주기를 이용한 전략수립시 추가적으로 고려할 사항

(1) 제품시장 수명주기

앞에서 한 기업이 비교적 혁신성을 갖는 제품, 즉 기존의 어떤 제품과도 유사성이 낮은 제품을 개발하여 제품시장을 창조한 경우를 도입기로 전제하고 그 브랜드와 후에 도입되는 경쟁브랜드들이 함께 겪는 수명주기를 서

---

10) *한국경제신문*, 1998. 11. 30.

술하였다. 이러한 관점에서 볼 때 제품수명주기보다는 **제품시장의 수명주기**(product-market life cycle)라는 표현이 보다 적절하다.

(2) 제품시장의 정의

그런데 제품수명주기를 제품시장의 수명주기로 파악하는 경우 다시금 4장에서 다룬 제품시장의 범위를 어떻게 정의할 것인가의 문제가 대두된다. 예를 들어, 웅진식품이 1995년 가을대추를 출시하였을 때 시장을 어떻게 정의할 수 있는지 생각해 보자. 시장을 대추음료 시장으로 정의한다면 그 당시 가을대추의 시장은 분명히 도입기에 있었다. 그러나 가을대추는 1993년 비락식혜에서 시작된 전통음료에 속하며, 따라서 가을대추의 시장은 성장기에 있다고 볼 수도 있을 것이다. 나아가 시장을 비알콜성음료 혹은 드링크 시장으로 정의한다면 가을대추는 성숙기 시장에 후발주자로 진입한 것이다. 그러므로 제품수명주기를 토대로 전략수립을 하기 위해서는 제품시장의 정의가 무엇보다 선행되어야 한다.

(3) 제품수명주기의 진행속도

신제품이 도입되어 성장기를 거쳐 성숙기에 도달하는 시간은 제품의 특성에 따라 다르다. 신제품의 확산속도에 영향을 미치는 요인으로는 다섯 가지가 있다.

① **상대적 이점**(relative advantage): 신제품이 기존 제품에 비하여 상대적 이점이 클수록 신속히 수용되고 확산된다. 예를 들어, 디지털 카메라는 일반 카메라에 비해, 그리고 스마트폰은 피처폰에 비해 이점이 매우 크기 때문에 성공하였다.

② **단순성**(simplicity): 신제품을 이해하고 사용하기 쉬울수록 쉽게 성장기에 도달할 수 있다.

③ **커뮤니케이션 가능성**(communicability): 신제품의 편익이 잠재 소비자에게 쉽게 커뮤니케이션될수록 소비자들은 그 신제품을 쉽게 받아들인다.

④ **부합성**(compatibility): 신제품이 표적 소비자들의 기존 소비패턴과 잘 부합할수록 소비자들은 보다 신속히 그 신제품을 수용한다.

⑤ **시용가능성**(trialability): 소비자들이 신제품을 쉽게 시용해볼 수 있을수록 신제품은 성공할 가능성이 크다. 예를 들어, 무료 샘플, 소량 판매 등으로 소비자들이 쉽게 소비·사용해보도록 할 수 있다.

딤채가 빠른 속도로 주부들에게 수용되고 급성장한 것은 위의 다섯 가지 요인을 모두 갖추었기 때문이라고 할 수 있다. 즉, 딤채는 일반 냉장고에 비해 김치의 신선도와 맛을 잘 유지시키며, 일반 냉장고와 사용 패턴이 동일하여 사용방법이 용이하고 주부들이 그 편익을 쉽게 알 수 있었다. 또한 출시 초기에 서울 강남지역의 주부들이 3개월간 무료로 사용해보도록 함으로써 주부들이 그 가치를 쉽게 인정하여 스스로 구입할 뿐만 아니라 긍정적 구전을 하였다.

(4) 제품수명주기의 단계와 전략 간의 관계

마케터가 제품수명주기(혹은 제품시장 수명주기)를 토대로 마케팅전략을 수립할 때는 기본적으로 자사의 제품이 어느 단계에 있는지를 안다는 것이 전제된다. 그러나 제품시장 전체매출은 일시적인 정지 후 계속 성장을 하거나(이 경우 성장기), 일시적인 쇠퇴 후 다시 그전의 매출수준으로 회복될 수도 있다(이 경우 성숙기). 그러므로 제품수명주기를 토대로 전략을 수립할 때는 자사의 제품이 수명주기상 어디에 있는지 각별한 유의가 필요하다.

앞에서 쇠퇴기의 마케팅전략으로서 재활성화 전략을 취할 수 있다고 하였다. 이는 기업의 노력이 제품수명주기 자체에 영향을 미칠 수 있음을 의미한다. 그러므로 제품수명주기를 기업이 적응해야 할 환경요소로만 보는 것보다 경우에 따라서는 통제가능한 대상으로도 생각해야 한다.

제**10**장 서비스관리

서비스산업이란 것은 별도로 존재하지 않는다. 다만 서비스 요소를 보다 많이 혹은 보다 적게 가진 산업들이 존재하는 것이다. 역설적으로 모든 산업은 다 서비스산업이다.

– Theodore Levitt

우리는 일상에서 매일 서비스를 소비하면서 생활하고 있다. 스마트폰을 이용하거나, 인터넷 쇼핑을 하거나, 버스, 지하철, 승용차를 통해 출퇴근을 하거나, 심지어 집에서 TV를 볼 때도 서비스를 소비하고 있다. 이처럼 경제 전반에서 서비스가 차지하는 비중이 높아지는 현상을 **서비스 경제화**(service economy)라고 한다. 서비스 경제화는 앞으로도 더욱 진전될 것으로 보인다. 그 이유는 다음과 같다. 첫째, 물적 재화가 충족됨에 따라 양보다는 질이 중시되고, 제품의 기능이 비슷해지면서 제품 간 차별점이 점점 줄어들기 때문에 제품의 기능보다는 부가적으로 제공되는 서비스를 통해 소비자의 태도가 결정된다. 둘째, 소비자들은 물적 재화에 대한 수요가 충족되면서 서비스에 대한 수요와 관심이 상대적으로 높아졌다. 실제로 가계지출에서 교육, 문화, 스포츠, 관광 등과 관련된 비용지출이 증가하였다는 것은 그만큼 서비스에 대한 수요가 점점 증가되고 있음을 의미한다. 셋째, 거래관계는 점점 더 복잡해지고 제품 또한 점점 세분화되어 출시되고 있다. 제조기업은 컴퓨터나 자동차와 같은 제품의 A/S를 확대하거나 부가서비스를 늘리기 위한 노력을 지속적으로 하고 있고, 소비자의 의견이 어떠한지 조사하고 검토한다.

이처럼 경제 환경이 변화하고 소비자의 구매력이 커짐에 따라 과거보다 다양한 종류의 서비스에 대한 수요가 증가하면서 서비스 시장이 점점 확대되고 있다. 또한 본서는 기본적으로 유형의 제품에 대한 마케팅사고, 절차, 기법을 다루는데 그 내용의 상당 부분은 서비스 마케팅에도 적용될 수 있다. 그러나 서비스는 유형의 제품과는 다른 차별적 특성을 지니므로 서비스 마케팅에 대한 별도의 이해가 필요하다.

학|습|목|표

1. 서비스의 정의와 유형에 대해 학습한다.
2. 서비스업의 분류에 대해 이해한다.
3. 서비스의 특징을 이해한다.
4. 서비스 품질 관리를 학습한다.
5. 서비스기업의 마케팅전략에 대해 이해한다.

학습목표 1: 서비스의 정의와 유형

서비스(service)는 고객의 욕구충족을 목적으로 사람과 시설/설비에 의해 제공되는 행위 및 노력이라고 정의될 수 있다. 그리고 미국 마케팅학회(AMA)에서는 서비스를 '판매를 목적으로 제공되거나 제품의 판매와 연계되는 활동이나 효익, 만족'이라고 정의하고 있다. 서비스는 유형의 제품과 결부될 수도 있고, 그렇지 않을 수도 있다. 이러한 서비스의 정의를 보다 구체적으로 살펴보자.

첫째, 유형의 제품이 고객의 욕구를 충족시키기 위하여 제공되듯이 서비스도 역시 고객의 욕구를 충족시키기 위해 제공된다.

둘째, 서비스는 사람과 시설/설비의 결합에 의해 제공된다. 제공되는 서비스에서 사람과 시설/설비가 차지하는 비중에 따라 **사람중심형 서비스**(people-based services)와 **시설/설비 중심형 서비스**(equipment-based services)로 구분될 수 있다. 사람중심형 서비스는 마사지, 정신요법, 법률자문처럼 약간의 시설/설비가 필요하지만 주로 사람의 노력에 의해 제공되는 서비스이다. 시설/설비 중심형 서비스는 운수업, 통신업, 숙박업, 레저서비스업(골프장, 놀이동산)처럼 어느 정도의 사람의 노력이 필요하지만 상당한 시설/설비가 필요한 서비스이다.

셋째, 서비스는 유형의 제품제공과는 무관하게 무형의 서비스만 제공되는 경우도 있지만, 유형의 제품이 제공되면서 이에 부수적으로 제공되는 지원서비스도 포함된다. 제품판매 후 수리 및 교환보증, 운반, 설치, 그리고 할부판매 등이 이에 해당된다. 결과적으로 서비스는 제품관리에서 다뤘던 제품구성의 세 가지 차원인 핵심제품, 유형제품, 확장제품 중 확장제품에 속한다.

한편 서비스의 유형을 다음과 같이 분류할 수 있다.[1]

첫째, 앞에서 언급한 바와 같이 사람중심형 서비스와 시설/설비 중심형 서비스로 분류하는 것이다. [그림 10.1]은 이를 더욱 세분화하여 보여준다.

둘째, 서비스제공 대상자가 서비스제공시점에 현장에 있어야 하는 경우(예: 수술)와 그러할 필요가 없는 경우(예: 자동차수리)로 구분할 수 있다.

셋째, 서비스제공 대상자가 개인일 수도 있고(개인서비스), 기업체(기업서비스)일 수도 있다.

넷째, 서비스제공자의 목적에 따라 영리와 비영리로, 그리고 소유형태에 따라 민간과 공공으로 구분할 수 있다.

---

1) Philip Kotler and Kevin Lane Keller, *Marketing Management*, 14th ed., Prentice-Hall, 2012, p. 357; 손대현, *기분좋은 사회서비스의 연출*, 일신사, 1993, pp. 28-36; 이순철, *서비스기업의 경영전략*, 삼성경제연구소, 1997, p. 28.

| 그림 10.1 | 사람중심형과 시설/설비 중심형 서비스 |

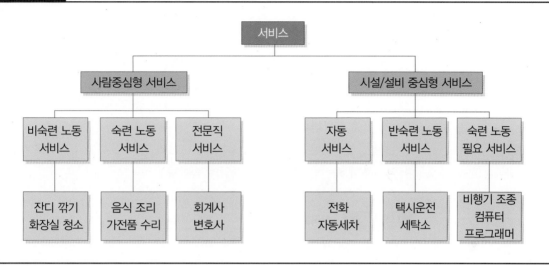

다섯째, 시간단계별로 사전서비스(before services), 서비스제공(in services), 애프터서비스(after services)로 구분할 수 있다. 자동차수리를 하고자 하는 고객의 시간낭비를 방지하기 위하여 예약을 받는 것은 사전서비스이며, 직접 수리를 하는 행위는 서비스제공이며, 수리 후 결함이 있을 때 무료로 재수리를 해주는 것은 애프터서비스에 해당한다.

여섯째, 서비스실행 대상이 사람일 수도 있고, 사물일 수도 있다. 사람대상 서비스의 예로는 교통, 의료, 컨설팅, 음악회 등이 있으며, 사물대상 서비스로는 화물운송, 수리·보수, 조경 등이 있다.

학습목표 2: 서비스업의 분류

서비스업은 매우 다양하며 시대별로 아이디어에 따라 얼마든지 새로운 서비스가 창출될 수 있다. Kotler와 Keller는 다양한 서비스업을 다음과 같이 다섯 가지로 분류하였다.[2]

첫째, 정부부문으로서 이에는 사법부, 행정부, 군대, 공립학교 등이 포함된다.

둘째, 민간 비영리부문으로서 사립학교, 사설 박물관, 교회, 자선단체 등

---

2) Philip Kotler and Kevin Lane Keller, *Marketing Management*, 14th ed., Prentice-Hall, 2012, p. 356.

이 포함된다.

셋째, 영리부문으로서 금융업, 호텔업, 관광업, 의료업, 정비수리업, 부동산 소개업 등이 이에 해당한다.

넷째, 제조업체의 지원서비스로 컴퓨터처리, 회계업무, 마케팅조사, 법률자문 등이 이에 해당한다.

다섯째, 소매유통부문으로서 계산원(cashier) 등 점포 직원이 제공하는 서비스가 이에 해당한다.

한편, 통계청은 국내의 산업을 〈표 10.1〉과 같이 분류한다(대분류 기준).[3] 이 중 G부터 S는 명백히 서비스산업에 속한다.

표 10.1	한국표준산업분류

A.	농업, 임업 및 어업
B.	광업
C.	제조업
D.	전기, 가스, 증기 및 공기조절 공급업
E.	수도, 하수 및 폐기물 처리, 원료 재생업
F.	건설업
G.	도매 및 소매업
H.	운수 및 창고업
I.	숙박 및 음식점업
J.	정보통신업
K.	금융 및 보험업
L.	부동산업
M.	전문, 과학 및 기술서비스업
N.	사업시설 관리, 사업 지원, 임대 서비스업
O.	공공행정, 국방 및 사회보장 행정
P.	교육서비스
Q.	보건업 및 사회복지 서비스업
R.	예술, 스포츠 및 여가관련 서비스업
S.	협회 및 단체, 수리 및 기타 개인 서비스업
T.	가구 내 고용활동, 자가소비 생산활동
U.	국제 및 외국기관

---

3) 통계청, 제10차 한국표준산업분류, 2017.

학습목표 3: 서비스의 특징

서비스는 물리적인 제품과 마찬가지로 소비자의 욕구를 충족시킬 수 있도록 설계되고, 이상적인 가격을 설정하여 편리한 유통채널을 통해 소비자들에게 전달되어야 한다. 그리고 나아가 촉진전략을 통해 표적소비자들에게 차별적인 포지셔닝 전략을 전개하는 것이 필요하다. 따라서 서비스는 유형의 제품과는 다른 차별적 특징을 지니고 있다.

1. 무형성(Intangibility)

서비스는 유형의 제품과는 달리 구매하기 전에는 소비자의 감각기관에 의해 감지될 수 없다. 그러므로 소비자는 서비스를 구매·소비하기에 앞서 자신이 제공받을 서비스 품질에 대해 불확실하게 느낀다. 그 결과, 소비자들은 서비스기업의 광고보다 구전(口傳: word-of-mouth)에 의한 정보를 더욱 신뢰

롯데월드타워의 야경과 내부 모습

MARKETING INSIGHT: 유형 제품과 무형 서비스

제품을 구성하는 차원은 유형의 제품과 무형의 서비스가 포함된다. 그런데 많은 유형의 제품들이 서비스 요소를 어느 정도 포함하며, 또한 많은 서비스들이 유형의 제품 요소를 어느 정도 포함한다. 그러므로 경우에 따라서 소비자에게 제공되는 것(offerings)을 제품 혹은 서비스 어느 한쪽으로 명확히 구분할 수 없다. 예를 들어, 음식점에서 소비자가 음식을 사먹는 경우, 소비자는 음식과 더불어 공간과 종업원서비스라는 서비스를 함께 구매하는 것이다. 오른쪽 그림은 이와 같은 제품과 서비스의 관계를 보여준다.

(그림: 세로축 — 유형 제품 강조 0%~100%, 가로축 — 서비스 강조 100%. 못, 소금, 치약 / 음식점의 음식, 자동차 배터리 교체, 소매점 제품판매 / 이발, 우편 서비스)

한다. 또한 서비스제공자의 상징물, 건물, 시설, 가격, 그리고 종업원의복 등으로부터 제공될 서비스의 품질을 추론한다. 유형의 제품마케터는 흔히 제품의 이미지를 형상화할(imagery) 필요가 있지만, 서비스마케터는 유형적인 것에 의하여 소비자가 서비스의 품질을 높게 생각할 수 있도록 해야 한다. 예를 들어, 많은 개업의사들은 진료실에 자신의 졸업장, 학위증 및 대학강사 임명장 등을 걸어 두어 자신의 실력을 나타내고자 한다.

2. 생산과 소비의 동시성(Inseparability)

유형의 제품은 보통 제조와 유통과정을 거쳐 소비자에 의하여 소비된다. 이에 비해 서비스의 생산과 소비는 많은 경우 동시에 발생한다. 예를 들어, 교통서비스, 숙박서비스, 영화/연극 서비스 등은 생산과 동시에 소비가 이루어진다. 생산과 소비가 반드시 동시적이지만은 않다. 예를 들어, 자동차 정비, 수선서비스 등의 경우 서비스 혜택은 생산 후, 즉 정비 혹은 수선 후 소비자가 그 제품을 사용함으로써 소비된다고 볼 수 있다. 그러나 서비스의 경우 유형제품에 비해 생산과 소비가 동시에 발생하는 경우가 많다. 경우에 따라 서비스 수혜자는 서비스 생산에 참여하고 적극적으로 협조해야 한다. 예를 들어,

외과수술의 경우 환자는 의사의 지시에 잘 따라야 하며, 기업이 광고대행사에 광고제작을 의뢰할 때는 제품의 특징, 포지셔닝전략, 표적시장 등에 관해 구체적인 정보를 제공해야 한다. 이 경우 서비스 생산자와 소비자의 협력정도는 서비스 품질에 커다란 영향을 미친다.

3. 서비스 품질의 이질성(Heterogeneity)

서비스 품질은 제공자와 서비스가 제공되는 상황에 따라 매우 다르다. 즉, 서비스기업에 따라 품질이 다르며, 한 서비스기업 내에서도 종업원에 따라 서비스 품질은 차이가 있다. 그러므로 환자들은 가급적 유명 병원에서, 그리고 특정의사를 지정하여 특진을 받으려 하고, 여성들은 미용실에 가더라도 특정 미용사로부터 머리를 다듬으려 한다. 다른 의사나 다른 미용실을 이용하고자 하는 상황에서는 그만큼 전환비용(switching cost)[4]이 크게 발생한다. 또한 동일한 서비스제공자도 상황에 따라 다른 품질의 서비스를 제공할 수 있다. 예를 들어, 서비스 종업원의 심리적·육체적 컨디션에 따라 제공되는 서비스 품질은 다르다.

4. 서비스 잠재력의 소멸성(Perishability)

서비스 잠재력(service potential)은 소멸되며 저장이 불가능하다. 예를 들어, 영화관에서 영화상영시 관객이 차지 않으면 빈자리만큼의 서비스 잠재력은 즉시 소멸된다. 자동차 정비업소에서 기능공과 설비가 대기상태로 있으면 역시 서비스 잠재력은 소멸된다. 서비스 잠재력은 수요가 있어야만 실현되므로 서비스 생산량은 서비스 수요량에 의해 크게 영향을 받는다. 서비스 기업의 서비스 잠재력을 소멸시키지 않기 위해서는 수요를 공급에 맞추는 방법과 공급을 수요에 맞추는 방법이 있다.

예를 들어, 영화관에서는 이른 아침이나 심야의 빈자리를 줄이기 위해 관람료를 낮게 책정하는 가격차별화정책을 수행할 수 있다(수요를 공급에 맞추어 증대시킴). 음식점의 경우 점심시간에 손님들이 몰려오면 앉을 자리는 있으나 정규 종업원으로는 적시에 주문을 받고 음식을 제공할 수 없게 된다. 이 경우 파트타임 종업원을 고용하여 적시에 서비스함으로써 자리의 서비스잠재력

---

4) 전환비용(switching cost)은 한 제품에서 경쟁사의 다른 제품으로 전환하는 데 드는 비용을 말한다. 생산자나, 소비자가 현재 사용하는 기술, 제품, 서비스에서 다른 기술, 제품, 서비스로 전환할 때 발생하는 소비자의 비용을 말한다.

MARKETING INSIGHT: 동시화마케팅

동시화마케팅(synchro marketing)은 "동시에 일어나게 하다"라는 의미의 영어단어 'synchronize'와 마케팅의 합성어이다. 그럼 동시화마케팅은 무엇과 무엇을 동시에 일어나게 하는 것일까? 동시화마케팅은 수요와 공급을 동시에 일어나도록 하는 마케팅 기법이다.

여러 가지 이유로 인해 공급능력을 고려한 이상적 수요의 크기와 실제 수요의 크기는 다를 수 있다. 예를 들어, 400석 규모의 극장에서 이상적 수요의 크기는 매회 400명이다. 그러나 극장에서 이른 아침이나 심야에는 수요가 적고, 주간에는 수요가 많다. 이때 마케터는 매 상영시간의 공급 수준에 맞게 수요를 조절하기 위해 조조 및 심야시간 할인을 함으로써 동시화마케팅을 실시할 수 있다. 동시화마케팅은 계절적인 요인에 의해 수요차이가 큰 경우에도 적용될 수 있다. 리조트의 경우 여름철과 겨울철의 성수기에는 수요가 많은 반면 봄과 가을의 비수기에는 수요가 적다. 이 경우 리조트 요금을 계절에 따라 달리 할 수 있다.

소멸을 방지할 수 있다(공급을 수요에 맞추어 증대시킴). 이와 관련된 내용은 본 장의 학습목표 5 서비스기업의 마케팅전략에서 자세히 다룬다.

5. 고객과의 관계

서비스 구매자는 조언과 도움을 얻기 위하여 서비스 제공자를 찾는 경우가 많다. 이러한 현상은 특히 의료서비스, 법률서비스, 상담서비스 같은 전문서비스를 구매하는 경우 더욱 뚜렷하다. 즉, 이러한 서비스기업의 경우 고객과의 관계가 특히 중요하다. 서비스는 유형의 제품에 비해 기존의 고객이 새로운 고객을 창출하는 현상(Members Get Members; MGM)이 두드러지기 때문에 서비스 제공자가 자신의 고객을 계속적으로 유지하기 위해서는 **관계마케팅**(relationship marketing)이 필요하다. 관계마케팅은 서비스 제공자가 고객의 문제에 진정으로 관심을 가지고 해결해주려는 자세를 가질 때 실현 가능하다.

6. 품질평가의 어려움

탐색품질
소비자가 구매 이전 정보 탐색과정에서 평가할 수 있는 품질

소비자는 제품이나 서비스를 구매 후 소비·사용할 때 품질을 평가하기 마련인데, 품질평가를 어느 시점에서 할 수 있는가의 정도에 따라 품질의 종류를 [그림 10.2]에서 볼 수 있듯이 세 가지로 나눌 수 있다. **탐색품질**(search quality)은 소비자가 구매 이전 정보탐색과정에서 평가할 수 있는 품질이다.

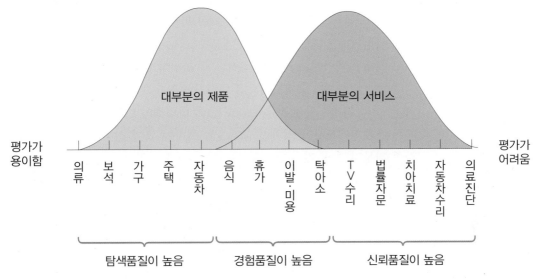

그림 10.2 제품 및 서비스별 품질평가 어려움의 정도

자료원: Valarie A. Zeithaml and Mary Jo Bitner, *Services Marketing*, 3rd ed., McGraw-Hill Irwin, 2003, p. 37.

경험품질(experience quality)은 소비자가 제품 혹은 서비스를 소비·사용함으로써 즉시 평가할 수 있는 품질이다. 또한 **신뢰품질**(credence quality)은 소비·사용 이후 즉시 평가가 어려우며, 시간이 지난 후에 평가가 가능한 품질을 가리킨다.

> **경험품질**
> 소비자가 제품 혹은 서비스를 소비·사용함으로써 즉시 평가할 수 있는 품질

많은 유형의 제품들은 탐색품질로서 평가가 가능한 데 비해 대부분의 서비스는 경험품질과 신뢰품질로서 평가가 가능하다. 즉, 소비·사용 이전에는 품질평가가 어렵다. 따라서 소비자들은 유형제품 구매보다 서비스 구매시 위험(risk)을 더욱 느끼게 된다. 이로 인하여 첫째, 소비자들은 서비스 구매시 광고나 판매원보다 구전에 의한 정보에 더욱 의존하고, 둘째, 가격이나 서비스 제공자 혹은 제공기관의 겉모습에 의존하여 품질을 추론하며, 셋째, 일단 만족하면 충성도(loyalty)가 높은 경향이 있다.

> **신뢰품질**
> 소비·사용 이후 즉시 평가가 어려우며 시간이 지난 후에 평가가 가능한 품질

학습목표 4: 서비스 품질의 관리

서비스기업으로부터 서비스를 구매한 소비자가 느끼는 만족·불만족은 차기 구매시 재구매 가능성에 영향을 미치며, 구전에 의해 타인의 구매에 긍

정적 혹은 부정적 영향을 미친다. 서비스 품질의 관리는 매우 중요하다. 소비자 구매의사결정과정에서 설명한 바와 같이 소비자의 만족·불만족은 구매 이전에 가졌던 **기대**(expectation)와 제공받은 **품질에 대한 지각**(perception)에 의해 결정된다. 그러므로 서비스 제공자는 서비스 품질에 대한 표적고객의 욕구와 기대를 파악하고 이를 충족시킬 수 있어야 한다.

이를 위해서는 표적소비자가 구매시 중요하게 고려하는 속성을 파악해야 하며, 이를 서비스의 품질을 관리하는 데 반영해야 한다. 예를 들어, 은행관리자는 은행고객조사에 의하여 고객들이 원하는 것이 신속한 서비스와 은행원들의 업무지식 및 친절한 설명 등이라는 것을 알았다면, 이들이 원하는 바를 충족시킬 수 있어야 한다. 그렇다고 해서 서비스 제공자는 고객이 원하는 모든 것을 들어줄 수는 없다. 서비스 품질을 높이면 비용이 증대될 수 있기 때문이다. 그러므로 서비스기업은 고객이 원하는 것 중 제공할 수 있는 것만 약속하고 이를 실천하는 것이 바람직하다.

이를 위하여 기업은 고객만족을 실현시킬 수 있는 요소들을 세밀하게 분석하고 고객만족에 대한 각 요소의 공헌도와 이에 대한 비용을 분석할 수 있다. 예를 들어, 위에서 제시한 은행의 경우 신속한 서비스, 은행원들의 업무지식, 친절한 설명 중 고객들이 은행원들의 친절을 특히 중요시하며, 더구나 이를 실현하는 데 그다지 비용이 들지 않는다면, 은행원들의 친절도 향상을 위한 노력을 먼저 할 수 있는 것이다. 이하에서는 서비스 품질의 관리와 관련된 내용들을 보다 구체적으로 설명한다.

1. 기대서비스와 지각된 서비스

서비스기업은 소비자가 기대하는 서비스를 제공함으로써 소비자 만족을 실현할 수 있다. [그림 10.3]은 소비자의 **기대서비스**(expected service)와 **지각된 서비스**(perceived service) 간의 **차이**(gap)를 유발하는 네 가지 요인들을 보여준다. 그림에서 파선 위의 부분은 소비자의 기대서비스 결정요인을 보여준다. 파선 아래 부분은 기대서비스와 지각된 서비스의 차이를 유발하는 다음의 네 가지 요인들을 나타낸다.

첫째, 소비자 기대와 경영자 지각 간의 차이(차이 1): 이는 고객이 원하거나 기대하는 점을 경영자가 잘 모르는 데 기인하는 것이다. 예를 들어, 자동차 정비업체의 경영자는 고객들이 친절한 안내를 매우 원한다는 사실을 모를 수 있다.

둘째, 경영자 지각과 서비스 명세 간의 차이(차이 2): 이는 경영자가 고객

그림 10.3 기대서비스와 지각된 서비스의 차이를 유발하는 요인

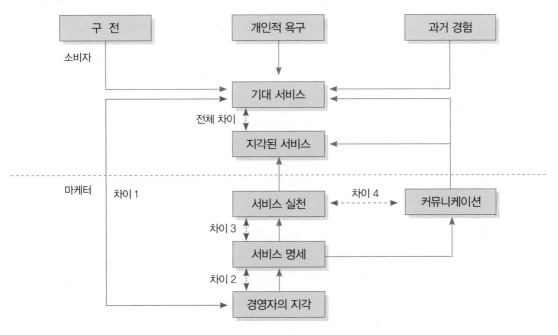

자료원: A. Parasuraman, Valarie A. Zeithaml, and Leonard L. Berry, "A Conceptual Model of Service Quality and Its Implications for Future Research," *Journal of Marketing*, Fall 1985, p. 44.

이 원하는 바를 안다 하더라도, 이를 실천하기 위한 방안을 잘 모르고 구체화하지 않는 데 기인한다. 자동차 정비업체의 경우 친절한 안내를 실현하기 위해서는 고객이 차를 가지고 도착하면, 어떤 순서에 따라 어떤 식으로 안내해야 한다는 구체적인 지침을 마련해야 한다.

셋째, 서비스 명세와 실천 간의 차이(차이 3): 이는 종업원들이 서비스 명세에 따라 적절히 수행하지 않는 데 기인하는 것이다. 아무리 이상적인 지침이 마련되었다 하더라도 종업원들이 이를 지키지 않으면 소용이 없다.

넷째, 서비스 커뮤니케이션과 서비스 실천 간의 차이(차이 4): 이는 기업이 약속한 서비스 품질을 제공하지 않는 데 따르는 것으로서 소비자 불만족을 일으키는 직접적인 원인이 된다.

소비자의 기대서비스와 지각된 서비스의 차이는 상기와 같이 네 가지 요인으로 인하여 발생하므로 서비스기업 경영자는 다음과 같은 노력을 해야 한다.

첫째, 과학적이고 정확한 고객조사에 의하여 고객의 기대를 정확히 이해한다.

둘째, 고객이 기대하는 바를 충족시킬 수 있는 서비스업무를 구체화한다.

셋째, 서비스 명세에 따라 실천되도록 서비스업무를 지휘·감독한다.

넷째, 실제 제공되는 서비스를 정확히 커뮤니케이션함으로써 고객들이 지나치게 높은 기대를 갖지 않도록 한다.

2. 서비스 품질을 결정하는 다섯 가지 요인

소비자들은 서비스 품질을 여러 측면에서 평가하지만 Parasuraman, Zeithaml, and Berry는 서비스의 유형과는 관계없이 소비자들은 대체로 〈표 10.2〉에 나타난 바와 같은 다섯 가지 요인들로 서비스 품질을 평가한다고 하였다. 그들은 서비스 품질 평가 모형인 **서브퀄 모형**(SERVQUAL model)을 제시하면서 이 다섯 가지 요인을 제시하였다.[5]

그런데 각각의 요인이 **지각된 서비스 품질**(perceived service quality)에 미치는 영향정도는 서비스산업에 따라 다르다. 사람중심 서비스와 시설중심 서비스 기업을 비교대상으로 수행한 한 연구결과, 사람중심 서비스기업(에어로빅학원, 투자자문회사)의 경우 반응성 요인의 영향력이 가장 높은 데 반해, 시설중심 서비스기업(놀이공원)의 경우 유형성 요인의 영향력이 가장 높은 것으로 나타났다.[6] 따라서 서비스기업은 자기회사 서비스의 경우에는 어떤 요인들의 영향력이 보다 큰지를 파악하여, 이를 중점적으로 관리함으로써 지각된 서비스품질을 향상시키고, 나아가 고객만족도를 향상시킬 수 있다.

서브퀄 모형
(SERVQUAL model)
서비스 품질을 측정하기 위한 모형으로 이 모형에서는 서비스 품질이 유형성, 신뢰성, 반응성, 확신성, 공감성이라는 다섯 가지 요인으로 구성되는 것으로 제안함

표 10.2 　 서비스품질을 결정하는 다섯 가지 요인들

요 인	정 의
유형성(Tangibles)	시설, 설비, 사원 혹은 광고물의 외형
신뢰성(Reliability)	약속된 서비스를 신뢰성 있게, 그리고 정확히 수행할 수 있는 능력
반응성(Responsiveness)	고객들을 도와주고 신속한 서비스를 하려는 의지
확신성(Assurance)	사원들의 업무지식과 공손함, 그리고 믿음을 줄 수 있는 능력
공감성(Empathy)	고객들에게 개인적이며 자상한 주의를 제공하는 정도

5) A. Parasuraman, Valarie A. Zeithaml, and Leonard L. Berry, "SERVQUAL: A Multiple-Item Scale for Measuring Consumer Perceptions of Service Quality," *Journal of Retailing*, 64(Spring), 1988, pp. 12-40.

6) Haksik Lee, Yongki Lee, and Dongkeun Yoo, "The Determinants of Perceived Service Quality and Its Relationship with Satisfaction," *Journal of Services Marketing*, 14(3), 2000, pp. 217-231.

3. 결과품질과 과정품질

Grönroos는 소비자가 지각하는 전반적 서비스 품질을 결정하는 요인을 **결과품질**(outcome quality)과 **과정품질**(process quality)로 나누었다.[7]

결과품질은 소비자가 서비스제공 기업과의 상호작용에 의하여 어떤 품질의 서비스를 결과적으로 획득하였는가(what)에 관한 것이다. 이에 비해 **과정품질**은 소비자가 서비스를 제공받는 과정을 어떻게 평가하는가(how)에 관한 것이다. 예를 들어, 인터넷 서비스 가입자가 인터넷연결에 문제가 발생하여 자신이 가입한 인터넷회사에 수리를 요청하여 수리가 잘 되었다면, 결과품질에서는 우수하다고 생각할 것이다. 그러나 그 서비스회사에 수리를 요청하는 과정에서 전화가 오랫동안 통화중이거나, 수리접수 사원이 불친절하거나, 수리를 하는 서비스 사원이 시간을 잘 지키지 않았다면, 과정품질에서는 매우 부정적으로 생각할 것이다. 전반적 서비스 품질에 대한 평가는 이 두 가지 품질에 대한 평가에 의해 결정되므로, 서비스 품질 관리자는 이러한 관점에서 서비스 품질을 관리해야 할 것이다.

> **결과품질**
> 소비자가 서비스제공 기업과의 상호작용에 의하여 어떤 품질의 서비스를 결과적으로 획득하였는가에 관한 것

> **과정품질**
> 소비자가 서비스를 제공받는 과정을 어떻게 평가하는가에 관한 것

4. 속성 중요도-성과 분석

고객이 서비스 품질을 지각할 때 고려하는 속성들에는 중요도가 높은 것이 있고 낮은 것이 있다. 지각된 서비스 품질을 향상시키기 위해서는 고객이 보다 중요시여기는 속성을 파악하여, 이를 중점적으로 관리할 필요가 있다. 이하에서는 이와 관련하여 속성중요도-성과 분석에 대해 설명한다.[8]

〈표 10.3〉은 자동차수리 서비스기업이 14가지 속성별로 고객이 중요시하는 정도와 각 속성별 평가를 조사한 결과로서 응답자들의 평균값을 표로 나타낸 것이다. 각각은 4점 척도로 평가되었다(1: 별로 중요하지 않음 ~ 4: 매우 중요함; 1: 불량함 ~ 4: 우수함). [그림 10.4]는 각 속성의 중요도와 평가점수에 따라 각 속성을 사분면에 나타낸 것이다. 사분면 A에 있는 속성들은 중요한 속성이지만 성과가 낮게 평가되는 속성들로, 이 속성들에 대해서는 집중적으로 성과를 향상시킬 필요가 있다. 사분면 B에 있는 속성들은 중요한 속성들로서 현재 성과가 높게 평가되고 있다. 따라서 현재의 성과를 유지할 필요가 있다. 사분면 C에 있는 속성들은 중요도가 낮으면서 성과가 낮게 평가되는 속성

---

7) Christian Grönroos, "A Service Quality Model and its Marketing Implications," *European Journal of Marketing*, 18(4), 1984, pp. 36-44.

8) Philip Kotler and Kevin Lane Keller, *Marketing Management*, 14th ed., Prentice-Hall, 2012, pp. 367-368.

표 10.3	자동차수리 서비스기업의 속성별 중요도와 평가		

속성 번호	속성	중요도	평가
1	수리를 세대로 한다.	3.83	2.63
2	불평처리를 신속하게 한다.	3.63	2.73
3	보증수리를 즉시 실행한다.	3.60	3.15
4	필요한 수리능력이 있다.	3.56	3.00
5	필요시 수리를 곧 할 수 있다.	3.41	3.05
6	직원이 공손하고 친절하다.	3.41	3.29
7	약속시간을 지킨다.	3.38	3.03
8	꼭 필요한 수리만 한다.	3.37	3.11
9	수리비가 저렴하다.	3.29	2.00
10	수리 후 세차를 한다.	3.27	3.02
11	집에서 가깝다.	2.52	2.25
12	직장에서 가깝다.	2.43	2.49
13	집이나 직장에 차로 데려다 준다.	2.37	2.35
14	엔진오일교체 등 필요시기를 알려준다.	2.05	3.33

중요도는 '1: 중요도가 낮다 ~ 4: 매우 중요하다.' 그리고
평가는 '1: 동의하지 않는다 ~ 4: 동의한다'로 측정한 것임.

들로, 그 성과 향상에 큰 노력을 기울일 필요가 없다. 사분면 D에 있는 속성들은 중요도가 낮으면서 성과가 높게 평가되는 속성들로서, 노력을 보다 적게 들이면서 이로부터 절약되는 비용을 사분면 A에 있는 속성들에 보다 집중할 수 있다.

5. 우수한 서비스기업의 공통점

우수한 서비스기업은 대체로 공통점을 갖는다. Kotler and Keller는 우수한 서비스기업의 공통점을 다음과 같이 제시하였다.[9]

- **전략적 개념**(strategic concept): 우수 서비스기업들은 표적시장 소비자들의 욕구를 명확히 이해하고 이를 충족시키려고 노력한다.
- **품질에 대한 최고경영층의 관심**: Marriott, Disney, McDonald's 등 우

---

9) Philip Kotler and Kevin Lane Keller, *Marketing Management*, 14th ed., Prentice-Hall, 2012, pp. 366-368.

그림 10.4   속성별 중요도와 평가 분석

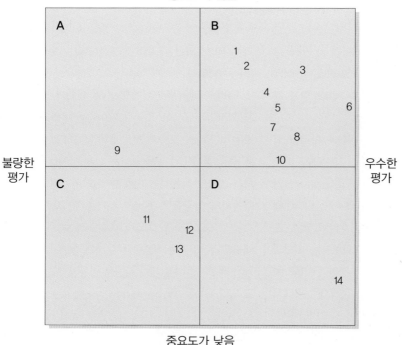

수 서비스기업들의 최고경영층은 품질에 대한 깊은 관심을 가지고 있다.

- **높은 수준의 기준점**: 다수의 우수 서비스기업들은 최고 수준의 서비스를 목표로 한다. 예를 들어, 에버랜드, 신한은행 등은 최고 수준의 서비스 제공을 하고자 한다.
- **셀프 서비스 기술**(self-service technologies): 고객과 종업원 간의 접촉에 의해 수행되는 서비스의 경우 셀프 서비스에 의해 대체되는 경우가 많다. 은행의 ATM이 대표적인 예이다. 인터넷 뱅킹(internet banking)과 모바일 뱅킹(mobile banking)을 하는 경우 수수료가 없거나 저렴하다. TV 홈쇼핑의 경우 고객이 판매원과 통화하지 않고 전화 음성 메시지에 따라 번호를 눌러 직접 주문하면 할인해준다. 미국의 모든 주유소에서는 고객이 휘발유를 직접 넣는 self-pumping 방식을 도입하고 있다.
- **서비스 성과에 대한 감시시스템**: 우수 서비스기업들은 자사와 경쟁자의 성과(performance)를 정기적으로 감시하는 시스템을 갖추고 있다. 서비스 성과는 비교쇼핑, 암행쇼핑, 고객서베이, 고객제안 및 불평신고

MARKETING INSIGHT: 4차 산업혁명 시대, 제조업도 서비스가 관건 – 서비타이제이션

4차산업혁명 시대에 진입하면서 제조업 강국에서도 변화가 일어나고 있다. 과거 중요하게 고려되던 인적역량과 가격경쟁력보다는 첨단기술력과 서비스화가 제조업의 경쟁력을 좌우하고 있다.

딜로이트 글로벌과 미국경쟁력위원회에 따르면 국제 제조업 경쟁력 1위가 중국(2016년 기준)에서 미국(2020년 기준)으로 교체가 일어날 전망이다. 4차 산업이 인공지능(AI), 사물인터넷(IoT), 클라우드, 빅데이터 등 지능정보 기술이 중심이 되다 보니 기존의 제조·조립·판매 위주의 제조업에 강했던 중국보다는 미국과 같은 첨단기술 선진국이 유리하다는 것이다. 미국·독일·일본의 경우 인적역량, 기반시설, 정책지원 등에서 높은 경쟁 우위를 선점하고 있다. 반면 중국이나 인도는 비용적 측면에서 경쟁력을 보유하고 있다.

한국의 경우 높은 제조업 순위에도 주요 경쟁력 요소에서 특별한 약점은 없는 편이다. 동시에 강점도 없어 현 상태로는 2020년에 들어서면 경쟁력 순위가 한계단 내려갈 전망이다. 선진국 대비 한국은 제조업과 서비스업의 연계성이 낮아 제조업의 서비스화가 떨어지기 때문이다.

4차 산업혁명에서 제조업의 서비스화가 중요해지면서 서비타이제이션(servitization)이 확산되고 있다. **서비타이제이션**은 '제품과 서비스의 결합(product servitization), 서비스의 상품화(service productization),

기존 서비스와 신규 서비스가 결합하는 현상'을 포괄하는 개념이다.

서비타이제이션으로 산업 간의 경계가 모호해지면서 기존의 비즈니스 모델을 뛰어넘는 우버와 같은 새로운 비즈니스 모델이 시장에서 성공하고 있다. 우버는 공유 경제 플랫폼을 사용해 실제 자사 차량을 소유하지 않고도 자동차를 이용할 수 있는 서비스다. 공유 자동차의 성공으로 우버의 시가총액(1,200억 달러)은 미국의 대표 자동차 기업 제너럴모터스(GM)의 시가총액 607억달러를 뛰어넘었다. 우버의 상승세에 전통 자동차 제조사들이 반대로 자동차 공유 서비스를 출시하고 있다. GM은 차량용 에어비앤비 '메이븐'을, BMW는 유럽 주요 도시에서 사용 가능한 자동차 공유 플랫폼 '드라이브 나우'를 출시했다.

국내 주요 대기업들도 스마트 팩토리, 공유 자동차 플랫폼 구축 등 서비스 사업 강화에 나섰다. 현대중공업은 스마트 팩토리, 스마트십(ship) 서비스를 진행한다. 현대·기아 자동차는 통신사와 연계한 서비스 플랫폼 구축에 나선다. 현대자동차는 SK텔레콤과 함께 IoT를 이용한 '홈투카' 기술을 2019년부터 적용할 예정이다. 앞서 기아자동차는 주거형 자동차 공유서비스인 '위블(WiBLE)'을 2017년부터 시작했다.

자료원: 매일경제, 2018. 6. 17.

양식, 서비스 감시팀, 고객으로부터의 서신에 의하여 측정될 수 있다.

• **고객불평 처리시스템**: 대부분의 우수 서비스기업들은 고객 불평에 신속히 대응하여 처리하고 있다.

• **고객만족을 위한 사원만족**: 우수 서비스기업들은 종업원 관계가 고객

관계에 영향을 미치는 중요한 요인이라고 믿고 있다. 그리하여 사원의 사기진작과 보상에 의하여 사원만족을 실현하고 규칙적으로 사원 만족도를 조사한다.

학습목표 5: 서비스기업의 마케팅전략

본서에서 다루는 마케팅지식, 절차, 기법들 중 많은 부분이 서비스기업의 마케팅에 적용될 수 있지만, 이하에서는 비교적 서비스기업에 독특한 마케팅전략을 제시한다.

1. 고객만족을 위한 사원만족

제1장에서 고객에 대한 기업의 마케팅노력은 **외부마케팅**(external marketing)인 데 비해 기업이 사원을 교육·훈련시키고 동기를 부여하는 노력을 **내부마케팅**(internal marketing)이라고 하였다. 제조기업에 비하여 서비스기업의 경우 추가적으로 **상호작용적 마케팅**(interactive marketing)이라는 개념이 필요하다. 이는 서비스를 직접 제공하는 사원이 고객을 어떻게 응대하는가에 관한 것이다. 본 장 학습목표 4에서 언급한 과정품질은 고객이 접하는 사원들의 업무 능력과 자세로부터 크게 영향을 받는다. 상호작용적 마케팅을 바람직하게 함으로써 고객은 과정품질을 높게 평가할 것이며, 결국 그 서비스 품질을 높게 평가할 것이다. [그림 10.5]는 서비스기업의 세 가지 마케팅을 도시한다. 서비스기업은 내부마케팅을 보다 잘 함으로써 상호작용적 마케팅이 제대로 수행될 것으로 기대할 수 있으며, 결국 외부마케팅을 바람직하게 수행할 수 있다.

사원 만족과 고객의 서비스 품질 평가 간의 관계를 조사한 한 연구에서는 호텔사원과 투숙객들을 대상으로 설문조사하였는데, 사원만족은 서비스 품질 평가에 영향을 미치며, 이는 다시 고객만족에 영향을 미치는 것으로 나타났다.[10] 그러므로 서비스기업은 사원에 대한 업무교육뿐만 아니라 사원이 자기 일에 긍지를 가지고 만족할 수 있도록 동기부여를 함으로써 고객에게 높은 품질의 서비스를 제공할 수 있도록 해야 한다.

항공회사 스칸디나비아 에어라인 시스템(SAS)의 사례는 사원에 대한 동

내부마케팅
기업이 사원을 교육·훈련시키고 동기를 부여하는 노력

상호작용적 마케팅
서비스를 직접 제공하는 사원이 고객을 어떻게 응대하는가에 관한 것

---

10) 이학식·장경란·이용기, "호텔산업의 시장지향성과 사업성과의 관계성, 그리고 매개변수에 관한 연구," 경영학연구, 28(1), 1999, pp. 75-102.

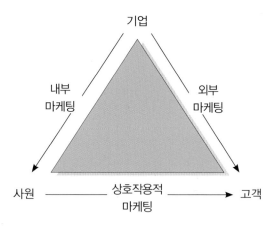

그림 10.5   외부마케팅, 내부마케팅, 상호작용적 마케팅

기부여와 사원의 만족이 얼마나 중요한가를 잘 보여준다. Jan Carlzon은 SAS가 3년째 적자를 누적시키고 있던 1981년 SAS의 사장으로 취임하였다. 그는 여객기 승객들에게 항공사를 이용한 후 서비스에 대해 물어보면 항공사 사원으로부터 어떤 서비스를 어떻게 받았는가를 가장 중시할 것이라고 판단하였다. 고객이 항공사 사원 1명을 만나 접촉하는 약 15초의 시간이 바로 그 항공사에 대한 이미지를 결정지으며, 이것이 바로 진실의 순간(moments of truth; MOT)으로서 SAS의 성패를 결정할 것으로 판단하였다. 그리하여 Carlzon은 승객들에게 최대의 서비스를 제공하도록 최일선 사원을 교육시키고 그들에게 보다 많은 재량권을 부여하였다. 그 결과 1년 후 SAS는 흑자를 실현하고, 그 후 항공회사의 평가에서 '세계최고의 항공회사'로 뽑히는 영광을 누릴 수 있었다.[11]

2. 표적마케팅 (Target Marketing)

제7장에서 시장세분화에 대하여 자세히 설명하였다. 시장세분화에 따른 **표적마케팅**은 세분시장별로 독특한 욕구를 파악하여, 그 욕구를 충족시키는 전략으로서 유형의 제품시장뿐만 아니라 서비스시장에도 그대로 적용될 수 있다. 이하에서는 은행고객이 추구하는 속성, 편익, 가치를 중심으로 한 시장세분화와 그에 따른 표적마케팅의 예를 소개한다.[12]

---

11) 김영한, "스칸디나비아 에어라인 시스템," *고객만족혁명*, 성림, 1993, pp. 55-60.
12) 엑스퍼트 컨설팅.

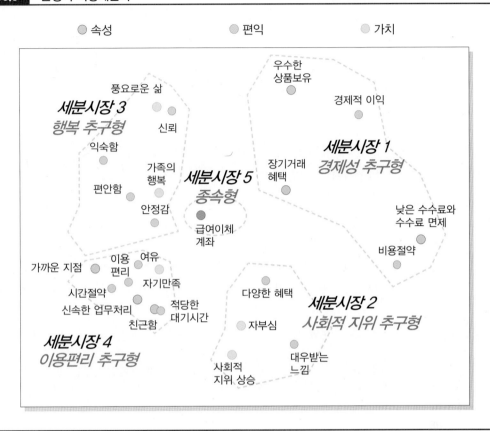

그림 10.6   은행의 시장세분화

국내의 한 은행은 고객이 추구하는 속성, 편익, 가치를 이용하여 고객 세분화를 실시하였다. 연령, 지역, 평균잔액 등을 기준으로 할당표본추출법을 사용하여 서울 및 5대 광역시에 거주하는 500명의 응답자를 대상으로 설문조사를 한 후, 대응일치분석(correspondence analysis)을 사용하여 자료를 분석하였다. 시장세분화의 기준변수는 은행이용과 관련한 속성(attributes), 편익(benefits), 가치(value)를 이용하였는데 이는 은행이용자의 수단-목표사슬(means-end chain)을 고려한 것이다.[13]

고객세분화의 결과 이 은행을 이용하는 고객은 (1) 경제성 추구형, (2) 사회적 지위 추구형, (3) 행복 추구형, (4) 이용편리 추구형, (5) 종속형의 다섯 가지 집단으로 구분되었다. 이 중 종속형 고객집단은 자신의 선택보다 상황(예를 들어, 급여이체)에 의하여 은행을 이용하며, 상황변화에 따라 언제든지

---

13) Jonathan Gutman, "A Means-End Chain Model Based on Consumer Categorization Processes," *Journal of Marketing*, Spring 1982, pp. 60-72.

다른 은행으로 전환할 수 있으므로, 이들을 제외한 네 개 집단으로 고객을 세분화하였다. 세분화 결과는 [그림 10.6]과 같으며, 각 세분시장의 특성은 다음과 같다.

첫째, 경제성 추구형 시장은 낮은 거래 수수료와 장기거래 혜택을 중요한 속성으로 고려한다. 이들은 경제적 이익과 비용절약을 중요한 편익으로 생각하는 집단이다. 둘째, 사회적 지위 추구형 시장은 다양한 혜택과 대우받는 느낌을 중요한 편익으로 생각하는 집단으로, 자부심과 사회적 지위 상승을 중요한 가치로 고려한다. 셋째, 이용편리 추구형 시장은 가까운 거리와 신속한 업무처리를 중요 속성으로, 이용편리와 시간절약을 중요한 편익으로 지각하며, 자기만족을 중요 가치로 고려한다. 끝으로, 행복 추구형 시장은 신뢰, 안정감, 편안함을 중요한 편익으로 생각하며, 풍요로운 삶을 추구한다.

이 은행은 각 세분시장 고객들이 추구하는 속성, 편익, 가치 이외에도 고객들의 인구통계학적 특성 및 은행이용 특성을 조사하여 고객화된 서비스를 제공하는 데 활용하고 있다. 〈표 10.4〉는 각 세분시장 구성원들의 인구통계학

표 10.4   은행의 세분시장별 인구통계학적 특성 및 은행이용 특성

변수	세분시장 1 경제성 추구	세분시장 2 사회적 지위 추구	세분시장 3 행복 추구	세분시장 4 이용편리 추구
크기	19.2%	28.2%	21.2%	31.4%
연령	20~30대 후반	40대	30대	30대와 50대
직업	대리 이하 사무직 회사원	자영업자/전업주부	영업직/전업주부	전문직 종사자
월평균 가구소득	150~300만원	300~450만원	150~300만원	400만원 이상
이용객장 위치	오피스지역	상가지역	주거지역	오피스/상가지역
복장	중저가 정장	캐주얼	캐주얼	고급정장/캐주얼
주이용 시간대	점심시간	오전/오후	오후	점심시간
선호 금융상품	주식형, 적립식 펀드, 청약부금, 일반적금	연금보험/신탁, 담보대출/신용대출	담보대출, 신용대출, 목돈마련 운용상품	안정적 목돈 운용상품, 노후 대비 상품
속성/편익/추구가치	우수한 상품, 낮은 수수료, 비용절약	대우받는 느낌, 사회적 지위, 자부심	신뢰, 안정감, 풍요로운 삶, 가족행복	신속한 업무처리, 가까운 지점, 이용편리, 여유, 자기만족
지점 이용빈도	월 6회 미만	월 6회 이상	월 6회	월 6회 이상
선호 채널	인터넷뱅킹, 텔레뱅킹	지점	지점	지점/ATM

적 특성 및 은행이용 특성 등을 보여준다.

3. 고객경험관리 (Customer Experience Management)

고객경험관리는 고객의 서비스 이용에 대한 전과정을 분석하고 개선하여 긍정적인 고객경험을 창출하는 기업의 노력을 의미한다.[14] 이러한 기업의 노력은 인적, 물리적, 그리고 제도적 차원의 개선으로 이루어진다.

고객경험관리에서 핵심적인 관리단위는 서비스 공간이다. 서비스 공간이 중요한 이유는 그 공간에서 고객에게 어떤 경험을 전달해야 하는지가 결정되기 때문이다. 이하에서는 국내 한 은행의 사례를 소개한다.

국내 한 은행은 고객만족도 향상과 충성도(loyalty) 강화를 위해 고객경험관리를 실시하였다. 이를 위해 먼저 서비스가 제공되는 공간을 분류하고, 각 서비스 공간에서 고객이 무엇을 경험하기를 원하는지 확인하기 위해 심층면접과 FGI(표적집단면접)를 실시하였다. 이후 각 서비스 공간에서 고객이 추구하는 경험을 충족시키기 위해 인적, 물리적, 제도적 개선을 실시하였다. 예를 들어, 고객조사 결과 자동화기기 코너에서 고객이 경험하기를 원하는 것은 편리한 서비스, 신속한 서비스, 안전한 서비스로 나타났다. 이 은행이 자동화기기 코너에서 이러한 경험을 충족시키기 위해 실시한 노력은 다음과 같다.

첫째, 편리한 서비스를 제공하기 위해 자동화기기 코너를 체계적으로 배치하였다. 고객경험관리 실시 이전 이 은행의 자동화기기 배치는 체계적이지 않았다. 즉, 5만원권 입출금이 가능한 기기와 불가능한 기기가 불규칙하게 배치되어 있어 고객의 불편함을 가중시켰다. 이러한 고객의 불편함을 해결하기 위해 전 영업점에서 [그림 10.7]과 같이 자동화기기의 배치를 체계적으로 실시하였다.

둘째, 고객이 현금을 자동화기기에서 인출한 경우에는 소매치기나 날치기 등과 같은 범죄에 대한 걱정을 하는 것으로 나타났다. 특히 거액을 인출한 고객이 여러 명의 다른 고객들과 함께 자동화기기 코너에 있는 경우, 이러한 불안은 더욱 커지는 것으로 나타났다. 이 은행은 고객의 불안을 줄이고 안전한 서비스를 받고 있다는 것을 전달하기 위해 자동화기기 코너의 출입문을 당겨서만 열 수 있도록 하였다. 만약 범죄가 발생할 경우, 문을 밀고 나갈 수 있다면 범죄자의 도주를 막기 어렵지만, 당겨서 나가야만 한다면 그만큼 추격할 수 있는 시간을 확보할 수 있기 때문이다.

> **고객경험관리**
> 고객의 서비스 이용에 대한 전과정을 분석하고 개선하여 긍정적인 고객경험을 창출하는 기업의 노력

---

14) NICE R&C, *Service Consulting Solutions*, 2013, p. 39.

| 그림 10.7 | 고객편리를 위한 은행 자동화기기의 체계적 배치 |

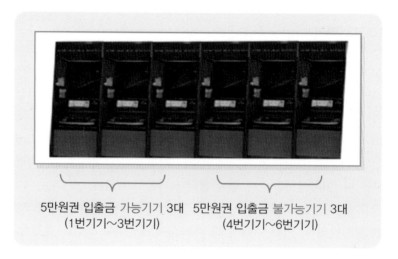

5만원권 입출금 가능기기 3대   5만원권 입출금 불가능기기 3대
(1번기기~3번기기)   (4번기기~6번기기)

　　다른 한편, 상담창구에서 고객이 경험하기를 원하는 것은 전문성 있는 서비스였다. 과거 이 은행의 모니터링 조사와 고객만족도 조사결과, 이 은행의 상담창구 직원들의 전문성이 낮은 것으로 나타났다. 그런데 전문성이 낮은 것으로 평가된 직원들 중 다수는 해당 분야에서 오랫동안 근무한 경험이 있거나 전문자격증을 소지하고 있었다. 이러한 모순된 정보의 원인을 파악하기 위해 컨설턴트가 실제 영업점에서 관찰을 실시한 결과, 그 원인은 영업점의 레이아웃 때문인 것으로 나타났다. 영업점에서는 [그림 10.8]에 제시된 것과 같이 대기의자가 창구 쪽을 향하고 있어, 대기고객의 시선과 상담직원의 시선이 마주치고 있었다. 상담직원은 대기고객의 시선이 부담스럽고, 신속하게 다음 고객을 맞이해야 한다는 부담으로 인해, 현재 상담 중인 고객에게 집중하지 못하는 문제가 발생하고 있었다. 이로 인해 현재 상담서비스를 받는 고객은 직원이 비전문적이라고 느끼는 부정적 경험을 하고 있었다.

　　이 은행은 문제해결을 위해 대기장소의 레이아웃을 변경하였다. [그림 10.9]와 같이 대기장소의 의자방향을 변경시켜 대기고객과 상담직원의 시선이 마주치지 않도록 하였다. 이렇게 함으로써 상담직원이 현재 상담 중인 고객에 집중하여 전문적인 서비스를 제공할 수 있게 하였다.

　　이 은행은 상담창구 고객이 전문성 있는 서비스를 경험하도록 하기 위해 상담창구에 LED모니터를 설치하여 고객이 볼 수 있게 하였다. [그림 10.10]과 같이 LED모니터에는 직원의 이름, 직급, 사진과 함께 직원이 보유하고 있

그림 10.8	레이아웃 개선 이전 대기고객의 시선방향

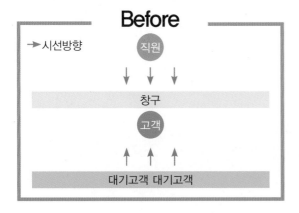

그림 10.9	레이아웃 개선 이후 대기고객의 시선방향

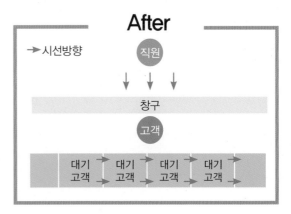

는 전문자격증을 제시하였다. 해당분야 전문자격을 보유한 직원과 상담했다는 사실로부터 고객은 전문적인 서비스를 받았다는 긍정적인 경험을 하게 되고 만족도가 높아지게 된다. 2013년 현재 이 은행은 다수의 지점에 LED모니터를 도입하고 점차적으로 전영업점에 확대하고 있다.

그림 10.10	전문자격증 보유사실을 고객에게 전달하는 모니터

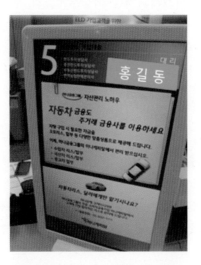

그림 10.11 항공사의 핵심서비스와 부가서비스

4. 차별화 (Differentiation)

서비스기업이 제공하는 서비스의 총체를 서비스패키지(service package)라고 부른다. **서비스패키지**는 핵심서비스와 부가서비스로 구분된다.[15) **핵심서비스**(core service)는 고객이 기본적으로 기대하는 서비스로서, 예를 들어, 항공여행객의 경우 안전하게 예정시간에 도착하는 것이다. **부가서비스**(supplementary service)는 핵심서비스를 지원하는 성격을 지니는 것으로, 예를 들어, 항공기 내의 영화상영, 안락한 의자, 기내 전화서비스, 단골 여행객 할인제도 등이다. [그림 10.11]은 이를 그림으로 나타내고 있다.

서비스기업의 마케터는 가능한 범위 내에서 부가서비스의 **차별화**에 의하여 고객을 유치할 수 있다. 부가서비스의 차별화는 경쟁의 원동력이 될 수 있지만 부가서비스를 개발하기에 앞서 핵심서비스의 강화가 보다 필요하다. 예를 들어, 항공사가 자주 사고를 내거나 운행 스케줄을 지키지 않는다면 부가서비스가 아무리 좋더라도 고객은 그 항공사를 외면할 것이다.

서비스패키지
서비스기업이 제공하는 서비스의 총체

핵심서비스
고객이 기본적으로 기대하는 서비스

부가서비스
핵심서비스를 지원하는 성격을 지니는 서비스

---

15) Christopher H. Lovelock, *Services Marketing*, 2nd ed., Prentice-Hall, 1991, p. 18.

5. 생산성 관리 (Managing Productivity)

서비스 생산성 향상은 서비스 생산비용을 절감시키며, 이는 보다 높은 이익이나 가격인하를 가능하게 하므로, 서비스기업의 생산성 향상은 매우 중요한 과제이다. 보다 구체적으로 살펴보면, 한 서비스 산업 내에서 최저의 비용에 의하여 동일한 품질의 서비스를 생산할 수 있는 기업은 저가격에 의하여 시장점유율을 높이거나, 혹은 높은 마진을 광고, 고객서비스, 혹은 새로운 서비스의 개발에 사용함으로써 시장을 선도해 나갈 수 있다.[16] 서비스기업이 생산성을 향상시킬 수 있는 전통적인 방법은 다음과 같다.

첫째, 사원 선발시 서비스능력과 모티베이션을 갖춘 지원자를 선발한다.

둘째, 노동력이나 기계, 설비 및 자재의 낭비요소를 제거한다.

셋째, 사원이 보다 효율적으로 일을 할 수 있도록 훈련시킨다.

넷째, 최신설비를 도입하고 생산과정을 표준화한다.

생산성 향상은 위와 같이 원래 인사관리와 생산관리에서 다루어야 할 문제이지만 마케팅 측면에서 서비스기업의 생산성 향상을 위한 방법으로는 다음과 같이 수요를 증대시키는 방법과 공급능력을 증대시키는 방법이 있다.

(1) 수요의 증대

첫째, 서비스수요가 적은 시점에는 가격을 할인하거나 촉진함으로써 수요를 일정한 공급능력에 맞춘다. 영화관이 이른 아침이나 심야에 관람료를 할인해주는 것이나, 호텔이 비수기에 촉진활동을 많이 하고 투숙객에게 숙박료를 할인해주는 등이 이에 해당한다. 앞에서 설명한 동시화마케팅은 서비스 수요를 공급능력에 맞추는 것이다.

둘째, 예약제도에 의하여 수요의 수준을 서비스 공급능력에 최대한 맞추도록 한다. 항공사, 호텔, 영화관 등의 예약제도가 그 예가 된다.

셋째, 수요가 적은 시간이나 시기에 맞는 새로운 서비스를 개발한다. 예를 들어, 어떤 주점에서는 주간에 한하여 음식이나 차를 판매함으로써 공간을 활용한다. 에버랜드는 입장고객이 적은 비수기에 장미축제, 튤립축제 등의 이벤트를 개최하고 겨울에는 눈썰매장을 조성하여 비수기 입장객의 수를 증가시켰다.

---

16) *Ibid.*, p. 366.

마케팅 사례: **'서비스 1등' 올리브영, 매장 서비스 차별화 비결은?**

헬스&뷰티 스토어 '올리브영' 매장 외관

CJ올리브네트웍스가 운영하는 헬스앤뷰티스토어 올리브영이 2018년 시행된 유수의 고객 만족도 조사에서 업계 1위를 기록하며 '서비스 1등' 기업으로 입지를 굳혔다. 올리브영은 한국생산성본부가 주관한 '2018년 국가고객만족도(NCSI)' 헬스앤뷰티전문점 부문에서 2년 연속 1위 기업으로 선정된 데 이어 한국능률협회컨설팅의 '2018 판매서비스만족도 조사(KSSI)'와 '대한민국 소비자만족도평가(KCSE)' 등에서 모두 정상에 올랐다.

이러한 고객 만족의 배경에는 올리브영의 '체계적인 교육 프로그램'이 뒷받침되었다. 올리브영은 2015년 서울 갈월동에 'CJ올리브네트웍스 아카데미'를 설립하고, 핵심 인재 양성에 주력하고 있다. 이 시설은 300명이 동시 수강할 수 있고, 연간 1만명 이상이 교육을 받는 동종업계 최초이자 최대 규모다.

매장과 동일한 결제시스템 설비를 구축한 'POS 실습교육장'과 실제 매장을 축소해 서비스와 상품 진열 등을 직접 연습해볼 수 있도록 만든 '서비스(MOT)실습장' 등에서 직원들은 현장에서 실제로 발생할 수 있는 다양한 상황을 먼저 경험하고 업무를 익힌다. 아울러 '온라인 교육 센터'에서 홈페이지와 모바일 어플리케이션을 통해 매월 출시되는 신제품은 물론, 상품과 서비스 전반에 대해 동영상 강의를 시청할 수 있다.

올리브영 관계자는 "고객과 처음 만나는 '진실의 순간(Moment of Truth)'인 15초가 사업의 성패를 좌우하는 만큼 서비스 차별화와 더불어 현장 목소리를 신속히 피드백하는 데 전 구성원들이 노력하고 있다"고 말했다.

자료원: *아시아투데이*, 2018. 12. 27.

(2) 공급능력의 증대

첫째, 피크타임(peak time)에 종업원의 부족으로 인한 서비스 판매기회를 상실하지 않도록 파트타임 종업원을 이용한다.

둘째, 서비스 생산과정에 고객을 참여시킴으로써 생산성을 향상시킬 수 있다. 장거리 전화자동시스템을 개발한 이후 가입자들이 교환원을 이용하는 것보다 직접 다이얼링을 하도록 유도하여 커다란 생산성 향상을 가져왔다. 커피전문점에서는 고객이 직접 카운터에서 주문하고, 테이블에 커피를 가져가도록 하는 셀프서비스 제도를 이용함으로써 생산성을 높였다.

셋째, 다른 기업과 서비스 제공 시설을 공유한다. 예를 들어, 병원의 경우 값비싼 의료기를 다른 병원과 공유함으로써 서비스 생산능력을 증대시킬 수 있다.

6. 서비스마케팅 믹스

전통적으로 마케팅믹스의 요소는 4P's(product, price, place, promotion)로 표현된다. 서비스마케팅 믹스의 요소는 유형제품에 적용되는 이러한 요소들에 세 가지의 통제가능한 요소들, 즉 **People, Physical Evidence, Process**를 추가하여 7P's로 나타낼 수 있다.[17]

대부분의 서비스는 사람들(people)에 의해 제공되므로 사원의 선발, 교육/훈련, 동기부여는 고객만족에 커다란 영향을 미친다. 또한 서비스는 무형의 것이며 품질을 미리 평가하기가 어려워 소비자들은 관련 시설물(예; 매장의 물리적 환경)이나 경우에 따라 사원들의 외모나 복장에 의해 서비스 품질을 추론하는 경우가 많다. 따라서 서비스기업은 적절한 실체(physical evidence)로써 고객들에게 자사 서비스의 품질을 알리고 신뢰감을 심어주어야 한다. 끝으로, 서비스 품질을 결정짓는 요인을 앞에서 서술한 바와 같이 결과품질과 과정품질로 구분할 수 있다. 동일한 결과품질을 제공하더라도 그 서비스를 제공하는 과정(process)은 전반적 서비스 품질(overall service quality)을 평가하는 데 매우 중요한 요소가 된다.

따라서 서비스기업은 서비스제품(product), 가격(price), 유통(place), 촉진(promotion)뿐만 아니라 사원(people), 물질적 실체(physical evidence), 그리고 서비스 생산과정(process)을 적절히 관리함으로써 마케팅목표를 달성할 수 있다.

---

17) B. H. Booms and M. J. Bitner, "Marketing Strategies and Organizational Structures for Service Firms," in *Marketing of Services*, eds., J. Donnelly and W. R. George, American Marketing Association, 1981, pp. 47-51.

제 **11**장 가격관리

가격보다 정말 중요한 것은 가치이다. 무조건 저렴한 것이 아니라 품질에 비해 저렴해야 고객에게 높은 가치를 제공한다.

– Robert T. Lindgren

가격의 범위에는 우리가 일반적으로 가격이라 지칭하는 것보다 훨씬 많은 것들이 포함된다. 즉 아파트 월세, 대출금 이자, 학교 등록금, 의료비, 교통 요금, 보험료, 증권 매매 수수료, 부동산 거래 소개비 등은 모두 서비스에 대한 반대급부로 그 서비스의 수혜자가 서비스 제공자에게 지급하는 것이며 그 금액은 곧 가격이다.

기업의 네 가지 마케팅믹스 요소들 중 제품개발, 유통 및 촉진을 위한 제반활동은 비용지출을 유발한다. 이에 비해 가격은 수익(revenue) 유발요인이다. 기업이 이익을 창출하기 위해서는 가격이 비용을 초과해야 한다. 대개의 경우 가격은 수요에 절대적인 영향을 미친다. 그러므로 가격을 결정하기 위해서는 가격결정자는 가격 대안에 대한 수요를 어느 정도 예측할 수 있어야 한다. 자사제품에 대한 잠재고객들의 수요는 자사제품 가격뿐만 아니라 경쟁제품 가격에도 직접적인 영향을 받는다. 따라서 가격결정시 경쟁제품의 가격을 고려하는 것은 매우 중요하다. 또한 가격은 마케팅믹스 요소들 중 변경이 가장 용이하다. 제품 특징과 품질, 유통경로, 그리고 촉진을 변경하기 위해서는 보다 많은 시간이 요구된다. 그러나 소비자와 경쟁자는 다른 마케팅믹스 요소들에 비해 가격에 보다 즉각적으로 그리고 민감하게 반응한다. 따라서 가격 결정과 변경은 매우 신중히 이루어져야 한다.

가격과 다른 마케팅믹스 요소들과의 관계를 보면, 가격은 기본적으로 제품, 유통, 촉진 수준에 의해 결정되는 것으로 볼 수 있다. 반대로 가격을 먼저 정하고 가격에 따라 이들 요인들을 결정할 수도 있다. 가격에 맞는 제품을 개발하고 적절한 유통방식(혹은 경로)을 결정하며 촉진수준을 정할 수 있는 것이다. 이와 같이 가격을 결정하고 적절히 관리하기 위해서는 많은 요인들을 고려해야 한다.

학|습|목|표

1. 가격관리의 의의에 대해 학습한다.
2. 가격관리의 기초 고려사항을 이해한다.
3. 가격결정절차를 이해한다.
4. 가격결정방법에 대해 학습한다.
5. 가격관리의 전략적 고려사항을 이해한다.

학습목표 1: 가격관리의 의의

1. 가격의 역할

가격(price)의 역할을 어떻게 이해하느냐에 따라 가격관리의 방향과 내용도 달라질 수 있다. 가격의 역할을 소극적으로 보는 사람들은 가격을 제품, 촉진 및 유통관련 활동에 의해 기업이 소비자에게 제공하는 **편익**(benefits)의 반대급부로 생각한다. 이 경우 가격결정이란 단순히 주어진 제품, 촉진, 유통의 활동수준에서 그 반대급부를 금전적으로 계산하는 일에 불과할 것이다. 가격관리에 대한 이러한 시각은 쉽게 납득될 수 있는 것이지만 가격의 역할을 너무 축소한 것으로 마케팅적 관점에서 볼 때 바람직한 것은 아니다.

가격의 역할을 적극적으로 볼 때, 기업은 가격관리를 통해 추가적으로 소비자에게 편익을 창출하고 이에 따라 고객창출기회를 증대시킬 수 있다. 예를 들어, 어떤 기업이 위에서 언급한 반대급부의 계산과는 관계없이 가격을 상당히 낮추었다고 가정하자. 이러한 저가격은 시장수요를 증대시킬 수 있다. 시장수요가 증대되면 단위당 비용은 하락하고 결국 가격보다 낮아질 수 있다 (경험곡선효과). 이 경우 그 기업은 이익을 내면서도 경쟁자보다 낮은 가격으로 더 높은 가치를 소비자에게 제공할 수 있다. 물론 이에 따라 그 기업을 선호하는 소비자도 늘어나 기업이 누릴 수 있는 총이익의 수준도 저가격정책을 쓰지 않았을 경우보다 훨씬 더 높아질 수 있다.

과거 국내의 이동통신서비스 기업들은 시장수요의 증대를 위하여 적극적으로 저가격정책을 실시했었다. 이동통신사업에 소요되는 막대한 투자를 고려한다면 그 서비스 가격은 매우 높게 책정되어야 하지만, 그럴 경우 수요확대는 지체되고, 이에 따라 장기간에도 투자를 회수하기 어렵게 된다. 반면 저가격은 수요를 확대시켜 장기적으로 투자회수와 이익획득의 기회를 열어준다.

반대로, 반대급부의 계산과는 관계없이 가격을 상당히 높일 수도 있다. 높은 가격은 소비자로 하여금 품질을 높게 지각하게 하고, 이로 인해 소비자는 제품의 품질을 확인하려는 노력을 줄일 수 있다. 만약 소비자에게 이러한 노력의 절감이 높은 가격의 지불에 따른 희생보다 큰 것이라면 그 높은 가격은 소비자에게 그만큼 가치를 창출해준 것이다. 이 가치창출에 따라 소비자는 그 기업을 더 선호하고 그 기업의 고객은 증가할 수 있다. 이러한 예는 제품의 품질을 판별하기가 힘든 사치품에서 흔히 발생한다.

이처럼 가격의 역할을 적극적으로 볼 때, 마케터는 가격관리에 의하여 얼마든지 고객가치를 창출하고 고객을 늘려 이익을 증대시킬 수 있다. 그러나 가격을 단순히 제품, 유통, 촉진의 활동에 따라 소비자에게 제공되는 혜택의 반대급부에 불과하다는 생각을 갖는 마케터는 이익 증대의 기회를 갖지 못할 것이다.

2. 가격관리의 특징

마케팅믹스 관리란 마케팅믹스에 변화를 주어 기업이 원하는 소비자의 반응을 얻어내는 활동이라고 할 수 있다. 마케팅믹스의 한 요소인 가격은 다른 요소들보다 소비자의 반응을 이끌어내는 데 여러 가지로 다른 특징을 보인다.

첫째, 다른 요소들보다 소비자의 반응을 시간적으로 신속히 이끌어낸다. 즉, 가격을 내리면 즉각적으로 소비자는 싸다는 생각을 할 수 있고 이에 따라 매출이 신속히 증대될 수 있다.[1] 예를 들어, 광고량을 늘리거나 유통점포를 늘리는 것보다 가격을 낮추는 것이 훨씬 더 신속한 매출증가를 가져올 수 있다.

둘째, 가격에 대한 소비자의 반응은 신속할 뿐만 아니라 매우 민감하다. 가격에 대한 매출의 탄력성(즉, 매출변화율/가격변화율)은 광고에 대한 매출의 탄력성보다 훨씬 높다.[2] 따라서 가격관리를 잘 하는 기업은 소비자의 반응을 매우 효율적으로 이끌어낼 수 있다.

셋째, 한 기업의 가격변화에 대하여 경쟁기업의 반응은 매우 민감하다. 가령 광고나 유통범위를 더 늘릴 때보다 가격을 낮출 때 경쟁기업들은 더 민감하게 대응한다. 이 같은 점에서 가격관리에는 경쟁자의 반응을 매우 비중 있게 고려하여야 한다. 물론 경쟁자와 가격대응을 하는 것보다는 가능한 가격경쟁을 피하는 것이 좋다.

넷째, 가격 자체는 쉽게 바꿀 수 있지만, 가격이미지는 쉽게 바꿀 수 없다. 브랜드 계열확장에서 상향확장을 하는 경우 프리미엄 이미지를 구축하기 어려운 이유가 바로 이 때문이다.

---

[1] A. S. C. Ehrenberg and L. R. England, "Generalizing a Pricing Effect," *Working Paper*, London Business School, 1987.

[2] J. J. Lambin, *Advertising, Competition, and Market Conduct in Oligopoly over Time*, North-Holland Publishing Company, 1976.

학습목표 2: 가격관리의 기초

1. 시장구조와 가격관리

시장구조는 구매자와 판매자의 수, 제품차별화 정도, 진입장벽 등과 같은 여러 요인들에 의해 결정된다. 이 요인들에 따라 시장은 완전경쟁, 독점, 과점 혹은 독점적 경쟁의 구조를 보일 수 있다.

(1) 완전경쟁

완전경쟁(perfect competition)시장은 다음의 세 가지 조건을 갖춘 시장이다: ① 판매자와 구매자의 수가 무한이다, ② 제품은 표준화되어 있다, ③ 진입장벽과 퇴출장벽이 존재하지 않는다. 그러나 이러한 조건을 완벽하게 갖춘 제품시장은 존재하지 않는다. 다만 곡물시장 등과 같은 일부 시장에서 완전경쟁에 가까운 시장구조가 존재한다고 할 수 있다.

제품시장이 완전경쟁 상태이면 기업은 자사 제품의 가격에 아무런 통제력을 가질 수 없다. 가격을 올리면 그 기업의 제품을 구매하는 소비자는 없으며 가격을 내리면 경쟁자의 소비자가 모두 자사로 몰리기 때문에 경쟁자도 가격을 내리게 된다. 따라서 그 기업은 가격을 올리거나 내릴 수 없다. 이 경우 수요곡선은 [그림 11.1-A]에 나타난 바와 같이 수평의 형태로 나타나며 기업

그림 11.1   완전경쟁시장과 독점시장의 수요곡선

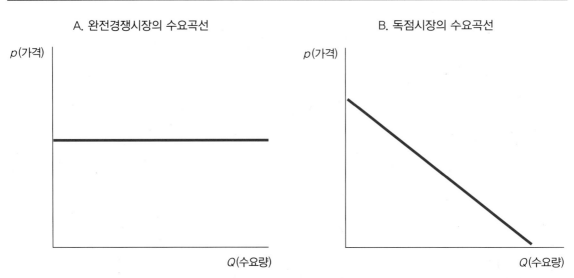

은 가격결정권을 갖지 못하고 단지 시장에서 결정된 가격을 그대로 따라갈 수 밖에 없다(not price setter but price taker). 완전경쟁시장에서 가격은 기업이 관리하는 것이 아니고 소위 '보이지 않는' 시장기능에 의해 관리되는 것이다.

(2) 독 점

한 제품시장에서 대체재가 없이 한 기업의 브랜드만 존재하면 그 기업은 **독점**(monopoly)기업이다. 독점이 발생하는 근본적인 원인은 진입장벽(entry barriers)이다. 즉, 진입장벽 때문에 새로운 경쟁기업이 시장에 들어오지 못하면 그 시장은 독점적으로 형성된다. 가령 어떤 특정 기업이 제품을 만드는 데 필요한 특허를 배타적으로 소유하고 있으면 그 특허는 진입장벽으로 작용한다. 다른 예로, 한 기업이 유통경로를 장악하고 있으면 그 유통경로도 진입장벽이 될 수 있다.

경쟁시장 기업과 독점기업의 가장 큰 차이점은 독점기업은 시장가격에 영향을 미칠 수 있다는 데 있다. 경쟁시장 기업의 영향력은 시장규모에 비해 너무 작아 시장에서 결정된 가격을 주어진 것으로 받아들여야 한다. 이에 비해 독점기업은 시장의 유일한 공급자이므로 공급량을 조절하여 시장가격에 영향을 미칠 수 있다. 이 경우 독점기업은 시장의 유일한 공급자이므로 독점기업이 느끼는 수요곡선은 시장수요곡선 그 자체가 된다. 그러므로 독점기업의 수요곡선은 [그림 11.1-B]와 같이 우하향의 형태를 갖는다.[3] 이에 따라 가격을 인상하면 수요가 감소하고 가격을 인하하면 수요가 증가한다. 따라서 독점기업이 수요곡선을 추정할 수 있으면 수요의 가격탄력성에 따라 가격을 결정할 수 있다. 즉, 수요의 가격탄력성이 높다고 판단하면 저가격으로 판매량을 크게 증가시키고자 할 것이다. 반면 수요의 가격탄력성이 낮다고 판단하면 상대적으로 고가격으로 설정하더라도 판매량이 크게 감소하지 않으므로 고가격에 결정하고자 할 것이다.

(3) 과점과 독점적 경쟁

완전경쟁과 독점의 중간 형태로 불완전경쟁이 있다. 불완전경쟁으로는 과점과 독점적 경쟁이 있는데, 대부분의 제품시장은 이 두 가지 중 한 가지의 시장구조를 갖는다고 할 수 있다. **과점**(oligopoly)은 유사하거나 동일한 제품을 공급하는 소수의 공급자가 존재하는 시장구조를 의미한다. 예를 들어, 국내의 휘발유시장은 과점시장이라고 할 수 있다. 과점의 경우 경쟁제품들이 유

---

3) 김경환·김종석 역, *맨큐의 경제학*, 교보문고, 1999, p. 316.

사할수록 가격을 인상하면 구매자는 경쟁자에게로 쉽게 옮겨가므로 가격결정
권이 약하다. 현실적으로는 경쟁자들 간의 담합에 의해 동시에 가격을 인상하
는 경우가 많다.

독점적 경쟁(monopolistic competition)은 한 제품시장 내에 다수의 공급
자들이 존재하며 제품들 간에 어느 정도 차별성이 있는 경우에 발생한다. 예
를 들어, 음료시장은 대체로 독점적 경쟁구조를 갖는다. 독점적 경쟁시장에서
는 공급자들 간에 경쟁을 하게 되지만 제품의 차별성으로 인하여 각 공급자는
어느 정도 독점력을 갖는다. 예를 들어, 다른 음료보다 칠성사이다를 선호하
는 소비자가 칠성사이다를 구매하고자 하는 경우 가격이 약간 인상되었으면
칠성사이다를 구입하지만 많이 인상되었으면 다른 음료를 구입할 수 있다. 이
경우 가격이 약간 인상되었더라도 소비자가 구매하는 것은 차별성 때문이며,
이러한 차별성으로 인하여 그 기업은 어느 정도 독점력을 갖는다. 독점적 경
쟁시장에서 각 공급자는 독점시장의 경우보다는 작지만 어느 정도 가격결정
권을 갖는다. 즉, 가격결정권의 크기는 독점과 완전경쟁, 두 경우의 중간에 해
당한다고 할 수 있다.

2. 가격관리의 경제학적 접근

기업목표를 이익추구라고 정의한다면 가격관리는 기업이 얻을 수 있
는 총이익의 극대화를 실현시킬 수 있는 가격을 결정하는 데 그 핵심이 있
다. 제품 한 단위당 이익은 '가격 − 평균비용'으로 계산된다. 여기서 **평균비용**
(average cost)은 총비용을 총생산량으로 나눈 것이다. 따라서 총이익은 다음
과 같이 계산될 수 있다.

$$\text{총이익} = (\text{가격} - \text{평균비용}) \times (\text{판매량})$$

상기 계산식만을 단순히 보면, 총이익은 가격이 높아짐에 따라 커질 것
으로 보인다. 그러나 가격을 높이면 판매량이 줄어들 수 있다. 더욱이 판매량
이 줄면 평균비용도 높아질 가능성이 있다. 이 때문에 가격상승이 반드시 이
익의 증가를 가져다주지 않는다. 오히려 그에 따른 판매량 감소나 평균비용
증가의 폭이 가격상승폭보다 커지면 가격상승이 총이익의 감소를 가져온다.
결국, **수요함수**$[Q=f(p)]$와 **생산함수**$[c=f(Q)]$를 동시에 고려하면서 가격을
결정해야만 총이익을 극대화시킬 수 있는 가격을 결정할 수 있다(여기서 Q: 수
요량, p: 가격, c: 비용).

3. 가격관리의 심리학적 접근

(1) 가격변화에 대한 소비자 지각

가격은 소비자에게 하나의 정보가 된다. 가격정보의 처리결과는 소비자의 구매의사결정에 영향을 미치고 이에 따라 결국 기업의 시장성과는 변하게 된다. 가령 가격을 5% 인상하였을 때 소비자는 가격인상을 별로 크지 않은 것으로 생각할 수도 있고, 매우 큰 것으로 생각할 수도 있다. 만약 소비자가 가격인상 폭을 매우 큰 것으로 받아들이게 되면 그 제품에 대해 느끼는 가치나 구매의도는 부정적으로 변할 것이다. 따라서 비록 여러 측면에서 5%의 가격인상이 요구되더라도 소비자의 가격 지각을 고려한다면 가격을 무턱대고 올릴 수도 없을 것이다.

가령 1,000원짜리 제품의 가격을 100원 인상했을 때, 소비자는 그 100원의 인상을 어떻게 받아들이는가? 매우 많이 인상했다고 느낄 것인가? 아니면 별로 인상되지 않았다고 느낄 것인가? 또는 1,000원짜리 제품의 가격을 100원 인상한 경우와 50원 인상한 경우를 비교할 때 소비자는 과연 100원 인상을 50원 인상의 2배로 지각하는가? 이러한 종류의 의문에 대한 답은 가격관리상 매우 중요한 의미를 갖고 있다.

예를 들어, 원가가 올라 가격을 인상하였을 때 소비자가 그 가격인상을 대수롭지 않게 지각한다면 그 가격인상은 자사의 시장점유율에 그다지 부정적인 영향을 미치지 않을 것이다. 그러나 소비자가 그 가격인상을 크게 지각한다면 마케터는 가격인상을 재고해 보아야 할 것이다. 이 경우 마케터는 가격을 올리기보다 원가절감책을 강구하거나 아니면 제품이나 촉진, 또는 유통에 변화를 주어 가격인상에 대한 소비자의 부정적 반응을 완충시켜야 할 것이다. 하나의 완충방법으로서 마케터는 품질과 포장을 개선하여 가격을 인상할 수 있다. 물론 여기서도 마케터는 소비자가 개선된 제품과 포장에 대해 그 인상된 가격을 지불할 용의가 있는지를 판단하여야 할 것이다.

상기와 같은 가격지각 문제에 대해 마케터들이 효과적으로 대처하는 데 도움을 주기 위해 그동안 많은 연구들이 수행되어 왔다. 연구 결과들 중 마케터가 특히 가격관리에서 이해해야 할 부분은 ① 가격변화의 지각은 초기 가격수준에 따라 달라진다는 것과, ② 가격변화의 지각에는 어떤 임계치(threshold)가 있다는 것이다.[4]

---

4) Kent B. Monroe and A. Della Bitta, "Models for Pricing Decisions," *Journal of Marketing Research*, 15(August), 1978, pp. 413-428.

가격변화의 지각이 초기 가격수준에 따라 달라진다는 것은 **웨버의 법칙**(Weber's Law)에 의해 설명될 수 있다. 웨버의 법칙은 다음과 같은 공식으로 설명된다:

$$k = (S_2 - S_1) / S_1$$

k: 자극변화 지각량
S_1: 자극변화 전 자극수준
S_2: 자극변화 후 자극수준

웨버의 법칙이 가격지각에 어떻게 적용되는지 이해하기 위해 $S_1 = 1,000$원, $S_2 = 1,200$원이라고 상정해 보자. 그러면 k는 $0.2(=200/1,000)$가 된다. 즉, 가격이 1,000원에서 1,200원으로 오르면 k는 0.2가 된다. 그러나 가격이 2,000원에서 2,200원으로 오르면 k는 $0.1(=200/2,000)$이 된다. 2,000원의 가격수준에서 0.2만큼의 가격인상지각을 유발하기 위해서는 가격이 2,400원으로 인상되어야만 한다$(0.2=400/2,000)$. 웨버의 법칙에 따르면, 소비자가 동일한 정도의 자극변화를 느끼게 하려면 자극변화 전 자극수준이 클수록 그만큼 더 큰 자극변화가 필요해진다. 웨버의 법칙은 저가격대의 제품은 가격이 조금만 올라도 소비자가 가격인상을 느끼는 반면, 고가격대의 제품은 가격이 어느 정도 올라도 소비자가 가격인상을 느끼지 못하는 것을 설명해준다.

JND(Just Noticeable Difference)
가격변화를 느끼게 만드는 최소의 가격변화폭

가격변화의 지각에 임계치가 있다는 것은 **JND**(Just Noticeable Difference)로 설명된다. 가격변화와 관련지을 때 JND란 가격변화를 느끼게 만드는 최소의 가격변화폭을 의미한다. 가령 1,000원짜리 제품에서 소비자는 100원 미만의 인상에 대해서는 가격인상을 느끼지 못하나, 100원 이상의 인상에 대해서 비로소 가격인상을 알아차릴 수 있다. 이 경우 100원이 JND가 된다. 즉, 소비자의 입장에서 1,000원이나 1,090원은 별로 차이가 없는 가격인 셈이다. JND가 존재한다면, 마케터는 JND 이내에서 가격변화의 자유를 가질 수 있고 이 자유를 이용해 가격관리를 좀 더 신축적으로 운용할 수 있다. 예를 들어, 위의 경우 마케터는 1,090원으로 가격을 인상하면서 90원의 범위 내에서 제품을 개선시킬 수 있고, 이 개선된 제품으로써 보다 높은 경쟁력을 가질 수 있다.

(2) 준거가격

가격을 심리학적 측면에서 접근할 때 고려할 수 있는 또 다른 주제는 **준거가격**(reference price)이다. 소비자는 제품의 구매를 결정할 때 자신만의 준거가격을 이용하여 제품의 가치를 판단한 후 의사결정을 내린다. **준거가격**은 소비자가 제시된 가격의 높고 낮음을 지각하는 데 기준으로 삼는 가격이다. 이로 인하여 판매가격이 준거가격보다 낮을수록 소비자의 구매의도는 높아지고, 높을수록 구매의도는 낮아진다.

준거가격
소비자가 제시된 가격의 높고 낮음을 지각하는 데 기준으로 삼는 가격

준거가격은 해당제품과 관련된 과거의 경험에 기초해 형성될 수 있다. 예를 들어, 소비자가 신제품 라면을 보았을 때 과거에 700원짜리 제품이 많았다는 생각 때문에 그 신제품의 준거가격을 700원으로 설정할 수 있다. 과거 경험이 없더라도 소비자가 여러 정보원을 통해 제품의 원가나 품질을 판단해 "이것은 얼마가 되는 것이 마땅해"라고 주관적으로 준거가격을 설정할 수 있다. 마케터가 제시한 가격은 준거가격의 수준에 따라 공정하게, 아니면 높거나 낮게 받아들여질 수 있다. 결과적으로 준거가격은 제품의 가치와 구매 의사결정에 영향을 주기 때문에 기업의 마케팅 관점에서 매우 중요한 개념이다.

준거가격은 정보의 원천에 따라 외적 준거가격과 내적 준거가격으로 구분할 수 있다.

① 외적 준거가격

외적 준거가격(external reference price)은 외부에서 주어진 자극과 정보를 바탕으로 형성되는 기준 가격으로서, 제조업체나 유통업체가 제품의 정가와 할인가를 함께 표시해 놓는 것이 대표적이다. 이는 소비자가 정가를 준거가격으로 생각하도록 하기 위한 것이다. 이 경우 소비자가 그와 같이 생각한다면 외적 준거가격에 의해 소비자가 느끼는 제품의 가치는 높아질 수 있다.

② 내적 준거가격

내적 준거가격(internal reference price)은 개인의 과거 구매경험 등의 기억에 의해 소비자가 마음속에 적정하다고 생각하는 가격이다. 예를 들어, 과거에 특정 아이스크림을 할인된 가격인 1,500원에 구매하였다면 이 소비자는 정가에 상관없이 해당 제품의 가격을 1,500원으로 생각할 가능성이 높으며, 정가에 구매를 꺼리게 된다. 이렇게 형성되는 내적 준거가격은 개인적인 경험에 따라 달라지기 때문에 주관적이며, 할인을 자주 하는 제품일수록 소비자의 내적 준거가격이 이미 낮게 책정되어 있어 가격할인 효과가 낮을 수 있다. 그러나 신제품은 아직 준거가격이 형성되어 있지 않기 때문에, 이 경우에는 과거에 구매하거나 사용한 경험이 있는 비슷한 제품의 가격이 준거가격이 되기도 한다.

(3) 유보가격

유보가격
소비자가 어떤 제품에 대해 지불할 용의가 있는 가격으로 최대수용가격이라고도 함

유보가격(reservation price)은 소비자가 특정 제품에 대한 구매를 하기 위해 지불할 수 있는 최고 금액을 의미한다. 이 때문에 **최대수용가격**이라고도 한다. 유보가격은 소비자가 느끼는 제품의 가치나 편익, 선호도에 따라 달라지며 개인별 차이가 크게 나타날 수 있다. 또한 반복구매, 집단구매, 복합구매 등 소비행태나 시장환경의 변화 등도 유보가격에 영향을 준다.

제품 가격이 소비자의 유보가격보다 낮을 경우 **소비자잉여**[5]가 발생한다. 판매자 입장에서 소비자잉여는 잠재적인 이익을 실현할 수 있는 기회이므로 제품의 가격을 유보가격 수준까지 올려 이익을 극대화하고자 한다. 예를 들어, 출판업계에서는 단가가 높은 하드커버 책을 먼저 만들어 유보가격 수준이 높은 소비자에게 판매하고, 일정 기간이 지난 후에 페이퍼백이나 e-book을 출간해 유보가격 수준이 낮은 소비자의 구매를 유도한다.

(4) 최저수용가격

소비자는 무조건 가격을 내린다고 해서 제품을 선호하는 것이 아니다. 오히려 제품 가격이 일정 수준 이하로 내려갈 때 제품의 품질을 의심하고, 해당 제품에 대한 구매 욕구가 낮아지기도 한다. 이때 소비자가 제품의 품질을 의심하지 않는 최소한의 가격을 **최저수용가격**(lowest acceptable price)이라 한다. 예를 들어, 명품 핸드백이 지나치게 낮은 가격으로 시장에 나올 경우 소비자들은 핸드백이 진품인지를 의심하게 되고, 대폭 할인된 가격에도 불구하고 구매하지 않으려 할 수 있다.

최저수용가격
소비자가 해당 제품의 품질을 의심하지 않게 하는 최소한의 가격

일반적으로 개인의 구매경험, 시장가격, 개인적인 특성 등은 구매행동에 영향을 미치며, 준거가격을 기준으로 하여 제품 가격이 유보가격에 가까워질수록 소비자는 비싸다고 느끼고, 최저수용가격에 가까워질수록 싸다고 느낀다. 그러므로 기업은 표적시장에서 소비자조사 및 과거 데이터 분석을 통해 최저수용가격과 유보가격의 범위를 파악하고, 이 범위 내에서 경쟁자의 가격을 고려한 경쟁력 있는 가격정책을 수립하는 것이 중요하다.

(5) 가격-품질 연상효과

보통 품질에 따라 가격의 높고 낮음이 지각된다고 생각하지만, 가격에 따라 품질의 높고 낮음이 지각될 수도 있다.[6] 가령 고가의 향수나 보석, 수입

---

5) 소비자 잉여(consumer's surplus): 소비자가 지불할 용의가 있는 최대가격과 실제 지불한 가격 간의 차이.

6) J. Douglas McConnell, "Effect of Pricing on Perception of Product Quality," *Journal of Applied Psychology*, 52, 1968, pp. 331-334.

마케팅 사례: '립스틱' vs '베블런' … 불황에 나타나는 '이중소비'

"경기불황에 잘팔린다"
가격이 올라야 더 잘팔리는 명품 브랜드

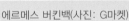

에르메스 버킨백(사진: G마켓)

2016년 9월 출시된 뷰티브랜드 '맥'의 립텐시티 상품은 열흘만에 5,000개가 완판됐다. '절대 컬러, 절대 발색, 절대 밀착, 절대 질감'이라는 컨셉의 다양한 색상의 이 립스틱은 출시하자마자 폭발적인 판매고를 기록한 것이다. 이어 2016년 10월 출시된 '나스'의 립글라이드 상품도 일주일새 1만개 모두 팔려나갔다. 2016년 11월 출시된 '입생로랑'의 홀리데이 시리즈 상품은 하루만에 2,000개가 다 판매되기도 했다. 롯데백화점에 따르면 색조화장품 상품군의 매출은 2014년 3.2%, 2015년 5.9% 신장한데 이어 2016년 17.8%를 기록했다. 경제불황에서 적은 돈으로 화려한 효과를 줄 수 있는 립스틱 제품이 잘 팔린다는 이른바 '립스틱 효과'가 나타난 것이다.

반면, 경기불황의 무풍지대는 있었다. 2016년 국내 백화점 업계에서 가장 가파르게 판매가 증가한 상품은 프랑스의 명품 브랜드 '에르메스'다. 에르메스 버킨백의 경우 최저가격이 1,000만원부터 시작해 일부 제품은 20억을 훌쩍 넘는다. 하지만 고가의 제품일수록 구입이 더 힘든 것으로 알려졌다. 예약명단에 이름을 올려도 최소 6개월을 기다려야 한다는 것이 업계의 설명이다. 가격이 오르는데도 수요가 줄지 않고 오히려 판매가 늘어나는 전형적인 '베블런 효과'다.

'베블런 효과'란 사치품의 경우 비쌀수록 잘 팔리는 현상을 말한다. 개인의 과시욕과 허영심은 '싸고 질 좋은' 제품보다 '비싸도 질 좋은' 제품을 선호하게 만든다는 의미다. 미국의 사회학자 배블런이 1899년 출간한 '유한계급론'에서 처음 등장한 이 이론은 상류층 소비자들에 의해 이루어지는 소비행태로, 값비싼 귀금속류나 고가의 가전제품, 고급 자동차 등은 경제상황이 악화되어도 수요가 줄어들지 않는 경향을 설명한다. 과시욕이나 허영심을 채우기 위해 고가의 물품을 구입하는 사람들의 경우 값이 오를수록 수요가 증가하고, 값이 떨어지면 누구나 손쉽게 구입할 수 있다는 이유로 구매를 하지 않는다는 것이다. 개인을 '합리적 존재'로 가정했던 당시 미국의 주류경제학은 베블런이 제시한 '개인은 비합리적'이란 가정을 비난했지만 '베블런 효과'는 여전히 경제학 용어로 살아남아 있다.

자료원: *아시아경제*, 2017. 4. 17.

의류의 경우 가격에 따른 품질지각이 흔히 나타난다. 이에 대한 주된 이유는 정보의 부재이다. 즉, 소비자들은 품질을 판단할 정보가 충분치 않다면, 가격이 높을수록 품질이 높을 것으로 추론하는 경향이 있다. 이와 같은 현상을 **가격-품질 연상효과**(price-quality association)라고 한다. 결국 가격-품질 연상효과에 의하면, 품질이 모호할수록 가격이 품질지표로서 사용될 가능성은 높아지게 된다. 따라서 마케터는 가격이 품질지각 정보로 활용되는 경우를 잘 살펴서 이를 가격관리에 적절히 반영할 수 있다. 이 경우 마케터는 고가격 정책을 사용하여 자사제품의 품질을 소비자에게 납득시키고, 아울러 고가격을 통해 얻는 마진을 제품, 유통 및 촉진의 개선에 사용할 수 있다.

이처럼 소비자들은 제품의 가격에 의해서 품질을 평가하는 경향이 강한데, 제품이 개인의 사회적 지위나 명성 등의 상징적인 의미를 내포하고 있는 경우에 주로 **명성가격**(prestige pricing) 전략을 사용하는 것이 바람직하다. 명성가격에 의해 제품의 수요가 영향을 받는 고급의류, 고급만년필, 향수, 고급가방 등은 가격이 소비자가 예상하는 범위 아래로 낮추어지면 오히려 수요가 줄어들 수 있다(마케팅 사례: '립스틱' vs '베블런' 참조).

가격-품질 연상효과

소비자가 품질을 판단할 정보가 충분치 않은 경우 가격이 높을수록 품질이 높을 것으로 추론하는 경향

학습목표 3: 가격결정 절차

가격을 결정하기 위해서는 많은 요인들을 고려해야 한다. 이하에서는 [그림 11.2]에 제시된 절차에 따라 가격결정을 설명한다.[7]

그림 11.2　가격결정 절차

1. 단계 1: 가격결정 목표의 설정

가격결정과 관련된 목표로 다섯 가지가 있다: 존속, 단기이익 극대화, 시

---

7) Philip Kotler and Kevin Lane Keller, *Marketing Management*, 14th ed., Prentice-Hall, 2012, pp. 389-403.

장점유율 극대화, 초기이익 극대화, 제품-품질 선도. 위의 다섯 가지 중 어디에 목표를 두는가에 따라 결정되는 가격은 달라진다.

기업이 치열한 경쟁, 시장수요 부진, 과다한 재고 등으로 존속이 위태로운 경우 시장에서 도태되지 않고 살아남는 것 자체가 단기목표가 될 수 있다. 이 경우 가격을 변동비를 약간 초과하는 수준에서 설정함으로써 수요를 증가시킬 수 있다. 결국 기업이 정상적인 경우 책정할 수 있는 가격보다 낮은 수준에서 가격이 결정된다. 국내의 자동차회사들은 2014년 들어 내수부진과 수입차 업체의 국내시장 점유율 확대로 인해 수요가 격감하자 당초의 가격보다 수십만~수백만 원씩 가격을 낮추었다.

경우에 따라 기업은 단기적 이익, 현금 흐름, 혹은 투자수익률을 극대화할 수 있도록 가격을 결정할 수 있다. 이 경우 장기적 성과의 향상에는 초점이 주어지지 않는다. 그런데 대다수 기업은 단기간만 사업을 하지 않으므로 이러한 목표설정은 대개의 경우 적절하지 않다.

기업이 시장점유율을 높이고자 하는 경우 저가격으로 결정할 수 있다. 저가격에 의해 시장에 신속히 침투하고자 하므로 이러한 가격전략을 **침투가격전략**(penetration pricing strategy)이라고 한다.[8] 침투가격전략은 [그림 11.3]에서 보듯이 신제품을 출시했을 때 비교적 낮은 가격을 책정하고 시간이 흐름에 따라 유지하거나, 인상, 혹은 인하하는 가격정책이다.

그렇다면 침투가격은 언제 효과적일까? 침투가격은 소비자들이 가격에 아주 민감하여 낮은 가격으로 제품을 공급하면 수요가 급속히 늘어날 것으로 기대될 때, 높은 경험곡선효과로 인해 생산량이 증가함에 따라 원가가 빨리 떨어질 때, 끝으로 낮은 가격에 제품을 공급함으로써 경쟁자의 시장진입을 방

침투가격전략
기업이 시장점유율을 높이고자 사용하는 저가격 전략

그림 11.3 **시간의 흐름에 따른 가격결정: 침투가격과 스키밍 가격**

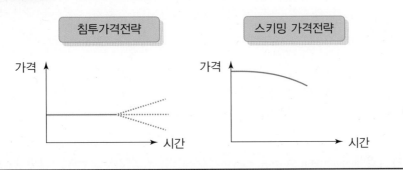

침투가격전략

스키밍 가격전략

---

8) 침투가격전략과 스키밍 가격전략은 학습목표 5에서 추가적으로 설명한다.

마케팅 사례: **14프로가 155만인데 … 아이폰15프로, 더 비싸진다**

"경기불황에 잘팔린다"
가격이 올라야 더 잘팔리는 명품 브랜드

- **"가격 올려 15플러스와 차별화" … 1000달러 벽 넘을 듯~!**

애플 아이폰14프로가 국내에서 최저 155만원에 판매되면서 많은 소비자들이 부담을 느끼는 가운데 차기작인 아이폰15프로는 가격이 더 오를 것으로 예상된다.

애플이 아이폰15프로 모델을 아이폰15플러스와 더 차별화를 두기 위해 가격을 인상할 예정이다. 현재 아이폰14프로와 아이폰14프로맥스는 미국 시장 기준 999달러(국내 출고가 155만원), 1099달러(국내 출고가 175만원)에 출시된 가운데 가격이 더 오를 경우 프로 모델은 모두 1000달러(약 125만원)를 넘어가게 된다.

아이폰15와 아이폰15플러스는 기존 프로 모델에만 탑재된 '다이내믹 아일랜드' 공간과 4800만 화소 카메라 등을 장착할 예정이다. 이에 따라 프로 모델은 일반 모델과 확실한 차별화를 두기 위해 더 많은 기능을 도입하면서 가격을 올릴 것으로 전망된다.

한국의 경우 아이폰14플러스는 135만원, 아이폰14프로는 155만원에 판매되고 있으며, 미국에서는 두 모델 간의 가격 차이가 100달러(약 12만5000원)에 불과해 애플은 아이폰14플러스의 판매 저조를 우려하는 것으로 전해졌다. 이에 따라 아이폰15 시리즈에서는 아이폰15프로의 가격을 좀 더 올려 확실한 가격 차이를 둔다는 전략이다.

지난해에도 애플이 아이폰14 시리즈 가격을 100달러 가량 올릴 것이라는 예측이 나왔지만 애플은 결국 가격을 올리지 않았다. 다만 환율 효과로 국내 출고가는 16만~33만원 오른 상태다. 애플이 2017년부터 아이폰 프로급 모델에 대해서는 출고가를 999달러로 유지하고 있어 이제는 가격을 인상할 시점이라는 분석도 나온다.

자료원: *파이낸셜뉴스*, 2023. 1. 12.

지하거나 늦추고자 할 때 효과적이다.

이에 비해 신제품 도입 후 초기에 제품개발비 등을 회수하고, 초기 이익을 극대화하고자 하면 고가격에 책정할 수 있다. 이러한 가격전략을 **스키밍 가격전략**(skimming pricing strategy)이라고 한다. 스키밍 가격은 [그림 11.3]에서 보듯이 신제품이 처음 출시되었을 때 높은 가격을 책정한 다음 시간이 흐름에 따라 점차 가격을 낮추는 가격정책이다.

스키밍 가격전략
신제품 도입 후 초기에 제품개발비 등을 회수하고 초기 이익을 극대화하고자 사용하는 고가격전략

그렇다면 스키밍 가격전략은 언제 효과적일까? 일반적으로 대량생산에 비해 소량생산을 해도 생산단가가 크게 오르지 않을 때, 그리고 가격이 높더라도 해당 제품을 구매하겠다는 소비자들의 수가 많을 때 효과적이다. 또한 가격을 높게 책정해도 당분간 경쟁사가 시장에 들어올 가능성이 작을 때(예; 독점 기간), 그리고 가격이 높으면 제품의 품질도 좋을 것이라고 생각하는 **가격-품질 연상효과**를 추구하여 기업이 제품-품질 선도자(price-quality leader)가 되고자 할 때 스키밍 가격을 사용할 수 있다.

2. 단계 2: 수요 추정

일반적으로 가격에 따라 수요량은 달라진다. 가격과 수요의 관계는 수요곡선으로 나타낼 수 있는데 마케터는 가격결정을 위하여 자사 제품의 수요곡선을 어느 정도 추정할 수 있어야 한다. 수요곡선은 가격민감도가 다른 여러 구매자들의 각 가격대에 대한 수요량을 합친 것이다.

① 수요곡선의 추정

수요곡선을 추정하기 위하여 다음의 방법들이 사용될 수 있다.

첫째, 과거의 가격대안들과 수요에 대한 자료를 통계분석한다.

둘째, 가격을 달리하면서 이에 따른 수요의 변화가 어떻게 나타나는지 실험한다. 예를 들어, 한 점포에서 실험을 하는 동안 매일 가격을 달리하거나 유사한 점포들에서 다른 가격으로 판매하면서 수요의 변화를 기록하여 분석한다. 이와 같은 실험을 하는 경우, 수요에 영향을 미칠 수 있는 가격 이외의 변수들(외생변수들)을 적절히 통제하여야 한다.

셋째, 가망고객들을 대상으로 여러 가격대안들을 제시하고 구매의사 여부, 구매의사 수량 등을 질문할 수 있다.

② 수요의 가격탄력성

수요의 가격탄력성(price elasticity of demand)은 가격의 변화율에 대한 수요의 변화율을 말한다. [그림 11.4-A]의 수요곡선에 비해 [그림 11.4-B]의 수요곡선의 경우 가격탄력성이 더 크다. 수요의 가격탄력성은 다음과 같은 경우에 보다 커진다: ① 대체품이 많은 경우, ② 구매자들이 쉽게 고가격 혹은 저가격을 인지하는 경우, ③ 구매자들이 구매습관을 쉽게 변화시킬 수 있는 경우, ④ 고가격에 대한 정당성이 충분하지 않은 경우. **수요의 가격탄력성이 클수록 저가격 책정으로 수요를 크게 증가시킬 수 있다.**

어떤 주어진 가격에서 가격탄력성은 가격인하와 가격인상의 경우 다를

> **수요의 가격탄력성**
> 가격의 변화율에 대한 수요의 변화율

그림 11.4	비탄력적 수요와 탄력적 수요

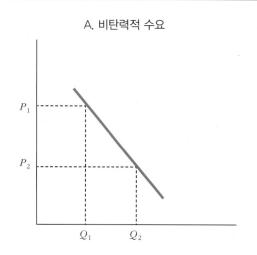

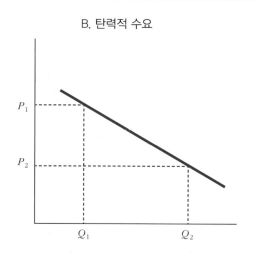

수 있다. 예를 들어, 가격을 인하하면 수요가 크게 증가하지 않지만 가격을 인
상하면 수요가 크게 감소할 수 있다. 또한 가격이 변화하더라도 수요가 변하
지 않는, 무관심 범위(indifference band)가 존재한다. 이 범위 내에서의 가격
변화에 소비자는 별로 의미를 부여하지 않기 때문이다. 끝으로, 단기적 가격
탄력성이 작더라도 장기적 가격탄력성은 클 수 있다. 이는 가격이 인상되는
경우 당장은 그 브랜드를 구매하지만 장기적으로는 다른 브랜드를 구매하기
때문이다.

3. 단계 3: 비용 추정

단위당 가격이 단위당 평균비용을 초과해야 이익이 산출된다. 그러므로
마케터는 자사 제품의 평균비용을 추정할 수 있어야 한다. 단위당 평균비용
을 결정짓는 것은 고정비, 변동비, 그리고 생산량(혹은 판매량)이다. **평균비용**
(average cost)은 고정비를 생산수량으로 나눈 것에 변동비를 합친 것이다.

생산량의 증가에 따라 고정비는 전체 생산량에 분산되므로 평균비용은
대체로 감소한다. 그러나 제한된 생산시설에서 적정량을 초과하여 생산하면
작업대기, 생산시설의 고장, 작업자들 상호간의 불편 초래 등으로 평균비용은
오히려 증가한다. [그림 11.5-A]는 단기평균비용곡선(SRAC)으로 1일 생산량
이 1,000개에 도달할 때까지는 생산량의 증가에 따라 평균비용이 점차 감소
하다가 1,000개를 초과하면 다시 증가하는 경향을 보여준다. 그런데 그 기업

그림 11.5   기간당 생산량에 따른 평균비용곡선

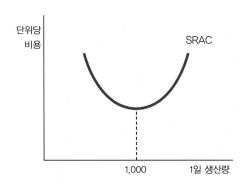

A. 단기평균비용곡선(생산시설 고정)

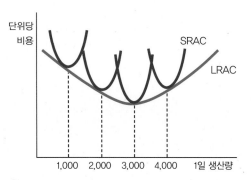

B. 장기평균비용곡선(생산시설 확장)

이 1일 판매량이 예를 들어 2,000개가 될 것으로 예측하면 생산시설을 그 수준으로 확장하게 된다. 이 경우 1일 생산량이 1,000개를 초과하더라도 2,000개에 도달할 때까지 평균비용은 감소한다. 만약 1일 판매량을 3,000개 혹은 그 이상으로 예측하면 생산시설을 더욱 확장할 것이다. [그림 11.5-B]는 이와 같은 경우의 평균비용곡선으로 이는 장기평균비용곡선(LRAC)이 된다.

표적비용법(target costing): 평균비용은 생산수량에 따라 달라지기도 하지만 제품 디자이너, 기술자, 원자재 구매담당자 등의 노력에 따라 달라지기도 한다. 표적비용법은 제품을 개발하는 단계에서 그 제품이 제공하게 될 편익과 경쟁제품의 가격 등을 고려하여 판매가와 원하는 마진을 미리 결정한 다음 이로부터 투입될 표적비용을 미리 정하는 것이다. 예를 들어, 개발하고자 하는 신제품의 표적가격이 1,000원이고 표적마진이 200원이면 표적비용은 800원이다. 다음으로 그 제품의 생산에 소요되는 요소들을 계산하여 표적비용, 즉 800원 정도에 생산이 가능한지를 판단한다. 만약 불가능하다면 표적마진을 실현할 수 없으므로 그 제품을 개발하지 않는다. 가능하다면 제품개발을 실행하고 예측대로 나타난다면 표적마진을 실현할 수 있다.

4. 단계 4: 경쟁제품의 비용과 가격 분석

지금까지의 분석으로 마케터는 자사가 책정할 수 있는 가격범위를 가질 수 있다. 이제 그 제품이 출시되는 경우 가능한 경쟁제품의 가격을 고려해야 한다. 자사의 제품이 경쟁제품보다 우수하다면 그 우수함에 대하여 소비자가

부여할 것으로 추정되는 가치만큼 경쟁제품보다 높게 가격을 결정할 수 있다. 반대로 경쟁제품보다 못하면 그만큼 가격을 낮게 결정할 수 있다. 그러나 이 단계에서는 자사제품의 가격결정에 대하여 경쟁자의 반응을 함께 고려해야 한다.

5. 단계 5: 가격의 결정

지금까지 제품가격을 결정하기 위해서는 그 제품시장의 경쟁구조를 이해해야 하고 또한 경제학적인 접근과 심리학적인 접근이 가능함을 설명하였다. 또한 가격을 결정하는 데는 고객의 수요곡선(customers' demand schedule), 비용함수(cost function), 그리고 경쟁자의 가격(competitors' prices)을 고려해야 한다. 이러한 세 가지를 3C's로 나타낼 수 있다. 가격결정에는 이와 같이 여러 가지가 고려되어야 하지만 학습목표 4에서는 이를 ① 원가지향, ② 경쟁지향, ③ 수요지향으로 나누어 설명한다.

학습목표 4: 가격결정방법

1. 원가지향적 가격결정

원가지향적 가격결정방법(cost-oriented pricing)에는 원가가산법, 마진확보방법, 목표투자수익률 확보방법, 그리고 손익분기점 분석방법이 있다. 원가지향적 가격결정은 편리하고, 결정된 가격이 객관적으로 보일 수 있어 판매자와 구매자가 쉽게 수용할 수 있는 장점이 있다. 그러나 이 방법은 제품의 생산과 수요함수에 대한 고려가 부족해 경제적 합리성이 부족하다는 단점을 갖는다.

(1) 원가가산법

원가가산법
사전에 결정된 목표이익을 총원가에 가산하여 가격을 결정하는 방법

원가가산법(cost-plus pricing)은 사전에 결정된 목표이익을 총원가에 가산함으로써 가격을 결정하는 가장 기본적인 방법이다. 원가가산법은 가격변화가 판매량에 큰 영향을 미치지 않거나, 기업이 가격을 통제할 수 있는 경우에 효과적인 방법이다(예; 건설공사, 선박제조 등). 여기서 원가는 기업의 이익을 산출하는 기준이 되는 것으로 제품의 생산 및 운영에 수반되는 제반비용을 의미한다. 이때 가격은 먼저 총생산량을 추정하고, 이에 따른 고정원가와 변동원가를 산출하고 여기에 목표이익을 합산한 다음 이 값을 총생산량으로 나눈

다. 예를 들어, 사무용 책상을 생산하는 기업의 총고정원가가 1,000만원, 단위
당 변동원가가 5만원이며, 100개의 책상을 생산하여 100만원의 이익을 목표
로 한다면, 원가가산법에 의한 책상 1개의 가격은 다음과 같다.

$$\text{가격} = \frac{10,000,000(\text{총고정원가}) + 5,000,000(\text{총변동원가}) + 1,000,000(\text{목표이익})}{100(\text{총생산량})}$$

$$= 160,000\text{원}$$

이 방법은 소비자들의 실제수요를 고려하지 않고 있기에 효율화를 통하
여 비용을 절감하려는 동기부여를 제공하지 못하는 단점을 지니고 있다.

(2) 마진확보방법

마진확보방법(markup pricing)은 사전에 결정된 마진을 제품원가에 붙이
는 방법이다. 가령 제조원가가 1,000원이고 마진을 제조원가의 25%로 잡았다
고 하자. 이 경우 판매를 위해 책정하는 가격은 1,250(= 1,000 + 1,000×0.25)
원이 된다. 여기서 마진을 판매가격을 중심으로 계산하면 20%가 된다. 마진
확보방법은 여러 가지 이유에서 널리 사용된다. 이 방법의 장점은 사용하기
쉽다는 점이다. 마진확보방법을 사용하면 가격경쟁도 줄어들 수 있다. 비슷한
원가구조를 갖는 경쟁자들이 비슷한 마진을 적용하여 가격을 결정하면 가격
은 당연히 비슷해지기 때문이다. 또한 마진확보방법은 판매자나 구매자 모두
에게 공정한 것으로 느껴질 수 있다.

> **마진확보방법**
> 사전에 결정된 마진을 제품원가에 가산하는 방법

(3) 목표수익률 확보방법

목표수익률 확보방법(target-return pricing)은 사전에 결정된 투자수익률
(return on investment; ROI)을 얻을 수 있도록 가격을 결정하는 것이다. 이 방
법은 다음의 공식으로 나타낼 수 있다:

> **목표수익률 확보방법**
> 사전에 결정된 투자수익률을 얻을 수 있도록 가격을 결정하는 것

$$P \times Q - (VC \times Q + FC) = r \times K$$

P : 가격(price)

Q : 목표판매량(quantity)

VC : 단위당 변동비용(variable cost)

FC : 고정비용(fixed cost)

r : 목표수익률(target rate of return)

K : 투자액(capital)

그러므로 위의 공식은 「수익－비용＝목표이익」을 나타낸다. 예를 들어, VC가 4,500원, FC가 500,000,000원, r이 15%, K가 1,000,000,000원인 경우 이 값들을 위의 공식에 대입하면 다음과 같다.

$$PQ - (4,500Q + 500,000,000) = 0.15 \times 1,000,000,000$$

이를 Q를 중심으로 나타내면,

$$(P - 4,500)Q = 650,000,000$$

이 식은 P가 커짐에 따라 Q가 작아지는 대부분 제품시장의 현실에 부합한다. 이제 가격 대안으로 5,800원, 6,000원, 그리고 6,200원을 고려한다면 목표판매량 Q는 각각 500,000개, 433,333개, 그리고 382,352개가 된다. 따라서 가격결정자는 각각의 가격 대안에 어느 정도의 판매가 가능한가를 생각해서 가격을 결정한다. 만약 5,800원에 510,000개, 6,000원에 430,000개, 6,200원에 370,000개의 판매를 할 수 있다고 예상한다면 5,800원으로 결정할 수 있다.

(4) 손익분기점 분석방법

손익분기점 분석방법(breakeven analysis pricing)은 고정비용의 회수에 초점을 맞추는 방법으로, 다음과 같은 손익분기점 계산공식을 이용하여 가격을 결정한다:

$$BEP = FC / UCM$$

BEP: 손익분기점(breakeven point; BEP)

FC: 고정비용(fixed cost)

UCM: 단위당 공헌마진(unit contribution margin)
　　　 = 단위당 판매가격 － 단위당 변동비용

상기 공식에서, 고정비용과 단위당 변동비용이 주어졌을 때 BEP는 단위당 판매가격에 따라 달라진다. 예를 들어, [그림 11.6]과 같이 고정비용이 400,000,000원이고 단위당 변동비용이 5,000원(총비용곡선의 기울기)이라고 하자. 이때 판매가격을 10,000원(총수입곡선의 기울기)으로 결정하면 BEP는 400,000,000/(10,000－5,000)＝80,000(개)가 된다. 즉, 80,000개를 팔면 고정

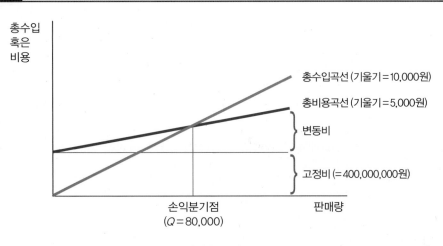

그림 11.6 손익분기점 분석

비용이 회수되며 이를 초과하여 판매할수록 이익이 증가한다. 그러나 판매가격을 15,000원으로 결정하면 *BEP*는 400,000,000/(15,000−5,000)=40,000(개)가 된다. 즉, 40,000개만 팔면 고정비용을 회수하게 된다. 따라서 가령 고정비 회수를 앞당겨 회사의 재정압박을 덜어주길 원하는 마케터는 제품가격을 15,000원으로 결정할 수 있다(물론 이 경우 가격 15,000원에 최소한 40,000개의 수요를 예상할 수 있어야 한다). 그러나 가격을 낮추어 시장을 확대하길 원하는 마케터는 제품가격을 10,000원으로 결정할 수 있다.

손익분기점(breakeven point)은 가격이 주어졌을 때 고정비용을 회수하는 데 필요한 판매량이 얼마인지를 나타내 주는 점이다(즉, $P \rightarrow Q$). 또한 손익분기점 분석에 의해 특정 판매량을 달성함으로써 고정비를 회수하려면 가격을 얼마에 설정해야 하는지를 알 수 있다(즉, $Q \rightarrow P$). 위의 경우, 예를 들어 60,000개를 판매하여 고정비를 회수할 수 있는 가격은 다음과 같이 손익분기점 공식을 이용하여 11,667원으로 책정하면 된다.

$$60,000 = 400,000,000/(P-5,000)$$
$$P = 11,667$$

손익분기점
가격이 주어졌을 때 고정비용을 회수하는 데 필요한 판매량이 얼마인지를 나타내 주는 점

그런데 수요는 가격의 함수이므로 마케터는 산정된 손익분기점의 판매량이 일정기간 내에 도달될 수 있는 것인지를 생각해야 한다. 가령 가격을 너무 높게 결정하면 손익분기점의 판매량은 물론 낮아지지만 높은 가격 때문에 그 판매량에 도달되기까지는 많은 시간과 노력이 소요될 수 있다. 반대로 가격을

너무 낮게 잡으면 손익분기점의 판매량이 너무 커서 그 판매량에 도달하기까지 많은 시간과 노력이 소요될 수 있다.

손익분기점 분석방법의 사용시 고려해야 할 또 하나의 중요한 점은 판매량의 변화에도 불구하고 비용이 변화하지 않는다고 가정하는 점이다. 따라서 이 방법을 실제로 사용할 때 가능하다면 마케터는 비용함수를 고려하여 판매량에 따라 비용이 어떻게 변화하는지를 살펴서 손익분기점을 산정해야 할 것이다. 그러나 앞서 언급한 바와 같이 손익분기점 분석방법은 비용에 기초하는 것이기 때문에 사용하기 편리하고 결정된 가격이 어느 정도 객관성을 갖는다는 장점을 갖는다.

2. 경쟁지향적 가격결정

마케터는 경쟁자의 가격을 고려하여 그와 비슷하게, 아니면 그보다 높거나 낮게 가격을 결정하기도 한다. 경쟁자들 간에 원가구조나 수요함수가 유사한 경우 만약 경쟁자들이 서로 상대방을 고려하여 비슷한 가격을 매긴다면 그 가격은 상대적으로 공정한 것이라고 볼 수도 있다. 또는 특정 기업이 경쟁자들보다 가격을 높게 책정하고 그 가격격차만큼 제품이나 서비스 면에서 어떤 우위점을 보여준다면 그 가격도 상대적으로 공정한 것으로 볼 수 있다. 또한 브랜드 파워(brand power)가 약한 기업은 선도브랜드보다 낮게 가격을 책정함으로써 약한 브랜드 파워를 만회하기도 한다. 경쟁지향적 가격결정은 경쟁자의 가격인하에 대응해 자사의 시장점유율을 방어하거나 또는 일시적으로나마 시장점유율을 늘리기 위해 가격을 인하할 때 사용될 수 있다.

경쟁지향적 가격결정(competition-oriented pricing)은 시장에서 **가격선도력**(price leadership)을 가진 기업이 있을 때 종종 나타난다. 대체적으로 가격선도기업은 타사보다 시장점유율이 높고 기업운영 면에서도 앞서는 기업으로서, 이같은 가격선도기업이 가격을 변화시키면 타사들도 그에 맞추어 가격을 조정하게 된다. 예를 들어, 하이트진로가 참이슬 fresh의 출고 가격을 인상하면 경쟁 소주회사들도 대체로 인상한다. 특정기업이 가격을 선도하기 위해 타사의 가격보다 낮게, 또는 높게 책정할 수도 있다. 가격선도기업이 존재하고 시장의 다른 기업들이 이 기업의 가격을 따라오게 되면, 시장에서 가격전쟁(price war)이 발생할 가능성은 낮다.

경쟁지향적 가격결정은 **경쟁입찰**(competitive bidding)의 경우에서도 쉽게 찾아볼 수 있다. 경쟁입찰에서 가격은 원가나 수요함수에 따라 결정되기보다 경쟁자가 가격을 어떻게 결정하는가에 따라 결정된다. 이 경우 경쟁자들 간에 제품의 커다란 차별성에도 불구하고 가격전쟁이 발생할 수 있다. 그러나 일반적으로 경쟁지향적 가격결정은 경쟁제품들 간의 차이가 크지 않아 가격차별이 유일한 무기가 될 때 많이 사용되는 경향이 있다.

3. 수요지향적 가격결정

수요지향적 가격결정(demand-oriented pricing)은 가격에 대한 소비자의 반응을 우선적으로 고려하여 결정하는 것이다. 수요지향적 가격결정은 소비자가 제품의 효용과 가격 등에 대해 갖는 지각에 기초하여 이루어진다. 가령 동일한 원가에 소비자에게 경쟁자보다 더 높은 효용을 줄 수 있는 제품을 생산하는 기업은 원가에 기초해 경쟁자와 동일한 가격을 책정하기보다 그 높은 효용만큼 가격을 높여 이익극대화를 실현할 수 있다. 물론 이 같은 실현이 가능하려면, 소비자가 그 높은 효용에 대해 추가적으로 가격을 지불할 용의가 있어야 한다. 수요지향적 가격결정의 가장 대표적인 것으로는 지각된 가치 기준법을 들 수 있으며, 그 밖에 제품계열 가격방법, 유인용손실 가격방법, 그리고 단위변경 가격방법(단수가격), 옵션제품 가격방법, 묶음가격, 명성가격이 있다.

(1) 지각된 가치 기준법

지각된 가치 기준법(perceived-value pricing)은 소비자가 지각하는 제품의 가치에 맞추어 가격을 결정하는 방법이다. 이 방법을 사용하려면 〈표 11.1〉과 같은 지각된 가치에 대한 정보를 소비자조사를 통해 획득해야 한다.[9] 〈표 11.1〉에서 각각의 면도기 브랜드의 가치를 평가하는 기준은 네 개로 나타나 있다. 각 기준마다 응답소비자는 각각의 브랜드가 갖고 있는 가치를 평가하여 그 평가가치의 상대적 크기를 100점 만점으로 점수화하였다. 예를 들어, 〈표 11.1〉에서 '면도가 잘 됨'이라는 기준을 볼 때, 브랜드 A의 가치는 브랜드 B의 2배(= 30/15), 브랜드 C의 6/7배(= 30/35), 브랜드 D의 1.5배(= 30/20)에 해당한다.

한편 응답소비자가 각 기준에 대해 느끼는 중요도는 다를 수 있다. 즉, 면도기를 살 때 '면도가 잘 됨'이라는 기준은 회사지명도보다 더 중요하게 고려될 수 있다. 〈표 11.1〉에는 네 개의 기준이 갖고 있는 상대적 중요도가 1점 만점으로 산정되어 있다. 이 상대적 중요도의 의미를 예를 들어 설명한다. 표

9) Paul S. Busch and Machael J. Houston, *Marketing*, Homewood, Ill.: Richard D. Irwin, Inc., 1985, pp. 595-597.

표 11.1	지각된 가치와 상대적 중요도

제품속성	상대적 중요도	브랜드				합계
		A	B	C	D	
면도가 잘 됨	0.45	30	15	35	20	100
내구성	0.20	25	25	25	25	100
사용편리성	0.25	20	20	30	30	100
회사지명도	0.10	30	15	40	15	100
합계	1.00	26.50	18.25	32.25	23	

에서 브랜드 A는 '면도가 잘 됨'이라는 기준에서 30을, '회사지명도'라는 기준에서 30을 평가가치로서 받았다. 이것만 보면 브랜드 A가 그 두 가지 기준에서 받고 있는 평가가치는 동일하다고 볼 수 있다. 그러나 상대적 중요도가 반영된다면 브랜드 A가 '면도가 잘 됨'에서 받고 있는 실제 평가가치는 '회사지명도'에서 받고 있는 것보다 4.5배나 크다. 왜냐하면 상대적 중요도가 4.5배 크기 때문이다.

이 같이 상대적 중요도를 반영해 브랜드 A의 총 평가가치를 산정하면 다음과 같다: $30 \times 0.45 + 25 \times 0.20 + 20 \times 0.25 + 30 \times 0.10 = 26.50$. 같은 방식으로 브랜드 B, C, D의 총 평가가치를 산정하면 각각 18.25, 32.25, 23이 된다. 이 산정가치에 따르면 각 브랜드의 상대가치를 쉽게 알 수 있다. 가령 브랜드 A의 가치는 브랜드 B, C, D의 가치에 각각 약 1.45배($= 26.50/18.25$), 0.82배 ($= 26.50/32.25$), 1.15배($= 26.50/23$)가 된다. 브랜드 A의 마케터는 이 같은 상대적 가치에 맞추어 가격을 결정할 수 있다.

(2) 제품계열 가격방법

일반적으로 기업에서는 단일제품을 생산하는 경우는 거의 없고, 보통 가격대가 다른 복수의 제품을 생산하는 것이 일반적이다. 앞서 **가격-품질 연상효과**에서 언급한 바와 같이 가격이 품질판단의 기준이 되는 경우, 소비자는 가격이 높을수록 품질도 높게 지각한다. 이같은 점을 고려해 마케터는 고가격을 결정하여 소비자에게 자사제품의 품질수준을 소비자에게 충분히 인식시킬 수 있다. 이와 유사한 취지에서 흔히 사용하는 가격결정방법으로 소위 **제품계열 가격방법**(product line pricing)이 있다. 이 방법은 가격을 이용해 제품들 간

마케팅 사례: 숨은 1%의 이익을 잡는 가격 결정의 기술

2007년 미국의 사우스웨스트항공은 경기 불황과 연료비 인상이라는 이중고에 처해 있었다. 케빈 크론 부사장은 타개책을 마련하라는 특명을 받았다. 저비용 항공사의 특성상 가격 인상을 최소화해야 한다는 제약까지 붙어 있던 상황이었다.

크론이 주목한 것은 '고객 가치'였다. 고객들은 밖이 보이지 않는 가운데 좌석만 피할 수 있다면 돈을 좀 더 낼 의향이 있다는 점. 사업차 비행기를 자주 이용하는 고객들은 칵테일을 '그날의 노고에 대한 보상'으로 생각한다는 점에 주목했다. 그는 새로운 종류의 탑승권을 만들었다. 가장 먼저 탑승해 좌석을 선택할 수 있는 권리를 보장하고, 알코올성 음료를 제공하는 대신 기존의 최고가 탑승권보다 10~30달러 비싼 '비즈니스 실렉트' 탑승권이다. 이를 통해 사우스웨스트항공은 시행 첫해 1억 달러의 매출을 달성하였다.

대다수 경영자들은 가격 결정을 어려워한다. 〈숨은 1%의 이익을 잡는 가격 결정의 기술〉의 저자 라피 모하메드는 가격 결정은 기업들이 택할 수 있는 강력한 전략이라고 강조한다. 컨설팅업체 McKinsey의 1,200대 글로벌 기업 연구에 따르면 기업들이 가격을 1% 올

리고 수요가 변함없다면 영업이익은 11% 늘어난다고 한다.

저자는 가격 결정 과정에서 생기는 흔한 오류 두 가지로 '원가기준 가격결정'과 '가격을 단지 올릴지 내릴지의 문제로만 고민하는 것'을 제시한다. 고객 입장에서 가치를 판단해 가격 결정을 하려면 기존의 가격 전략을 근본적으로 바꿔야 한다. 미국 센트럴파크의 노점상들은 비가 올 조짐이 보이면 즉시 우산 가격을 올린다. 이때의 가격 인상은 원가와는 아무 상관이 없다. 달라진 것은 다급히 비를 피해야 하는 고객 입장에서 우산의 '가치'가 올라갔다는 점이다.

사람들은 제품을 선택할 때 대개 몇 가지 대안을 놓고 가격 대비 가치가 가장 높은 대안을 선택한다. 가치 기반 가격 결정은 고객들이 '차선'으로 생각하는 제품이 무엇인지 파악해 그 특징을 조사하는 것에서 시작한다. 차선의 제품에 비해 특별한 성질이 더해진 제품에는 더 높은 가격을 책정하고, 불필요한 특징을 모두 제거한 제품은 가격을 내리는 방식이다.

자료원: 한국경제신문, 2014. 3. 6.

의 품질차이를 소비자에게 납득시키려는 데 그 목적이 있다. 예를 들어, LG패션은 남성정장복을 닥스계열, 마에스트로계열, 타운젠트계열, TNGT계열 등으로 나누어 각 계열별로 가격대를 달리하고 있다(예; 30만원대 vs. 40만원대 vs. 50만원대). 가격계열화에 따라 소비자는 자신에게 맞는 가격대의 제품을 보다 용이하게 구입할 수 있다. 컴퓨터 CPU를 생산하는 Intel은 Core i 계열 외에도 저가 계열인 Celeron과 고가 계열인 Xeon 계열을 생산한다.

(3) 유인용 손실 가격책정(유인가격)

유인용 손실 가격책정(loss-leader pricing; 유인가격)은 마트 등 주로 소매

> **유인가격**
> 잘 알려진 제품을 싸게 판매함으로써 소비자들을 매장으로 끌어들이고, 주변 제품의 판매를 통해 마진을 올리는 전략

점에서 사용하는 가격 책정 방식으로, 소비자들에게 잘 알려진 제품을 원가보다 싸게 판매함으로써 소비자들을 매장으로 끌어들이고, 주변 제품의 판매를 통해 마진을 올리는 전략이다. 즉, 그 제품 판매는 손실(loss)을 초래하더라도 다른 제품의 판매를 유도(lead)하고자 하는 방식이다.

이와 관련된 것으로 캡티브 제품 가격책정이 있다. 어떤 종류의 기본제품을 사용하기 위해서는 반드시 소모품, 부품, 소프트웨어를 함께 사용해야 하는데, 이처럼 기본제품 사용 시 필수적으로 함께 사용해야 하는 제품을 부속제품(captive product)이라고 한다. 예컨대, 레이저프린터나 잉크젯프린터를 싸게 팔면서 카트리지 토너를 비싸게 파는 경우, 정수기의 경우 설치비를 저렴하게 해주고 필터교체비를 비싸게 약정하는 경우, 게임기의 본체가격은 저렴하게 판매하면서 게임소프트웨어는 비싸게 파는 경우, 면도기 본체는 저렴하게 팔고 면도날은 비싸게 파는 경우 등을 들 수 있다. 이처럼 본체와 부속품 모두가 갖추어져야 하는 보완재 제품의 경우 본체의 가격은 낮게 책정하여 소비자의 구매를 유도한 후, 부속품의 가격은 높게 책정해 이익을 창출하는 가격전략을 **캡티브 제품 가격책정**(captive product pricing)이라고 한다. 보완재의 경우 본체는 대체품이 많아 가격탄력성이 높은 반면, 고객이 한 번 본체를 구매한 이후에는 지속적으로 그 기업의 부속품을 이용할 수밖에 없기 때문에 부속품의 가격탄력성은 낮아지고 소비자가 종속되는 것이다. 이러한 이유로 인하여 포획제품가격, 종속제품가격이라는 용어로도 번역되어 사용되기도 한다.

결과적으로 본체는 대체품이 많아 가격탄력성이 높은 반면, 고객이 한 번 본체를 구매한 이후에는 지속적으로 그 기업의 부속품을 이용할 수밖에 없기 때문에 부속품의 가격탄력성은 낮아지고 소비자가 종속되는 것이다. 그러나 이 가격전략은 부속품에 대해서도 호환이 가능한 대체재가 등장할 경우, 더 이상 유효하지 않게 되는 한계가 있다.

(4) 단수가격

단수가격(odd pricing)은 소비자의 심리를 고려한 가격 결정법 중 하나로, 제품 가격의 끝자리를 홀수(단수)로 표시하여 소비자로 하여금 제품이 저렴하다는 인식을 심어주어 구매욕을 부추기는 가격전략이다. 일반적으로 0으로 끝나는 라운드 가격(round price)의 바로 밑의 가격을 **단수가격**이라고 하고, 특히 그중에서 끝자리가 9로 끝나는 가격을 '**끝자리 9가격**(nine-ending price)'이라고 한다. 예를 들어, 제품의 정상가격이 2달러일 경우 1.99달러, 원화로는 30,000원을 29,900원으로 표시할 경우 불과 1센트 혹은 100원의 차이임에도 불구하고 가격대가 변함으로써 소비자는 그 차이를 더 크게 지각할 수 있

캡티브 제품 가격
본체와 부속품 모두가 갖추어져야 제품의 기능을 사용할 수 있을 때, 본체의 가격은 낮게 책정하여 소비자의 구매를 유도한 후, 부속품의 가격은 높게 책정해 이윤을 창출하는 가격전략

단수가격
소비자의 심리를 고려한 가격 결정법 중 하나로, 제품 가격의 끝자리를 홀수(단수)로 표시하여 소비자로 하여금 제품이 저렴하다는 인식을 심어주어 구매욕을 부추기는 가격전략

JOE Joseph Abboud Burgundy Plaid Slim Fit Sport Coat
$299.99
$39.99

Calvin Klein Burgundy Windowpane Slim Fit Sport Coat
$399.99
$79.99

Nautica Burgundy Microsuede Modern Fit Sport Coat
$99.99

단위변경 가격방법의 예

다. 결과적으로 단수가격(odd pricing)은 가격의 끝자리를 특정 화폐단위 이하로 설정하여 소비자로 하여금 제품가격이 최하의 가능한 선에서 결정되었다는 인상을 주어 소비자들로 하여금 제품의 판매량을 증가시키는 가격결정 전략이다.

그러나 단위변경 가격의 효과를 보기 위해서는 **왼쪽 자릿수 효과**(left-digit effect) 메커니즘을 이해하는 것이 중요하다. 왼쪽 자릿수 효과는 오른쪽에 표기된 숫자보다 왼쪽에 표기된 숫자에 더 주의를 기울이는 경향으로, 왼쪽 숫자만 보고 전체적인 가격이 저렴하다고 판단하는 현상을 말한다. 이 효과에 의하면, 소비자들은 제시된 가격 중 가장 왼쪽 자릿수가 비교 기준보다 낮게 떨어질 때($3.00 → $2.99) 가격이 저렴하다고 지각한다. 하지만 $3.60 → $3.59의 경우는 왼쪽 자릿수 효과가 나타나지 않기 때문에 단수가격의 효과는 크지 않다.[10] 이러한 가격결정법은 홈쇼핑이나 대형마트에서 흔히 사용된다.

(5) 옵션제품 가격방법

일반적으로 기업들은 기본적인 기능을 제외한 부가적 기능이나 액세서리

> **옵션제품 가격방법**
> 제품의 기본적인 기능을 제외한 부가적 기능이나 액세서리 등을 옵션으로 구분하여 기본사양에 옵션을 추가할 때 부과하는 가격방법

---

10) Kenneth C. Manning and David E. Sprott, "Price Endings, Left-Digit Effects, and Choice," *Journal of Consumer Research,* 36(August), 2009; Manoj Thomas and Vicki Morwitz, "Penny wise and Pound foolish: The Left-digit Effect in Price Cognition," *Journal of Consumer Research,* 32(June), 2005, pp. 54-64.

등을 추가 옵션으로 구분하여 기본사양에 별도로 옵션이 추가될 때마다 가격을 부과하는 전략을 사용한다. 이를 옵션제품 가격(optimal-product pricing)이라고 한다. 자동차를 구매하는 경우, 기본 사양에 파노라마 썬루프, 어라운드 뷰, AWD 등의 옵션을 추가할 경우 별도의 가격을 지불해야 한다. 이러한 전략은 가격민감도가 높은 소비자들에게는 낮은 가격으로 소구할 수 있고, 자동차의 편리성이나 자동차가 제공하는 추가적인 혜택에 민감한 소비자들에게는 추가 옵션을 소개함으로써 높은 가격에 자동차를 구매하게 할 수 있다. 따라서 마케팅 관리자들은 어떠한 품목을 기본사양으로 하고, 어떠한 옵션을 추가 옵션에 포함시켜 가격을 부과할 것인지를 결정해야 한다.

⑹ 묶음가격

묶음가격

각 제품의 가격을 합한 가격보다 여러 가지 제품을 묶어서 낮은 가격으로 가격을 책정하는 방법

묶음가격(bundling; 번들링)은 여러 가지 제품을 묶어서 판매하는 가격정책이다. 여기서 묶음으로 판매되는 제품들은 컴퓨터와 프린터, 치약과 칫솔처럼 서로 보완재인 경우가 많다. 묶음가격을 이용하는 기업은 여러 제품을 묶어서 각 제품의 가격을 합한 가격보다 낮은 가격으로 판매함으로써 판매량을 증대시키고자 한다. 이러한 묶음가격전략에는 순수 묶음가격과 혼합 묶음가격이 있다. **순수 묶음가격**은 묶음제품만 제공하고, 개별 제품으로 분리하여 판매하지 않는 방식이다. **혼합 묶음가격**은 묶음제품으로도 판매하고, 필요시 개별제품으로도 판매하는 방식이다. 이 경우 묶음제품에 잘 팔리지 않는 제품을 끼워서 판매하기도 하고, 백화점 선물세트처럼 묶음제품이 소비자에게 더 큰 가치를 느끼게 할 수도 있다. 묶음가격전략은 묶음가격으로 판매하지 않으면 소비자들이 구매하지 않을 제품의 판매를 촉진시킬 수 있지만, 충분히 가격을 낮추는 것이 효과적이다.

일반적으로 묶음가격은 '혼합 묶음가격 > 순수 묶음가격 > 개별가격'의 부등호 관계가 성립하지만, 이러한 관계가 항상 성립되는 것은 아니다. 이러한 경향은 소비자들의 **유보가격**이 어떻게 분포되어 있느냐에 따라 달라질 수 있다. 예컨대, 햄버거와 콜라 같은 패스트푸드처럼 각 제품에 대한 소비자들의 유보가격이 엇비슷하다면, 굳이 묶음가격전략을 수행하지 않고, 개별가격을 책정하는 것이 더 효과적일 수 있다. 반면, 번들제품의 가격을 각각 매우 다르게 평가하는 두 개의 집단이 있다면, 이러한 경우에는 순수 묶음가격이 효과적이다. 그리고 번들제품 각각의 가격을 매우 다르게 평가하는 집단도 있고, 각 제품의 가격을 비슷하게 평가하는 집단도 있다면, 이 경우에는 혼합 묶음가격을 책정하는 것이 가장 바람직하다. 따라서 마케팅 관리자의 입장에서 효과적인 묶음가격 전략을 구사하기 위해서는 제품에 대한 소비자들의 유보

가격 분포를 파악해야 한다.

(7) 명성가격

명성가격(prestige pricing)은 해당 제품군의 주 소비자층이 지불할 수 있는 가장 높은 가격, 혹은 시장에서 제시된 가격 중 가장 높은 가격을 설정하는 전략으로 할증 가격전략(premium pricing)이라고도 한다. 이러한 고가 설정 정책은 자동차, 호텔, 여성용 가방 등 사치품에 고급스러운 이미지를 부여하거나 강화하기 위해 사용된다. 소비자가 고가의 제품을 선호하는 이유는 높은 가격 자체가 품질을 보증한다고 믿기 때문이며, 해당 제품을 이용함으로써 사회적으로도 높은 지위를 획득할 수 있다고 여기기 때문이다. 기업의 입장에서도 높은 가격을 설정함으로써 브랜드 이미지를 강화하고 타사의 제품과 차별화되는 경쟁력을 확보할 수가 있다.

(8) 가격차별화 전략

기업은 동일한 제품/서비스에 고객대상, 판매시점, 혹은 장소 등에 따라 다른 가격을 적용하기도 한다(discriminatory pricing).

- **학생할인**: 학생들은 버스요금, 국내 항공기 탑승요금, 영화관과 박물관 입장료 등에서 할인을 받는다. 또한 경제신문사는 경영대학 학생들에게 구독료를 50% 할인해 주기도 하며, 컴퓨터업체는 신학기 초에 대학생들에게 노트북 컴퓨터를 할인판매하기도 한다.
- **시기와 시간대에 따른 가격차별**: 비행기 항공요금과 호텔숙박요금은 성수기와 비수기에 따라 다르다. 계절용품 또한 비수기에는 저렴하게 판매하는 경우가 많다. 영화관의 경우 아침시간과 밤늦은 시간의 입장료는 저렴하다.
- **장소(위치)에 따른 가격차별**: 야구경기장, 오페라 공연극장 등의 경우 좌석에 따라 가격이 다르다. 미국에서 출판된 원서들 중 다수는 한국에서 매우 저렴하게 판매된다.
- **수량할인**: 이는 동일한 제품을 한꺼번에 많이 구매하는 경우 할인해 주는 것이다. 수량할인은 최종 소비자에게뿐만 아니라 제조업자가 유통업자에게 제품을 판매할 때도 많이 적용된다. 대형 유통업체일수록 대량구매에 의해 협상력을 발휘하여 낮은 가격에 구매한다.
- **단골고객 할인**: 자사 제품을 계속 구매하는 소비자들에게 할인해 주는 것이다. 예를 들어, 패밀리 레스트랑 VIPS는 그 레스트랑에 4회 방문하

여 식사를 하면 그 후부터는 10%를 할인받을 수 있는 카드를 발급해준다. 르노삼성자동차는 기존 고객이 다시 자사의 차를 구입하면 차종에 따라 수십만 원을 할인해준다.
- **장기계약 할인:** 승용차 렌트, 호텔 투숙, 인터넷 서비스 가입 등의 경우 장기간 계약하는 경우 할인가를 적용한다.

학습목표 5: 가격관리의 전략적 고려

가격은 단순히 비용이나 수요함수, 또는 소비자의 심리적 반응만을 고려해 결정되고 관리될 수는 없다. 그같은 고려에 좁게는 제품, 유통, 촉진과 같은 다른 마케팅믹스요소들이, 더 넓게는 경영전략적인 요인들이 함께 고려되어야만 가격관리가 효과적으로 수행될 수 있다. 가령 이익이 희생되더라도 전략적 차원에서 새로운 경쟁자의 진입을 막기 위해 가격을 매우 낮추어 책정할 수 있다. 이같이 낮은 가격은 잠재적 시장진입자에게 진입시 많은 희생을 치러야 함을 경고할 수도 있고, 아니면 낮은 가격과 동시에 품질을 적정히 유지할 경우 많은 고객을 선점함으로써 새로운 시장진입자에게 고객확보의 기회를 주지 않을 수 있다. 전략적인 요인은 당연히 기업이 처한 상황에 따라 다양하게 고려될 수 있다. 이하에서는 몇 가지 중요한 전략적 고려사항을 서술한다.

1. 제품수명주기와 가격전략

가격은 제품수명주기(product life cycle)의 단계에 맞추어 전략적으로 조정될 수 있다. 가령 제품수명주기에 따라 많은 기업들은 소위 **스키밍 가격전략**(skimming pricing strategy)을 사용한다. 즉, 제품이 시장에 도입되는 초기에는 고가격을 책정하고 제품이 성장기를 거쳐 성숙기에 가는 동안 가격을 낮춘다. 노트북, 태블릿PC, DSLR 카메라, 스마트폰 등 대부분의 하이텍 제품들은 신모델이 출시될 때는 고가격이지만 점차 가격이 하락된다.

이같은 스키밍 가격전략의 주요 목적은 ① 제품도입 초기에 고가격에 따른 고마진을 통해 단기이익을 극대화하고, ② 시장이 성장기와 성숙기를 거치는 동안 필연적으로 증가하는 경쟁에 저가격으로 자사의 시장을 지키려는 데 있다. 신제품 도입 초기에 고가격으로 상당한 수량을 판매할 수 있으면 제품의 개발과 출시에 들어간 비용을 조기에 회수할 수 있다. 또는 확보된 초기의

	스키밍 가격전략	침투가격전략
경험곡선효과	작음	큼
수요의 가격탄력성	낮음	높음
경쟁자의 진입가능성	낮음	높음
잠재시장 규모	작음	큼
가격-품질 연상관계	높음	낮음
진입장벽	높음	낮음

표 11.2 스키밍 가격전략과 침투가격전략의 결정요인

단기이익을 성장기와 성숙기에 직면하여 치열한 경쟁에 필요한 여러 활동에 사용할 수 있다.

침투가격전략(penetration pricing strategy)은 스키밍 가격전략과는 반대로 제품도입 초기에 가격을 낮게 책정하는 전략이다. 낮은 가격으로 단기적으로는 손실이 초래되지만 시장점유는 조기에 확대된다. 그리고 시장점유의 확대에 따라 제품 한 단위당 생산 및 마케팅비용이 줄어들어 당초의 저가격을 유지하더라도 이익은 점차 커지게 된다. 확대된 판매량과 상대적으로 커진 제품 한 단위당 이익으로 기업이 얻는 총이익은 결국 초기의 단기이익 희생을 보상하고도 남을 만큼 높아진다. 과거 인터넷서비스 업체들은 시장점유의 조기확대를 위해 경쟁적으로 침투가격전략을 채택하였다.

제품수명주기에 따라 스키밍전략을 사용할 것인지 침투가격전략을 사용할 것인지의 여부는 기업 내외부의 여러 요인에 달려 있다. 〈표 11.2〉는 어느 전략을 택할 것인지 결정하는 데 있어서 고려할 여러 요인들을 보여준다. 1954년 미국 RCA社가 컬러TV를 시장에 도입하였을 때, 개발비는 너무 큰 반면 장래에 시장이 커질 것인지의 여부는 불투명하여 앞으로 얼마의 이익을 내는지보다 개발비를 얼마나 빨리 회수할 수 있는지가 기업의 걱정거리였다. 이 때문에 컬러TV는 스키밍 가격전략에 따라 출시되었는데, 당시 미국 일반근로자의 한 달 임금보다도 높은 1,000달러에 가격이 책정되었다. 그러나 그 후 컬러TV의 수요가 증가함에 따라 가격은 낮아졌다.

ZARA, H&M, 유니클로 등의 해외 SPA(Speciality retailer of Private label Apparel)[11] 브랜드들은 침투가격전략을 취했다고 판단된다. **SPA 브랜드**들은 처음부터 시장점유 경쟁을 하여 비교적 낮게 가격을 책정하였다. 또한 기

---

11) SPA는 의류 기획단계부터 디자인, 생산, 제조, 유통, 판매를 한 회사가 담당하는 의류 전문점을 의미한다.

존 의류 브랜드와의 경쟁을 위해서도 저가정책을 취하였다. 같은 맥락에서 EIGHT SECONDS, SPAO, MIXXO 등의 국내 SPA 브랜드들도 침투가격전략을 적극적으로 사용하였다. 많은 초기 사업투자에도 불구하고 컬러TV의 경우와는 달리 SPA 브랜드들이 침투가격전략을 사용한 데는 시장성장력이 클 것이라는 판단과 아울러 여러 이유들이 있었을 것이다.

일반적으로 제품수명주기상 가격관리에 많은 전략적 변화가 요청되는 시점은 성숙기이다. 성숙기에 들게 되면 성장기까지 수행해온 가격관리 활동을 근본적으로 재고할 필요가 있다. 예를 들어, 성숙기에 들어 경쟁이 매우 심화되고 또한 경쟁제품들 간에 차별성이 별로 없다면, 촉진활동을 늘리기보다 가격경쟁을 적극적으로 행하는 것이 시장점유율을 지키는 데 더 효과적일 수가 있다. 그러나 이 경우 가격경쟁이 유발될 가능성이 높다. 가격경쟁은 경쟁 당사자들에게는 피해가 주어지지만 소비자들에게는 저가격으로 인하여 혜택이 주어진다.

이상에서 예시적으로 서술한 바와 같이 가격관리는 제품수명주기에 따라 전략적으로 수행되어야 한다. 제품수명주기상 나타날 수 있는 특징적인 상황들을 미리 예측해 이에 따라 가격관리의 전략적 계획을 수립하고 집행해야만 한다.

2. 제품포지셔닝과 가격의 역할

제품포지셔닝은 가격에 영향을 주면서 동시에 가격으로부터 영향을 받는다. 예를 들어, 고품질로 포지셔닝을 하려면 별다른 사정이 없는 한 가격은 그 고품질에 맞추어 높게 책정해야만 할 것이다. 반대로 고가격을 매기려면 품질도 이에 상응하게 높아져야만 할 것이다. 따라서 가격관리에 있어서 제품포지셔닝은 매우 중요하게 고려되어야만 한다.

[그림 11.7]은 제품포지셔닝과 관련한 가격전략의 유형을 제시한다.[12] **능동적 고가격전략**은 고가격을 매겨 소비자에게 고품질을 납득시키려는 전략이다. **가격-품질 연상**심리가 작용하는 경우, 다시 말하면 가격이 품질의 지표로서 지각되는 경우 마케터는 자사제품의 고품질을 납득시키기 위해 가격을 높게 책정할 수 있다. 품질식별이 어려운 고가제품이나 패션제품의 경우 가격은 소비자에게 중요한 객관적 품질정보로 지각되어 능동적 고가격전략은 매우 효과적일 수 있다. 예를 들어, 화장품 브랜드 SK-Ⅱ는 제품가격을 경쟁사

---

12) David W. Cravens, *Strategic Marketing*, Homewood, Ill.: Richard D. Irwin, 1982, pp. 307-308.

| 그림 11.7 | 제품포지셔닝과 가격전략 |

에 비해 높게 책정하였다. 여기에는 자사제품의 우수성을 소비자에게 납득시키고자 하는 전략적 의도도 담겨있는 것으로 추측된다. 에너지음료시장의 선도브랜드인 레드불의 가격도 경쟁제품에 비해 높게 책정되어 출시되었다. 이것도 능동적 고가격전략의 한 예로 보인다.

수동적 고가격전략은 고품질로 포지셔닝된 제품에 대해 고가격을 책정하는 전략이다. 능동적 고가격전략과는 달리 고가격을 통해 고품질을 지각시키기보다 촉진, 품질 등으로 소비자가 이미 고급으로 인정하는 제품의 경우 고가격을 책정하는 것이다. 통상 가격이 품질의 지표로서 사용되지 않을 때 고품질 포지셔닝은 수동적 고가격전략을 수반한다. Mercedes Benz, BMW, Rolex 등은 높은 브랜드 자산이 세계적으로 확립되어 쉽게 고가격으로 책정할 수 있다. 또한 경쟁제품과 품질에 있어서 차이가 없더라도 광고를 많이 한 제품의 경우 경쟁제품에 비해 고가격으로 책정해도 소비자들에 의해 수용될 수 있다. 이는 소비자들이 모르는 제품보다 잘 아는 제품에 대해 고가격을 지불할 의사를 갖기 때문이다.

능동적 저가격전략은 낮은 가격을 사용해 소비자에게 가격대비 고품질을 납득시키고 이에 따라 시장을 확대하려는 전략이다. CJ헬로비전과 같은 휴대폰서비스의 임대망사업자(Mobile Virtual Network Operator)는 대부분의 경우 경쟁사, 특히 SKT, KT, LG U+ 등과 같은 망사업자보다 서비스 이용에 별 불편이 없음에도 서비스 이용가격이 낮다는 것을 강조하였다. 능동적 저가격전략을 사용하려면 품질이 가격보다는 비가격요인에 따라 식별되어야만 한다. 즉, 가격과는 무관하게 소비자가 그 제품의 품질을 잘 판단할 수 있어야 한다.

마케팅 사례: 284만원 자동차 – 타타 나노

세계에서 가장 싼 자동차가 출시되었다. 인도 타타 모터스는 2009년 3월 23일 세계에서 가장 싼 차인 '나노(Nano)'를 출시했다. 출시 당시 나노는 세금을 제외한 출고가격이 240만원(10만 루피)에 불과해 세계 자동차 시장에 큰 관심을 일으켰다.

이렇게 엄청난 저가의 자동차가 출시된 이유는 1인당 국내총생산(GDP)이 1,000달러 선에 불과한 인도시장에서 보급률을 빨리 높이기 위해서였다. 이 같은 가격대를 맞추기 위해 타타자동차는 인도 소비자들이 꼭 필요로 하는 사양만 선택하였다. 소비자 조사를 통해 인도인들이 필수품목으로 여기지 않는 에어컨, 파워브레이크를 장착하지 않았으며, 엔진 실린더도 두 개로 줄였다. 와이퍼도 한 개만 달고 길이를 늘렸다. 부품 공급업체인 독일 보쉬와 디자인 단계에서부터 협력해 인도 도로 사정에 맞는 엔진 제어 장치를 새로 만들었다. 이를 통해 1,000가지 기능을 탑재한 유럽형 엔진 제어 장치에서 무려 700가지 기능을 빼버렸다. 설계과정에서 '이렇게 해도 사겠느냐'는 제품 개발자와 마케팅 전문가들의 질문에 '그렇다'는 소비자들의 의사를 재확인했다. 이러한 나노의 가격전략은 기존의 경차들과 품질차이를 줄이면서 파격적인 저가전략을 사용하는 일종의 능동적 저가격전략에 해당한다.

시장에서 나노의 제품 완성도와 안전성의 평가가 좋고, 부정적인 환경요인이 사라진다면 나노는 개발도상국을 중심으로 폭발적인 반응을 일으킬 것으로 예상되었다. 그러나 출시 이후 나노는 출시 초기의 기대와 달리 판매부진을 겪고 있다. 2009년 출시 이후 2013년 3월까지 누적 판매대수가 229,157대를 기록하였으나, 2013년 3월 판매는 전년 동월 대비 86%가 감소하였다. 나노의 판매부진 원인으로는 마케팅 전략의 문제가 대두되고 있다. 칼 슬림 타타 이사는 "나노의 마케팅이 스쿠터 운전자들을 끌어들이지 못했다"면서 "차량 보유자들은 나노가 모터사이클의 대체라고 여기고 구매를 꺼리고 있다"고 판매부진을 설명하였다.

이러한 판매부진을 해결하기 위해 나노는 프리미엄급 나노를 개발하고 있다. 타타는 프리미엄급 나노의 개발을 통해 다양한 고객층을 확보할 수 있을 것으로 기대하고 있다.

자료원: 매일경제, 2013. 4. 17.

따라서 능동적 저가격전략은 소비자들이 경쟁제품들 간에 품질의 차이가 별로 없다는 생각을 가지고 있을 때 시장 확대를 위해 효과적으로 사용될 수 있다.

수동적 저가격전략은 경쟁자보다 제품이 저급하게 포지셔닝되어 이에 상응하여 저가격을 매기는 전략 아닌 전략이다. 적극적인 차원에서 자사제품을 가격대비 고품질로 포지셔닝하기 위해 가격을 낮게 책정하는 것이 아니라 저품질로 포지셔닝되어 있어 어쩔 수 없이 저가격을 책정하는 것이다. 편의품의 경우, 브랜드 파워가 약한 제품의 가격은 수동적 저가격전략의 차원에서 시장 선도 브랜드에 비해 낮게 책정되기 마련이다.

　　가격에 의해 제품포지셔닝을 할 수도 있고 아니면 단순히 제품포지셔닝에 따라 가격이 책정될 수도 있다. 즉, 가격을 통해 제품의 절대적 고급성이나 상대적 가치를 소비자에게 인식시킬 수 있다. 아니면 소비자가 자사제품에 높은 가치를 부여한다면 이에 맞추어 가격을 책정할 수도 있다. 마케터는 이 양 측면을 잘 고려하여 상황에 따라 가격을 신축적으로 관리해야 할 것이다.

3. 제품믹스(Product Mix)와 가격조정

　　많은 경우 기업은 여러 제품들을 믹스하여 마케팅을 수행한다. 이때 제품믹스 내의 한 제품의 가격은 다른 제품의 시장성과에 영향을 미치게 된다. 가령 제품믹스 내 한 제품의 가격이 그 제품의 시장성과를 향상시킨다 하더라도 그 믹스 내 다른 제품의 시장성과에 부정적 영향을 미칠 수 있다. 이 경우 그 가격은 두 제품 모두의 종합적 시장성과면에서 바람직한 것이 아니다. 마케터는 이같이 제품믹스 내 제품들 간의 관계를 고려하여 각 제품에 대한 가격을 관리해야만 한다.

　　예를 들어, 한 기업의 제품믹스 내 제품들이 서로 **보완재**(complements)인 경우가 많다. 대표적으로 일본 닌텐도社는 콘솔게임기 Wii와 이에 맞는 게임타이틀을 개발해 시장에 내놓았다. 당연히 이 두 가지는 서로 보완적인 관계에 있는 제품이다. 게임타이틀 없이 콘솔게임을 할 수는 없기 때문이다. Wii의 가격이 그리 높지 않으면 그 구매자는 늘어나고 이렇게 되면 게임타이틀의 판매도 많아질 것이다. 닌텐도는 Wii의 값을 비교적 낮게 책정하여 일종의 침투전략을 추구하였다. 반면 게임타이틀의 가격은 그리 싸지 않아 여기서 상대적으로 많은 이익을 남길 것으로 생각된다. 즉, 두 제품 간의 보완적 관계를 잘 이용하여 두 제품에서 거둘 수 있는 총이익을 극대화하는 방향으로 두 제품의 가격을 매기고 관리하는 것으로 판단된다.

　　한편, 제품믹스 내의 제품들이 서로 **대체재**(substitutes)인 경우도 많다. 가령 어느 차회사가 녹차와 둥글레차를 출시하고 있다고 하자. 녹차와 둥글레차는 서로 대체의 관계에 있다고 볼 수 있다. 따라서 녹차의 판매를 늘리기 위해 녹차의 가격을 낮추면 그동안 둥글레차를 마시던 사람들이 상대적으로 비싸진 둥글레차를 마시지 않고 녹차를 마시게 될 수 있다. 이는 곧 **자기시장잠식**(cannibalization)의 문제를 초래하므로 녹차만 생각해 녹차의 가격을 관리할 수는 없다는 것을 의미한다. 그러나 원래 자사의 녹차판매가 둥글레차 판매보다 훨씬 많으며 더욱이 둥글레차를 판매하는 기업이 다수인 경우, 녹차의 가격인하에 따른 녹차 판매량의 증가가 둥글레차 판매량의 감소보다 훨씬 클 수

있다. 이러한 경우는 비록 두 제품이 대체재라 하더라도 녹차의 가격을 인하
할 수 있다.

마케터는 이같은 관계를 감안하여 한 제품보다는 제품믹스 전체의 차원
에서 전략적으로 가격관리 활동을 행해야 할 것이다.

4. 가격변경과 이에 대한 경쟁자와 고객의 반응

기업은 제품 원가가 상승하거나 수요가 공급을 초과하면 가격을 인상할
수 있다. 반면에 생산량 증대에 따라 평균비용이 하락하거나 혹은 공격적으로
시장점유를 높이고자 하면 가격을 인하할 수 있다. 경쟁자들과 소비자들은 가
격의 변경에 매우 민감할 수 있는데 그들의 반응에 따라 성공할 수도 있고 실
패할 수도 있다. 따라서 가격을 변경하는 경우 경쟁자들과 소비자들이 어떻게
반응할 것인지 신중히 예측해야 한다.

(1) 가격인하의 경우

먼저 가격을 인하하는 경우 경쟁자가 같은 수준으로 인하하고 시장수요
가 탄력적이면 점유율은 그대로 유지되면서 시장 전체 판매량과 자사의 판매
량은 늘어날 것이다. 이 경우 시장수요가 가격에 대해 비탄력적이면 시장 전
체 판매량과 자사의 판매량은 그다지 증가하지 않을 것이다. 가격을 인하하는
경우 경쟁자가 가격을 인하하지 않으면 대개의 경우 판매량은 늘어날 것이다.
그러나 이 경우 경쟁자가 가격을 인하하지 않음으로써 소비자들이 자사의 제
품 품질에 비해 경쟁제품 품질을 더 높게 받아들이면 당초의 기대와 같이 판
매량이 증가하지 않는다. 명품 혹은 유명 브랜드의 경우 경쟁제품이 세일하더
라도 가격을 인하하지 않는 경우가 많다. 끝으로, 가격을 인하하면 소비자들
은 그 제품이 잘 팔리지 않거나 더 이상 생산되지 않는 것으로 생각할 수 있
다. 이 경우 판매량은 그다지 증가하지 않을 것이다.

가격을 인하하는 경우 경쟁자가 더 크게 인하하면 가격 전쟁(price wars)
이 발생할 수 있다. 예를 들어, 미국에서 1997년 McDonald's가 $1.90하던
Big Mac을 프렌치프라이와 드링크를 함께 구입하는 경우 55센트에 판매하자
Burger King은 Whopper 가격을 99센트로 낮추었다. 이에 따라 McDonald's
는 다시 25센트로 낮추었다. 국내에서는 과거 망사업자(SKT, KT, LG U+)만이
이동통신서비스를 제공하였으나 근년에 들어 임대망사업자들이 이동통신서
비스 시장에 참여하게 되자 치열한 가격 경쟁으로 이동통신요금이 낮아졌다.
가격 전쟁이 벌어지면 기업들에게는 명백히 부정적인 결과를 초래하지만 소

비자들에게는 유익하다.

(2) 가격인상의 경우

가격을 인상하는 경우도 가격인하의 경우와 유사하게 경쟁자의 반응에 따라 성공할 수도 있고 실패할 수도 있다. 가격인상에 따라 경쟁자도 같은 수준으로 인상하면 점유율은 거의 동일하게 유지될 수 있다. 이 경우 시장수요의 가격탄력성이 낮으면 매출액이 증가하겠지만 가격탄력성이 높으면 매출액이 감소할 수 있다. 그러나 한 기업이 가격을 인상하더라도 경쟁자가 가격을 인상하지 않으면 시장 점유가 낮아질 가능성이 크다. 특히 경쟁자는 가격을 인상하지 않는데 가격 인상폭이 큰 경우 소비자들은 가격인상에 매우 부정적일 수 있으며 이에 따라 판매량은 매우 낮아질 것이다. 결국 한 기업이 가격을 인상하고자 하는 경우 경쟁자도 그 수준 혹은 상당 수준으로 가격을 인상할 것을 예측할 수 있을 때 가격을 인상하는 것이 적절할 것이다. 그러나 만약 고객들이 자사 제품에 대한 충성도(loyalty)가 매우 높다면 경쟁자의 가격인상 여부로부터 영향을 덜 받을 것이다.

 MARKETING INSIGHT: 전략과 일관성 있게 가격을 책정하라

기업의 가격전략은 전체기업차원에서의 전략 및 마케팅전략과 일관성을 이루도록 설정되어야 한다. 가격목표에는 시장확대목표, 수익률확대목표, 기업존속목표 등의 세 가지 목표가 있다. 시장확대목표 하에서 기업은 매출액 증대나 시장점유율 확대 등을 목표로 가격을 결정하게 되며, 수익률확대목표 하에서는 이익을 극대화한다든가, 초기투자액의 조기회수 및 투자수익률의 최적화 등에 관심을 기울이게 된다. 기업존속목표 하에서는 원활한 자금조달이나 극심한 경쟁과 정부규제의 회피, 유통업자와의 갈등 최소화 등을 목표로 가격을 관리하게 된다.

• **시장확대목표**

시장확대목표는 기업이 자사제품의 사용자 수를 늘리거나 사용률을 높이고자 할 때 설정하는 목표이다. 이는 주로 신제품을 출시하거나 새로운 시장을 개척하는 기업이 자주 사용한다. 자주 사용되는 전략은 침투가격을 들 수 있다.

• **수익률확대목표**

이는 기업이 제품의 판매로 인한 이익을 극대화하기 위해 사용하는 전략이다. 주로 고가전략을 사용하는데, 고가전략이란 신제품이 초기에는 고가를 책정함으로써 특정 표적시장만을 목표로 하는 전략이다. 고가전략은 현재 잠재수요가 충분히 형성되어 있고, 소비자들이 가격에 민감하지 않으며, 규모의 경제가 이루어지지 않은 상황에서 기업이 초기에 투자자금을 회수하려 할 때 유용한 전략이다.

• **기업존속목표**

시장의 경쟁이 격화되었거나 소비자 욕구가 급격히 변했을 경우에 자금조달에 어려움을 겪고 있는 기업은 기업존속이 최우선 목표가 된다. 즉, 공장을 계속해서 가동하고 제품재고를 회전시키기 위해 가격을 낮게 책정할 수 있다.

대개의 경우 기업은 동일 표적시장에서 다른 기업과 경쟁한다. 그러므로 가격을 결정할 때는 경쟁자의 가격과 대등하게 할 것인가, 혹은 고가격으로 할 것인가, 혹은 저가격으로 할 것인가를 결정해야 한다.

• **상대적 고가격 전략**

상대적 고가격전략은 자사제품의 가격을 경쟁제품의 가격보다 높게 책정하는 전략으로 자사의 제품이 독특하거나 그 시장에서 명성이 높은 기업일 경우에 사용가능한 전략이다. 적합한 상황으로는,

- 수요의 탄력성이 높지 않을 경우
- 진입장벽이 높아 경쟁기업의 진입이 어려운 경우
- 규모의 경제효과를 통한 이득이 미미할 경우
- 높은 품질로 새로운 소비자층을 유인하고자 할 경우

• **대등가격전략**

기업이 경쟁사의 제품가격과 같거나 거의 비슷한 수준으로 가격을 정하는 것이다. 적합한 상황으로는,

- 시장의 수요가 비탄력적일 경우
- 경쟁기업에 대해 확고한 원가우위를 가지지 못할 경우
- 규모의 경제를 통해 예상되는 이득이 전혀 없을 경우
- 가격책정의 목표가 경쟁기업과 대등한 경쟁력을 갖는 데 있을 경우

• **상대적 저가격전략**

상대적 저가격전략은 경쟁사보다 낮은 가격을 책정함으로써 철저하게 생산규모와 판매량을 늘리는 데 목적이 있다. 이 전략은 수요의 탄력성이 높아 소비자가 가격에 민감한 반응을 보일 때이거나 기업이 진출하려고 하는 시장에 경쟁기업의 수가 많을 경우에 사용될 수 있는 전략이다. 적합한 상황으로는,

- 시장수요의 가격탄력성이 높을 때
- 원가우위를 확보하고 있어 경쟁기업이 우리 가격만큼 낮추기 힘들 때
- 시장에 경쟁자의 수가 많을 것으로 예상될 때
- 소비자들의 본원적인 수요를 자극하고자 할 때

자료원: *머니투데이*, 2011. 4. 12.

제**12**장 촉진관리

한곳에서만 정보를 얻으려는 소비자는 없다. 따라서 마케터는 광고, PR, 판매원, 판촉, 패키지 등 다양한 촉진수단들을 통합적으로 사용해야 한다(통합적 마케팅 커뮤니케이션; Integrated Marketing Communications).

– Don E. Schultz, Stanley I. Tannenbaum, and Robert F. Lauterborn

Marketing

소비자로 하여금 제품을 알게 하고, 그에 대한 호의적 태도를 갖게 하여 궁극적으로 제품을 구매하도록 하게끔 만드는 커뮤니케이션 활동을 촉진이라고 한다. 촉진의 중요성은 많은 연구논문들에 의해서 밝혀져 왔다. 가령 중요한 촉진활동의 하나인 광고에 대한 지출은 시장점유율과 높은 정(+)의 상관관계가 있는 것으로 밝혀졌다.[1] 또 하나의 중요한 촉진활동인 판매촉진에 대한 지출도 마찬가지로 시장점유율과 정(+)의 상관관계가 있는 것으로 나타났다.[2] 결국 경쟁자보다 많이 팔려면 그만큼 많고 더 효율적인 촉진활동이 필요하다고 할 수 있다.

학|습|목|표

1. 촉진의 의의를 이해한다.
2. 커뮤니케이션과정 모형을 학습한다.
3. 기업의 촉진수단 관리에 대해 학습한다.
4. 기업의 광고관리에 대해 이해한다.

---

1) 현용진, "광고와 독점적 경쟁력의 관계에 대한 실증적 연구," *소비자학연구*, 4(2), 1993, pp. 97–112.
2) John Sutton, *Sunk Cost and Market Structure*, MIT Press, Cambridge, MA, 1991.

학습목표 1: 촉진의 의의

마케팅에서 **촉진**(promotion)은 기업이 표적고객으로부터 원하는 반응을 얻기 위해 의도된 설득메시지를 인적 혹은 비인적 매체를 통해 커뮤니케이션하는 행위이다. 다시 말해, **제품의 존재를 현재 또는 잠재고객들에게 알리고, 제품을 구매하도록 설득하며, 구매를 유도할 수 있는 여러 가지 동기를 부여하는 활동**이다. 이러한 이유로 촉진을 **마케팅 커뮤니케이션**(marketing communication)이라고도 한다. 촉진의 효과가 어떤 단계로 나타나는가는 경우에 따라 다르지만, 기본적인 단계는 다음과 같다. 첫째, 소비자에게 제품에 관한 정보를 제공하여, 소비자가 제품에 대해 알게 한다(**인지**). 다음으로 제품에 대해 호의적인 태도를 가지도록 한다(**감정**). 최종적으로 제품의 구매를 이끌어낸다(**행동**). 촉진효과의 단계에 대해서는 학습목표 2(청중의 반응)에서 자세히 다룬다.

학습목표 2: 커뮤니케이션과정 모형

소비자에게 제품을 알리고 그 구매를 설득한다는 측면에서 촉진은 하나의 커뮤니케이션 활동으로 이해될 수 있다. 커뮤니케이션 활동은 [그림 12.1]에서 볼 수 있듯이 여섯 단계로 진행된다. **정보제공자**는 정보를 **부호화**(encoding)하여 메시지를 작성한다. 그리고 이 메시지를 적절한 **채널**(channel)을 통하여 **표적청중**(target audience)에게 전달한다. 표적청중은 메시지를 **해독**(decoding)하여 긍정적이거나 부정적인 **반응**(responses)을 나타내게 되는데, 이러한 반응은 **피드백**(feedback) 과정을 통하여 다시 정보제공자에게 전달된다. 그리고 이 전달된 반응은 다음의 커뮤니케이션에 반영된다. 그런데 이러한 커뮤니케이션과정에 여러 가지 요인들이 **노이즈**(noise)로서 작용하여 정보제공자의 의도대로 전달되지 않을 수 있다.

이러한 커뮤니케이션과정은 광고에 의한 커뮤니케이션 외에도 판매원에 의한 커뮤니케이션, 홍보에 의한 커뮤니케이션, 그리고 판매촉진 수단에 의한 커뮤니케이션에 모두 적용된다. 또한 마케팅의 범위를 넘어 모든 커뮤니케이션에도 적용된다. 예를 들어, 교수는 학생들을 대상으로 강의를 하는데 이때 자신이 전수하고자 하는 지식을 말과 글로써 학생들에게 전하고 학생들은 교수의 강의를 듣고 이해를 한다. 교수는 학생들의 강의 수용 정도를 시험을 통해 측정한다(피드백). 시험결과는 교수의 다음 강의에 반영된다. 수업시간에

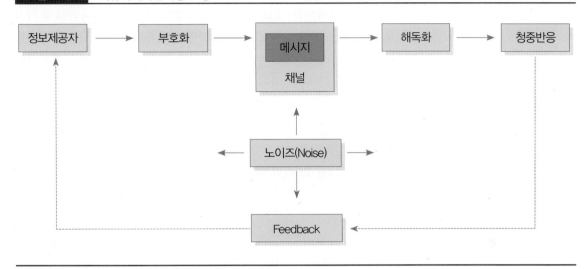

그림 12.1 커뮤니케이션과정 모형

늦게 오는 학생들은 노이즈를 발생시킨다.

어떤 커뮤니케이션이든지 정보제공자는 커뮤니케이션을 위하여 다음의 사항들을 유의해야 한다. 즉, 정보제공자는 먼저 어떤 청중에게 메시지를 전할 것이며 또한 어떤 반응을 얻기를 원하는지 결정해야 한다. 이에 따라 자신이 전달하고자 하는 메시지를 표적청중이 해독할 수 있도록 부호화해야 한다. 그 다음으로 표적청중에게 도달할 수 있는 매체(채널)를 통해 그 메시지를 전달해야 한다. 그리고 청중의 반응을 알 수 있도록 피드백채널을 개발해야 한다. 예를 들어, 광고효과의 주기적 측정은 청중의 반응을 조사하는 것이다.

한편, 표적청중은 정보제공자의 의도대로 메시지를 제대로 수용하지 않을 수 있는데, 그 이유는 다음과 같은 세 가지로 요약할 수 있다.

첫째, **선택적 주의**(selective attention): 소비자들은 매일 수없이 많은 상업 메시지에 노출된다. 그러나 그 많은 메시지들 중 관심 있는 일부 메시지에만 주의를 기울인다. 따라서 마케터는 가급적 표적소비자의 주의를 유발할 수 있도록 메시지를 제작해야 한다.

둘째, **지각적 왜곡**(perceptual distortion): 소비자는 자신에게 유입되는 메시지를 자신의 신념체계에 맞추어 변형시켜 이해한다. 즉, 정보제공자의 의도와는 다르게 이해하거나, 원래 제시되지 않은 내용을 임의로 추가하여 이해하거나, 제시된 내용을 누락시켜 이해하기도 한다. 따라서 마케터는 메시지 초점(main point)을 명확히 전달할 수 있도록 해야 한다.

셋째, **선택적 보존**(selective retention): 선택적 보존은 소비자가 단기기억

(short-term memory)에서 처리한 메시지 정보를 장기기억(long-term memory)으로 이전시켜 저장시키는 것을 말한다. 소비자가 메시지에 설득되어 호의적 브랜드 태도를 형성하더라도 이를 장기기억에 저장시키고 제품구매시 인출할 수 있어야 그 브랜드는 선택될 수 있다. 그런데, 현실에서 소비자가 처리하는 메시지 정보 중 일부만이 장기기억에 이전되어 저장된다. 마케터는 소비자에게 전하는 메시지를 소비자가 장기기억에 보다 잘 저장할 수 있도록 해야 한다. 예를 들어, 반복광고는 관여도가 낮은 소비자가 그 브랜드를 보다 잘 기억하도록 하기 위한 것이다.

이하에서는 [그림 12.1]의 내용을 구체적으로 설명한다.

1. 정보제공자

정보제공자는 메시지를 보내는 주체로서 마케팅 커뮤니케이션에서 그 주체는 기업이다. 정보제공자의 역할을 효과적으로 수행하기 위해 기업이 고려해야 될 사항들은 다음과 같다.

첫째, **커뮤니케이션 목표**를 명확하게 결정해야 한다. 가령, 자사 브랜드에 대해 소비자가 잘 인지하고 호의적인 태도를 가지고 있지만 그에 상응한 만큼 잘 구매를 하지 않는다면, 촉진활동은 그러한 인지와 태도를 갖는 소비자가 실제로 자사 브랜드를 구매할 수 있도록 하는 데 그 목표를 두어야 할 것이다. 반면 소비자가 아직 자사 브랜드를 잘 인지하지 못해 매출이 부진하다면 촉진활동은 먼저 브랜드 인지도 제고에 목표를 두어야 할 것이다.

둘째, 촉진활동의 대상이 되는 **표적청중**을 명확하게 결정해야 한다. 일반적으로 표적소비자가 될 가능성이 있는 사람이 표적청중으로 결정될 것이다. 가령 표적소비자가 40대 남녀인데 40대 남자에 대한 광고는 경제신문에 게재되고 40대 여자에 대한 광고는 여성잡지에 게재된다고 하자. 이 경우 신문광고의 표적청중은 40대 남자이고 잡지광고의 표적청중은 40대 여자가 된다. 이 같이 표적청중은 표적시장보다 작은 범위로 한정될 수 있다.

셋째, 메시지전달의 역할을 직접적으로 수행

태그호이어

태그호이어는 F1 챔피언 루이스 해밀턴을 광고모델로 하여 정보제공자의 전문성과 진실성을 높이고자 하였다.

하는 자(예를 들어, 광고모델, 판매원)의 특징을 고려해야 한다. 이러한 특징으로서 **메시지 전달자**의 전문성(expertise), 진실성(trustworthiness), 호감도(likability) 등이 있다. 금융기관의 광고에 출연하는 유명한 펀드매니저나 경영자는 **전문성**과 **진실성**을 갖춘 전달자로 받아들여져 보다 높은 설득력을 얻을 수 있다. 메시지 전달자에 대한 **호감도**는 제품에 대한 관여도가 낮은 소비자에게 큰 영향을 미치는 경향이 있다. 이는 제품에 관여도가 낮은 소비자의 경우, 전달자에 대한 호감은 제품에 대한 호의적 태도로 전이(transfer)될 수 있기 때문이다.

반면에 제품에 관여도가 높은 소비자의 태도는 메시지 전달자보다 제품의 속성이나 품질에 대한 평가로부터 영향을 받는다. 메시지 전달자의 진실성과 호감도는 광고 이외의 매체에서도 중요하다. 예를 들어, 제품을 소개하는 과정에서 판매원이 진실해 보이고 호감을 준다면, 그의 커뮤니케이션은 보다 설득력이 있을 것이다. 또한 판매원이 전문적 지식을 갖추어 객관적 근거에 따라 논리적으로 제품을 소개한다면, 고객들의 제품에 대한 반대의견을 줄일 수 있을 것이다.

2. 부호화(Encoding)

부호화란 전달할 내용을 시각/청각적, 언어/비언어적 부호나 상징으로 표현하는 것으로 메시지제작을 의미한다. 효과적인 메시지를 만들기 위해서는 소구방식, 메시지 구조, 메시지 양식의 세 가지 요소가 고려되어야 한다.

(1) 소구방식

소구방식이란 제품과 관련된 소구점과 아이디어 등을 말한다. 소구방식에는 여러 가지가 있는데 대표적인 방식으로 이성적 소구(rational appeals)와 감성적 소구(emotional appeals)가 있다.

이성적 소구는 속성 혹은 편익을 구체적으로 제시하여 제품의 우수성을 합리적으로 전달하는 방법이다. 예를 들어, 기아자동차 K9 광고에서는 헤드업 디스플레이, 운전자세 메모리 시스템, 앞좌석 냉난방 통풍시트 사양이 모든 트림에 적용되었다는 특징을 구체적으로 제시하였다.

감성적 소구는 따뜻함, 유머, 즐거움, 공포심 등의 감정을 유발하여 소비자들을 설득하려는 것이다. 예를 들어, 발렌타인 30년산 광고에서는 카피없이 발렌타인 30년산이 미술전시관의 액자에 그려져 있는 모습을 제시하여 발렌타인 30년산의 가치를 예술품과 같이 표현하였다. 일부 보험회사 영업사원들

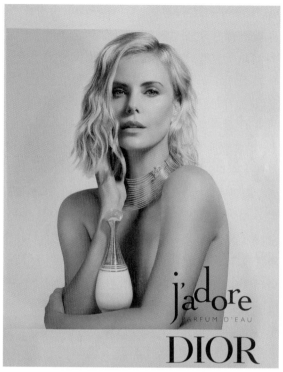

캐터필라 넥 라이트의 이성적 소구광고

목에 걸어 사용하는 라이트로 야외활동 및 어두운 환경에서 사용하기 적합함을 이성적으로 제시하고 있다.

디올 자도르의 감성적 소구광고

광고모델인 샤를리즈 테론이 자도르의 시그니처 패턴과 동일한 목걸이를 착용하여 자도르가 최고급 향수임을 감성적으로 표현하였다.

은 암보험 혹은 재해보험을 권유할 때 먼저 공포심을 조성한다. 이들도 역시 공포라는 감정을 중점적으로 이용하는 것이다.

(2) 메시지 구조

메시지 구조(message structure)는 메시지상의 전달내용 구성을 말한다. 메시지 구조와 관련하여 고려할 사항은 메시지의 주장측면(sidedness), 내용제시 순서(order of presentation), 그리고 결론도출성(conclusion drawing)이다.

기업은 통상 자사제품의 장점만을 나타내는 **일면적 메시지**(one-sided message)를 제시하지만 경우에 따라서는 장점과 아울러 단점을 함께 제시하는 **양면적 메시지**(two-sided message)를 이용하기도 한다. 가령 교육수준이 높고 자사제품에 대한 기존태도가 부정적인 청중에게 장점만을 제시하는 일면적 메시지는 쉽게 거부될 수 있지만, 장점과 함께 단점을 제시하는 양면적 메시지는 신뢰감을 주어 효과적으로 수용될 수도 있다. 특히 시장의 후발업체인 경우, 장점과 단점을 함께 제시하는 양면적 메시지는 청중의 주의를 더 끌 수 있고 신뢰감을 줄 수 있다. 이는 판매원을 통해 제품이나 서비스를 소개하는 경우에도 마찬가지이다. 그러나 대부분의 기업은 단점을 나타냄으로써 촉진효과가 떨어질 것으로 염려하기 때문에 양면적 메시지의 제시를 꺼리고 있다.

메시지의 핵심내용이 처음에 제시되는지 아니면 마지막에 제시되는지에 따라 커뮤니케이션 효과는 달라질 수 있다. 한 연구에 따르면 소비자는 처음에 제시된 내용으로부터 강한 인상을 받는 반면에, 끝에 제시된 내용을 보다 더 오래 기억한다. 이에 따르면 제품특징들 중에서 특히 강조하고자 하는 특징은 처음에, 그리고 청중에게 반드시 기억시키고자 하는 브랜드명 등은 끝에 제시하는 것이 바람직할 것이다.

메시지 구조에 있어서 또 하나 중요하게 고려할 점은 청중에게 메시지의 결론을 명확하게 제시할 것인지, 아니면 청중이 스스로 결론을 내리도록 하는지에 관한 것이다. 일반적으로는 명확히 결론을 제시하는 것이 더 효과적이다. 그러나 청중의 지식수준이 높거나 메시지에 대한 관여도가 높은 경우에는 청중에게 스스로 결론을 내리도록 하는 것이 더 효과적일 수 있다. 이는 청중이 결론을 내리는 과정에서 그 제품에 대해 더욱 깊게 생각하게 되고 이에 따라 정보가 장기기억에 보다 잘 저장되기 때문이다.

파타고니아의 양면메시지 전략
아웃도어 전문브랜드인 파타고니아는 "지구를 위해 이 자켓을 사지 마세요"라는 양면적 메시지를 사용하고 있다. 이를 통해 소비자에게 파타고니아가 환경친화적 기업임을 강조하고 있다.

MARKETING INSIGHT: 양면메시지 전략: 솔직성의 법칙

'솔직성의 법칙'이라는 게 있다. '스스로 부정적이라는 것을 인정할 때 잠재고객은 당신을 긍정적으로 평가할 것'이라는 게 이 법칙의 기초다. 그동안 기업들은 '다른 제품과 비교해 이 제품이 더 뛰어나고 좋다'는 식의 마케팅에 초점을 맞췄다. 가격과 성능, 디자인 등 차별성을 부각시키는 마케팅 방식이다. 하지만 솔직성의 법칙은 역발상을 통해 소비자 신뢰를 얻고 시장 점유율을 높일 수 있는 전략임에도 이를 시도한 기업은 많지 않았다. 자기 제품의 약점이나 치부를 드러내는 것은 기업에게 금기나 마찬가지이기 때문이다.

다국적 식품기업인 마스(Mars Inc.)가 최근 자사 파스타 소스 제품인 돌미오(Dolmio)에 '섭취 권장 빈도'를 표시하는 계획을 발표했다. 전 세계적으로 비만이 큰 이슈가 되면서 지나친 섭취는 몸에 해롭다는 점을 스스로 공개하겠다는 것이 마스의 의도다. 마스는 한국에도 널리 알려진 '스니커즈'(Snickers)와 엠엔엠(M&M's)을 생산하는 기업이다. 마스는 제품에 '매일'(everyday), '가끔'(occasional) 등 두 종류의 권고 라벨을 부착할 계획이다. 돌미오 소스에는 해바라기 오일 등 지방과 소금, 설탕 등 성분이 많이 들어 있고 영양도 충분하기 때문에 '가끔'이라는 라벨이 붙는다. 또 홈페이지에 소비자 가이드라인을 게재하고 소비자가 무엇을 먹게 되는지 알도록 제품 상세 정보도 공개한다.

자료원: *매일신문*, 2016. 4. 17.

(3) 메시지 양식

메시지 양식(message format)은 전달내용을 표현하기 위해 상징이나 부호를 어떻게 사용하는지에 관한 것이다. 촉진활동을 위하여 사용되는 상징이나 부호는 사용수단 측면에서 언어적인 것과 비언어적인 것, 그리고 지각하는 감각기관 측면에서 시각적인 것과 청각적인 것으로 분류할 수 있다.

효과적으로 사용된 **언어적**(verbal) 상징이나 부호는 메시지의 핵심을 전달할 뿐만 아니라 회상(recall)과 재인(recognition)을 증가시킬 수 있다. 특히 감성적 소구보다 **이성적 소구**를 하고자 할 때 언어적 메시지를 적절히 사용하는 것은 매우 중요하다. 가령 대웅제약 우루사의 '간 때문이야~'이라는 언어적 표현은 청중에게 간기능 회복제의 필요성을 전달하면서 그 언어적 표현상의 특징 때문에 메시지에 대한 회상과 재인을 높일 수 있다. 많은 정보를 제시할 필요가 있는 컴퓨터 같은 제품은 언어적 표현이 많이 필요하며, 이 경우 언어적 상징이나 부호의 효과적인 사용은 매우 중요하다.

비언어적(nonverbal) 메시지는 전달내용이 상징적이거나 감정중심적일 때 효과적으로 사용될 수 있다. 즉, **감성적 소구**를 하고자 할 때 비언어적 메시지는 매우 효과적일 수 있다. 가령, 향수의 상징적 속성을 표현하는 데 언어적 메시지는 비효과적일 수 있다. 이 경우 어떤 물체의 모습을 적절한 색조에 따라 보여줌으로써 청중에게 그러한 상징적 속성을 효과적으로 전달해 줄 수 있다. 의미를 전달하기 위한 비언어적 상징이나 부호는 보통사람들이 쉽게 이해할 수 있는 일반적인 의미를 가져야 한다. 비언어적 상징이나 부호로 흔히 쓰이는 것에는 표정, 몸짓, 음악, 색채, 그림 등이 있다.

메시지 구성을 위해 사용되는 상징이나 부호는 **청각적**인 것과 **시각적**인 것으로 나눌 수 있다. 촉진활동의 상황에 따라 때로는 청각적인 메시지가 시각적인 것보다 효과적일 수도 있고 그렇지 않을 수도 있다. 하나의 예로서, 소비자 정보처리이론에 따르면 소비자는 일정시간 내에 청각적인 정보보다 시각적인 정보를 더 많이 처리할 수 있다고 한다. 따라서 만약 한 가지 메시지를 통해 청중에게 전달하고자 하는 정보가 많을수록 시각적인 메시지의 구성이 더 효과적일 수 있다.

동아제약 베나치오
언어적 메시지를 사용한 동아제약의 베나치오 광고

3. 커뮤니케이션 채널 (Communication Channels)

촉진에서 사용하는 **커뮤니케이션 채널**은 광고, PR, 판매원, 판매촉진, 패키지, 직접마케팅 등 다양하다. 표적청중의 특성은 채널선택에 영향을 미친다. 예를 들어, 표적청중이 개인이 아닌 기업인 경우, 광고보다는 판매원이 더 효과적인 경향이 있다. 광고의 경우, 제품의 특성이나 메시지 내용, 구조, 양식에 따라 채널 형태를 달리할 필요가 있다. 예를 들어, 전달해야 하는 메시지 내용이 많을 경우 TV나 라디오보다는 신문이나 잡지와 같은 인쇄매체가 더욱 효과적일 것이다. 또, 의류같이 시각적 의미를 전달해야 하는 제품은 라디오나 신문보다는 TV나 잡지를 이용하는 것이 더욱 효과적일 것이다. 따라서 메시지를 개발할 때는 이용하려는 채널의 특성을 고려해야 한다. 커뮤니케이션 채널에 대한 내용은 학습목표 3의 촉진수단의 관리에서 더 상세히 기술된다.

4. 해독화 (Decoding)

청중은 **해독화**의 단계에서 메시지의 부호나 상징을 자신의 경험이나 지식에 근거해서 이해하게 된다. 청중인 소비자는 수많은 메시지를 접하게 되어 메시지가 해독하기 어려울 경우 메시지를 이해하려고 애쓰기보다는 흔히 무시하고 지나치게 된다. 또한 대부분의 소비자들은 제시되는 메시지에 낮게 관여되어 주의를 하지 않기도 한다. 따라서 메시지는 해독화과정을 고려하여 표적청중이 이해하기 쉬운 부호로 그리고 흥미롭게 구성되어야 한다. 청중이 자사의 메시지를 제대로 해독할 때 정보제공자가 원하는 커뮤니케이션 목표(인지도 제고, 브랜드 태도의 향상 등)의 달성을 기대할 수 있다.

5. 청중의 반응 (Responses)

해독한 메시지에 대한 **청중의 반응**은 여러 가지로 나타날 수 있다. 첫째, 청중은 메시지에 담긴 정보를 토대로 제품의 개괄적 특성과 브랜드명 등을 인지(awareness)하고 나아가 제품에 대한 구체적 지식(knowledge)을 가질 수 있다. 둘째, 제품지식에 기초해 제품에 대해 호의적 혹은 비호의적 태도 (attitude)가 형성되며, 이에 따라 선호(preference)가 결정될 수 있다. 셋째, 선호 여부는 다시 구매의도(purchase intention) 여부로 이어지며 이는 구매행동에 영향을 미칠 수 있다. 이 단계들은 [그림 12.2]와 같은 **계층적 커뮤니케이션효과 모형**(hierarchy of communication effects)으로 나타낼 수 있다.[3]

그런데 **인지/지식 → 태도/선호 → 구매의도/구매**의 관계는 소비자가

그림 12.2 **계층적 커뮤니케이션효과 모형**

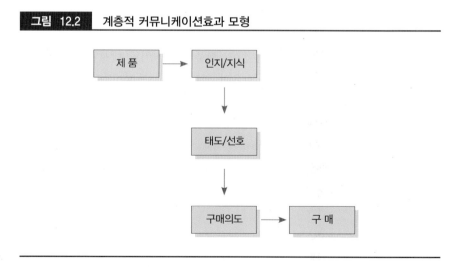

---

3) Michael L. Rothschild, *Marketing Communications*, Lexington, MA: D.C. Heath and Company, 1987.

주로 고관여 상태에 있을 때의 커뮤니케이션효과 단계이며, 소비자가 저관여 상태에 있을 때는 다른 과정을 거치는 경우가 많다. 즉, 청중은 제품지식이 그다지 없더라도 제품에 대한 호감과 선호를 갖게 될 수가 있으며, 또한 호감과 선호가 없이도 단순한 제품인지가 구매행동으로 이어질 수도 있다.

예를 들어, 광고에 대한 태도(ad attitude)는 제품태도(brand attitude)로 전이될 수 있는데, 이 경우 소비자는 제품의 품질을 잘 알지 못하면서도 광고를 좋아하게 되면 제품에 대해 호감을 가질 수 있다. 이는 소비자가 제품에 대해 낮게 관여되어 있는 경우나 혹은 어린이나 청소년들에게서 잘 나타나는 현상이다. 한편, 시장이나 수퍼마켓에서 일상용품을 구매할 때 제품이 좋은지 나쁜지도 잘 모르면서(즉, 충분한 제품지식이 없음) 광고에서 많이 보거나 들은 브랜드의 제품에 쉽게 손이 가는 경우가 많이 있다. 이는 인지가 바로 구매행동으로 연결됨을 의미한다.

6. 피드백(Feedback)

피드백은 청중의 반응이 정보제공자에게 전달되는 것을 말한다. 이것은 커뮤니케이션 과정의 마지막 단계와 처음 단계를 연결시켜준다. 피드백 과정을 통하여 정보제공자는 커뮤니케이션 활동이 당초의 커뮤니케이션 목표를 달성하였는지 평가해야 한다. 예를 들어, 자사 제품에 대한 인지도가 낮아 인지도 제고가 주된 목표였다면 인지도가 얼마나 향상되었는지를 평가해야 한다. 만약 목표를 달성하지 못했다면 그 원인을 규명하여야 한다. 이러한 피드백의 결과는 차기의 커뮤니케이션 활동에 반영된다.

7. 노이즈(Noise)

노이즈란 커뮤니케이션과정의 각 단계에서 정보의 전달을 방해하는 모든 요인들을 말한다. 가령 같은 시간대에 방영되는 다른 제품의 광고는 자사 광고의 효과를 감소시킨다. 또한 소비자가 광고정보를 처리할 때 주변의 소음과 방해 등은 노이즈로 작용할 수 있다. 커뮤니케이션과정의 각 단계가 잘 집행되더라도 노이즈가 심하면 정보전달은 잘 이루어지지 않는다.

학습목표 3: 촉진수단의 관리

전체 촉진예산이 결정되면 각 촉진수단에 대한 전략을 수립하고, 각각의 세부 목표와 전략에 상응한 예산이 할당된다. 촉진전략을 수행하기 위한 수단들은 다음과 같이 분류할 수 있다: (1) 광고, (2) PR, (3) 인적판매, (4) 판매촉진(판촉), (5) 패키지, (6) 다이렉트 마케팅(direct marketing). 최근에는 **구전(WOM)**도 중요한 촉진수단으로 고려되고 있다. 각 촉진수단에 대한 전략은 전체 촉진관리의 목표를 효과적으로 달성할 수 있도록 조정되어야 하며, 촉진믹스들은 상호보완적이어야 한다. 예를 들어, 광고는 인적판매를 증가시키는 데 도움을 주어야 하고, 인적판매는 광고효과를 증대시킬 수 있도록 관리되어야 한다.

촉진전략은 제조업자 입장에서 촉진의 주 표적을 누구로 하느냐에 따라 푸쉬(push)전략과 풀(pull)전략으로 구분할 수 있다. **푸쉬전략**은 유통경로상의 구성원들이 각각 다음 단계의 구성원들을 설득하는 촉진활동으로서 제조업자는 유통업자를, 유통업자는 소비자를 설득하여 최종 구매를 유발하는 방법이다. **풀전략**은 제조업자가 소비자의 수요를 직접 자극하여 소비자가 자사브랜드를 선택하여 구매하도록 하는 방법이다. 이 중에서 푸쉬전략의 경우에는 주로 인적판매가, 그리고 풀전략의 경우에는 주로 광고와 PR이 이용된다.

1. 광고

광고(advertising)는 특정 광고주(sponsor)가 대가를 지불하고 제품 혹은 서비스를 비인적 매체(nonpersonal media)를 통해 널리 알리고 구매를 자극하는 촉진활동을 말한다. 일반적으로 광고는 구매자에게 제품에 관한 정보를 제공하고, 제품구매를 설득하며, 구매자가 자사제품을 기억할 수 있도록 하기 위해 수행된다. 그리고 광고는 신문, TV, 잡지, 라디오, 인터넷 등의 다양한 매체를 이용한다. 광고는 가장 중요한 촉진수단이므로 학습목표 4에서 별도로 다룬다.

2. PR

PR(public relations)은 기업이 소비자가 속해 있는 지역사회나 단체 등과 긍정적인 관계를 개발하여 자사나 자사제품에 대한 긍정적 이미지 형성을 통하여 장기적으로 제품 판매를 증대시키고자 하는 노력이다. PR활동 중 가장

Push 전략

유통경로상의 구성원들이 각각 다음 단계의 구성원들을 설득하는 촉진활동

Pull 전략

제조업자가 소비자의 수요를 직접 자극하여 소비자가 자사브랜드를 선택하여 구매하도록 하는 방법

광고

특정 광고주가 대가를 지불하고 제품 혹은 서비스를 비인적 매체를 통해 널리 알리고 구매를 자극하는 촉진활동

PR

기업이 소비자가 속해 있는 지역사회나 단체 등과 긍정적인 관계를 개발하여 자사나 자사제품에 대한 긍정적 이미지 형성을 통하여 장기적으로 제품 판매를 증대시키고자 하는 노력

마케팅 사례: '트윗 하나로 추락할 수도' 기업 평판 관리 팁

"끔찍한 서비스!" "내 데이터를 소중하게 생각하지 않는다." "돈벌이에만 관심이 있다" 등등. 온라인이나 오프라인에서 이런저런 이유로 평판이 엉망이 된 기업에 대해 자주 듣는 소리다.

삼성의 모바일 사업 부문은 갤럭시 노트7 발화 사고에 따른 리콜로 이익의 98%가 사라졌다. 스마트폰은 삼성의 핵심 사업 부문이기 때문에 이 사고로 삼성의 이익은 30%가 감소하면서 2년간 최저치로 급락했다. 하지만 삼성은 대대적인 PR캠페인 등 브랜드에 대한 신뢰도를 다시 구축하려는 노력을 시작했다. 싱가포르에 있는 프리셔스 커뮤니케이션스(PRecious Communications)를 설립한 라 르스 보에디쉬는 "삼성전자는 판매를 중단하고 리콜을 시작하는 적절한 조처를 했다. 아주 중요한 조치였다. 사실 이런 상황에서 취할 수 있는 유일한 합리적 조치였다"고 말했다.

2018년 2분기 기준, 삼성은 여전히 스마트폰 시장 점유율 1위 자리를 유지하고 있으며, 중국 경쟁사에 훨씬 더 앞서 있다. 이는 삼성의 평판복구 노력과 결과를 브랜드 관리 '교본'의 한 장으로 만들었다. 그러나 평판에 초래된 결과는 이익에 미치는 영향을 훨씬 넘어선다. 삼성 사례에서 확인했듯 회사에 대해 주주와 고객의 신뢰도, 대중의 브랜드에 대한 이미지에 영향을 미친다. 그뿐만 아니라 경쟁 가열 및 경쟁력 약화, 이사진과 임원의 책임 문제, 조직 내 비윤리적 행동이 만연하는 문제 등 다른 위험을 초래할 수도 있다. -중략-

트윗 하나 때문에 기업 평판과 이미지가 훼손될 수 있는 시대다. 이런 시대에 평판 위험을 관리할 때 고려해야 할 중요한 사항은 옳은 가치를 추구하는 것을 존중하는 문화조성이다. 소비자의 프라이버시 보호를 명확히 천명하고, 실제 프라이버시 보호 행동을 투명하고 일관되게 적용하는 브랜드는 소비자와의 '정서적 연결성'을 구축하게 될 것이다. 또한 이를 통해 그 브랜드의 가치는 강화될 것이다.

자료원: http://www.ciokorea.com/news, 2018. 9. 7.

전형적인 것으로 홍보를 들 수 있다. **홍보**(publicity)는 언론을 이용하여 자사의 활동을 알리는 것이다. 언론은 기사거리로 기업활동을 전달하는데, 한 예로서 기업의 양로원이나 보육원에 대한 기증행위가 신문이나 TV뉴스에 보도되는 것을 들 수 있다. 또는 신제품의 개발소식을 언론이 보도하는 것도 홍보의 일종이다. 언론기관들이 히트상품을 선정하여 발표하는 것도 홍보로서 큰 역할을 한다. 이 경우 그 보도에 따라 소비자의 수요가 자극될 수 있다.

홍보는 두 가지의 중요한 특징을 갖는다. 첫째, 홍보는 광고와 달리 매체에 실린 홍보메시지에 대해 기업이 그 비용을 지불하지 않는다. 둘째, 홍보는 주관적인 정보를 제공하는 광고와는 달리 뉴스기사 형태의 객관적인 정보를 제공하기 때문에 신뢰성이 높다. 뉴스기사 형태의 기사는 소비자가 비교적 신뢰하기 때문에 제품판매의 증가를 가져올 수 있다. 홍보 이외의 PR활동들로는 사보발간, 기업이미지제고의 행사(event) 개최와 같은 것들을 들 수 있다.

> **홍보**
> 언론을 이용하여 자사의 활동을 알리는 것

3. 인적판매

인적판매(personal selling)는 판매자가 가망구매자에게 메시지를 직접 전달하는 촉진형태이다. 인적판매는 다른 유형의 촉진과는 달리 판매원이 고객의 필요, 표정, 반응에 맞추어서 즉석에서 커뮤니케이션을 할 수 있다는 점에서 융통성이 있는 촉진수단이다. 인적판매과정은 크게는 준비, 설득, 판매후 서비스의 세 단계로 나눌 수 있으며, 세부적으로는 일곱 단계로 나눌 수 있다: (1) 준비 – 고객예측, 사전접근, (2) 설득 – 접근, 제품소개, 반대의견에 대한 대응, 구매권유, (3) 판매후 서비스 – 사후관리.[4]

(1) 고객예측

인적판매의 첫 번째 과정은 판매가망성이 있는 고객을 예측하는 (prospecting) 것이다. 특정 소비자가 자사제품이나 서비스에 대한 욕구를 가지고 있는지, 구매할 수 있는 경제력이 있는지, 구매결정을 할 권한이 있는지 등을 알아내는 것이다. 잠재소비자를 찾는 방법은 여러 가지이다. 효과적인 방법 중의 하나는 눈덩이가 계속 굴러서 커지는 원리를 이용한 방법이다(**스노우볼 효과**; snowball effect). 이 방법은 한 번 거래를 맺은 소비자가 다른 소비자를 판매원에게 소개시켜 주도록 만드는 것이다.

(2) 사전접근

사전접근(pre-approach)이란 효과적인 고객예측을 위한 추가적인 정보를 얻는 과정이다. 즉, 예측고객에 대한 실제접근을 용이하게 만들기 위한 최적의 방법을 강구하고, 이 방법을 실행하기 위해 필요한 정보를 얻는 과정이다. 판매의 중요성에 따라 사전접근에 소요되는 시간이나 비용이 결정된다. 그 중요성이 커질수록 비용이나 시간은 더 들어갈 것이다.

(3) 접근

접근(approach)은 고객이 될 만한 소비자의 주의와 흥미를 이끌어내어 그들이 다음 단계인 판매원의 제품 소개를 접하고 싶게 만드는 과정이다. 이에는 여러 가지 방법이 사용되는데, 일반적으로 자주 시도되는 방법은 판매원의 이름과 기업을 말하는 것이다. 이때 물론 제품소개도 함께 사용된다.

---

4) Frederick A. Russell, Frank H. Beach, and Richard H. Buskirk, *Textbook of Salesmanship*, 10th ed., New York: McGraw-Hill, 1977.

(4) 제품 소개

제품 소개(presentation)는 표적고객에게 제품의 속성이나 편익에 대한 정보를 전달하여 표적고객이 제품을 구매하고 싶은 욕구가 발생하도록 만드는 것이다. 이 경우 제품을 실제로 보여주면서 그 속성이나 편익을 설명하는 것이 바람직하다.

(5) 반대의견에 대한 대응

제품을 판매하려 할 때 표적고객은 반대의견을 제시할 수 있다. 판매원은 이러한 의견을 신중히 들어야 한다. 이때 논쟁은 피하고 가급적 명확하고 근거 있는 정보를 이용하여 대응해야 한다.

(6) 구매권유

구매권유단계(close)는 표적고객이 제품에 대해 어느 정도 긍정적 태도를 가진다고 판단될 때 실행하는 것이 바람직하다. 그러나 그 시점을 알기는 쉽지 않다. 판매원은 표적고객이 제품을 구매할 준비가 되었음을 파악하는 데 민감해야 한다.

(7) 사후관리

판매과정은 주문을 받는 것으로 끝나는 것이 아니다. 판매원은 계산서 발행, 운반, 설치, 사용방법안내 등을 세밀히 하고 사용 중에 발생할 수 있는 문제점들을 해결하기 위해 사후관리(follow-up)를 해야 한다. 성의 있는 사후관리는 고객의 만족도를 높여주고 제품의 반복구매를 유도할 수 있다.

4. 판매촉진

판매촉진(sales promotion; **판촉**)은 소비자와 유통업자의 수요를 자극하는 광고, PR, 인적판매, 패키지, 그리고 다이렉트 마케팅 이외의 모든 촉진활동을 말한다. 판매촉진을 이처럼 간접적으로 정의하는 것은 판매촉진의 방법은 매우 다양하기 때문이다. 이하에서는 판매촉진의 목적, 판매촉진 수단, 그리고 판매촉진 관리를 서술한다.

> **판매촉진**
> 소비자와 유통업자의 수요를 자극하는 광고, PR, 인적판매, 패키지, 그리고 직접마케팅 이외의 모든 촉진활동

(1) 판매촉진의 목적

기업이 판매촉진을 하는 목적에는 다음과 같은 여러 가지가 있다.

첫째, 바겐세일과 같이 일정기간 동안 가격을 낮추는 판촉행사는 짧은 기간 내에 판매를 대폭 늘리는 것이 목적이다.

둘째, 무료 샘플을 표적소비자들에게 제공하는 것은 그들로 하여금 자사의 제품을 시험 삼아 사용해보고 장기적으로 구입하도록 하는 것이 목적이다.

셋째, 자사제품을 재구매하도록 유도하는 것도 판매촉진의 목적이 될 수 있다. 예를 들어, 피자판매점은 피자 패키지에 있는 쿠폰을 일정수량 모아 제시하면 피자를 무료로 준다.

넷째, 기업이 신문이나 잡지에 쿠폰이 포함되어 있는 광고를 내고 그 쿠폰을 가져오는 소비자들에게는 가격을 할인해 주는 것은 가격에 민감한 소비자들의 구매를 유도하는 게 목적이다. 사실 소비자로서는, 쿠폰을 광고에서 오려내어 가지고 있다가 제품구매시 상점에 가져가서 가격할인을 받으려면 상당한 성의가 필요하다. 가격할인을 받기 위해 그 정도의 수고를 아끼지 않는 소비자들은 가격에 상당히 민감하다고 할 수 있다. 이런 소비자들의 구매를 유도하는 데는 광고보다는 판매촉진이 더 효과적일 수 있다.[5]

다섯째, 계절성 제품을 비수기에 할인판매를 하는 것은 계절에 따른 판매의 변동을 줄이려는 데 그 목적이 있다.

(2) 판매촉진 수단의 유형

제조업자의 판매촉진 대상은 소비자뿐만 아니라 유통업자가 되기도 한다. 판매촉진 수단에는 〈표 12.1〉에 나타난 바와 같이 여러 가지 유형들이 있다.

표 12.1 　판매촉진수단의 유형

	소비자대상 판촉	유통업자대상 판촉
가격수단	- 가격할인 쿠폰 - 가격할인(세일) - 리베이트 - 프리미엄	- 구매공제 - 광고공제 - 진열공제 - 입점공제 - 현금할인
비가격수단	- 견본품(샘플) - 제품시용 - 사은품 - 경품 - 마일리지 서비스 프로그램	- 판매원 훈련 - 판촉물 제공 - 판매원 파견 - 반품 및 JIT재고 - 트레이드 쇼(trade show) - 콘테스트

5) Michael L. Rothschild, *Marketing Communications*, D.C. Heath and Co., Lexington, MA, 1987.

① 소비자 대상 판매촉진

소비자를 대상으로 한 가격관련 및 가격비관련 판매촉진의 수단들로는 견본품, 가격할인, 가격할인쿠폰, 리베이트, 프리미엄, 사은품, 경품, 마일리지 프로그램, 제품시용 등이 있다.

우선 **가격관련 판촉수단**과 관련하여 가격할인이 있다. **가격할인**(sale)은 단순히 정규가격에서 일정률만큼 소비자에게 가격을 할인해주는 것을 말한다. 보통 가격할인은 실시 이전에 소비자에게 고지된다. **가격할인 쿠폰**(coupon)은 보통 인쇄물, 우편, 인터넷, 모바일 등으로 소비자에게 전달되는데 구매시 이 쿠폰을 지참한 소비자에게는 쿠폰에 표시되어 있는 할인율만큼 가격을 할인해준다. 예를 들어, 백화점의 경우 백화점 신용카드 소지자에게 할인쿠폰을 우송한다. **리베이트**(rebate)는 소비자가 제품구매 후 우편으로 영수증을 비롯한 필요 증명서를 기업에게 보내면, 기업이 구매가격의 일정률에 해당하는 현금을 반환해주는 것을 말한다. 국내에서는 별로 사용되지 않으나 미국에서는 많이 쓰이고 있다. **프리미엄**(premium)은 특정 제품의 구매를 유도하기 위한 인센티브로 다른 제품을 무료로 주거나 낮은 가격에 판매하는 것이다.

그리고 가격관련 판촉수단 외에도 **비가격 판촉수단**들이 존재한다. 많은 화장품 회사들은 신제품 런칭시 시판 제품보다는 작은 **견본품**(sample)을 소비자들에게 배포하는데 이 견본품의 사용을 통해 소비자들은 품질을 평가할 수 있다. **사은품**은 프리미엄과 유사하지만, 보통 구매하는 제품이 아닌 다른 제품이 사은품으로 제공된다. 예를 들어, LG전자는 에어컨을 구매하는 고객에게 공기청정기를 제공하였다. 많은 주유소들이 주유 고객에게 티슈 등을 사은품으로 제공하고 있다. **경품**은 소비자들로 하여금 제품관련 행사에 참가하도록 하고 제공된다. 국내 일부 백화점에서는 과거 매출부진을 타개하기 위해 아파트와 승용차를 경품으로 하여 고객을 유치하고자 하였다. 또한, **마일리지 서비스 프로그램**(mileage service)은 자사 제품 혹은 서비스의 구매실적을 점수로 환산하여 어느 점수에 도달했을 때 사은품을 주는 것이다. 항공사가 일정한 탑승 거리를 도달한 고객에게 무료 탑승권을 주는 것이 마일리지 프로그램의 효시에 해당한다. 끝으로, **제품시용**(product trial)은 소비자들로 하여금 제품을 소비·사용해 보도록 하여 자사 제품의 품질을 설득하는 것이다. 예를 들어, 위니아만도는 '딤채'를 개발하여 서울 강남지역 주부들에게 사용해 보도록 하여 초기 매출 발판을 구축하였다.

결과적으로 소비자대상 판촉에서는 어떤 판촉수단이 더 효과적이라고 단정할 수 없기 때문에 한 개 혹은 복수의 수단을 사용하고, 경쟁자와 차별화될

렌즈007

상품 구매고객을 대상으로 한 견본품 제공

지오다노

상품 구매고객을 대상으로 한 사은품 제공

만한 판촉수단의 조합을 마련하여 효과를 극대화시키는 것이 중요하다.

② 유통업자 대상 판매촉진

제조업자가 유통업자를 대상으로 행하는 판매촉진의 유형에는 입점공제, 구매공제, 광고공제, 진열공제, 판매원 훈련 및 파견, 인센티브 및 콘테스트, 반품 및 JIT재고, 트레이드 쇼, 그리고 경품 등이 있다.

우선, 가격관련 판촉수단과 관련하여 **입점공제**(slotting allowance)를 들 수 있다. 입점공제는 소매업자가 제품을 취급하는 대가로 제조업자가 입점 시 제품대금의 일부를 공제해 주는 것을 말한다. 실무에서는 입점 수수료로 불린다. **구매공제**(buying allowance)는 제조업자가 일시적으로 출고가격을 인하하거나, 일정 비율의 제품을 무료로 제공하는 것을 말한다. 일정조건하에서 제조업자가 유통업자에게 주는 일종의 수량할인(quantity discount)이다. 특히, 구매공제 시 유통업자가 외상이나 어음으로 결제하지 않고 현금으로 구

입점공제

소매업자가 제품을 취급해주는 대가로 제조업자가 입점시 제품대금의 일부를 공제해 주는 것

구매공제

제조업자가 일시적으로 출고가격을 인하하거나, 일정 비율의 제품을 무료로 제공하는 것

매하는 경우에 가격을 할인해줄 수 있는데, 이를 **현금할인**(cash discount)이라고 하며, 이 경우 제조업자는 유동성확보가 용이해진다. **광고공제**(advertising allowance)는 제조업자가 자신의 광고물에 특정 제품을 집중적으로 광고해주는 대가로 제조업자가 제품대금의 일부를 공제해 주는 것을 말한다. **진열공제**(display allowance)는 소매업자가 점포 내 특정 제품을 일정 기간 동안 소비자들의 눈에 잘 띄게 진열해주는 대가로 제조업자가 제품대금의 일부를 공제해 주는 것을 말한다. 실무에서는 이를 진열 장려금 혹은 매대 수수료라고도 한다. 대형할인점의 식품부문에서 이러한 예를 자주 볼 수 있다.

그리고 **비가격 판촉수단**을 들 수 있는데, 비가격 판촉수단들은 제조업자가 자신의 매출을 올리기 위한 목적보다는 유통업자와의 관계를 형성하거나 강화할 목적으로 많이 활용된다. 그중 판매원들은 제조업자의 제품들을 잘 알고 있기 때문에 소비자들에게 제품을 권유하는 과정에서 제품에 대한 충분한 정보와 지식을 전해주는 것이 중요하다. 이를 위해서는 정기적으로 **판매원에 대한 훈련 및 교육**이 중요하다. **반품 및 JIT 재고**는 유통업자가 주문을 하는 즉시 제조업자가 제품을 공급해주는 것을 말한다. 이는 제조업자가 유통업자의 재고부담을 덜어줄 수 있는 중요한 판촉전략이다. **트레이드 쇼**(trade show)는 일종의 제품전시회로 여기서 유통업자와 구매상담이 이루어지기도 한다. 외국의 자동차 모터쇼는 대표적인 트레이드 쇼에 해당하는데 모터쇼에서는 자동차 제조사와 대형딜러 간의 구매상담이 이루어진다. **콘테스트**(contest; 경품행사)는 유통업자들을 대상으로 개최되기도 한다. 일부 기업들은 대리점들을 대상으로 자동차나 가전제품 등을 경품으로 한 행사를 종종 개최하고 있다.

유통업자대상 판촉에서도 소비자대상 판촉과 마찬가지로 어떤 수단이 더 효과적이라고 단정할 수 없기 때문에 효과를 극대화시킬 수 있는 수단의 선택이 중요하다.

(3) 판매촉진의 관리

위에서 살펴본 판매촉진수단들을 효과적으로 관리하기 위해서는 다음의 절차가 필요하다. 첫째, 기업은 먼저 판매촉진의 목표를 수립해야 한다. 둘째, 수립된 목표의 실현에 가장 효과적인 가격할인, 사은품 증정, 그리고 경품 등과 같은 여러 판매촉진의 수단을 선택해야 한다. 셋째, 판매촉진의 목표와 수단들을 고려하여 판매촉진 시행계획을 결정해야 한다. 넷째, 이 계획에 따라 판매촉진활동이 실행되고, 그 결과를 평가해야 한다.

평가의 기준은 당연히 판촉목표를 얼마나 달성했느냐가 되어야 한다. 예

광고공제

제조업자가 자신의 광고물에 특정 제품을 집중적으로 광고해주는 대가로 제조업자가 제품대금의 일부를 공제해 주는 것

진열공제

소매업자가 점포 내 특정 제품을 일정 기간 동안 소비자들의 눈에 잘 띄게 진열해주는 대가로 제조업자가 제품대금의 일부를 공제해 주는 것

를 들어, 판촉목표가 판매를 늘리는 것이었다면 당연히 판매량의 변화를 측정해야 할 것이다. 이때 판촉을 하기 전, 판촉기간 동안, 판촉이 끝난 직후, 판촉이 끝나고 상당기간이 지난 다음의 판매량을 분석해야 한다. 또한 만일 자사제품을 다시 사용하게 할 목적으로 자사제품에 쿠폰을 삽입하였다면, 나중에 쿠폰이 얼마나 회수되었는지를 조사하여 판촉의 효과를 알 수 있을 것이다.

5. 패키지

패키지(package)도 중요한 촉진수단으로 이용될 수 있다. 효과적인 패키지 디자인은 소비자가 제품을 더 잘 식별할 수 있게 만들고, 때로는 제품에 대한 확신을 더해 줄 수 있다. 즉, 패키지를 통해 설득적이면서도 정보제공적인 메시지를 전달할 수 있는 것이다. 촉진의 한 요소로서 패키지는 다음과 같은 중요한 역할을 할 수 있다.

① **진열효과**: 경쟁브랜드와 나란히 진열되어 있을 때 패키지를 통해 진열효과(shelf impact)를 얻을 수 있다. 예를 들어, Kellogg는 자사의 시리얼 제품들을 호랑이 캐릭터 토니가 부착된 패키지용기에 담아 시판하고 있는데, 이로 인해 매장에서 경쟁브랜드보다 눈에 잘 뜨인다.

② **상징적 가치**: 패키지는 소비자에게 어떤 상징적 가치를 더해 줄 수 있다. 예를 들어, L'eggs라는 미국의 한 스타킹회사는 스타킹을 달걀 모양의 패키지용기에 넣어 시판하였는데, 이러한 독특한 패키지는 타사 제품과 비교해 볼 때 높은 진열효과를 가져다주었다. 이것은 스타킹은 달걀과 같이 상처 나기 쉬운 패션소품이므로 섬세하게 다루어져야 한다는 것을 소비자에게 효과적으로 인식시켜주었기 때문이다.

③ **새로운 패키지 개발에 의한 매출증대**: 패키지는 이미 성숙한 브랜드나 실패한 브랜드를 다시 포지셔닝하는 데도 중요한 역할을 한다. 예를 들어, 롯데제과는 자일리톨 껌의 패키지로 전통적인 종이 패키지 이외에 가정에서 보관하며 소비할 수 있도록 플라스틱 병 패키지를 도입함으로써 매출을 상당히 신장시켰다.

6. 다이렉트 마케팅

다이렉트 마케팅(direct marketing; 직접마케팅)은 우편, 카탈로그, 전화, 이메일, 어플리케이션 푸쉬알림 등을 통해 기업이 소비자에게 직접적으로 커뮤니케이션하는 방식이다. 광고, PR, 판매촉진, 패키지 등의 촉진수단은 표적 청중을 선정하고, 프로그램을 기획·실행하는 데 상당한 기간을 필요로 한다. 이에 비해 다이렉트 마케팅은 다른 촉진수단들과 다르게 특정한 개인을 대상으로 개별화된 메시지를 신속하게 전달할 수 있다는 차별적 특징을 갖는다. 특히 다이렉트 마케팅의 중요한 특징은 상호작용적 촉진수단이라는 점이다. 개인 소비자에게 전달된 고객화된 메시지에 대해 소비자는 기업에게 자신의 의견을 전달할 수 있으며 보다 고객화된 메시지의 전달을 요청할 수 있다. 이러한 고객의 메시지 변경요청에 대해 다이렉트 마케팅은 다른 촉진수단과는 다르게 신속한 수정이 가능하다는 특징을 갖는다. 다이렉트 마케팅에 대한 내용과 종류는 제13장 소매상의 유형 중에서 무점포형 소매상을 소개하는 부분에서 다루도록 한다.

학습목표 4: 광고관리

광고는 소비자에게 정보를 전달하고 구매를 권유하기 위해 가장 널리 쓰이는 촉진수단이다. 2017년 국내 방송통신광고비는 2016년보다 5.7% 증가한 12조8548억원으로 나타났다. 2018년은 2017년 대비 6.4% 증가한 13조6836억원으로 추정됐다. 2019년에는 2018년보다 4.8% 늘어난 14조3379억원이 될 것으로 추정된다.[6]

1. 광고의 의의

(1) 광고의 개념과 경제성장과의 관계

광고(advertising)는 기업이 비용을 들여 비인적 매체에 의해 표적시장에 제품구매와 관련된 정보를 제공하고 구매를 설득하는 대량전달(mass communication) 활동이라고 정의할 수 있다. 광고는 짧은 시간 동안 많은 사람들에게 정보를 전달할 수 있기 때문에 많은 기업들이 다른 커뮤니케이션 수단들보다 광고를 선호하는 경향이 있다. 수많은 경쟁제품들이 나타나고 사라지는 시장에서 정보전달의 뒤처짐은 곧 시장에서의 패배로 직결될 수 있다. 대량 전달성으로 인한 정보전달효과를 고려할 때 광고는 다른 촉진수단에 비해 그 비용이 비교적 낮다고 할 수 있다. 가령 광고비가 10억원 들었다 하더라도

---

6) 디지털데일리, 2018. 12. 23.

그 광고로 정보를 얻은 소비자가 500만명이라면 1인당 정보전달 비용은 200원에 불과하다. 이 같이 기업은 광고를 통해 자사제품을 낮은 비용으로 널리 알릴 수 있다.

반면, 광고를 통해 소비자가 얻는 정보는 직접적인 제품경험을 통한 것이 아닌 간접적인 것이다. 따라서 광고를 통해 제품의 특징을 납득시키는 데는 한계가 있다. 더욱이 광고매체의 전달능력은 매우 제한되어 있어서 광고를 통해 깊이 있고 풍부한 정보를 소비자에게 전달하는 데는 한계가 있다. 이러한 제약점들로 인해 광고만을 통해 확실한 시장성과를 얻기는 어렵다. 한편, 연간 전체 광고비지출은 해당 연도의 경제상황과 높은 관계를 갖는다. 일반적으로 경제성장률이 높은 경우 광고비 증가율은 경제성장률보다 높고, 반대로 경제성장률이 낮은 경우에는 광고비 증가율이 경제성장률보다 낮다.

(2) 광고의 역할과 유형

광고의 역할은 제품에 대한 ① **정보제공, 설득, 강화,** ② **인적판매기능의 대체,** ③ **인적판매의 보완**과 같은 세 가지로 나누어 살펴볼 수 있다. 첫째, 광고는 제품의 존재와 특성에 대한 정보를 제공하고 제품을 구매하도록 설득하여 신규 구매자를 늘리는 한편, 기존 구매자들을 계속적으로 유지하는 데 공헌할 수 있다. 둘째, 광고는 매스커뮤니케이션의 형태를 가짐으로써 동시에 수많은 소비자에게 제품에 대한 메시지를 전달할 수 있고, 이로 인해 인적판매보다 효율적으로 구매자를 확보하는 데 공헌할 수 있다. 광고는 인적판매에 비해 동시에 다수의 소비자를 대상으로 할 수 있으나 인적판매보다 설득력은 낮다고 할 수 있다. 셋째, 광고가 소비자에게 먼저 제품정보를 제공하면 판매원은 소비자에게 제품의 장점을 보다 쉽게 확신시킬 수 있다. 이 같은 광고의 역할은 현상적으로 나타나는 광고의 유형을 살펴봄으로써 보다 잘 이해할 수 있다(〈표 12.2〉 참조).

제품광고(product advertising)는 제품 혹은 서비스에 대한 정보를 제공하거나 설득하는 광고이다. **기업광고**(institutional advertising)는 소비자가 기업에 대한 호의적 태도를 형성하고 좋은 이미지를 갖도록 하는 광고이다. 예를 들어, GS칼텍스의 "GS칼텍스의 수출이 늘어납니다. 대한민국 경제가 점점 커져 갑니다"라는 기업광고는 GS칼텍스가 '대한민국 경제에 힘이 되는 대표 에너지 기업'이라는 이미지를 소비자에게 심어주고자 하였다.

개척광고(pioneering advertising)는 소비자에게 새로운 제품에 대한 구매욕구를 자극시켜 그 수용성을 높이려는 광고이다. 제습기 제품의 광고들을 보면 특정 브랜드를 강조하기보다 제습기와 관련된 제품의 일반적 필요성이나

표 12.2	광고의 유형

광고유형	특 징
(1) 제품과 기업	
제품광고	제품 혹은 서비스에 대한 정보제공 및 설득
기업광고	기업이미지 제고
(2) 일차적 수요와 선택적 수요	
개척광고	제품에 대한 일차적 수요 자극
경쟁광고	선택적 수요 자극을 위한 브랜드지향적 메시지
(3) 소비자와 유통업자	
소비자광고	최종 소비자의 수요를 자극
유통업자광고	유통업자 수요를 자극
(4) 공동과 제휴	
수평적 공동광고	소매업자들이 한 제품에 대하여 공동광고
수직적 공동광고	제조업자와 소매업자가 소매광고 비용을 분담
제휴광고	다른 업종끼리 공동의 이익을 위해 함께 광고

장점을 더 강조하는 경향이 있다. 제품의 **1차적 수요**(primary demand)를 자극하여 시장자체를 확대하고, 이에 편승해 자사의 매출을 증대시키고자 하는 것이다. 개척광고는 신제품의 경우에만 한정되지 않으며 제품시장 전체수요를 증대시키고자 할 때도 사용된다. 우유협동조합에서 우유 마시기를 권장하는 것도 개척광고의 일종이다.

경쟁광고(competitive advertising)는 기업간에 경쟁이 일어남에 따라 자사 제품의 우수성을 직접 혹은 간접적으로 제시하여 소비자의 자사 브랜드에 대한 선택을 자극하는 광고이다. 브랜드 간 경쟁이 치열할수록 경쟁광고가 많이 실시된다. 이동전화서비스 업체들 간의 치열한 경쟁광고, 또한 단말기 제조업체들 간의 치열한 경쟁광고가 그 예가 된다.

소비자광고(consumer advertising)는 최종사용자인 소비자를 대상으로 하는 것으로 많은 광고가 이에 속한다. 반면, **유통업자광고**(trade advertising)는 제조업자가 유통업자를 대상으로 하는 광고이다. 유통업자들의 수요를 자극하는 것은 주로 판매원(인적판매)의 역할이지만, 유통업자를 대상으로 업계전문지나 우편물 등을 통해 광고를 함으로써 유통업자가 자사 브랜드를 취급하도록 자극할 수 있다. 이때 유통업자광고는 판매원의 인적판매노력을 지원하는 역할을 한다.

공동광고(cooperative advertising)는 특히 신제품 출시 등 시장을 확대할

마케팅 사례: SK-II 정면 겨냥한 '미샤' 마케팅, 법적 문제 없다 …
대법원서 최종 승소

2014년 4월 6일 대법원 1부는 일본 화장품 브랜드 SK-II를 판매하는 한국P&G가 미샤를 운영 중인 에이블씨엔씨를 상대로 낸 손해배상소송 상고심에서 원고 패소 판결한 원심을 확정했다.

에이블씨엔씨는 2011년 신제품 미샤 에센스를 출시하면서 "더 이상 값비싼 수입 화장품에 의존하지 않아도 됩니다"라는 문구를 넣은 광고를 방송했다. 미샤 에센스의 외관과 효과 등이 SK-II의 인기 제품인 '피테

라 에센스'와 비슷하다는 입소문이 돌면서 여성 소비자 사이에서 인기를 끌었다. 미샤 측은 이와 함께 SK-II '피테라 에센스'의 빈병을 가져오면 자사 신제품으로 바꿔주는 이벤트를 진행해 노골적으로 SK-II를 겨냥한 마케팅을 하였다. 이에 한국P&G는 미샤의 비교광고가 자사의 상표권을 침해하고 미샤의 판촉활동이 자사 고객을 부당하게 유인했다며 1억원의 손해배상 소송을 제기했다.

재판부는 미샤의 '공병 이벤트'에 대해 "화장품 업계에서는 증정 행사는 관행이고 미샤의 이벤트가 부당 이익을 위한 유인행위로 보기 어렵다"고 판결했다. 또 "더 이상 값비싼 수입 화장품에 의존하지 않아도 된다"는 광고에 대해서도 "미샤 제품 가격이 싸다는 사실만 비교하고 있고 품질 역시 소비자가 평가하는 것"이라며 "소비자를 속일 우려가 있는 비교광고를 했다고 볼 수 없다"고 판단했다. 재판부는 이어 "미샤와 SK-II 제품은 같은 액상 타입의 발효 에센스 화장품이기는 하지만 서로 성분이 다르고 원형 화장품 용기도 미샤의 다른 화장품에서 사용했던 점을 고려할 때 모방품이라 보기 어렵다"고 하였다.

자료원: *조선닷컴*, 2014. 4. 6.

필요가 있을 때 기업들 간에 공동으로 광고비용을 부담하는 광고이다. 여기에는 수평적 공동광고와 수직적 공동광고의 두 가지 형태가 있다. **수평적 공동광고**(horizontal advertising)는 소매업자들이 한 브랜드에 대한 매출액증대를 목적으로 공동으로 광고를 하는 것을 말한다. 그러나 통상 소매업자들은 서로 치열한 경쟁을 하고 있으며 여러 가지 다양한 브랜드를 취급하기 때문에 수평적 공동광고는 현실적으로 잘 사용되지 않는다. **수직적 공동광고**(vertical advertising)는 소매업자가 어떤 브랜드에 대해 광고를 하고 제조업자가 그 비

용을 전적으로 부담하든지 또는 소매업자들과 분담하는 것이다. 이 광고는 수평적 공동광고보다 일반적으로 더 많이 사용된다.

제휴광고(tie-up advertising)는 화장품회사와 음반회사, 신용카드와 정유사와 같이 전혀 다른 업종끼리 공동의 이익을 위해 유사한 표적소비자층을 대상으로 수행하는 광고이다. 예를 들어, SPC는 "배스킨라빈스에서 쓰던 해피포인트카드 이제 현대오일뱅크에서도 적립된다"라는 광고를 하였다. 이는 동일한 표적소비자를 대상으로 식품전문회사와 정유회사가 실시하는 제휴광고의 예라고 할 수 있다.

이상에서 서술된 광고유형들은 편의상의 분류에 따른 것으로 서로 배타적인 것은 아니다. 가령, 현실 속에서 우리가 접하는 많은 제품광고는 소비자광고이면서 경쟁광고에 해당한다. 광고관리상 중요한 점은 상황에 따라 각 광고유형의 성격을 어떻게 조화롭게 배합하느냐에 있다고 할 수 있다.

2. 메시지의 결정

메시지는 소위 AIDA(Attention, Interest, Desire, Action)의 원칙에 따라 결정되어야 한다. 즉, 효과적인 메시지는 주의(attention)를 집중시키고, 흥미(interest)를 끌며, 욕구(desire)를 불러일으키며, 행동(action)을 하게 만든다. 이 같이 효과적인 메시지를 만들기 위해 광고관리자는 무엇을 어떻게 전달할 것인지를 신중히 결정하여야 한다. 이하에서는 마케팅목표와 광고목표에 따라 전달할 메시지의 개발과 관련된 내용을 살펴보기로 한다.

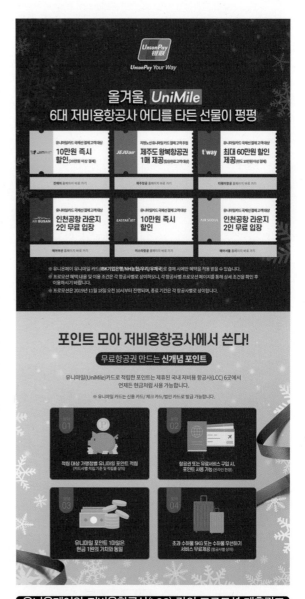

유니온페이와 저비용항공사(LCC) 간의 프로모션 제휴광고

글로벌 카드 브랜드인 유니온페이는 저비용항공사와의 제휴로 출시한 '유니마일' 카드로 결제하면 무료항공권 제공, 할인, 공항라운지 이용 등의 혜택을 제공하는 제휴광고를 진행하였다.

(1) 메시지의 유형

Simon은 〈표 12.3〉과 같이 메시지 유형을 일곱 가지로 분류하였다.[7] **정보제공적**(informative) 메시지는 객관적 사실만을 전달하며 주장은 제시되지 않는다. 제품가격만을 제시하는 광고는 정보적 메시지만을 담고 있는 것으로 볼 수 있다. 예를 들어, 백화점 세일에 관한 신문광고는 주로 세일품목과 세일 가격만을 제시한다. **의견주장적**(argument-based) 메시지는 자사브랜드를 구매해야 하는 이유를 그 주요 내용으로 담고 있다. 이는 정보라는 객관적 성격을 갖고 있기도 하지만 기업의 입장에서 주관적으로 소비자에게 구매할 이유를 전달한다. **비교광고**(comparative advertising)는 의견주장적 광고의 한 예로서 자사브랜드가 타사브랜드보다 우월한 이유를 제시하여 자사브랜드에 대한 호의적인 태도를 형성시키고 구매를 유도하는 것이다. 주로 후발브랜드가 사용하는 광고전략이다.

감성적(emotional) 메시지는 광고를 보거나 듣는 소비자가 긍정적 느낌을 갖도록 하기 위한 것이다. 예를 들어, KGC인삼공사는 '정관장 홍삼정 에브리타임' 광고에서 '힘내야 하는 모든 순간, 만나게 되면 1포하라'라는 감성적 메시지를 통해 직장인들의 공감을 얻어냈다. **행동지시적**(behavior commanding) 메시지는 특정의 제품에 대한 구매를 소비자에게 적극적으로 권유한다. 가령 메리츠화재 광고의 "걱정은 우리에게 맡기고 당신은 행복하기만 하세요"라는 카피는 메리츠화재 보험상품을 이용하라는 행위를 소비자에게 강조하는 메시지로 볼 수 있다.

상표친숙적(brand familiarizing) 메시지는 제품정보보다는 브랜드명을 강조하여 제시하는 메시지이다. 이러한 메시지는 신규 브랜드나 인지도가 낮은 브랜드에 소비자의 인지도를 높이고 보다 친숙감을 갖도록 하고자 할 때 흔히 사용된다. 예를 들어, 삼성전자는 미국시장에서 광고내내 영어식 발음으로

표 12.3	광고메시지의 일곱 가지 유형

① 정보제공적(informative)	⑤ 상표친숙적(brand familiarizing)
② 의견주장적(argument-based)	⑥ 상징적(symbolic)
③ 감성적(emotional)	⑦ 모방유도적(imitation driving)
④ 행동지시적(behavior commanding)	

---

7) Julian L. Simon, *The Management of Advertising*, Engelwood Cliffs, NJ: Prentice-Hall, 1971.

KGC인삼공사: 정관장 홍삼정 에브리타임
감성적 광고(정서소구 광고)

씰리 침대
감성적 광고(정서소구 광고)

'Samsung(샘성)'이라는 멘트가 반복되는 TV광고를 했다. 과거 감기약 화이투벤의 TV 광고에서는 브랜드명을 소비자의 기억에 각인시키기 위해 광고의 마지막 부분에 모델이 화·이·투·벤이라고 브랜드명을 끊어서 크게 소리치는 것을 보여주었다.

상징적(symbolic) 메시지는 광고의 전달내용을 직접적인 방법보다 상징적인 방법으로 전달한다. 현대모비스의 프리미엄 사운드 시스템 ACTUNE의 광고에는 콘서트홀의 오케스트라 중앙에 자동차가 배치되어 있다. 이는 ACTUNE으로 음악을 들으면 마치 콘서트홀에서 음악을 듣는 것과 같은 사운드를 경험할 수 있다는 것을 상징적으로 표현하고 있다.

모방유도적(imitation driving) 메시지는 브랜드를 대중이 친근하게 느끼거나 따르고 싶어하는 사람과 결합시킴으로써 소비자의 구매행동을 일으키게 한다. 예를 들어, 바이엘은 카네스텐 연고 광고에서 "다양한 원인균을 하나하나 싹~ 끈질긴 무좀엔, 카네스텐"이라는 메시지를 사용해 무좀을 가진 사람들이 카네스텐 연고를 구매하도록 권유하였다.

메시지유형은 Simon의 분류 이외에도 경우에 따라 여러 다른 방식으로 분류될 수 있다. 가령 메시지유형은 소구방법(appeal), 구조(structure), 그리고 전달방식(format) 등과 같은 기준들에 의해서도 분류될 수도 있다. 예를 들어,

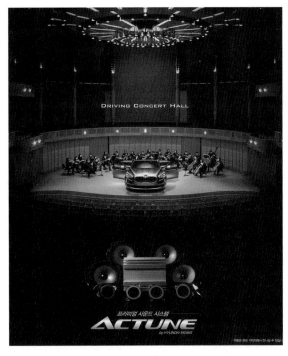

현대모비스 ACTUNE

상징적 메시지 광고

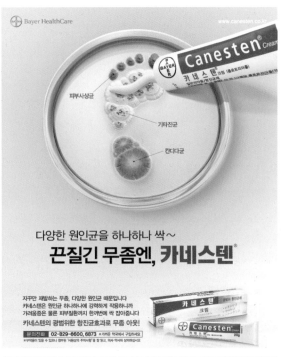

바이엘 카네스텐

모방유도 광고

KGC인삼공사 정관장 홍삼정 에브리타임

모방유도 광고

대한항공

감성적 메시지와 모방유도적 메시지 복합형태의 광고

소구방법에 따라 메시지는 이성적(rational appeal) 또는 감성적인(emotional appeal) 것으로 분류될 수 있다. **구조**에 따라서도 메시지는 해당제품에 긍정적인 정보만을 담고 있는 것과 긍정적인 것과 함께 부정적인 것도 담고 있는 것으로 분류될 수 있다. 그리고 **전달방식**에 따라서 언어적인 것과 시각적인 것으로도 분류될 수 있다.

메시지의 유형은 위와 같이 여러 가지가 있으나 현실적으로 한 가지 유형으로만 특징지어지는 메시지를 사용한 광고는 거의 없으며, 대부분의 광고들은 제품이나 시장 등의 여러 특징들을 고려해 몇 가지 메시지 유형들을 복합적으로 반영하고 있다. 가령 대한항공의 미얀마 양곤 운항광고에는 여행객과 승려의 수행모습을 황금색 그림으로 대칭되게 보여주며 "갈 때는 비즈니스의 기회를, 올 때는 마음의 평화를 찾았다. 황금빛 도시에서 찾은 평화, 미얀마"라는 메시지를 제시한다. 이 광고는 감성적 메시지와 모방유도적 메시지의 복합형태로서 좋은 예가 된다. 이 같은 복합적인 메시지 유형에 대한 의사결정은 광고관리상 매우 중요하다. 왜냐하면 어떤 메시지 유형을 복합적으로 사용할 것인가 하는 결정에 따라 광고효과가 크게 좌우될 수 있기 때문이다.

(2) 메시지유형의 결정에 영향을 미치는 요인

메시지유형의 결정에 영향을 미치는 요인들은 매우 많다. 이들 중 비교적 중요한 것들은 〈표 12.4〉와 같다.

① 소비재 vs. 산업재

산업재 구매자의 구매동기와 편익은 소비재 구매자와는 다른 경우가 많다. 가령 산업재 구매자는 주로 제품의 품질과 서비스에 기초해 구매를 결정하기 때문에, 정보적 메시지나 의견주장적 메시지 같은 것들이 대개의 경우 효과적일 것이다. 반면에 소비재의 경우에는 상대적으로 그와 같은 유형의 메시지보다 감성적이거나 상징적인 것들이 더 효과적일 때가 많다.

| 표 12.4 | 메시지유형의 결정시 고려요인 |

① 소비재 대 산업재	⑤ 제품수명주기
② 제품특성	⑥ 제품가격
③ 필수품 대 사치품	⑦ 제품차별화 정도
④ 표적소비자의 특징	

② 제품특성

Simon은 제품특성들에 따라 적절한 메시지유형을 다음과 같이 제시하였다.[8]

   a. 유행성 제품: 유행성 제품은 주로 제품의 겉모양에 의해 구매된다. 따라서 소비자에게 감성적으로 접근할 수 있는 모방유도적 혹은 상징적 메시지가 효과적이다.

   b. 기계적으로 복잡한 제품: 컴퓨터처럼 기계적으로 복잡한 제품의 경우에는 정보적 메시지나 의견주장적 메시지가 효과적이다.

   c. 감각적 제품: 감각을 언어로 표현하기란 무척 어렵다. 그러므로 감각적인 제품의 경우에는 상징적 혹은 모방유도적 메시지를 사용하는 것이 효과적이다.

   d. 서비스: 서비스는 물리적인 형태가 없고 평가하기가 어렵기 때문에 언어적으로 구체성을 띠고 묘사되는 것이 효과적이다. 그리고 이 경우에는 의견주장적 혹은 정보적 메시지가 효과적이다.

③ 필수품 대 사치품

필수품, 특히 편의품은 자주 구매되는 제품으로서 통상적으로 경쟁이 치열하기 때문에 상표친숙적 혹은 행동지시적 메시지가 효과적일 수 있다. 그러나 사치품은 감성에 호소하는 메시지를 사용하는 것이 적절한 경우가 많다. 고급 브랜드인 크리스찬 디올이나 랄프 로렌은 정보나 의견주장적 메시지보다는 모방유도적 메시지나 상징적 메시지를 사용한다.

④ 표적소비자의 특성

지적 수준이 높은 소비자일수록 행동지시적 메시지에 대해서는 반응을 잘 보이지 않는다. 따라서 이때는 정보적 혹은 의견주장적 메시지를 사용하는 것이 더 효과적이다. 스위스의 안경테 브랜드 götti는 잡지광고에서 선글라스 다리가 360도 회전하는 모습을 제시하였다. 이런 경우 지적 수준이 높은 소비자일수록 선글라스 다리의 360도 회전기능이 어떤 편익을 제공하는지 이해할 것이며 메시지에 관해 더욱 긍정적으로 반응할 수 있다.

⑤ 제품수명주기

자사제품이 혁신적 제품으로 제품시장을 창조한 경우 소비자들은 그 제품의 객관적인 사실에 대해 알고 싶어한다. 즉, 이 경우 정보제공적 메시지에 의해서 **일차적 수요**(primary demand)를 유발하도록 한다. 그러나 성장기나 성

---

8) Julian L. Simon, *op. cit.*

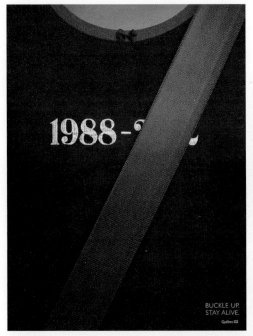 

캐나다 퀘벡주 공익광고 & 페덱스 광고
지적 수준이 높은 표적소비자를 대상으로 한 캐나다 퀘벡주 공익광고와 페덱스 광고

숙기에 진입하여 경쟁브랜드가 출현하면 의견주장적 메시지에 의하여 **선택적 수요**(selective demand)를 유발하도록 하여야 한다. 그리고 더 시간이 흐르면 소비자들의 감성에 호소하는 감성적 메시지 광고가 효과적일 수 있다.

⑥ 제품가격과 기능성

제품가격이 높으면서 기능성이 중요한 경우 소비자는 구매 전에 더 많은 검토를 하게 된다. 따라서 이 경우 정보적 혹은 의견주장적 메시지를 통해 합리적 의사결정을 하려는 구매자의 욕구를 충족시켜 주어야 한다. 반면, 저가 제품은 브랜드명이 기억에 강하게 남을 수 있는 메시지를 사용하는 것이 효과적일 수 있다.

⑦ 제품차별화 정도

경쟁브랜드 간 물리적 차이가 존재할 때는 의견주장적 메시지가 효과적일 수 있다. 그러나 경쟁브랜드 간에 차이가 거의 없는 표준화된 제품은 상징적, 모방유도적, 혹은 감성적 메시지를 통해 차별화시켜야 한다.

3. 매체선정과 믹스

아무리 메시지가 효과적인 광고라 할지라도 원하는 시간과 장소에서 표적청중에게 노출되지 않으면 아무 소용이 없다. 따라서 광고가 표적청중에게 효과적으로 노출되기 위해서는 적절한 광고전달 매체를 선택하고 믹스(mix)해야 한다. 이하에서는 매체선택과 믹스를 효과적으로 행하는 데 필요한 기초적 사항들을 서술한다.

(1) 매체의 유형과 최근 동향[9]

매체(media)의 유형별 특성과 각각의 장단점을 살펴보는 것은 매체의 선택에 있어서 매우 중요하다. 매체유형은 방송매체, 온라인매체, 인쇄매체, 옥외매체, 기타매체로 분류될 수 있다.

방송매체(broadcasting media)의 종류로는 TV(지상파, 케이블, 위성방송, IP, DMB)와 라디오 등이 있으며, 최근 3년간 지상파 TV방송과 케이블 TV방송의 증가세가 두드러지게 나타났다. 반면, 지상파 DMB와 위성방송의 경우 2020년 대비 감소하였다(〈표 12.5〉 참조).

온라인매체(online media)의 종류에는 인터넷과 모바일 등이 있다. 온라인은 광고시장 중 가장 빠르게 성장하고 있는 분야로, 2021년 온라인 광고비는 2020년 대비 23.3%(약 1조 7,562억 원) 증가하였으며, 2022년에도 약 20%에 가까운 증가세를 이어갈 것으로 예상된다. 모바일 광고는 매년 가파른 증

표 12.5 방송 광고시장 규모(2020∼2022) (단위: 백만 원, %)

	매출액			구성비(%)		
	2020년	2021년(e)	2022년(e)	2020년	2021년	2022년
지상파TV	1,106,607	1,363,567	1,488,699	31.8	33.6	34.0
지상파DMB	2,580	2,252	1,893	0.1	0.1	0.0
PP	1,891,678	2,213,263	2,394,159	54.3	54.5	54.7
SO	114,539	110,145	111,573	3.3	2.7	2.5
위성방송	33,210	28,228	28,228	1.0	0.7	0.6
IPTV	102,544	104,721	118,201	2.9	2.6	2.7
라디오	232,980	238,674	236,032	6.7	5.9	5.4
총계	3,484,137	4,060,849	4,378,785	100.0	100.0	100.0

---

9) 2021년 방송통신광고비 조사보고서, 한국방송통신진흥공사, 2021. 12.

| 표 12.6 | 온라인 광고시장 규모(2020~2022) | | | | | (단위: 백만 원, %) |

	매출액			구성비(%)		
	2020년	2021년(e)	2022년(e)	2020년	2021년	2022년
PC	1,839,362	1,985,465	2,116,754	24.4	21.4	19.0
모바일	5,689,016	7,299,120	8,999,800	75.6	78.6	81.0
총계	7,528,378	9,284,586	11,116,554	100.0	100.0	100.0

| 표 12.7 | 인쇄 광고시장 규모(2020~2022) | | | | | (단위: 백만 원, %) |

	매출액			구성비(%)		
	2020년	2021년 (e)	2022년(e)	2020년	2021년	2022년
신문	1,593,369	1,633,447	1,715,179	83.0	84.6	84.9
잡지	326,685	298,090	304,762	17.0	15.4	15.1
총계	1,920,054	1,931,536	2,019,940	100.0	100.0	100.0

가세를 보였으며, 2017년을 기점으로 PC 광고비를 추월하여 2021년에는 PC 광고 규모의 약 3.7배에 달하며, 2022년에는 약 4.3배에 달할 것으로 보인다 (〈표 12.6〉 참조).

인쇄매체(print media)의 종류로는 신문, 잡지 등이 있다. 인쇄 광고시장의 2021년 광고비는 2020년 대비 0.6%(약 115억 원) 증가한 것으로 추정된다. 신문의 경우 2021년에는 2020년 대비 2.5%, 2022년에는 2021년 대비 5% 증가하여 점진적 증가세를 보이고 있으며, 잡지의 경우 2021년에는 8.8% 감소하였으나, 2022년에는 2.2% 소폭 증가할 것으로 추정된다(〈표 12.7〉 참조).

옥외매체는 광고수용자가 많은 공간(공항, 지하철, 상가, 고속도로, 도로, 도심의 건물 등)을 확보하며, 그 공간에 적합한 광고를 제시하는 것을 말한다. 옥외 광고시장의 2021년 광고비는 2020년 대비 0.4%(약 29억 원) 증가한 것으로 추정되며, 옥외 광고시장에서 가장 큰 비중을 차지하고 있는 것은 교통광고로 나타났으나, 2022년 가장 큰 변화를 보인 것은 2021년 대비 21.3%(약 228억 원)의 증가세를 보인 엔터테인먼트광고로 나타났다(〈표 12.8〉 참조).

기타매체의 종류로는 생활정보, DM, 취업정보 등이 있다. 구체적으로 생활정보, 취업정보, DM, 방송제작사로 구성된 기타광고 시장 중 생활정보의 매출액이 38.1%로 가장 높은 비중을 차지하는 것으로 조사되었으며, 이

| 표 12.8 | 옥외 광고시장 규모(2020~2022) | | | | | (단위: 백만 원, %) |

	매출액			구성비(%)		
	2020년	2021년(e)	2022년(e)	2020년	2021년	2022년
빌보드	292,140	281,755	287,540	35.0	33.6	34.1
교통	375,710	386,120	366,926	45.0	46.0	43.6
엔터테인먼트	107,359	107,233	130,042	12.8	12.8	15.4
기타	60,550	63,583	57,949	7.2	7.6	6.9
총계	835,759	838,691	842,458	100.0	100.0	100.0

| 표 12.9 | 기타 광고시장 규모(2020~2022) | | | | | (단위: 백만 원, %) |

	매출액			구성비(%)		
	2020년	2021년(e)	2022년(e)	2020년	2021년	2022년
생활정보	143,732	139,496	147,702	40.8	38.1	38.7
취업정보	93,484	107,485	109,825	26.6	29.4	28.8
DM	71,783	69,933	72,619	20.4	19.1	19.0
방송제작사	42,960	48,892	51,225	12.2	13.4	13.4
총계	351,960	365,806	381,371	100.0	100.0	100.0

어서 취업정보 29.4%, DM 19.1%, 방송제작사 13.4% 순으로 조사되었다(〈표 12.9〉 참조).

신문 중에서 전국지는 지역적 범위나 광고수입 면에서 여러 매체들 중 가장 앞선다. 또한 지방지나 전문지를 이용하면 특정지역이나 특정 독자층에게만 국한시켜 효과적으로 광고할 수 있다. 그러나 신문광고는 수명이 짧다는 단점과 인쇄의 질이 상대적으로 낮아 광고내용을 시각적으로 전달하는 데 한계가 있다.

잡지는 표적시장에 가장 효과적으로 도달할 수 있는 매체들 중의 하나이다. 즉, 잡지의 독자는 다른 매체의 경우보다 매우 잘 세분화되어 정의될 수 있다. 따라서 표적시장 소비자들이 구독하는 잡지를 이용하면 효과적으로 메시지를 전달할 수 있다. 또한 잡지광고는 광고의 수명이 길고, 많은 양의 정보를 전할 수 있으며, 높은 질의 컬러광고를 할 수 있다는 장점을 갖고 있다. 그러나 광고계약을 하고 광고가 게재되기까지의 시간이 길다는 단점과 독자층의 범위가 신문보다 한정적이라는 단점이 있다.

그림 12.3　광고시장 현황(2021년 방송통신광고비 보고서 기준)

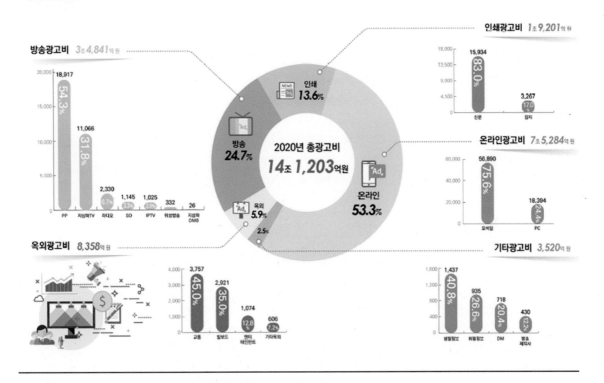

　　TV는 시각과 청각효과 모두를 얻을 수 있다는 점에서 소구력이 매우 강한 매체이다. TV광고는 짧은 시간 내에 많은 사람들에게 광고 메시지를 전달하며, 보는 사람의 주의를 끄는 힘이 강하다는 장점을 갖는다. 그러나 광고시간이 짧으며 광고를 보는 사람의 상당수가 표적고객이 아니라는 단점도 갖고 있다.

　　라디오는 TV로 인해 매체로서의 영향력이 작아졌지만 프로그램이나 방송국에 따라 매우 세분화된 청중을 가질 수 있다. 즉, 잡지의 경우와 유사하게 특정 세분화된 시장에 메시지를 전달하는 데 라디오는 매우 효과적이다. 또한 라디오 광고는 광고비가 저렴하고 광고메시지를 방송프로그램과 방송지역에 맞출 수 있다. 그러나 표적청중이 한정적이며 제품을 시각적으로 제시하지 못한다는 단점을 갖고 있다.

　　인터넷은 다른 매체들과 다르게 시간과 공간의 한계를 넘어 전세계의 청중에게 24시간 노출이 가능하다는 특징을 갖는다. 즉, 인터넷을 통해 광고가 있는 사이트를 방문하는 전세계 인터넷 사용자를 대상으로 메시지를 전달할 수 있다. 또한 사이트에 접속하는 회원정보의 분석을 통해 고객세분화가 가

표 12.10	주요 매체의 특징	

	장점	단점
신문	• 신속히 많은 정보전달 • 넓은 독자층 (전국지의 경우) • 지역성에 맞게 전달 (지방지)	• 짧은 광고수명 • 인쇄의 질이 낮음
잡지	• 표적청중에게 효과적으로 도달 • 인쇄의 질이 높음 • 긴 광고수명과 많은 정보의 전달	• 독자의 범위가 한정 • 광고게재까지 긴 지연시간
TV	• 청중의 주의를 끄는 힘이 큼 • 넓은 청중범위로 상대적 비용이 낮음	• 절대적으로 높은 비용 • 깊이있는 메시지전달이 힘듦 • 많은 비표적청중에게 전달
라디오	• 표적청중에게 효과적으로 전달 • 방송시간이나 지역선정의 유연성	• 표적청중이 한정적 • 시각적 효과가 없음
인터넷	• 노출의 시간과 공간 제약을 극복 • 고객화된 메시지 전달 • 상호작용 가능 • 표적청중에게 도달과 트래킹이 용이	• 청중이 노출을 통제 • 다른 매체에 비해 작은 영향력

능하기 때문에 마케팅의 효과성을 높일 수 있다. 회원정보의 분석을 통해서는 고객화된 메시지를 전달할 수 있고, 청중의 반응에 대해 적절한 피드백을 제공하는 상호작용이 가능하기 때문에 표적청중에게 전달과 트래킹이 용이하다. 그러나 인터넷 광고는 청중이 노출을 통제한다는 단점이 있다. 즉, 청중이 광고가 있는 인터넷 사이트에 접속을 하지 않으면 원천적으로 광고에 노출이 이루어질 수 없다. 또한 다른 매체들에 비해 청중이 주의를 기울이지 않을 가능성이 높아 상대적으로 영향력이 작다는 단점을 갖고 있다. 이상에서 서술된 신문, 잡지, TV, 라디오, 인터넷 등 주요 매체의 장단점을 〈표 12.10〉과 같이 요약할 수 있다.

백화점, 홈쇼핑업체 등에 의해 흔히 사용되는 **우편광고**는 표적청중에게 도달하는 데 있어서 큰 유연성을 발휘할 수 있다. 즉, 표적고객의 특성에 맞게 메시지를 제작하고 또 표적고객을 선별하여 광고물을 보낼 수 있다. 그러나 우편광고가 성공하기 위해서는 잡동사니 우편물(junk mail)이라는 이미지를 탈피해야 한다. 신문에 삽입되는 **전단지**(leaflets)를 통한 광고도 많이 이용된다. 전단지는 필요한 경우 신속히 표적청중에게 메시지를 전할 수 있다는 장점을 갖고 있다. 반면 범람하는 다른 전단지 속에 묻혀 청중의 주의를 끌지 못할 가능성이 크다.

마케팅 사례: **4차산업시대 옥외광고 - '디지털' 새 옷**

옥외광고가 4차 산업혁명 기술과 접목해 첨단 디지털 옥외광고로 진화하고 있다. 화면만 디지털인 수준을 넘어 쌍방향 통신을 통해 소비자 참여를 이끌어 내는 새로운 콘텐츠가 탄생하고 있으며, 옥외 전용 고휘도 액정표시장치(LCD) 패널의 개발로 새로운 디지털 옥외광고가 속속 등장하고 있다.

2016년 디지털 옥외광고가 합법화된 이후 전자 현수막 등 그동안 법률의 사각지대에 있던 디지털 옥외광고물들이 도시 미관을 형성하는 중요한 합법적 구성 요소로 인정받는 등 수많은 변화가 생겨나고 있다. 옥외광고 관련법의 명칭이 '옥외광고물 등의 관리와 산업진흥에 관한 법률'로 바뀌면서 디지털 옥외광고가 단순 규제의 대상에서 확대의 대상으로 바뀐 것도 큰 변화 중 하나다.

그러나 시장 상황과 반응은 기대와 달리 적극적이지 않다. 옥외광고 제작사들이 디지털 옥외광고 제작 경험과 준비 부족으로 여전히 아날로그 광고판 제작이란 사업 형태를 고수하고 있기 때문이다. 지방자치단체 역시 민원 문제 발생에 대한 우려와 균형발전을 명분 삼아 조례안 제정에 소극적인 상황이다.

해외 선진국에선 4차 산업혁명 기술과 접목된 사례가 다양하게 시도되고 있다. 프랑스와 독일 등 유럽 국가들에선 날씨, 온도, 오존지수 등 주변 상황을 자동 인식해 광고판의 메시지가 상황에 맞게 표출되는 '스트리트 퍼니처(Street Furniture)' 광고가 운영되고 있다. 빅데이터 분석을 통해 해당 소비자에게 필요한 정보를 제공하는 인공지능형 광고도 미국이나 영국 등에서 시도되고 있다. 런던에선 지나가는 비행기가 어느 곳으로 가는 비행기인지를 설명해주는 브리티시 에어라인 광고, 버스 안내판과 전광판 등을 이용한 증강현실 광고 등이 시도된 바 있다.

국내에서는 특별한 디지털 옥외광고 사례가 많지 않다. 투자와 준비에 적극적이지 않은 광고주의 영향도 있지만 여러 이익집단의 형평성을 고려, 문제점을 최소화하면서 변화를 시도하는 정부 정책 방향의 영향도 크다.

자료원: *문화일보*, 2017. 7. 10.

영국 런던 중심가인 옥스퍼드 서커스의 한 건물 외면에 설치된 3차원 증강현실 사이니지(디지털정보 디스플레이) 앞에서 한 시민이 증강현실을 체험해 보고 있다.

최근 **다이렉트 마케팅**(direct marketing)의 일환으로서 전화를 이용한 텔레마케팅도 증가하고 있다. 이 같은 광고의 가장 큰 장점은 광고에 대한 청중의 반응을 정확하고도 신속히 얻고 이에 맞추어 효과적인 마케팅활동을 수행할 수 있다는 점이다. 그러나 비용이 많이 들고 많은 청중과 신속히 접할 수 없다는 단점이 있다. 게시판을 이용한 **옥외광고**와 버스나 전철 내에 배치된 **차량광고**는 오랫동안 행해져온 광고이다. 이러한 광고들은 광고비가 저렴하고, 소비자들이 같은 광고를 여러 번 보게 된다는 이점을 갖는다. 이 밖에도 영화 스크린에서의 광고, **애드벌룬**(ad balloon)과 같은 것을 이용한 **스카이라이팅**(skywriting), 전화번호부 내의 광고 등과 같이 여러 형태의 매체광고가 있다.

(2) 매체선정 기준

매체선정은 다음의 다섯 가지 문제와 관련된다: ① 자사의 광고를 몇 명의 고객에게 얼마나 자주 접촉시킬 것인가? ② 누구에게 광고 메시지를 전달할 것인가? ③ 메시지를 가장 효과적으로 전달하는 방법은 무엇인가? ④ 메시지를 전달하기 위해 비용을 얼마나 지불할 것인가? ⑤ 광고 매체와 전달체를 어떻게 믹스할 것인가?

① 접촉범위, 접촉빈도, 그리고 총접촉량[10]

광고관리자는 광고목표를 달성하기에 충분한 접촉범위, 접촉빈도, 그리고 총접촉량을 결정해야 한다. **접촉범위**(reach)란 정해진 기간 동안(보통 한 달)에 적어도 한 번 이상 어떤 광고에 접촉하는 사람들의 수를 말한다. 예를 들어, 어떤 신문 광고가 50,000명의 독자에게 읽혀졌다면 이 광고의 접촉범위는 50,000명이다. 광고매체들 중 TV는 다른 어느 것보다도 접촉범위를 극대화시키는 데 효과적이다. 반면 잡지는 접촉범위 면에서 상대적으로 덜 효과적이다.

접촉빈도(frequency)는 정해진 기간 동안에 한 광고가 한 사람에게 평균 몇 번이나 접촉되느냐를 가리킨다. 예를 들어, 신문광고가 50,000명 독자 중의 10,000명에게 한 번 접촉되고 20,000명에게 두 번, 15,000명에게 세 번, 5,000명에게 네 번 접촉되었다면 접촉빈도는 다음과 같이 계산된다:

접촉범위
정해진 기간 동안(보통 한 달)에 적어도 한 번 이상 어떤 광고에 접촉하는 사람들의 수

접촉빈도
정해진 기간 동안에 한 광고가 한 사람에게 평균 몇 번이나 접촉되느냐를 의미

---

10) 신문, 잡지 등의 간행물 부수, 그리고 웹사이트의 접촉자 수를 객관적으로 조사하여 공개하는 제도로서 ABC(Audit Bureau of Circulations: 매체량 공사기구) 제도가 있다. 이 제도에 의하여 광고주는 매체 선정을 보다 합리적으로 할 수 있으며 매체사는 공신력을 높일 수 있다. ABC기구는 1914년 미국에서 최초로 설립되었으며, 한국ABC협회는 1989년에 창립되었다.

$$접촉빈도 = \frac{(10,000 \times 1) + (20,000 \times 2) + (15,000 \times 3) + (5,000 \times 4)}{50,000}$$

$$= \frac{115,000}{50,000} = 2.3$$

총접촉량(impression)은 특정 매체를 통하여 전달되는 접촉의 총량을 의미한다. 총접촉량은 접촉범위와 접촉빈도를 곱해서 구해지는데 이는 앞의 신문 예에서 다음과 같이 계산된다:

> **총접촉량**
> 특정 매체를 통하여 전달되는 접촉의 총량

$$총접촉량 = 50,000(접촉범위) \times 2.3(접촉빈도) = 115,000$$

또한, 총접촉량 이외에 **총접촉비율**(Gross Rating Points; GRPs)이 있다. 예를 들어, 위의 신문이 75,000가구에 배포되고 있다고 하자. 만약 이 신문에 실린 광고를 본 사람이 50,000명이라면 광고의 접촉비율은 67%가 된다(= 50,000/75,000). 이때 총접촉비율(GRPs)은 다음과 같이 계산된다:

$$총접촉비율 = 접촉비율 \times 접촉빈도 = 67 \times 2.3 = 154.1$$

TV는 특정 기간 내에 반복을 통해 불특정 다수에게 높은 접촉빈도를 얻을 수 있고, 잡지는 특정 이슈에 대한 자발적 접촉빈도를 높이는 데 효과적이다. 그리고 옥외광고는 사람들이 자주 다니는 길목에 배치될 때 높은 수준의 접촉빈도를 얻을 수 있다.

② 표적고객

매체선정에 대한 의사결정시 표적고객에 대한 고려는 매우 중요하다. 예를 들어, 세제를 광고하는 회사는 중산층 주부들을 표적고객으로 보고, 「여성동아」나 「주부생활」 같은 잡지에 광고를 싣는 것이 효과적일 것이다. 또한 10대 청소년들을 대상으로 문구류를 판매하는 회사는 라디오나 TV의 청소년 프로그램에 광고를 싣는 것이 효과적일 것이다.

잡지는 세분화된 표적고객과 접촉하는 데 있어 가장 효과적인 매체이다. 특정 지역을 대상으로 발간되는 잡지를 이용해 지리적으로 밀집해 있는 표적고객에게 쉽게 접근할 수 있다. 또한, 각 잡지는 구독자의 직업, 취미, 라이프스타일 등과 같은 여러 특징들에 따라 전문화되어 있는 경우가 많은데, 이로 인해 광고관리자는 잡지를 통해 특정 세분시장에 용이하게 메시지를 전달할

수 있다. 예를 들어, 골프용품은 골프잡지에 광고를 실어 골프를 즐기는 세분
시장에 접촉할 수 있다. 한편, TV광고나 옥외광고의 경우 세분화된 표적고객
에게 메시지를 전달하여 주는 데는 상당한 한계가 있다. 왜냐하면 이들 매체
는 그 전달범위가 넓은 반면 다양한 사람들을 대상으로 하기 때문이다.

③ 메시지의 특징과 전달방법

메시지는 다양한 부호를 사용하여 제작되기 때문에 이러한 부호에 적합
한 매체를 선정해야만 광고효과를 높일 수 있다. TV는 시각적 요소와 청각적
요소를 모두 갖추고 있기 때문에 다양한 부호로 제작된 메시지를 전달할 수
있다. 즉, TV는 시각적·청각적 방법으로 언어적·비언어적 부호를 표현할 수
있다. 그러나 라디오는 청각적 요소만을 가지고 인쇄매체는 시각적 요소만을
가지기 때문에 메시지를 부호화하는 데 있어서 TV보다 제한적이다.

또한, **인쇄매체**와 **전파매체**는 메시지 처리의 통제주체에 따라 차이가 난
다. 먼저, 인쇄매체는 수용자 통제매체로 독자가 메시지 처리를 자기 페이스
대로 할 수 있다. 반면에, 전파매체는 매체 통제적으로 청중은 정해진 시간 내
에 메시지를 처리해야 한다(TV광고는 대개 15초 혹은 30초 내). 따라서 인쇄매체
는 전파매체보다 더 많은 정보를 제시할 수 있다. 그러므로 인쇄매체는 정보
제공적 메시지를 전하여 소비자에게 합리적으로 소구하고자 할 때 보다 적절
한 데 비해, 전파매체는 감성적 메시지에 의해 감성적으로 소구하고자 할 때
보다 적절하다고 할 수 있다. 한편, 전파매체는 주어진 시간 안에 반복적으로
메시지를 전달할 수 있다.

④ 비 용

비용 고려시 중요한 것은 절대적 비용이 아니라, 1,000명의 사람에게 메
시지가 도달하는 데 드는 비용(Cost Per Mille, Cost Per thousand iMpression;
CPM)이다. 일반적으로 매체가격의 비교는 이러한 1,000명의 사람에게 도달하
는 데 드는 비용을 기준으로 한다. **CPM**은 매체비용을 접촉범위(reach)로 나
누어서 계산한다. 예를 들어, 잡지에 광고를 싣는 데 200만원이 들고 잡지가
100,000명의 표적고객에게 읽혀진다면, CPM = 200만원/100 = 20,000원이
다. 이렇게 하여 광고주는 각 매체를 CPM의 순서에 따라 순위를 매길 수 있
을 것이다. 매체를 정할 때는 CPM 외에도 각 매체의 청중이 얼마나 광고에
주의를 기울이며, 그들 중의 몇 %가 우리의 표적고객에 속하는지, 각 매체의
편집수준이 어느 정도인가 등의 여러 다른 요소도 고려해야 한다.

CPM
1,000명의 사람에게 메
시지가 도달하는 데 드는
비용

⑤ 매체믹스

매체믹스(media mix)란 광고메시지를 전달하는 데 사용되는 **매체**와 **전달체**(vehicles)를 광고효과가 극대화되도록 배합하는 것을 말한다. 일반적으로 매체믹스는 TV, 신문, 잡지, 라디오 등과 같은 매체들을 선정하고 배합하는 것과 한 매체 내에서 여러 전달체들을 선정하고 배합하는 것의 두 가지로 나눌 수 있다. 예를 들어, TV와 라디오 매체를 어떤 시간적 일정표에 따라 40 대 60으로 사용하는 것은 매체에 관한 것이고, 이때 TV매체 내의 여러 가지 프로그램들을 선정하여 그 사용량을 다르게 배합해 사용하는 것은 전달체에 관한 것이다. 사실상 단일 매체의 단일 전달체를 사용하는 경우는 거의 없다. 그리고 광고효과는 매체나 전달체를 적절히 배합함으로써 시너지효과(synergy effect)를 기대할 수 있다. 따라서 실무적으로 매체믹스는 매우 중요한 과제이다.

> **매체믹스**
> 광고메시지를 전달하는 데 사용되는 매체와 전달체를 광고효과가 극대화되도록 배합하는 것

4. 광고효과의 측정

광고효과의 측정은 광고의 목표가 달성되었는지를 평가하기 위한 것이다. 광고효과 측정에 따라 광고가 의도된 내용을 원하는 수준에서 시장에 제대로 전달했는지, 또는 광고에 불필요한 비용이 들어갔는지가 밝혀지게 된다. 이러한 광고효과 측정은 무엇을 측정하느냐와 언제 측정하느냐에 따라 두 가지 측면에서 살펴볼 수 있다. 무엇을 측정하느냐에 따라서 광고효과 측정은 **커뮤니케이션효과 측정**과 **판매효과 측정**으로 분류될 수 있고, 측정시기에 따라 **사전측정**과 **사후측정**으로 구별될 수 있다(〈표 12.11〉 참조). 사전측정은 광고를 실시하기 전에 표적시장 소비자들의 일부에게 광고를 노출시키고 그들의 광고에 대한 평가를 조사하는 것이다. 사후측정은 광고실시 후 광고를 접촉한 사람들로부터 광고에 대한 반응을 알아내는 것이다.

특히, 광고효과 측정과 관련하여 이월효과를 이해할 필요가 있다. 이월효

표 12.11　　**광고효과 측정**

측정대상 ＼ 측정시기	사전측정	사후측정
커뮤니케이션효과	• 감정, 신념, 태도, 의도 측정 • 회상, 재인 측정	• 감정, 신념, 태도, 의도 측정 • 회상, 재인 측정
판매효과	• 시장실험	• 통계적 추정

과(carry-over effect)는 이번 달에 진행된 광고의 효과가 일정기간 이후에도 소멸되지 않고, 어느 정도 지속되는 것을 말한다. 광고메시지에 대한 반복적 노출 없이는 광고 효과는 시간에 따라 점차 줄어들게 된다. 이월효과를 이해하기 위해서는 시간, 영향력, 지속성이라는 세 가지를 이해하는 것이 중요하다. 이월효과가 중요한 이유는 시간이 지남에 따라서 어떻게 지속되는지, 어떻게 사라져가고 있는지 확인해 광고의 누적효과를 검증하고 효율적인 예산과 전략을 수립할 수 있기 때문이다.

제 **13** 장 유통관리

당신은 좋은 쥐덫을 만들 수 있다. 그러나 그것이 적절한 때 적절한 곳에 있지 않으면 아무런 쓸모가 없다.

— E. Jerome McCarthy and William D. Perreault, Jr.

Marketing

생산된 제품과 소비자가 원하는 제품 간에는 괴리(discrepancy)가 있기 마련이다. 쉬운 예로 소비자는 필요할 때 가까운 곳에서 제품을 구매하기를 원한다. 즉, 제품에 시간적, 장소적 편이성이라는 가치가 부가될 때 그 제품은 바로 소비자가 원하는 제품이 된다. 이 같은 점에서 생산지가 소비지에서 멀어질수록, 그리고 생산시점과 소비시점 간의 간격이 클수록 생산된 제품과 소비자가 원하는 제품 간에는 괴리가 커지게 된다. 기능적 측면에서 유통(distribution)은 그 같은 괴리를 없애주기 위한 가치전달활동이다. 제도적 측면에서 유통경로는 이러한 가치전달활동을 담당하는 일련의 기관들이라고 이해할 수 있다. 가령, 국내 식료품 회사가 제조한 식료품은 일반적으로 대리점이라고 지칭되는 도매상을 거쳐 수퍼마켓, 할인점 등의 소매상을 통해 소비자에게 전달된다. 이들 도소매상을 유통기관이라고 부르며 이들에 의해 구성되는 일련의 집합을 유통경로라고 정의한다.

　유통기관의 가치전달활동은 단순히 제품을 장소적으로나 시간적으로 연결하는 데 그치지 않는다. 예를 들어, 음식점은 식료품의 최종 유통기관으로서 공급받은 식료품을 가공하여 다른 형태의 제품을 만들어 소비자에게 유통시킨다. 따라서 이같이 좀 더 넓은 시각에서 유통활동의 의의를 이해할 때, 비로소 마케터는 자사제품을 가장 적은 비용으로 소비자에게 정확히 도달시킬 수 있는 유통경로를 확보하고 관리할 수 있게 된다.

학 | 습 | 목 | 표

1. 가치전달 네트워크에 대해 학습한다.
2. 유통의 의의와 기능에 대해 이해한다.
3. 유통기관의 종류와 유통경로의 유형을 학습한다.
4. 유통경로의 설계에 대해 이해한다.
5. 유통업자의 선택과 관리를 이해한다.
6. 유통경로 갈등관리에 대해 학습한다.

학습목표 1: 가치전달 네트워크

기업이 고객의 욕구를 충족시키는 제품을 생산하는 것을 가치창출(value creation)이라 한다면, 이를 고객에게 제공하기까지의 과정은 가치전달(value delivery)이라 할 수 있다. 생산기업이 가치창출의 중심(value center)이라 할 때, 생산기업이 창출된 가치를 고객에게 전달하는 역할을 담당하는 유통업자와 실시하는 거래를 **전방거래**(downstream)라고 한다. 전방거래의 주체인 생산기업과 유통업자 간의 관계를 **마케팅경로**(marketing channel), 혹은 **유통경로**(distribution channel)라고 한다. 이에 비해 생산기업이 가치창출을 위해 필요한 원료, 부품, 정보, 금융의 제공자와 실시하는 거래를 **후방거래**(upstream)라고 한다.

전통적으로 마케터는 후방거래보다 전방거래를 중요시했는데, 이는 후방거래에 비해 전방거래가 고객과의 실질적인 관계를 형성하는 데 중요한 역할을 하기 때문이다. 그러나 최근에는 가치창출에 중요한 역할을 담당하는 후방거래의 중요성이 높아지면서 전방거래와 후방거래를 통합하는 **가치전달 네트워크**(value delivery network)라는 개념이 강조되고 있다. 즉, 생산기업의 경쟁력이 가치전달 네트워크를 통해 결정된다는 개념이 강조되고 있는 것이다. 예를 들어, 현대자동차는 과거 자동차 판매를 위해 영업점(직영점, 대리점) 관리에 주력하였다. 그러나 현재는 현대모비스(MOBIS) 등 부품공급업자와의 후방거래를 강화할 뿐만 아니라 영업점 이외에 고객에게 금융서비스를 제공하는 현대캐피탈, 자동차를 운반하는 글로비스(GLOVIS) 등과의 전방거래를 강화하여 가치전달 네트워크의 경쟁력을 높이고 있다. 최근 현대자동차가 세계적인 자동차 기업으로 성장한 원동력 중의 하나는 '현대모비스 – 현대자동차 – 현대캐피탈 – 현대글로비스'로 구성되어 있는 가치전달 네트워크의 경쟁력에 기인한다.

가치전달 네트워크의 후방거래는 산업재 마케팅에 해당한다. 그런데 본서는 제1장에서 기술한 것과 같이 마케팅 기본서적이므로 후방거래 부분은 본서의 범위를 넘어선다. 따라서 본장의 이후 내용들은 유통경로관리에 대해 설명한다.

전방거래
생산기업이 창출된 가치를 고객에게 전달하는 역할을 담당하는 유통업자와 실시하는 거래

유통경로
어떤 상품을 최종 구매자가 쉽게 구입할 수 있도록 만들어주는 과정에 참여하는 모든 조직체나 개인들

후방거래
생산기업이 가치창출을 위해 필요한 원료, 부품, 정보, 금융의 제공자와 실시하는 거래

학습목표 2: 유통의 의의와 기능

1. 유통의 의의

유통(distribution)의 의의는 유통의 효용제공 기능으로 설명할 수 있다. 유통경로는 제조업체가 생산한 제품을 최종 소비자에게 전달하는 통로역할을 한다. 유통기능에 의해 생산시점과 다른 시점에 소비될 수 있으며 생산지역과 다른 지역에서 소비될 수 있다. 그리고 소비되는 과정에서 다양한 제품형태로 유통될 수 있다. 그러므로 유통은 **시간효용**(time utility), **장소효용**(place utility), **구색효용**(assortment utility)을 제공한다. 따라서 유통경로는 시간의 불일치, 장소의 불일치, 형태(구색)상의 불일치를 해소하기 위해 존재하는 것이다. 예컨대 쌀은 가을에 생산되지만 소비는 1년 내내 일어나며(시간의 불일치), 농촌에서 생산되지만 소비자는 전국에서 이뤄지고(장소의 불일치), 농촌에서 대량으로 생산되지만 판매되는 크기 따라 2kg, 5kg, 10kg, 20kg 등의 형태(형태상의 불일치)로 유통된다. 또한 생산자로부터 소비자에게로 제품의 소유권을 이전함으로써 그 가치는 커지며, 이에 따라 유통기능은 **소유효용**(possession utility)을 제공한다. 예를 들어, 생산자가 어떤 제품을 유통업자에게 800원에 판매하고 소비자가 그 제품을 유통업자로부터 1,000원에 구매하였다면, 생산자에게 그 제품의 가치는 800원 이하이고 소비자에게 그 제품의 가치는 1,000원 이상이다. 유통기관의 활동은 매우 다양한데, 여기서는 네 가지로 분류한다: (1) 거래의 집중화, (2) 거래의 정형화, (3) 구색 갖추기, (4) 불확실성의 감소.[1]

(1) 거래의 집중화

거래의 집중화(centralization)는 생산자와 소비자 간의 거래에 유통기관이 매개하는 것을 말한다. [그림 13.1]은 거래의 집중화를 통한 거래접촉 효율성의 제고를 보여준다. 유통기관이 없을 경우 3명의 생산자와 3명의 소비자 사이에서 9회의 접촉이 필요하다. 그러나 하나의 유통기관이 있어 이를 중심으로 거래가 중앙집중적으로 조직화되면, 6회의 접촉만이 필요하다. 그리하여 거래 접촉 수는 3회만큼 줄어든다. 이 같은 거래 접촉의 절약은 생산자와 소비자의 수가 늘어날수록 기하급수적으로 커진다.

> **거래의 집중화**
> 생산자와 소비자 간의 거래에 유통기관이 매개하는 것

---

[1] Louis W. Stern, Adel I. El-Ansary, and Anne T. Coughlan, *Marketing Channels*, 6th ed., Prentice-Hall International, Inc., 1996, pp. 3-7.

그림 13.1   거래의 집중화와 접촉 효율성의 제고

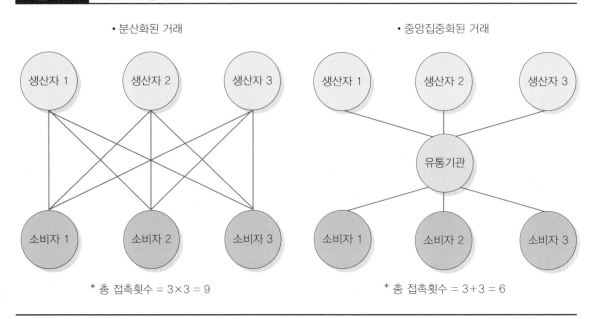

(2) 거래의 정형화

거래의 정형화

거래에 관한 규칙과 틀을
미리 정해 그에 따라 거래
하는 것

　거래의 정형화(routinization)는 거래에 관한 규칙과 틀을 미리 정해 그에 따라 거래하는 것을 말한다. 규칙과 틀에 따라 거래가 이루어지면 거래 당사자 간의 흥정이나 협상이 줄어든다. 예를 들어, 대부분의 소매점에서는 제품 가격을 정해놓고 정해진 가격에 판매하며 대형 소매점들에서는 신용카드에 의한 구매가 가능하다. 이에 따라 소비자는 일일이 가격을 문의하고 흥정할 필요가 없으며 정해진 가격에 구매 여부를 결정할 수 있고 원하는 바에 따라 현금 혹은 신용카드로 구매할 수 있다. 다른 예로, 소비자가 보험회사로부터 보험상품을 구매하고자 할 때 대리점이라는 중개업자는 정형화된 틀 안에서 거래가 신속하고 간편하게 이루어지도록 한다.

(3) 구색 갖추기

　유통기관은 수없이 많은 생산자들의 제품들을 분류하여 적절히 구색을 갖춤으로써 소비자들의 다양한 수요를 충족시킨다. 생산자들은 각자가 제한된 종류의 제품생산에 특화한다(specialization). 이에 따라 각 생산자의 생산물은 다른데 이를 **공급의 이질성**(heterogeneity of supply)이라고 한다. 소비자들은 각자 선택의 자유에 따라 다양한 종류의 제품에 대한 수요가 발생하며, 이

를 **수요의 이질성**(heterogeneity of demand)이라 부른다. 이러한 두 가지의 이질성에 의하여 공급과 수요 간에는 괴리(discrepancy)가 발생한다. 유통기관은 많은 종류의 제품들을 분류하고 자신이 취급할 제품들을 생산자로부터 구매하여 소비자가 원하는 제품을 손쉽게 구매할 수 있도록 함으로써 이러한 괴리를 없애는 역할을 한다.

(4) 불확실성의 감소

소비자와 생산자는 상대방이 자기에게 맞는 거래 상대인지에 대하여 불확실성을 느끼게 된다. 예를 들어, 소비자는 생산자의 제품이 가격만큼의 값어치가 있는지에 의구심을 가질 수 있으며, 생산자는 자기가 공급하려는 제품이 과연 소비자에게 맞는 것인지에 의구심을 가질 수 있다. 유통기관은 이와 같은 소비자와 생산자 간의 **불확실성**(uncertainty)을 감소시켜주는 활동을 한다. 예를 들어, 생산자에 비하여 소매업자는 소비자와 더 가까이 있으므로 변화하는 소비자 니즈와 취향에 대한 유용한 정보를 가질 수 있다. 이 경우 소매업자는 생산자에게 소비자의 니즈와 취향에 관한 정보를 제공할 수 있으며, 반대로 소비자에게는 제품정보를 알려주어 구매를 도울 수 있다.

2. 유통의 기능

생산과 소비를 연결하기 위해 유통기관이 수행하는 기능은 [그림 13.2]와 같다: (1) 물적 취득, (2) 소유권 취득, (3) 촉진, (4) 협상, (5) 금융, (6) 위험부담, (7) 주문, (8) 지불.[2] 유통기관은 생산자로부터 제품을 **물적으로 취득**하여 다시 소비자에게 넘겨준다. 이때 유통기관은 제품에 대한 **소유권**을 이전받기도 하지만 그렇지 않을 수도 있다. 단순히 물적으로만 제품을 취득하여 소비자에게 전달하고 소유권은 생산자로부터 소비자에게로 바로 넘어갈 수도 있다. 예를 들어, 의류시장에서 특정 유통기관은 생산자의 위탁을 받아 판매만을 대행한다. 이 같은 판매대행시 제품에 대한 소유권은 생산자가 갖고 있으며 유통기관은 판매대행에 따른 수수료만을 얻게 된다.

촉진은 유통경로상 다음 참여자를 대상으로 이루어진다. 즉, 생산자는 유통업자에게, 그리고 유통업자는 소비자에게 촉진활동을 한다. 생산자나 유통업자는 서로를 대신하여 촉진활동을 수행하기도 하는데, 협동광고가 이에 해당한다. 협동광고란 일반적으로 유통기관이 제품을 광고하고 생산자가 그 비

---

2) *Ibid.*, pp. 8-11.

그림 13.2 유통기관의 기능

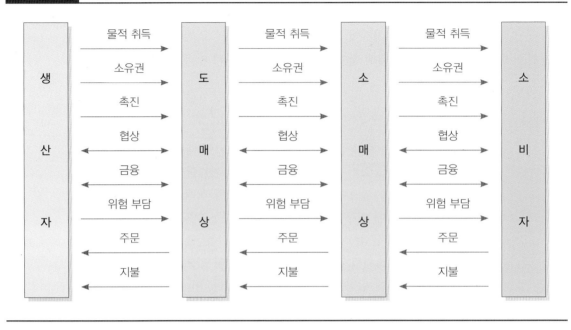

용의 일부 또는 전부를 부담하는 광고이다.

협상은 유통기관이 생산자나 소비자와 거래조건을 결정하는 것이다. **주문**은 거래조건에 따라 제품의 이전을 요구하는 행위이며, **지불**은 이전된 제품에 대한 반대급부를 제공하는 행위이다. 유통기관은 생산자나 소비자를 위해 **금융활동**을 수행하기도 한다. 즉, 유통업자는 소비자에게 신용으로 판매하기도 하고 생산자에게 제품 생산을 하청할 때 자금을 미리 지원해주기도 한다.

위험 부담은 소유권이 이전됨으로써 발생한다. 즉, 유통업자가 생산자로부터 제품의 소유권을 이전받은 후 판매를 하지 못하면 그에 대한 손실은 자신이 부담해야 한다. 한 유통기관의 위험 부담이 클수록 보상은 커진다. 예를 들어, 자동차 부속품의 유통경로는 '제조업체 → 1차 도매상 → 2차 도매상 → 소매상'으로 되어 있다. 이 과정에서 2차 도매상의 마진이 다른 기관보다 크다. 이는 영세한 소매상이 납품받은 제품의 대금을 지불하지도 않고 도산하는 경우가 많기 때문이다. 2차 도매상은 이에 대한 위험을 부담하는 대신 높은 마진을 누린다.

그러나 반드시 중간상들이 유통경로기능을 담당해야 하는 것은 아니다. 필요시 생산자나 소비자도 유통경로의 기능을 일부 수행할 수 있다. 또한, 생산자나 구매자에게 별다른 가치를 제공하지 못하는 중간상은 사라질 수 있다. 이러한 의미에서 유통경로에서 중간상을 배제시키는 것을 **탈중간상화**(disintermediation)라고 한다. 그러나 유통경로에서 중간상을 배제시킬 수 있어도 이들이 수행하는 기능을 없앨 수는 없다. 이러한 경우 유통경로의 기능의 일부를 생산자나 최종구매자가 수행해야 한다.

학습목표 3: 유통기관의 종류와 유통경로의 유형

생산자의 입장에서 유통관리란 한마디로 유통기관을 효과적으로 이용해 자사제품을 소비자에게 전달하기 위한 활동이다. 따라서 마케터는 유통기관과 각 유통기관이 소속되어 있는 유통산업의 특징과 변화를 잘 이해하고, 이에 따라 자사의 유통경로를 개발하고 운용해야 할 것이다. 유통기관은 매우 다양하며, 새로운 유형의 유통기관이 계속 나타나고 있다. 유통기관은 크게 소매상과 도매상으로 구분된다. 소매상은 점포의 유무나 제공하는 서비스의 종류 및 수준에 따라 세분될 수 있으며, 도매상은 주체와 기능에 따라 세분될 수 있다.

1. 소매상

소매상(retailer/retail institution)은 생산자 혹은 도매상으로부터 제품을 구입하여 소비자에게 판매하는 유통기관이다. 소매상은 다음 세 가지의 기능을 한다. 첫째, 생산자의 제품을 소비자에게 판매하며, 제품의 보관 및 운송 등을 담당하여 생산자와 도매상의 마케팅 활동을 지원한다. 둘째, 다양한 제품구색을 갖추어 소비자에게 선택의 폭을 넓혀주고 그들이 원하는 제품을 소량으로 구매할 수 있게 해준다. 셋째, 생산자와 소비자에게 필요한 정보를 제공한다. 소매상은 소매광고, 인적판매, 디스플레이 등을 통하여 고객에게 제품의 특성, 할인판매 여부, 점포 이용시간에 관한 정보를 제공하고 생산자에게는 매출액, 고객의 욕구와 불만사항, 재고 회전율에 관한 정보를 제공한다. 소매상은 취급하고 있는 제품계열의 수, 같은 계열 내의 취급제품의 수, 회전율, 마진 등에 따라 구분되며, 점포 유무에 의해서도 구분될 수 있다.

일반적으로 소매상은 최종 소비자들을 대상으로 제품을 판매하는 기관이다. 이러한 소매상은 크게 **점포형 소매상**과 **무점포형 소매상**으로 구분된다.

소매상
생산자 혹은 도매상으로부터 제품을 구입하여 소비자에게 판매하는 유통기관

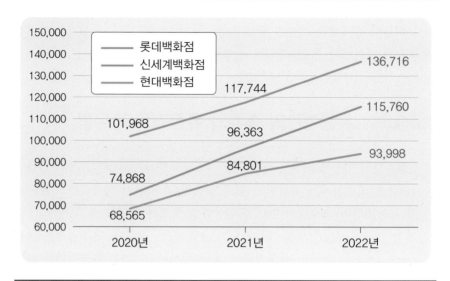

그림 13.3   국내 백화점 3사 매출액 추이[3]   (단위: 억원)

(1) 점포형 소매상

① 백화점

　　백화점(department store)은 의류, 가정용품, 잡화를 중심으로 다양한 제품 계열을 취급하며 각 제품계열은 전문 구매자나 머천다이저에 의하여 관리된다. 백화점이 갖는 장점은 많은 종류의 제품을 한곳에서 구매할 수 있는, 소위 원스톱 쇼핑(one stop shopping)에 있다. 국내 백화점은 경쟁이 격화되기 이전인 1990년까지 비교적 고속성장을 해왔으나, 이후에 할인점, 홈쇼핑 등 신업태의 등장으로 성장이 둔화되고 있다. 이에 백화점은 전문성을 강화하여 레저와 문화기능을 강화한 엔터테인먼트 쇼핑 개념을 확대해 나가고 있으며, 상류층 고객을 대상으로 한 사치품(luxury products) 판매를 강화하고 있다. 판매는 주로 점포 내에서 이루어지지만, 최근에는 통신판매나 특판 등 점포 밖의 판매비율이 증가하고 있다. 국내 백화점 3사의 매출액은 [그림 13.3]과 같이 롯데백화점이 가장 높고, 그다음 신세계백화점과 현대백화점 순으로 나타나고 있다.

② 할인점

　　할인점(discount store)은 광고비와 건물 인테리어 비용을 줄이고, 셀프서

---

3) 유통 Insight.

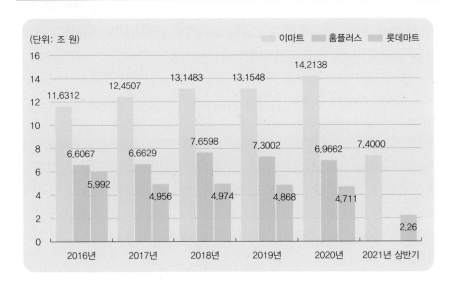

그림 13.4 국내 대형할인점 순 매출액 추이[4] (단위: 억원)

비스로 인건비를 절감하며, 대량 직매입으로 매입단가를 낮추어 파격적으로 낮은 가격에 제품을 판매하는 전략을 사용한다. 구체적으로 생산자로부터 물품을 대량으로 구매해 판매하는 방식으로 시중가격보다 최소 10%에서 최대 30%까지 낮은 가격으로 판매하는 유통업체를 말한다. 그리고 재고회전율을 높이기 위해 낱개보다는 박스단위의 판매를 유도한다.

국내 대형할인점의 시장점유율은 이마트, 홈플러스, 롯데마트 순이며, 매출액 기준으로는 이마트가 독보적으로 높다([그림 13.4] 참조). 최근 들어 할인점 간에, 그리고 타 업태와의 가격경쟁이 치열해짐에 따라 점차 매장환경이나 편이성 개선에 기초한 비가격경쟁으로 움직이는 모습도 보여주고 있다. 특히 e커머스 등장으로 소비자들의 구매 패턴이 오프라인에서 온라인으로 변화하면서 대형할인점의 매출액이 크게 줄어들고 있다. 이로 인해 할인점들은 매출 증대보다는 수익성 강화로 목표를 변화시키고 있는 추세이다. 수익성 강화를 위한 방안으로는 신선식품 도입, 프리미엄 제품의 확대, 매장별 컨셉 차별화, 체험형 매장의 확대 등이 시행되고 있다.[5]

---

4) 머니투데이, 2021. 10. 13.
5) 매일경제, 2013. 7. 28. & 머니투데이, 2021. 10. 13.

③ 수퍼마켓

　　수퍼마켓(supermarket)은 식료품, 생활용품 등을 중점적으로 취급하는 소매점으로서, 낮은 마진으로 대량 판매함으로써 이익증대를 추구한다. 낮은 마진 때문에 수퍼마켓은 소비자에게 셀프서비스를 유도한다. 수퍼마켓은 주로 아파트 단지와 주택가에 위치하고 있다. 2008년 하반기부터 시작된 세계적인 불황으로 인해 소량판매 위주의 수퍼마켓의 매출은 급속하게 증가하였다. 특히 국내 시장의 경우 GS, 롯데, 홈플러스 등의 대기업이 수퍼마켓 시장에 공격적으로 진입하면서 시장규모는 더욱 확대되었다. 국내 **기업형 수퍼마켓**(super supermarket; SSM)의 수는 롯데슈퍼가 420개로 가장 많고, 그 다음으로 홈플러스 익스프레스, GS더프레시, 이마트 에브리데이 순이며, 2019년 1,240개에서 2021년 1,103개로 감소추이를 보이다가 2022년 1,345개로 늘어났다.[6] 홈플러스 익스프레스를 제외한 최근 3사의 매출액 추이는 [그림 13.5]와 같다.[7]

　　수퍼마켓은 내점고객의 수를 고려한 다양한 판촉전략을 활용하고 있다. 예를 들어, 요일별 내점빈도와 매출이 다른 것을 고려하여, 요일과 시간에 따라 할인판매 품목도 변화시켜 매출증진을 도모하고 있다. 또한 전단지 할인쿠폰을 활용하거나 이벤트 등을 적극적으로 개최하기도 한다. 최근에는 경쟁력을 확보하기 위해 고급화 전략, PB상품 강화, 온라인 소비시장 확대 등 다방

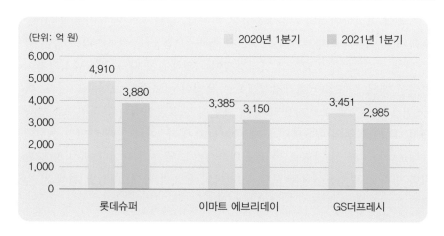

그림 13.5　국내 기업형 수퍼마켓(SSM) 매출추이　　　　　(단위: 억원)

(단위: 억 원)　　　　　　　　■ 2020년 1분기　　■ 2021년 1분기

롯데슈퍼: 4,910 / 3,880
이마트 에브리데이: 3,385 / 3,150
GS더프레시: 3,451 / 2,985

---

6) *이코노미스트*, 2022. 11. 12.
7) *머니투데이*, 2021. 5. 16.

마케팅 사례: **즉시배송 틈새 공략 편의점·마트 … 매출 '쑥쑥'**

e-커머스 우위인 익일·새벽배송이 아닌 즉시배송 틈새 공략
오프라인 성장 정체를 온라인 배송으로 극복

편의점과 대형마트가 e-커머스 업체들이 주도하고 있는 익일·새벽배송이 아닌 '즉시배송' 시장에서 온라인 판매를 확대하여 배송 틈새시장을 공략하고 있다.

홈플러스와 GS리테일은 전국에 위치한 오프라인 점포를 기반으로 근거리 배송 서비스를 넓히고 있으며, 쿠팡, 컬리 등과 같은 기존 e-커머스 업체들과 달리 소비자가 원하는 시간대 혹은 주문 즉시 배송이라는 서비스를 통해 차별화를 시도하고 있다. 특히, 홈플러스는 홈플러스 대형마트를 물류 거점으로 활용하는 '마트직송'과 기업형 슈퍼마켓(SSM) 홈플러스 익스프레스를 기반으로 한 '1시간 즉시배송'이라는 두 종류의 온라인 배송을 통해 소비자들을 공략하고 있다. '마트직송'을 이용하는 소비자들은 전국 121개 대형마트 물류 거점을 통해 온라인으로 구입한 물품을 원하는 일자, 원하는 시간대에 배송받을 수 있다. '1시간 즉시배송'을 이용하는 소비자들은 전국 253개 홈플러스 익스프레스에서 1시간 내외로 배송서비스를 받을 수 있다. '1시간 즉시배송'은 하나의 주문을 한 명의 배송기사가 책임지는 단건 배송 시스템이다. – 중략 –

편의점 GS25를 운영하는 GS리테일도 최근 배달앱 '요기요'와 손잡고 즉시배송 서비스에 나서고 있다. 요기요의 배달·포장 플랫폼 운영 노하우와 GS리테일의 전국 기반 유통망을 통합하여 시너지 창출을 기대하고 있다. 소비자는 GS25에서 도시락과 같은 간편식과 1~2인 가구를 위한 소포장 신선식품 등 5000여 종을 원하는 장소로 즉시 배달받거나 매장을 방문해 직접 가져가는 포장 서비스를 선택해 이용할 수 있다.

– 중략 –

업계 관계자는 "국내 퀵커머스(즉시배송) 시장 규모는 오는 2025년까지 5조 원대로 성장할 것이라는 전망이 나온다"며 "퀵커머스 거래액은 아직 시작 단계이나 무한 성장이 예상되는 만큼 시장 선점을 위한 업계 경쟁은 더 치열해질 것"이라고 말했다.

자료원: *EBN 산업경제*, 2023. 1. 11.

면으로 성장을 위한 발판을 마련하고 있다. 특히, 롯데슈퍼는 스마트팜 브랜드 내일농장을 통해 신선식품 차별화와 1시간 바로배송을 운영하고 있다. 홈플러스 익스프레스 역시 1시간 즉시배송 서비스를 하고 있고, 이마트 에브리데이는 빠른 배송 서비스인 스피드e장보기를 운영 중이다.[8]

④ 편의점

편의점(convenience store)은 수퍼마켓보다 상대적으로 소규모이다. 식료품 위주로 회전율이 높은 편의품을 주로 취급하며 셀프서비스 방식으로 연중무휴 24시간 영업을 한다. 각 품목에 대하여 소비자들이 신뢰할 수 있는 소수

---

8) 뉴스핌, 2022. 6. 10.

의 브랜드만을 취급한다. 요컨대 편의점의 특징은 시간과 장소의 편의성과 아울러 소수의 인기브랜드 취급에 의한 선택의 편의성에 있다. 편의점은 프랜차이즈 시스템(franchise system)으로 편의점 본사와 가맹점주와의 계약에 의하여 운영되는 경우가 많다. 따라서 이들 간의 관계가 동반자적인 관계로 서로 신뢰하고 협동하는 것이 매우 중요하다. 일부 편의점은 본부의 직영에 의하여 운영되고 있다. 우리나라의 편의점은 1989년에 세븐일레븐이 7개의 점포를 열면서 시작되었다.

⑤ 전문점

전문점(specialty store)[9]은 몇 종류의 한정된 제품계열만을 취급한다. 그러나 각 계열별로는 매우 다양한 제품구색을 갖추고 있다. 이동통신기기, 전자제품, 오디오, 의류, 운동용품, 가구 등의 특정제품을 중심으로 한 전문점이 있는 반면, 혼수 백화점 등과 같이 특정 소비자 계층을 중심으로 한 전문점도 있다.

⑥ 대리점

대리점은 재래시장이나 동네 상점과 달리 원칙적으로 특정 제조업체에 종속되어 그 업체의 제품만을 판매하는 소매상인데, 가전, 의류, 신발 등의 경우 대리점을 통한 매출이 상당한 비중을 차지한다.

⑦ 아울렛

아울렛(outlet)은 1980년대에 미국에서 탄생한 유통업의 형태로, 주로 프리미엄 브랜드나 사치품을 저렴한 가격으로 판매하는 여러 매장을 모아 하나의 몰을 형성한 상업 시설을 말한다. 국내에선 이를 아울렛으로 부른다. 특히, 국내 아울렛은 유명브랜드의 이월 제품을 대폭 할인판매하는 업태로 운영되며, 1994년 「2001 마리오아울렛」을 시작으로 현재는 대기업 계열인 롯데의 롯데아울렛, 롯데프리미엄아울렛, 롯데팩토리아울렛, 신세계의 프리미엄아울렛, 이랜드의 뉴코아아울렛, 2001아울렛, 동아아울렛, NC아울렛, 현대백화점의 현대아울렛, 현대프리미엄아울렛, 현대시티아울렛 등이 있고, 중견기업이 운영하는 세이브존과 모다아울렛 등이 있다. 이외에도 서울 가산동 지역에 위치한 마리오아울렛, W몰 등이 있으며, 퀸스로드(대구), 애플아울렛(부산), 로데오타운(대전), 세정아울렛(광주), 메가월드(전주), 에버세이브(청주), 퍼스트

---

9) 전문점은 한국표준산업분류의 전문상품소매점보다는 작은 개념이다. 전문점은 한정된 제품 개열에 다양한 제품구색을 특징으로 하기 때문에 전문상품소매점에 포함되는 자동차 영업점, 주유소 등은 포함되지 않는다. 즉, 전문점은 전문상품소매점에 포함되는 개념으로 볼 수 있다.

빌리지(아산) 등 지역별로 유명 아웃렛들이 존재한다.

⑧ 재래시장

재래시장이나 동네 상점은 과거 우리나라의 주요 소매상들이었으나 신업 태의 소매상에 밀려 점차 퇴조하고 있다.

(2) 무점포형 소매상

① 다이렉트 판매

다이렉트 판매는 TV나 인터넷, 우편, 스마트폰 등으로 제품 정보를 제공하고 주문을 받아 판매하는 방식이다. 매체를 이용하기 때문에 **통신판매**라고도 한다. 다이렉트 판매는 광고매체를 사용하여 장소에 구애 받지 않고 어떤 반응이나 거래를 이끌어내는 것을 목적으로 하는 방식이다. TV 홈쇼핑업체, 인터넷 쇼핑몰, 백화점, 할인점, 신용카드회사, 우체국 등이 주요 사업자였으나, 최근에는 스마트폰을 이용한 모바일쇼핑이 확대됨에 따라 사업자의 범위가 비약적으로 확대되었다. 통신판매는 중간 유통단계가 생략되고, 매장운영비가 절감되어 저렴한 가격으로 판매되며, 직접 배달되기 때문에 구매의 편리성을 제공하고 있다. 제품으로는 주로 생활용품, 의류, 그리고 특산물 등을 취급한다. 통신판매는 직접 보고 구매하는 제품이 아니기 때문에 배달된 제품에 대한 불만이 생기기 쉽고, 배달이 늦어지는 데 대한 불만 등과 같은 이유로 고객의 신뢰성을 확보하기 어려울 수 있다. 따라서 이를 위하여 반품과 환불을 고객 위주로 제도화하여 고객의 신뢰성 확보를 위한 노력을 하고 있다.

다이렉트 판매의 종류에는 대표적으로 잠재 구매자들에게 카탈로그를 발송하고, 이를 받은 구매자들이 우편, 전화, 팩스 등을 이용하여 주문하여 판매하는 방식인 **카탈로그 마케팅**(catalog marketing), 잠재 구매자들에게 발송된 광고물(인쇄물, CD 등)을 이용하는 판매방식인 **다이렉트 메일 마케팅** (direct mail marketing), 그리고 전화로 잠재 구매자에게 제품정보를 제공하고 구매를 유도하는 판매방식인 **텔레마케팅**(telemarketing), 홈쇼핑 채널로 제품정보를 방송하고, 전화주문을 이끌어내는 판매방식인 **TV홈쇼핑**(TV home shopping), 웹사이트를 이용해서 제품을 판매하는 방식인 **인터넷 마케팅** (internet marketing), 모바일 어플리케이션을 이용하여 제품을 판매하는 **모바일 마케팅**(mobile marketing) 등이 있다.

② 방문판매

방문판매(door-to-door selling)는 판매원이 직접 소비자를 찾아가 제품을

마케팅 사례: **무점포 소매업, 10년간 오프라인보다 10배 성장**

글로벌 상위 250 진입 무점포기업수도 4개 → 9개로

상위 50개에 韓기업 없어 … "규제 개선·제도적 지원 필요"

〈최근 10년간 유통소매업 변화; Top 250개 기업〉

분류	매출총액		매출액 점유율		기업 수	
	증가규모	연평균성장률	2010년	2020년	2010년	2020년
무점포소매기업	5.9배	19.4%	1.7%	7.7%	4	9
오프라인소매기업	1.2배	2.0%	98.3%	92.3%	246	241

전국경제인연합회가 딜로이트 글로벌이 발간한 '글로벌 파워 오프 리테일링' 보고서를 바탕으로 글로벌 유통소매기업 상위 250개의 회계연도를 분석한 결과, 지난 10년간 매장 개설 없이 운영하는 무점포 소매업이 오프라인 소매업보다 연평균 9.7배 성장한 것으로 나타났다.

지난 10년간 상위 250개 유통소매기업 중 무점포소매 기업의 매출 총액은 5.9배, 연평균 19.4% 증가했다. 반면 같은 기간 오프라인소매기업의 매출 총액은 1.2배, 연평균 2% 증가하는 데 그쳤다. 글로벌 상위 250에 진입한 무점포소매기업 수도 10년 전 4개에서 9개로 2.3배 늘어났다.

250개 기업에는 미국 기업이 70개, 일본 29개, 독일 18개, 영국 15개 등 상위 4개국 기업 수가 전체의 절반 이상(52.8%)에 달했다. 한국 기업은 2010년 3개에서 2020년 5개로 늘었고, 한국 기업 매출액 점유율도 0.7%에서 1.1%로 늘었다. 그러나 평균 매출액은 상위 250개 평균 매출액의 절반(53.9%) 수준에 불과했다. 또한 250개 평균 대비 한국 기업 평균 매출액은 10년간 55.9%에서 53.9%로 2%p 떨어졌으며, 상위 50위 내 포함된 기업은 한 곳도 없었다. - 중략 -

유환익 산업본부장은 "우리나라는 이미 훌륭한 IT 인프라를 보유하고 있어 급변하는 유통환경에서도 우리 기업들의 성장잠재력이 충분하다"고 언급하면서 "온라인으로 국경없이 소비하는 시대에 글로벌 경쟁력이 있는 유통기업이 더 많이 탄생하기 위해서는 변화된 환경에 걸맞는 유통정책이 뒷받침돼야 하며, 유통시장 현황을 반영하지 못하는 규제는 개선하고, 무점포소매 등 새로운 분야에서도 국내기업이 경쟁력을 가질 수 있도록 제도적 지원이 필요하다"고 강조했다.

자료원: 뉴스 1, 2022. 10. 4.

소개하여 판매하는 방식으로 생활용품, 건강식품, 화장품, 미용용품, 학습지, 보험, 증권 등의 다양한 제품들이 이 방식에 의해 유통되고 있다. 국내의 경우 흔히 외판(外販)이라고도 하는 이 판매법의 장점은 손님이 원하는 제품을 실제로 보여주고 자세히 설명함으로써, 손님을 이해시켜 판매한다는 것이다. 진열판매·견본판매 등과 같이 물품판매의 한 형태이며, 행상(行商)도 방문판매

마케팅 사례: 농식품부 '농산물 유통구조 선진화 방안' 발표

정부가 농산물 유통비용 절감을 위해 스마트, 디지털 기술을 도입하고 온라인거래 강화에 나선다. 스마트 농산물유통센터 구축과 온라인 도매시장 설립 등으로 유통비용 6%를 절감한다는 계획이다.

농림축산식품부는 '산지유통 거점화·규모화,' '농산물 거래 디지털 전환,' '창의와 경쟁의 유통생태계 조성'을 3대 전략으로 하는 이 같은 내용의 '농산물 유통구조 선진화 방안'을 발표했다.

산지 유통시설 확충 등을 통해 출하비용은 2001년 대비 11.7%에서 8.5%로 줄었지만, 간접비 증가, 소포장·저온유통 등 서비스 확대로 전체 유통비용은 도매의 경우 9.4%에서 10.8%로, 소매는 22.6%에서 28.2%로 상승 추세에 있다. 또한 1인 가구 증가, 새로운 서비스에 대한 수요 증가 등 유통환경은 변화하고 있으나, 이를 충족할 산지의 유통·물류체계 기반도 부족해 유통 비용을 끌어올리는 요인이 되고 있다.

3대 전략 및 10대 중점 추진방향

1 산지 유통 거점화 · 규모화	① 주산지 스마트 농산물유통센터(APC) 구축 ② 산지 생산자조직 육성 ③ 대규모 물류처리 거점(스마트 물류허브) 구축
2 농산물 거래 디지털 전환	① 전국단위 농산물 온라인 도매거래 활성화 ② 도매시장 거래 디지털화 및 물류체계 고도화 ③ 지역별 도매시장 기능 재정립
3 창의와 경쟁의 유통생태계 조성	① 온라인 전문 판매전문가 양성 및 창업 활성화 ② 유통정보 활용을 위한 통합지원체계 구축 ③ 온라인거래 소비자 보호체계 강화 ④ 산지 조직의 온 · 오프라인 직거래 확대

· 유통환경 변화에 대한 산지의 대응 역량 강화를 위한 산지 유통 거점화·규모화

농식품부는 2027년까지 가정용·외식용 등 소비자가 원하는 다양한 상품을 안정적으로 공급할 수 있도록 주요 품목 주산지에 스마트 농산물유통센터(APC) 100개를 구축할 예정이다. 이를 위한 생산·유통 통합 조직 100개와 여기에 전속 출하하는 생산자조직 3천 개도 함께 육성한다. 스마트 APC에서는 상품화 과정을 자동화하고, 상품·거래 정보는 모두 디지털화해 처리하며, 전·후방 산업과 정보를 같이 사용해 효율과 경제성을 높일 수 있을 것으로 기대된다.

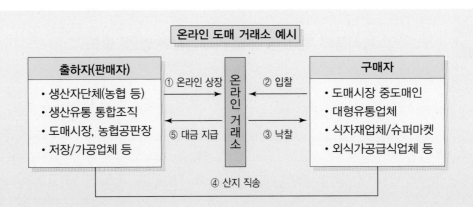

• **수도권 도매시장 중심의 비효율적 물류체계 개선을 위한 농산물 거래 디지털 전환**

　도매유통 주체들이 시·공간 제약 없이 전국 단위로 거래할 수 있도록 농산물 온라인거래소를 출범시킬 예정이다. 채소·과일 품목 거래를 시작으로, 축산(2025년), 식품·양곡(2027년)까지 거래 품목을 단계적으로 확대할 전망이다. 특히 비효율적이라고 지적돼온 수기 거래체계를 사전 예약 기반의 전자거래체계로 전환하기 위해 도매시장 거래정보를 디지털화한 전자송품장을 올해 가락시장에 시범 도입할 예정이다.

• **민간이 주도하는 유통혁신 활성화를 위한 창의와 경쟁의 유통생태계 조성**

　유통혁신을 민간으로 확산시키기 위해 2027년까지 온라인 농산물 판매전문가 3만 명을 양성하고 창업 활성화를 위한 정책적 지원도 확대한다. 농산물 유통정보를 민간에 공개하고 활용할 수 있는 기반을 마련하기 위해 내년까지 통합 플랫폼도 구축할 계획이다.

　김종구 농림축산식품부 유통소비정책관은 "농산물 유통구조 선진화 방안은 농산물 대량유통 생태계를 조성해 유통, 물류에 혁신을 불어넣어 유통비용을 줄이자는데 목적이 있다"며 "업계·관계부처 등과 지속적으로 소통하고 협력해 과제별 세부 추진사항을 차질 없이 이행해 나가겠다"고 언급하였다.

자료원: 노컷뉴스, 2023. 1. 10; 머니투데이, 2023. 1. 11.

의 일종이다.

③ 자동판매기

　자동판매기(vending machine)는 고객이 접근하기 편리한 장소에 위치되어 저가의 편의품을 판매한다. 판매기 제조업체로부터 개인사업자가 판매기를 구입하여 운영하거나, 음료 혹은 식품회사가 판매망 확보를 위하여 자동판매기를 구입하여 직접 운영한다. 국내에서는 커피, 음료, 스낵, 휴지 등의 일상용품을 판매한다.

2. 도매상

도매상(wholesaler/wholesale institution)은 제품을 구입하여 소매상, 다른 도매상, 산업재 생산자에게 재판매하는 개인이나 조직체를 말하며, 상인 도매상, 대리 도매상, 생산자 영업점으로 분류된다.

(1) 상인 도매상

상인 도매상(merchant wholesaler)은 자신들이 취급하는 제품에 대한 소유권을 가지며, 생산자와 소매상과는 독립된 사업체이다. 상인 도매상은 다시 **완전기능 도매상**(full-service wholesalers)과 **한정기능 도매상**(limited-service wholesalers)으로 구분된다. 완전기능 도매상은 재고유지, 신용제공, 배달, 촉진 등 다양한 마케팅기능을 제공하며, 취급하는 제품 믹스의 폭과 길이에 따라 재분류되기도 한다. 한정기능 도매상은 상기 열거된 기능들 중 일부만을 수행하는 도매상으로 현금판매 도매상, 직송 도매상, 트럭 도매상, 선반 도매상으로 분류된다.

(2) 대리 도매상

대리 도매상(agent wholesaler)은 제품에 대한 소유권을 가지지 않고, 마케팅기능만을 수행하여 생산자와 소비자 간의 거래를 용이하게 하는 도매상으로서, 마케팅기능 수행에 따른 수수료를 대가로 받는다. 대리 도매상은 구매자와 판매자 간의 제품매매가 원활히 이루어지도록 중개기능을 수행하는 **브로커**와 구매자와 판매자 중 한쪽을 대표하여 이들과 지속적인 관계를 유지하는 **대리인**으로 구분된다. 대리인은 계약관계에 있는 대상이 누구인가에 따라 생산자 대리인, 판매 대리인, 구매 대리인, 수수료 상인으로 구분된다.

(3) 생산자 영업점

생산자 영업점(manufacturers' sales branch)은 생산자가 직접 소유하고 운영하는 도매상이다. 생산자 영업점은 독립도매상이 고객들에게 기술적 지원을 할 능력이 없거나 생산자가 재고관리와 촉진활동을 직접 하고자 할 때 이용된다.

3. 유통경로의 유형

이상에서 소개된 유통기관들은 각각 자신들의 시장에서 다른 유통기관과 연계하여 하나의 유통경로를 이룬다. 각 시장의 유통경로는 그 시장의 특성에 따라 형성·발전되므로, 개개의 유통기관에 대한 이해와 함께 각 시장에서 나타나는 유통경로들을 유형별로 이해하는 것이 유통관리에 많은 도움을 준다. 유통경로의 유형은 소비재와 산업재에 따라 그 특징이 많이 다르지만 이하에서는 소비재 유통경로에 대해 설명한다.

소비재 유통경로유형은 제품의 특성, 소비자의 특성, 기업의 마케팅 목표, 그리고 가용자원에 따라 네 가지 유형으로 구분될 수 있다. [그림 13.6]의 (1)은 생산자가 유통기관을 거치지 않고 직접 소비자에게 제품을 판매하는 형태이다. 이러한 형태의 유통은 쉽게 변질하는 제품, 판매에 판매자의 개별적인 노력이 많이 필요한 제품, 그리고 주문방식에 의해 생산·판매되는 제품 등의 유통에 흔히 이용된다. 백과사전이나 소설 전집의 인적 판매, 과일의 생산자 직판, 아파트 분양 등이 여기에 해당된다. 르노삼성자동차는 모든 승용차를 자사의 지점을 통해 판매하는데 바로 이 유형에 속한다고 할 수 있다.

(2)는 일반적으로 많이 볼 수 있는 유형으로, 소매상이 도매활동을 흡수한 경우이다. 백화점, 할인점, 직영 유통센터, 대리점 등이 이러한 소매상에

그림 13.6   소비재의 유통경로유형

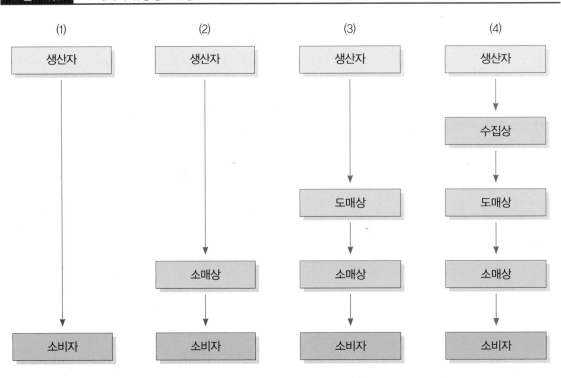

해당한다. 현대자동차는 자사의 지점과 더불어 대리점을 통해 승용차를 판매하는데 바로 이 유형에 속한다고 할 수 있다.

(3)은 넓은 범위의 유통이 필요한 경우에 나타나는 유형이다. 자사 제품을 취급하는 소매상이 매우 많은 경우 생산자는 도매상을 이용하면 유통비용을 절감할 수 있다. 이런 유형의 대표적인 예로 시계산업을 들 수 있다. 생산자가 전국에 수없이 많은 금은방을 일일이 접촉하는 것은 매우 비효율적일 것이다. 그리하여 생산자는 몇 개의 지역으로 구분된 도매상들을 통하여 금은방들에게 제품을 유통시키고 있다.

(4)는 생산자의 제품계열이 단일하거나 좁지만 시장은 넓게 퍼져 있는 경우에 나타나기 쉬운 유형이다. 예를 들어, 배추, 무 등은 밭떼기를 하는 수집상을 통하여 농수산물 시장으로 모이고, 다시 소매상으로 나가 소비자에게 유통된다.

학습목표 4: 유통경로의 설계

유통경로의 설계는 생산자가 자사의 제품을 유통시킬 유통경로를 결정하는 것이다. 생산자는 유통경로를 설계하기 위하여 (1) 표적소비자에게 제공할 유통서비스 수준, (2) 유통기관에 대한 통제 수준, (3) 이용할 유통기관의 수, 그리고 (4) 경제적 측면을 고려해야 한다.

1. 소비자에게 제공할 유통서비스 수준

(1) 유통기관이 제공하는 서비스

유통기관은 소비자를 위해 여러 가지 서비스를 제공하는데 이를 다섯 가지로 구분하여 서술한다.

① 구매단위(Lot Size)의 적정화

유통기관은 소비자가 한 번에 구매하고자 하는 제품의 수량 혹은 크기에 맞추어 제품을 판매한다. 생산자는 다량의 제품을 생산하는 데 비해 소비자는 소량의 제품을 구매한다. 유통업자는 구매단위의 적정화를 통해 이 괴리를 메울 수 있다. 유통기관에 따라 취급하는 제품의 구매단위는 다르다. 예를 들어, 할인점의 경우 수퍼마켓보다 단위가 큰 반면에 편의점의 단위는 수퍼마켓의 단위보다 작다. 생산자는 표적소비자가 원하는 구매단위에 따라 다른 업태의 유통기관을 선택할 수 있다. 예를 들어, 매우 작은 단위의 제품을 가까운 곳에서 구매하고자 하는 소비자들을 대상으로 편의점을 통해 제품을 유통시킬 수 있다. 편의점의 제품가격은 비교적 높지만 이러한 서비스에 의해 높은 가격이 수용될 수 있다. 소비자가 구매할 수 있는 단위가 작을수록 서비스 수준은 높아진다고 할 수 있다.

② 대기시간(Waiting Time)의 단축

유통기관은 소비자가 원하는 제품을 인수하는 데 걸리는 시간을 단축시키는 서비스를 제공한다. 다시 말하면 유통업자는 생산자로부터 제품을 구매하여 보관하다가 소비자가 원하는 시점에 제공함으로써 소비자의 대기시간을 줄여줄 수 있다. 유통기관은 보다 많은 제품을 재고로 유지함으로써 소비자의 대기시간을 줄일 수 있다. 대기시간이 짧을수록 서비스 수준은 높아진다.

③ 공간적 편의성(Spatial Convenience) 제공

유통기관은 생산자의 제품을 소비자가 구매하기 용이한 장소에서 구매할 수 있도록 함으로써 공간적 편의성이라는 서비스를 창출한다. 생산자는 보다 많은 유통업자들이 자사 제품을 취급하게 할수록 공간적 편의성 서비스 수준을 높일 수 있다. 그러나 이 경우 공간적 편의성 서비스 수준은 높아지지만 유통업자를 적절히 통제하지 못함으로써 다른 측면에서의 서비스 수준은 낮아질 수 있다(뒤에서 서술하는 집중적 유통과 전속적 유통을 참조함).

④ 제품구색의 다양성(Product Variety)

유통기관은 다양한 제품구색을 갖춤으로써 소비자의 선택의 폭을 크게 한다. 그러므로 취급하는 제품구색이 다양할수록 서비스 수준은 높아진다. 많은 경우 소비자들은 다양한 구색을 갖춘 유통업자를 선호하는 경향이 있다. 그러나 편의점의 경우 비교적 많이 판매되는 브랜드들로 구색을 갖춤으로써 제품구색의 다양성과는 반대되는 선택의 편의성이라는 서비스를 제공하기도 한다.

⑤ 서비스 부가(Service Backup)

유통기관은 생산자의 제품을 단순히 판매하는 차원을 넘어 신용판매, 운반, 설치, 수선 등의 서비스를 제공하기도 한다. 이 경우 부가하는 서비스가 클수록 서비스 수준은 높아진다.

(2) 직접유통과 간접유통

생산자는 고객에게 제공할 유통서비스 기능을 자신이 모두 수행할 수도

| 그림 13.7 | 유통경로 구조 |

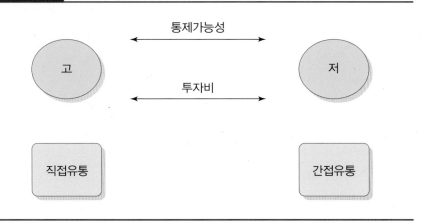

있고, 일부 혹은 전부를 유통기관에게 일임할 수도 있다. 생산자가 모든 유통서비스를 직접 수행하는 유통을 **통합적 유통** 혹은 **직접유통**(direct channel)이라고 하며, 유통서비스의 일부 혹은 전부를 유통기관에 일임하는 유통을 **독립적 유통** 혹은 **간접유통**(indirect channel)이라고 한다.

직접유통
생산자가 유통서비스를 직접 수행

    생산자가 직접유통과 간접유통 중 어느 것을 선택할 것인가는 생산자가 최종소비자에게 제공하고자 하는 유통서비스의 수준에 달려 있다. 즉, 소비자에게 제공하고자 하는 유통서비스의 수준이 높아질수록, 직접유통보다 간접유통을 수행할 필요가 있다. 이는 높은 수준의 유통서비스는 **분업의 원리**(division of labor)에 따라 생산자보다 유통서비스만을 전담하는 유통기관이 보다 능률적으로 제공할 수 있기 때문이다.[10]

간접유통
생산자로부터 독립된 유통업자들이 유통서비스를 수행

    예를 들어, 자신의 승용차를 스스로 수리하려는 소비자가 원하는 유통서비스의 수준은 매우 높다. 즉, 이 소비자는 소량의 부속품을 필요로 하며, 수리하고자 할 때 신속히 전달되기를 원한다. 또한 경우에 따라 여러 가지의 부속품을 필요로 한다. 이런 경우 자동차부속품 생산자가 이러한 소비자들을 일일이 직접 상대하는 것은 매우 비효율적이다. 그 대신 자신의 제품을 도소매업자에게 넘겨주고, 이들로 하여금 소비자들을 상대하게 하는 것이 훨씬 효율적이다. 또한 이 경우 부속품을 도소매업자에게 인도하기 위하여 전문 수송업자를 이용할 수 있다. 이러한 예에서 볼 수 있듯이, 소비자가 원하는 유통서비스의 수준이 높을수록 생산자는 그 서비스의 창출을 담당하는 유통기관들을 보다 많이 이용하게 된다.

---

10) Bruce E. Mallen, "Functional Spin-off: A Key to Anticipating Change in Distribution Structure," *Journal of Marketing*, 37, July 1973, pp. 18-25.

그렇다면 과연 어느 경우 간접유통이 적합하고, 어느 경우 직접유통이 적합할까? 일반적으로 생산자의 경우 다음과 같은 경우에 직접유통을 수행할 가능성이 높아진다.

1. 이미 생산자가 직접유통을 수행하고 있는 경우
   제품을 취급할 수 있는 다수의 유능한 중간상들이 존재하지 않는 경우
2. 중요한 영업 비밀이 있거나, 품질 보증이 중요한 경우
3. 규격화된 제품을 판매하는 것보다는 제품을 구매자의 요구(customization)에 맞춰주는 것이 중요한 경우
4. 운반이나 보관절차가 복잡한 경우
5. 대량으로 자주 판매되는 제품인 경우
6. 차별화 경쟁이 많이 일어나는 경우
7. 전국적으로 폭 넓게 유통시키는 것이 중요하지 않은 경우
8. 한 곳에서 여러 제품을 구입할 수 있는 것이 구매자에게 중요하지 않은 경우
9. 제품을 판매하는 데 요구되는 서비스 수준이 높거나 일관된 경험을 제공하는 것이 중요한 경우

(3) 혼합적 유통

혼합적 유통
간접유통과 직접유통의 장단점을 고려한 혼합적 형태의 유통

앞서 살펴보았듯이, 통제가능성과 투자비, 그리고 제품의 특성과 상황에 따라 운영상에 많은 차이를 보이고 있다. 이러한 이유로 생산자들은 두 유통방식의 장점과 단점을 고려하여 혼합적 형태를 설계할 수 있다. 그중 하나가 **복수유통 마케팅 시스템**(multichannel marketing system)이다. 복수유통 마케팅 시스템은 직접유통과 간접유통이 함께 존재하는 형태로, 대량구매자에게는 생산자가 판매하고 소량구매자에게는 유통업자가 판매하는 유통방식이다. 혹은 유통서비스 중의 일부는 생산자가 수행하고, 나머지는 다른 사업자가 수행하는 유통방식을 **하이브리드 마케팅 시스템**(hybrid marketing system)이라고 한다.

(4) 가공 처리 서비스의 대기와 지연

생산자는 완제품을 생산하여 판매할 수도 있지만 부품을 가지고 있다가 소비자의 주문을 받은 후 가공 처리하여 판매할 수도 있다. 이때 어느 시점에 가공 처리의 서비스를 부가하는가에 따라 서비스대기와 서비스지연으로 나눌 수 있다. 무엇보다 서비스대기와 서비스지연은 명확히 이분화할 수 없다.

서비스대기(speculation)는 소비자의 수요를 어느 정도 예측하여 미리 가공 처리하여 대기하는 것을 말한다. 예를 들어, 대부분의 PC업체들은 소비자들이 주로 원하는 사양을 예측하여, 그에 맞도록 부품을 조립하여 완제품을 미리 만들어 판매한다. 다른 예로 손님이 매우 많은 일부 음식점은 손님이 올 것을 대비하여 음식을 미리 만든다.

서비스지연(postponement)은 소비자의 구매 시점까지 가공 처리의 서비스를 미루는 것을 말한다. 예를 들어, Dell이나 국내 소규모 PC 판매업체들은 소비자가 원하는 사양을 들은 후 부품을 조립하여 판매한다. 또한 대부분의 음식점은 소비자의 주문을 받고 비로소 조리를 한다.

서비스대기는 소비자의 대기시간을 단축시키므로 서비스지연에 비해 소비자에게 제공하는 서비스 수준이 높다. 또한 한 번에 많은 수량을 가공 처리하므로 규모의 경제성이 높다. 그러나 제품을 판매하지 못하게 될 위험 부담이 있다. 서비스대기의 경우 서비스지연에 비해 높은 수준의 서비스를 제공할 수 있으므로 고가격 책정이 가능하다. 그러나 수요예측이 적정하여 생산량의 대부분을 적정가에 판매할 수 있다면 규모의 경제가 실현될 수 있어 단위당 비용이 낮아지며 이에 따라 오히려 저가격 책정이 가능할 수 있다. 규모의 경제성이 실현되기 위해서는 수요가 상당히 커야 한다는 전제조건이 물론 필요하다.

2. 유통기관에 대한 통제수준

(1) 유통기관의 통제와 거래비용

유통경로를 설계하기 위해서 고려할 두 번째 요인은 유통기관을 어느 정도 **통제**(control)할 것인가에 관한 것이다([그림 13.7] 참조). 유통기관은 생산자의 제품을 소비자에게 유통시키는 서비스를 제공하고 이에 대한 반대급부로서 유통마진을 획득한다. 생산자는 자사 제품의 유통기관이 소비자에게 제공할 유통서비스를 제대로 제공하는지 감시하고 교정을 할 필요가 있다. 이러한 감시와 교정 행위가 바로 통제이다. 예를 들어, 어느 식품회사의 제품을 취급하는 수퍼마켓이 그 식품을 냉장상태에서 보관을 제대로 하지 않거나, 유통기한이 지난 후 판매하게 되면, 이는 그 식품회사에게 불이익을 가져다 줄 것이다. 따라서 그 식품회사는 그 수퍼마켓을 통제하고자 한다.

이 같은 통제를 수행하는 데 드는 비용을 통상 **거래비용**(transaction cost)이라고 한다. 만약 유통기관이 수행해야 할 서비스를 제대로 수행하여 통제가

서비스대기
소비자의 수요를 어느 정도 예측하여 미리 가공 처리하여 대기하는 것

서비스지연
소비자의 구매 시점까지 가공 처리의 서비스를 미루는 것

거래비용
통제를 수행하는 데 드는 비용

필요 없으면 거래비용은 발생하지 않는다. 그러나 유통기관의 서비스가 불성실하여 통제가 필요할수록 그만큼 생산자는 많은 거래비용을 지출해야 한다. 생산자는 유통경로의 설계시 다른 조건이 같다면 가급적 거래비용을 줄일 수 있도록 유통경로를 설계하려고 한다.

(2) 거래의 유형

거래는 시장기제에 의한 거래와 위계기제에 의한 거래로 분류할 수 있다.[11] **시장기제**(market mechanism)에 의한 거래는 거래 당사자들이 서로 독립적인 상태에서 흥정이나 수요·공급에 따라 결정되는 가격에 따라 거래를 하는 것을 말한다. 농수산물을 경매에 의해 매매하는 것은 한 예가 된다. 이 경우 거래는 일회성 거래라는 전제하에 이루어진다. 따라서 거래 당사자 각각은 현재의 거래에서 각자 이익을 극대화하는 데 주력한다.

반면에, **위계기제**(hierarchical mechanism)에 의한 거래의 경우는 어느 한 거래 당사자가 다른 거래 당사자에게 지배되는 관계에 기초하여 거래가 이루어진다. 그리고 이들 당사자들은 현재뿐만 아니라, 미래의 상당기간 동안 거래를 계속 할 것이라는 전제하에 현재의 거래를 진행한다. 이에 따라 거래 당사자들은 미래에 이루어질 거래들 모두에서 얻어질 총이익이 극대화되는 방향으로 거래를 진행한다. 예를 들어, 많은 브랜드 의류 제조업체나 구두 제조업체는 대리점을 통해 소비자에게 제품을 판매하는데 이때의 제조업체와 대리점 간의 거래는 위계기제에 의한 거래이다.

(3) 위계기제에 의한 거래와 수직적 통합

생산자가 시장기제와 위계기제 중에서 한 가지를 선택하는 데는 예측되는 거래비용의 크기가 영향을 미친다. 예측되는 거래비용이 클수록 생산자는 유통업자와 위계기제에 따라 거래를 함으로써 거래비용을 감소시킬 수 있다. 이는 위계기제에 따라 거래를 하는 경우 유통업자를 보다 쉽게 통제할 수 있기 때문이다. 현실적으로 생산자는 유통기관을 보다 쉽게 통제하기 위해 어떤 형태의 통합을 하게 되는데 이를 **수직적 통합**(vertical integration)이라고 한다. 생산자는 유통기관을 수직적으로 통합함으로써 위계기제에 따라 유통기관과 거래를 하게 된다. 생산자는 수직적 통합에 따라 유통기관을 용이하게 통제하고, 그 유통기관과 계속 거래를 한다는 전제하에서 매번의 거래를 수행한다.

수직적 통합
생산자가 유통기관을 보다 쉽게 통제하기 위해 실시하는 통합

---

11) Oliver E. Williamson, "Transaction-Cost Economics: The Governance of Contractual Relations," *Journal of Law and Economics*, 22, 1979, pp. 233-262.

(4) 수직적 통합의 유형

생산자와 유통업자 간에 수직적 통합이 이루어지면 이들은 하나의 통일된 시스템(a unified system)으로 행동하게 되는데, 이러한 통합된 시스템을 **수직적 마케팅 시스템**(vertical marketing system; VMS)이라고 한다. VMS에서는 하나의 업체가 다른 업체들을 지배하고 지휘하게 되는데 이러한 업체를 Channel Captain이라고 한다. Channel Captain은 생산자, 도매상, 소매상 중 그 어느 것이든 될 수 있다. 각각의 업체들이 독립적인 **전통적 마케팅 시스템**(conventional marketing system)에 비하여 VMS는 거래 규모가 커짐에 따른 강한 협상력과 중복 업무의 제거 등의 이점을 누릴 수 있다. 과거에 비해 국내의 많은 유통시스템은 VMS화하고 있다.

수직적 통합은 통합의 방향을 중심으로 전방통합과 후방통합으로 나눌 수 있다. **전방통합**(forward integration)은 제품 혹은 원자재의 진행 방향으로 통합이 이루어지는 것으로, 생산자가 유통업자를 통합하는 것은 이에 해당한다. **후방통합**(backward integration)은 제품 혹은 원자재의 진행 방향과 반대 방향으로 통합이 이루어지는 것으로, 예를 들어 유통업자가 생산자를 통합하는 것이다. 이러한 분류 외에 한 업체가 다른 업체들을 통제하는 수준을 기준으로 관리형 VMS, 계약형 VMS, 그리고 기업형 VMS의 세 가지로 분류할 수 있다([그림 13.8] 참조).

관리형(administered) **VMS**는 세 가지 VMS 중 결속의 정도가 가장 약하다. 이는 한 업체가 다른 업체를 소유하는 것도 아니고, 계약에 의해 공식적으로 결속하는 것이 아니며, 단순히 한 업체가 시장위치(market position)나 우월한 자원보유를 이용해 다른 업체들을 선도하고 영향을 미치는 형태이다. 이 같은 형태는 공식적보다는 비공식적으로 많이 존재한다. 대기업들은 자사의 우월한 시장지위를 이용해 영세 도매상들을 비공식으로 지배하고, 그들간의 이해관계를 조정한다. 예를 들어, P&G는 브랜드파워가 높은 여러 브랜드를 생산하고 있어 유통업자들에게 가격, 진열면적, 촉진 등이 자사에 유리하도록 유통업자들에게 요구를 하고 유통업자들은 이에 협조하게 된다.

계약형(contractual) **VMS**는 각 업체가 독립성을 지니지만, 계약을 통해 한 업체가 다른 업체를 상당히 지배하는 형태인데, 대표적인 것이 프랜차이즈 제도이다. **프랜차이즈 제도**(franchise system)는 프랜차이즈 본사(franchisor)가 다른 업체와 계약을 맺고 그 업체가 일정기간 동안 자사의 상호, 기업운영방식 등을 사용하여 사업을 할 수 있도록 권한(franchise)을 부여하는 제도이다. 이때 본부와 계약을 한 가맹점(franchisee)은 그 대가로 초기 가입비와 매출액

수직적 마케팅 시스템 (VMS)
생산자와 유통업자 간에 수직적 통합을 통해 하나의 통일된 시스템으로 행동하는 것

관리형 VMS
한 업체가 시장위치나 우월한 자원보유를 이용해 다른 업체들을 선도하고 영향을 미치는 형태

계약형 VMS
계약을 통해 한 업체가 다른 업체를 상당히 지배하는 형태

그림 13.8   수직적 마케팅 시스템(VMS)의 유형

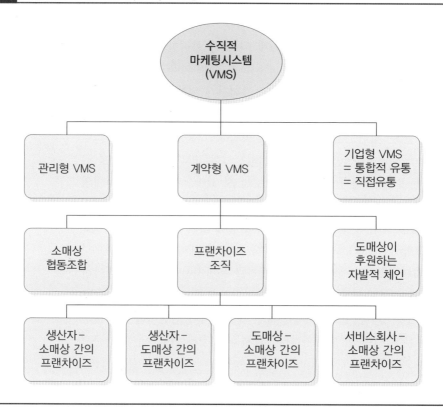

의 일정비율을 로열티(royalty)로 지급한다. 본사는 인적, 물적 투자에 따른 위험을 줄이면서 시장을 확대할 수 있는 반면, 가맹점은 본사의 상호와 노하우(know-how)에 기초해 비교적 안전하게 독립적 사업을 영위할 수 있다. 프랜차이즈 제도는 여러 장점들 때문에 오늘날 매우 일반화되어 있다.

프랜차이즈 제도는 네 가지 유형으로 구분할 수 있다. 첫째, **생산자-소매상 간의 프랜차이즈**로서 주유소의 경우가 이에 해당한다. 그 밖에 가전제품, 가구, 브랜드 의류와 구두 등의 대리점은 이러한 형태로 생산자와 계약을 체결하고 사업을 한다. 둘째, **생산자-도매상 간의 프랜차이즈**로서 도매상은 생산자로부터 전속적으로 제품을 공급받아 소매상들에게 다시 제품을 공급한다. 코카콜라와 펩시콜라의 경우 바틀러(bottler)는 본사와 계약을 체결하고 본사로부터 콜라 원액을 공급받아 다른 원료를 첨가하여 콜라를 제조한 후 소매업체들에게 판매한다.

셋째, **도매상-소매상 간의 프랜차이즈**로서 소위 벤더(vendor)라는 도매상은 제품을 일괄 구입하여 자기 산하의 수퍼마켓이나 편의점에 공급한다. 넷

째, **서비스회사–소매상 간의 프랜차이즈**로서 유명 패스트푸드점(McDonald's, KFC), 자동차 렌트(Hertz, Avis), 호텔(Hyatt, Sheraton) 등의 경우 이러한 형태의 프랜차이즈 계약 하에 사업을 하는 경우가 많다. 프랜차이즈 제도 외에도 공동구매 및 공동촉진활동을 수행하기 위하여 중소 소매상들이 연합하여 만든 조직체인 **소매상 협동조합**과 대형 도매상을 중심으로 소형 소매상들이 자발적으로 만든 체인인 **도매상이 후원하는 자발적 체인**이 있다.

기업형(corporate) VMS는 한 업체가 다른 업체(들)를 법적으로 소유하고 관리하는 것으로 소위 In–house화를 뜻한다. 현실적인 예로서, 현대자동차의 판매업소들 중 상당수는 영업점(branch)으로서 기업형 수직적 통합의 성격을 가지며, 본사의 완전한 지배를 받고 있다. 이러한 이유 때문에 기업형 VMS는 직접유통(통합적 유통)에 해당한다.

3. 이용할 유통기관의 수(유통커버리지)

생산자가 유통경로를 설계하기 위해 고려해야 할 또 다른 요인은 얼마나 많은 유통기관을 이용할 것인가에 관한 것이다. **유통커버리지**는 유통집중도로 특정 지역에서 자사제품을 취급하는 점포의 수를 말한다. 이하에서는 이와 관련하여 집중적(intensive) 유통, 전속적(exclusive) 유통, 그리고 선택적(selective) 유통을 설명한다(〈표 13.1〉 참조).

집중적 유통은 최대한 많은 유통업자를 이용하는 것을 말한다. 집중적 유통은 제품을 널리 알리는 데 도움이 되며 소비자의 구매를 편리하게 만든다. 이로 인해 매출도 신장된다. 그러나 가능한 한 많은 유통업자들에게 제품을 공급하게 되므로 생산자는 개개 유통업자와 긴밀한 관계를 맺어 협조를 얻기는 어려우며 유통업자를 통제하는 것이 용이하지 않다. 아울러 각 유통업자와의 거래단위는 작아지므로 거래의 효율성이 낮아지게 된다. 편의품이나 구매빈도가 잦은 제품은 보통 집중적 유통으로 유통된다.

전속적 유통은 집중적 유통과는 반대로 일정 상권 내에서는 하나의 유통업자만이 자사제품을 판매하도록 하는 것이다. 소수의 유통업자들과 거래하므로 생산자는 유통업자의 협조를 얻기 쉬우며 또한 비교적 쉽게 통제할 수 있다. 고가의 내구재, 고급 패션의류 등 고가품으로 갈수록 전속적 유통은 더 필요해진다. 이 같은 제품판매에서는 소비자에게 질 높은 서비스를 제공해야 하는데, 이러한 서비스를 제공하기 위해서 유통업자의 절대적인 협조가 필요하다.

선택적 유통은 집중적 유통과 전속적 유통의 중간 방식으로, 한 시장에

표 13.1	유통커버리지의 종류		
	정의	특징	적합한 제품
집중적 유통	• 가능한 한 많은 점포들로 하여금 자사의 제품을 취급하도록 함	• 생산자의 통제력이 낮음 • 중간상의 푸쉬(push)보다는 소비자의 풀(pull)에 의해서 팔리는 제품에 적합	• 편의품에 적합 예; 비누, 치약, 세제 등
전속적 유통	• 특정 지역에 하나의 점포에게 판매권을 부여함	• 생산자의 통제력이 매우 높음 • 높은 마진이 보장되므로 중간상이 적극적으로 푸쉬(push)함	• 전문품에 적합 예; 브랜드패션의류, 자동차, 명품가방, 명품시계 등
선택적 유통	• 한 지역에 제한된 수의 점포들에게 판매권을 줌 • 전속적 유통과 집중적 유통의 중간 방식임	• 제한된 범위에서 생산자의 통제가 가능함	• 선매품에 적합 예; 가전제품(냉장고, 세탁기, 식기세척기 등)

서 소수의 유통업자를 이용하는 유통방식이다. 장단점은 전속적 유통과 유사하다. 생산자는 사업 초기에 전속적 혹은 선택적 유통을 하다가 매출을 증대하기 위해 점차 유통업자의 수를 늘려 집중적 유통방식으로 변화시키려는 욕구를 가질 수 있다. 이 경우 단기적인 성과, 즉 매출은 향상될 수 있으나 장기적으로는 부정적인 결과가 초래될 수 있다. 예를 들어, 미국의 Calvin Klein 디자이너 의류의 생산자 Warnaco 회사는 Calvin Klein 의류를 초기에는 백화점과 전문점에만 판매하다가 매출 증대를 위해 저가품을 제조하여 할인점 등에도 판매하였다. 이에 따라 Calvin Klein의 이미지가 하락하자 디자이너 Calvin Klein은 소송을 제기하였다. 이러한 분쟁의 결과 Warnaco는 다시 백화점과 전문점에 한정하여 공급하였다.

학습목표 5: 유통업자의 선택과 관리

생산자는 자사 제품을 유통할 유통경로를 결정하게 되면 다음으로 특정 유통업자를 선택하고, 교육시키고, 동기부여하며, 그 성과를 평가해야 한다. 또한 장기적으로는 환경변화에 따라 유통경로를 변화시킬 필요가 있다.[12]

---

12) Philip Kotler and Kevin Lane Keller, *Marketing Management*, 14th ed., Prentice-Hall, 2012, pp. 427-430.

1. 유통업자의 선택

생산자는 자사 제품을 판매할 유통업자를 신중히 선택할 필요가 있다. 이는 소비자들에게 유통업자가 곧 기업으로 비칠 수 있기 때문이다. 예를 들어, 한 프랜차이즈 가맹점이 불결하거나 불친절하면, 이는 본사와 다른 가맹점들에게 매우 부정적인 영향을 미칠 수 있다. 그런데 기업의 명성이나 인지도가 높을수록 보다 나은 유통업자를 선택할 수 있다. 이는 유통업자가 그러한 기업의 제품을 판매함으로써 매출성과를 보다 쉽게 높일 수 있기 때문이다. 생산자는 유통업자를 선택할 때 후보 유통업자들의 사업 경험, 과거 매출 실적, 재무적 안정성, 자사와의 협력성, 위치, 평판 등을 고려한다.

2. 유통업자의 교육

생산자는 선택한 유통업자가 자사 제품을 효과적으로 판매하고 서비스할 수 있도록 교육시킬 필요가 있다. 이는 유통업자가 자사 제품을 가급적 많이 판매하기 위해서는 제품에 대한 지식, 판매 요령, 사후 서비스 방법 등을 알아야 하기 때문이다. 대리점, 패스트푸드점 등과의 계약에 의한 프랜차이즈 시스템을 이용하는 경우 그들에 대한 교육의 필요성은 더욱 커진다.

3. 유통업자의 동기부여

기업은 자사 제품의 표적소비자를 보는 시각과 동일한 시각으로 유통업자를 생각해야 한다. 이는 유통업자의 자사 제품 판매 성과는 곧 자사의 성과와 직결되기 때문이다. 이런 관점에서 유통업자는 자사의 1차 고객이라 할 수 있다. 유통업자를 동기부여하기 위해 유통업자 종사원을 교육시키고, 시장조사를 대행해주고, 촉진활동을 지원해주고, 그 밖에 판매능력 향상을 위한 여러 가지 프로그램을 제공할 수 있다. 또한 유통업자에게 자사의 파트너임을 지속적으로 주지시킬 필요가 있다.

유통업자는 생산자의 판매 대리인으로서의 역할보다 유통업자 자신의 고객을 위한 구매 대리인으로서의 역할을 우선시할 수 있다. 이는 유통업자 자신의 고객이 구매하기를 원하는 제품을 판매해야 하기 때문이다. 이런 점에서 생산자는 유통업자가 그의 고객에게 판매하기 용이하도록 제품, 가격, 촉진에 관련된 의사결정을 해야 한다. 따라서 생산자는 표적소비자의 욕구뿐만 아니라 자사 제품을 판매하는 유통업자의 욕구를 이해하고 충족시킬 수 있도록 해야 한다. 이런 점에서 제1장에서 설명한 마케팅컨셉은 최종 고객뿐만 아니라 1차 고객인 유통업자에게도 그대로 적용되어야 한다.

생산자는 자사의 유통업자의 동기부여를 위해 혹은 자신에게 보다 협력하도록 하기 위해 여러 가지 **힘**(power)을 행사할 수 있다. 여기서 힘은 두 당사자 간에 있어서 한 당사자가 다른 당사자로 하여금 자신이 원하는 대로 행동하도록 하게 하는 능력을 말한다. 생산자가 유통업자에게 행사할 수 있는 힘에는 다음의 다섯 가지가 있다.

- **강압적 힘**(coercive power): 생산자는 자신이 원하는 대로 유통업자가 협력하지 않으면 지원을 철수하거나 관계를 종료할 수 있다. 즉, 자사의 제품을 더 이상 공급하지 않는 것이다. 실례로 2010년 CJ제일제당, 해태, 오리온은 이마트가 납품가를 인상해주지 않자 자사의 일부 제품의 공급을 중단하였다. 이러한 힘의 행사는 효과를 발휘할 수도 있으나 유통업자의 반발을 불러일으키고 **대항적 힘**(countervailing power)을 행사하게 갈등(conflict)을 유발할 수 있다. 예를 들어, 1990년대 중반 미국의 플라스틱 주방용품 메이커인 러버메이드는 원자재 가격의 인상에 따라 월마트에 대한 납품가를 인상하였는데, 월마트는 이에 대한 보복으로 러버메이드 제품을 구석진 곳에 진열하고 결국 러버메이드는 판매 부진으로 경쟁업체에 인수되었다.
- **보상적 힘**(reward power): 생산자는 유통업자의 특정한 행위와 성과에 대해 추가적인 혜택을 줄 수 있다. 보상적 힘은 일반적으로 강압적 힘보다 바람직한 결과를 가져올 수 있다.
- **합법적 힘**(legitimate power): 생산자는 계약에 명시된 대로 유통업자가 행동할 것을 요구할 수 있다. 이는 특히 프랜차이즈 본부가 가맹점에게 계약을 준수할 것을 요구하는 데 이용된다.
- **전문적 힘**(expert power): 생산자는 유통업자가 그 가치를 인정하는 전문지식을 가지면 이를 이용하여 힘을 행사할 수 있다. 그러나 일단 그 전문지식이 유통업자에게 전수되면 생산자는 힘을 상실하게 된다. 따라서 생산자는 계속적인 새로운 전문지식을 개발해야 힘을 유지할 수 있다.
- **준거적 힘**(referent power): 생산자의 위상이 매우 높은 경우 유통업자는 그 생산자의 제품을 유통한다는 사실만으로도 자부심을 가질 수 있다. 이 경우 유통업자는 생산자의 요구에 쉽게 협조하게 된다. Apple, 삼성전자 등은 이러한 준거적 힘을 갖는다고 할 수 있다.

위의 다섯 가지 힘 중에서 보상적 힘과 강압적 힘은 다른 힘보다 흔히 이용된다. 예를 들어, 생산자는 높은 마진 제공, 광고비 지원, 디스플레이 지원 등의 보상책으로 자신이 원하는 대로 유통업자가 행동하도록 할 수 있다. 반대로 마진 삭감, 인도시기 지연, 관계 종료 등의 강압적 힘을 행사하기도 한다. 보상적 힘과 강압적 힘은 반대적 성격을 갖는다.

4. 유통업자의 평가

생산자는 판매수량, 고객 인도 시간, 손상된 제품의 처리, 촉진과 교육 프로그램에 대한 협력 등을 기준으로 유통업자의 성과를 주기적으로 평가해야 한다. 그리고 우수한 성과를 실현한 유통업자에게는 그에 따른 보상을 하고, 반대로 성과가 낮은 유통업자에 대해서는 지도, 재교육, 동기부여, 혹은 계약 종료 등을 해야 한다.

5. 유통경로의 변화

생산자가 한때 이용하던 유통경로가 적절치 않다고 판단되거나 환경이 변화하면 새로운 유통경로를 모색해야 한다. 즉, 소비자 구매 패턴의 변화(예를 들어, off-line shopping에서 on-line shopping으로의 변화), 시장의 확장, 새로운 경쟁자의 출현, 혁신적 유통경로의 출현, 제품수명주기상의 진행 등의 환경 변화에 따라 새로운 유통경로의 개발이 필요할 수 있다. 예를 들어, 소형 복사기는 초기에 생산자의 영업사원에 의해 판매되었다. 그 후 사무용 기기 딜러를 통해 판매하다가 나중에는 대형 전자제품 판매장에서 판매되었는데, 보다 최근에는 인터넷을 통해 판매되고 있다. 화장품은 과거 주로 영업사원의 가정방문 판매방식으로 유통되었으나 근래에는 주로 점포에서 판매되고 있다. 앞으로는 점차 on-line 판매가 많아질 것으로 예측된다.

학습목표 6: 유통경로 갈등관리

유통경로가 잘 설계되고 관리되더라도 유통경로 참여자들 간에 **갈등** (conflict)이 가끔 발생하게 된다. 이하에서는 갈등의 종류, 갈등의 원인, 그리고 갈등관리에 관해 서술한다.[13)

---

13) Philip Kotler and Kevin Lane Keller, *Marketing Management*, 14th ed., Prentice-Hall, 2012, pp. 435-438.

1. 경로 갈등의 종류

경로 갈등의 종류로는 수직적 경로 갈등, 수평적 경로 갈등, 그리고 복수 경로 갈등이 있다. **수직적 경로 갈등**(vertical channel conflict)은 한 유통경로내의 다른 수준에 있는 유통 참여자들 간의 갈등이다. 예를 들어, 과거 생산자 삼성전자와 하이마트, 이마트, 그리고 홈플러스 등 할인점들 간에 납품가격과 관련하여 의견 충돌이 있었는데, 이에 따라 삼성전자는 판촉사원을 철수하였고 할인점들은 이에 대항하여 한때 삼성전자 제품 판매를 중단하였다. **수평적 경로 갈등**(horizontal channel conflict)은 한 유통경로내의 동일한 수준에 있는 유통 참여자들 간의 갈등이다. 예를 들어, 한 지역의 대리점이 다른 지역 대리점의 상권에 촉진활동을 한다면 그 다른 지역 대리점은 이를 문제 삼아 갈등이 발생할 수 있다.

복수경로 갈등(multichannel conflict)은 생산자가 두 개 이상의 복수의 유통경로를 통해 제품을 판매하는 경우 발생하는 갈등이다. Levi Strauss는 의류 전문점에서만 자사의 청바지를 판매하도록 하다가 Sears와 JCPenney에도 납품하자 의류 전문점들은 이를 문제 삼았다. 경우에 따라 생산자는 기존의 가맹점에 추가하여 직영점을 개설하여 판매를 증대하고자 하는데 이는 갈등의 원인이 된다. 특히 경로에 따라 다른 가격에 납품한다면 쉽게 갈등이 발생한다.

수직적 경로 갈등
유통경로 내의 다른 레벨에 있는 구성원들 간에 발생하는 갈등

수평적 경로 갈등
유통경로 내의 같은 레벨에 있는 구성원들 간에 발생하는 갈등

복수경로 갈등
생산자가 두 개 이상의 복수의 유통경로를 통해 제품을 판매하는 경우 발생하는 갈등

2. 경로 갈등의 원인

갈등의 원인에는 몇 가지가 있는데, 가장 주요한 첫 번째 원인은 **목표의 불일치**(goal incompatibility)이다. 예를 들어, 생산자는 저가격으로 신속한 시장 침투를 원하는 데 비해 유통업자는 높은 마진을 통한 단기이익의 극대화를 원한다면 갈등이 발생할 수 있다. 두 번째 갈등원인은 불명확한 역할분담과 권한(unclear roles and rights)에서 유발되는 **영역의 불일치**이다. NIKE는 딜러를 통해서 스포츠용품을 판매하다가 자사의 온라인쇼핑몰을 이용하여 구매자들에게 직접 판매하고자 하여 딜러들과 갈등이 발생하였다. 촉진활동을 할 수 있는 지역이 명확히 정해져 있지 않으면 지역 담당 유통업자들 간에 갈등이 발생할 수 있다. 셋째는 현실에 대한 견해의 차이(differences in perception)로 인해 발생하는 **지각의 불일치**이다. 이는 동일한 사실에 대한 시각차로, 생산자는 미래를 낙관적으로 보고 유통업자가 많은 재고를 가질 것을 원하는 데 비해 유통업자는 미래를 비관적으로 보고 이를 원하지 않을 수 있다.

3. 경로 갈등의 관리

갈등이 반드시 부정적 결과를 초래하지는 않는다. 갈등의 당사자들이 갈등에 바람직하게 적응하면 오히려 건설적인 결과를 얻을 수 있다. 갈등관리의 열쇠는 갈등을 제거하는 것이 아니라, 갈등을 건설적으로 해결하는 것이다. 그러므로 갈등을 회피하는 것보다 갈등을 어떻게 관리할 것인가가 중요한 과제가 된다. 이를 위해서는 수수료나 마진을 조정하거나, 세분 시장별 경로를 명확히 구분하거나, 경로별 제품 및 브랜드를 차별화할 수 있다. 또한, 역할분담 및 보상을 제공하거나, 투명한 경로관리를 실시하거나, 아니면 경로를 축소할 수 있다.

무엇보다 목표불일치가 발생했을 경우, 유통경로 참여자들 공동의 **상위목표**(superordinate goals)를 서로 상기시켜 화해를 하는 것이 중요하다. 즉, 유통경로 참여자들은 존속, 시장점유 증대, 고객만족 등 공동적으로 추구하는 목표를 가질 수 있다. 갈등이 심화되고 계속되는 경우 공동의 목표를 달성할 수 없을 뿐만 아니라, 경쟁 유통경로에 판매기회를 상실할 수 있다. 예를 들어, 삼성전자와 대리점들 간에 심각한 갈등이 발생하여 제품 공급이 제대로 되지 않는다면 소비자들은 LG전자 제품을 구매하려고 할 것이다. 이와 같은 경우 갈등의 지속은 갈등 당사자 모두에게 부정적 결과를 초래하므로 화해를 위한 노력을 할 수 있다.

또한, 한 당사자가 다른 당사자를 **설득**(persuasion)하거나 양자가 협상함으로써 갈등을 해소할 수 있다. 이 경우 앞에서 언급한 힘(power)을 사용할 수 있다. 특히 보상적 힘을 이용하여 설득하면 양자가 만족할 수 있다. 협상(negotiation)은 양자가 자신의 주장을 부분적으로 양보하고 상대방의 주장을 수용하는 것이다. 설득에 따라 갈등이 해소되면 갈등 당사자들은 만족할 수 있는 데 비해, 협상으로 갈등을 해소하게 되면 비록 갈등은 해소되더라도 갈등의 불씨는 남을 수 있다.

끝으로, 두 당사자 간에 갈등을 해소하지 못할 경우 제삼자에 의거해 갈등을 해소할 수도 있다. 이에는 화해조성, 조정, 그리고 중재가 있다. 화해조성(conciliation)은 제삼자가 갈등 당사자들 간에 긍정적 협상 분위기만을 조성하는 데 역할을 한정하는 것이다. 조정(mediation)은 화해조성보다 한 단계 발전된 것으로, 제삼자는 갈등해소에 관한 어떤 절차적, 내용적 대안들을 만들어 갈등 당사자들에게 천거한다. 중재(arbitration)에서는 그런 대안들이 갈등 당사자들에게 구속력을 갖는다.

국문색인

영문색인

[저자소개]

이 학 식(李學湜)

(전) 홍익대학교 경영대학 마케팅 교수
Michigan State University, Ph.D.(마케팅)
한국마케팅학회 마케팅연구 편집위원장 역임

[논 문]

수직적 브랜드확장 평가에 대한 확장방향과 권력거리신념의 상호작용효과, *마케팅연구*, 32(1), 2017. 2.
가격-품질 관계에 대한 심리적 거리와 제품지식의 조절적 영향, *마케팅연구*, 29(1), 2014. 2.
광고노출시 태도 및 태도자신감 형성과정에서 사고자신감의 역할, *경영학연구*, 40(6), 2011. 12.
사회연결망이 구전과 고객 추천가치에 미치는 영향, *소비자학연구*, 22(4), 2011. 12.
공평성 지각이 소비자 감정과 만족에 미치는 영향: 성별의 조절적 역할, *마케팅연구*, 24(2), 2009. 6.
소비자의 사회심리적 성, 그리고 소비자-브랜드 성 일치성과 브랜드 태도의 관계, *소비자학연구*, 20(1), 2009. 3.

[저 서]

SPSS 28 매뉴얼, 집현재, 2023.
마케팅조사, 5판, 집현재, 2021.
소비자행동, 7판, 집현재, 2020.
구조방정식 모형분석과 AMOS 24, 집현재, 2017.
사회과학 논문작성을 위한 연구방법론－SPSS 활용방법,
　집현재, 2014.
사회과학연구를 위한 회귀분석, 집현재, 2012.
Basic SPSS 매뉴얼, 집현재, 2012.

[학술상]

한국마케팅학회, 마케팅연구 최우수논문상 수상, 2010.
한국경영학회, 경영학연구 최우수논문상 수상, 2005.
한국조사연구학회, 최우수논문상(한국갤럽상) 수상,
　2003.
한국소비자학회, 소비자학연구 최우수논문상 수상,
　1999.

임 지 훈(林志勳)

CLM&S 이사
NICE R&C 컨설팅실 수석실장
백석문화대학교 경상학부 교수
홍익대학교 경영학과 학부, 석·박사 통합과정 졸업, 경영학 박사

[논 문]

"Determinant and Consequence of Online News Authorship Verification: Blind News Consumption Creates Press Credibility," *International Journal of Communication*, 13, 2019.
영업사원에 대한 통제유형, 반응, 그리고 직무만족 간의 구조적 관계: 역할명확성과 자기효능감의 매개효과, *마케팅 과학연구*, 17(4), 2007. 12.
브랜드 명품성 측정도구의 개발, *광고연구*, 73, 2006.
고객만족도측정: NCSI와 KCSI의 평가와 새로운 지수개발 방안, *마케팅연구*, 20(3), 2005.
기대-불일치 패러다임에서 예상의 영향력에 관한 연구: 브랜드 경험유무와 측정시점 시간간격의 조절적 역할, *광고연 구*, 68, 2005.
신문기사에서 유발된 감정이 광고효과에 미치는 영향: 부정적 감정성향과 감정주지의 조절적 효과, *마케팅연구*, 20(2), 2005. 6.
브랜드 카리스마, 형성요인, 그리고 효과: 상징적/기능적 관여도의 조절적 작용, *마케팅연구*, 19(3), 2004. 9.

[저 서]

SPSS 28 매뉴얼, 집현재, 2023.
구조방정식 모형분석과 AMOS 24, 집현재, 2017.
사회과학 논문작성을 위한 연구방법론－SPSS 활용방법,
　집현재, 2014.
Basic SPSS 매뉴얼, 집현재, 2012.

[수상경력]

SPSS 우수파트너상 수상, 2008.
한국마케팅학회 최우수박사논문상 수상, 2004.
한국조사연구학회 최우수논문상(한국갤럽상) 수상, 2003.

박 종 철(朴鍾哲)

조선대학교 경영학부 마케팅 교수
고려대학교 일반대학원 경영학과 졸업, 경영학 박사
한국비영리학회 편집위원장(2014년~현재)

[논 문]

Corporate Social Responsibilities, Consumer Trust and Corporate Reputation: South Korean Consumers' Perspectives, *Journal of Business Research*, 67(3), 2014.

The Underlying Mechanism of the Asymmetrical Impact of Self-Regulatory Focus on Compromise Option Choice, *Journal of Business Research*, 67(10), 2014.

The Role of Product Type and Country-of-Origin in Decisions about Choice of Endorser Ethnicity in Ad, *Psychology & Marketing*, 23(6), 2006.

사회적 배제를 지각한 사람들은 금전기부를 선호하는가?, 시간기부를 선호하는가?, *마케팅연구*, 32(4), 2017.

미래 혜택발생의 시점제시가 금융상품 태도에 미치는 영향: 조절적 적합성 효과를 중심으로, *마케팅연구*, 32(2), 2017.

B2B거래에서 갈등과 기회주의 통제메커니즘으로서 CSR활동의 역할, *마케팅연구*, 31(4), 2016. 외 110편 이상 등재학술지 논문게재.

[학술상]

동아일보 한국학술지인용색인 등재 논문 평가(10년치), 3040연구자 경영학분야 1위 선정, 2017.
한국마케팅학회, 마케팅연구 우수심사자상 수상, 2017.
한국유통과학회, 최우수논문상 수상, 2016.
조선대학교, 인문사회분야 우수교수상 수상, 2015.
한국마케팅관리학회, 마케팅 우수 강의 교수상 수상, 2015.
한국기업경영학회, 최우수논문상 수상, 2014.
한국소비문화학회, 소비문화연구 우수논문상수상, 2013.
한국고객만족경영학회, 고객만족연구 우수논문상 수상, 2013.
한국마케팅과학회, 마케팅과학연구 최우수논문상 수상, 2011.
한국소비자학회, 소비자학연구 최우수논문상 수상, 2005.

마케팅 [제6판]

2004년 8월 10일   초 판 발행
2009년 6월 20일   제2판 발행
2014년 1월 10일   제3판 발행
2015년 1월 10일   제4판 발행
2019년 2월 20일   제5판 발행
2023년 2월 25일   제6판 발행

저   자 | 이학식 · 임지훈 · 박종철
발 행 인 | 위 호 준
발 행 처 | 도서출판 **집현재**

    04091 서울특별시 마포구 토정로 222
           한국출판콘텐츠센터 422-8호
    전화 (02)332-4922   Fax (02)6442-6906
    홈페이지: www.jhjbook.co.kr
    e-mail: jyp4922@naver.com

출판등록 | 2010년 10월 22일
등록번호 | 제105-91-57581호

정가 35,000원   ISBN 979-11-92436-11-1 (93320)